中欧30周年案例系列书系

《中国工商管理国际最佳案例获奖精选 · 第 2 辑（英文版)》

《中欧 30 年 30 篇经典案例》

《高质量教学案例开发的 30 个锦囊》

《中欧 30 年 30 篇经典案例》

作者简介

中欧国际工商学院案例中心成立于 2001 年，持续关注中国管理教学与实践。目前肩负三项工作：第一是支持中欧教授开发更多有关于中国工商管理问题的高质量教学案例，引领教学与研究创新，以知识创造支持中欧高质量教学；第二是在上海市教委、上海市学位委员会办公室和上海工商管理专业学位研究生教育指导委员会的支持下，承担建设"上海 MBA 课程案例库开发共享平台"项目，与上海知名商学院一起，共建、共享、共赢，促进案例方法在管理学习、教育与培训领域的应用，致力于提升上海地区的管理教育水平并辐射全国；第三是运营并推广"中国工商管理国际案例库"（ChinaCases.Org），聚焦中国问题、坚持国际标准，服务课堂教学，将其建设成最具全球影响力的中国主题案例库。

更多信息，请关注
中欧案例中心公众号

CEIBS CASE

中 欧 30 周 年 案 例 系 列 书 系

CEIBS Case Center *Editor*

中欧案例中心 编著

中欧30年30篇经典案例

30 Classic Cases of CEIBS in 30 Years

中国出版集团 东方出版中心

图书在版编目（CIP）数据

中欧 30 年 30 篇经典案例 / 中欧案例中心编著 .
上海 : 东方出版中心，2024. 9（2024. 12 重印）.
ISBN 978 - 7 - 5473 - 2536 - 0

I. F203.9

中国国家版本馆 CIP 数据核字第 2024YM9408 号

中欧30年30篇经典案例

编　　著　中欧案例中心
责任编辑　徐建梅
封面设计　青研工作室

出 版 人　陈义望
出版发行　东方出版中心
地　　址　上海市仙霞路345号
邮政编码　200336
电　　话　021-62417400
印 刷 者　山东韵杰文化科技有限公司

开　　本　710mm×1000mm　1/16
印　　张　50.5
插　　页　2
字　　数　650千字
版　　次　2024年9月第1版
印　　次　2024年12月第2次印刷
定　　价　298.00元

总序 PROLOGUE

20 世纪 90 年代，市场经济大潮初生，中国迫切需要大量熟悉市场规律的企业家和职业经理人，时任副总理的李岚清同志提出"办成一所不出国也能留学的商学院"。1994 年，在一批管理教育家的奔走努力下，中欧国际工商学院应运而生。30 年后的今天，在一代代中欧人的努力下，中欧已经跻身全球一流商学院的行列。

中欧的成就，离不开"认真、创新、追求卓越"的校训引领，也离不开"中国深度、全球广度"的定位指导，更重要的是，中欧始终将课堂与教学放在办学的第一位，而案例教学正是中欧办学的一大特色。从建校伊始，案例教学就深深融入了中欧的教学体系中，在多数课程上被广泛应用。

在很长一段时间里，中欧与世界上大多数商学院一样，使用的案例大多来自西方主要商学院的案例库。但是，由于快速变化的制度环境和文化差异，许多西方公司的管理理念和经验可能并不适用于中国公司，在中国工作的中国企业家和他们的西方同行经常要面对西方可能不存在的决策场景。加上中国经济的迅速发展吸引了全世界的目光，对于中国情境的案例需求也与日俱增。因此，世界各大商学院都开始关注中国情境的商业案例。毋庸讳言，作为中国商学院的重要代表，中欧国际工商学院更有必要努力讲好"中国故事"，这不仅是中欧国际工商学院自身教学的需要，也是全球商学院对中国案例的需要。

得益于中欧人的钻研与奋斗精神，中欧案例在很短的时间里就取得了非常显著的进步与成绩。目前，中欧每年自主开发100多篇中国主题案例投入教学，这些案例也已在中欧课堂中占据主流地位。在这些高质量案例的基础上，我们还积极开展"实境教学"，让学生最大限度地接触和观察真实的商业决策，帮助他们积累相关经验，从而对管理实践产生更大的影响。此外，我们还通过案例研究与商界合作，激励并帮助企业审视和反思其实践，从而产生积极而广泛的社会影响，并提升中欧国际工商学院及其教师的思想领导力和声望。

这些高质量的中欧案例在贡献中欧课堂之外，也持续上线哈佛案例库、毅伟案例库和欧洲案例交流中心等世界知名教学案例平台，向世界分享具有中国特色的企业实践和管理探索，中欧正努力成为全球化时代中国管理知识的创造者和传播者，这也正是中欧"中国深度、全球广度"定位的体现。

与此同时，在中国管理教育大发展的背景下，中欧也努力将案例开发与教学经验推广至其他商学院，以期推动中国管理教育的改革与发展。受上海市政府、市教委等部门的委托和支持，在兄弟院校的积极参与和配合下，中欧国际工商学院成功创建并运营了"中国工商管理国际案例库"（ChinaCases.Org），秉承"聚焦中国问题，坚持国际标准，服务教学课堂"的理念，案例库目前已收录了近3 000个中国主题案例，这些案例均经过严格的评审与筛选，也大都接受过课堂教学的检验，在国内外管理教育领域已形成了一定的影响力。

值此中欧国际工商学院成立30周年之际，中欧案例中心的同仁们将这些年的案例开发与建设成果编选为系列书籍，其中包括了中欧的经典案例、开发经验，以及ChinaCases.Org案例库的建设成果。管中窥豹，抛砖引玉，其实这些成绩不仅是中欧 30 年的成绩，更有赖于中国管理教育 30 年的改革和发展！

我们希望，我们不仅用 30 年建立了一所优秀的商学院，也用案例记录了一个时代——中欧的 30 年，中国的 30 年！

汪泓 教授
中欧国际工商学院 院长

杜道明（Dominique Turpin）教授
中欧国际工商学院 院长（欧方）

序

PREFACE

与欧美具有长期案例教学传统的学校不同，在中国进行案例教学十分具有挑战性。早期，最初的中欧课堂也同全球很多其他商学院一样，主要选用来自哈佛、毅伟等国外案例库中的经典案例，这一方面是由于尚处于起步阶段的中国商学院有必要学习世界顶尖商学院的先进经验，另一方面也是因为我们没有自主开发的成熟案例能够在课堂上使用。

但是随着中国经济的快速发展和全球化进程的加快，加入 WTO 20 多年来，中国已从世界第六大经济体跃升为第二大经济体，正以勃勃生机向前迈进；技术创新、数字化转型和去碳化所带来的新增长为多边合作和投资带来了巨大机遇，新技术和新兴商业模式为管理教育提供了丰富的土壤和灵感。由于中西方文化和制度环境的差异，照搬西方国家的管理理念和经验未必适用于中国市场。本土化的案例，尤其是针对中国独特环境中不断发展的实践和挑战的案例十分匮乏。学员迫切需要更贴近国内现实情况的、中国主题的案例。为应对迅速发展的经济趋势和商业模式，自 1995 年起，中欧开始重点编写中国制度环境下反映中国商业情境、总结中国环境下商业实践和企业文化的案例，并开发出了中国大陆商学院撰写的第一批符合国际规范的教学案例用于课堂教学。这些案例通过将理论与实践相结合，培养了学生的综合核心能力，也显著提升了中欧的教学效果，这是其他教学形式无法比拟的。

中欧迄今已累计开发中国主题案例 1 500 多篇。这些案例不仅应用于中欧课堂，同时也被哈佛、毅伟等国际案例库平台收录，走进了国际课堂。截至2023 年末，中欧案例在哈佛案例库、毅伟案例库、欧洲案例交流中心的收录篇数分别达到 111 篇、183 篇和 500 余篇，进入了全球 60 多个国家和地区的400 多所院校的课堂，累计使用量达到 19 万人次。与此同时，中欧案例在中国工商管理国际最佳案例奖评选活动、EFMD 案例写作大赛、欧洲案例交流中心全球案例写作竞赛等国际竞赛中频频获奖。截至 2023 年底，共有 58 篇次的中欧案例摘得大奖，中欧案例开发的实力和在国内外的影响力显著提升。2023年 12 月 11 日，欧洲案例交流中心首次发布"2023 全球案例影响力指数"，根据案例写作的全球影响力和覆盖范围评选出排名前 50 强的商学院。中欧位列第 26 名，是中国大陆唯一入选此排名的商学院。这是对中欧案例开发实力的高度认可和激励。

为纪录并让更多人看到这些在商学院中使用的优秀案例，我们值此中欧成立 30 周年之际，编选了 30 篇各个时期比较有代表性的中欧案例。这些案例各有特色，涵盖了企业管理实践中的方方面面，既有偏重于发展战略的，也有偏重于创业创新的；既有聚焦于产品营销的，也有关注于数字化建设的；既有观察女性领导力的，也有讨论企业社会责任的；既有汽车、机械等制造行业，也有餐饮、零售等服务行业……可以说，这些案例折射出了这 30 年来中国企业的方方面面，既是商学院课堂的教学材料，也可以提供给关心中国管理领域和企业发展的广大普通读者。

案例教学与中欧国际工商学院的使命——"培养兼具中国深度和全球广度、积极承担社会责任的领导者"——有着天然的一致性。30 年春华秋实，中欧的案例开发和建设历程就像中欧的一个小小缩影——从无到有，从有到强。如今，开发有影响力的案例已成为中欧国际工商学院核心竞争力的一部分，案例教学也已成为中欧乃至中国管理教育最重要的研究和教学方法之一，是连接管理教育与管理实践的重要桥梁。我们还将一如既往，聚焦中国管理问题，坚持国际开发标准，讲好中国故事，贡献全球课堂！

陈世敏

中欧国际工商学院会计学教授、朱晓明会计学讲席教授

副教务长及案例中心主任

目 录

CASE 1

玫琳凯（中国）公司：进入上海市场   001

CASE 2

万向集团的国际化道路   022

3 CASE 三一集团：欧洲的天气会晴朗吗？　　039

4 CASE 俏江南集团：追求"美丽"的成长历程

(A)　　054

CASE 12

美的：职业经理人的接班 334

13 CASE 盒马——中国零售市场的新物种

14 CASE 易流科技：透明连接物流的探路者

CASE 28 五菱宏光 MINIEV：中国汽车新物种 713

CASE 29 擎朗智能：服务机器人的探路者 733

30
CASE

天臣医疗：吻合器进口替代 755

玫琳凯（中国）公司：
进入上海市场[1]

1995 年 2 月某晚，时近中国农历新年，在位于上海市中心的玫琳凯（中国）公司（Mary Kay China）办公室里，该公司销售与市场营销部的副总裁希茜莉亚·杨（Cecilia Yang）仍在她的新办公室里伏案工作。她盼望着为时五天的新年假期——不过可不是盼着去度假，而是想能有几天清静的时间好好检讨一下她在玫琳凯的新职位给自己带来的最重要任务：设计并负责实施玫琳凯进入上海市场的销售和营销战略。

玫琳凯公司已选择了上海这一城市作为其在中国大陆进行产品销售的第一站。在此之前，玫琳凯在泰国和新加坡都曾进行过产品销售，其在台湾地区的业务也做得非常成功。可是中国大陆奉行的是社会主义市场经济，进入这个市场看来会和从前的经历完全是两码事。玫琳凯（中国）公司已经作好了准备，将在 1995 年 4 月中旬正式启动。

1　本案例由中欧国际工商学院史明博撰写。该案例的目的是用来做课堂讨论的题材而非说明案例所述公司管理是否有效。本案例在中欧课堂受到广泛欢迎。

在中国，一谈及直销（direct sales），人们就会很自然地联想起那些一夜成名（flight-by-night）皮包公司的所作所为，故而不免给直销的形象带来负面的影响。玫琳凯在其他国家的销售活动中都充分倚重那支由干劲十足的妇女组成的推销队伍，可是在上海，这种做法是否可行却一点把握都没有。此外，和旅居海外的华人妇女相比，中国的妇女所能支配的收入太少，而她们在护理皮肤和使用化妆品方面也不如前者见多识广。

希茜莉亚得招聘一批美容顾问，另外，作为决策的一部分，她要在较大的事项上给新公司定位，此外，她还要选择目标消费者（target consumers）。在美国，玫琳凯的主要顾客群体是中年人。而在中国，目标消费者可能会大相径庭。

最后，销售人员应选择何处销售玫琳凯的产品？中国的顾客长期以来已习惯于在百货商店里浏览选购化妆品，但是玫琳凯公司是直销公司，她该怎样克服直销的负面印象呢？向最终使用者销售产品，什么样的销售手法最为合适呢？

最后一点，考虑到中国人的可支配收入低，该怎样给产品定价？玫琳凯是否该向中国市场提供标准化产品生产线，还是利用本地产品增遗补缺？

很显然，对希茜莉亚来说，有大量的工作等着她去做，而任务看来也是够她受的。多年以来，中国一直缺乏市场统计数据，即使到现在，数据还是少得可怜，而且还前后不一致并且常常缺乏可靠性。为帮助自己作出决策，希茜莉亚收集了一些关于上海化妆品市场上的竞争情况和其竞争价格的资料并请人完成有关中国和上海市场的一系列背景调查。

玫琳凯公司

1963 年，玫琳凯·艾施（Mary Kay Ash）在美国的得克萨斯州注册成立了玫琳凯公司。在美国，玫琳凯的脸部皮肤护理用品和彩妆用品是最畅销的品牌。玫琳凯生产线上生产的产品超过 200 种，共分九个大类：脸部皮肤护理品、彩妆用品、指甲护理品、人体护理品、防晒用品、香水、男士护肤品和营养补充剂等。玫琳凯的重点产品是护肤用品，占到总销售量的 45% 以上。每年有超过 2 000 万的美国消费者购买大约 1.5 亿款的玫琳凯产品。位于得克萨斯州的工厂是玫琳凯公司进行产品生产唯一的地方，成品再从那儿被运往世界上 20 多个国家进行销售。

玫琳凯公司的事业之所以蒸蒸日上，是因为她对顾客的服务基础放在专人照顾（personalized attention）上，并提供一对一的服务（one-to-one service）。公司帮助女性顾客识别各自不同的美容要求并协助她们找到最适合自己的产品。事实证明这样做对公司和顾客都有好处。

玫琳凯的产品通过被称为"美容顾问"（beauty consultants）上门将产品销售给顾客。这些"美容顾问"实际上是那些运用"聚会计划销售法"（party plan method）的销售人员，她们通过举办玫琳凯聚会，把顾客邀请到自己家里，向她们介绍产品，然后再进行产品推销。

1995 年初，在全球 20 多个国家里有超过 40 万的独立工作的玫琳凯美容顾问们为玫琳凯推销产品。几乎在所有国家里，美容顾问是"经营她们自己的企业"的独立销售人员。美容顾问们从公司里以大约低于零售价 50% 的价格买进产品。人们只要花一小笔钱（在美国为 100 美元）买一只化妆示范盒，就可以加入销售人员的行列。为了保留美容顾问的资格，销售人员每 3 个月中至少下一笔最低金额（在美国为 180 美元）的销售订单。

玫琳凯公司十分重视妇女的事业机会，非常重视那些现代妇女正寻找的工作选择。玫琳凯把这些看作其公司使命和公司文化的组成部分。由于美容顾问是独立的销售人员，她们活儿干多干少，时间干长干短都听凭她们自己决定，而公司则为她们提供小册子产品说明书、销售套件工具和（有一定限度的）广告宣传。每年在达拉斯都会召开为期 3 天的销售人员表彰大会，在会上，玫琳凯·艾施将亲手向销售成绩最杰出的销售人员颁奖。

玫琳凯的全球战略

不久之前，玫琳凯公司的国外销售还十分有限。1992 年公司国外销售额只占其总销售额（约 10 亿美元）的 11%。与之相反，玫琳凯在化妆品直销领域的主要竞争对手"雅芳"（Avon）在国际市场上的销售额却占到其总销售额（36 亿美元）的 55%。

玫琳凯公司在 1992 年开始实施全球拓展战略。在欧洲，在美洲（不包括美国），在经济高速增长的亚太地区，玫琳凯都建成了地区销售总部。到 1992 年，她在中国台湾、澳大利亚和新西兰都已有了全资子公司；在泰国拥有了一家合资企业；而在新加坡、马来西亚和文莱也已设立了销售网点。作为其东亚拓展战略的一部分，玫琳凯决定在日本和中国大陆建立生产厂家。

玫琳凯公司之所以在中国的同类城市（如北京、广州）中选中上海，是因为上海的消费者对化妆品有着相对而言较为正面的形象和认识，另外还因为其消费模式花钱相对较为大方以及其劳动力工作效率也相对较高。上海是中国最大的商业城市，有 1 340 万人口（和 790 万农村居民）。据估计，其流动人口大约有 200 万，相当庞大。上海平均每户家庭有 3 口人，其中劳动力为 1.5 口人。在未来的五年里，玫琳凯扩展计划的结果将会包括更为广阔的长江三角洲流域和北京地区。在长江三角洲地带，有几十个中等城市，有些城市的人口超过了 100 万。

近期中国经济的发展

中国经济是计划经济。从 1978 年开始，中国进行经济改革并向外资开放。自 1993 年以来，通货膨胀持续居高不下（13%）并一直成为中国政府所关心的问题。在 1994 年上半年，总体通胀率蹿升至 20%，而在城市高达 24%。高通胀率是由投资过度引起的，而中央政府眼下正在试图控制局面。为了确保健康和持续的经济增长，1993 年 6 月开始实施银根紧缩措施。1993 年中国经济的增长率为 13.4%，这一势头在 1994 年上半年有所减缓，国内生产总值实际增长率为 11.6%。附录 1 给出了 1993 年中国大陆的各项经济指标。

1994 年 1 月 1 日，中国废除了外汇汇率双轨制。这一举动等于说人民币贬值 33%，而使其外汇业务操作更接近于国际规范。此举标志着中国在要求重返关贸总协定（General Agreement on Tariffs and Trade, GATT）的努力方面迈出了重要的一步。自从新汇率政策实施以来，人民币的汇率保持相对稳定在 1 美元兑换 8.7 元人民币。

在重返关贸总协定的准备工作过程中，中国决心消除大部分进口限制，如贸易配额协议和许可证贸易协议等，中国还表示在 1997 年 12 月前削减进口关税。在 1993 年 12 月中国曾削减了工业品原材料的进口关税。因此，中国目前的平均关税率已降到了 36.4%。

上海的零售业环境

1993 年上海的零售总额达 654 亿元（比 1992 年增长 36%），该市的两家主要零售商店是上海第一百货商店和华联商厦，其营业额分别位列全国营业额排行榜的第一和第四。附录 2 列出了各百货公司与零售商店化妆品的销售额和市场占有率情况。

大多数的化妆品都是通过百货商店销售的，化妆品通常被放在底楼靠近大门进口的柜台上，百货商店以他们品牌的可靠性而著称。顾客们确信他们得到的产品是货真价实的，而不是冒牌货。但与其他流行产品相比，化妆品的冒牌问题还没那么严重。

有相当一部分的百货商店对化妆品表示出了特别的兴趣，它们大多坐落在南京路、淮海路和虹桥地区。南京路上店家最多，历史也最悠久；而淮海路则是一条稍微高档一些的商业街。就外国品牌而言，领先的看来是中日合资的伊势丹商厦，这是一幢设计独特、入口宽敞的现代化百货商店。另外，位于市郊的大型购物商场和一些药店（如香港的"屈臣氏"）也大量销售国内外化妆品。

1992 年，由上海市第一百货商店和日本八佰伴国际株式会社（Yaohan International Corporation）合资建立的"亚洲最大的百货商店"在上海浦东新区开张营业。

化妆品市场

上海的护肤品和化妆品市场分地割据，还没有占主导地位的商家出现。从附录 3 中可以看出上海市场上最大的 30 个品牌的销售额和市场占有率。最大的 5 个品牌占了 36% 的市场份额。"自然美"（Natural Beauty）的销售额和市场占有率最大，分别达到了 879 565 元和 11.5%，紧随其后的 3 个品牌市场占有率均为 6%。

附录 4 展示的是各竞争者新产品的价格，价格差异甚大。有些情况下，外国（如日本）厂家的护肤品价格是国内低档产品价格的 60 倍。从 1990 年起，化妆品价格随通胀率同步上升。由于国外高价产品涌入市场，总体而言，1994 年底，中档产品的价格比 1990 年要高。

香水的利润率最高（40%），其次是护发用品（20%～25%）和彩妆化妆品（20%～30%），护肤品的利润相对较低（10%～20%）。

许多跨国公司，如宝洁（Procter & Gamble）、庄臣（S.C. Johnson & Son, Inc.）、联合利华（Unilever）、PLC 和强生（Johnson & Johnson）都在中国开设生产厂家。许多公司还和中国的大型国有企业合资（如庄臣和上海家化有限公司合资）。通过进口原料、当地生产，外国公司避免了高额关税。不少公司还将中国厂家生产的产品销售到亚洲其他国家。玫琳凯公司正着手在位于长江三角洲地区的杭州市建厂生产化妆品。

1993 年，外国公司的销售额达到了数十亿人民币（占市场总销售额的 20%），他们的主要优势是先进的生产技术、包装设计和营销技巧。

根据《Euromonitor 国际报告》（Euromonitor International Report）1995 年 5 月刊，1990—1993 年间，包括皮肤护理、头发护理、脸部护理和指甲护理的化妆品销售额增加了 210%。

1994 年的化妆品销售额达 90 亿元，比 1993 年增长了 30%。预计在今后 5 年内仍将保持增长势头。中国化妆品消费的增长已超过了耐用消费品的增长，并成为身份、地位的象征。

据报道，国外化妆品生产厂商的化妆品销售额自 1985 年以来增长了 1 000%。1992—1993 年二年间，化妆品进口增加了 77%，其中主要来自亚洲，但来自法国、意大利和美国的进口份额正在增加。

护肤产品占化妆品市场份额的 44%，护发产品和香水分别占 29% 和 21%，国外品牌如玉兰油、旁氏、永芳已占 20%。国产品牌，如美加净、凤凰也十分流行。宝洁公司广州制造的飘柔和海飞丝的销售获得了护发产品 30% 的市场份额。

彩妆品在 1993 年占化妆品市场的 6%，是该产业发展最快的部分。占市场份额 3% 的唇膏在上海十分畅销。化妆品的主要买主被认为是常常与父母同住在一起，且不需要承担基本生活费的年轻城市女性。但是单身的女子和年轻男士似乎也占了化妆品消费者的很大一部分。

化妆品经销

在中国注册的化妆品经销商已超过 3 000 家，这些经销商包括：

（1）集体及乡镇企业占整个化妆品经销业的 52%；

（2）国有企业占 40%；

（3）私营企业占 8%。

其中私营企业的比例增长很快。最大的 20 家厂商都是国有企业，它们的销售额为 10 亿元，占总销售额的 10%。这些企业都是商业总公司的下属机构，国有企业也是中国百货公司的主要供应商。他们的产品不仅运往沿海地区，也运往内地。大多数中国的企业（75%）的生产基地位于沿海城市。

私营企业及国外公司正不断地通过批发商将传统的推销战略与大众媒体传播、销售点展销以及其他促销方式结合起来。为了避免进入一些低效率的分销渠道，国外的厂商往往在某些选定的城市中通过分支机构或者销售人员直接把产品销给零售商店。宝洁公司直接将试制产品免费分送给有可能购买的最终消费者手中以吸引他们来购买。

雅芳化妆品在南方主要采用直销（直接人对人的销售）方式，它在上海地区有好几千名女性销售人员。数家公司紧随其后如法炮制，如安利（Amway）公司、如新（Nuskin）公司以及康宝莱（Herbalife）公司。

对中国消费者的市场调研

最近的官方统计数字显示城市家庭月收入约为 335 元人民币。而另一方面，据购买力平价（Purchasing Power Parity）的种种估计，一般每人每年达到 2 000 美元。麦肯锡管理咨询公司估计，中国国内的"经济活跃人口"（人均收入超过 1 000 美元）大约有 1 亿人，并指出预计到 2000 年可以达到 2.7 亿人。

DRI/McGraw-Hill 这家美国的市场调研公司将消费者市场划分为以下三个细分市场：

买得起进口奢侈品（如昂贵的名酒、名表及某些名牌化妆品）的消费群，估计占城市人口的 1%；

买得起进口的中档产品的消费群，估计占城市人口的 2.5%；

买得起国产的中档产品的消费群，估计占城市人口的 10%。

根据亚洲战略有限公司（Asian Strategies Ltd）调查，一个典型的城市消费者将每月收入的 20% 花在化妆品和个人护理上，这个比例比美国和欧洲的消费者高很多。

1995 年 1 月，东亚经理人报道（East Asian Executives Reports）公布了永道会计师事务所（Coopers and Lybrand）在上海的一系列调研结果。调查结果深刻揭示了上海消费者的购物习惯。永道会计师事务所将其分为 30～45 岁男性、30～45 岁女性、19～25 岁男性和女性等几个群体。

这些消费群体在各自的购物习惯上有着明显的特点：30～45 岁的女性崇尚"物有所值，方便实用"，30～45 岁男性属于"功利实惠的购物者"，他们买他们所需要的商品。上海的 30 岁及 30 岁以下的消费者"对商品的占有欲望强烈，享受购物的快感"。特别是其中的女性是最不在乎价格的，她们喜欢外资百货公司及精品店，如日资的伊势丹（Isetan）百货公司，以感受那里的购物环境和服务。正如一位购物者所说，"我一看到我喜欢的就买，根本不管是不是有用"。所以，据报道，很多年轻女性即使收入很低也会把所有收入花在化妆品和时装上。

1994 年 2 月，盖洛普（Gallup）中国有限公司发布了对前一年的中国消费者的全国性调查结果。盖洛普对 3 400 人进行了家访，这些人是中国成年人中具有代表性的抽样对象。这种基于个人采访的全国性调查在中国还是第一次。调查显示，城镇和乡村消费者之间存在巨大差异。对城市消费者的某些调查结果与上海市场有相似之处。

52%的被调查对象说他们愿意付高价买高质量的产品，41%的被调查者说他们愿意买名牌而不在乎价格。而对那些结构很复杂的产品，中国消费者宁愿购买功能有限的廉价产品（44%的人有这种想法），而不愿意购买具有五花八门附加功能的高档产品。外国品牌的知名度在这些城市中是最高的。品牌知名度与教育程度和收入水平都有关系，例如，软饮料中品牌知名度在消费者中从受过初等教育到中等教育到大学毕业明显递增，同样，品牌知名度从低收入层（低于350美元/月）到中等收入层（在350～799美元/月之间）到高收入层（大于799美元/月）也是逐步递增的。

盖洛普调查最后指出，电视购物宣传的高相关令人吃惊。80%的消费者声称在购物的前一天看了电视；在被调查的城市人口中，这个数字高达86%。大约有一半的城市和乡村消费者在购物的前一天收听了广播。

玫琳凯对消费者的市场调研

希茜莉亚也委托他人对中国的消费市场进行了初步调研，消费市场的调研是由大正（Dazheng）市场调研有限公司于1994年11月18日到21日进行的。1996年1月份，一份调研报告递交了。

调研采用了"焦点小组座谈会"（focus group）的方法。首先是举行护肤护理讲习班，大约用了一个半小时。接下来，"焦点小组"就这个讲习班进行讨论。"焦点小组"的主要目的是评估被调查对象对价格的敏感性，他们对于玫琳凯销售风格的态度以及对于玫琳凯护肤品的看法和评价。

调研采用的是分层抽样法，每组成员由属于下列收入层次的调查对象组成：

20～27岁，个人月收入在600～900元人民币之间；

20～27 岁，个人月收入在 900～1 200 元人民币之间；

20～27 岁，个人月收入在 1 200 元人民币以上；

28～35 岁，个人月收入在 600～900 元人民币之间；

28～35 岁，个人月收入在 900～1 200 元人民币之间；

28～35 岁，个人月收入在 1 200 元人民币以上；

20～35 岁，个人月收入在 2 000 元人民币以上。

然而，由于在采样过程中出现了失误，最终只有 28 个被调查对象符合上面的分类标准。13 名被调查者的回答没有被采信。大多数的被调查对象从未经历过直销，只有很少一部分人听说过雅芳或艾兰（Aline）。被调查对象使用的洗面奶或润肤液大多在 20～40 元之间，主要品牌是旁氏、夏士莲、玉兰油、羽西、强生丽妃。只有收入高的年轻女性才用高档品牌，如花王（Kao）、高丝、嘉娜宝、郑明明，价格在 50～70 元之间。唇膏的价格幅度较大（20～60 元），悦凯（Yu-Kai）和丽妃是最常用的唇膏，使用高档唇膏的仍然是收入高的年轻女性［一个用圣罗兰（YSL），而另一个用奥芭（Auper）］。

许多人认为玫琳凯产品很难与其他产品比较，少数调查对象将玫琳凯产品与资生堂（Shiseido）、香奈尔（Chanel）及雅诗兰黛（Estee Lauder）作比较。

被调查对象对不同产品估计价格的反应以及她们认为可接受的价格如附录 5 所示。

调查人员后来告诉被调查对象玫琳凯产品的实际意向价格是：润肤液 105 元，清洁乳 95 元，经过安全测试的唇膏 70 元。大多数被调查对象认为润肤液和清洁乳的价格太高，她们不会去购买。有些被调查对象说如果这些产品确实超乎寻常地好，或者说她们刚发了工资也许会考虑购买。然而大多数被调查对象认为唇膏价格可以接受，只有少数人（尤其是低收入者）认为价格太贵。即使是认为贵的人，她们也说会考虑购买唇膏，因为这是最重要的化妆品，而且可以长时间使用，并且唇膏的质量看来也挺好的。

关于对五件套和三件套的个人优先选择问题，那些高收入人士（1 200元／月及以上）更喜欢五件套，而相对收入较低的人士则更喜欢三件套。所有被调查对象都认为五件套更好，但并不是所有的人都能承受它的价格。对于五件套，粉底常被认为是不必要的。

就购买意向而言，抽样调查分成三组：高收入阶层表示她们将购买该产品，余下的被调查者又一分为二，一半人表示因为价格太高将不会购买，另一半则表示还拿不定主意。

表5也能反映出美容顾问对美容化妆袋价格的反应。

对玫琳凯作为一个公司的评价是肯定的，被调查对象认为玫琳凯是：

（1）非常专业化；

（2）是个经济实力很强的大公司；

（3）信誉可靠；

（4）能提供好产品的公司；

（5）几乎很少有人认为玫琳凯是一个美国的公司。

她们同时认为皮肤护理讲习班"十分有趣"，美容顾问们"热心大方""彬彬有礼"而且"训练有素""教育有方"，产品"质量上乘""值得信赖"。对于皮肤护理讲习班帮助她们了解化妆品、美容顾问们自己本身均十分光彩照人，以及产品可在三个月内退回的做法，她们均表示赞赏。在讲课期间，大多数被调查对象更关注护肤而不是化妆；但是，在低收入女性中有很大一部分情况恰恰相反，她们更想学的是化妆而不是护肤。只有很少人认为玫琳凯之所以吸引她们是因为玫琳凯能帮助她们赚钱。

调查人员还要求被调查对象提供她们认为愿意参加皮肤护理讲习班的典型人士或者一个典型购买者的形象。以下就是皮肤护理讲习班参加者的典型形象：

（1）想要变得更加漂亮的年轻女郎；

（2）25～35岁已婚已育的女士，皮肤护理对其来说十分重要；

（3）在办公室工作的白领女士；

（4）工作不忙、时间较宽裕的女士；

（5）收入相对较高的女士。

一个典型购买者的总体形象是：一个高收入的、对护肤和化妆很注意的年轻女性。

大多数被调查对象对于将美容顾问作为一个职业作出了肯定的评价，其原因如下：

（1）它有助于别人和自己变得漂亮；

（2）它有助于赚钱；

（3）它提供了与人交往、结交新朋友的机会。

大多数被调查对象表示她们也许会把美容顾问当作一种职业，但是一些比较年长的女士说这对她们并不是一份合适的工作。被调查对象认为一个美容顾问应当是"热心肠的""有文化的""耐心的"以及"自信的"。她们认为该项工作可能会吸引那些对目前工作不称心的或是有意接受兼职、有业余时间的或是失业的女性。

商店调查

希茜莉亚雇用了一位当地的调查助手走访了上海的数家中高档百货商店。该助手去了五家商店，与销售人员攀谈并考察了那些正在出售的产品。在给希茜莉亚的材料中，她对自己的印象描述如下：

（1）纯进口产品：大多数顶级品牌的产品于1995年春季开始全面展示其整个产品系列而不仅仅是部分产品。它们花大力气尽量使陈列的产品系列引人注目。产品往往辅以大量丰富多彩、引人入胜的助销品（小册子、产品介绍资料等）支持。促销手段（"买一送一"）大行其道。产品广告大多见之于报纸杂志而很少出现在电视上。由于价格较高，销售量较低。

（2）合资企业产品：几乎所有合资企业品牌都在今夏推出了防晒系列（去年仅有2～3种防晒产品）。这些产品通常被冠以"皮肤增白"的功效，由6～8个部分组成，有清洁乳、爽肤液、润肤液、保护霜、增白液和喷粉。销售量似乎并不是很显著。

（3）热销产品：似乎包括防晒/保护、面部清洁乳和人体护理产品。其中最热销的公司之一是本地的上海日用化工有限公司，他们推出了一种经重新包装的人体护理产品、古龙花露水、防晒增白系列并用电视广告来助阵促销。他们的成功似乎应该归功于其产品针对中低价位消费群的合理定价和其产品的大众形象。

希茜莉亚本人对中国女性的敬业精神深信不疑。如果启动战略和贯彻措施实施得力，玫琳凯会在中国市场取得成功。现在是晚上10点，在其身后远处，希茜莉亚听得到正排队进入裘德包厢（Jutebox）——城中最时髦的迪斯科舞厅——的青年男女的声音。像往常一样，这些年轻男女们欢声笑语，正享受欢乐的时光。希茜莉亚一般很晚才下班，她已经多次观察过她们了：女人们打扮入时，抹着最新型的口红和皮肤化妆品。比较一下，仅仅与10年前，人们还用肥皂洗头而官方对化妆皱眉蹙额表示不快，真是不可同日而语啊！

附录 1：中国大陆市场大观（各项经济指标）

项　　目	1993 年数据 （同比增长率）	1994 年 1—7 月数据 （同比增长率）
人口（百万人）	1 185（+1.1%）	
国内生产总值（10 亿元）	3 138（+13.4%）*	
人均国民生产总值（元）	2 626（+28%）	
通货膨胀（零售价指数）	13%	
递增值		
—第二产业（10 亿元）	1 625（+20.4%）	
—第三产业（10 亿元）	849（+9.3%）	
零售额（10 亿元）	1 224（+26.1%）	
外资项目		
—项目数字	83 265（+71%）	
—合同金额（10 亿美元）	122.7	
—利用金额（10 亿美元）	36.8	
外汇汇率（1994 年 6 月 20 日）	1 美元 =8.657 1 人民币	
出口额（10 亿美元）	91.77（+8%）	58.7（+31.2%）
—外资企业（10 亿美元）	25.24（+45%）	13.5（+44.4%）**
进口额（10 亿美元）	103.95（+29%）	58.8（+19%）
—外资企业（10 亿美元）	41.83（+59%）	22.3（+45.9%）**

注：* 以人民币实计。

　　**1994 年 1—7 月数据。

附录2：上海各大百货公司主要产品销售额——护肤品与美容化妆品

排　名	百　货　商　店	销售额（元）	市场占有率（%）
1	第一百货商店有限公司	1 668 548	21.94
2	第七百货商店	928 200	12.21
3	妇女用品商场	644 800	8.48
4	精品商厦	608 234	8.00
5	中联商厦	544 249	7.16
6	第三百货商店	403 930	5.31
7	第六百货商店	392 643	5.16
8	华联商厦	305 643	4.02
9	朝阳百货商店	285 515	3.75
10	九州商厦	270 581	3.56
11	骄阳百货商店	253 945	3.34
12	友谊华侨有限公司	249 187	3.28
13	益民百货商店有限公司	179 674	2.36
14	宝钢百货商店	154 214	2.03
15	宜川购物中心	151 880	2.00
16	浦东百货商店	114 500	1.51
17	第九百货商店有限公司	106 479	1.40
18	华龙百货商店	101 337	1.33
19	第十一百货商店	61 192	0.80
20	大名百货商店	57 616	0.76
21	黄金广场商店	37 202	0.49
22	第五百货商店	36 483	0.48
23	豫园旅游商店有限公司	31 572	0.42
24	欣欣百货商店	16 400	0.22
总计		7 604 026	100.00

资料来源：国家信息中心经济处、上海财贸办商务处。

附录3：1994年5月上海各大百货公司主要产品销售额——护肤品和美容化妆品

排名	品　　牌	销售额（元）	市场占有率（%）
1	自然美（Natural Beauty）	879 565	11.57
2	丽妃（Lifei）	553 569	7.28
3	羽西（Yue-Sai）	500 722	6.58
4	旁氏（Pond's）	487 082	6.41
5	郑明明（Cheng Ming Ming）	319 312	4.20
6	雅开美（Academie）	267 691	3.52
7	伊思丽（Eesli）	261 539	3.44
8	夏仕莲（Hazeline）	236 863	3.11
9	宝拉柏乐丝（Polar Plus）	234 229	3.08
10	高丝（Kose）	170 227	2.24
11	日升（Sunrose）	168 463	2.22
12	小护士（Mini Nurse）	166 393	2.19
13	玉兰油（Oil of Ulan）	149 099	1.96
14	奥丽丝（OLC）	141 132	1.86
15	霞飞（Xia Fei）	128 072	1.68
16	清妃（Chinf de Chinf）	121 919	1.60
17	丝姆纱拉（Samsara）	117 839	1.55
18	永芳（Yin Fong）	115 468	1.52
19	美加净（Maxam）	112 365	1.48
20	少妇嫩（Sofnon）	111 147	1.46
21	雅格丽（Agree）	106 220	1.40
22	凤凰（Phoenix）	105 875	1.39
23	艾娃丝（Evas）	104 023	1.37

排名	品　　牌	销售额（元）	市场占有率（%）
24	雅艾芬迪（Ya-Aifendi）	96 910	1.27
25	嘉娜宝（Kenabo）	96 609	1.27
26	艾琳（Ailin）	92 600	1.22
27	东宝（East-treasure）	91 681	1.21
28	苹芝华（Pien Tze-Huang）	90 488	1.19
29	芳丽多（Faleedo）	89 966	1.18
30	劳伦·克丽丝多娜（Laurent Cristanel）	81 976	1.0

资料来源：国家信息中心经济处、上海财贸办商务处。

附录 4：各百货商店竞争品牌的价格

产　品	品牌及价格				
Cleanser 清洁乳	迪奥（200 ml）375 元	自然美（175 ml）118 元	雅芳 Skin Silk II 110 元	羽西 48 元	丽妃（100 g）38 元
Mask 面膜	迪奥（75 ml）372 元	雅芳 50 元	郑明明（50 g）49 元	羽西（50 g）38.8 元	伊思丽（105 g）25 元
Freshener 爽肤液	迪奥（200 ml）375 元	自然美（170 ml）186 元	雅芳（100 ml）160 元	郑明明（200 g）42 元	高丝（120 ml）34.7 元
Moisturizer 润肤液	迪奥（60 ml）550 元	自然美 43.8 元	郑明明 34 元	羽西（50 g）38.8 元	雅芳（75 g）26 元
Foundation 粉底	迪奥（25 ml）460 元	高丝（13 g）61.2 元	自然美（20 g）51.5 元	郑明明（50 g）45 元	羽西 40 元

产　品	品牌及价格				
Lipstick 唇膏	迪奥 （4 g） 235 元	自然美 120 元	羽西 （4 g） 48.8 元	郑明明 （4 g） 46 元	雅芳 （4 g） 25 元
Blusher 腮红	迪奥 364 元	自然美 （3 g） 90 元	丽妃 75 元	羽西 （12 g） 68.8 元	郑明明 （6 g） 49 元
Eye shadow 眼影	迪奥 310 元	羽西 68.8 元	自然美 62.8 元	雅芳 52 元	郑明明 48 元
Lip liner pencil 唇线笔	迪奥 242 元	羽西 42 元	雅芳 30 元	自然美 16.8 元	丽妃 12 元
Two way cake 双向面扑盒	迪奥 （8 g） 475 元	郑明明 （12 g） 89 元	自然美 72 元	高丝 69.8 元	丽妃 30.6 元
Mascara 睫毛膏	迪奥 240 元	羽西 64.8 元	雅芳 55 元	郑明明 49 元	自然美 33 元
Pressed powder 喷粉	迪奥 455 元	郑明明 89 元	羽西 68.8 元	自然美 52.8 元	雅芳 25 元

附录 5：美容顾问对各种化妆品和美容化妆袋的反应

产　品	建议价（单位：元）	估计该价格的人数	认为可以接受 该价格的人数
润肤液	<30	0	5
	30～39	3	2
	40～49	1	7
	50～59	7	8
	60～69	6	8
	70～79	1	4

产　品	建议价（单位：元）	估计该价格的人数	认为可以接受该价格的人数
润肤液	80～89	3	0
	90～99	4	1
	>100	3	0
清洁乳	<20	1	1
	20～29	0	3
	30～39	2	7
	40～49	4	3
	50～59	5	6
	60～69	4	3
清洁乳	70～79	1	2
	80～89	5	2
	90～99	4	0
	>100	3	1
唇膏	<20	0	0
	20～29	0	3
	30～39	4	12
	40～49	5	6
	50～59	4	4
	60～69	6	2
	70～79	4	1
	80～89	2	0
	90～99	1	0
	>100	3	1
美容化妆袋	<400	1	3
	400～599	2	8
	600～799	1	4

产　　品	建议价（单位：元）	估计该价格的人数	认为可以接受该价格的人数
美容化妆袋	800～999	4	3
	1 000～1 199	4	4
	1 200～1 499	4	2
	1 500～1 699	6	3
	1 700～1 999	2	0
	2 000～2 499	2	0
	2 500～2 999	0	0
	>3 000	2	0

资料来源：大正市场营销调研有限公司。

万向集团的国际化道路 [1]

2

2003 年 9 月 30 日，来自中国的万向集团正式宣布，收购了美国洛克福特公司（Rockford Powertrain Inc.）33.5% 的股权，成为其第一大股东。

洛克福特是一家百年老店，创始于 1890 年，是汽车翼形万向节传动轴的发明者和全球最大的一级供应商，占了全美国主机配套市场 70% 左右的供货量。这样一家地位优越的老牌公司，为什么会被一家中国公司收购呢？

在万向集团（简称万向）董事局主席鲁冠球看来，这却是一件自然而然的事。由于洛克福特公司近年来人员老化、暮气沉沉，从 1998 年开始就一直亏损，由万向进入后对其进行资源整合，无论是对万向还是对洛克福特都是一件双赢的交易。

20 年前的 1984 年，万向还是浙江萧山的一家小厂，刚刚签订了第一笔出口合同；10 年前的 1994 年，万向刚刚注册了万向美国公司，负责人当时还只是一个留学生。而到了 2003 年，万向已经把产品销售到了世界各地，同时已

---

1 本案例由中欧国际工商学院王建铆和舒金斯共同撰写，目的是用来做课堂讨论的题材而非说明案例所述公司管理是否有效。为保密需要，某些名称及信息已经调整。本案例在中欧课堂受到广泛欢迎。

经在美国、欧洲收购了约 20 家企业，成为名副其实的跨国公司。

而鲁冠球对这些成绩并不满足。2004 年，他还打算在美国收购两家公司，同时在国内收购 4 家公司，"每天都会有人来找我们，问我们有没有兴趣合作。每天如此"。

今年已经 59 岁的鲁冠球丝毫不掩饰他的雄心壮志："向海外扩张是企业的需要。我承认，中国企业和国外企业在管理和技术方面还有很大的差距，但是我们能依靠资源与他们联合。"

创业

1945 年 1 月，鲁冠球出生于浙江省萧山县（今杭州市萧山区），他的家乡与有"天堂"之称的杭州仅一江之隔。鲁冠球小时家境贫困，初中毕业即进城当学徒，回家后在村里办了一家米面加工厂，却被指斥为办地下黑工厂。米面加工厂被迫关闭，机器被廉价卖掉，而他只好卖出刚过世的祖父遗下的三间旧房，才得以还清向亲友借贷的 3 000 元欠款。这第一次创业，几乎使鲁冠球倾家荡产。

鲁冠球的第二次创业是修理自行车，凭着他的手艺和吃苦耐劳的精神，到 1969 年已小有积累。因为曾经当过铁匠，对农业机械有近乎"狂热"的爱好，1969 年鲁冠球创办的小企业被戴上了"宁围公社农机修配厂"这顶小红帽。说是农机修配厂，其实就是一个小作坊。鲁冠球当时也只能靠作坊式生产，拾遗补阙，生产犁刀、铁耙、万向节、失蜡铸钢等五花八门的产品。他的这种"多角经营"，在一无资金、二无技术、三无市场的情况下，为他完成了最初的原始积累。

1979 年后，鲁冠球意识到，企业不能陷入这种没有方向的盲目状态，否则就根本不可能做大。经过一番思考，他决定放弃其他产品，集中力量专门生产汽车万向节。

从一个农村小作坊转型为真正的企业必然要经历阵痛。转型初期，鲁冠球就发现员工难以适应新的生产要求，做出的很多产品质量根本达不到标准。当时恰逢全国正在开展行业整顿检查，如果不能通过这次整顿检查，那工厂就很难看得到前途了。为了提高员工的质量意识，鲁冠球在经济十分拮据的情况下，将3万多套、价值43万元不符合标准的万向节，送往废品收购站。因为这次"事故"，万向节厂全体员工半年未发奖金，而同时产品质量有了很大的提高。

他的努力得到了回报，1980年，他的工厂在全国万向节厂整顿检查中以99.4的高分居全国同行业之首，因此被列入全国仅有的三家万向节定点生产专业厂之一。

1980年至1989年，是鲁冠球"生产专业化、管理现代化"的成长阶段。从1980年至1989年，在钢材平均涨价1.3倍、煤平均涨价5倍的情况下，鲁冠球的万向节产品价格基本不变，经济效益年均增长达40%以上，职工年收入递增6倍。

1983年3月14日，鲁冠球用自留地里价值2万元的苗木做抵押，承包了当时已更名为万向节厂的萧山宁围公社农机修配厂，与公社经联社签订了为期三年的承包合同，合同由萧山县司法局公证处公证。三年承包期间，鲁冠球年年超额完成任务，其中在承包的第一年就超额完成承包任务154万元。根据承包合同规定，鲁冠球可以得到当时几乎是天文数字的奖金。但经过反复掂量，鲁冠球表示不分配第一期承包奖金44.9万元，全部用于工厂培养人才和建造乡村小学，至1993年，他未分配承包奖金一共300余万元。这些行为令他在当地获得了更高的认可度。

1988年，鲁冠球以1 500万元向宁围镇政府买断万向节厂股权。此后，他建立起总厂式管理模式，进行同心多元化扩张。随后的两年中，他通过入股、兼并、购买等方式，一举购并了 8 家亏损企业，并在此基础上成立了杭州万向节总厂。总厂制管理为集团化管理积累了一定的管理经验和管理人才，同时，促进了各分厂在成立初期迅速走上专业化、规模化生产。

起飞

1992 年至 1999 年是鲁冠球称之为"企业集团化、经营国际化"的阶段。鲁冠球提出"大集团战略、小核算体系、资本式运作、国际化市场"的战略方针，具体内容是"调整产业结构、产品结构、市场结构、人员结构和资本结构，谋求跨行业、跨国界发展"。

1990 年 10 月 6 日，浙江省政府办公厅正式批准成立省计划单列浙江万向（机电）集团公司（以下简称"万向集团"）。1992 年 12 月新的万向集团将"通过新建和技术改造，逐步形成十字轴万向节、等速驱动轴、传动轴、轴承、滚针、油封等系列化工业产品，并小规模涉足其他产业投资"。

1994 年 11 月，万向集团所属万向钱潮股份有限公司"万向钱潮"股票在深圳证券交易所上市。1996 年，万向集团进行资产重组，钱潮公司收购机械公司、特轴公司、汽轴公司、传动轴公司等 7 家汽车零部件企业 60% 的股权，以较低的投入、较快的速度获得了多家年销售亿元、利润千万元的稳定成长性公司，在较短时间内形成了巨大生产能力，迈入高速成长期。

业务蒸蒸日上的同时，鲁冠球也从没有停止过在企业体制和管理系统上的探索。1992 年 12 月，集团公司改革行政机构，调整领导成员，新建公司管理委员会，设董事长，鲁冠球担任董事长兼总经理。1994 年，万向集团成立董事局，作为最高决策机构负责集团重大决策。同时，集团对下属各企业进行了公司制改造，行使发展、控制、组织三大职能，使下属企业成为拥有独立法人地位、直接面向市场的竞争主体，使整个集团形成"外大内小"经营特色。

如今的万向在产品上已经从零件发展到部件，再到系统模块供货。主导产品万向节在国内市场的份额达到了 70% 以上，并已经进入了通用、福特配套体系（见附录 1 和附录 2）。

走上国际化道路

尽管前身只是一家乡镇企业，万向在国际化方面却遥遥领先于其他中国公司。

20 世纪 80 年代初，当时的万向还是一个小厂，生产出来的产品根本进不了国家计划。为了企业的生存和发展，鲁冠球早就希望向海外发展，争取打入国际市场。尽管他有心把产品卖到国外去，但具体怎么做却还是没有谱。他能做的只有到广州去参加广交会[1]，希望通过这个途径出口一些产品。

也许是应了"酒香不怕巷子深"的说法，1984 年春天，一位美国商人从广州一路找到了钱塘江边的这家小厂。原来，他是美国第三大汽车零部件供应商、最大万向节供应商舍勒公司的采购代表，在广交会上他看到万向的产品后非常感兴趣，因此一路摸到杭州要求合作。经过一番仔细测试，舍勒公司的代表对万向产品表示非常满意，当即订购了 3 万多套万向节。

1985 年初，鲁冠球应邀飞赴美国考察，并与舍勒公司签订供货意向书，万向将在此后的 5 年中每年向舍勒出口 20 万套万向节。签字后，舍勒公司的总裁握住鲁冠球的手说："我们两家一起干，占领国际市场。"万向由此早早地走上了国际化道路。

由于看到万向产品质量过硬，价格合理，国际市场发展潜力巨大，1987 年 9 月，舍勒公司提出一个"垄断性"的包销要求：凡是万向的产品，必须经

---

[1] 广交会：即"中国出口商品交易会"，创办于 1957 年春，每年举行两届，是中国展示出口商品的传统盛会，因在广州举行而简称"广交会"。

过他们才能出口。若万向同意包销，舍勒将增加订货量，同时向万向提供技术、资金、先进设备、市场情报、培训工程师等优惠。如果万向不同意，舍勒就要寻求印度、韩国、中国台湾地区的供货商，同时缩减甚至不给万向订单。

面对舍勒的软硬兼施，鲁冠球断然拒绝舍勒的要求，表示宁可暂时受点损失也不能把外销权交给舍勒："我厂是中国唯一的万向节出口基地，好不容易有了这个窗口，不能把开关窗口的权力交给合作人。而且，1987年以来，将近20个国家和地区的客商来厂订货，尽管这些窗口现在可能很小，但国际市场的行情是千变万化的，出口创汇要有长远眼光，要想立于不败之地就要把主动权掌握在自己的手中。"

在这个关键问题上，鲁冠球表现出了一个优秀企业家的远见。坚持独立的出口，使得万向摆脱了被外资控制、成为纯粹的加工厂的命运。而时至今日，仍有许多中国企业迈不出这一步，被限制在产业链中的加工环节，企业发展和利润都受到很大限制。1991年，鲁冠球在一次报告中阐述了他的理念："（由舍勒独家经营我厂的万向节）这样做，虽然有产品外销稳定有利的一面，但也存在着视线狭窄、不利博采众长的一面：一是我们没有机会与更多的外商接触，难以获得更多的信息和进一步开拓国际市场；二是受人控制，被他人牵着鼻子走，丧失了主动权；三是一旦出现风险，他们撒手不管，我们好不容易进去的国际市场便会就此断送。"

由于万向坚决不同意，舍勒公司开始大幅削减与万向的订货合同，以不再同万向合作来要挟。万向数十万套万向节积压在仓库，资金流转出现困难，企业效益直线下降。

但是，万向没有屈服，公司当年开发了60多个新品种，上下齐心协力拓展了日本、意大利、德国等18个国家的市场，出口创汇达到230多万美元，较上年有很大增长。而舍勒公司在别的国家和地方无法找到比万向更有性价比的产品，只好在当年圣诞节前又来找万向合作，并给万向送来一只铜鹰，以表敬佩。时至今日，放大了的铜鹰模型仍伫立在万向集团的大门口。

万向美国公司

1993 年是万向国际化道路上的一个转折点。当年 9 月份，万向美国公司在美国肯塔基州开始筹备成立，总经理是当时正在攻读博士学位的倪频。倪频原来是浙江大学的工商管理硕士，1989 年到万向实习一年。后来，倪频准备到美国留学攻读博士。鲁冠球知道这件事后，就专门让他在美国边读书边替万向筹备美国分公司。

当时，万向缺少开展国际业务的人才，而由于国家在资本流动方面的限制，万向也不能把资金带到美国。倪频就靠着仅有的两万美元资金开始创业了。

1994 年，万向美国公司成立于美国芝加哥。3 年后，万向美国公司的销售收入突破 1 000 万美元，同年，万向欧洲公司和南美公司也先后成立。1997 年 8 月，万向正式获得美国通用汽车公司的生产订单，成为第一家进入美国一流主机配套市场的中国汽车零部件企业。

作为集团拓展海外业务的桥头堡，万向美国公司自成立以来一直以稳步推进万向国际化战略为使命。因此，万向美国公司和其他海外公司从一开始就采用了高标准的管理体系：

第一，管理本土化。万向在海外的公司，都是按照国际通用的标准进行管理。公司财务账目、法律事务等，都由当地会计师事务所、律师事务所来承担，取得客户的信任，用最短的时间进入角色。万向国内的生产企业和海外公司，分别作为制造商和经销商，于 1998 年初通过国际汽车行业最高标准 QS9000 体系认证。

万向美国公司尝试产权改革，设立经营者基金。在集团投入仍归集团所有的前提下规定，该公司每年利润增长超过 26.58% 的部分，划入经营者基金，归经营者所有。同时规定，基金可以通过购买新股的方式，逐步转化为总额不超过40%的公司股权。"经营者基金"的设立和运作，完全建立在创造增量资产的基础之上，万向称之为激活智慧、分配未来。

第二，市场营销本土化，即利用当地的资源，建立自己的市场体系。例如，在美国，万向集团的万向节销售借用洛克威尔公司的力量，轴承则合并使用了日本NTN公司与美国通用轴承公司的销售系统；在南美，万向吸纳了舍勒公司的整个销售网；在欧洲，则起用原GKN（吉凯恩集团）系统的人员。为配合市场体系的有效运作，集团加强硬件配置，在美国、英国、墨西哥、巴西均设有保税仓库，满足客户对时间的要求，解除客户对货源的担心，确保提供最好的服务。

第三，资本配置本土化。企业经营管理成功与否，银行和股东的承认是判断标准。万向海外公司的经营效益和发展速度，很快就引起了当地银行的注意。他们不仅在资金上支持，将授信额度从500万美元增加到8 000万美元，而且在企业发展上出谋划策。比如，万向提出购买草原河高尔夫球场，当地的银行经过调研，同意万向的方案，并且为万向提供了购买球场所需的贷款。现在，这家高尔夫球场已收回成本，不仅有了可观的效益，银行也得到了相应的回报。

第四，人才本土化。万向美国公司刚刚成立的时候，很多人建议集团从国内派"子弟兵"出去。但经过分析，万向发现，虽然派"子弟兵"出去直接成本不高，但间接成本较高，尤其是机会成本。因为他们要过语言关，要过法律关，要过生活关，还要熟悉环境、结交朋友等，要一两年以后才能独立工作，消耗了时间，更主要的是会错过很多机会。而在当地本土化招人，虽然直接成本较高，但他们熟悉国情，熟悉当地的法律，熟悉当地的文化，了解市场，容易与客户沟通，有经验，有朋友，社交圈子大，同时，潜在机会空间很大。

因此万向选择了本土化招人。在万向美国公司的近千名员工中，国内派出的只有2人，其余的人员都是在美国当地招聘的，有美国人、英国人、德国人、澳大利亚人、墨西哥人等，也有海外的留学人员。外交部副部长李肇星2000年初视察万向美国公司时，曾风趣地说，"你们这里成了'联合国'"。

第五，技术研发。万向通过在海外建立技术研发机构，保持与国外主机配套市场在信息、技术、资源等方面的同步与共享。通过直接使用美国当地资源的方式，将准确的技术、质量、价格等国际市场信息，源源不断地传递至国内，而国内根据这些信息，有针对性地组织开发产品，以最快的速度提供给客户。

同时，万向通过国内的技术中心、国家级实验室、博士后科研工作站等对海外技术研发机构形成了强大的技术支撑和辐射作用。

由于采取了这套灵活、有效的管理体系和战略思想，万向美国公司迅速发展壮大起来，成为万向走向全世界市场的牢固桥头堡。2003年，万向美国公司销售额约为2.3亿美元，其中有近7 000万～8 000万美元为万向美国公司及各公司从中国大陆采购的产品（见附录3）。

更重要的是，随着万向对国际市场越来越熟悉、国际化的步伐越来越快，万向美国公司将在整个万向集团中发挥更重要的作用：成为集团在海外业务的中心和资源配置平台。

几次重大并购事件

1997年7月，万向收购AS公司60%股份，成立万向欧洲轴承公司。AS公司是一家在欧洲市场上以销售各类轴承为主的营销公司。在1997年以前，万向在欧洲市场上主要销售的是十字轴万向节，为开发欧洲轴承市场，在1997年7月，万向收购AS公司并将其改造为万向拓展欧洲轴承市场的据点。万向利用其较为成熟的市场网络，较快地建立了自己的品牌形象，实现了扩大轴承销售的目标。

2000年4月，万向收购了当年的老主顾：美国舍勒公司。始建于1923年的舍勒公司，是美国汽车市场上的三大零部件生产供应商之一。正是通过该公司，万向的产品在1984年首次出现在美国的货架上。

十多年后，舍勒公司经营状况开始下滑，而万向则不断发展，舍勒公司需要另寻出路。这时，万向提出收购他们。由于严重亏损，在通过多轮谈判之后，这家公司的老板只得决定卖掉舍勒，并同意万向提出的以根据需要挑选的有用设备在国内同类评估价值的三分之二的收购价格。2000年4月，万向整体收购了舍勒公司，并获得该公司的设备、品牌、技术专利及全球市场网络。

LT公司是供应美国汽车轮毂单元的最大制造装配商之一，与万向有多年的业务关系。为确保市场稳定及合理利润，万向于2000年10月收购了LT公司35%的股权，成为第一大股东，万向由此在北美有了第一个加工/装配基地。

2001年8月，万向收购美国UAI公司21%的股份，成为其第一大股东。1981年成立的美国UAI公司，专业生产、制造和销售制动器零件，是美国汽车制动器零件的主要供应商之一。UAI公司客户涵盖美国各大汽车零部件连锁店及采购集团，50%左右的产品以自有品牌"UBP"销售，其余为OEM生产。该公司于1994年12月在美国纳斯达克（NASDAQ）证券交易所上市。2001年，UAI公司陷入了经营困境，股票从峰值"缩水"了90%。而万向在2000年新上了制动器项目，正希望在海外找到有技术、业务对接的平台，正好看中了UAI公司的技术和品牌优势。

通过专业公司的评估及与UAI管理层和主要股东的接触，万向了解到UAI经营状况不佳的主要原因是竞争激烈，而该公司制造成本偏高，同时在海外兼并中出现较大损失。而对于万向来说，这些问题都是可以解决的。倪频认为，只要输入万向的管理、利用万向的资源，UAI可以创造出几倍的价值。对万向而言，收购UAI至少有四个好处：一是通过UAI出口销售更多的万向产品；二是形成产品、技术的完整平台；三是可以将UAI品牌引入中国；四是可以利用 UAI 在美国的市场网络。而且 UAI 是 NASDAQ 上市公司，收购 UAI 可以间接进入美国的资本市场。

经过数轮谈判，在 2001 年 8 月，万向成功收购 UAI 公司 21% 的股份，成为其第一大股东，并被授权在必要时以实际拥有 58.8% 的投票权，确保对该上市公司的绝对控制能力。此次收购，开创了中国民营企业收购海外上市公司之先河。通过对 UAI 公司的人员结构、产业结构、产品结构和激励政策的调整，仅仅过了半年时间，UAI 公司就已开始盈利。

2003 年 9 月 30 日，万向再次出手，成功收购美国的"百年老店"、翼形万向节传动轴的发明者和全球一级供应商——洛克福特公司，以 33.5% 的股权成为洛克福特公司的第一大股东。

创立于 1890 年的洛克福特公司是汽车零部件翼形万向节传动轴的发明者和全球最大的一级供应商，占全美主机配套市场 70% 左右的供货量。除重型传动轴外，洛克福特公司同时生产用于重型非高速公路车辆的机械及液压离合器、动力转向装置等。多年来，洛克福特公司以雄厚的技术开发能力与测试手段，不断将该领域产品推向新的层次。

万向和洛克福特公司的接触始于 1995 年，那时的洛克福特简直是"牛气冲天"。当然它有"牛"的资本——在美国本土处于行业顶尖地位，根本没有竞争对手；海湾战争期间，成为美国国防部的主要供应商，这又给它平添了几分荣耀。万向最早到洛克福特公司谈业务，根本连门都进不去，只能在接待处等候。

随着世界竞争格局的变化，1998 年洛克福特公司开始出现亏损，一百多年来形成的工作规范，再加上本身是美国汽车联合工会的工厂，使洛克福特显得暮气沉沉。虽然在技术、品牌上还占些优势，但是内部根本没有办法做制造了，设备旧了，人员老了。

此消彼长，在生意上打了数年交道后，万向凭着不断提升的优质产品和快速发展的态势成为洛克福特的战略供应商，与之结成了战略同盟关系。2000年，双方开始谈到收购合作。当时，有两家欧洲的同行公司也在觊觎洛克福特。但是和这些"竞争对手"相比，万向除了具有相同实力的金钱，还有他们所没有的"王牌"——手握洛克福特所需的资源并具有整合资源的能力。资源重叠不会有扩大效应，资源互补才会有质的变化。洛克福特不愿意把自己"卖"给这些欧美的同行，反而看上了万向。

2003年9月30日，万向以33.5%的股权成为洛克福特的第一大股东。这不仅是对"万向制造"技术、品牌、市场的有效提升，而且进一步成功推进了万向的国际化战略（见附录4）。

战略思考

万向进入国际市场是从海外销售开始的，经过数年努力，万向产品基本在美国市场立稳了脚跟。这一阶段的标志性事件就是1997年进入通用汽车（GM）的配套体系和1999年进入福特（Ford）的配套体系。

从1997年开始，万向开始了国际化战略的第二次转型：从以海外销售为主向运用资本工具进行并购转变。数年中，万向美国公司已先后在美国、英国、德国、加拿大、澳大利亚等8个国家拥有了30多家公司，其中独资或控股18家，构建起涵盖全球60多个国家和地区的国际营销网络，构建起万向跨国集团的雏形。

历年来，万向在海外投资的平均年增长率超过50%，这与国内汽车零部件企业的发展速度构成了鲜明对比。

下一步，万向集团总裁伟鼎将承担起进一步国际化、发展万向的重任。他这样阐述万向的战略思考："'走出去'的战略不是别人要我们走出去，而是我们自己需要走出去。中国的机械企业以前只是在利用国家资源，而没有自己的企业资源。我们要走出去，在全球占领资源市场，使资源成为可交易的优势……20 世纪 80 年代，'走出去'完全靠的是企业家的个人意识；90 年代，就是主动'走出去'，而下一阶段的问题是如何整合全球资源……未来万向要变为'为工业服务'的供应商。"

对万向的未来，鲁冠球和年轻的伟鼎总裁都充满了信心。伟鼎说："万向在不远的将来会发展成为一家拥有核心价值与核心能力的跨国公司，它应该有一个响亮的名字，叫'中国万向控股'。"

附 录

附录1：万向集团的业务流程

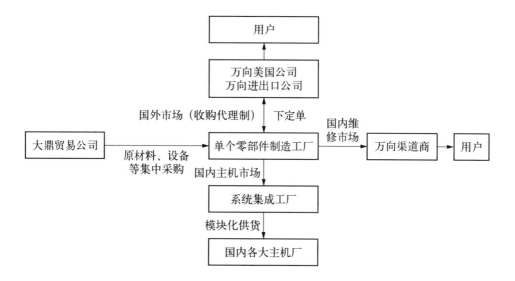

附录2：万向集团主要海外客户

附录3：万向美国公司连接国内外市场

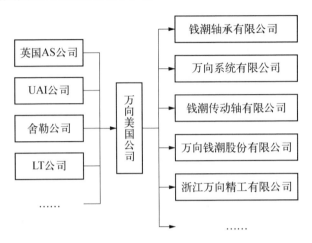

附录4：万向近年来在海外进行的投资活动

时　间	对　象	内　容	备　注
1997 年 7 月	英国 AS 公司	收购 60% 的股份	成立万向欧洲轴承公司，拓展欧洲轴承市场
1997 年 11 月	美国—高尔夫球场	收购 75% 的股份	成立万向草原河高尔夫球场公司
2000 年 4 月	美国舍勒公司	整体收购	获得该公司的设备、品牌、技术专利及全球市场网络
2000 年 8 月	美国 ID 公司	收购 51% 的股权	
2000 年 9 月	美国麦科公司	持股 50 万股	以战略投资者身份持有优先股
2000 年 10 月	美国 LT 公司	收购 35% 股权	成为 LT 公司的第一大股东，在北美有了第一个加工/装配基地
2001 年 1 月	美国 QAI 公司	收购 10% 的股权	成为第三大股东
2001 年 8 月	美国 UAI 公司	收购 21% 的股权	成为第一大股东，签订强制性采购协议
2003 年 9 月	美国洛克福特公司	收购 33.5% 的股权	成为第一大股东

附录 5：万向集团近年来经营状况（1990—2003）

年份	出口创汇（万美元）	出口交货值（万元）	主营业务收入（万元）	利润总额（万元）	利税总额（万元）
1990	315.96	1 381.6	5 677.96	787.04	1 079.44
1991	517.14	2 635.85	9 327.56	1 381.6	2 028.04
1992	780.35	4 183.07	15 582.18	2 865.35	4 023
1993	1 078.88	7 089.06	33 915.11	5 043.71	7 255.55
1994	1 128.1	9 050	41 957.9	7 669.33	10 746.4
1995	1 836.71	14 865.37	73 169.85	10 080.6	14 812.9
1996	5 022.06	40 251.74	123 682.4	15 100.26	19 856.7
1997	6 940.52	56 796.98	174 943	21 818	28 108.93
1998	7 640.27	62 579.87	263 378.41	26 006.69	34 424.37
1999	10 208	84 243	446 807.08	33 792.9	43 796.94
2000	13 370.85	110 675.45	677 500.95	50 526.86	66 942.75
2001	17 814.14	146 281.52	863 619.93	70 632.28	92 499.24
2002	27 220.39	226 366.97	1 182 646.89	75 092.31	104 700.2
2003	38 008.59	316 474.99	1 521 183	95 407.76	135 789

附录 6：万向集团总资产增长情况

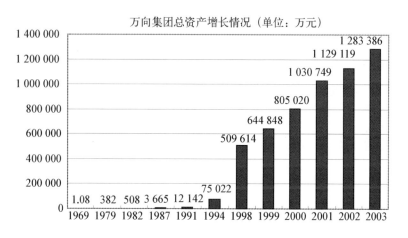

万向集团总资产增长情况（单位：万元）

附录 7：万向集团产品品种及名称

出口产品种类	开始出口时间	出口产品名称
十字轴万向节	1984 年	万向节、光轴、差速器
传动轴	1991 年	传动轴
轴承	1993 年	圆锥滚子轴承、深沟球轴承、轮毂单元
等速驱动轴	1993 年	保持架、等速驱动轴
滚动体	1997 年	钢球
减震器	2000 年	QAE 连杆
制动器	2001 年	制动器

来源：《中国大型企业（集团）发展报告（2002—2003）》。

附录 8：万向集团出口创汇增长情况（单位：万美元）

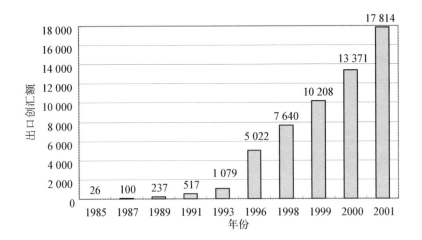

三一集团：
欧洲的天气会晴朗吗？[1]

　　巴黎又下雨了，显然跟去年的雨不一样，2005 年法国冬天的天气变得不可预测。多雨的日子几乎把郭先生的阳光欧洲的印象给抹去了。作为三一集团高层管理人员之一，2006 年他被派去开发欧洲市场。三一在开发印度、中东和北非等市场的成功大大增强了其开发其他国际市场的信心。三一已经提出了它的美国发展计划。然而，怎样有效地进入欧洲并让其成为一个能为整个集团做贡献的地区，仍然是悬在郭先生心头的问题。事实上，三一是中国建筑设备生产领域的领头羊之一。然而，欧洲市场对于三一来说是一个全新的市场。国内市场竞争加剧，迫使三一的高层管理者开始思考全球战略。国际化压力加上坏天气使郭先生难于找回任何他以前对这块有着令人钦佩的历史文化大陆的兴奋感觉。尽管他来巴黎已经超过四次了，却是第一次参观著名的巴黎圣母院。

1　本案例是由里昂商学院边冬、中欧国际工商学院刘胜军、中欧国际工商学院 Juan A. Fernandez、里昂商学院 Tugrul Atamer 以及法国国家科学研究院殷天然等人共同撰写。目的是用作课堂讨论的题材而非说明案例所述公司管理是否有效。本案例在中欧课堂受到广泛欢迎。

看着这座超过 600 年历史的哥特式建筑的精美雕刻，他陷入了沉思。

郭先生去过的国家超过 50 个，他对宏观经济环境的发展有很灵敏的感觉。六年的时间足以让他观察行走在香榭丽舍大街和巴黎圣母院里不同地区的游客变化。以前主要的游客是日本人、韩国人、中国台湾人和新加坡人。由于中国经济的飞速发展，越来越多的中国人加入亚洲游客群成为这些欧洲公司重要的收入来源。对于法国和意大利的奢侈品，德国、英国、北欧各国的汽车、电信、能源供应设备生产企业等来说，都是非常好的消息。然而，欧洲人的感受和态度对于这种变化是复杂的。一方面，他们确实很想通过生产和销售高品质的产品，或者提供优质的服务，如向境外消费者提供旅游服务来赚取更多的利润（作为世界上最大市场的中国显然是他们追逐的目标）；另一方面，中国商人在中低端市场的激烈竞争，低成本生产和运作，以及快速市场发展模式真的让欧洲相关的企业很担心。同时，欧洲的媒体集中曝光中国生产的产品质量问题以及激增的中国商品进口数量，使得形势更加恶化。譬如提高低端打火机的技术标准，紧缩纺织品、鞋子、自行车和电视机的配额，过去 10 年针对中国企业的反倾销案例的增加等。很明显，这些对于郭先生来说都不是好迹象。

在 2005 年底前，郭先生就已经是三一集团的高层了。在集团工作的 10 年里，他已经在公司几乎所有的重要岗位上都工作过，包括人力资源部经理、生产经理、销售和营销经理，以及物流主管。所以在一些领域，他非常了解集团的历史、运营和竞争优势，但是开拓国际市场对他来说确实是一个挑战。"尤其是三一正从发展中国家得到良好反馈的时候，现在有必要进入欧洲市场吗？这样做有哪些利弊？"郭先生低声自语："制定一种好的国际战略真不容易。"他已经考虑这个问题好几个月了。"作为一个国际市场的追随者，在与全球的同行竞争时，也许三一必须考虑速度以赶上那些工业巨头，我们必须走得更快，但如何才能做到呢？"

沿着游客的路线行走，郭先生几乎参观完了巴黎圣母院。他走近前门后面的游客留言册翻看游客的留言。这本厚厚的留言册里真实反映了这个城市的国际化程度。德国人、西班牙人、英国人、法国人、日本人、韩国人、中国人等，都可以在这里找到。一些游客留言寻求上帝仁慈的保护，一些游客赞美辉煌的建筑并记录他们在巴黎度过的美好时刻。郭先生从口袋里拿出笔用中文写道："让三一的品质改变欧洲。"

三一集团

在加入三一前，郭先生是他自己公司的 CEO。他的公司大概有 40 名员工，主要为中国的国有企业生产化学原料。尽管生意不错，但是他于 1994 年离开公司并开始为三一工作。当问他为什么时，他回答说："三一，一个吸引我的原因是公司在 1989 年成立的时候有一个非常不同的目标：'改善三一的经营以回报社会与国家'，'追求卓越和贡献社会的精神令人印象深刻……很少公司能像三一这样做……'，'当我被公司录用的时候，三一已经有超过 500 名员工了。所有的高级管理者都在 30 岁左右而且都毕业于同一所大学。其中有些人还是同学……公司充满活力和理想……'，'另外一个选择三一的原因是工业'。中国在 20 世纪 80 年代末期快速发展。大量的资金被投入基础设施改造和房地产发展方面。建筑设备的需求如混凝土输送泵车、挖掘机械、筑路机械等在未来 20 年里肯定会不断增长。"

三一集团简介

创建于 1989 年的三一集团，也许是当时少有的几个具有长远目光的中国企业之一。秉持"创建一流企业，造就一流人才，做出一流贡献"的企业宗旨，三一集团从发展的最初就追求在国内市场打造品牌战略。三一以前的主要业务是生产焊条，公司创始人意识到建筑机械装备制造业的巨大市场后，公司开始以此为主营业务的多元化生产。公司用了4年时间来了解市场，比较基础技术和启动制造项目。三一的发展给人留下深刻的印象。现在，公司的产品几乎涵盖了行业所有品种的产品，包括工程机械（全液压混凝土输送泵、混凝土输送泵车、混凝土搅拌站等）、路面机械（平地机、全液压压路机、沥青摊铺机、沥青搅拌站、铣刨机等）、挖掘机械、桩工机械（旋挖钻机等）、履带起重机械、非开挖施工设备（水平定向钻等）、港口机械（集装箱吊运机等）、煤炭机械（掘进机、采煤机等）全系列产品（某些三一的产品在附录1里有详细展示）。

2005年冬天，三一的员工数量超过1.9万人，总资产131亿元人民币（大概16.8亿美元）。三一的混凝土机械、桩工机械和履带起重机为国内第一品牌，混凝土泵车的国内市场份额达56%，连续3年产销量全球第一。为了维持它的技术竞争优势以超过竞争对手，三一秉承"品质改变世界"的经营理念，每年将销售收入的5%用于研发，致力于将产品升级换代至世界一流水准。三一也致力于通过广泛地建立研发网络和联盟以加强其领导功能。建立重型建筑机械国家级技术开发中心和博士后流动站就是三一努力的例子，充分说明了其追求合作战略目标过程中的灵活性。在郭先生考虑如何进入欧洲市场的时候，三一已经拥有授权有效专利334余项和50多项核心技术，获得国家科技进步二等奖、中国驰名商标、全国"免检产品"、中国名牌产品等荣誉。由三一重工自主研制的66米长的混凝土泵车在2005年被评为世界上最长的混凝土泵车。

三一建有12个海外子公司，业务覆盖达130多个国家和地区，产品批量出口到80多个国家和地区。由三一集团投资的三一重工股份有限公司创建于1994年，总部坐落于长沙经济技术开发区。作为三一集团的主要分支机构，三一重工主要生产工程机械，于2003年7月在上海证券交易所挂牌上市，成为国内机械产业第一家上市公司。公司的创始人梁稳根先生拥有三一重工

42.7% 的股份，成为真正的控股人。2004 年，公司主营业务（混凝土机械产品）的收入为 26.6 亿人民币（3.2 亿美元）。2005 年 6 月 10 日，三一重工成为首家股权分置改革成功的企业，被载入中国资本市场史册。目前，三一重工是中国工程机械行业市值最高的企业。

三一的质量

"绝大多数三一产品都是技术可靠高品质的产品。"当我们去郭先生办公室拜访他的时候，他自信地向我们展示了三一的产品目录。"在中国，我们绝对是市场的领导者，"他指出三种设备，"尤其是混凝土泵、挖掘机械、全液压压路机。"三一成功归功于它的快节奏和有效的质量管理。大量的研发投入，工程师、销售和营销人员之间广泛的沟通，获取最新工业信息的能力使得公司具备创新并适应中国本土市场的能力。郭先生对三一应对不同客户需求的速度感到很骄傲。"我们的研发人员和服务工程师是优秀的。建立临时的跨部门团队以解决实时反馈的问题，这在三一是很常见的。大部分的问题在网上能得到解决。因此，我们的服务要优于我们的竞争对手所提供的服务。"欧洲市场部经理补充说。

2002 年 9 月，三一重工度身定制的 HBT90CH 超高压混凝土泵在香港国际金融中心创下单泵垂直泵送混凝土 406 米的世界第一高度。三一开发了世界上首台全液压平地机、第三代混凝土泵、沥青砂浆搅拌车。连同全国超过 100 个营销和服务机构，三一重工建立了 56 个服务网络仓库和 6 条 800 绿色服务电话线（快速一点式服务）。全自动的机械，完美的网络和一致的宗旨，三一重工全程创造了星级服务和价值服务贯穿售前、售中、售后全程。在中国，三一在上海、北京、沈阳、昆山和长沙建立了五个工业园。三一重工获得了 ISO9000 质量体系认证、ISO14001 环境管理体系认证、OHSAS18001 职业健康安全体系认证和德国 TUV 认证。[1]

"在中国国内市场，在装配线上我们经常用当地零部件。那是因为当地客户的要求不高。对于国际客户，我们灵活处理。我们的产品有时根据不同的市场标准而定制，"三一欧洲市场部经理说道，"相比较全球高端的同行，如德国制造商普茨迈斯特和施维英公司，我们在整合方面做得比较好，如在三一品牌下整合采购零部件。德国制造商实际上跟我们使用的是一样的原料，但他们在行业里更先进，如在舒适性设计、可靠性、安全性、易操作性、稳定性等。这些方面我们都需要提高。"

三一在中国的销售与服务团队

三一在中国建立了广阔的销售与服务网络。"这个销售与服务网络的竞争力来自中国市场上的两个因素，"三一欧洲市场部经理解释道，"选择和表现评估。"销售、服务和营销员工的选择竞争很激烈。通常，几百个求职者申请几个职位。"这给我们机会去挑选最好的求职者来填补这些职位空缺。经过激烈竞争后胜出的成功求职者之间会为了展示自己的工作潜能和争取升职机会而进一步竞争。"对新入职的销售人员，他们的第一年将会非常艰苦。在这一年里，他们必须接受基本工资（国内基本工资为每个月 80～120 欧元，海外人员基本工资为每月 500～700 欧元）加上销售提成以证明他们有能力克服市场的挑战。在他们的第一年工作结束时，会筛选出一些提拔培养的候选人。

在三一的销售与服务职业路径是清晰的。候选人可以成为技术方面的产品经理，或者销售与营销专家，这取决于他们自己的职业偏好和成绩。在三一集团内部的人员交流和变动是非常频繁的。根据不同职位的需求，动态的内部人力资源市场保持了组织的灵活性。为了保持其销售与服务系统的竞争优势，公

---

1 来源：三一官方网站。

司让销售与营销的员工不断学习更新信息。三一向前线的员工开放所有的相关合作资源。三个月的销售、市场和技术培训，和其他员工合作机会的强化训练，以及与上级的直接沟通，极大地提高了他们的工作绩效。

"三一的命令履行周期极大快于德国、日本和韩国企业。我们对客户要求的快速反应也是基于人的考虑。提升员工在合作能力方面的发展为企业真正带来附加值……"

三一和普茨迈斯特在中国的竞争

普茨迈斯特集团

普茨迈斯特集团是全球建筑装备制造工业的领导者，而且将是三一在欧洲主要的竞争对手。普茨迈斯特集团创建于 1958 年，位于德国斯图加特市的郊区艾希塔尔市（Aichtal）。当时 25 岁的机械工程师 Karl Schlecht 创建了普茨迈斯特。两年后，根据 Karl Schlecht 的硕士毕业论文，公司生产出了世界上首台混凝土泵。混凝土泵从 20 世纪 70 年代初开始畅销全球，公司也逐渐成为世界混凝土输送设备市场的领袖企业。尽管普茨迈斯特在这个市场保持稳定的增长，但和卡特彼勒之类的综合性工程机械巨头相比，普茨迈斯特到现在仍然也只算是中型企业。2004 年整个集团（PM Group）的合并收入（consolidated revenues）是 7.6 亿美元。当时的员工总数为 2 357 人（三一当时大概有 5 000人）。三一和普茨迈斯特生产很多类似的产品，他们 80% 的销售都来自各自的核心产品，这两个公司是显而易见的竞争对手。

1998 年，也就是公司成立 40 周年的时候，创始人 Schlecht 老先生正式宣布退出公司的日常管理，改任监事会主席。而且，Schlecht 把他的股份捐给了以他的名字命名的公益基金会。现在，普茨迈斯特的股权结构是：大约 99%的股份归属于 Schlecht 及其家族的基金会，另有不到 1% 的股份属于 Schlecht

太太。关于普茨迈斯特从 2002 年到 2005 年业绩介绍见附录 2。

中国市场

普茨迈斯特的产品早在 20 世纪 70 年代就通过中国香港的代理进入了中国内地市场。在 90 年代中期以前相当长的一段时间里，以普茨迈斯特和另一个德国品牌施维茵为代表的进口产品占据了中国混凝土机械市场的绝对话语权。不过由于价格太高，那时候混凝土泵的需求量比较小。普茨迈斯特和施维茵大都没有达到预期的目标，1995 年，在中国房地产业发展的刺激下，工程装备市场引来了它的繁荣时期。这些谨慎的德国人意识到是覆盖整个中国工业的时候了。同年，普茨迈斯特在上海松江建立了其全球第三个生产基地。然而，有点迟了。国内企业发展非常迅速。所以尽管普茨迈斯特在中国的销售额在随后的几年里有所增长，但是市场占有率却一直面临下降的趋势。到 2004、2005 年，普茨迈斯特在中国混凝土机械市场的份额退守到 6%～8%，而且主要集中在高端的泵车产品上。全球工程机械产业的"大冠军"卡特彼勒（Caterpillar）公司在中国市场的表现就非常类似。尽管 20 多年来卡特彼勒在华投资业务的收益持续增长，但占有率并不高。2002 年，卡特彼勒在中国的市场份额不足 6%，与卡特彼勒在全球 31% 的市场份额极不相称。

普茨迈斯特的全球市场份额大概是 40%，超过 90% 的销售来自海外市场。2004 年，大概 75% 的全球销售来自欧洲（不包括德国）和北美。远东、近东和非洲的份额很少。这一定程度上说明高质而高价的"德国制造"在客户对价格比较敏感的"新兴市场"上竞争力相对弱。

2004 年中国工业经历了一次震动。为了确保中国经济过热的软着陆，中央政府出台了一系列的政策以冷却基础设施建设。整个中国工程装备市场萎缩了 5%。然而，普茨迈斯特 2004 年的年终报告显示它的销售增长 33%。远东地区是唯一一个销售负增长的地区。

三一的增长速度在 2004 年也慢了下来。然而，由于其具有前瞻性的市场措施，跟普茨迈斯特的损失比较，三一的混凝土泵和混凝土输送泵车的市场份额反而分别从 2003 年的 20% 和 40% 增加到 2004 年的 23% 和 50%。

2005 年，Schlecht 先生在一次采访中重申他对中国市场的兴趣。"中国建筑机械装备市场在将来将继续保持高速稳定的增长。我希望普茨迈斯特能更多地参与到此产业中。"很快，普茨迈斯特把其上海的生产能力增加了一倍以生产其最先进的混凝土泵车。上海成了跟东南亚一样的亚太区生产销售和服务中心。2005 年秋天，普茨迈斯特在北京成立分公司，这意味着普茨迈斯特要改善它销售和服务的现状，这是在中国的外资企业的软肋。

三一的全球运作

1997 年，三一开始国际化的尝试。第一步是在香港成立子公司开展租赁业务。2000 年初正式成立国际部，逐步推动出口。虽然最近几年每年的出口额都在成倍地增长，但是绝对规模仍然不大。2004 年的出口额为 1 400 万美元。2005 年截至 12 月份达到 2 300 万美元。即使如此，占其公司总收入的比重仍然不到 10%。而公司在全球混凝土泵送机械市场的总占有率超过 10%。

普茨迈斯特的业务覆盖了全球大多数发达国家。它是行业里全球的领导者之一，并在欧洲排行第一。三一在那时的目标市场是印度、非洲和东欧国家。2005 年三一重工最大的一个海外订单——价值 500 万美元的 74 台 80C 拖泵——来自西非国家安哥拉。到 2005 年底，三一已经在印度、摩洛哥、沙特阿拉伯、哈萨克斯坦、乌克兰等国家建立销售服务网络，并出口到东欧、非洲、东南亚、南亚、南美、俄罗斯和韩国。

三一看到中国市场的需求正在下降，同时也看到了国际化的价值。三一和普茨迈斯特竞争全球最高的建筑项目——超过 700 米的迪拜塔——投标清楚地显示这两个公司在全球市场直接面对面竞争的开始。三一的管理高层经常表示他们对欧洲和北美市场的兴趣，意味着他们希望开发这些被认为是普茨迈斯特大本营的市场。

"我们在印度、中东和北非市场有经验。比如，在印度，我们的增长非常迅速。从 2001 年起销售每年增长一倍。建筑市场形势大好。2004 年，印度在建筑机械装备方面的总投资达 22 亿美元，增长 15%。印度工商会表示，未来几年需求的增长将超过 25%。在五年内将有超过 2 000 亿美元的投资到基础设施上。这就是为什么我们希望在印度建立一个生产基地的原因。2005 年，我们跟印度的合作伙伴签订了一个合作备忘录，同意五年内在印度投资 6 亿美元以提高那里的生产能力。在沙特阿拉伯，客户买了三台混凝土泵车作为尝试，得到了良好的反馈。他们已经接受我们的产品和品牌。在那个地区的销售正在稳步增长。摩洛哥是另一个成功的例子……"郭先生停了一下，然后继续谈道，"三一在以上提到的国家和地区能够发展如此迅速是因为这些国家和地区的技术标准低。一方面，这些发展中国家的市场需求很大而且增长很快。另一方面，中国的技术标准比较高意味着我们不需要对所供应的设备在设计上做很多修改……现在，我们计划跳到欧洲，但前途并不明朗……"

欧洲的重型建筑装备工业和建筑商务

"我们知道南欧的房地产业增长速度高于北欧。据了解，法国、德国、西班牙、英国、意大利和土耳其等国占了欧洲建筑装备工业的 85%。"郭先生在回答关于欧洲市场状况时作了以上的答复。在欧洲有三个集团同行。在高端市场中主要被德国企业所占据，如普茨迈斯特和施维茵。日本的小松、韩国的大宇和现代等装备生产商分摊了中高端市场，他们的产品价格低质量好。中国的生产企业如徐工、柳工、中联重科等，已经计划进入欧洲，但是到 2005 年为止，他们的国际化只是停留在出口上。虽然他们中的一些企业已经在欧洲建立了代表处，但销售往往都是由当地的代理来完成的。"期盼价格战。"郭先生笑着，似乎他并不同意这点。显然，此刻，中国的企业仍然如人们所了解的那样停留在中低端位置上。

怎样进入和开发欧洲市场？

当郭先生从巴黎圣母院出来的时候，雨停了。郭先生一边沿着塞纳河走着，一边拿出一本笔记本写下一些问题：

进入欧洲市场的机遇和挑战是什么呢？

三一在欧洲的战略应该是什么呢？

我们该从哪个国家开始开展业务呢？

该采取怎样的合作方式以实现这个战略目标呢？

我们有能力进入这个市场吗？该如何进入？

附录1：挑选的三一产品

三一品牌的精华在于它的高可靠性

66 米混凝土泵车

履带起重机械

挖掘机械

附录2：普茨迈斯特（PM）的业绩

项 目		单位	2006（金额单位：美元）	2006（金额单位：欧元）	与去年相比的增长（%）	2005	2004	2003	2002
普茨迈斯特AG	销售	百万	670.0	509.2	31.6	387.0	320.4	271.3	273.5
	普通业务收入	百万	85.9	65.3	37.8	47.4	34.4	20.6	20.8
	销售利润率	%	12.8	12.8		12.2	10.7	7.5	7.6
	利息和税金前收益（EBIT）	百万	87.2	66.3	38.4	47.9	35.1	21.2	22.6
	EBIT－差额	%	13.0	13.0		12.4	11.0	7.8	8.3
	未计利息、税项、折旧及摊销前盈利	百万	92.9	70.6	36.6	51.7	38.7	24.5	26.1
	年纯收益	百万	50.4	38.3	33.9	28.6	21.4	11.6	15.0
	权益	%	55.9	55.9		69.4	71.9	75.3	72.2
	运营资本回报率	%	52.5	52.5		42.8	34.8	23.6	27.3
	投资	百万	30.7	23.3	55.3	15.0	12.2	4.0	11.2
	雇员	人		1 509	9.0	1 385	1 237	1 148	1 136
普茨迈斯特集团	不合并营业收入	百万	1 589.6	1 208.2	25.5	963.0	728.3	581.3	586.2
	合并营业收入	百万	1.183.3	899.4	23.1	730.5	553.5	426.5	445.4
	普通业务收入	百万	120	91.2	38.4	65.9	45.9	32.5	27.5
	销售利润率	%	10.1	10.1		9.0	8.1	7.2	6.0

项　目		单位	2006（金额单位：美元）	2006（金额单位：欧元）	与去年相比的增长（%）	2005	2004	2003	2002
普茨迈斯特集团	利息和税金前收益（EBIT）	百万	129.3	98.3	38.5	71.0	49.7	35.3	34.1
	EBIT－差额	%	10.9	10.9		9.7	9.0	8.3	7.7
	未计利息、税项、折旧及摊销前盈利	百万	140.4	106.7	36.4	78.2	56.3	42.4	44.1
	年纯收益	百万	67.5	51.3	38.3	37.1	28.5	17.9	19.3
	权益	%	38.9	38.9		47.7	50.9	51.9	47.0
	运营资本回报率	%	33.2	33.2		29.3	25.5	19.1	17.1
	投资	百万	63.0	47.9	87.8	25.5	20.5	6.9	11.4
	雇员	人		3 203	15.8	2 775	2 357	2 019	2 001

集团全球各地区的营业额

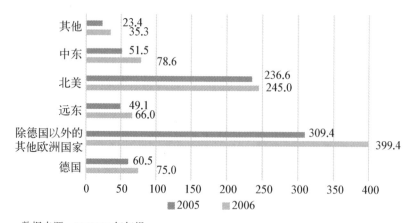

数据来源：PM2006 年年报。

附录 3：三一欧洲组织图

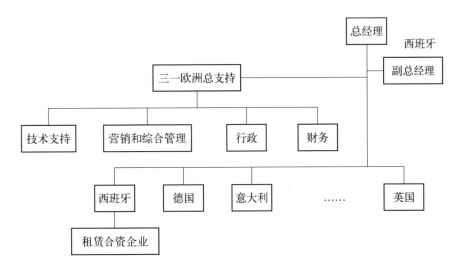

俏江南集团：
追求"美丽"的成长历程

(A)[1]

　　2007 年 10 月 18 日上午，北京的秋天，秋高气爽，万里无云。俏江南集团的创始人兼董事长张兰女士正坐在自己的办公室里，与她的管理团队共同探讨这一有着七年历史的餐饮公司未来的发展计划。

　　到 2007 年 9 月为止，俏江南已在北京、上海与成都等最具商业价值的城市开设了共 20 家高档餐厅，成功地在中国餐饮业站稳了脚跟。俏江南集团旗下共有三个品牌，"俏江南"是最先推出的旗舰品牌，下设 19 家餐厅，客户目标定位是中上层的商务人士；"兰会所"是其新推出的奢侈品牌，下设 2 家餐厅（已开张 1 家），以顶级商务宴请为主；"SUBU"是公司新近刚推出的品牌，计划不久在北京开设第一家门店，将目标客户锁定注重健康饮食的年轻一族。这 20 家餐厅均为俏江南集团的直营店，占地面积共计 40 000 平方米，每

1　本案例由中欧国际工商学院方睿哲和许雷平共同撰写，写作过程中也得到了俏江南公司的协作和支持。该案例目的是用来做课堂讨论的题材而非说明案例所述公司管理是否有效。该案例获 2008 EFMD 案例写作大赛"崛起中的中国全球竞争者"类别最佳奖。

年吸引 350 多万人用餐。俏江南集团被视作中国餐饮业一家独具创新能力的领先企业。前不久，它还有幸成为 2008 年北京奥林匹克运动会餐饮服务商之一。这份奥运合同也将为俏江南集团增加可观的营业收入。

但是，当张兰与她的团队坐下来开会时，他们发现，要在未来三年之内从现有的 20 家国内门店扩大到全球 100 家门店（其中国内市场 35 家，国际市场 65 家），公司必须作出一系列重要决策：如何提高让中餐行业深感棘手的标准化水准以提高效率和质量？如何考虑市场的优先度，是在本土市场挖掘更多潜力，还是本土与国际市场同步进行？是否要进入新的产品领域，如航空供餐、在超市零售半成品菜点等？如何采用业务扩张模式，是采用一贯执行的自营模式，还是通过加盟模式扩大规模？面临诸多需要应对的挑战，张兰开始思索该采用什么样的战略才能带动自己的团队取得更大的成功。

张兰：俏江南的创始人

张兰生于北京。"文化大革命"粉碎了她无忧无虑的童年生活。她和家人被下放到湖北贫困山区的一个农场，那里是专门为知识分子安排的劳动"改造"之所。虽然对于一个年幼的孩子来说，这样的环境非常恶劣，但她开始偷偷地从父母那里学习绘画与音乐。值得一提的是，年仅 9 岁的她就已学会为劳累了一天的父母准备简单的饭菜。

"文革"结束之后，17 岁的张兰随父母回到了北京，那时接受大学教育的机会微乎其微。直到 1985 年张兰才决定到北京商学院[1]攻读工商管理专业，当时的她已 27 岁，有一个两岁大的儿子。1987 年，大学刚毕业的张兰加入一家土木工程公司做文员，收入远远高于当时的社会平均水平。但她并不满足现

1　该校于 1999 年更名为北京工商大学。

状，总想做点事来改变这种悠闲的生活。1989 年，在旅居加拿大的亲戚帮助下，张兰申请到了去加拿大留学的签证。她怀揣着仅 600 美元便独自踏上了赴加求学之路。她靠打工来维持学业，曾在餐厅、酒店、美发店里打过工。最为艰苦的岁月，她一天要打四份工。

1989 年之后，加拿大政府开始向所有中国留学生发放绿卡。张兰是其中为数不多拒绝这一机会的人。她的人生面临着一个两难的抉择：是继续留在这个经济繁荣的国家，还是回到当时还贫穷落后的中国，和自己的家人在一起？她最终还是决定当自己赚到 20 000 美元（约合人民币 108 000 元）时就立即回国。1990 年圣诞前夕，张兰的银行存款终于达到这个目标，于是她马上回国。

当张兰带着自己的积蓄回到中国时，她并未想清楚自己的下一步行动。她想要在国内开一家公司，并构想过各种各样的公司，如做披萨饼、饺子皮、冷冻食品等公司，甚至是开设利用加拿大优质纸浆来生产纸张的公司。但她很快意识到，自己的积蓄有限，因此只能开设一家对资金投入要求不多的企业。于是她每天骑着自行车，头上围着一条纱巾，挡着春天北京满街的风沙，到处转悠以寻找生意机会。她发觉消费者外出就餐的需求开始上升，但许多陈旧的传统餐馆很难满足这种需求。看来用她的积蓄也许可以在北京开一家投资相对不大的小餐馆。

1991 年 4 月，开家小餐馆的机遇摆到了她面前。餐馆面积不大，仅 96 平方米，位置就在北京市中心的东四一带，原址是一家粮油商店。张兰认为餐馆生意将帮助她实现抱负，还能充分利用自己在加拿大餐馆打工时累积的有关中西美食的丰富经验。她的朋友却认为餐饮业在中国已日臻成熟，发展空间非常狭窄，因此并不适合张兰。然而张兰却坚定地把它当作自己的梦想，开始为之奋斗。

创业之初，张兰投入了大量的时间与精力制定自己的商业计划。她把川菜定为餐馆的主营菜式。张兰认为，在中国的八大菜系之中，川菜最能体现中国文化的精髓。川菜以"百菜百格、百菜百味"盛誉天下，备受世界各地人们的喜爱。

此外，张兰还想在自己的餐馆中营造出一种与众不同、舒适宜人的环境。为此，她亲自奔赴四川郫县，用火车把几十根 13 米长的竹子运到北京。她还请来当地的三位竹编高手，把自己的餐厅打造成一个颇具意境的江南竹楼。为了进一步烘托气氛，张兰又亲自在餐厅的墙面上画了一幅半裸的、跳着草裙舞的傣族姑娘。她把这家餐厅命名为"阿兰酒家"，名字听上去像她童年时代的乳名，非常亲切。"兰"字在中文中代表着兰花或芳香。尽管相比其他装修材料，竹子要便宜许多，但等餐馆一切就绪，张兰的积蓄也几乎耗尽。

20 世纪 90 年代早期的中国，尤其是北京，由于经济与社会发展迟缓，餐饮业也显得毫无生机，缺乏多样性。张兰的餐厅很快便因与众不同的风格与环境而吸引了大批食客。一开始，餐厅大大小小的工作都由张兰一人负责（从点餐到采购等）。很短的时间内，阿兰酒家在北京就小有名气。

1997 年，带着阿兰酒家的成功经验，张兰又在北京开了一家规模更大的餐馆——百鸟园花园鱼翅海鲜大酒楼。这是一家与阿兰酒家风格迥异的餐馆（见附录 1）。当时，受到粤式与港式菜肴的影响，价格不菲的鱼翅鲍鱼大餐开始在很多城市流行起来。张兰抓住了这一赚钱的机会，充分挖掘了人们对新口味菜肴的需求，并从这些相对昂贵的菜式中获得了可观的利润。与此同时，她还在忙于其他几项投资，其中包括房产中介、股票、大哥大（手机）销售代理等。

1999 年，张兰把自己所有的餐馆及其他资产都卖了出去，手头一下子有了 6 000 多万元现金。对于这一惊人之举，她自己后来做出了这样的解释："那个时候我觉得人无外财不富，所以光靠餐厅一盘菜一盘菜地炒，费用又高，利润又很低。1999 年把全部的资产卖掉以后我静下心来思考了半年，不断地问自己：在过去的九年里，我放弃了那么多，甚至放弃了加拿大的移民。当然，同时我也累积了不少资本、人际关系、管理经验等。但我追求的到底是什么？"[1]

在历经六个月的缜密思考之后，张兰意识到餐饮业仍是她的至爱。现在的她有了一定的资金积累，她前往法国探望正在那里学习设计的儿子，并走访了巴黎的多家知名餐厅。回来后，她决定改变策略——她要开一家使中华美食走向世界的餐馆，而不是在中国开设一家毫无特色的饭店。张兰解释了她决策背后的考虑："我做上以后就发现我真的是爱上了（餐饮）这个行业。我发现我就有一种责任，冥冥之中就有一种责任，中国 5 000 年的餐饮文化，为什么在世人的眼里都是中国小菜、法式大餐，我就是不服，我觉得我一辈子做这件事情都不够，做一件事情要几代人。因为这一行业是一个勤行，勤勉、勤奋、勤俭、勤勤恳恳、任劳任怨。"[2]

俏江南的诞生

张兰开始了她的二次创业。她发现，北京的很多高档写字楼里只有粤菜餐厅，价位偏高，把很多普通白领拒之门外。多年做餐饮的经验告诉张兰，这是一个有强劲消费能力的群体，他们对餐厅的要求是：时尚高雅、舒适宜人的环境，色香味俱全的卫生食品，以及价格适中。因此，她决定把这些商务人士作为目标客户[3]，建立顶级的中国餐饮品牌："海外对中餐存在很大的误解，一些老外以为，在唐人街吃到的麻婆豆腐和咕老肉就是中餐了，其实中餐里包含着很深的文化内涵。北京的外国人和商务人士越来越多，但是环境别致幽雅的吃中餐的地方还不多。我想打造一个中国品牌，那就是商务用餐，让全球的商务

1　"波士堂：对话俏江南餐饮集团董事局主席张兰"，2017-01-19，http://finance.sina.com.cn/leadership/crz/20070119/13323263851.shtml。

2　同上。

3　商务人士包括企业家、职业经理人以及一些中层白领人士。

人士在最短的时间内了解中国的饮食文化。"[1]

张兰想挑选北京的一家知名写字楼开设首家餐馆，便于吸引那些过去被忽略的目标客户，牢牢锁定当时中国的一大缝隙市场。她相信在这些写字楼上班的白领们一定是理性消费者，他们能够判断食物质量和服务。如果他们满意的话，一定会口口相传给其他顾客。2000年4月，张兰在北京国贸中心（北京的一栋高档写字楼）开设了一家面向中高层消费群体的餐厅——俏江南（South Beauty）。当时流传着这样的说法，中餐吃味道，西餐吃氛围。而张兰却有自己的市场直觉："现代人更多注重的是视觉享受，其次才是味道。客人一走进你的店里，第一眼看见的是环境，第二才是用餐，所以第一眼印象是非常重要的。"[2]

在10几位设计师中，张兰看中了杰姬·谭（Jackie Tam）的设计风格，请他担任餐馆的设计师。谭是一位美籍华人，毕业于哈佛大学。启用国外设计师在中国餐饮界尚属首次。张兰认为，只有谭才能把西方餐馆的风格与中国的饮食文化兼容并蓄。果然，谭的设计没有让张兰失望。她的目标消费群体也迅速接受了这家餐馆（见附录2）。

正如她之前的阿兰酒家一样，张兰仍然决定在新餐馆供应川菜。但是，由于用料普通，川菜在传统上还是被看作一种中低档次菜系。于是俏江南对传统川菜在用料和加工上都进行了诸多创新与改良。譬如，俏江南推出了一道名为"石烹豆花"的新式川菜，颇受白领一族的喜爱：侍者先在玻璃盅里预放几颗烧至200多摄氏度的江石。上菜时，将鲜豆浆倒进玻璃盅，豆浆顿时滚烫。再将江石捞出，放入点豆腐的"豆腐王"，盖上盖子。5分钟后，豆浆凝固成豆腐花。再配上几款调料，咖啡色的花生酱、粉红色的南乳酱、鲜红色的豆瓣酱、翠绿色的韭菜花，还有一碟炸黄豆。[3] 张兰还创造了不少新方式来展示川

---

1 "（兰）上品会所和它的女主人"，《三联生活周刊》，2008年2月4日。

2 "俏江南：中餐西做，赢在细节"，《东方企业家》，2006年3月。

3 同上。

菜传统菜点。例如，联想到自己小时候，夕阳西下时在乡下河边洗衣晾衣，张兰将四川传统名菜"蒜泥白肉"进行了改良，将薄如蝉翼的肉片用小竹架子挑起来，命名为富有诗意的"晾衣白肉"。（见附录3）在张兰的办公室里摆放着各种式样、各种颜色的器皿，她常常把这些餐具、器皿摆来摆去，试图创造出更理想的色彩和造型搭配。

创新川菜馆的独特定位、舒适的环境，以及优越的地理位置使俏江南成功地在短时间内赢得了商务人士的青睐。张兰这样解释了阿兰酒家与俏江南之间的区别："阿兰酒家就像其他传统中餐馆一样，我开这家店的目的就是为了赚钱。俏江南就不一样了。俏江南实际上是一个品牌。"[1]

原阿兰酒家的部分员工转到了俏江南的财务与餐厅发展部继续工作。张兰和她的团队共同渡过了2003年艰难的非典时期。凭借一支有着丰富管理经验的队伍，公司很快建立起良好的声誉，又成功地在其他几幢写字楼里开设了更多门店。每家门店都实行自主经营，当时的总部几乎没有发挥什么作用。

截至2007年中期，俏江南品牌餐厅已经扩大到19家，分别位于三大主要城市：北京、上海和成都。张兰又着手建立新的餐厅品牌：2006年11月开张的北京兰会所，面积达5 000多平方米，由世界著名设计大师菲利浦·斯达克（Philip Stark）主持，装修投入达1亿多元。北京兰会所开张首月就开始盈利，估计两年内就能收回投资成本。俏江南集团计划2008年4月在上海新开一家兰会所；也计划在北京开一家名为SUBU的餐厅（见附录4～附录6）。2007年，俏江南集团预计年营业收入将近4亿元[2]，日客流量达到10 000人次，俏江南已成为中国餐饮行业的标杆企业（见附录7）。由于中国餐饮市场的高度

1　案例作者对张兰的访谈，2007年10月16日。

2　该营业收入数据由公司提供。由于处在与风投公司接触阶段，公司对财务数据表现出相当的谨慎。但有媒体估计俏江南2007年经营收入将超过10亿元。其2005年营业收入也达到了4.6亿元，2003—2005年平均增长率达到55.6%。来源：2008年4月17日《钱经》及2006年5月20日《中国企业家》。

分散，俏江南在整个中国餐饮市场的 2006 年市场占有率估计低于 0.1%，但在中式正餐类别，其市场占有率估计在 2%，而在高档中式正餐细分市场，其市场占有率超过 7%。[1] 俏江南被看作一家年平均增长率达到 55% 的创新型企业。通过投标竞争，公司还被选为北京 2008 年奥运会餐饮服务商之一，将在奥运会期间每天供应 15 万人次的餐饮服务，这也是中餐企业首次为奥运会提供餐饮服务。

俏江南的商业模式

俏江南集团旗下餐厅均为直营店。自 2005 年以来，公司放缓了扩张的脚步，开始着力发展总部的职能管理能力，协调各餐厅的管理工作。公司的职能部门分为两大块，其一是餐厅运营，其二是总部管理（见附录 8）。在新的管理结构下，公司总部负责制定有关集团整体发展的决策，如与战略发展、财务管理、人力资源、市场营销、市场扩张、工程设计、研发、食品供应等与质量控制相关的决策。餐厅运营体系分为三个品牌（俏江南、兰会所、SUBU），三者使命各不相同。每家餐厅负责处理其各自的业务运营。同时，公司还成立了一个新的部门，负责管理国内与海外市场俏江南这一品牌的特许加盟业务。董事长特别助理罗云对管理结构的变化做出了如下评价："为了选定管理方向，我们用了两年时间思考业务到底该如何开展。在 2005 年之前，各家餐厅都是独立运作的，我们没有考虑过统一的公司战略。后来，我们意识到，我们不仅仅是在做餐饮生意；事实上，我们认为应该利用公司的统一管理来取得更大的协同效应。因此，我们决定从餐厅的各自为政转变到公司的统一管理。在过去的两年时间里，我们还在思考如何使我们的餐厅在众多竞争对手中脱颖而出，

---

[1] 中国餐饮市场上最大规模企业——百胜集团（Yum）的市场占有率仅有 1% 左右。俏江南市场占有率数据由案例作者及行业观察者估算得出。

抢占更大的市场份额。在中国，我们要做到在无数餐馆中一枝独秀。我们还建立了"餐厅连锁管理机构"，尝试通过加盟的模式扩大企业规模。"[1]

俏江南餐厅的面积一般在 2 000 平方米到 3 000 平方米之间。每家餐厅一般有 100～150 名员工，其中 30%～40% 在厨房工作。通常情况下，每家餐厅提供 380 道菜肴，其中 60%～70% 为川菜，其余的为粤菜或其他菜式。

与其他餐饮企业不同，俏江南在行业内导入了不少创新尝试。其商业模式的独特之处体现在品牌定位、目标客户、人员管理、菜品创新、餐厅选址、菜品定价、内部装修及 IT 技术应用等。俏江南也以此超越了众多竞争对手：

定位与目标客户： 俏江南致力于为商务人士提供创新川菜。由于这一定位，餐厅在黄金周[2] 等公众假日的客座率非常低，因为目标客户在这段时间通常都会外出度假。对比之下，其他大众餐馆或快餐连锁店（如麦当劳）在假日的生意就非常红火了。这也体现俏江南定位得到了明晰执行。

张兰的独子汪小菲（Danny Wang）担任公司执行董事，负责兰会所与 SUBU 的发展工作。他在法国及加拿大完成了高中、大学及 MBA 学业，对全球多家顶级餐馆进行了考察。2004 年，他学成归国，张兰要求他为俏江南集团设计一套多品牌战略。汪小菲说道："起初，公司仅想开一家俏江南旗舰店，但我不同意。北京作为国际化的大都市却缺乏现代都市文化的特质，我想北京需要一个国际化的休闲场所，能够提供 360 度感官体验下的健康有品质的生活方式。这就是兰会所最初的定位。兰，是我母亲的名字，兰花更代表着中国文化。作为集团最新品牌，SUBU 与定位高端人群的兰会所及定位商务人群的俏江南不同。SUBU 将注重于未来感和创新健康食物。SUBU 餐厅内也会开专卖店，出售各类 SUBU 风格的 CD 唱片、餐具等。"[3]

1　案例作者对罗云的访谈，2007 年 10 月 16 日。

2　黄金周是指中国当时的"五一"与"十一"的七天长假。

3　陈艳艳，"俏江南推行多品牌战略　蓄势海外扩张"，《中国新时代》，2007 年 10 月。

事实上，国内竞争对手鲜有如此品牌构架。许多竞争者往往是在定位不明、形象较低的单一品牌下运作。罗云对公司品牌战略进行了解释："我们注重品牌的差异化，以满足更多消费者的需求。为此，俏江南的定位是年龄在30到45岁之间的商务人士。兰会所面向45岁以上的成功商务人士。SUBU的目标群体则是更年轻、更时尚的白领一族。我们希望我们的企业能像宝马一样，能够同时推出7系列、5系列与3系列等产品。"[1]

为了有条不紊地做好这三个品牌的推广工作，公司设计了一致的品牌识别系统，在户外和平面媒体上投放了一定的广告。同时，又尝试与法国航空、荷兰皇家航空公司等国际航空公司合作供餐，向往来于中欧之间的商旅人士提供俏江南品牌的中式餐品（见附录9）。此外，为了实现多样化经营，公司还力图将业务拓展到零售店的速冻半成品（如水饺）领域。

菜品创新：俏江南对川菜进行了一系列创新。由独立的研发团队负责推出新菜，而行政总厨则负责菜品质量监督。新菜品评估系统相当苛刻，所有研发新品中，只有2%能够正式进入菜单。张兰提醒员工，不用担心被他人复制，俏江南只有通过不断创新才能摆脱竞争者跟风。除此之外，为了丰富菜式以满足不同的口味，俏江南还在菜单上增添了几款粤式菜肴。公司介绍其菜品时提到："俏江南集团主营川菜并辅以南派粤菜等，它将中西餐饮文化融会贯通，突破传统、追求完美，在国内首创了"中餐西吃""餐饮与艺术相结合"的典范。……俏江南多年来以弘扬中华美食文化、倡导时尚健康生活为己任，不遗余力地从传统文化的深厚底蕴中汲取营养，锐意革新与改良。……俏江南菜品与众不同的魅力在于其对原料品质的精挑细选，对传统烹饪手法的继承与创新，对菜品营养的严格保证，以及对菜式视觉效果的精细追求。在严格要求、重重把关下诞生的俏江南精品菜式，将现代美食艺术发挥到了极致。"[2]

---

1 案例作者对罗云的访谈，2007年10月16日。

2 摘自俏江南公司的菜系介绍资料。

选址与定价： 为了向目标客户提供近距离的服务，俏江南将餐厅地址选定在主要城市中的顶级写字楼中。这样一来，运营成本自然比其他餐厅要高很多。为了收回成本，菜品的价格也随之上升。高级的用餐场所与高端的价位有助于俏江南打造中高档的品牌形象。

内部装潢： 每家俏江南餐厅的装修风格各有不同，都是由业内知名设计师设计的。张兰和她的团队坚持认为，餐厅能够吸引客户的不仅仅是美味，还有环境。俏江南在餐厅内部装潢方面常常是不吝重金，力图在餐厅中将中西方的设计浑然一体地展现出来。集团投入每家新餐厅的设施、内部装饰以及厨房的费用平均达到 800 万元。此外，兰会所的豪华装修投入过亿，设计费也达 200 万美元，而其他竞争对手不会在装修上如此舍得投入。

信息技术的应用： 在俏江南集团，移动点餐系统、客户关系管理（Customer Relationship Management, CRM）系统等先进信息技术设备的应用极大提高了餐厅的中高档品牌形象，并提高了工作效率。早在其他餐馆还未开始构建 CRM 系统之前，俏江南就建立了自己的 CRM 系统以记录客户信息，并据此提供度身定制的服务，增进了与客户的沟通。公司还安装了企业资源规划（Enterprise Resource Planning, ERP）系统，用以控制关键财务变量与采购流程。同时，公司正在对其远程会议系统进行测试，以便提高各地多家餐厅间的内部沟通。这些 IT 应用对于仍固守传统经营手段的大多数中国餐饮企业来说无疑是相当创新的。

员工管理： 张兰相信，一支众志成城的团队一定会帮助公司战胜在资本投入以及市场潜力方面遇到的挑战。甚至在 2003 年的非典时期，当时国内几乎所有餐厅都停止营业并解散了员工，但张兰拒绝这样做。俏江南给全体员工全额工资，并为他们提供了更好的住宿和饮食条件来抵抗疾病危险。

公司在管理团队中开展了绩效管理。与此同时，公司还聘请一家咨询公司，专门设计了一套新的人事管理系统来有效地激励员工。汪小菲把人力资源管理视作公司面临的一项艰巨挑战："我们属于劳动密集型行业。虽然高层管理团队非常关键（对绩效而言），但最先与我们客户打交道的则是我们的服务人员。这些在一线工作的人员一般都在 20 岁左右，没有什么工作经验，因此他们的培训与管理就成为最棘手的问题。去年我们对员工进行了一次大规模培训。"[1]

2006 年，俏江南要求其服务员必须参加在公司培训中心开展的为期三个月的培训课程，其中提出了许多服务目标，如在三分钟内完成餐桌的布置。同时，餐厅管理人员必须完成一项为期两年的在职培训课程。每年，他们会被派往欧洲、美国和亚洲的酒店餐厅进行为期两周的考察，对比国外餐厅服务水准并带回一些好的想法。张兰还邀请有麦当劳和可口可乐中国区管理经验的管理人员加盟俏江南，以满足公司不断发展壮大的需要。

中国餐厅市场

中国菜肴在烹饪中有很多流派，在公众中最具影响力的是"八大菜系"，它们分别是鲁菜、川菜、粤菜、闽菜、苏菜、浙菜、湘菜和徽菜。一个菜系的形成和它的悠久历史与独到的烹饪特色密不可分，同时也受到这个地区自然地理、气候条件、资源特产、生活习惯等因素的影响。一般的中餐馆会提供一到两个菜系的菜品。

20 世纪 90 年代以来中国餐饮行业复合增长率（CAGR）高达 15%。2007 年，行业规模达到 12 000 亿元，占 GDP 总量的 4.87%。而这一百分比在 1978 年只有 1.5%。2004 年，东部占到全国规模的 50% 以上（见附录 10～附录 11）。2006 年，餐饮行业平均利润占总收入的 10%；原材料成本占总收入的

---

1 案例作者对汪小菲的访谈，2007 年 10 月 16 日。

43.6%，劳动力成本占 11.92%，租赁成本占 8.75%。与发达国家的餐饮业相比，中国的劳动力成本相对较低，而营业间接成本则相对较高。[1]

中国餐饮行业有三个主要组成部分：早点摊、大排档和各类餐厅。虽然前两者经营点数量巨大，但餐厅在行业规模中的比重极其显著（见附录 12）。中国餐厅市场又可分为四部分：正餐餐厅（中餐为主）、火锅店、快餐店（西式和中式）及茶馆（及咖啡店）。总的来说，正餐餐厅的整体规模增长要小于其他三类餐厅。

但是，在一片繁荣景象的背后，一些关乎生死存亡的重大问题正在影响中国的餐馆。由于入行门槛比较低，中国饭店酒家的数目非常多。然而，许多餐馆的服务质量、卫生水平及管理能力方面有很大差异。

发展之梦

无论是从餐厅数量，还是菜系多样化来看，中国餐厅市场处于典型的完全竞争状态。该市场同时具有极高的流失率（餐厅开张和关闭相当频繁）和分散性。2001 年以来，中国百强餐厅名单中的一半名字已被新来者所替代。2006 年，中国最大的 50 家餐饮企业只占全国市场的 5%，而同期美国最大的 50 家餐饮企业占到其国内市场的 20%。[2] 在中国营业收入排名第一的餐饮企业——百胜（Yum）集团是一家全球性企业，其在中国 2006 年营业额达到了 110 亿元，但排名第二的餐饮企业营业额却只有 50 亿元左右，而排名第十的餐饮企业的营业额已低于 10 亿元。[3]

看到西式快餐在中国市场的成功，许多意识领先的中国餐饮企业开始探索如何通过连锁扩大企业规模。有种共识认为：中国领先的餐饮企业能否达到

---

1 "中国餐饮业竞争无序"，《经济政策信息》，2007 年 1 月 15 日。
2 "中国餐饮谁为老大？"，《三联生活周刊》，2008 年 2 月 4 日。
3 "2007 中国餐饮产业运行报告"，湖南科学技术出版社，2007 年 10 月。

一定规模是中国餐饮市场健康发展的关键，而且规模扩张的基础在于标准化运作。但是，对于中国传统菜系来讲，标准化难以驾驭。正如一位行业观察者所说："与西餐不同，中餐具有食物原料选取的广泛性、进食选择的丰富性与菜肴制作的灵活性等特点。中国菜肴的丰富性与"产品类型少"才能大批量标准化生产的方式形成难以排解的冲突。与正餐相比，产品更易标准化的火锅、快餐的连锁经营步伐较快。这也造成了中餐正餐市场发展要慢于火锅和中式快餐的市场发展。"[1]

连锁扩张

火锅和西方快餐市场上连锁餐厅的快速发展势头非常强劲，特许加盟店的营销模式开始成为一种趋势（见附录 13～附录 14）。2006 年，中国的百家重点餐饮企业共拥有 14 489 家门店，其中 39% 为直营店，61% 为加盟店。除此之外，火锅和正餐连锁的业务指标也与快餐连锁存在显著差异（见附录 15）。

由于规模的扩张需要以庞大的投资为后盾，2006 年至少有 10 家餐饮连锁企业宣布计划实施首次公开募股（Initial Public Offering, IPO）。风险投资公司（Venture Captial, VC）的目光已经从科技、媒体与电信（Technology, Media and Telecommunications, TMT）行业转向餐饮业这一新型传统消费行业："与 TMT 行业相比，餐饮业的现金流回收快而且风险低。中国正处于消费经济的拐点，消费类产品的需求会呈爆炸性增长。传统行业蕴涵着很多大展拳脚的机会。风投企业期望合作的对象，应该是有做"百年老店"发展打算的，这样的企业才有投资价值。"[2]

餐饮连锁企业异乎寻常的扩张速度带来了许多问题。除了中国食品标准化的问题以外，人力资源与管理技能同样也成了发展的瓶颈。虽然特许加盟成为

1　"中国餐饮谁为老大？"，《三联生活周刊》，2008 年 2 月 4 日。

2　"中国市场餐饮业成为热点"，《第一财经日报》，2007 年 1 月 15 日。

普遍的连锁经营模式，加盟商有时会慢慢脱离母公司的控制，自立门户，建立类似的品牌。此外，一家餐馆可轻松快速地复制另一家餐馆的新菜式。一般来说，几乎没有几家中国餐饮连锁企业能够建立自己的长期核心竞争力。

几家眼光长远的餐饮连锁企业管理者意识到了无计划扩张带来的潜在风险，决定采取行动提高自己企业的经营品质。举例来说，小肥羊是中国最大的火锅连锁企业，之前曾得到过 2 500 万美元的风险投资。2007 年夏，小肥羊决定将门店从原来的 721 家缩减至 326 家。虽然大部分停业的饭店属于加盟店，但剩余的连锁店中仅有 30% 为直营店，其他的仍属于加盟店。[1]

创新中餐厅

包括俏江南在内的一些新兴中式餐厅开始致力于打造全新的中华美食形象。例如，中国火锅一向因其貌不扬而难登大雅之堂，然而在北京简约别致的鼎酷（Hot Loft）餐厅，这里的火锅却别具一番风味。新式中国餐馆还非常注重自己的品牌文化，这体现在从原材料采购到装盘上菜的整个日常运作流程中。虽然能够提供各式各样的美味佳肴，但这些餐馆会对菜品进行精心挑选，向客户提供一份菜式有限但独具匠心的菜单。这些餐馆的创立者意识到，创新的业务理念、独特考究的菜单、让人印象深刻的装饰风格，对于餐馆的成功都是至关重要的。他们相信，只有在这些方面多下些功夫，中餐才有可能满足消费者不断变化的口味。"夜上海"餐厅的老板徐宗锦（Paul Hsu）认为："人们只想去就餐环境独树一帜的餐厅，它的菜单可以很简单，他们会点几道菜，慢慢享用。"[2]

最为重要的创新举措是对于中餐原料采购、半成品菜点准备、物流和客户服务方面的标准化尝试。例如，在上海和北京拥有 11 家餐厅、经营高档上

1　"内蒙古小肥羊餐饮连锁香港上市起步拟募 20 亿港元"，《东方早报》，2007 年 8 月 3 日。

2　"中国餐馆尽展特色"，http://brand.hr.com.cn/html/40724.html。

海菜的苏浙汇，在2002年就建立了中央厨房。起初，建立中央厨房的意图在于集中管理不同的供应商，以控制原料质量。几年运作下来，中央厨房演化成一个生产中心，可以制作只需加热就能上桌的菜点、点心和配好调料包的半成品菜点。下属每家餐厅的厨师只需按照要求程序就能很容易地烹饪食物。苏浙汇创始人之一的李昀如此解释："刚开始时，总厨反对中央厨房的做法，因为这意味着要把各种菜的制作方法完全公之于众。但是我问他是要做四五十人的总厨呢，还是通过中央厨房的方式，做500人的总厨？于是我们将一道菜的做法分成许多工序，中央厨房的厨师每人只处理部分工序。这样的话，除关键人物外，其他人都不能掌握整个工序。以此克服了用标准化方式准备中国菜的瓶颈问题。此外，我们也获得了意想不到的效果，如原料库存更低，下属餐厅厨师人数也有所减少。别以为弄个统一的企业标志就代表连锁，连锁真正的本质还在于经营的模式和管理。采购标准、制作标准、调料标准都统一，我终于感觉到我是在做一个连锁餐厅。但是，我们并不要求各个门店采用统一的装修风格。我们不是麦当劳，麦当劳仅仅是对快餐进行最简单质量的标准进行统一；我们做的是对中餐进行最复杂质量的标准进行统一。"[1]

快餐大腕

肯德基（KFC）、麦当劳（McDonald's）、必胜客（Pizza Hut）等国际快餐丰富了中国消费者的就餐选择。例如，自1987年11月以来，肯德基共在中国400多座城市开设了2 000家门店，其下一步目标是迅速渗透到中国的三线和四线城市，并实现一天开一家店的计划。中国已成为肯德基的第二大市场，仅次于美国。其主要竞争对手麦当劳也已在中国开设了820家门店，2008年将达到1 000家。

1　"苏浙汇：高档本帮菜的发展辩证法"，《三联生活周刊》，2008年2月4日。

这些西方快餐连锁店向中国餐饮企业展现了标准化与物流在餐饮业中所起到的关键作用。举例来说，到 2006 年为止，肯德基、必胜客与塔可钟（Taco Bell）的母公司百胜餐饮集团（Yum）已经在中国建立了 16 个配销中心。新建的华东配销中心高 9 米，建筑面积 15 500 平方米，是该集团在亚洲规模最大的一个中心。整个中心运作管理着 3 500 余种品项，服务于 300 多家餐厅，每年的配送箱数约为 500 万个以上，每年行驶公里数超过 300 万公里。同时，百胜还尝试性地在上海推出了"东方既白"连锁餐厅，专供中式快餐。这一新的品牌实行了与肯德基相同的标准化运作体系，并已初见成效。

地方性快餐连锁店，如真功夫、味千拉面、马兰拉面、大娘水饺等，纷纷借鉴这些国际品牌的最佳实践经验。举例来说，真功夫——一家快速发展的地方性餐饮企业，目前门店已达 200 家——计划在中国建立三个物流中心，以完成原材料采购、食品加工与配送这些关键性流程。真功夫已经对外公布了其在 2012 年前开设 2 000 家门店的计划。大多数成功的地方性连锁店都引入了海外资本，并计划通过 IPO 来赢得更多资金，继而进一步扩大经营规模。然而，它们还远远落后于国际品牌，尤其是在食品与流程标准化以及中央物流配送能力方面。

俏江南的竞争对手

俏江南定位于高档中式正餐细分市场，因此与快餐、火锅、普通餐厅等不会有直接竞争关系。在 2007 年中国百强餐饮企业排名中，仅有十家企业跻身高档中式正餐细分市场，包括上海锦江（第 4 名）、北京顺峰（第 18 名）、广州酒家（第 28 名）、上海小南国（第 32 名）、上海苏浙汇（第 88 名）、上海沈家花园（第 91 名），及俏江南（第 72 名）等。这些餐厅各自聚焦于不同菜系，如北京顺峰和广州酒家以粤菜为主；上海锦江、小南国、苏浙汇、沈家花园等以江苏及浙江菜系为主。因此，以川菜为特色的俏江南在菜系上与这些高档中式正餐餐厅不会直接竞争。一般而言，人们习惯于先选择菜系，再选择提供这一菜系的餐厅。

对俏江南而言，最关键的问题还是"假李逵"。2005 年，俏江南发现在自己还未进入的城市中至少有 16 家假的俏江南餐厅，这些城市包括南京、厦门、天津、青岛和香港等。这些假餐厅的名字一般会在俏江南三个字上添加一个或两个汉字。它们的招牌上将"俏江南"三个字尽量放大，而其他元素则极其不显眼。通过这种方式，假餐厅吸引了一些粗心大意的顾客，但其服务和环境却很糟糕。心怀不满的顾客就向真俏江南投诉自己所受到的低质服务。为保护自己的品牌，俏江南开始通过法律手段来打击这些"假李逵"，但由于存在地方保护，有时法律过程十分缓慢而且结果也未必如愿。

消费趋势和意见

随着可支配收入的增长，近年来中国消费者在酒店餐饮方面的支出有了明显的增加。人均年餐饮消费支出从 2004 年的 534 元增长至 2007 年的预计 800 元，年均增长率达 18%。然而，与发达国家市场相比，中国市场仍具有巨大潜力；举例来说，美国的该数字达到 1 600 美元，而法国则为 1 050 美元。[1] 此外，在上海、广州、北京等经济发达的城市，人均消费高出全国平均水平的三到五倍。在这些城市有更多餐馆可供消费者选择，消费者通常会根据口碑来做出选择。网络调查显示：消费者对于餐厅信息的了解途径中，63% 来自口碑，15% 来自传统媒体（报纸、电视、收音机等），12% 来自互联网，10% 来自户外广告。[2]

20 世纪 90 年代以来，餐厅消费者演化出不同市场人群，如办公室白领午餐、家庭外出用餐、朋友聚会、情人约会，以及商务人士用餐。不同的市场

1　个人消费数据来源："快速发展的中国餐饮行业"，《国际商报》，2006 年 10 月 28 日。

2　"餐饮消费网络舆论调查"，《品周刊》，2008 年 3 月 15 日。

人群有不同的需求。办公室白领午餐形式往往会选择快餐（西式30%，中式70%），因为较为方便和快速。白领午餐占据了餐饮市场1/4规模。家庭成员外出用餐的基本需求是物有所值，这也促生了大量的普通餐厅。朋友聚会的餐厅选择取决于这些人的社会地位，社会地位越高的人，选择的餐厅就越好。情人约会则追求餐厅的浪漫气氛。

由于中国经济的快速增长，价格承受力更强的商务用餐人群比其他人群具有更大市场潜力。但商务用餐人士并不满足于简单吃喝，他们对餐厅环境、菜品口味和餐厅方位等有更高要求。这些商务用餐人群正是俏江南的目标客户。幸运的是，在一个专做餐馆点评的热门网站上，俏江南赢得了不俗的口碑（见附录16）：定位"精品川菜"，"把草根做成了贵族"。出品"视觉效果好"，口味独特。环境着实"花了番心思"——大气、雅致、有西方情调——摒弃了川菜馆惯有的嘈杂。服务员"衣着光鲜"，热情周到。宴请宾客"绝对长面子"，只是价位比一般餐厅要高些。[1]

然而在成都——川菜的发源地，食客们认为俏江南的川菜少了传统川菜那份酣畅淋漓的辣劲。还有些人认为俏江南不能称得上地道的川菜馆。尽管如此，人们还是对俏江南雅致的创新菜肴情有独钟。

北京 2008 年奥运会

2008年奥运会预计将为北京的餐饮业带来180亿元的增量市场。餐饮服务商将在奥运会举行期间为运动员、工作人员、媒体记者和其他重要宾客提供近1 300万份餐品。在奥运餐饮收入中，预计西餐将占70%，中餐占30%。

然而，主流国际媒体却对中国食品的安全状况提出了质疑。中国政府为此不遗余力地加大监管力度，确保奥运会的食品供应安全。以严格的食品标

1　摘编自网站：www.dianping.com（大众点评网）。

准为基础的招标工作已经完成，六家企业脱颖而出成为 2008 年奥运会的食品供应商：俏江南与另外三家地方性企业，以及麦当劳与爱玛客（ARAMARK）两家国际企业。中国烹饪协会秘书长边疆在新闻媒体上发表了自己的观点："2008 年北京奥运会将推动北京餐饮行业的国际化进程。奥运会食品供应商将经历关键性的技术转变，尤其是在食品与流程标准化以及物流能力方面，这将带动餐饮行业的一场变革。只有那些能够升级运作流程以满足奥运会大规模需求的餐馆，才有可能在中国未来的市场上占据一席之地。"[1]

未来规划

张兰认为，中国文化博大精深，有着 5 000 年的悠久历史。她这一代的中国企业家应肩负起弘扬中华文化的重任，因为他们有着比老一辈更有利的条件。这一代企业家的梦想就是实现中国经济的强盛与文化的繁荣。张兰表示："我在思考的是如何将中餐推向西方国家的主流餐饮市场，唐人街的东西根本不能称得上为中餐。俏江南吸引了世界各地 100 000 多位外国客人来店享用我们的美食。因此，现在是时候扩大我们的规模了。我们已在中国取得了成功，现在我们希望能够打造一个国际品牌，把俏江南开到纽约、巴黎、伦敦、米兰、日内瓦、东京等世界各大城市中去。"[2]

毋庸置疑，在快速地国内与国际扩张进程中，要在保持中餐品质的同时对其进行改良并非易事。罗云指出了公司遇到的困难："光有目标和雄心还远远不够；我们必须付诸实践来实现这些目标。公司的高管层是从大局着眼，我们还需考虑的是如何执行任务并预见可能遇到的困难。譬如说，我们应不

1　"2008 年北京奥运会将给餐饮业带来 180 亿人民币的商机"，《消费日报》，2007 年 7 月 30 日。

2　信息来自案例采访与媒体报道，"美女老总系列：俏江南董事长张兰要做餐饮中的 LV"，www.netease.com，2006-12-26；以及 "China's 400 Richest"（"中国 400 位富豪榜"），www.forbes.com/global/2006/1113/098.html。

断研发出更有特色的菜单，提高人员管理，等等；我们还应培训员工标准化的工作方式。这并非易事，直到现在（在中国餐饮业内）还没有一家企业能够做到这点。"[1]

前方的挑战

俏江南现有的餐厅经营得有声有色，但公司的管理团队并未因此在提升运营效率及竞争力方面有所懈怠。为规模扩张打好基础，需要提高中餐标准化；需要确定市场进入的优先度，是先挖掘国内的市场潜力，还是先进入国际市场，抑或是两者同时展开；需要进入新的业务领域，如航空供餐、零售半成品菜点等；需要考虑采用何种扩张模式，是延续运作已久的自营模式，还是通过加盟模式；还需要设计融资方式；等等。这些都是俏江南当前所面临的挑战。

寻求标准化

对于快餐连锁店或西餐馆而言，食品与工艺的标准化并非难事。举例来说，麦当劳仅提供 40～50 种餐品，而星期五餐厅（TGI Friday's）也不过 100 种餐品而已。但在每家俏江南餐厅，仅主菜单就有 380 道菜品，还不包括酒水在内。不仅如此，不同的俏江南餐厅有不同的厨师，原材料是由分散的地方供应商提供的，每道菜的品质取决于厨师的水平。虽然公司总店有三位主厨专门负责新菜品的研制以及质量的控制，但与工艺的标准化还有很大的一段距离。

杨汝璋（Jacy Yang）先生于 2007 年 7 月加入俏江南，担任运营总监，拥有在麦当劳、星期五餐厅、季诺（Gino's）等西餐企业 25 年的工作经验。他

1　案例作者对罗云的访谈，2007 年 10 月 16 日。

受命负责建立一个有助于提供公司运作效率的系统。他描述了公司遇到的挑战和应对措施："在肯德基、真功夫等快餐店，标准化是比较容易实现的。然而，对于高端中餐馆而言，标准化之路却是非常艰难的。在我上任之前，厨师们不愿透露自己的烹饪方法，因为这是他们的商业秘密，写下烹饪法的要求甚至会激怒一些厨师。后来，我仔细研究了这些烹饪法，阅读了当地的菜单，与专业厨师进行了沟通，并学习了相关的烹饪术语，这样一来我对整个过程都有所了解了。我认为餐饮企业的成功之道非常简单。其一就是服务。这是可以通过培训、规章、检查与适当的激励体系来实现标准化的。其二是菜单。我们的构想是，由中央厨房负责烹制所有的主菜，然后再将其配送到各个餐厅，以确保不论何时每家餐厅主要菜品的口味都是一样的。目前，每家餐厅的厨房面积在300～400平方米。面积在2 000平方米左右的中央厨房将对生鲜食材进行处理并准备好主菜的搭配，然后将其送至各家分店进行烹饪。我们的中央厨房将负责烹制食材昂贵的菜品与那些容易实现标准化的菜品。尽管如此，各家分店的厨房还会利用蔬菜等新鲜材料或根据客户的特殊要求准备一些菜肴，因此他们还需要采购一定数量的原材料。我们将在各运营城市建立中央厨房，目前已在北京与上海开始建设。通过这种方式，我们就能实现标准化并控制平均成本。"[1]

杨汝璋的另一项职责就是改进公司的成本管理战略。他道出了自己的想法："有些人说他们已经削减了30%的成本，对此我深表怀疑。他们应该用数据说话。我会制定标准，征求厨师的意见，确定烹饪方法与投入成本，明确加工成本，然后据此计算出每道菜的标准成本。同时，我们将利用计算机软件对原材料的使用进行控制，计算售出菜品的数量以及原材料的消耗量，检查库存状况以评估原料的使用情况。通过这种方式，我们将能控制原材料的成本，这是总成本中比例最大的一部分。"[2]

---

1 案例作者对杨汝璋的访谈，2007 年 10 月 16 日。

2 同上。

进入新市场

俏江南的国内业务主要集中在北京和上海。餐饮企业的国内市场目标城市选择非常关键（见附录17）。2005年，张兰计划在香港开设两家门店，但却一直毫无进展。对国际市场来说也是如此。她还想在阿联酋打开市场。最近，俏江南表示正计划在纽约、巴黎、东京等国际大都市开设分店，但未透露详情。张兰曾经描述过她的扩张计划：短期内拥有门店30家，未来三年内拥有门店100家。这100家门店中，35家开在中国，65家将与东京、纽约等城市的战略伙伴合作开在各个国际性城市。俏江南也在尝试进入一些新的产品领域，如全球市场的航空供餐、国内零售市场的半成品菜点供应等。

多家国际以及国内品牌的快餐连锁企业已经成功实现了规模的扩张，而对于中高档餐厅而言，扩张则意味着更大的挑战。因此，俏江南的雄心壮志让一些观察员感到忧虑。一家知名国际媒体指出："在该细分市场上尚未出现其他成功的国内餐饮连锁企业，俏江南仍未覆盖到中国所有的大城市。进入一个成熟的市场意味着进入一个完全不同的运作环境。"[1]

扩张模式

俏江南正在尝试通过加盟的模式扩大其在中国的连锁经营规模。两家新餐厅正在与其签订加盟合约。公司还在网站上宣布了寻求加盟伙伴的计划，马上引来很多感兴趣的企业家纷纷提问。然而，罗云表达了他对这一局面的担忧："对公司而言，这是一个巨大而又无比艰难的转变，因为中国食品在运作方面还未能实现标准化。我们研究了麦当劳等企业的集中管理方式，它的财务部里仅有16位员工就可管理800家门店的相关事务。而我们的财务部雇用了80多

---

1 "China's 400 Richest"，www.forbes.com/global/2006/1113/098.html.

人，却仅仅只能应付 20 家门店的事务。这真是天壤之别。"[1]

在国际市场，由于缺乏当地市场经验并存在管理上的困难，通过自营和加盟方式进行扩张会有风险。俏江南正与当地一些具有互补资源优势的战略伙伴接洽，寻求合作开发市场的机会。例如，日本的 Royal 公司，就是一家潜在的战略合作伙伴。这家公司在日本拥有 1 000 多家餐厅，又是日本最大的航空供餐服务企业。此外，俏江南也感受到国际市场上对餐厅规模、风格、菜系等的要求会与国内市场存在相当大的不同，因此也需要对这些方面加以相应调整。

IPO 融资

在中国，私营餐饮企业很难申请到银行的贷款，鉴于这一行业的风险性，银行在贷款审批过程中都会格外谨慎。不仅如此，政府也未把餐饮业列入优先发展的行业。俏江南不得不采用利润再投资的方式来实现公司的发展计划。公司的现金流非常充沛，足以维持其现有的运作与适度的发展。然而，公司还需要更多资金来实现其扩张计划、其他与标准化相关的项目、新业务的发展，以及奥运会合约项目。花旗、瑞信等 10 多家风投公司或投资银行都表达了与俏江南合作的意愿。2006 年以来，俏江南已宣布有可能在国际或国内股票市场上进行 IPO，但具体日期尚未敲定。张兰也解释了俏江南 IPO 设想："我们不是为了筹集资金才上市，我们上市目的只有一个：就是通过引进投资伙伴，把公司打造成为一个透明的受股东监督的企业。我本人最不欣赏的是家族企业，那些只信任自己家人的企业永远不可能做大，百年老店只有通过一套完整的管理体系与明确的股权利益和责任才能实现。"[2]

1　案例作者对罗云的访谈，2007 年 10 月 16 日。

2　"Lan（兰）上品会所和它的主人"，《三联生活周刊》，2008 年 2 月 4 日。

追求卓越

会议当中安排了片刻休息。张兰透过她办公室的玻璃窗向外眺望，看到了施工中的奥运会"鸟巢"体育场已见雏形。张兰靠在办公椅上继续思索着：俏江南是否应该加快扩大规模的步伐？如何提高中餐标准化运作能力？如何选择国际和国内目标市场？如何在直营与加盟间找到平衡？何时才是引入外部资金并进行 IPO 的最佳时机？……

张兰意识到自己必须目标高远，同时又得采取小步子来确保每件工作都在轨道上。她感觉俏江南的前方之路就像"鸟巢"体育场，外表激动人心，但其内部结构又是复杂无比。

附录1：阿兰酒家与百鸟园花园鱼翅海鲜大酒楼的照片

张兰于阿兰酒家，1991 年

类似百鸟园大酒楼的餐厅环境照片

资料来源：阿兰酒家的照片由俏江南集团提供；由于缺少真实的照片，下面两张照片来自 http://food.yoolink.com 网站，用以模拟当年百鸟园花园大酒楼的餐厅情景。

附录 2：俏江南的第一家餐厅（北京国贸）

资料来源：照片由俏江南集团提供。

附录 3：俏江南的创新川菜（列举）

注：菜品名称（从左到右）：第一排：石烹豆花；晾衣白肉；俏江南手撕鸡。
第二排：俏江南春夏秋冬；水晶鸭梨；江南过桥排骨；孜然炝锅桂鱼。
资料来源：照片由俏江南集团提供。

附录4：各家俏江南餐厅的照片

注：餐厅名称（从左到右）：第一行：俏江南北京国贸店；俏江南成都店；俏江南上海正大广场店；第二行：俏江南北京东方银座店；俏江南811会所；俏江南北大资源店。
资料来源：照片由俏江南集团提供。

附录5：兰会所的照片

北京兰会所内部装修风格
资料来源：照片由俏江南集团提供。

附录 6：SUBU 餐厅设计效果

北京 SUBU 的设计图效果

资料来源：照片由俏江南集团提供。

附录 7：俏江南集团发展年表（2000—2007）

年份	餐厅数量	员工人数	地点及店数	总营业收入（单位：百万元）
2000	2	200	北京（2）	10
2001	6	600	北京（6）	40
2002	8	800	北京（7）上海（1）	60
2003	11	1 300	北京（8）上海（3）	110
2004	16	1 900	北京（11）上海（4）成都（1）	200
2005	18	2 200	北京（12）上海（5）成都（1）	280
2006	20	2 600	北京（13）上海（6）成都（1）	350
2007	20	2 600	北京（13）上海（6）成都（1）	384（预测）

资料来源：俏江南集团内部信息。

附录8：俏江南的组织结构（2007）

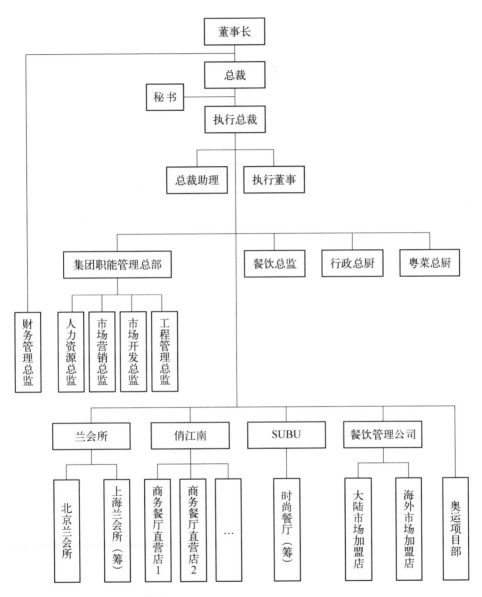

资料来源：俏江南集团内部信息。

附录 9：俏江南集团品牌活动

俏江南在上海（左图）和北京（右图）的户外广告

法航的航空供餐合作

 *LAN*蘭

俏江南、兰会所、SUBU 的品牌标志

资料来源：俏江南集团内部信息；

法航航空供餐合作照片来自 http://www.cnsphoto.com/NewsPhoto/printNews.asp?ID=359106。

附录 10：中国餐饮行业的市场发展（1995—2007）

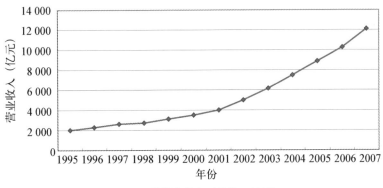

资料来源：行业访谈，1996—1998、2000、2002、2006—2007 年数据为估计值。

附录 11：中国餐饮行业的区域差异（2004）

地 区	省份数量	餐饮业的总营业收入（亿元）	占总数的比例（%）	年增长率（%）
全 国	31	7 486	100	21.6
东部地区	11	4 183	55.7	22.0
中部地区	8	1 800	24.0	20.1
西部地区	12	1 520	20.3	23.8

资料来源："2004 年中国餐饮业市场情况及特点分析"，《经济日报》，2005 年 3 月 16 日。

附录 12：中国餐饮行业的结构差异（2004）

类 型	店家数量（千家）	每店日营业收入（元）	估计每店投资（元）	估计每店员工规模
早餐摊铺	1 900	<100	<500	1
大排档	1 000	300～400	2 000	2～3
餐馆（100～400 座）	600	5 000～10 000	300 000	20～50
餐馆（400～800 座）	200	15 000～30 000	2 000 000	150～200
餐馆（800 座以上）	1	50 000～120 000	5 000 000	300～400

资料来源："制约中国中式餐饮发展的原因和分析"，《新华日报》，2005 年 4 月 27 日以及行业访谈。

附录 13：中国餐饮行业百强企业（2006）

类　型	连锁企业	门店数量	总营业收入（亿元）	营业收入占百家重点企业的比例（%）
火　锅	22	6 682	300	36
快　餐	15	4 375	230	27.8
中式正餐	42	1 690	195	23.5
休闲餐饮	无	无	106	12.7

资料来源："2006 年中国重点餐饮企业进一步快速发展"，《中国商报》，2007 年 6 月 15 日。

附录 14：中国餐厅市场连锁餐厅营运统计（2006）*

金额单位：亿元

类　型	2005 年营业收入	2006 年营业收入	增长率（%）	2005 年门店数量	2006 年门店数量	增长率（%）
西式快餐	147	185	25.8	2 330	2 757	18.3
中式快餐	18	20	11.6	1 191	1 075	−10.8
火　锅	131	149	14	2 454	2 799	13.6
中式正餐	1 390	1 510	9.5	1 507	1 545	2.25

注：由于抽样和统计口径不同，该附录部分数据也许不同于附录 10，但可判断 2005—2006 的年度变化。

资料来源：摘编自《中国连锁经营年鉴 2007》。

附录 15：中国正餐 / 火锅餐厅连锁与快餐厅连锁比较（2006）

指　标	正餐 / 火锅连锁企业		快餐连锁企业	
	2005 年	2006 年	2005 年	2006 年
门店数量	4 244	5 066	4 213	4 843
总规模（10 000 平方米）	338.2	426.6	123.6	140.7

指 标	正餐／火锅连锁企业		快餐连锁企业	
	2005 年	2006 年	2005 年	2006 年
员工数（10 000 人）	27.8	32.9	20.6	20.6
座位数（10 000 位）	191.6	212.6	49.2	55.7
总营业收入（亿元）	228	278	204	249
采购产品（亿元）	95	112.4	73.5	84.3
其中 集中配送	39.9	47.4	67.4	77.5
自有配送中心	27.3	35.4	49.4	56.3
第三方配送中心	12.6	11.9	17.9	21.0

资料来源：摘编自《中国统计年鉴 2007》。

附录 16：消费者对俏江南的评价（至 2007 年 10 月为止）

项 目		北京（420 位消费者）	上海（1 153 位消费者）	成都（187 位消费者）
评分（最高 30）	口味	18～21	17～18	17
	环境	24～27	21～26	27
	服务	20～22	15～20	22
人均消费（元）		102～141	149～180	115
分类标签	商务宴请	34%	27%	41%
	川菜	23%	18%	10%
	朋友聚餐	13%	8%	0%
	改良川菜	0%	0%	33%
	情侣约会	16%	8%	16%

资料来源：www.dianping.com，2007 年 10 月，各地消费者对当地某一俏江南餐馆的评价汇总。

附录 17：中国前 10 大主要城市的餐饮行业（2006）

规模排名	城市	餐饮业总营业收入（亿元）	增长率排名	城市	年增长率（%）
1	上海	452	1	上海	29.0
2	北京	362	2	济南	21.8
3	广州	350	3	青岛	21.7
4	天津	210	4	重庆	20.0
5	成都	209	5	郑州	19.3
6	重庆	194	6	合肥	19.1
7	武汉	177	7	武汉	17.9
8	济南	140	8	杭州	17.9
9	大连	134	9	天津	17.4
10	郑州	130	10	长沙	17.2

资料来源："中国 2006 年主要城市餐饮业三项指标前十名排序统计"，精讯数据，2006 年 12 月 31 日。

(B)[1]

2008 年初张兰曾提出过关于俏江南未来发展的几个"十年"设想,"下一个十年,当你去巴黎、米兰、纽约,你在任何商务角落,都会看到俏江南。下一个十年末,我们希望能够进入世界 500 强。再下一个十年,也就是二十年目标,零售业巨头是沃尔玛,而餐饮业并驾齐驱的就是俏江南,成为世界 500 强前三强。"但是,自 2008 年北京奥运会后,有关俏江南及创始人母子的不利传闻就甚嚣尘上。

2015 年 7 月 14 日,新浪微博 ID 名为"@ 餐饮业那些事"的博主称,张兰彻底出局俏江南。爆料一出立马引发轩然大波,俏江南早先引入外部资金时的"对赌"传闻也再一次被提起。7 月 17 日张兰委托律师发表声明,否认曾与鼎晖签订"对赌协议",并称自己是主动辞去职务,不存在"出局"董事会的情况。张兰的声明令舆论纷纷猜测这位知名创业女性和她引以为豪的接班人已彻底失去了对俏江南的控制权。

2008 年奥运后的俏江南

借助成为 2008 年北京奥运会餐饮供应商的机会,俏江南获得了很好的品牌

---

1 本案例由中欧国际工商学院曹之静、清华大学经管学院金勇军和中欧国际工商学院许雷平共同撰写。在写作过程中参考了现有公开信息。该案例目的是用来做课堂讨论的题材而非说明案例所述公司管理是否有效。

推广机会，整体运营能力也得到了明显提升，公司内外对其未来发展相当看好。但出乎意料的是，2008 年奥运过后不到五年，俏江南却遇到了不少内困外扰。

引入 PE 和外聘 CEO

张兰之前称"俏江南一直没有银行贷款，也没有欠过债，现金流非常好"。2005 年，意大利的菲亚特集团提议以 10 亿美元入股俏江南。但参与此事的人士回忆，当时张兰态度傲慢："她完全讲不清大举扩张之下的赢利来源，其财务报表也一塌糊涂。"[1] 最终结果是未达成投资协议。2008 年金融危机爆发，俏江南为缓解现金压力并计划抄底购入一些物业，决定引入外部投资者。

2008 年 9 月 30 日，俏江南与鼎晖创业投资基金（"鼎晖"）签署增资协议，鼎晖创投通过注册在香港的 CDH Beauty（HK）Limited[2] 向俏江南注资等值于 2 亿元人民币的美元，持有俏江南 10.526% 的股权，在此之前俏江南的注册资本仅为 1 400 万元人民币。[3] 同年 12 月，俏江南变更为外商投资企业。[4]

曾有媒体透露为鼎晖如此高价入股托底的是所谓的"流动性条款"[5]，即 PE 为自己变现股权留有的强制性退出渠道。[6] 当时盛传俏江南与鼎晖签署了"对赌协议"："如果非鼎晖方面原因，造成俏江南无法在 2012 年底之前上市，鼎晖有权

1 "俏江南张兰：引进鼎晖投资是俏江南最大失误"，新浪财经，2011-08-26，http://finance.sina.com.cn/chuangye/chain/20110826/121510385597.shtml。

2 CDH Beauty (HK) Limited（也可称为鼎晖江南），注册在香港，法定代表人和实际控制人为王功权，鼎晖创投通过其向俏江南注资并持有俏江南股权。2011 年 6 月，王功权因"私奔"事件名声大噪从而辞职，鼎晖副总裁吴华和董事总经理胡晓铃接管此项目。

3 "鼎晖被指在俏江南投资合同中暗设保护性条款"，腾讯财经，2011-09-03，https://finance.qq.com/a/20110903/000473.htm。

4 同上。

5 "俏江南鼎晖恩怨：没有对赌和领售"，新浪财经，2016-01-21，http://finance.sina.com.cn/chanjing/gsnews/2016-01-21/doc-ifxnuvxe8290298.shtml。

6 "PE 投资如何解决退出之道"，搜狐财经，2017-12-04，http://www.sohu.com/a/208308679_467322。

以回购方式退出俏江南。"[1] 对赌协议（Valuation Adjustment Mechanism），即估值调整协议，核心条款是对于目标公司是否可以实现某种业绩或目标，做成正反两种或然性的规定。[2] 后来该媒体将这一说法更正为"股份回购条款"（见附录1）。[3]

针对愈演愈烈的传闻，鼎晖高层曾回应称"像俏江南这种体量的融资项目，只有企业和我们投资人高层几个人知道协议内容，外界人士不可能在保密协议生效期内了解到具体内容，我们也不可能违背职业操守把这些商业秘密泄露出去"[4]，此外他还表示"其实不是每一个项目都必须签对赌，俏江南这个项目当时十分被人看好，我们出让过很多权益"。[5]

在鼎晖的牵线和支持下，2010年初，俏江南聘请原麦肯锡全球合伙人——魏蔚女士担任公司CEO，同时引入多位职业经理人。[6] 魏蔚在担任俏江南总裁期间，曾提出"四化"的管理改革思路——企业化、信息化、工业化、国际化，真正实现从"人治"到"机制"的转变，提升标准化程度，加强供应链管理。对此，张兰也基本认同。不过，实现这一转变并不容易。[7] 魏蔚认为企业最大的挑战就在于管理层的故步自封和盲目自大。俏江南中高层管理人员除了有限的几位职业经理人外，大多出身基层，学历和见识有限。魏蔚说："俏江南如果要进一步做大，最大的挑战在我看来就是'人'，不破不立，有破才有立。"魏蔚认为关键看两个问题：一是够不够坚持，很多时候她能做到正

---

1 "张兰输掉俏江南主要原因：对赌协议"，腾讯财经，2015-11-26，http://finance.qq.com/cross/20151126/8LPD5I34.html。

2 "张兰输掉俏江南主要原因：对赌协议"，腾讯财经，2015-11-26，http://finance.qq.com/cross/20151126/8LPD5I34.html。

3 "从张兰净身出局　看俏江南资本之殇"，搜狐财经，2016-01-11，http://business.sohu.com/20160111/n434103687.shtml。

4 "《新财富》报道俏江南对赌协议系子虚乌有　隔空向张兰道歉"，腾讯财经，2016-11-19，https://finance.qq.com/a/20161119/022438.htm。

5 同上。

6 "俏江南为何难吃'A股饭'　烂账本挡了上市路？"，《中国经济周刊》，2012年2月14日。

7 "俏江南张兰：引进鼎晖投资是俏江南最大失误"，新浪财经，2011-08-26，http://finance.sina.com.cn/chuangye/chain/20110826/121510385597.shtml。

确的决策，但这需要很强的执行力。二是平衡跟创始人也就是张兰的关系。[1]

鼎晖与俏江南签订的增资协议中曾规定协议完成后，"向公司提供股权激励建议方案，协助公司建立健全合法有效的薪酬管理体系及激励约束机制"。[2] 2010 年 3 月，张兰将俏江南 4.7% 的股份以 1 508 万的价格转让给远腾投资有限公司，该公司注册在香港，法定代表人为张兰于 2010 年年初邀请担任俏江南 CEO 的原麦肯锡合伙人魏蔚。[3] 此外张兰还分别以 1 248 万元和 391 万元的友情价将 3.889% 和 1.217% 股份转让给高管安勇及史海鸥。[4] 同时，鼎晖江南也做了一些相对应的转让，同样是转让给上述几人。[5] 转让完成后，鼎晖江南持有俏江南 9.926% 的股份。[6]

然而，在没有任何公开解释的情况下，魏蔚等当初从外资企业挖来的职业经理人却于 2011 年年初离开了俏江南。2011 年 6 月，汪小菲接任 CEO 职位。而就在 3 个月前，汪小菲与台湾演艺明星大 S（徐熙媛）举办了一场奢华高调的婚礼，引起了公众关注，并引发了不少媒体负面报道。

对于汪小菲就任 CEO，张兰认为："餐饮行业并没有多么深奥，需要勤奋和爱这个行业。绝对不能把大公司的人事斗争带进来。过去引进的职业经理人，拉帮结派，内耗太严重。"[7] 张兰对汪小菲的 CEO "试用期"定为 3 年。"我是大刀阔斧，不注重细节。他比较注重细节和人的感受，也有市场敏锐度。我

1　"俏江南张兰：引进鼎晖投资是俏江南最大失误"，新浪财经，2011-08-26，http://finance.sina.com.cn/chuangye/chain/20110826/121510385597.shtml。

2　"俏江南上市之踵：张兰天天如履薄冰"，新浪财经，2014-01-14，http://finance.sina.com.cn/stock/hkstock/ggIPO/20140114/134317947898.shtml。

3　"还原鼎晖俏江南的真实交易"，新浪财经，2011-09-05，http://finance.sina.com.cn/chuangye/fundraising/20110905/095610432760.shtml。

4　同上。

5　"鼎晖被指在俏江南投资合同中暗设保护性条款"，腾讯财经，2011-09-03，https://finance.qq.com/a/20110903/000473_1.htm。

6　同上。

7　"俏江南为何难吃'A 股饭'烂账本挡了上市路？"，《中国经济周刊》，2012 年 2 月 14 日。

步伐迈得太快，他就会拽着，有时候也会推着向前走。"张兰还认为汪小菲很善良，但作为管理者，一个软肋是"过多的同情心"，未来可能会吃一些小亏。但这没关系，"只要善良，在餐饮这个良心行业就不会出大格，不会做违规的事"。张兰也希望汪小菲放手去推动俏江南的国际化。[1]

艰难的扩张之路

中国中高端餐饮连锁业平均纯利润率在 5%～8%，假设 2010 年左右俏江南年销售额均为 10 亿元，则其年均纯利润约 5 000 万～8 000 万元。2011 年在中国一线城市开一家中等规模新餐厅，其物业成本、装修、硬件投入及管理成本等总计约在 2 000 万～3 000 万元。国际市场上开设新店的成本则会更高。对于俏江南而言，通过自有资金迅速扩大自有门店数，几乎是不可能完成的任务。[2]

俏江南一方面希望通过引入 PE 资金获得开设自有门店的费用，并考虑上市融资以开设更多门店；另一方面也开始考虑以"特许经营"方式招募加盟。张兰回顾道："2008 年一家律师事务所统计全国叫俏江南或近似名字的店一共有 137 家，而当时俏江南自己才只有 37 家。这对品牌的损害太大，不如开启加盟模式以整合这些仿冒者。"[3] 然而，俏江南又缺乏系统控制方案，从原料到菜系、从经营到管理、从选址到监控，俏江南都没有统一的加盟管理方法。[4]

2007 年，南京 1912 门店成为俏江南的首家加盟店。此后，俏江南高调"收编"全国 7 家加盟店（这些店之前可能就是各地假冒的俏江南餐厅——案例作者分析），俏江南甚至特地从麦当劳挖来了"专人"，打算复制麦当劳的成

1 "俏江南为何难吃'A 股饭'烂账本挡了上市路？"，《中国经济周刊》，2012 年 2 月 14 日。

2 张兰：折戟 2012。

3 "俏江南张兰：引进鼎晖投资是俏江南最大失误"，新浪财经，2011-08-26，http://finance.sina.com.cn/chuangye/chain/20110826/121510385597.shtml。

4 "俏江南为何难吃'A 股饭'烂账本挡了上市路？"，腾讯财经，2012-02-14，https://finance.qq.com/a/20120214/002293_1.htm。

功模式，以麦当劳特许加盟法律文件为蓝本，制订了俏江南的加盟合同，用全产业链和网络化管理实现对全国各加盟店的控制。[1] 据介绍，加盟俏江南的费用分为三部分，分别是 200 万元的一次性加盟费、60 万元保证金以及按营业额比例每月收取的管理费。[2]

但 2010 年张兰却公开承认："对加盟过早乐观了。"总部缺乏足够的管控能力，加盟店逐渐走上了"天高皇帝远"的道路，食品安全问题也频频发生。[3] "我忘了一点：中国人讲情不讲合同。中国市场不适宜加盟模式。"例如，俏江南希望用 IT 系统从采购到产品对加盟店进行控制，但后者却希望有更多自主控制权。闹得最僵时，给后者发的律师信，对方当场没有拆封，就直接撕掉。[4]

俏江南内部人士表示："俏江南对加盟商，一般开业时会派厨师过去帮助其建立后厨运营管理，等运作成熟后再回来，之后就是加盟商自己的事情了。"[5] 但一家"现役"加盟商却认为俏江南许多承诺都没兑现，如厨师、菜系都严重落伍脱节。"我们和俏江南总部没有任何摩擦，因为双方没有任何接触。他们就是每月按时收 5 万元管理费，采购、招聘、管理什么都不管，没有任何支持和帮助。"[6] 曾是俏江南在贵州的加盟商于 2011 年 7 月与俏江南正式解除了合作关系，并告诉媒体："我们不想做俏江南了，经营了两三年生意一直不好，后来还发生了亏损。他们除了把装修的设计图纸画给我们，什么支持都没有提供。"[7]

1 "业内称俏江南浮夸严重，盈利能力遭质疑"，2011-10-11，http://www.ruicaiwang.com/2011/1011/209329.html。

2 "俏江南拟退出特许经营业务，业内称或与上市有关"，《广州日报》，2011 年 9 月 26 日。

3 "业内称俏江南浮夸严重，盈利能力遭质疑"，2011-10-11，http://www.ruicaiwang.com/2011/1011/209329.html。

4 "俏江南张兰：引进鼎晖投资是俏江南最大失误"，新浪财经，2011-08-26，http://finance.sina.com.cn/chuangye/chain/20110826/121510385597.shtml。

5 "俏江南拟退出特许经营业务，加盟商指其过河拆桥"，《华夏日报》，2011 年 9 月 25 日。

6 "俏江南加盟版图破碎，对加盟商管理能力明显不足"，《华夏时报》，2011 年 9 月 24 日。

7 "俏江南拟退出特许经营业务，业内称或与上市有关"，《广州日报》，2011 年 9 月 26 日。

2007 年俏江南品牌连锁餐厅数为 19 家直营店（2 600 员工），2008 年为 27 家，2009 和 2010 年分别为 30 家和 43 家，2011 年为 54 家（7 000 名员工）。俏江南集团的高端品牌餐厅——兰会所仍只有两家（北京、上海各 1 家）。而 SUBU 餐厅只在 2007 年底在北京开了 1 家。2009 年 3 月，俏江南推出蒸 STEAM 品牌餐厅（SUBU 并入该系列），到 2011 年也只有 3 家（分布在北京、上海、苏州）。加盟店原有 7 家，但在 2011 年年初只剩 4 家。[1] 不过，张兰向媒体表示，对于现有 4 家加盟店，俏江南也准备全面回购，而且也不会放开加盟了，需等法律法规和相关的环境成熟了再说。[2] 当时的俏江南 CEO 魏蔚认为："加盟为企业带来的只是扩张速度，并不能给股东带来利益。加盟店营收和利润并不纳入企业财务报表，只能收取加盟费，而企业付出的则是品牌的代价。如果加盟店有问题，还会威胁到整个品牌。现在俏江南自身管理还在加强阶段，先叫停加盟是对的，未来等上市之后或再重启加盟扩张之路。"[3]

各大美食杂志不再把俏江南列为最佳商务餐厅。俏江南虽然一直号称在做菜品改良和创新，但目前主打的还是前几年就已推出的江石滚肥牛和摇滚沙拉等有限的几道菜。随着近几年川菜类餐饮店火爆，一些比俏江南便宜不少的竞争者先后出现，俏江南的优势变得式微。[4] 此外，消费者对俏江南的性价比亦颇有微词（特别是收取 10% 服务费）。在大众点评网和俏江南 2011 年参与的团购网站上，很多消费者对其菜品和服务评价并不高。据说汪小菲曾打算把俏江南从大众点评网上撤下来。在他看来，俏江南锁定的商务人士并不会上网去对餐厅进行点评，他不希望来自"大众"的不够客观的点评影响到俏江南的目标群体。[5]

1 "业内称俏江南浮夸严重，盈利能力遭质疑"，2011-10-11，http://www.ruicaiwang.com/2011/1011/209329.html。

2 "俏江南张兰：鼎晖未退出　属长期投资"，《广州日报》，2011 年 12 月 5 日。

3 "俏江南张兰：引进鼎晖投资是俏江南最大失误"，新浪财经，2011-08-26，http://finance.sina.com.cn/chuangye/chain/20110826/121510385597.shtml。

4 同上。

5 同上。

在海外市场方面，张兰曾表示 2009 年将新开 20 家餐厅，其中 5 家将在海外。[1] 2008 年俏江南开始与日本最大餐饮公司 Royal 商谈合作。Royal 在日本国内拥有 1 000 多家餐厅，并提供从日本飞往各国 70% 的航空配餐。按照俏江南计划，双方将共同逐步改造 Royal 的日本门店，俏江南输出品牌和厨师，占 51% 的股份，Royal 负责资金投入，俏江南借此进军日本主流餐饮市场。然而张兰表示"我们的谈判进行了一年多，难度在于，日本是一个对自己文化比较自信和保守的国家，对是不是该做出改变这一点比较犹豫。"[2] 张兰又将目标放到了伦敦。因为俏江南认为在 2008 年北京奥运会时已经在各国领导人和运动员那里获得好评，同时英国前首相布莱尔亦发出了口头邀请。当时张兰还定了一个时间表：2009 年春节后到伦敦购置商业地产，2010 年伦敦分店正式对外营业。但至 2012 年初，这些项目均未见进展。[3]

夭折的 IPO

2011 年 3 月，俏江南向中国证监会提交了于 A 股上市的申请，但令人失望的是在随后的数月中，并未收到相关政府部门的书面反馈意见。[4] 迟迟未得到有关上市的积极回复似乎引发了张兰对鼎晖创投的不满，张兰同年 8 月在接受采访时提及引进鼎晖是俏江南最大的失误，什么也没有带来，还用那么少的钱稀释了那么多的股份。她还表示早有清退这笔投资的想法，但由于鼎晖要求翻倍回报，双方最终没有达成一致。[5] 2012 年 1 月 30 日，俏江南出现在中国证监会例行披

1 "俏江南为何难吃'A股饭' 烂账本挡了上市路?"，腾讯财经，2012-02-14，https://finance.qq.com/a/20120214/002293_1.htm。

2 同上。

3 同上。

4 "对赌协议第 2 课 '对赌'案例的深度解析"，界面，2017-03-30，https://www.jiemian.com/article/1211247.html。

5 "俏江南张兰：引进鼎晖投资是俏江南最大失误"，新浪财经，2011-08-26，http://finance.sina.com.cn/chuangye/chain/20110826/121510385597.shtml。

露的 IPO 申请终止审查名单中，宣告其在 A 股上市融资申请的终止。[1] 有报道称，中国餐饮业存在多数时间不开发票的问题，导致其营业收入的真实性无法确定。绝大多数餐饮企业都有一本"账外账"，因为开票的账才会被录到公司账本，只有"账外账"结合"账内账"的"并账"才是餐饮企业真正的账本。这使得包括俏江南在内的诸多餐饮企业无法证实自己的营业收入，从而难以上市。[2]

折戟 A 股之后，俏江南转道香港。2012 年 9 月，张兰变更国籍为加勒比岛国圣基茨和尼维斯[3] 的事实曝光。[4] "变更国籍"的新闻一出，立马引起网民关于"不爱国"行为的指责，张兰对此辩解"如果不是为了让（俏江南）这个企业上市，我为什么要放弃中华人民共和国公民的身份，去到一个鸟不拉屎、气温 40 多度的小岛？去一次我得飞 24 个小时……几百年前那是海盗生活的地方"。[5] 2006 年，商务部、证监会、外管局等六部门联合发布《关于外国投资者并购境内企业的规定》（简称"10 号文"），其中第 11 条规定："境内公司、企业或自然人以其在境外合法设立或控制的公司名义并购与其有关的境内的公司，应报商务部审批。当事人不得以外商投资企业境内投资或其他方式规避前述要求"。[6] 据新闻报道，张兰为俏江南 H 股上市尝试了各种方法，包括率团队与港交所沟通，甚至亲自拜访港交所行政总裁李小加，但均未达成理想的结果。[7] 在

1 "俏江南主动申请终止 IPO　称将进一步研究上市方案"，中国网，2012-02-03，http://finance.china.com.cn/stock/special/qiaojn/20120203/511693.shtml。

2 "俏江南为何难吃'A 股饭'　烂账本挡了上市路？"，《中国经济周刊》，2012 年 2 月 14 日。

3 圣基茨和尼维斯位于东加勒比海背风群岛北部，是由圣基茨岛与尼维斯岛组成的联邦制岛国，面积仅 267 平方千米。圣基茨和尼维斯投资移民计划起始于 1984 年，要求申请人作出政府认可的投资，该类投资可使得申请人及其家庭成员获得圣基茨和尼维斯联邦公民身份。

4 "张兰或移民圣基茨岛　业内人士：投资仅需 200 多万"，搜狐新闻，2012-12-05，http://news.sohu.com/20121205/n359519244.shtml。

5 "俏江南：中国餐饮业拥抱资本失败启示"，前瞻网，2015-08-11，https://www.qianzhan.com/investment/detail/319/150811-e56d8baa_3.html。

6 《关于外国投资者并购境内企业的规定》，http://www.mofcom.gov.cn/aarticle/b/c/200608/20060802839585.html。

7 "张兰谈俏江南波折：真是闹剧'文革'那套东西都来了"，新浪财经，2013-02-18，http://finance.sina.com.cn/chanjing/gsnews/20130218/073814568639.shtml。

此背景下，更换国籍似乎成了俏江南绕开 10 号文最快捷的方式。

尽管 2012 年底，俏江南已通过香港联交所聆讯，但挂牌迟迟未能实现。[1] 张兰本人当时的解释是："俏江南上市早过完聆讯，随时可以挂牌。由于国际市场包括整个香港市场境况不太好，加之所给的估值比较低，因而希望能够再等到一个更好的时机。"[2] 曾有知情人士对张兰口中的"低估值"做了更详细的解释，指出保荐券商给出的股价是 1.78 港元，这一价格虽然已超过小南国（招股价 1.5 港元），但并没有达到俏江南内部的期望值。[3]

CVC 收购俏江南

2013 年 10 月 30 日，海外媒体爆出欧洲私募股权基金 CVC 计划收购俏江南的消息，称 CVC 将收购俏江南 69% 的股权，而公司创始人张兰将持有剩余 31% 的股权。[4] 张兰对此立即作出回应称："那条新闻完全不属实。"[5]

总部位于卢森堡的 CVC Capital Partners（简称 CVC）成立于 1981 年，最初隶属于花旗集团。[6] 1993 年，CVC 通过管理层收购独立出来，现在花旗集团依然是其重要的机构投资者。[7] CVC 的 PE 业务主要为收购基金模式，为欧

---

1 "俏江南聆讯通过香港挂牌临近"，新浪财经，2013-02-23，http://finance.sina.com.cn/stock/hkstock/ggIPO/20130223/085014625715.shtml。

2 "俏江南、鼎晖投资对赌无限延期"，中国财经，2013-08-12，http://finance.china.com.cn/roll/20130812/1717429.shtml。

3 "港股上市受阻低估值 俏江南鼎晖投资对赌无限延期"，中国财经，2013-08-13，http://finance.china.com.cn/roll/20130813/1721773.shtml。

4 "谁卖了俏江南：商务部批准 CVC 收购 张兰称不靠谱"，新浪财经，2014-01-18，http://finance.sina.com.cn/stock/hkstock/ggscyd/20140118/070517997919.shtml。

5 "张兰回应'俏江南'被卖掉：完全不属实"，网易财经，2013-10-31，http://money.163.com/13/1031/15/9CHCM1U600251LK6.html。

6 "业内：PE 大鳄 CVC 手法了得 俏江南被收购后前景难测"，新浪财经，2014-01-27，http://finance.sina.com.cn/chanjing/gsnews/20140127/051618092447.shtml。

7 同上。

洲最大的私募基金业者，截至目前管理资产规模约为 690 亿美元。[1] 在亚洲，从 1999 年至今，CVC 共发行四期基金，前两期基金主要投资在澳大利亚、新加坡、中国香港、韩国、日本等地。[2]

俏江南引入鼎晖当年，CVC 北京办事处成立，4 月其旗下的第三期基金成功募资 41 亿美元，俏江南即为第三期基金所投项目。[3] 虽然规模庞大，但 CVC 在欧洲的名声似乎不佳。英国媒体曾用"诡异"（secretive）一词来形容这家私募巨头："要是 CVC 来敲你公司的大门，你以后的日子就会过得很郁闷了。它总是能发现一些从来不知道的问题，它在调查后得出的结论总是'你很糟糕'"。[4]

尽管张兰此前一口否认收购传闻，商务部反垄断局还是于 2013 年 11 月正式批准甜蜜生活美食集团控股有限公司（La Dolce Vita Fine Dining Group Holdings Limited）与俏江南投资有限公司收购案，收购方隶属于私募股权投资公司 CVC Capital Partner（CVC）。[5] 张兰后来在媒体采访中被迫改口称"在这个事情上我觉得我没有任何发言权，人家基金想怎么宣传也是人家的事情。我们并没有签署协议"。[6]

2014 年 4 月，CVC 发布公告宣布完成对俏江南的收购。[7] 根据媒体报道，CVC 最终以 3 亿美元左右的价格收购了俏江南 82.7% 的股权。[8] CVC 大中华

---

1 http://www.cvc.com/about/our-firm.

2 http://www.cvc.com/private-equity/asia.

3 同上。

4 "俏江南遭强卖谁赚了"，新浪财经，2014-01-15，http://finance.sina.com.cn/chanjing/gsnews/20140115/010217960381.shtml。

5 "商务部：俏江南收购案 获无条件批准"，中国网，2014-01-16，http://finance.china.com.cn/roll/20140116/2128767.shtml。

6 "欧洲大鳄 CVC 觊觎俏江南 鼎晖逼宫六年对赌恩怨"，赢商网，2014-01-27，http://sz.winshang.com/news-213923.html。

7 "CVC 完成对俏江南的收购 张兰留任主席仍是股东之一"，赢商网，2014-04-29，http://cq.winshang.com/news-240613.html。

8 "创始人张兰要争夺商标权 俏江南再次陷入纷争"，界面，2017-01-10，https://www.jiemian.com/article/1062920.html。

区主席梁伯韬表示，CVC 入股俏江南会配合该公司原有的管理团队将俏江南的品牌实力做进一步的发展提升。[1] 交易完成后，张兰将继续担任俏江南董事长一职，负责公司策略性的发展。[2] 当时张兰也表示："作为品牌创始人，我与俏江南有着很深的感情，但是我真诚相信这一合伙关系将在后面的日子，带给俏江南一个光明的未来。"[3]

关于鼎晖的退出，国内某知名财经媒体将其总结为"俏江南上市夭折触发了股份回购条款，无钱回购导致鼎晖启动领售权条款，公司的出售成为清算事件又触发了清算优先权"。[4] 领售权条款指的是如果多数 A 类优先股股东同意出售或清算公司，则其余股东均应以相同的价格和条件出售股份。[5] 对于俏江南来说，A 类优先股股东只有鼎晖一家。[6] 清算优先权条款指的是 A 系列优先股股东有权优先于普通股股东每股获得初始购买价格 2 倍的回报。[7] 张兰的律师陈若剑后来表示在两者的协议中，俏江南才是领售权方，意味着若俏江南决定出售股权，鼎晖必须按照同样的价格和条件将手上的股权转让。[8] 此外，关于"优先清算权"，实际内容为"如果鼎晖希望退出，则鼎晖要么通过法定程序减少对俏江南的注册资本，要么经俏江南同意向第三方转让全部持有股份"。[9]

---

1 "CVC 倒手卖掉俏江南"，搜狐财经，2015-07-16，http://business.sohu.com/20150716/n416892621.shtml。

2 同上。

3 "张兰发声否认'出局'称早已从俏江南辞职"，中国财经，2015-07-18，http://finance.china.com.cn/industry/hotnews/20150718/3238227.shtml。

4 "俏江南：资本之殇"，腾讯网，2016-01-19，https://new.qq.com/cmsn/20160119/20160119020138。

5 同上。

6 同上。

7 同上。

8 《新财富》报道俏江南对赌协议系子虚乌有　隔空向张兰道歉"，腾讯财经，2016-11-19，https://finance.qq.com/a/20161119/022438.htm。

9 同上。

动荡的市场与俏江南的变化

2012 年 12 月，"中央八项规定"出台，包括餐饮在内的高端消费均受到波及。[1] 2014 年国务院印发《关于厉行节约反对食品浪费的意见》，高端餐饮的发展空间进一步受限。[2] 高端餐饮的概念在业界没有清晰定义，中国烹饪协会将某些地区单笔人均 200 元以上的统称为高端餐饮。[3] 银联的数据显示，尽管餐饮业总体稳步发展，高端餐饮却呈现出下行的趋势，2010 年底至 2014 年底，高端餐饮刷卡消费总体增速下滑。[4] 2012 年 9 月，高端餐饮同比增速达到 21%，到 2013 年 2 月，高端餐饮一路下行至增速接近为零，仅为 0.7%。这以后，高端餐饮一直是负增长，2014 年 2 月，增幅为-27%，达到了最低点。[5]

全聚德、湘鄂情、西安饮食、小南国、唐宫中国等上市餐饮企业 2013 年都纷纷下调盈利预期。[6] 湘鄂情曾于 2013 年 7 月发布公告称面对严峻的市场形势，公司决定停止部分门店的营业生产，以减少公司亏损。[7] 与俏江南定位、规模类似的餐饮企业小南国 2013 年营收 13.86 亿元，净利润 67.1 万元同比下降 99.4%（见附录 2）。

2013 年春节曾有媒体爆出俏江南受政策影响春节订单预冷，仅上海地区

1 "八项规定显效果　高端餐饮行业陷入历史低谷"，新浪新闻，2013-08-29，http://news.sina.com.cn/c/2013-08-29/023728074020.shtml。

2 《关于厉行节约反对食品浪费的意见》，中国网，2014-03-19，http://finance.china.com.cn/roll/20140319/2268279.shtml。

3 "八项规定有效遏制高端餐饮　大众餐饮更流行"，新浪财经，2015-03-27，http://finance.sina.com.cn/chanjing/cyxw/20150327/072121823588.shtml。

4 同上。

5 同上。

6 "高端接待业务减少　餐饮行业公司下调盈利预期"，新浪财经，2013-07-19，http://finance.sina.com.cn/stock/hyyj/20130719/101316180177.shtml。

7 "湘鄂情 8 家门店停业　料损失 0.8 亿～1.1 亿"，新浪财经，2013-07-15，http://finance.sina.com.cn/stock/s/20130715/222016129370.shtml。

退单率达 30%，北京方面退单情况更严重。[1] 时任俏江南市场公关部副总裁杜薇否认了这一爆料，并表示"公司董事长张兰想得很长远，俏江南的定位就是商务正餐……这样的企业多数不会受到政府政策的影响。当然，企业响应号召反对铺张浪费，影响肯定是有的，但不会很大"。[2]

2013 年后，在中央政策的引导下不少高端餐饮企业纷纷开始转型，将重点转向关注吸引中端消费者。俏江南也不例外，自 2014 年 4 月 CVC 私募基金入股之后，俏江南开始寻求大众化转型，首先是积极开拓二三线市场。[3] 截至 2015 年 2 月，俏江南 74 家门店中除了北上广的 38 家门店，其余均位于武汉、哈尔滨、泰安、成都、青岛、无锡、沈阳等城市，呈现出向二三线城市下沉的趋势。[4] 俏江南还尝试多种经营方式以实现持续的低价转型，如推出人均价格在 50 元左右的外卖和员工餐[5]，以及开设定位为大众川菜的子品牌餐厅"妙川"，但这些措施似乎并没有获得理想的市场表现。[6]

CVC 接触俏江南之初曾向其描绘过美好的前景，可以通过整合在法国收购的知名餐饮公司和在国内收购的大娘水饺、非常泰等餐饮企业形成国际性大型餐饮集团，同时 CVC 还承诺将派管理团队来经营公司。[7] 但根据俏江南管理人士陈述，"CVC 既没有按照承诺派来国际管理团队，也没有按照承诺开新

---

1 "中央改变作风八项规定深入推行　高端餐饮迈入寒冬"，凤凰网，2013-08-06，http://hb.ifeng.com/dfzx/detail_2013_08/06/1076248_0.shtml。

2 "俏江南否认春节 30% 退单率　撇清政府公务宴请业务"，网易河南，2013-03-01，http://henan.163.com/13/0301/15/8OT10DAL0227029O_all.html。

3 "俏江南屡次上市失败错过资金盛宴　转型之路困难重重"，赢商网，2015-03-10，http://cq.winshang.com/news-453173.html。

4 "俏江南转型屡碰壁　二三线城市能否成救命稻草？"，中国财经，2015-02-02，http://finance.china.com.cn/roll/20150202/2940157.shtml。

5 同上。

6 同上。

7 "CVC '杠杆收购' 俏江南的谜团解析"，搜狐财经，2016-01-26，http://business.sohu.com/20160126/n435866105.shtml。

店，而是在 2015 年 6 月把俏江南甩手给银行不管了"。[1]

创始人出局风波

CVC 用于收购的资金一部分来自旗下基金，约 1 亿美元，另一部分 1.4 亿美元是来自 6 家外资银行的杠杆收购贷款。[2] "杠杆收购"的特点是只需支付少量的现金即可撬动一个大的并购，其中自身支付资金之外的收购款通过债权融资获得，而还款来源则通过收购标的后续产生的现金流支付（见附录 3）。[3] 收购完成后，CVC 持股 82.7%，管理团队持股 3.5%，张兰一方持剩余的 13.8%。[4]

据媒体报道，CVC 私底下为这次收购设立了一套极其隐蔽的三层架构，用两家空壳公司套走了张兰手上剩余 13.8% 的股权。[5] CVC 给张兰配售的是第二层空壳公司的 13.8% 的股权，却瞒着张兰将第三层空壳公司的全部股权抵押给银行，张兰手上还剩的 13.8% 股权，实际已易主他人。[6]

严峻的外部环境导致俏江南的现金流进一步恶化。2014 年 12 月，外资银行要求 CVC 增加注册资金 6 750 万美元以应对潜在的财务违约。[7] 据张兰律师陈若剑后来透露，CVC 一直没有投入这部分资金并萌生退意。[8] 2015 年 3 月，香港法

1　"CVC '杠杆收购'俏江南的谜团解析"，搜狐财经，2016-01-26，http://business.sohu.com/20160126/n435866105.shtml。

2　"张兰称将起诉 CVC：未经同意质押其俏江南股权"，新浪财经，2015-07-20，http://finance.sina.com.cn/chanjing/gsnews/20150720/013922730974.shtml。

3　"俏江南：资本之殇"，腾讯网，2016-01-19，https://new.qq.com/cmsn/20160119/20160119020138。

4　"CVC '杠杆收购'俏江南的谜团解析"，搜狐财经，2016-01-26，http://business.sohu.com/20160126/n435866105.shtml。

5　"引入 CVC 之后　俏江南是如何一步步被资本大佬偷走？"，赢商网，2017-03-19，http://news.winshang.com/html/060/9970.html。

6　同上。

7　"张兰指控 CVC 空手套白狼：偷偷质押我的股权给俏江南投钱"，搜狐财经，2015-07-20，http://www.sohu.com/a/23526604_131976。

8　"CVC '杠杆收购'俏江南的谜团解析"，搜狐财经，2016-01-26，http://business.sohu.com/20160126/n435866105.shtml。

院下发一份资产冻结命令决定书，申请者为 CVC 旗下的甜蜜生活美食有限公司，被告则包括张兰、俏江南发展有限公司以及一家名为 Grand Lan Holdings Group 的英属维京群岛公司。[1] 而此时距离 CVC 正式入主俏江南不过一年光阴。针对香港法院的封存令，张兰对 CVC 发起反击，直指其抵押 100% 股权的不合法性。[2]

2015 年 7 月新浪微博爆料发酵后，俏江南公关团队终于对外确认：保华有限公司（保华）[3] 代表已于 2015 年 6 月被委任成为俏江南集团董事会成员。[4] CVC 的委派代表和张兰不再担任俏江南董事会成员，且不再处理或参与俏江南的任何事务。[5]

此后关于俏江南的传闻层出不穷，影响最广的莫过于某知名财经媒体 2016 年 1 月的《俏江南：资本之殇》一文，此文将张兰出局归因为多米诺式的投资协议条款。[6] 该文大肆传播后，张兰一怒之下将该媒体告上法庭。[7]2016 年 11 月，北京市朝阳区人民法院下发民事调解书，认为《新财富》所称张兰与鼎晖投资对赌、领售权条款、清算优先权条款、净身出户等内容失实。[8]

张兰的律师陈若剑曾出示了包括鼎晖和俏江南所签股份回购协议和跟随条款的文件。依文件所示，双方签订的相关协议 8.11.2 中所定的条款，鼎晖可以选择两种退出方式："第一，通过法定程序减少北京俏江南注册资本的方式退出股东行列，但是这种情况下鼎晖只能拿回两亿元本金，其他得不到。第

---

1 "CVC '杠杆收购' 俏江南的谜团解析"，搜狐财经，2016-01-26，http://business.sohu.com/20160126/n435866105.shtml。

2 同上。

3 香港保华顾问有限公司，从事包括破产管理、重组等在内的企业咨询业务，由银行等债权方聘请处理俏江南一事。

4 "俏江南确认再次易主：CVC 与张兰双双退出"，新浪财经，2015-07-17，http://finance.sina.com.cn/chanjing/gsnews/20150717/012922709812.shtml。

5 同上。

6 "俏江南：资本之殇"，腾讯网，2016-01-19，https://new.qq.com/cmsn/20160119/20160119020138。

7 "俏江南创始人张兰状告媒体胜诉：所谓对赌纯属子虚乌有"，中国财经，2016-11-20，http://finance.china.com.cn/roll/20161120/3994162.shtml。

8 同上。

二，鼎晖可以向俏江南或者俏江南同意的第三方转让股份，同时获得自鼎晖进入之日起其所占股份应获得的俏江南经营利润"。[1] 而在跟随条款方面，陈若剑出示的协议 8.9 项规定，"如果俏江南大股东出售股份，则鼎晖有权利但无义务要求按照同样的价格向相关受让方出售股权"。[2]

不确定的未来

张兰与俏江南的联系似乎并没有就此完结。2017 年 1 月 5 日，俏江南股份有限公司正式向收购方 CVC 运营的俏江南（北京）企业管理有限公司发出律师函，称"《商标转让协议》已自动终止且不具有法律效力，俏江南（北京）企业管理有限公司应立即向客户返还俏江南、South Beauty、麻辣熊猫等 72 项商标，并在收到律师函起的 7 日内办理该 72 项商标的商标转让手续"。[3]

2017 年 3 月，俏江南再一次引发巨大的关注，但原因却没有那么光彩。俏江南长沙一家门店被爆出"黑厨"丑闻，用做菜的锅洗拖把，把死鱼当活鱼卖、菜品回收利用等一系列行为使其品牌大打折扣。[4] 汪小菲对此反复表达资本方 CVC 接手后摧残了俏江南这个"本土品牌"，"公司业绩直线下滑，管理漏洞频出"。汪小菲表示："创始股东离场，而最后受伤害的是一个创立了 16 年的本土品牌。"

曾经是风光无限的高端中餐品牌俏江南将走向何方？近期内似乎没有人能给出清晰的答案。

---

1 "CVC '杠杆收购'俏江南的谜团解析"，搜狐财经，2016-01-26，http://business.sohu.com/20160126/n435866105.shtml。

2 同上。

3 "创始人张兰要争夺商标权 俏江南再次陷入纷争"，界面，2017-01-10，https://www.jiemian.com/article/1062920.html。

4 "俏江南黑厨再曝脏乱问题：蟑螂卧餐盘 老鼠屎遍布"，新浪财经，2017-04-06，http://finance.sina.com.cn/consume/puguangtai/2017-04-06/doc-ifyeceza1342513.shtml。

附录1：典型的投资条款

典型的股份回购条款：如果大多数 A 类优先股股东同意，公司应该从第 5 年开始，分 3 年回购已经发行在外的 A 类优先股，回购价格等于原始发行价格加上已宣布但尚未支付的红利。当然，股份回购的触发方式，也可以不是优先股股东投票表决，而是由条款规定具体的某一时间性事件触发，如 5 年之内企业未能实现 IPO，则触发股份回购条款。

典型的领售权条款：在公司符合 IPO 之前，如果多数 A 类优先股股东同意出售……，剩余的 A 类优先股股东及普通股股东应该同意此交易，并以同样的价格和条件出售他们的股份。

典型的清算优先权条款：如公司触发清算事件，A 系列优先股股东（即投资人）有权优先于普通股股东（即创业股东）每股获得初始购买价格 2 倍的回报。此处的"清算"，并不单指我们通常所理解的、因资不抵债而无法继续经营下去的破产清算。更进一步，如果公司因合并、被收购、出售控股权，以及出售主要资产，从而导致公司现有股东占有存续公司的股权比例低于 50%，同样也被视作清算事件。

资料来源："俏江南：资本之殇"，《新财富》，2016 年 1 月。

附录2：小南国餐饮控股有限公司收入与经营数据（2012—2013）

截至 12 月 31 日止，年度

指 标	2013 年（千元）	2012 年（千元）
收益 所消耗存货成本	1 385 911 （458 756）	1 332 298 （424 536）
毛利	927 155	907 762

指　　标	2013 年（千元）	2012 年（千元）
其他收入 销售及分销开支 行政开支 其他开支 融资成本	40 006 （829 998） （113 005） （10 686） （7.671）	45 966 （689 186） （106 006） （397） （6 125）
除税前溢利 所得税开支	5 801 （5 130）	152 014 （33 484）
年内溢利	671	118 530

		2013 年		2012 年	
		餐厅数据	收益（千元）	餐厅数据	收益（千元）
中国 内地	上海小南国	62	1 037 917	57	1 043 862
	南小馆	4	7 033	—	—
	慧公馆	4	47 728	4	48 860
中国 香港	上海小南国	9	173 652	9	173 070
	南小馆	3	51 711	2	20 280
澳门	上海小南国	1	11 977	—	—
餐厅业务总收益		83	1 330 018	72	1 286 072
其他收益			55 893		46 226
总收益			1 385 911		1 332 298

资料来源：公司官网。

附录 3：CVC 杠杆收购俏江南示意图

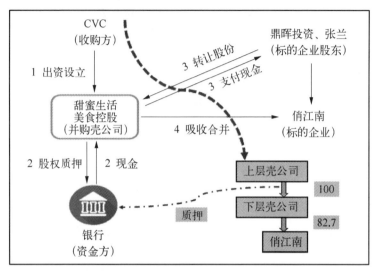

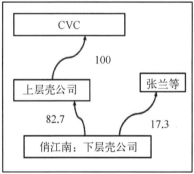

资料来源：作者根据公开信息绘制。

吉利–沃尔沃：
通往幸福的跨国婚姻之路 [1]

继 2006 年成为英国锰铜第一大股东、2009 年收购澳大利亚自动变速器公司（DSI）之后，浙江吉利控股集团于 2010 年 8 月 2 日宣布完成对沃尔沃轿车全部股权的收购。两个月之后，沃尔沃中国区的组织架构逐步揭开了面纱：沃尔沃全球董事会成员沈晖被任命为沃尔沃全球高级副总裁兼沃尔沃轿车（中国）有限公司董事长；曾任北京奔驰合资公司高级执行副总裁的童志远被任命为沃尔沃（中国）首席执行官（CEO）；曾在福特工作多年的沈峰将成为主管研发的副总裁 [2]，而数位来自瑞典的专家将出任负责质量、生产制造、采购等的副总裁；现任沃尔沃轿车瑞典托斯兰达工厂经理拉尔斯·丹尼尔森（Lars Danielson）出任中国区副总裁；原沃尔沃中国区总裁柯力士（Alexander Klose）出任沃尔沃轿车（中国）销售公司 CEO。

对迎来了来自中国新股东的沃尔沃而言，中国市场在总体战略中处于核心

1　本案例由中欧国际工商学院佩德罗·雷诺（Pedro Nueno）和刘胜军共同撰写。该案例目的是用来做课堂讨论的题材而非说明案例所述公司管理是否有效。为保密需要，某些名称及信息已经过调整。本案例在中欧课堂受到广泛欢迎。

2　沈晖拥有明尼苏达大学 MBA 学位和加州大学洛杉矶分校硕士学位。

地位。2010 年 1—9 月，沃尔沃汽车中国销量同比上升 52%，远高于其全球销量平均 12.5% 的增长，已成为沃尔沃全球第三大市场。2006—2009 年分别亏损 0.39、1.64、14.65 和 6.53 亿美元的沃尔沃，在 2010 年迎来了期盼已久的盈利：2010 年 1—6 月实现 1.02 亿美元税前利润。这无疑将大大降低吉利与沃尔沃整合的难度。

摆在新沃尔沃团队面前的是机遇，更是挑战：收购后的沃尔沃全球战略如何调整？如何在被寄予厚望的中国市场取得突破？沃尔沃中国工厂将选址何处（这已成为数月以来媒体关注的焦点）？更重要的是，新团队成员来自不同国家、不同公司，在紧张地迎接市场挑战的同时，也要谨慎应对内部的文化冲突。

中国轿车行业

长期以来，中国的汽车制造由大型国有企业垄断，主要是一汽、二汽和上汽。而三大汽车公司又主要依赖与其合作的外资品牌。例如，上汽的合资伙伴包括通用汽车和大众汽车，一汽的合资伙伴包括大众汽车和丰田汽车，二汽的合资伙伴则包括标志雪铁龙和本田汽车。沃尔沃则与位于陕西省的长安汽车设立合资工厂。

20 世纪 90 年代末，吉利、比亚迪等民营汽车制造商和奇瑞等新兴制造企业的杀入，彻底改变了汽车行业的格局。作为市场后入者，它们采取大胆的模仿、超低的价格、低端的市场定位，迅速扩大了产量，并拉低了轿车的总体价格水平。价格的迅速降低，也引爆了消费者的购车需求。

2010 年上半年，销量排名前十位的汽车生产企业共销售汽车 776.25 万辆，占汽车销售总量的 86%。2010 年上半年，销量排名前十位的乘用车生产企业共销售乘用车 383.92 万辆，占乘用车销售总量的 57%。总体上看，高端品牌主要由跨国汽车公司拥有，而国产品牌则集中于中低端市场。

吉利控股

吉利汽车于 1997 年进入轿车领域，凭借快速的市场反应和低价格优势，迅速崛起。到 2009 年底，吉利资产总值超过 200 亿元，连续七年进入中国企业 500 强，连续五年进入中国汽车行业十强。吉利总部设在浙江杭州，在浙江临海、宁波、路桥和上海、兰州、湘潭、济南等地建有汽车整车和动力总成制造基地，拥有年产 40 万辆整车、40 万台发动机、40 万台变速器的生产能力。

2004 年吉利销量突破 10 万辆，全国排名第八。2005 年 5 月，吉利汽车在香港联合交易所上市。2009 年 9 月，高盛向吉利在港上市公司注入 2.5 亿美元，用于济南、成都、杭州等多个项目的新建、扩建。截至 2007 年上半年，吉利从香港上市公司融资共 20 亿港元。

吉利拥有吉利熊猫、帝豪、TX4 及吉利自由舰、吉利金刚、吉利远景、上海华普及中国龙等 10 余个系列，30 多款整车产品；拥有 1.0 L～1.8 L 全系列发动机及相匹配的手动／自动变速器。除国内的八大汽车生产基地外，吉利还到俄罗斯、乌克兰、马来西亚和印尼等地开设分厂。吉利在国内建立了完善的营销网络，拥有全球鹰、帝豪、英伦三大子品牌的 500 多家 4S 店和近千家服务站。吉利汽车累计社会保有量已经超过 150 万辆。2008 年吉利实现销售收入 125 亿元，利润 8.79 亿元。

吉利还投资数亿元建立了吉利汽车研究院，已经形成整车、发动机、变速器和汽车电子电器的开发能力，每年可推出 4～6 款全新车型和机型；自主开发的 4G18CVVT 发动机，升功率达到 57.2 kW，属于"世界先进，中国领先"水平；自主研发并产业化的 Z 系列自动变速器，填补了国内汽车领域的空白；自主研发的 EPS，开创了国内汽车电子智能助力转向系统的先河；同时在 BMBS 爆胎安全控制技术、新能源汽车等高新技术应用方面取得重大突破。目前拥有各种专利 1 600 多项，其中发明专利 110 多项，国际专利 20 多项。

根据吉利集团的十年规划，到 2015 年，吉利汽车将在五大技术平台、15 个整车产品平台上衍生出 40 余款车型；将拥有满足国内外要求的汽、柴油兼顾的六大发动机平台、10 余款发动机和全系列手动、自动的变速器；将在海内外建成 15 个生产基地，实现产销 200 万辆的目标。

吉利的崛起

1984 年，21 岁的李书福与人合伙开了一家从事冰箱小配件加工的作坊。由于李书福请上海专家攻克了冰箱蒸发器的技术难关，工厂很快成为浙江省首屈一指的制冷元件供应商。1986 年，李书福成立了北极花电冰箱厂。由于当时冰箱市场供不应求，李书福迅速完成了原始资本积累。1989 年，国家对电冰箱实行定点生产制度，"北极花"因未获得国家许可，李书福只好关掉了冰箱厂。但是一些同样没有拿到定点生产指标的企业坚持下来，并最终成长为冰箱巨头。李书福总结道："国家的产业开放政策有一个逐步到位的过程，有些'红灯'只是暂时的，只要是顺应潮流的事业，认准了再困难也要坚持到底，'红灯'虽然不能硬闯，但缓行等待时机或绕道而行也是可以的。"

因此，李书福以后多次遇到看似异想天开的事情，都能不轻易放弃，并最终获得成功。1993 年李书福去一家国有摩托车企业参观，看见摩托车产销两旺，就提出为他们做车轮钢圈配件，却被一口拒绝。回去后，李书福不顾家人反对，赌气决定要自己制造摩托车。为解决许可证问题，李书福以数千万元收购了浙江临海一家国有邮政摩托车厂。之后只用 7 个月的时间，就开发出中国同行一直没有解决的摩托车覆盖件模具，并率先研制成功四冲程踏板式发动机。吉利很快取代日本和中国台湾的竞争对手，一直占据国内踏板车销量龙头地位，并出口到 32 个国家和地区。1999 年，吉利摩托车产销 43 万辆，实现产值 15 亿元。

1997 年，尽管当时很多民营企业家想都不敢想，李书福却决定进军家用轿车领域，再次招致同事和兄弟们的一致反对。李书福说了一句日后被广为流传的名言："造汽车没有什么神秘的，无非就是四个轮子加一个方向盘再加一个发动机。世界汽车工业已经形成了非常成熟的技术，完全可以为我所用，只要有钱，就可以买到技术、买来零配件，请到人，就能设计出好的产品。我心已决，哪怕倾家荡产，头破血流，我也要干！"[1]

李书福得知四川德阳有个隶属于监狱的汽车厂有意转让，他迅速购买其股权。但是该工厂只有生产两厢微型车资质，并无生产轿车的资质，李书福于是"违规"把新厂址建在浙江台州的临海。1998 年第一辆汽车吉利"豪情"上线，李书福遍发请柬，摆下 100 桌酒席，但应者寥寥。到 2000 年，吉利仍未拿到轿车生产许可证，吉利在宁波建造新的汽车工厂时，仍以"生产摩托车"为幌子。

为拿到许可证，李书福频频穿行在北京和浙江之间，经常到国家相关部委和浙江省相关厅局公关，他被屡屡拒绝，而且赢得"汽车疯子"称号。后来，李书福开始借助舆论的力量，高喊"请给我一次失败的机会吧"，赢得不少汽车专家同情，他们呼吁"要让民营企业跟外资享受同等的国民待遇"。2001 年底，吉利出现在前国家经贸委第六批汽车产品《公告》上，结束了没有"准生证"的生涯。当晚，李书福和众多员工、高管彻夜狂欢。

李书福发现低端车市场空间巨大，决定"造老百姓买得起的汽车""像卖白菜那样卖汽车"。吉利汽车初期采用作坊式的工艺，铁榔头、铁锤子外加胶水、糨糊，造出了定价 4 万元以下的汽车。粗糙低劣却相当便宜的产品，让

---

1 "吉利李书福创业史"，《世界经理人》，2004 年 10 月 20 日。

吉利汽车意外立足。但也出现了品质遭遇质疑、管理混乱、资金短缺等问题。2002年，李书福"三顾茅庐"邀请时任浙江省财政厅地税局总会计师的徐刚出任总裁，还让出了自己的办公室。徐刚加盟后，帮助李书福改善政商关系、梳理企业、拓展融资环境。在李书福、徐刚的主导之下，吉利引进了1 000多名中层人员，更换了三分之二的高层，90%的老员工和几乎全部李氏血亲被清出了吉利。

2002年8月，吉利集团收购了上海杰士达汽车公司，并更名为上海华普汽车。根据吉利控股集团的战略安排，上海华普汽车有限公司成为主攻中高端轿车市场的集生产、采购、营销、服务、品牌、人才、研发、财务、管理于一体的独立的汽车公司。

2006年下半年开始，李书福意识到最初行之有效的低价策略将把吉利引向坟墓，把零部件价格压得越来越低，逐渐陷入了"价廉−质劣−价更廉−质更劣"的恶性循环。为再造吉利的血统，李书福从华晨请来赵福全重塑吉利的技术体系。尽管遭遇了来自吉利内部的激烈反对，但赵福全建立的技术体系给了吉利有力的支持。李书福决定在核心技术上进行大规模投入，CCVT发动机、BMBS轮胎防爆系统等具有自主产权的技术相继问世。吉利汽车的口号也改成了"造最安全、最环保、最节能的好车，让吉利汽车走遍全世界"。2007年5月，吉利全面进军中档及中高档汽车市场，将原有的设备、模具全部扔掉，厂房也被推平了，9款老车型也全部停产。2008年4月北京车展上，吉利汽车23款出场车型全部为重新设计，不仅包括中高级轿车、MPV、SUV、跑车等车型，还涉及纯电动、油电混合、油气混合、甲醇动力等新技术领域。吉利的销量从2007年的18万辆升至2009年的32万辆。但是，吉利力推的高端产品线却得不到市场充分认可。

李书福非常注重技术人才的培养，甚至在2000年投资成立了北京吉利大学。吉利大学占地面积1 600余亩，有专职教师员工1 000余人，各类全日制在校生 2 万余人。学校有汽车学院、商学院、万科物业学院、金融证券学院、信息工程学院、旅游学院、新闻与信息传播学院、欧美国际学院、外国语学院、法政学院、社会心理学院、动画与游戏学院、现代艺术学院、物流学院、文化经济学院、生命科学与技术学院、音乐舞蹈学院、影视学院、房地产学院和继续教育学院等 20 所二级学院；建立了汽车研究院、动画与游戏研究院、汽车物流与供应链研究院、民办教育研究所、教学促进中心等研究机构。李书福还创造了"311 就业导向教育模式"，"3"是指三门职业基础课，即实用语文、实用英语、实用计算机；中间的"1"是指一门以"综合素质教育"为核心的职业道德素质课；后面的"1"是指围绕一个岗位或职业而设计的专业课程体系。李书福说："全球汽车工业的发展，根源在于人才的培养。吉利这么多年的发展，我全是靠人才培养来推动企业的发展。一开始起步的时候，吉利基本上没有一个汽车专家，也没有一个汽车方面现成的产业工人，我们就是自己开学校，培养技师、技工，后来我们开学校培养大学、专科、本科学生，现在我们可以培养大学研究生、博士生、博士后。中国很多汽车公司都到吉利来挖人。我们吉利研究院，每个月被人挖走 50、60 个，但我们不怕，我们不断地培养。实践证明，我们的方法是科学的、可持续的，也相对是低成本的。今年吉利要招 1 000 名研究生。我们招 1 000 名，报名的有 10 多万人，关注的有 300 万人。现在我们想成立沃尔沃工程学院和沃尔沃商学院，要培养汽车营销方面的人才，培养汽车工程技术方面的人才。"

汽车疯子李书福

时年 46 岁的李书福个性鲜明、长着一张娃娃脸，表情总是充满喜感。李书福只坐吉利汽车，吃饭两菜一汤，穿着有点"土"，大多数衣服是吉利批量定做，绣着吉利标识。在吉利员工眼中，李书福是一个难以捉摸、有点沉默寡言的人。即使在多忙于收购沃尔沃的重要时刻，李书福仍然会偶尔抽出时间跑到车间来满脸严肃地找茬、挑刺。徐刚说："书福点子很多，做事很执着，对商业、对经济有敏锐的嗅觉和判断力，而且怀有梦想。他提出'要让吉利汽车走遍全世界'，'让老百姓都开上买得起的好车'。外界都觉得是一个噱头，但书福自己真是这么想的，也一直在为此努力。"

李书福骨子里有一种执着和信念，但也形成了多疑和缺乏耐心的特性。一位已经离职的高管评价说："李书福是一个毫无疑问的战略家，在战略的把控上非常稳、准、狠，但其实他不是一个合适的管理者角色，定好战略了，自己还要插手。他聘请职业经理人，但有时候也不放心，更喜欢这些人成为他的秘书。"

收购英国锰铜

2006 年底，英国锰铜控股向吉利集团下属的吉利汽车（0175.HK）定向发行 30% 新股（金额为 1 425 万英镑），同时锰铜与吉利组建一家合资公司，吉利占股 52%。交易完成后，吉利汽车持有锰铜控股 23% 股份，成为第一大股东。双方的合资公司在上海生产知名的 TX4 伦敦豪华出租车。出租车除了主要返销英国及其他国外市场外，也将试销中国。吉利下属子公司上海华普将负责最后的组装和销售，并拥有在亚洲的销售权，而锰铜控股则拥有在世界其他地方的销售权。

在锰铜随后一次配股融资后，吉利所持股份稀释至 19.97%。2010 年 8 月 13 日，吉利决定放弃认购英国锰铜控股的 2 000 万股新普通股，股份仍维持在 19.97%。

李书福邀请了张帆参加收购锰铜的谈判。张帆曾任英国 BP 集团中国首席经济学家、BP 集团财务与内控高级顾问。2007 年 2 月，张帆成为吉利汽车负责内控和国际业务发展的副总裁。在张帆的大力推荐下，他在 BP 的同事袁小林也于 2009 年 4 月成为吉利集团兼并收购总监，专门负责沃尔沃项目。袁小林有多年的外交官经验，在 BP 负责过多起重大项目的收购。

收购澳大利亚 DSI

2009 年 3 月，吉利宣布收购澳大利亚 DSI 变速器公司。DSI 位于新南威尔士州，是全球第二大独立自动变速器工厂，拥有 80 多年历史，长期为福特、双龙等提供变速器配套服务，2008 年全球金融危机爆发后，因下游厂家破产和产能萎缩而宣布破产。与上海汽车收购韩国双龙遭遇的信任危机类似，迎接吉利的最初也是一百多名员工的静坐抗议。

为减少文化冲突，吉利并没有派驻大量高管到 DSI，而是设法通过机制的变化让 DSI 自己发挥潜力。原 DSI 总经理迈克仍然继续主管 DSI 日常工作，吉利负责研发的副总裁赵福全被任命为 DSI 董事长。DSI 每年召开四次董事会，两次在中国，两次在澳大利亚。在中国召开董事会期间，吉利总是尽可能多地邀请一些 DSI 管理层到吉利工厂参观。在 2010 年的董事会上，迈克被任命为董事，DSI 董事会成员变为 8 人，5 个来自中国，3 个来自本地。

为创造协同效应，吉利计划在国内筹建三个以上的 DSI 工厂。在湘潭的工厂已经开工，投产后将达到 30 万台自动变速箱的生产能力。重庆工厂选址主要是为福特在中国合资车型配套。DSI 董事、吉利生产副总裁安聪慧说："自动变速器一直是国内自主品牌的技术难关，能搭载先进自动变速器的车型不多，而且成本很高。通过收购 DSI，全系列匹配自动变速器，成本降低，竞争力提升。未来年产达到 200 万辆的吉利本身也是 DSI 最大的客户，这是一个双赢的局面。"[1]

收购 DSI 一年后，DSI 已经止住亏损。总经理迈克说："DSI 的生产已经恢复，研发中心注资扩大，而且我们还新开动了一个全新的前驱 6 速自动变速器生产线，年产将达到 12 万辆。"[2]

沃尔沃公司

沃尔沃于 1927 年创办于瑞典，是北欧最大的汽车企业，也是瑞典最大的工业企业集团、世界 20 大汽车公司之一。沃尔沃汽车以质量和性能优异享有很高声誉，特别是安全系统方面，更有其独到之处。美国公路损失资料研究所曾评比过十种最安全的汽车，沃尔沃荣登榜首。

沃尔沃公司的产品众多，但主要产品仍然是汽车。该公司的卡尔玛厂是世界上独一无二的工厂，布局像一个三叶草图案，沿着三叶草的边缘有 25 个工作站，每个站负责一部分汽车装配工序，汽车在微机控制下的自动输送装置上绕草叶蜿蜒运行，走完这 25 个工作站就生产出一辆漂亮的汽车。工厂的特点是 10～25 人负责一个工区，只要在规定时间内把汽车从一个缓冲区送到另一个缓冲区，其他工作大家可以自由发挥，把工人从机械往复式劳动中解放出来，是继福特流水线生产方式之后的又一重大变革。沃尔沃轿车以造型简洁、内饰豪华舒适闻名。最近推出的沃尔沃 740、760、940、960 小汽车，已出口到 100 多个国家和地区。沃尔沃在世界品牌实验室（World Brand Lab）发布的 2006 年度《世界品牌 500 强》排行榜中名列 232 位，在 2007 年《财富》500 强中名列 185 位。

1999 年 4 月，福特汽车出资 64.5 亿美元收购沃尔沃轿车。

1　王秋凤，"全球化首场预演，李书福收购 DSI 一年考"，《经济观察报》，2010 年 5 月 14 日。
2　同上。

锁定沃尔沃

早在 2002 年，吉利董事长李书福就在公司内部会议上提出了收购沃尔沃的大胆设想。鉴于当时吉利很小，同事们并没有认真对待这番豪言壮语。李书福被一些媒体成为"言必称规律的先知"。当收购沃尔沃那天终于到来后，李书福对自己的预见很是自豪："因为我看得到明天，看得到这个规律，你们看不到。"[1]

2007 年，欧洲著名投资银行洛希尔拜访李书福，并向其推荐了诸如沃尔沃、萨博等多个可供关注的收购目标。李书福当时就说：沃尔沃是首选，我已经关注沃尔沃很久了。

2007—2008 年，美国爆发次贷金融危机，经济受到严重冲击，汽车产业也不例外。2009 年 6 月 1 日，通用汽车宣布进入破产保护程序，并关闭 12 家工厂、裁员 2 万人。美国政府将在通用重组后再投入 300 亿美元，占到 60% 的股份。

金融危机和不断走低的美国汽车业，给了李书福机会。2007 年初，波音公司执行副总裁穆拉利出任福特汽车 CEO，随即提出了"One Ford"的战略，决定出售旗下包括沃尔沃在内的多个品牌。2008 年 3 月，福特将旗下高端品牌捷豹和路虎以 23 亿美元出售给印度塔塔汽车。

2007 年 9 月，李书福通过公关公司致信福特美国总部，提出收购沃尔沃的意向，但并未引起福特重视。2008 年初，李书福在底特律车展上第一次见到了福特财务总监、董事会办公室主任和采购总监等高管，但交流效果依然不佳，福特强调"沃尔沃有 150 亿美元的年销售额"，而吉利太小了，只是礼节性地表示"回去研究一下"。

---

1 刘建强，"沃尔沃 . 李 . 吉利"，《中国企业家》，2010 年第 3—4 期。

随后，李书福决心邀请洛希尔参与收购沃尔沃。当时，吉利汽车市值仅10.8亿美元，不到沃尔沃的十分之一。金融危机后，吉利汽车市值更缩水至3亿美元。洛希尔是在汽车产业界最具声望的一家投行，在吉利并购沃尔沃交易之前的12个月里，洛希尔提供咨询的汽车并购案总价值高达892.5亿美元。一家销售规模为吉利10倍的欧洲汽车公司希望邀请洛希尔帮助其竞购沃尔沃。但在2008年6月的洛希尔全球合伙人会议上，大中华区总裁俞丽萍说服了公司选择吉利："中国的外汇储备达到了2万亿美元，它将来会用来做什么？未来一定会用来支持海外并购，而且是在工业、制造业方面有技术、有品牌的企业，将来一定会大手笔出去，而出去的方向就是你们这些西方发达国家。我觉得李书福孩子气中带着执着和坚毅，看他说话声音很慢、很柔和，但其实是个性子很急的人。"[1]

在洛希尔组织下，吉利迅速组建了并购团队：富尔德律师事务所负责法律事务；德勤负责财务咨询，包括成本节约计划和分离运营分析、信息技术、养老金、资金管理和汽车金融尽职调查；洛希尔银行负责项目对卖方的总体协调，并对沃尔沃资产进行估值分析。李书福还挖来了菲亚特中国区副总裁沈晖，沈晖与李书福认识已有4～5年，曾有"有合适项目就加盟"的口头约定。沈晖说："李书福要找的人，要有美国和欧洲公司的管理经验，我都具备，吉利缺我这样的国际化人才。"[2]

2009年1月，利用底特律车展机会，李书福与俞丽萍再次访问福特，表达收购意向。福特CEO穆拉利表示，一旦出售沃尔沃，将第一时间通知吉利。

在国内，对收购沃尔沃感兴趣的不只吉利一家，包括长安、北汽、奇瑞等。2009年3月，吉利获得了发改委的支持函，从而排除了其他国内竞争对

1　赵奕，"吉利收购沃尔沃　惊心动魄800天"，《第一财经日报》，2010年9月8日。
2　刘建强，"沃尔沃 . 李 . 吉利"，《中国企业家》，2010年第3—4期。

手。俞丽萍说："很多人抱怨，中国政府的审批很麻烦，但是我认为不要抱怨，怎么把这种程序做到尽可能落实才对。你不了解中国的产业政策，不了解并购竞争对手的情况，而等到程序差不多了才去发改委，发改委来审核的时间也没有。"[1]

沈晖说："吉利的优势在于李书福是创始人，对收购本身有清醒的判断。哪些东西可以放弃、哪些坚决不可以非常清楚，这是任何一个国有企业老总或者非企业创始人做不到的。收购是个很复杂的过程，如果不是本人拥有这家公司、从零做起来，就不清楚这家公司能承担什么东西。"[2]

2009年4月，福特首次开放数据库，吉利的收购团队开始阅读6 473份文件，通过十多次专家会议、2次现场考察、3次管理层陈述，吉利开始真正了解沃尔沃状况，并对福特起草的2 000多页的合同进行了1.5万处的修改标注。

同时，吉利向发改委提交收购报告，强调收购对中国汽车业的产业意义和后续盈利信心。

变数

2005年，中海油收购美国UNOCAL石油的尝试，因为美国强大的政治阻力而失败。由于中国企业在国际舞台还是新面孔，吉利汽车也必须面对质疑的目光。2009年5月，瑞典一些官员在报纸上撰文反对中国企业收购沃尔沃，认为由于在文化和企业管理理念上存在巨大差异，中国人并不是最佳选择。

2009年7月，最后一次竞标时，一家名为皇冠（CROWN）的美国公司和

---

1 赵奕，"吉利收购沃尔沃　惊心动魄800天"，《第一财经日报》，2010年9月8日。
2 刘建强，"沃尔沃．李．吉利"，《中国企业家》，2010年第3—4期。

一家瑞典财团突然加入竞标，报价攀升至 28 亿美元，两家财团的组织者分别曾在福特和沃尔沃担任高管。

吉利的并购团队认为，作为一项全球瞩目的并购交易，福特并不只是想卖个好价钱，它需要成为"负责任"的卖家，不会为了更好的价格把沃尔沃品牌毁掉。而吉利汽车坚信，如果没有中国市场的支撑，沃尔沃很难起死回生。于是，吉利立即与福特交涉，要求福特不得以突然出现的两家竞标者为由拖延递交标书的最后期限，否则吉利就退出竞标。结果，两家财团由于未能按时完成融资而退出竞标。

2009 年 7 月，吉利向福特递交的具有法律约束力的标书获得通过。李书福在吉利内部会议上说："我这次是把身家性命全押上了！"[1]

融资

融资是大型并购的重要考验。针对金额预计 18 亿美元的收购，吉利为融资方案确立了两个原则：吉利在未来的股权结构中占据有利地位；不用香港上市公司吉利汽车的钱，以确保吉利与沃尔沃的相对独立性。

2009 年 9 月，吉利在北京注册了"北京吉利凯盛国际投资有限公司"，凯盛注册资本为 41 亿元，由吉利全额出资。

吉利认为，地方政府和机构投资者是潜在的融资对象。李书福接触了包括中信资本、鼎辉、联想控股、渤海基金等在内的各大基金。但是，出于退出渠道的考虑，几乎所有基金都要求：要么把沃尔沃注入到香港上市公司中；要么收购后尽快实现沃尔沃的单独上市。吉利还接触了十几家地方政府，包括北京、天津、珠海、东莞、成都、大庆、上海……，但进展并不顺利。

1　赵奕，"吉利收购沃尔沃　惊心动魄 800 天"，第一财经日报，2010 年 9 月 8 日。

2009 年 12 月底是吉利对外宣称的与福特签订正式协议的日期，但吉利迟迟拿不出融资方案。福特方面每两周开一次电话会督促吉利。

2009 年 12 月 16 日，原北京奔驰－戴克公司副总裁童志远加入了沃尔沃并购团队，被认为是沃尔沃项目落户北京的强烈信号。但是，北汽直书地方政府，希望全力支持即将上市的北汽，谈判无果而终。

童志远曾任北汽副总经理、总工程师，在接到李书福邀请时刚刚出任华泰汽车 CEO 不久。童志远在 2001 年一次论坛上第一次听到李书福发言"通用汽车、福特汽车在 10 年、20 年之内破产"，下面哄堂大笑。童志远回忆说："李书福说他除了胆什么都没有了。所以他国际化的勇气和信心，我认为是与生俱来的。我认为海洋文化，造就了他的国际化视野。"[1]

2009 年 12 月 22 日，赶在吉利宣布与福特就收购沃尔沃达成一致的前一天，北京吉利万源国际投资有限公司（下称"吉利万源"）成立，法定代表人为童志远。股东为吉利凯盛和黑龙江省大庆市国有资产经营有限公司（下称"大庆国资"）。大庆国资出资 30 亿元，解决了吉利的燃眉之急，但资金仍然不够。

2010 年 2 月 3 日，上海嘉尔沃公司注册成立，注册资本 1 亿元，上海嘉定开发区持股 60%，嘉定国资持股 40%。2010 年 2 月 9 日，嘉尔沃和吉利签订《吉利沃尔沃上海项目框架协议》：沃尔沃中国总部将建立在上海市嘉定区，并在该区设立一个沃尔沃工厂。上海市仅用两周时间就履行完全部审批事项。2 月 24 日，上海吉利兆圆国际投资有限公司（下称"吉利兆圆"）成立，吉利万源和嘉尔沃分别占股 87.65% 和 12.35%，公司法人为童志远。

因此，在最终的融资结构中，吉利、大庆国资、上海嘉尔沃分别出资人民币 41 亿元、30 亿元、10 亿元，占股 51%、37% 和 12%。此时，离吉利与福

---

1 刘建强，"沃尔沃·李·吉利"，《中国企业家》，2010 年第 3—4 期。

特签订最后协议仅剩下 26 天。在吉利收购沃尔沃的最终 15 亿美元中，有 11 亿美元来自上述资金，2 亿美元来自中国建设银行伦敦分行、2 亿美元为福特卖方融资。

2010 年 3 月 27 日，吉利与沃尔沃签约前一天，吉利向中央部委递交了《融资结构说明》。国家发改委和商务部分别于 7 月 22 日和 7 月 28 日完成了收购审批。

签约

虽然并购协议在 2009 年 12 月底已经完成，但知识产权谈判一直持续到正式签约的前一周才敲定。在福特收购沃尔沃 10 年后，双方的知识产权完全融合在一起了，因此需要重新拆分，过程十分繁复。吉利与福特召集了上百次专家会议，尽职调查覆盖了 7 种语言，资料有上千页。面对知识产权困扰，李书福于 2010 年 3 月 19 日接受媒体采访时表示："如果交易失败，问题不在吉利这边，吉利没有违反协议的任何部分。"[1]

在正式交割之前，并购还通过了 40 多个国家的反垄断调查。在谈判最困难的时期，李书福一度陷入绝望："如果可以重新选择，我愿意选更自由的职业：记者、律师、诗人、作家、画家、歌唱家。"[2]

2010 年 8 月 2 日，李书福和他的团队在伦敦举行了沃尔沃轿车并购项目的交割仪式，宣告完成了旷日持久的收购谈判。

最终，吉利以 15 亿美元收购沃尔沃全部股权，少于此前预计的 18 亿美元。次日，吉利汽车（0175.HK）大涨 5.86%。

---

1 赵奕，"吉利收购沃尔沃　惊心动魄 800 天"，《第一财经日报》，2010 年 9 月 8 日。

2 同上。

沃尔沃新生

2010 年 8 月 2 日，吉利控股董事长李书福宣布了沃尔沃轿车的全球董事会团队：原大众汽车北美区 CEO 斯蒂芬·雅克布出任沃尔沃总裁兼首席执行官；曾任沃尔沃总裁兼首席执行官、福特汽车首席营销官的汉斯·奥斯卡森任沃尔沃轿车公司副董事长兼 CFO；其他董事包括曾任全球商用车巨头 MAN AG 董事长兼首席执行官的汉肯·塞缪尔森，曾任德国奥迪集团董事长的赫伯特·德梅尔，资深财务专家约恩·方斯·施罗德女士，曾任殷拓集团亚洲公司 CEO 的霍建华，历任菲亚特中国集团副总裁、菲亚特动力科技中国区首席执行官、博格华纳中国区总裁的沈晖。

收购后，吉利对沃尔沃实行放权管理。李书福表示："收购完成后，沃尔沃轿车公司将独立运作。沃尔沃轿车公司将会保留其瑞典总部以及在瑞典和比利时的生产基地，在董事会授权下，管理层将拥有执行商业计划的自主权。吉利和沃尔沃之间是'兄弟关系'，服务于不同用户，市场定位也不同。沃尔沃是超级豪华汽车品牌，吉利是大众消费品牌。中国汽车行业要赶超世界水平，要利用全球一切有可能利用的创新能力、产品技术和品牌形象。此次并购沃尔沃就达到了这一目的，使吉利获得了知识产权来源清楚、品牌形象好的企业。沃尔沃之所以同意卖给中国汽车公司，正是看重中国的汽车市场。中国现在是世界上最大的汽车市场。沃尔沃以后可以在中国生产汽车，为中国的客户服务，分享中国汽车市场这块巨大的蛋糕。"

9 月 14 日，李书福宣布，沃尔沃轿车正考虑在中国三地落户，即东部城市上海、西南成都和东北的大庆。其中上海、大庆工厂为新工厂，成都工厂将利用已建厂房，三家工厂的规划产能均为 10 万辆。

2009 年，沃尔沃在华销量仅为 24 405 辆，远低于奥迪的 157 188 辆、宝马的 90 536 辆、奔驰的 68 500 辆。

未来挑战

吉利汽车管理层深知，在全球汽车行业，收购整合成功的案例不多，更别提跨国收购。沃尔沃面临的首要挑战是如何继续保持其在安全领域的领先地位和品牌价值，继续取得消费者的信任。

李书福知道吉利和沃尔沃之间的巨大差距，他用"农村青年爱慕国际明星"形容吉利与沃尔沃的婚姻。虽然沃尔沃与吉利目前保持相对独立，但随着时间推移，李书福与中方团队必须面对与沃尔沃欧美团队的文化差异。李书福表示："1972 年的时候沃尔沃向联合国提出了汽车社会责任、环保责任。在过去的几十年当中，沃尔沃不断地投入在汽车环保和安全方面实现创造发明，其中包括汽车的安全车箱，今天在座很多汽车公司的同行都知道这个技术是沃尔沃发明的。每个人都使用的安全带，也是沃尔沃发明的。还有很多安全技术。沃尔沃早就提出 2020 年要实现'零伤亡、零排放'，这是有很严谨的计划和科学依据的。本人进入沃尔沃前，也觉得'零伤亡、零排放'很难实现。最近我参观了沃尔沃的各种实验之后，对'零伤亡、零排放'深信不疑了，一定可以实现的。现在有些技术也已经开始在沃尔沃新车上使用，比如说信号的提醒、自动刹车、避免碰撞等。"

在收购过程中，工会谈判也是一个难点，未来一旦出现裁员压力，沃尔沃工会势必强烈反弹。吉利明确承诺，沃尔沃目前的工厂、研发中心、工会协议和经销商网络将得以保留，收购后沃尔沃将由独立的管理团队领导，总部仍设立在瑞典哥德堡。一次与工会谈判时，对方问李书福："你能不能用三个字形容你为什么比其他竞争者更好？"与会的福特高层为李书福解围："这怎么可能？做不到。第一，他们不知道另外的竞争者是谁；第二，三个字怎么讲得清楚？"李书福思考了一下回答说："我可以。I love you（我爱你）。"李书福的回答给沃尔沃留下了深刻印象。

虽然沃尔沃与吉利相对独立，但李书福也必须思考如何利用沃尔沃的技术优势来提升吉利汽车的竞争力。2009 年 12 月 29 日，李书福在吉利内部会议上指出："吉利进入战略转型以后，不是以价格作为主要的竞争手段，不再打价格战，要打价值战、技术战、品质战、服务战、品牌战。"

李书福为沃尔沃复兴设计了雄心勃勃的计划：未来 5 年，沃尔沃年产量从目前的 40 万辆增长到 100 万辆，其中中国市场将达 20 万辆。一个麻烦在于，沃尔沃较早前以委托代工的方式授权长安汽车生产沃尔沃 S40、S80 两款轿车，有效期限 10 年。S40、S80 的代工期限分别截至 2015 年和 2018 年。

此外，沃尔沃中国需要做出一系列的决策：工厂如何布局？应把哪些车型引入中国市场生产？如何在吉利和沃尔沃之间取得协调效应，同时又不危及沃尔沃的品牌形象？更重要的是，沃尔沃如何本土化，以更好地适应中国市场？李书福自信地说："20 世纪 50—70 年代沃尔沃是全球第一大品牌，现在落到了宝马和奔驰后面。1927 年，沃尔沃在世界上第一辆汽车投放，为世界汽车的安全、环保技术做出了非常大的贡献。我们将继续充分尊重欧洲成熟的商业文明，继续充分尊重沃尔沃领导世界的品牌价值，继续推动世界汽车工业在安全与环保技术上的新突破，始终保持沃尔沃在安全与环保领域的全球领先地位。交割的完成只是第一步，接下来就是要'放虎归山'，我认为沃尔沃是老虎，原来被关起来了，现在要重新解放，尽快恢复沃尔沃在过去应该具备的雄风，找回它往日的辉煌。沃尔沃必须重新找回自我，实现伟大复兴。"

附 录

附录1：中国汽车市场历年销量统计

中国汽车市场历年销售分析

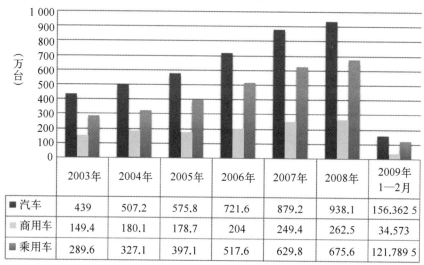

	2003年	2004年	2005年	2006年	2007年	2008年	2009年 1—2月
■ 汽车	439	507.2	575.8	721.6	879.2	938.1	156.362 5
▨ 商用车	149.4	180.1	178.7	204	249.4	262.5	34.573
▤ 乘用车	289.6	327.1	397.1	517.6	629.8	675.6	121.789 5

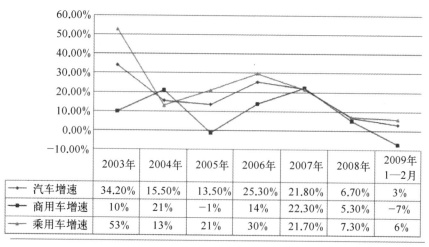

	2003年	2004年	2005年	2006年	2007年	2008年	2009年 1—2月
◆ 汽车增速	34.20%	15.50%	13.50%	25.30%	21.80%	6.70%	3%
● 商用车增速	10%	21%	−1%	14%	22.30%	5.30%	−7%
▲ 乘用车增速	53%	13%	21%	30%	21.70%	7.30%	6%

中国汽车市场历年销量增速分析

来源：http://www.chinacir.com.cn/ywzx/20094293110.shtml.

附录 2：2010 年上半年汽车销量排名

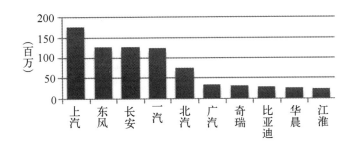

前十位的汽车生产企业

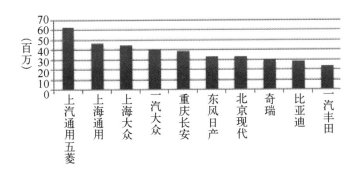

前十位的乘用车生产企业

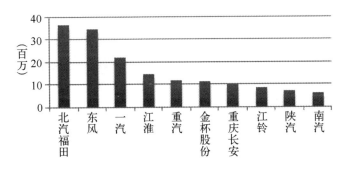

前十位的商用车生产企业

资料来源：中国汽车工业协会。

附录3: 2010年上半年国产品牌销量排名

[把一汽、东风、长安、北汽集团旗下生产乘用车（本文指其狭义，即轿车、SUV、MPV）的各子公司的销量都合成一个，把广汽控股的长丰和吉奥也合成一个，中国的自主品牌乘用车企业共计20个。]

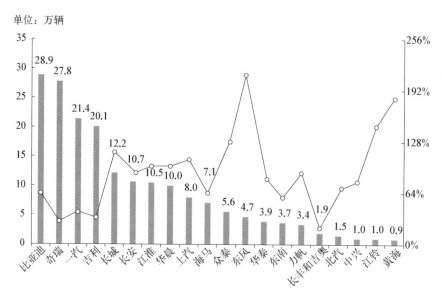

中国自主品牌车企2010上半年狭义乘用车销量及同比增长率

来源：盖世汽车网，CPCA。

附录4: 2009年全球汽车品牌排名

排名	品　牌	品牌价值（亿美元）	排名	品　牌	品牌价值（亿美元）
1	丰田	31 330	7	现代	4 604
2	奔驰	23 867	8	哈雷·戴维森	4 337
3	本田	17 803	9	保时捷	4 234
4	福特	7 005	10	法拉利	3 527
5	大众	6 484	11	雷克萨斯	3 158
6	奥迪	5 010			

来源：Interbrand。

附录 5：沃尔沃轿车零售情况

2009 年与 2008 年对比

车　型	2009 年	2008 年	增长率
S40 Ⅱ	36 954	48 950	−24.5%
S60	14 131	26 148	−46%
S80 Ⅱ	28 171	31 114	−9.5%
V50	54 062	62 085	−12.9%
V70 Ⅱ	0	2 200	−100%
V70 Ⅲ	45 836	56 952	−19.5%
XC60	61 667	6 954	786.8%
XC70 Ⅱ	0	487	−100%
XC70	18 032	32 188	−44%
Ⅲ			
XC90	32 754	52 872	−38.1%
C30	32 409	39 966	−18.9%
C70 Ⅱ	10 792	14 381	−25%
总计	334 808	374 297	−10.6%

注：Ⅰ、Ⅱ、Ⅲ表示的是车型属于第几代。

2008 年与 2007 年对比

车　型	2008 年	2007 年	增长率
S40 Ⅱ	48 950	63 062	−22.4%
S60	26 148	41 726	−37.3%
S80 Ⅱ	31 114	42 527	−26.8%
V50	62 085	62 348	−0.4%

车　　型	2008 年	2007 年	增长率
V70 Ⅱ	2 200	49 900	−95.6%
V70 Ⅲ	56 952	19 197	196.7%
XC60	6 954	0	100%
XC70 Ⅱ	487	22 676	−97.9%
XC70 Ⅲ	32 188	13 603	136.6%
XC90	52 872	79 140	−33.2%
C30	39 966	46 726	−14.5%
C70 Ⅱ	14 381	17 418	−17.4%
Other	0	0	—
总计	374 297	458 323	−18.3%

注：Ⅰ、Ⅱ、Ⅲ表示的是车型属于第几代。
来源：www.volvocars.com.

附录 6：沃尔沃大事记

1927—1929 年：

出于对瑞典制造的质量的信心，Messrs Gabrielsson 和 Larson 于 1927 年 4 月生产出了第一辆沃尔沃轿车 ÖV4。第一年共出售了 297 辆汽车，这是瑞典工业史上最大的一次创业。

1959 年：沃尔沃成为全球首家将三点安全带作为标准配置的汽车公司。

1963 年：沃尔沃第一家海外工厂在加拿大 Halifax 设立。

1969 年：新的 140 系列车型引入一系列创新，包括后排乘客的安全带以及电动加热的后窗。

1970 年：沃尔沃产量突破 200 万辆。

1971 年：沃尔沃最强大的标准车型 164 E 问世。

1973 年：美国成为沃尔沃最大的销售市场。

1976 年：美国交通安全管理局（NHTSA）购买了一大批沃尔沃 240s 轿车，作为对在美国销售的其他轿车安全检测的基准。

1986 年：在环保方面，沃尔沃引入了具有催化剂转换器的发动机，并引入一系列儿童保护技术。

20 世纪 90 年代：沃尔沃经历了最为深刻的技术转型：90 年代末的 960 车型引入六缸发动机，随即又在 850 GLT 车型引入五缸发动机。沃尔沃在荷兰生产出了 S40/V40 车型，并在 1998 年推出享有卓越声誉、标志新一代技术的 S80。

1999 年：福特从 AB Volvo 手中收购沃尔沃。

2000 年：推出新车型 S60、V70、XC70、S40、V40。沃尔沃设立汽车安全中心。

2001 年：动态稳定与牵引力控制系统（DSTC）能在 120 公里／小时的速度下工作，并能与全轮驱动相结合。

2002 年：在底特律车展上推出新车型 XC90。

2004 年：新一代 XC90 问世，配备 V8 发动机。

2005 年：C70 问世。

2006 年：推出新车型 C30 以及新一代 S80。

2008 年：推出新的 XC60 以及 DRIVe 车型，后者是中型车，配备非常经济和省油的柴油发动机。

来源：www.volvocars.com.

上海汽车与韩国双龙[1]

(A)

> 在国外每次看到韩国汽车，总是非常羡慕。非常期待韩国技术和中国经济发展相结合，发挥巨大的乘数效果。

——胡茂元[2]

2004 年 7 月 23 日，当得知上海汽车工业（集团）总公司（SAIC，简称"上汽"，见附录 1～附录 2）有机会再次回到收购韩国双龙汽车公司（简称"双龙"，见附录 3～附录 5）48.9% 股权的谈判桌上时，上汽董事长胡茂元先生的心中百感交集。半年前，双龙债权团曾拒绝了上汽、通用、雷诺以及其他五家全球汽车公司的收购意向。当时，中国大型国有石油化学公司——蓝星集团（简称"蓝星"）突然加入竞标，以谋求多元化进入休闲车业务。负责出售双龙汽车的会计公司推荐蓝星并获得了 90% 的债权人赞成，从而选定蓝星

1　本案例由中欧国际工商学院许雷平和清华大学经管学院白思迪（Prof. Steven White）根据公开资料撰写，取材于中国企业在全球乘用车行业的首例海外收购。该案例目的是用来做课堂讨论的题材而非说明案例所述公司管理是否有效。本案例获 2010 EFMD 案例写作大赛"崛起中的中国全球竞争者"类别最佳奖。

2　"SAIC Chairman Hu Maoyuan: The Multiplier Effect of Acquiring SYMC," *Chosun Ilbo*, November 2, 2004.

作为优先对象。2003 年 12 月，蓝星与双龙签署谅解备忘录（Memorandum of Understanding, MOU），内容包括：

- 每股 1.1 万韩元（时值 9.17 美元，高于上汽、通用和雷诺的报价）；
- 承诺到 2010 年共追加投资 7 亿美元，用于汽车工程和生产；
- 将双龙乘用车产能从 16 万辆提高到 40 万辆，五年内一半销量出口中国；
- 承诺投资 3 亿美元，为双龙在中国建立一万多个销售及售后服务网点；
- 吸收双龙技术在中国当地设立军用车辆生产线；
- 保持双龙原管理团队并确保不减少工作岗位。

3 个月后，蓝星宣布放弃收购，因为蓝星无法提交备忘录中所承诺的中国政府的投资批准担保书。同时蓝星也无法接受债权团所希望的"提供确切的收购价格，而不是不明确的浮动价格"。胡茂元还了解到，蓝星受到了来自双龙工会的百般阻挠，工会反对将公司出售给没有汽车技术的中国企业。工会组织了部分性罢工，自 2004 年 1 月起每周 3 天每天 4 小时罢工。在准备交易的最后阶段，工会会员甚至还出面阻止蓝星管理层进入双龙工厂进行实地考察。

上汽集团 [1]

上海汽车工业（集团）总公司的前身为成立于 1958 年的上海汽车装配厂。上汽、一汽（FAW）及二汽（东风），合称为中国国有汽车制造企业"三巨

---

[1] 上汽集团网站 www.saicgroup.com；《中国汽车工业发展研究》，上海汽车工业（集团）总公司董事会战略委员会课题组，上海科学技术出版社，2005 年 5 月。

头"，涉足生产乘用车、卡车和客车。

1978 年之前，中国国内的乘用车工业发展缓慢。上汽的前身企业通过模仿国外产品，生产"凤凰／上海"牌轿车供应政府部门，当时年产仅 1 万多辆。20 世纪 80 年代开始发生了改变，中国汽车工业允许外商直接投资。继 1982 年北京汽车厂与美国汽车公司（AMC）吉普（Jeep）进行合资，1984 年上汽停产"上海牌"轿车，集中精力投资合资企业。在成功上市桑塔纳轿车之后，上海大众（SVW，上汽与德国大众的整车合资企业）于 20 世纪 90 年代成为中国最大的汽车生产厂商，其乘用车零部件的国产化率达到了 50%。

考虑到家用轿车和中高档汽车的市场机会，上汽第二家整车合资企业选择美国通用汽车（GM）作为合作伙伴。上海通用成立于 1997 年，双方投资比率为 50：50，总投资额达 16 亿美元。所生产的别克系列轿车主要针对中高档市场，以避免与当时主要生产中档系列轿车的上海大众发生直接竞争。作为合作内容的一部分，上汽和通用一起建立了泛亚汽车技术中心，意在设计和改进通用旗下的汽车品牌。与通用的合作还包括建立汽车零部件生产线，扩大上汽在零部件供应方面的份额。此举也使得合资企业所生产的轿车国产化率更高。同时上汽也与全球 20 多家汽车零部件厂商建立了合资企业（包括博世的发动机控制，ZF 的转向系统，及法雷奥电子设备等），巩固了上汽作为汽车零部件主要供应商的地位。

通过这些合资企业和其他合作关系，上汽从一家传统的国有企业进化为一家大型多元化企业集团。上汽拥有 60 多家下属企业，参与汽车产业链的几乎每个环节，管理着全国 500 多家加盟汽车零售商。除了乘用车，上汽的下属企业还生产摩托车、大客车和拖拉机，并为国内外客户提供范围广泛的各类汽车零部件。其零部件业务主要归属于上汽旗下上市公司——上海汽车。零部件出口是上汽出口业务的主要部分，但出口额只占上汽 2003 年营收的 4% 不到。

韩国双龙

韩国双龙汽车（Ssangyong Motors）的前身为 1954 年创立的东亚汽车（Dong-A），成立之初生产重型商务车[1]和特殊用途车辆。[2]1986 年，该公司被韩国双龙集团并购。时为韩国六大多元化企业财团（chaebol）之一的双龙集团成立于 1939 年，以肥皂业起家。朝鲜战争前开始投资纺织业，战后又投资石油业，并涉足汽车、水泥、重工、建筑、贸易、金融、信息、造纸等其他领域。[3]

1988 年，东亚汽车更名为双龙汽车，并首次推出 SUV（Sports Utility Vehicle）型克兰多车系（Korando Family）。1992 年，双龙与奔驰结成战略伙伴关系，由奔驰持有 5% 的双龙股权，并向双龙转移技术。1993 年，双方合作生产的新概念四轮驱动车犀牛（MUSSO）上市，该车设计独特且性能出众，销往全球 90 多个国家。1994 年，双龙在昌原（Chong Won）的发动机厂落成，开始生产自己的汽车发动机；同年，双龙上市了与奔驰合作开发的双龙第一辆轻型商务车——伊斯坦纳（Istana），该车也被贴牌奔驰商标出口国际市场。1997 年，双龙开始涉足豪华轿车市场，其向银行借款 10 亿美元投入开发的高级轿车品牌——主席（Chairman）上市，该车配备奔驰发动机和传动装置。到20 世纪 90 年代后期，双龙汽车已成为一家以制造四轮驱动汽车为主，兼产高级轿车、大型客车、轻型商务车、大型卡车、特种车、汽车发动机及零配件的综合性汽车制造企业。[4]

1997 年 7 月爆发的亚洲金融危机使韩元贬值近半，双龙集团资金链发生

1　重型商务车为大客车和巴士等。

2　双龙的特种车主要为消防车。

3　熊小燕，"韩国双龙启示录"，《交通世界》，1997 年 3 月刊。

4　张曙曦，"韩国双龙汽车历史"，《北京青年报》，汽车时代，2003 年 12 月 24 日。

断裂。1997 年 12 月，双龙集团向韩国大宇集团出让双龙汽车 53.5% 股份，大宇集团负责偿还双龙汽车 3.4 万亿韩元负债中的 2 万亿。大宇也由此成为韩国第二大汽车企业。但两年之后，雄心勃勃的大宇集团宣告破产，双龙汽车又被剥离。双龙汽车债权人（以韩兴银行为主的 15 家债权金融机构组成的债权团）通过两次债转股取得公司控股权。双龙汽车债权团认为：即使不追加资金投入，仅靠现有营业收益承担新车研发费用，双龙汽车在其后 5 年内仍可独立生存。债权团决定一方面促进双龙汽车短期内复苏，另一方面花时间寻求海外合作伙伴。[1]2001 年，双龙汽车进入了为期 3 年的企业改善阶段（Workout Program）以提高经营效率和业绩。债权团任命已在双龙汽车工作 30 多年的苏镇琯（So Jin-kwan）为双龙汽车总裁。

苏镇琯提出从综合性汽车生产领域转变为着力于乘用车（Passenger Car）领域的新战略。双龙汽车采取了两方面措施：一方面，加快剥离非"乘用车"的资产。2002 年 2 月，将其已停产 4 年的重型卡车和大客车生产设备以 320 万美元价格出售给上汽集团下属企业——汇众汽车；同时，双方签署了价值 239 万美元的技术援助合同。其后双龙又以 600 万美元的价格将其轻型商务车伊斯坦娜出售给汇众；另一方面，双龙加大"乘用车"研发力度，重新建立销售和生产网络。2001 年推出豪华 SUV——雷斯特（REXTON），同年又在韩国本土首次推出 SUV 运动版休闲车——犀牛运动型（MUSSO SPORTS）。2003 年 11 月，历时两年开发完成的双龙新款主席也开始销售。通过企业改善，双龙连续三年被评选为韩国最具品牌价值的 SUV 企业。2003 年，7 444 位双龙员工生产汽车 135 500 辆，销量达 28 亿美元，净利润 5 亿美元，占韩国乘用车市场 12.5% 份额。其中近 30% 的双龙出产汽车出口国际市场，但在中国仅销售了数百辆。[2]

1　Heo In-Jung, "The Independent Existence of Ssangyong Motors," *Chosun Ilbo*, March 28, 2001.

2　"双龙打响拓疆闪电战"，《新京报》，2005 年 6 月 20 日。

根据债权团协议，2003 年 11 月结束企业改善，之后将考虑出售该公司。债权团便筹划在双龙业绩稳步上升时将该企业出售，为获得苏镇琯及其核心团队的配合，债权团承诺如果企业出售成功，将给他们相应物质奖励。而苏镇琯等管理层觉得自己能够做好，因此并不希望企业再被出售，而希望企业员工能将企业买下来。苏镇琯在工人和工会圈里也有深厚基础，喜欢泡在生产现场，能随口叫出每一个工人名字。苏镇琯的家就住在平泽附近，但他一周内有三四天会住在工厂宿舍里。韩国金属产业联盟（双龙工会所属组织）的闵庚敏认为：双龙汽车不像三星、现代那些家族企业，它是没有主人的。苏镇琯对这个企业有很强的奉献精神，前几年工人们是和他一起咬牙挺过难关的。[1]

实现愿景

胡茂元及中国政府为上汽制定了宏伟愿景——到 2020 年，跻身全球最大的汽车制造商之列，与通用、丰田、福特、戴姆勒 - 克莱斯勒、大众平起平坐。[2] 针对这一愿景，上汽提出了到 2007 年需要实现的战略目标，包括：

- 跻身世界 500 强；
- 年产汽车 100 万辆；
- 生产自主品牌汽车 5 万辆。

收购双龙不仅与该愿景完美契合，同时也符合中国政府有关汽车业的新政

1　刘涛，"上汽韩国之鉴"，《中国企业家》，2006 年第 21 期。
2　"上汽擒'龙'记"，《商学院》，2007 年 2 月。

（见附录 6～附录 7），以及早期签订的入世（WTO）协议（见附录 8）。

对于前两项目标，上汽志在必得。上汽预计在 2004 年实现销售收入 120 亿美元，有望首次跻身《财富》500 强行列。2003 年的整车销售量近 85 万辆，其中六成来自上海大众，四成来自上海通用，上汽在中国市场的总占有率由此达到 25% 左右。[1]中国的乘用车市场规模年增幅可达 30%～40%。虽然其他公司也在不断扩大产能，且该领域的竞争也将日趋白热化，但到 2006 年，上汽单靠这两家合资厂就可使汽车产量突破 100 万辆大关。

然而，第三项目标对上汽而言最为艰难。上汽自主品牌汽车 2004 年的产量预计只有 5 000 辆左右，而且都是载重车、客车、多用途车等类型，而非乘用车这一主流车型。虽然在与大众及通用的合作中，上汽已经积累了一些汽车组装和制造的世界级经验，但在整车设计和开发方面仍非常薄弱。这些合资企业仅允许上汽（和其他合资企业中的中方企业一样）在中国境内生产或组装国外产品。在上汽从合资办厂中赚取可观利润的同时，大众和通用有效地保持了自己核心技术与技能的保密性。

由于缺乏整车设计开发能力，上汽很难开发出强大的自主汽车品牌。由上汽、东风和一汽构成的中国三大汽车巨头曾被冠以"品牌组合经理"的绰号，因为它们旗下所有乘用车品牌的生产都要依赖于其外方合资伙伴。对此，胡茂元感到无法接受："如果没有挂着上汽标志的汽车驰骋在本土或异国马路上，上汽永远只是一个泥腿子，做得再大，也是受制于人。独立发展汽车生产技术，创立世界级的自主品牌，将是中国汽车工业发展的必由之路。"[2]

针对这一弱势，胡茂元和他的团队重新审视了他们的选择。胡茂元继续

1　2004 年，大众／奥迪和通用在中国市场的总占有率为 37%。值得注意的是，大众／奥迪在中国有两家合资公司：一家是位于上海的上海大众，另一家是位于吉林长春的一汽大众。因此上汽两家合资公司的汇总市场份额预计在 25% 左右。

2　"上汽擒'龙'记"，《商学院》，2007 年 2 月，及新华社中国经济信息社。

说道："中国汽车工业一定要积极发展自主品牌，但同时必须清醒地认识到，不能为了自主品牌而自主品牌。高起点参与国际化竞争，建立自己的国际地位才是根本。发展自主品牌有四条道路：完全依靠自身力量自主开发；利用全球资源合作生产；深化战略合作合资生产；合资企业创建自主品牌。"[1]

分析比较这四条道路，上汽确定其唯一的选择就是利用全球资源来支持自主品牌的发展。考虑到所需时间、财力及技术专知，"完全依靠自身力量自主开发"并不可行。按照行业标准，一个新的汽车平台设计研发至少要耗时 5 年，耗资往往高达数十亿美元。后两项选择的发展空间看似也不大。在现有合资企业中根本没有上汽发展自主品牌的任何空间，通用和大众等都不会愿意为上汽的自主品牌发展提供支持。就连在 2002 年联手通用收购韩国大宇（上汽获 10% 股权），上汽也不过是获得了在华进口分销大宇汽车的权利。

为获取全球资源，上汽迈出的第一步就是于 2004 年 6 月与英国罗孚签订了长期战略合作协议，其中包括上汽对罗孚的收购。根据协议，双方将首先成立一个合资公司来控制所有由罗孚开发的新车，同时聚焦中国市场。汽车生产最终将分别在英国和中国展开。上汽希望双龙能成为其发展战略中另一重要部分。

波澜再起

当蓝星于 2004 年 3 月宣布退出竞标时，上汽早已准备好再次出击，并从中国国家发改委（National Development and Reform Commission, NDRC）取得了交易许可。对上汽而言，此时出手似乎能比以往获益更多。特别是双龙由

1　闫晓虹，"上汽董事长胡茂元：做大做强才是车业核心目标"，中新社，2005 年 5 月 18 日。

800 多名工程师组成的研究所将能为上汽目前一筹莫展的乘用车独立开发项目起到关键的推动作用。

双龙在开拓国际市场方面远比上汽成功得多。2003 年年产 13.55 万辆乘用车中出口占 28%，其中包括在亚太和中东的六家工厂由散件组装的汽车。双龙与海外 92 家独立经销商签订了销售代理合同（东欧、西欧 20 家；中东和非洲 25 家；拉美 19 家；亚太地区 28 家，其中中国 5 家），从而构建起一个庞大的销售网络。

胡茂元与双龙管理层的沟通工作也很顺畅。在债权团决定出售股权之前，上汽已与双龙管理层就双方可能合作的领域展开了探讨。到 2003 年 7 月（债权团决定出售股权前几个月）为止，双龙派出的 20 多位高管已在上海逗留了两个多月，与上汽洽谈各种备选合作方案，如上汽从双龙进口散装组件，组装后在中国销售、两家公司合作开发新车型然后以上汽自主品牌进行销售、在中国成立合资公司等。

相比之下，胡茂元更担心的是双龙工会。除了一年一度的加薪要求（2003 年当年为 10.5%）外，工会领导人还提出加入双龙董事会，参与公司管理与战略决策。在《特别协议提案》中，他们提出参与董事会决策以及其他几项条件（见附录 9）。工会领导人表示，如果上汽不接受这些条件，工会就会反对收购。工会进一步以罢工相挟，罢工规模逐步升级。从 7 月中旬的部分罢工到 7 月 22—23 日的总罢工，造成共计 5 000 万美元的损失。[1]

在双龙劳资双方（债权团与工会）前后进行的 12 次协商中，胡茂元一直在认真地审时度势。劳资双方最终达成了协议，除小幅加薪外，其他条件待定。胡茂元的看法是："如果工会不合理地罢工，而竞争对手在加班加点生产，企业就会落后于竞争对手。只有企业效益提高了，工人的利益才能得到保证。

1　"An All-out Strike to be Taken by SYMC Labor Union on 22nd," *Chosun Ilbo*, July 19 and 23, 2004.

我对解决工会问题充满信心：一是工人们最终会意识到自己的切身利益与企业的效益是一致的；二是我们相信目前双龙的管理层可以处理好这件事，因为毕竟在最困难的时刻，双龙的管理层和工人同舟共济一起走了过来；三是韩国政府现在也反对不合理的罢工，主张依法行政，我相信经过一段时间，双龙的工会会改变一些想法。"[1]

关键决策

这项收购能够赋予上汽很多选择，减少它对外方合作伙伴的技术和品牌依赖，但同时这也是一项非常复杂的任务——将必须选择适当的结构与方法对两家公司进行整合，只有这样做才能实现所有潜在利益。胡茂元重新审视了他和他的团队在准备收购的过程中必须做出的关键决策：

1. 组织结构及与上汽的关联： 应该将双龙置于上汽集团企业结构内的什么位置？我们应该让其保持为一个独立的组织，还是逐渐将其部分或完全地与上汽集团整合起来？

2. 董事会： 目前有四位董事——一位来自企业内部的董事、三位来自债权团的董事。三位债权团董事离去之后，应该派谁来填补这些空缺？

3. CEO 和最高管理层： 上汽集团是否应该向双龙派驻人员？如果是，这些人员应该担任什么职位以及承担哪些主要职责？双龙是否应该向上汽集团派驻人员？

4. 研发： 我们如何利用双龙的研发机构来发展上汽自身的研发能力和品牌？我们是否应该将研发集中放在中国？我们是否要在韩国和中国都保持研发活动？如果我们实现了收购英国罗孚的计划，是否需要对这些开发工作进行整

1 　并购"双龙"上汽抢占国际市场"桥头堡"，《文汇报》，2004 年 8 月 10 日。

合和协调？

5. 生产：我们对双龙品牌汽车和上汽自有品牌汽车的生产目标是什么？我们应该将新的生产点设于何处？我们是否应该在韩国和中国都兼而生产轿车和SUV。我们是否要实施双龙目前制定的在SUV生产之外扩大轿车生产的计划？

6. 销售：我们应该如何利用双龙现有的与全球各独立经销商的关系？一旦我们开发了自己的车型，是否要尽量通过相同的经销商来进行销售？我们对双龙汽车产品在中国的销售应该设定哪些目标？

7. 工会与《特别协议提案》：我们如何应对工会？他们提出了有关工作保障和参与制定董事会级别战略决策的要求，其中尤其强调有关投资和生产选址的问题。我们应该如何回应工会在其《特别协议提案》中所提出的具体条款？（见附录9）

8. 文化与沟通：我们在与韩国人一起工作的过程中可能遇到哪些类型的问题？我们可以采取哪些行动来确保有效的沟通与合作？

这些决策正是上汽为了实现其收购双龙的潜在利益而不得不面对的关键挑战。考虑到上汽在国际运营以及与强势工会打交道方面缺乏经验，收购后的整合将并不轻松。

附录1：上汽集团下属企业与业务结构图（2004）

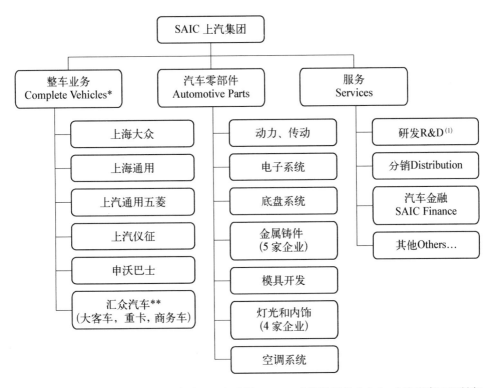

* 包括泛亚汽车技术中心（1997年成立，与通用50∶50合资的研发中心）；上海汽车工程研究
  院，计划于2004末正式运作。

** 汇众直接向双龙购买了3条整车生产线。

资料来源：《中国汽车产业地图》，机械工业出版社，2005：344-345.

附录2：上汽集团业绩概览（2001—2003）

	2003	2002	2001
销售收入（百万美元）	11 722	8 578	6 638
出口额（百万美元）	345	254	170
员工人数（人）	64 343	59 867	61 875

	2003	2002	2001
整车总产量（辆）	**797 025**	**541 224**	**290 014**
乘用车合计（辆）	**612 216**	**390 508**	**288 824**
上海大众　Santana 桑塔纳	213 093	178 555	165 688
Passat 帕萨特	123 954	70 091	64 593
Touran 途安	—	—	—
Polo 波罗	57 180	30 239	—
Gol 高尔	11 025	—	—
上海通用　Buick Regal 别克君威	90 310	36 894	18 642
Buick GL8 别克商务车	23 320	17 801	9 983
Buick Excelle 别克凯越	36 835	—	—
Buick Sail 别克赛欧	56 499	—	—
Chevrolet Spark 雪弗莱乐驰	—	—	—
商用车合计（辆）	**184 809**	**150 716**	**1 190**
微型车 *	180 018	149 368	—
多功能车 **	2 245	—	—
卡车 ***	1 011	519	312
大客车 ***	1 535	829	878
轻型商务车（伊斯坦娜）***	—	—	—
摩托车 ****	**42 061**	**25 590**	**22 976**
拖拉机	**6 922**	**10 125**	**6 147**

　* 微型车的生产由上汽与通用 2002 年共同收购的广西五菱生产。

　** 多功能车由江苏仪征汽车公司生产。

　*** 客车和载重车由上汽旗下的上海汇众汽车生产，这是一家原以生产汽车配件为主的企业，在进入整车领域时，2001 年通过购买韩国双龙的整车生产线而获得生产能力。

**** 摩托车由幸福摩托厂生产。

资料来源：上海汽车集团年报 www.saicgroup.com。

附录 3：双龙生产厂址和位置

平泽工厂和昌原发动机厂

附录4：双龙汽车产品（早期—2004）

早期的吉普车和 SUV（20 世纪 80 年代及以前）

克兰多-5 克兰多车系 新车系

出售给上海汇众的生产线和技术（2001—2002）

轻型商务车-伊斯坦纳 大客车-Transtar 翻斗卡车

现有产品（2004 年）

SUV-克兰多（1993—） SUV-雷斯特（2001—） SUV-犀牛（1993—）

SUV-犀牛运动型（2001—） 轿车-主席 H（1997—）

资料来源：地方网站（http://www.buscar.co.kr）；公司网站（www.ssanyong.com）及维基百科（http://en.wikipedia.org/wiki/Ssangyong）。

附录 5A：双龙主要财务数据（1996—2003）

金额单位：百万韩元

项目	1996财年	1997财年	1998财年	1999财年	2000财年	2001财年	2002财年	2003财年
损益表								
收入	1 369 401	1 441 578	794 192	1 359 736	1 778 479	2 326 694	3 417 338	3 281 452
营运收益	16 757	24 702	36 873	（489 440）	（259 221）	152 464	318 366	289 577
税前收益	（228 473）	（310 145）	（499 831）	（1 074 639）	（972 293）	9 178	320 425	360 857
非经常项目前收益	（228 487）	（313 321）	（499 831）	（1 074 639）	（972 293）	9 178	320 425	589 696
净收益	（228 487）	（313 321）	（499 831）	（1 074 639）	（972 293）	9 178	320 425	589 696
非正常项目前每股基本收益（韩元）	不详	不详	不详	不详	不详	不详	不详	45 464
基本每股收益（韩元）	（2 131 035）	（1 895 742）	（3 024 060）	（6 501 960）	（2 002 950）	21 690	26 298	43 929
稀释每股收益（韩元）	（2 131 035）	（1 895 742）	（3 024 060）	（6 282 576）	（2 002 950）	不详	不详	不详
息税折旧摊销前利润	115 074	171 732	186 706	（297 382）	（61 365）	301 817	485 529	451 425
每员工实际销售额	123	142	157	274	318	380	493	441
普通股权收益率（%）	（155）	不详	不详	不详	不详	不详	74	65
研发费用	不详	不详	不详	41 617	79 296	47 635	91 596	102 316

项　目	2003 财年	2002 财年	2001 财年	2000 财年	1999 财年	1998 财年	1997 财年	1996 财年
人员费用	399 818	342 521	228 122	181 789	不详	不详	不详	不详
出口销售额	415 798	291 170	286 411	286 500	不详	225 373	388 452	389 020
折旧费用	137 869	145 159	142 059	192 513	191 703	136 249	146 760	98 155
毛利率（%）	25	24	20	5	（9）	20	19	16
营运毛利	9	9	7	（15）	（36）	5	2	1
利润率（%）	18	9	0	（55）	（79）	（63）	（22）	（17）
销售增长率（%）	（4）	47	31	31	71	（45）	5	39
1 美元兑韩元汇率	1 197	1 200	1 326	1 259	1 145	1 207	1 415	844

资料来源：Bloomberg, Accounting Standard KR GAAP.

附录 5B：双龙主要财务数据（1996—2003）

金额单位：百万韩元

项　目	2003 财年	2002 财年	2001 财年	2000 财年	1999 财年	1998 财年	1997 财年	1996 财年
资产负债表								
流动资产合计	802 299	689 017	531 368	541 113	717 572	953 280	1 031 119	1 202 113
长期资产合计	1 727 365	1 508 430	1 543 241	1 552 121	2 265 201	2 839 691	2 955 163	2 565 044

项　目	2003 财年	2002 财年	2001 财年	2000 财年	1999 财年	1998 财年	1997 财年	1996 财年
资产合计	2 529 664	2 197 447	2 074 610	2 093 233	2 982 773	3 792 971	3 986 282	3 767 157
流动负债合计	853 059	937 411	999 962	1 567 813	1 312 771	937 713	3 117 587	2 288 999
长期负债合计	470 577	643 686	827 707	1 474 701	1 731 344	1 809 084	1 019 629	1 442 609
负债合计	1 323 636	1 581 097	1 827 669	3 042 514	3 044 115	2 746 797	4 137 216	3 731 608
股东权益合计	1 206 028	616 350	246 941	（949 281）	（61 343）	1 046 175	（150 934）	35 549
流通在外股票（%）	13	13	0	1	0	0	0	0
每股账面价值（韩元）	89 850	45 918	583 617	（924 664）	（371 156）	6 329 886	（913 227）	332 689
每股有形资产账面价值（韩元）	83 651	40 875	554 811	（938 722）	（665 683）	6 101 430	（922 284）	不详
股东权益对负债与权益总额比（%）	48	28	12	（45）	（2）	28	（4）	1
存货－原材料	144 266	113 241	93 333	37 484	94 615	265 585	297 694	不详
存货－在制品	35 622	21 076	19 606	14 425	23 595	53 366	36 124	不详
存货－制成品	136 934	57 950	44 007	71 373	24 531	52 110	85 972	不详
员工数（人）	7 444	6 936	6 126	5 590	4 959	5 052	10 175	11 165
1美元兑韩元汇率	1 197	1 200	1 326	1 259	1 145	1 207	1 415	844

资料来源：Bloomberg, Accounting Standard KR GAAP.

附录 5C：双龙主要财务数据（1996—2003）

金额单位：百万韩元

项　　目	2003 财年	2002 财年	2001 财年	2000 财年	1999 财年	1998 财年	1997 财年	1996 财年
现金流量表								
净收益	**589 696**	**320 425**	**9 178**	（972 293）	（1 074 639）	（499 831）	（313 321）	（228 487）
经营活动产生的现金流	339 226	536 688	175 530	169 492	16 475	（124 933）	95 871	（186 362）
投资活动产生的现金流	（222 915）	（163 306）	（111 934）	（61 534）	（122 284）	（210 133）	（606 289）	（902 061）
融资活动产生的现金流	（160 407）	（234 596）	（72 005）	（83 853）	52 767	351 444	481 453	1 101 253
现金变动净额	（44 096）	**138 787**	（8 409）	**24 106**	（53 041）	**16 379**	（28 966）	**12 831**
自由现金流	156 263	419 780	92 717	111 442	（58 500）	（274 016）	（360 701）	（818 897）
基本每股自由现金流（韩元）	11 642	34 453	219 126	229 573	（353 952）	（1 657 934）	（2 182 424）	（7 665 526）
稀释每股自由现金流（韩元）	不详	不详	167 024	不详	（342 011）	（1 657 934）	（2 182 424）	（7 665 526）
每股现金流（韩元）	25 272	44 048	414 846	349 157	99 685	755 906	580 069	（1 744 494）
1 美元兑韩元汇率	1 197	1 200	1 326	1 259	1 145	1 207	1 415	844

资料来源：Bloomberg, Accounting Standard KR GAAP.

附录6：汽车业发展对比：韩国与中国（20世纪50年代至2004年）

时间	中　国	韩　国	韩国与中国对比（研发水平）
20世纪50年代	第一汽车制造厂（FAW）成立年产汽车1.6万辆	尚无汽车产业	
20世纪60年代	自主开发乘用车、商用车和军用车系统五大汽车制造厂（一汽/北汽/南汽/济汽/上汽）三线汽车制造厂（第二汽车制造厂、陕西汽车制造厂、四川汽车制造厂）成立年产12.5万辆	《汽车工业保护法》三家公司成立/全散件组装年产2.6万辆	落后中国15年
20世纪70年代	建立汽车和军用车产业体系年产12.5万辆	自主开发大宇终止与通用汽车的合资企业年产12万辆（出口2.5万辆）	同等水平
20世纪80年代	成立联营公司产品升级合资尝试年产37.2万辆（内销）	政府支持三大汽车制造厂进行扩张，建立出口基地年产37.8万辆（出口12万辆）	领先中国5年
20世纪90年代	兴起合资热潮年产300万辆（内销）	金融危机/现代与起亚合并/大宇破产年产281万辆（出口120万辆）	领先中国10年
2000—2004	再次自主开发乘用车年产500万辆（内销）	进行调整，发展为世界领先的汽车生产国在中国建立合资企业年产340万辆（出口100万辆）	领先中国20年

资料来源：改编自搜狐网站（http://auto.sohu.com/20060220/n241917715.shtml）。

附录 7：2004 年中国汽车产业发展政策摘要

条　目	主　要　内　容
外资股权	合资企业中外资股份比例可扩大到 50%，面对出口市场的企业不受此条款约束。
进入限制	取消了 1994 年制定的 40% 国产化率要求。
巩固	新建汽车生产企业的投资项目，项目投资总额不得低于 20 亿元人民币，其中自有资金不得低于 8 亿元人民币，要建立产品研究开发机构，且投资不得低于 5 亿元人民币。新建乘用车、重型载货车生产企业投资项目应包括为整车配套的发动机生产。新建车用发动机生产企业的投资项目，项目投资总额不得低于 15 亿元人民币，其中自有资金不得低于 5 亿元人民币。
	促进国内市场占有率达到 15% 的企业成为大型具备全球竞争力的汽车集团。
客服服务	建立全国性的销售和营销体系。
金融	推进汽车金融。
燃料	推进新型燃料，提高燃油经济性。到 2010 年，平均油耗要比 2003 年水平降低 15%。

资料来源：World Markets Research Center Limited, 2004.

附录 8：与中国汽车产业有关的 WTO 条款

条　目	加入 WTO 之前	加入 WTO 之后
汽车进口税	20 世纪 80 年代为 200%；20 世纪 90 年代为 80%～100%。	2006 年起降至 25%。
进口配额	允许每年从海外汽车制造商进口 3 万台汽车。	配额每年提高 15%；2006 年取消配额。
国产化率	要求第一年达到 40% 国产化率；第二年 60%；第三年 80%。	无国产化率要求。
外资参与销售和分销	限定合资企业进行批发业务，禁止进口汽车和合资汽车销售机构合并。	允许自有的汽车批发和零售机构，到 2006 年允许对进口和合资汽车的销售机构进行整合。
中国国内消费者的汽车金融	不允许外国非银行金融机构提供该项金融服务。	允许外国非银行金融机构先在选定城市开展，之后逐渐在全国展开。

资料来源：WTO 文件。

附录 9：双龙工会《特别协议提案》部分条款（2004 年 7 月）

---

1. 雇用和工会相关事项

- 公司继续保障现阶段所有工人的雇佣。

- 公司保障正常的工会活动，对于不合理的工会纷争与工会共同解决。

- 公司遵守与工会的集体协定，不能以任何理由降低劳动条件。

- 工会为公司的长期发展提供安定环境，与公司和平共处，保障雇佣安全。

2. 公司长期发展与投资相关事项

- 公司在保证现有生产能力前提下，需制定中长期计划，其基本原则为扩大国内生产能力、销售网、售后服务；发展工会；确保国内竞争力；构筑更高效率的生产体系。

- 公司为新项目的开发、研发的投入、品牌的提高必须建立中长期计划，保证每年有一定规模的投入。

- 公司的研发机构保留在国内。

- 公司为开拓中国市场，尽可能地利用上汽在中国国内的销售网。

- 正在国内生产和销售的车辆禁止进口（即保持现有国内生产和销售稳定性）。

3. 经营的自律性和保留品牌的相关事项

- 公司作为独立的法人，确保自律性，透明经营。

- 保持双龙汽车的品牌和经营的独立性。

- 工会有义务提高产品品质和维持双龙汽车的高端品牌形象。

资料来源："上汽韩国之鉴"，《中国企业家》，2006 年第 21 期：P37-54.

（B）

在百日整合行动启动会上，蒋志伟将胡茂元亲笔题写的毛笔书法"双赢"转交给苏镇瑄。

——朝鲜日报（Chosun Ilbo），

2005 年 3 月 2 日 [1]

2006 年 9 月中旬的一天，韩国双龙汽车首尔总部。前一年刚被任命为上汽集团（SAIC）负责国际业务的副总裁——菲利普·墨斐（Philip Murtaugh）先生正看着办公室墙上的汉字书法——"双赢"。几周前，一场历时七周，令人极其疲惫，同时又掺杂着上汽对双龙、中国对韩国、管理层对员工等各种对峙的大罢工才结束。

罢工期间，双龙董事会（由大股东上汽控制）任命墨斐兼任双龙汽车代表董事（联席 CEO），以结束罢工并力争将双龙扭亏为盈。墨斐在与工会艰难斡旋后，终于达成协定——允许他重构组织、调整产能、削减人员，面对激烈竞争和难以捉摸的市场变化，这些举措相当必要。

---

1   Kim Jong-ho, "SYMC to Expand Exports to China and Europe: Sales to Increase by 25%," *Chosun Ilbo*, Mar 2, 2005; picture collected from http://magazine.caijing.com.cn.

因罢工而停顿多日的工厂已重新启动，但墨斐琢磨着如何带领双龙和上汽回到这幅书法所体现的精神上去。他需要创造出一些整合效应，这也正是上汽收购双龙最初就设想的目标——这两家公司应能在新车型开发、零部件联合采购、销售网络扩展、国际市场开拓、全球竞争力提升等方面展开合作。但是，这样做的话，上汽和双龙需要怎样的进一步整合？

考虑到挥之不去、到处弥漫着的不信任感，以及罢工后的痛苦回味，墨斐如何才能达到这些目标呢？

收购生效

2004 年 10 月 28 日，韩国双龙汽车的债权团与上汽（见附录 1～附录 3）在韩国首尔新罗酒店正式签署收购协定。上汽以总额 5.72 亿美元的价格收购了债权团所持有的双龙汽车 48.9% 股份。协定中包括了工会所提出的《特别协议》（此前早些时候签署，见案例 A 之附录 9）部分内容，也规定禁止上汽两年内向第三者出售双龙汽车股份。[1] 据韩国媒体的报道，上汽计划将对双龙汽车投资 10 亿美元以上，到 2007 年使年产能翻倍，达到 40 万辆，并积极开发新车。[2]

上汽董事长胡茂元提前几天到韩国，对双龙昌原和平泽工厂进行了考察，期间他谈及了双龙在上汽总体战略中的作用："确保自主技术和推进全球化，是上汽的生存之道。收购双龙是上汽"全球化"战略的一个环节。非常期待韩国技术和中国经济发展相结合，发挥巨大的乘数效果。以总经理苏镇琯为领导的双龙全体员工，使几近破产的企业从 2001 年起扭亏为赢，其能力已得到承认，因此无须担心继续雇用的敏感问题。"[3]

1　"SAIC Takes On the Debt-ridden Ssangyong," *Chosun Ilbo*, November 4, 2004.

2　Kim Jong-ho, "SAIC Invests W 1.2 Trillion in Ssangyong," *Chosun Ilbo*, October 28, 2004.

3　Kim Jong-ho, "SAIC Chairman Hu Maoyuan: The Multiplier Effect of Acquiring Ssangyong," *Chosun Ilbo*, November 2, 2004.

准备整合

收购协议签订之后，上汽开始着手准备 2005 年 1 月股权正式交接后如何介入双龙汽车经营活动。上汽的第一步便是推选上汽副总裁蒋志伟担任代表董事（另一位代表董事为苏镇珀）。蒋志伟 1970 年加入上海汽车，曾参与上汽与德国大众和美国通用的合作项目，当时代表上汽与双龙债权团谈判。2004 年 11 月 9 日上汽派出 3 位管理人员加入双龙管理团队，分别负责管理、资金和生产业务。

上汽的下一步是聚焦文化整合。上汽在内部聘请专人就韩国的风俗、人情、文化、传统等进行了培训，并给派驻人员发了一本名为《漫画韩国》的小册子（作者李元馥）。派驻人员也逐渐习惯了把喝酒作为与韩方沟通的契机，因为韩国有很深的酒文化，只有通过喝酒才能知道对方的真实想法。[1] 针对韩国盛行的送礼文化，中方团队甚至专门设立了一个基金。

双龙员工也开始积极适应这些新的变化。自 2004 年 11 月底起，包括苏镇珀等 30 名高层管理人员和专员全部接受中文教育。授课地点是首尔总部，时间为每天早上 7—8 点，直到能够自由进行业务相关会话为止。而对一般员工的中文培训则在 2005 年的 1 月份开始。[2] 对于新主人的进入，韩方管理层和员工并没有什么特别感觉。一位双龙员工认为："大家都知道公司肯定是要被卖掉的，卖给谁没有什么区别。最重要的是，上汽是带着全员继续雇佣这一条进来的，所以大家没有什么担心。"[3]

上汽邀请双龙员工到上汽集团总部参观。2004 年 12 月 7—8 日，在双龙工会主席刘晚钟的带领下，20 多名双龙汽车工会代表到达上汽。在上汽党委书记兼工会主席吴诗仲陪同下参观了上汽集团总部、上海大众汽车和上海通

---

1 刘涛，"上汽韩国之鉴"，《中国企业家》，2006 年第 21 期。

2 Kim Jong-ho, "Ssangyong Management: Being Determined to Master Chinese Language," *Chosun Ilbo*, November 18, 2004.

3 刘涛，"上汽韩国之鉴"，《中国企业家》，2006 年第 21 期。

用汽车生产线。双龙工会代表团获得上汽董事长胡茂元的亲自会见。12 月底，双龙 122 名大学以上学历的新员工，到上汽进行为期一天的访问，以了解中国经济和文化及公司今后的经营环境。他们参观了上海通用汽车公司，也听取了有关上汽集团企业文化、价值观、未来发展蓝图的报告。[1]

百日整合计划

2005 年 1 月 27 日，上汽正式成为双龙汽车的最大股东。当天下午，在双龙的平泽工厂举行了董事会特别会议。蒋志伟被正式任命为代表董事，并进入双龙董事会。[2] 双龙汽车由此实行以现任代表董事苏镇琯和新任代表董事蒋志伟的双人代表董事体制（联合 CEO）。

上汽总裁陈虹在当天会见双龙董事和高管时表示："上汽集团将通过收购双龙汽车股份，推进双方中长期全球战略。在汽车开发、销售、售后服务等所有方面，将最大限度地发挥两公司联合的效果。上汽将尊重韩国文化和双龙汽车的企业文化，并为稳定现经营班子和双龙汽车职工的工作而竭尽全力。"[3]

尽管有陈虹的承诺，但早期整合并不顺畅。一位上汽知情者透露："上汽一开始没有做太多的整合或改变，只是派了一个很小的团队去监督，也是学习。双龙当时运营得不错，实际上，上汽也没有能力全盘接管。"[4]

首个整合计划

上汽开始准备更深入地切入双龙的全面经营。上汽聘请曾服务于通用汽

---

1 "上汽整合韩国双龙　从文化入手加强与工会沟通"，第一财经日报，2005 年 1 月 19 日。

2 代表董事，在会长（董事长）之下，但在社长（总经理）之上。

3 "China's SAIC Completes Ssangyong Takeover," *Chosun Ilbo*, January 27, 2005.

4 刘涛，"上汽韩国之鉴"，《中国企业家》，2006 年第 21 期。

车收购韩国大宇项目的一家跨国管理咨询公司，帮助自己设计一个百日整合计划。双龙汽车的韩方管理团队也拿出了一个类似方案，提议在双龙内部展开一个"新开始、新思路、一条心"的运动。相比下来，韩方管理团队的方案更注重如何尽快改进业绩，而"改进"需要资金投入；上汽的百日整合计划更强调企业的平稳运营和风险防范。

最终的百日整合计划把双方想法糅合到了一起。2005 年 3 月 2 日，百日整合计划正式启动，提出了"一条心、新开始、新挑战"的经营口号，计划扩大对中国和西欧市场的出口，降低生产成本，并开展一系列经营改革活动。在启动会上，蒋志伟将胡茂元亲笔题写的毛笔书法字"双赢"转交给苏镇瑄。[1]

修订计划

最终的百日整合计划提出才两天，3 月 4 日，蒋志伟在朝鲜日报社（Chosun Ilbo）举办的"亚洲领导力会议"（Asian Leadership Conference）上，提出后来被称为"S-100 计划"的设想雏形，内容包括双龙将与上汽在中国建立合作公司，通过上汽购买的英国罗孚（Rover）发动机知识产权生产小型 SUV。当时蒋志伟就表明：我们计划，首先向中国出口全部组装完毕的双龙汽车，进行销售，提高品牌知名度，之后在中国建立双龙汽车和上海汽车（上汽集团下属上市公司）各持一半股份的合作工厂。新建立的双龙汽车中国工厂不会从韩国进口零件进行组装，而将成为独自开发新车型进行生产的综合汽车工厂。为提高竞争力，我们决定在全世界，包括韩国企业，委托加工质优价廉的零件。目前，上汽正在推进引进 MG Rover 发动机，我们计划以 MG Rover 的 1.8 升以下小型发动机为基础，双龙汽车开发小型 SUV，上海汽车开发小型轿车。[2]

1　Kim Jong-ho, "Ssangyong to Expand Exports to China and Europe: Sales to Increase by 25%," *Chosun Ilbo*, March 2, 2005.

2　Kim Jong-ho, "Ssanyong-SAIC to Build Car Plant in China," *Chosun Ilbo*, March 6, 2005.

管理层变动

上汽通过一系列人事变动来加强对双龙的控制。3 月 15 日，上汽向双龙正式派驻 5 名高管：首席副总经理张海涛（原任上汽子公司上海纳铁福传动轴有限公司总经理），总管企划、财务、管理、采购等业务；副总经理朱贤，同时兼任企划与财务本部长；副总经理沈剑平（原任上汽汽车工程研究院副院长），同时兼任管理及采购本部长；常务张程，担任技术研究所所长助理；常务崔玉子，负责董事会及经营管理委员会。[1]

3 月 25 日上午，双龙汽车在平泽工厂召开定期股东大会，陈虹（上汽总裁）和张海涛被任命为新任董事。这样，双龙 4 名公司董事中有 3 名来自上汽；只有苏镇琯一人来自双龙。股东大会之后的董事会，又选举陈虹接替苏镇琯担任双龙汽车董事会主席。而苏镇琯仍担任代表董事，和蒋志伟一起构成双代表董事制（联席 CEO）。[2]

对这些人事安排，双龙汽车韩方高层曾表达过不满。有知情人士认为："韩国企业是很讲论资排辈，他们觉得上汽派来的人太年轻，没有经验，除了蒋志伟 58 岁以外，其他人的平均年龄在 44 岁，最年轻的只有 37 岁。而双龙的 50 多名韩方管理人士大部分在企业里工作了二三十年，年龄大多在50 岁上下。虽然韩方管理层对陈虹比较信服，认为陈虹曾经把规模比双龙大得多的上海通用经营得很成功，但对上汽方面其他人难以获得这样的威信。来韩国前，蒋志伟曾任生产厂长、上海大众人事和行政执行经理等职，张海涛则为上海纳铁福传动轴有限公司总经理。总体来看，中方人员缺乏跨国经营经验，甚至不曾完整地运作过一个汽车制造企业。这在韩企里不能服众。"[3]

---

1 Kim Jong-ho, " SAIC Expatriate Managers Arrive Ssangyong," *Chosun Ilbo*, March 15, 2005.

2 "SAIC to Control the Board of Ssangyong," *Chosun Ilbo*, March 25, 2005.

3 刘涛，"上汽韩国之鉴"，《中国企业家》，2006 年第 21 期。

内外挑战

上汽也开始察觉到：在表面融合背后有一层无形且难以突破的隔膜。尤其当上汽希望从双龙研发部门获取技术支持时，这种隔膜更为明显。中国人难以进入双龙研发中心，核心技术文件、试验规范也无从获得。[1]上汽刚刚于2006年4月28日宣布将在2007年初推出自主品牌汽车，而双龙在技术研发上的不配合将对这一计划的实施构成障碍。

然而，摆在上汽面前一个更加迫在眉睫的问题是，双龙的国际和国内销售收入均远远落后于早期的预期。造成这一局面的原因有二：在国际市场，上汽收购双龙后短短一年内韩元升值25%，对以欧洲为主要出口市场的双龙造成打击；在韩国市场，SUV的市场不断萎缩。而双龙一直以来的定位是休闲车（RV）世界领导者，多采用柴油动力，排量达3升以上。韩国政府曾一度鼓励柴油车的发展，因为柴油价格只是汽油价格的一半。但到2005年，柴油价格迅速攀升，与汽油价格仅相差不到15%。鉴于以上种种原因，SUV在韩国乘用车市场上的份额从2000年的35%下降到2005年的20%。

焦急的上汽认为韩国市场容量太小，必须开发海外市场。考虑到韩元升值，双龙就必须在成本上更具有竞争力，需要大力进行内部改革。

关注成本惹恼工会

双龙工会认为上汽仅仅关心成本的控制，却迟迟未能兑现原本做出的帮助双龙扩大产量和拓展经营的投资承诺。2005年5月，新当选的双龙第八届工会派出了7名成员到上海。出发之前，他们没有告诉蒋志伟和张海涛，但向苏镇瑈做了汇报，苏镇瑈没有反对。抵沪后，工会代表敦促陈虹实施原本的投资计划。而上汽则表示已在企业日常运营费支付上履行了投资承诺。[2]

---

1 刘涛，"上汽韩国之鉴"，《中国企业家》，2006年第21期。
2 同上。

工会也对蒋志伟在 3 月 4 日讲话中提及的 S-100 计划大加反对。工会认为这将导致双龙核心技术和人才的流失，而且零部件图纸及其他知识产权也会流失，供应商会成为受害者，并最终导致产业链大规模重组和地区经济崩溃。

控股权给上汽添了信心

即使工会方面有添麻烦的迹象，上汽仍通过二级市场购买双龙股票。至 2005 年 6 月，上汽拥有双龙的股权增至 50.91%。而双龙的第二大股东——AIG 集团仅拥有 1.63% 股权；第三大股东——Anima Sgrpa 拥有 1.12% 股权，其余股东均未超过 0.1% 股权。

成为绝对控股的股东，这极大增强了上汽坚持既定计划的信心。10 月，上汽正式公布 S-100 计划——双龙与上汽将在中国以 50 : 50 的比例合资建厂生产双龙汽车，最初以改型车为主，如新享御（Kyron），之后将逐步实现在中国的本地化开发和生产。

罢免苏镇琯

在努力应对市场及工会出现的一些负面变化的同时，上汽的高管层渐渐发现，代表董事苏镇琯已成为双龙进一步结构性调整的障碍。上汽的一位高管解释道："在收购进行之前（2001—2002 年），苏镇琯事先知道盆塘服务中心扩建计划，用家人名义购进用地，然后租赁给双龙谋取私利；而且苏镇琯本人满足于供应商给他的好处而无意压低成本，并进行大刀阔斧的改革。虽然苏镇琯被认为'镇得住'工会，如果不是他，在收购过程中，工会肯定不会善罢甘休，但在企业整合期间，他在研发部门设置壁垒，不让上汽轻易获得双龙的核心技术资源。苏镇琯的潜在对抗，让上汽在进入双龙的第一年里处于被动的无为状态。而更让上汽不能容忍的是，有迹象表明，苏镇琯私下与有关财团达成交易：如果上汽收购失败,该财团会支持苏镇琯以管理层持股的方式继续运作企业。"[1]

11 月 5 日,董事会会议以双龙汽车销售业绩不佳为由,罢免了苏镇琯的职务,苏镇琯本人并没有出席该会议。上汽之后任命 48 岁的双龙汽车产品开发部部长崔馨铎(Choi Hyung-tak)为代理总经理。崔馨铎毕业于汉阳大学精密仪器工学专业,1989 年加入双龙,后担任产品开发工程师,参与了双龙几乎所有新车的开发。[2]

这一任命让双龙内外人士感到惊讶。崔馨铎自己也没想到会被任命接替苏镇琯。在双龙的韩籍高管层中,比崔馨铎资历老的至少有 6 人。在这次人事变更中,上汽起初计划安排双龙汽车外部董事、曾在大宇汽车工作过的金胜彦取代苏镇琯,但金谢绝了这一任命。

崔馨铎在 11 月 7 日举行的更换总经理的说明会上表示:"突然被提拔,自己有些茫然。我将以工程师专注新车开发的心情投入到公司经营中。年初提出的 S-100 计划,我也亲身参与过其制定,因为中国关税壁垒很高,很难直接出口,这是进军中国市场的有效方案,这与技术流失没有联系。"[3]

上汽总裁陈虹解释:"选择新产品开发专家崔馨铎作为总经理是为提高双龙的国际竞争力。"[4]蒋志伟也做了解释:"新领导人应是一名韩国人,因为双龙首先是一家韩国公司,然后才是一家国际化公司。同时,新领导者必须有全球化的视野和战略家的胆识,因为双龙必须进行手术般的改革,降低成本,提高竞争力。只有这样,双龙才能在激烈的市场竞争中生存下去,转化为一家全球化公司。我们从双龙公司原领导人身上没看到这种变革的勇气和决心。借任命崔馨铎为代总经理的机会,一些高层管理人员有可能会卸任,但是不会对普

1　刘涛,"上汽韩国之鉴",《中国企业家》,2006 年第 21 期。

2　Kim Jong-ho & Shong Dong-sun, "Ssangyong Chief Fired over Losses," *Chosun Ilbo*, November 6, 2005.

3　Kim Jong-ho, "New President Choi Hyung-tak: Run Ssangyong as Developing New Cars," *Chosun Ilbo*, November 7, 2005.

4　Kim Jong-ho & Shong Dong-sun, "Ssangyong Chief Fired Over Losses," *Chosun Ilbo*, November 6, 2005.

通员工进行结构调整。2005 年上海汽车向双龙汽车投资了 3 亿美元，正在履行收购双龙汽车时表明的 10 亿美元投资计划，年末将发表双龙汽车 2010 年中长期发展计划。"[1]

11 月 19 日，宣布两位副总经理、四位常务共六人离开双龙公司；对于空出来的位子，上汽的安排代理总经理崔馨铎兼任研究所所长，高春植常务为负责采购的董事，李庆泽为管理（总务）董事，并有负责宣传的方承柱常务兼任企划董事。[2]

被罢免后的苏镇琯不常回家，与其他离开双龙的管理者整天聚在一起。他继续与双龙工会领导人保持密切的关系，经常一起喝酒醉到都爬不起来。[3] 他从内心反对公司被债权团出售，觉得在自己领导下能把双龙发展得更好。他也反对 S-100，原本希望上汽继续投资双龙。

工会振荡

工会将罢免苏镇琯视作大规模裁员的信号弹，更是技术泄漏的前提条件。11 月 9 日，双龙工会举行记者招待会声称："最近更换总经理是为了把双龙汽车技术泄漏到中国的先前工作。上汽为了把双龙的汽车技术泄漏到中国，所以推进 S-100 计划。上汽要履行曾经承诺的平泽工厂增设 30 万辆的生产线和 10 亿美元的投资计划。"[4]

工会振荡逐步升级。11 月 15 日，为达成"让大股东上汽履行投资承诺和抵制技术外泄"的目标，双龙 87% 的工会成员同意和上汽代表进行 1～2 次协商，如果得不到满意答复就开展罢工。

1 刘涛，"上汽韩国之鉴"，《中国企业家》，2006 年第 21 期。

2 Kim Jong-ho, "Subsequent Personnel Shakeup in Ssangyong," *Chosun Ilbo*, November 9, 2005.

3 刘涛，"上汽韩国之鉴"，《中国企业家》，2006 年第 21 期。

4 Kim Jong-ho, "Subsequent Personnel Shakeup in Ssangyong," *Chosun Ilbo*, November 9, 2005.

双龙工会对上汽的指责在媒体传播之下扩散到整个韩国社会和舆论界,双龙股价下挫。[1] 11月16日,工会与蒋志伟对话未得到"满意答复",工会要求蒋志伟主动辞职。圣诞节前,工会代表悄然来到上海,与胡茂元直接沟通。会谈后,工会在12月22日单方面召开新闻发布会,韩国媒体报道说:"胡茂元在会晤期间表态,中国股东计划在未来五年投资韩国双龙大约10亿美元,并将在2006年年初公布双龙汽车发展的长期计划,双龙必须解决一些结构问题,包括进行管理方面的调整。"

上汽知情人士对投资的说法如此解释:"长期计划或者会有一个总体匡算的金额,但总投资金额将由项目的推进来决定。10亿美元的说法,最早来自上汽收购双龙前由中介机构出具的研究报告。该报告称如果要使双龙具有国际竞争力,就必须投入10亿美元左右进行大规模的研发和产能的投资,但上汽方面并没有明确的承诺。上述10亿美元投资承诺的消息和媒体报道的来源均是双龙汽车工会。上汽将以其拥有的股权比例来进行增资,不可能都由上汽来投入,此外,双龙是上市公司,也可以通过融资手段来筹措这笔资金。"[2]

业绩每况愈下

自2005年中期起,双龙加快了新车上市速度:6月,推出新车SUV享御(Kyron);9月,推出新款MPV路帝(Rodius);10月,又推出针对年轻消费群的小型SUV爱腾(Actyon),还选定爱腾运动版在2006年前期上市。(见附录4)

然而,这些新车的上市还不足以促使双龙实现预期目标。虽然2005年的营收创下历史新高,但仍比预期少了1.08亿美元,双龙将出现2000年以来

---

1 "双龙工会阻挠S-100合资计划遭遇坎坷",《第一财经日报》,2005年12月26日。

2 同上。

的首次亏损。[1] 这一年，双龙销售整车 14.1 万辆，同比增长超过 4%，但仍比 17 万辆的销售目标相去甚远。在韩国国内，双龙销量比前一年同期减少 30%，这是因为消费者已经对柴油动力汽车失去了兴趣，而转向了其竞争对手生产的汽油动力汽车。虽然双龙的汽车出口量达到 6.8 万辆，同比增长 80%，但韩元的迅速升值对公司利润造成了重创。中国市场上，由于关税及品牌知名度等问题，双龙远远未达到第一年 2 000 辆的出口预期。

双龙的汽车库存越积越多；库存已高达 8 000 辆，是正常库存量的两倍。12 月 6 日，双龙汽车宣布，对平泽工厂 3 条生产线进行减产，从每月 1.4 万辆减少到 1 万辆。宣布的当天，投资者担心工会冲突，双龙汽车股价下跌 9%。

2005 年 12 月 27 日，董事会通过了《双龙汽车中长期发展战略规划》（见附录 5），并于 2006 年 1 月 25 日正式公布。为避免与工会的冲突，规划并未提 S-100 计划，甚至都没提在中国建立生产线的计划。

人事变动

1 月 30 日，双龙宣布解除 8 名双龙韩籍高管职务，包括副总经理 1 名，以及其他几名负责生产线、零部件、经营、成本控制和会计的管理人员。3 月初，总经理崔馨铎和首席副总经理张海涛被任命为双龙的代表董事。双龙汽车开始实行包括原代表董事蒋志伟在内的三名代表董事体制（联合 CEO）。崔馨铎和张海涛将负责所有经营业务。蒋志伟只负责上汽和双龙两家公司间协调工作。

上汽自身发展

2005 年 3 月，上汽与南京汽车集团（NAC，南汽）分别宣布意在收购

---

1 吴琼，"上汽 200 亿注资韩国双龙背后的算计"，《21 世纪经济报道》，2006 年 2 月 8 日。

MG 罗孚的 50% 和 20% 股权。但一个月后，上汽显示出不愿收购，因为担心这家英国汽车企业的财务稳定性。这一消息使得罗孚陷入破产接管。而上汽声称已在 2004 年秋季用 6 700 万英镑购得罗孚的 Rover 25 车型、Rover 75 车型、罗孚 Powertrain K 系列发动机的知识产权。但是，破产接管者称罗孚的其他部分资产，例如 MG 品牌等，仍会有感兴趣者，于是公司将 2005 年 5 月 13 日设定为潜在投资者的投标截止日。

2005 年 6 月，有消息披露上汽拥有了 MG TF 运动版汽车的知识产权。英国媒体评论员称该产权由 MG 罗孚前拥有者不小心转让的。上汽也对 MG 罗孚剩余资产投标，但最终南汽于 7 月 22 日以 5 300 万英镑代价购得这些资产。

拥有了数个罗孚车型知识产权后，上汽试图以 1 100 万英镑的价格从宝马集团购得罗孚 Rover 品牌名，但此举未成。这一品牌最终落入美国福特汽车囊中，福特 2000 年购得 Land Rover 品牌，因此可行使其 Rover 品牌优先购买权。上汽进而计划基于 Rover 75 车型，推出其自主品牌荣威（Roewe）首部车型——荣威 750。[1]

2006 年 2 月，上汽获得国家发改委批复，成立上汽汽车公司。上汽汽车公司将作为上汽独立拥有的整车生产企业，用以生产自主品牌的乘用车。2006年 3 月，由于担心国内生产设备投资过剩，国家发改委未批准 S-100 计划。上汽集团欲借道上汽汽车公司，通过技术引进方式，实现双龙国产化。计划让双龙汽车的研究机构及全球范围内的汽车工程咨询机构，与上汽汽车工程院、Ricardo2010[2] 共同成为上汽汽车的主要研发力量。

1　Wikipedia, http://en.wikipedia.org/wiki/Shanghai_Automotive_Industry_Corporation.

2　Ricardo2010 是上汽设在欧洲的研发中心。罗孚破产后，还有一支优秀的研发团队（近 200 人），包括 MINI 的总设计师、美洲虎的发动机设计师们，与上汽有着长期战略合作关系的第三方咨询机构英国 Ricardo 成立独立的机构 Ricardo2010，以吸纳原罗孚的工程师们，上汽担负相关费用，由 Ricardo 代为管理。这样上汽获得了一群"无主"的优秀工程师，而且不用他们到中国，又不必经过在海外注册公司这样的繁复手续。

不满之夏

虽然得到上汽的一定承诺，但工会的罢工威胁仍旧存在。对此，2006 年 3 月底，中国商务部领导在首尔会晤韩国官员时说："到韩国投资的中国企业正在受到劳资问题的困扰，尤其是收购双龙汽车的上汽正因为工会工资上调要求等集体行动而面临困难。上汽收购双龙汽车是中国首次对韩国的大宗投资，所以必须成功。"[1]

墨斐上任

2006 年 6 月 19 日，上汽集团宣布墨斐正式担任执行副总裁一职，成为仅次于董事长胡茂元和总裁陈虹的集团第三把手。这一任命迅即在汽车业内掀起轩然大波。墨斐曾担任通用汽车中国公司董事长兼 CEO，并于 2005 年被美国汽车杂志 Motor Trend 评为全球汽车工业最有影响力的 50 位人物之一。此外，在通用期间，他代表通用汽车与上汽谈判成立了上海通用，并成功运作了通用汽车在华 7 家合资企业和 2 家全资公司。在他的领导下，2003 年通用汽车在中国的利润占到通用汽车全球的 13%。2005 年 3 月，墨斐突然辞职，外界猜测其与新组建的通用汽车亚洲总部不合。与上汽多年合作过程中，墨斐和中方伙伴——胡茂元、陈虹等相处融洽，原因在于他在许多问题上更为彻底地坚持本土化策略。[2]

在宣布任命后的新闻发布会上，墨斐和蒋志伟一起发表了"上海汽车全球战略"，计划到 2010 年上汽集团将开发 30 个自主车型，年产量翻一番，增加到 200 万辆。双龙汽车将以中小型轿车生产为主，从而帮助上汽构建起涵盖乘用车和休闲车等全部车型的生产体系。被韩国媒体称为"结构调整专家"的墨斐被任命后

1　Bang Seong-ju, "Bo Xilai: Chinese Carmaker Troubled by Ssangyong Labor Union," *Chosun Ilbo*, May 29, 2006.

2　"通用中国总设计师墨斐突然离去"，《中国企业家》，2005 年 4 月 18 日。

还公开表示："如果双龙工会的罢工行为有损企业长远利益，上汽决不会让步。"[1]

L 计划出台

S-100 计划被国家发改委否定之后，上汽便对计划做出了修改。2006 年6 月，上汽与崔馨铎等双龙管理层签订了 L 计划，内容规定：上汽有权在中国使用享御车型的所有相关技术，自行设计、制造、销售衍生产品及零部件，而不再是按 S-100 计划所提的那样，通过与双龙的合资公司进行上述活动。

双龙工会得知这一消息后，认为在没有工会参加的情况下签署 L 计划是对工会的不尊重，此外，享御的全部开发费用约 3 亿美元，而上汽只付出2 400 万美元。他们将此事反映给了负责监视在韩外国投资者的韩国市民团体投机资本监视中心。该中心提出控告："上汽以 2 400 万美元的价格把双龙汽车制造技术转移到中国工厂，而双龙一款新车开发费用至少为 2 亿美元。"上汽辩解道："双龙的技术资产属于全体股东，大股东不可能违反法律侵占小股东资产。上汽与双龙之间的技术转让协议完全合理合法。而双龙自身，也是从技术转让（梅赛德斯-奔驰）起家的。"[2]

裁员通知

7 月 10 日，上汽向双龙工会方面发送公文通知：将裁减 782 位工人和 204位管理人员，共 986 人（占员工总数的 19%），60 天之后生效。

工会行动

墨斐上任，L 计划与裁员通知，三个看似独立的事件，成为罢工爆发的导

1　刘涛，"上汽韩国之鉴"，《中国企业家》，2006 年第 21 期。
2　"双龙大罢工上汽憋屈　又一场多灾多难的国际化"，《环球企业家》，2006 年 10 月 16 日。

火索。在韩国，夏季往往是以"工资为主要诉求"的韩国工人罢工爆发高发期。此时，其他韩国汽车公司也正陷在罢工折磨之中。通用大宇的工人刚刚恢复正常工作，劳资双方重新进行谈判；起亚汽车工会也将根据其劳资双方的谈判结果决定今后的罢工日程；而韩国最大的汽车企业现代汽车，共有 4.4 万名生产线工人参加为期近一个月的罢工也刚刚结束，现代汽车工会接受了新的一揽子薪酬协议，但罢工导致的公司损失估计将超过 10 亿美元。[1]

部分罢工

7 月 13 日，双龙工会开始了第一轮罢工，持续 6 个小时。他们成立了"爱国斗争实践团"，开始在全韩国范围宣传"技术流失"的严重性。7 月 14 日，工会又在昌原发动机厂开始部分罢工。7 月 21 日，在首尔和平泽，以担心技术外泄和反对企业结构调整为理由，数百名双龙工会会员走上大街，以三步一拜的激进形式游行抗议（见附录 6：图 1）。同一天，工人们在平泽市政府门前抗议集会，并与市长面谈。

7 月 25 日，双龙汽车公司再次向工会送了一份摆脱经营危机的公文，要求工会一起讨论裁减冗员的问题。裁减人数仍与 7 月 10 日裁员通知的内容一致。工会认为墨斐上任将进行大规模裁员，于是退回了公文，决定进行总斗争。[2] 双龙的管理层试图与工会负责人进行商谈，希望和平解决罢工事件，但遭到工会拒绝。相反，工会号召全体员工，包括持股员工，进行反对聘用墨斐的斗争，同时对双龙管理层的日常活动进行阻挠（见附录 6：图 2）。

斗争升级

8 月 9 日，双龙汽车工会 150 多名成员与韩国金属产业联盟（双龙工会为

---

1 Choi Won-suk, "Ssangyong Workers to Strike," *Chosun Ilbo*, August 9, 2006.

2 "The Intensifying Labor-Capital Conflicts in Ssangyong," *Chosun Ilbo*, July 27, 2006.

该组织成员）在首尔的中国大使馆前举行了记者会，工会提出：上汽撤回与双龙汽车签署的技术转让合同，停止结构调整，增加国内投资。如果上汽不接受这些条件，工会威胁说将于 8 月 10 日全面中断平泽工厂的运作，在京畿道厅政府门前请愿；如果双方仍未能达成协议，那么将从 8 月 14 日开始展开无限期的全面罢工。从 16 日开始，昌原工厂也将参与罢工。

墨斐上任遇阻

工会认为，裁减计划正是墨斐在赴韩上任前提出的，遂决定破坏即将在平泽工厂召开的临时股东大会，因为工会得知，会上将决定由墨斐接替蒋志伟出任上汽双龙的代表董事。8 月 11 日上午 8 点，双龙工会成员封锁了工厂正门，包围了工厂主楼，并打碎了主楼的几块玻璃（见附录 6：图 3～图 4）。与此同时，韩国市民团体投机资本监视中心与双龙汽车工会向首尔中央地方检察院起诉上汽只用十分之一的费用进行技术转移。

临时股东大会被迫改变地点并比计划晚了两个小时召开。在会上，公司管理人员公布：2006 年上半年双龙汽车销量预计 61 609 辆，比 2005 年下半年下降 23%。收入 16 亿美元，但净亏损预计达到 1 800 万美元。管理层表示："因汇率负担和柴油价格上涨，及国内 SUV 市场缩小，才持续出现亏损。正在准备进行的人员结构调整等努力将改善高费用结构。"[1]

经上汽提名，董事会正式任命墨斐为代表董事，替代蒋志伟，即时生效。由此，双龙汽车处于三位代表董事（联合 CEO）共同管理下：崔馨铎、张海涛、墨斐。会后，墨斐第一次参观了双龙平泽工厂，8 月 14 日，第一次到双龙汽车首尔办公室上班，与 200 多名员工一一握手，脸上洋溢着笑容。[2]

---

1 "Murtaugh To Be Ssangyong's New Representative Director," *Chosun Ilbo*, August 11, 2006.

2 Choi Won-suk, "A Busy Week for Murtaugh in Ssangyong," *Chosun Ilbo*, August 20, 2006.

玉碎罢工

8月16日，双龙工会打着"反对裁员、反对技术外泄"的口号，将平泽、昌原工厂的整车、发动机生产线全部停工，举行全面无限期"玉碎罢工"，即工人占领工厂并吃住在厂的"食宿罢工"。

平泽工厂内，5 300 多名工会成员聚集在一起。烈日之下，罢工工人们挥动着拳头，喊着"要求生存权！反对技术外泄！"的口号；到了晚上，他们人手一盏小灯，静坐等待第二天黎明的到来。工人用 4 个大型集装箱封锁了工厂的前后门。集装箱周边悬挂着写有"反对结构调整，反对技术外泄"和"总罢工"的横幅（见附录 6：图 5）。身穿蓝色罢工马甲的 20 多名先锋队员在正门周围看守，已装配好但被阻止出厂的数百辆车整车排起了两个长队。[1] 现代汽车工会和起亚汽车工会也前来支持，挂出了"阻止裁员，争取雇用稳定""通过劳动者联合会斗争粉碎资方和政权的裁员通报"等条幅。

8月17日，墨斐访问韩国汽车工业协会寻求帮助未果。8月18日，劳资双方在平泽工厂非公开谈判，但不欢而散。谈判一方为包括双龙工会，另一方为公司 7 名管理层和股东代表，但无中方管理人员参加。当天下午，墨斐赶回上海与上汽高层召开紧急会议。

之后不久，张海涛被授意冻结双龙汽车包括工资、税金在内的所有现金支付，直到工会罢工停止。公司决定向税务局申请延缓纳税，如能正常开工，将补交税金及相应的滞纳金。同时，公司还单方面将向合作企业支付货款的 60 天汇票延期支付。[2] 1 750 多家双龙相关合作企业开始陷入现金流枯竭的境地。

工会指出，如果原定于 8 月 25 日支付的当月工资不予支付，将考虑控诉资方。[3] 合作企业则认为双龙汽车牺牲了他们的利益来阻止罢工，他们怀疑上

---

1 Moon Gap-sik, "A Die-Game Strike," *Chosun Ilbo*, August 17, 2006.

2 公司未对具体支付日期加以说明。

3 Kim Jong-ho, "Ssanyong Freezes Pay of Striking Workers," *Chosun Ilbo*, August 20, 2006.

汽是不是想用中国配件企业将他们取而代之。而资方声明："销售不畅导致销售剧减，工会又长期罢工，考虑到如此下去有倒闭的危险，所以冻结了现金支付，并决定延长汇票的支付期限。"

8月20日，墨斐返回首尔，劳资双方的谈判拉锯战开始。在中国，上汽做了最坏的打算并着手进行银行流动资金支持等准备。上汽认为，不是不让步，是要在有道理的地方让步，要努力在双龙建立一个正常的劳资秩序。在韩国，中方管理层与工会保持实时沟通，墨斐、张海涛和崔馨铎为代表的双龙管理层在罢工期间，24小时都跟罢工工人吃住在一起。谈判随时都在进行：有时突然想到一点，就马上和对方坐下来谈；有时会从凌晨一直谈到半夜。双龙公司内的中方人员开始给双龙的员工，包括其家属做说服工作。[1]

罢工工人依旧住在搭建在工厂场地上的帐篷里，用抽烟、打盹或者打电话来打发漫长的时间。工厂大门被集装箱封锁，消防车成了反抗警察的武器；厂房里堆放了专为罢工准备的1万多袋方便面和1万多瓶矿泉水。100多名手持铁棍的工会先锋队威风凛凛地控制着厂区每一个人的出入。工厂外，游行队伍以三步一磕的方式行进在大街上，他们的头上都扎着一条红色的带子，上面写着"保卫生存权"。

而上汽继续表示，要对生产线上人员进行重新安置，编成率（根据生产能力投入到生产线上的车辆比率）要达到丰田汽车水平的85%。如果有员工拒绝人力的重新安排，必须接受无薪休假或辞职。到8月23日为止，双龙罢工已造成15 100辆生产损失，损失产量金额达3亿美元。

暂时协议流产

8月24日，在平泽工厂举行的劳资谈判终于在罢工第43天暂时达成妥

1　刘涛，"上汽韩国之鉴"，《中国企业家》，2006年第21期。

协。这份《工资及团体协约暂定协议案》称："撤销544人裁员计划，维持当前工人数；到2009年末，每年都向开发新车型和发动机、改善经营和售后服务网方面投资3亿美元；冻结今年的工资和所有津贴；对部分工人福利制度中止实行2年；根据市场需求灵活运用组装流水线，工会对此予以积极配合。双龙汽车方面决定向中国的银行贷款2亿美元，以实现今年的投资计划。"[1]

8月25日晚，由全体5 326名双龙工会会员就暂定协议案进行投票，结果以63%的反对票数否决，这份暂时协议流产了。次日，双龙汽车的股票再次下跌6%，与年初比，其股价已下降46%。双龙汽车资方指出："双龙汽车遭受着长期罢工造成的经济损失及企业形象受损的恶果，劳资也因此而面临着第二次协商的麻烦。由于公司做出最大限度让步草拟的协议案被否决，致使公司面临不得不强行解雇的局面，现在不再进行劳资协商。"[2]

8月28日，大约3 000名工人走出工厂，抗议裁员计划。手持铁管的100多名工会先锋队员试图阻止平泽工厂的800多名管理人员上班。集装箱继续封锁工厂正门，后面还备有一辆消防车整装待发。这意味着一旦投入警力，将采用射水反击。生产线旁被阻止出厂的主席（Chairman）、路帝（Rodius）等车身上面堆满灰尘，而工厂内处处是工会人员搭的帐篷和蚊帐。

8月29日，工会就要进行新执行部选举，工厂福利馆周围挂出"不能再让步！""跪膝而死！""竭力反对结构调整！""不能同舟共济，那就同归于尽！""头颅分成两瓣，也要守住！"等5个选举本部的横幅。而这时，已有24家双龙合作企业处于停产状态，如果罢工继续下去，大部分合作企业只能停业。合作企业所承受的销售损失已达1.4亿美元。[3]

---

1 Choi Won-suk, "Ssangyong Workers Escape Axe," *Chosun Ilbo*, August 25, 2006.

2 Kim Jong-ho, "Ssangyong Labor Union Vote Down the Agreement," *Chosun Ilbo*, August 27, 2006.

3 Chae Seong-geum, "Ssangyong Labor Union Seizes Pyeongtaek Office," *Chosun Ilbo*, August 29, 2006.

形势逆转

8月30日，双方第28次谈判重启，但不到两个小时后谈判破裂。工会决定召开紧急代表大会，威胁在选出新的工会执行部后继续罢工，但选举需要两周时间。极度疲劳、又与家人长期分离的工人们的坚持已经到了极限。虽然罢工已造成4.5亿美元的销量损失，上汽仍明确表示，已做好了罢工还要继续两周甚至更长时间的准备。

当日下午，形势发生戏剧性逆转，劳资双方达成初步协议。上汽做出部分让步，同意取消此前的裁员计划；工会也同意减少现有福利，以销量好的车型为主灵活运用组装流水线，并解雇不正常上班的员工和管理者。方案包括：到2009年为止每年投资约3亿美元开发新车；冻结工资和津贴；2年冻结部分福利条件等。这一次，58%的工会会员投了赞成票。工会决定31日休息一天，从9月1日起正常工作。历时49天大罢工就此戛然而止。

动荡的和平

到9月4日，双龙股价回升，比罢工期间的最低水平上涨了近30%。这场49天的罢工给上汽带来巨大震撼。虽然平息了罢工，但是上汽也不愿视之为"一场胜利"："工会成员也是我们的成员而不是竞争对手。这次是一次很好的沟通机会，让韩国工人真正明白他们最常说的两个字'相生'，就是大家在一条船上，要互相扶持、互相帮助。"[1]

罢工开始之前，就已有544个人被劝退，有工人，也有管理层，条件是为其补发19～20个月的工资。罢工结束后，上汽也公开表示不会停止裁员，临时工要裁，一些不做事的人，包括管理层中不管事的人，要裁掉。[2] 刚刚就任

---

[1] 刘涛，"上汽韩国之鉴"，《中国企业家》，2006年第21期。

[2] 同上。

的双龙第九届工会领导李恩健认为："工会对于未来上汽会否兑现承诺依然存在诸多疑虑。上汽刚进入双龙时，承诺不裁员，但这次罢工前，双龙就已有544人被劝退了。罢工结束，上汽承诺将在4年里对双龙投资12亿美元。这笔钱怎么投，用在什么地方，上汽还没有拿出具体的计划。这是一个信用的问题。如果依然没有投资，明年第一、第二季度我们会再次罢工。"[1]

很多双龙员工在逐渐相信存在这样一种可能——上汽只是把双龙作为一个技术输出的平台，而且也不准备履行在收购之初承诺的不裁员、继续投资等条款。在他们看来，双龙正在走向一个没有前途的未来，甚至面临再次被出售的危机。韩国舆论也存在很大质疑："中国企业来韩国究竟为了什么？中国的外汇储备在全世界是第一位的，中国企业可以通过购买技术获得快速成长，但买了技术后被收购的企业就关闭了？还是会长期在一个国家经营这个企业？我们还可以把公司卖给中国企业吗？"[2]

不过，遭遇此类困难局面的并非只有上汽一家，其他收购过韩国公司的汽车制造商也经历过同样的挑战。例如，美国通用汽车收购韩国大宇也是几经周折。2001年，通用以7.75亿美元收购了大宇。收购之初，通用汽车被韩国舆论指责为"美国企业染指韩国核心产业"，通用派出的高层在其住所内被大宇工人围攻达三个月之久，原因是通用解雇了4000名韩国工人。但通用的策略是在收购谈判期间就签署明确协议，说明哪些管理层不能留用以及必须裁员的原因，并承诺待公司情况好转后会重新聘用员工。在收购完成后的五年里，通用向大宇累计投入了30多亿美元。短短几年间，大宇就凭借180万辆的全球产量成为推动通用在亚洲及拉美地区增长的关键驱动力，并于2006年为通用创造了6.34亿美元的净利润。[3]

---

1 刘涛，"上汽韩国之鉴"，《中国企业家》，2006年第21期。

2 同上。

3 "通用大宇2006财年净盈利6.34亿美元"，《汽车世界》，2007年4月4日。

与此同时，通用与工会的关系也得到显著改善。2006 年 3 月，曾被通用大宇解雇的近半数员工被重新聘用。一位曾经为通用收购、整合大宇提供咨询服务的专业人士认为："通用进入大宇后非常重视和工会的沟通。比如，定期举行联谊活动，并借助当地政府的力量，让政府明白通用收购大宇是在帮助政府解决问题。通用成功整合大宇的一个最重要的因素是韩国是一个信服实力的国家。通用是全球汽车行业的老大，在资本、技术、企业文化方面是有很深厚底蕴的，而上汽在收购双龙之前，很少有人知道它。"[1]

业绩滑坡

双龙的经营情况也不容乐观。数据显示，2006 年 1—6 月，双龙汽车累计亏损 1 800 万美元，汽车销量比去年同期下降了 18%。国内市场占有率从 2005 年底的 6.4% 下降到 4.7%。公司股价也比 2004 年底上汽收购时的股价下跌了近一半。49 天的罢工让双龙的生产线一度陷入瘫痪，给双龙带来 3 亿美元损失，还让双龙本来有可能实现盈利的 2006 年，再次陷入亏损境地。而双龙的销售环节更遭到直接打击，经销商的信心也大受影响，他们的生意都受到波及，十分冷清。为挽救双龙销售，平泽市双龙汽车促进委员会于 9 月 26 日在市民广场举行了"拯救双龙汽车"运动，平泽市长、市议会议长也参与其中。但是舆论认为没有投资的企业不会有前途，上汽必须拿出实际可行的方案，让双龙尽快摆脱经营困境，给双龙一个更光明的未来。

双龙在上汽未来发展中的角色

虽然面临着来自内部与外界的重重挑战，胡茂元和陈虹等上汽管理层继续表示双龙在上汽自主品牌开发方面的重要角色："上汽将把中国、韩国、英国

---

[1]　刘涛，"上汽韩国之鉴"，《中国企业家》，2006 年第 21 期。

三个方面构建一个国际化平台，进行研发、产品、市场运营上的协同，这将是上汽未来的方向。将来，双龙必然要与上汽在英国、中国的业务实现协同。上汽要把世界资源组合、集成起来，做自主品牌的开发、国际品牌的运作。让双龙与罗孚两个技术平台产生最大的协同效应，这本身就是一种创新。双龙对上汽的自主品牌战略会有很大帮助：以 SUV 和 MPV 产品为主的双龙不仅与上汽的自主品牌，与上汽的两个合资伙伴（大众和通用）产品上能形成互补；双龙的产品开发体系也能为上汽自主品牌所用；由于双龙的一半产品是出口，也有助于上汽学习国际经营的方式，营销网络也能为上汽所用。但协同效应也非一日之功。就双龙的过去产品来说，已无法和上汽的产品在平台共享上产生协同效应，而只能寄望于新产品的开发；而就采购的协同性来讲，现在双龙的十五六万的量还不足以成为与供应商谈判时的有力筹码。"（见附录 7）[1]

---

1 "双龙大罢工上汽憋屈　又一场多灾多难的国际化"，《环球企业家》，2006 年 10 月 16 日；"上汽韩国之鉴"，《中国企业家》，2006 年第 21 期。

附 录

附录1：上汽集团进展（2004年至2006年10月）

2004年上汽集团下属企业和合资企业有近20款整车全新产品或改进产品投放市场，包括上海汇众从双龙汽车引进的伊思坦纳商务车下线。

2004年12月30日，上海汽车集团股份有限公司（上汽股份）成立。上汽股份集中了上汽集团业内与汽车产业链紧密相关的汽车主营业务、汽车产业链上的各个环节以及持续发展起关键作用的产业，注册资本为人民币257.6亿元。

国内兼并重组方面，完成了对上海通用的烟台大宇发动机公司和沈阳金杯通用公司的资产重组，于2004年3月分别成立了上海通用东岳发动机有限公司和上海通用（沈阳）北盛汽车有限公司。

海外兼并方面，2004年10月28日，上汽集团与双龙汽车债权团在汉城签署了收购双龙汽车48.92%股份的合同，成为双龙汽车公司的第一大股东。

2005年，上汽整车销量首次突破100万辆，实现历史新高；上海通用、上海大众分别以32.5万辆和25万辆的整车销量获国内乘用车销售冠、亚军。

2005年1月27日，上海汽车集团股份有限公司完成韩国双龙汽车公司的股权交割手续，正式成为第一大股东，并成为国内首家收购国外整车公司进行经营管理的企业。

2006年，上汽集团以2005年度合并报表147.1亿美元的销售收入，再次跻身《财富》杂志世界500强企业行列，排名第475位。

2006年7月启动国内重组上市工作。计划将下属的上市公司上海汽车（600104）向控股股东上汽股份定向发行32.8亿股A股，进行相关股权变更。这样，上海汽车将拥有了上海大众、上海通用等11家整车企业、3家紧密零部件企业和1家汽车金融企业的股权，成为目前A股市场规模最大的汽车公司。上汽集团持有上海汽车83.83%股权，并直接经营零部件和服务贸易业务，将发展成为集先进制造业和现代服务业为一体的综合性产业投资和运营公司。

同年，上汽集团首款自主品牌中高级轿车正式亮相：10月12日，上汽集团正式发布荣威品牌；11月1日至5日，荣威750轿车及荣威混合动力轿车首次亮相2006年中国国际工业博览会。

截至2006年，上汽集团已建成国家级技术中心3家，市级技术中心15家；与国内相关科研院所、高校共同组建产学研工程中心17家。

资料来源：综合上汽集团网站资料。

附录2：上汽集团下属公司和业务结构图（2006年10月）

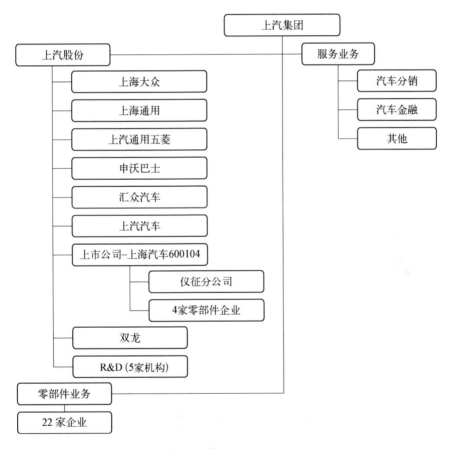

资料来源：上海汽车集团年报及其他公开资料。

附录3：上汽集团业绩概览（2004—2006）

项 目		2004	2005	2006
销售收入（百万美元）		12 508	14 713	17 948
出口额（百万美元）		717	865	892
员工人数（人）		68 720	68 726	70 374
整车总产量*（辆）		847 526	1 056 387	1 344 073
乘用车合计（辆）		610 639	740 712	914 773
合资品牌	大众	347 531	250 006	349 088
	别克	251 939	243 590	304 229
	雪弗莱	11 169	106 354	142 651
	凯迪拉克	—	1 698	2 823
子品牌	双龙	—	139 064	115 982

* "整车总产量"包括乘用车、商用车及其他车辆。

资料来源：上海汽车集团年报，2004—2006，http://www.saicgroup.com/English/sqjt/gsnb/2009njtnb/jyzkjzycpcl/index.shtml.

附录4：双龙产品线（2004—2006）

资料来源：公司网站（www.ssanyong.com）和维基百科（http://en.wikipedia.org/wiki/Ssangyong）。

附录 5：《中长期计划》主要内容（2005 年 12 月）

到 2010 年双龙汽车计划实现产销 34 万辆，计划五年内累计投资约 25 亿美元，用于公司研发、销售、提升产能等方面，使双龙成为"具有世界级的专业 RV 汽车制造商"。

在具体的资金投入方面，25 亿美元中的 17.6 亿美元将投资于研发新车型、新发动机和新技术，不断提高产品竞争力，约 7.5 亿美元将用于扩大平泽工厂的规模，提高产能，扩大营销网络，完善出口基础建设等。计划还表示，在今后的 5 年内，平均每年的投资规模约为 5 亿美元，占销售额的 8.7%，与汽车行业平均投资额占销售额的 5% 相比，有了大幅提高。

国内外销售方面，上汽也计划双龙汽车在 2006 年实现国内外销售整车 17.2 万辆，同比增长 25%，其中出口 8.5 万辆，同比增长 25.6%，韩国本土销售 8.7 万辆，同比增长 18.3%。2010 年销售 34 万辆，国内市场占有率从 2005 年的 6.4% 提升到 2010 年的 10% 以上。此外，上汽双龙将继续加强海外销售，拓展全球市场。通过设立欧洲配件中心，上汽双龙将新增出口专用的 PDI 等配套设施，持续扩大海外销量，2010 年计划出口整车 18 万辆左右，并将出口比重扩大到整体销量的 55% 以上。

上汽与双龙汽车计划共同开发前引擎 / 前轮驱动单壳车身型新型平台，适用于上汽正在开发中的中小型自主品牌轿车以及双龙汽车小型 SUV、MPV 汽车。目前，上汽双龙的产品以进口车形式进入中国市场销售。未来，双方将集中精力推进本土化生产，开发出满足中国消费者需要的车型，在中国市场抓住机遇，实现快速增长。

在新能源汽车开发领域，上汽将着力于研发汽油混合动力汽车，双龙汽车将专注于研发柴油混合动力汽车，双方形成了资源共享、优势互补的良好架构，在引领未来汽车发展潮流的新能源汽车领域中占据优势地位。

上汽双龙将推出 3 款 SUV、1 款 MPV 和 2 款豪华型轿车，共计 6 款新车型。每年推出 1 个以上新车型（包括部分改款型号），加强产品竞争力，并追加开发 4 种柴油发动机和 1 种汽油发动机，用于未来开发的新车型。

资料来源："上汽双龙公布中长期战略规划"，《经济日报》，2006 年 1 月 28 日。

附录 6：双龙工会行动（2006 年夏）

图 1　2006 年 7 月 21 日上午，在京畿平泽工厂（平泽七块洞）所在的平泽市内，双龙汽车工会展开了三步一拜游行，呼吁抵制双龙技术外泄和反对结构调整。图片源于韩联社。

图 2　双龙工会反对资方的结构调整，于 7 月 28 日包括从地方工厂远征过来的工会成员在内的双龙汽车 3 000 多名工会人员正在阻止 800 多名管理人员进入平泽工厂大门上班。图片源于韩联社。

图 3　双龙汽车临时股东大会 2006 年 8 月 11 日上午在平泽工厂举行，上汽副总裁菲利普·墨斐被选任为代表董事（联席 CEO）后，工会成员开始对此进行抗议，并决议展开罢工，同时封锁了平泽总部的正门口。图片源于韩联社。

图 4　因对 8 月 11 日临时股东大会的结果感到不满，双龙汽车工会成员打碎了平泽工厂主楼建筑一楼的三块玻璃。图片源于韩联社。

图 5　罢工期间，位于平泽的双龙汽车工厂正门口被 4 个大型集装箱封锁。图片源于《朝鲜日报》记者摄影。

附录 7：双龙人事变更（2004 年 7 月与 2006 年 10 月对比）

职　　位		2004 年 7 月（收购前）		2006 年 10 月（收购两年后）	
		姓　　名	来自	姓　　名	来自
董事会	主席	苏镇珺	双龙	陈虹	上汽
	董事	3 位	债权团	蒋志伟	上汽
				张海涛	上汽
				崔馨铎	双龙
代表董事 CEO		苏镇珺	双龙	菲利普－墨斐（联席 CEO）	上汽
				崔馨铎（联席 CEO）	双龙
				张海涛（联席 CEO）	上汽
职能领导	计划和财务	*N.A*	双龙	朱宪	上汽
	采购	*N.A*	双龙	高春植	上汽
				沈建平	上汽
	研发	崔馨铎（联席 CEO）	双龙	张程	上汽
	运营	*N.A*	双龙	崔玉子	上汽
	销售	*N.A*	双龙	于琼根	上汽
	管理总务	*N.A*	双龙	李庆泽	上汽
	业务开发和计划	*N.A*	双龙	方承柱	上汽

资料来源：根据各媒体报道汇编。

(C)

今年公司业绩预计递差会超过 1 000 亿韩元（合 7 700 万美元），因此公司 12 月份的运营资金将完全枯竭，无法支付职员工资。

——双龙致员工的一封信[1]

2008 年 12 月 22 日

2008 年只剩几天。上汽集团国际业务掌门人的张海涛此刻正啜饮着参茶，事态的急转直下让他忧心忡忡。2007 年，还是双龙汽车代表董事（联席 CEO）的他被提拔到现在这个位置，同年年底双龙扭亏为盈。为此，公司给 7 185 名员工每人发了 100 万韩元（合 1 066 美元）[2] 奖金，以资鼓励。

让管理层弹冠相庆的还有，虽然 2006 年那场长达七周的罢工造成了 3 亿美元产量损失，但在 2007 年，双龙成为唯一一家顺利通过工资谈判的韩国车企，未遭到工会丝毫阻挠。论长期发展，双龙在拓宽产品组合（除 SUV 外）上取得进展，被分配到双龙与上汽合作项目的工程师最初对上汽的不信任和抵触心理似乎也有所消解。

可是，双龙已是今非昔比（见附录 1～附录 3）。受全球金融危机影响，

1　"Ssangyong Unable to Pay Staff," *Chosun Ilbo*, December 22, 2008; The picture collected from http://magazine.caijing.com.cn.

2　"中国上汽收购双龙汽车 3 年首次盈利"，《朝鲜日报》，2007 年 12 月 8 日。

2008年，双龙共计亏损710亿韩元（合5 700万美元），而韩国政府无意出手相助。为弥补损失，双龙先后采取多项削减成本举措，但工会态度强硬，拒绝在裁员和减薪上做出任何让步。于是，双龙管理层决定延迟支付2008年12月份总计290亿韩元的员工工资。

显然，拖欠工资不是长久之计。上汽注资双龙，虽可暂解其资金燃眉之急，但也只是权宜之计。对此，张海涛提出三种方案：

（1）启动债权人债务重组，这势必需要进行结构调整，工会做出重大让步。

（2）申请法院破产保护，进行重组，但上汽可能被迫放弃管理控制权。

（3）寻找买家，剥离双龙股份。

2006年：大罢工后恢复生产

2005年1月，上汽出资5.72亿美元收购韩国上市企业双龙汽车48.9%股份。仅仅一年后，这个新东家便领教了韩国工会的厉害。许多问题积压已久终于爆发，2006年7月双龙工会发起长达七周的大罢工。这次罢工影响了双龙近3亿美元销售额，本土和出口销量均遭受重创，产量方面也首次下滑到第五的位置（在五家韩国本土汽车制造商中排名），落在雷诺三星汽车之后。

最终叫停罢工的一纸协议限制了裁员人数，但也让当时负责上汽国际业务、监督双龙运营的墨斐（前通用汽车亚洲业务掌门人）有机会实施变革举措，提升公司效率。举措之一是削减平泽工厂10%的产量。[1]鉴于柴油价格高

1　"Ssangyong to Trim Excessive Production Capacity," *Chosun Ilbo*, December 27, 2006.

企、现有 SUV 车型滞销，墨斐宣布双龙将致力于开发并投放一款新型豪华轿车、一款高端 SUV 及一款小型 SUV。[1]

双龙也对销售部门进行改组，替换四名最高管理层，以期扭转国内销售颓势。Kim Geun-tak（之前效力于通用韩国公司）出任双龙全球销售与营销总监。[2] 2006 年，双龙国内销售额与出口额分别下降 24% 和 4%，但双龙代表董事（联席 CEO）崔馨铎信心十足地表示，只要各项变革举措落实到位，2007 年销售额增长必超过 20%。[3]

2007 年：扭亏为盈

2007 年初，墨斐宣布一揽子长期发展计划，力争在 2011 年实现销量 33 万台，销售收入 6 万亿韩元（合 64 亿美元），产量较 2006 年翻三番。然而，要实现这些宏伟目标，双龙必须摆脱作为 SUV 制造商的单一形象，在产品组合中加入新的轿车车型。为此，上汽与中韩欧三地研发团队通力合作，基于它在 2005 年收购的罗孚 75 和 25 平台研发新车型。上汽借此平台已开发出了自主品牌荣威 750，并于 2006 年 10 月投放中国市场（见附录 4：图 1）。[4]

到 2007 年中，双龙似乎已经转危为安，时任双龙联席 CEO 的张海涛对未来自信满满："我在韩国待了两年多，首先可以欣慰地告诉大家，双龙正在逐渐走出阴影，正朝着更健康的方向发展，这是韩中双方团队共同努力的结果。上汽与韩国双龙在彼此信任、尊重的基础上，发挥团队合作，加快融合双方优势，才使双龙逐渐走上了一条更加健康的发展之路。考虑到双龙在中国的

---

1 "双龙汽车不盈利 酝酿新车开发计划"，《朝鲜日报》，2006 年 9 月 18 日。

2 "双龙汽车营业部门 4 名干部被解雇，"《朝鲜日报》，2006 年 11 月 15 日。

3 "Automakers facing challenges," *JoongAng Ilbo*, January 18, 2007.

4 "Ssangyong to Build, Sell Chinese Car in Korea," *Chosun Ilbo*, February 22, 2007.

发展有很大的潜力，上汽计划让双龙参与分享这个飞速发展的市场，目前我们已提出国产化申请。强强联手后的上汽和双龙更加关注生产线的协同效应，双龙汽车立足推出拥有好技术、好质量和好价格的好产品，才能在市场上真正具有竞争力，最终让消费者分享其在成本控制、技术改进方面带来的利益。面临的危机很多，其中包括大家所关注的与工会的关系，它与韩国的社会特色密切相关。我们做了很多努力，使工会成为公司发展的动力而不是阻力，要相互信任，建立融洽的关系，让跨国文化实现交流。"[1]

2007 年 11 月，张海涛被提拔为上汽集团国际业务负责人，而墨斐离开上汽转战克莱斯勒出任亚太区总裁，蓝青松被上汽任命为双龙代表董事（联席 CEO）。

谈到对上汽和双龙未来发展的看法，张海涛这样表示："未来四到五年，中国汽车出口到韩国的难度还是很大。韩国民众看得上的只有奔驰和宝马等高端品牌。就连美国车都进不了韩国市场，更何况中国车？我们确实计划开发五个平台，面向韩国市场投放 SUV 和中型车。不过，在此之前，我们在韩国市场只卖韩国车。收购双龙不只是为了帮助上汽争夺中国市场份额。对韩国的长期战略还包括明年投放'双龙主席 W200'，之后每年投放一款新车型。到 2011 年，双龙销售额有望突破 6 万亿韩元（合 64 亿美元），成为韩国第三大汽车制造商。"[2]

2008 年：急转直下

2007 年双龙扭亏为盈，公司上下对未来充满信心。2008 年 3 月，"主席 W"——全尺寸豪华轿车、定价 1 亿韩元（合 10.7 万美元）、韩国有史以来最

1　"双龙掌门人解密国产计划　将打造全系车型，"《经济观察报》，2007 年 6 月 26 日。
2　"双龙汽车张海涛：今后在韩国推出中型轿车，"《朝鲜日报》，2007 年 11 月 12 日。

昂贵的国产车——投放市场，欲与梅赛德斯奔驰 S 系、宝马 7 系和奥迪 A8 分庭抗礼。[1] 4 月，联席 CEO 崔馨铎宣布计划在罗孚原有设计基础上，推出一款与荣威 550（见附录 4：图 2）类似的紧凑型车，与现代汽车的畅销产品——Avante 一较高下。[2]

然而，2008 年 1 月到 3 月，柴油和汽油价格分别飙涨 51% 和 31%，新车开发计划遭遇变数。由于双龙 80% 的车型都是柴油 SUV，柴油价格暴涨趋势给双龙造成了沉重打击[3]（见附录 5）。预计市场需求会下滑，双龙停止生产搭载柴油发动机的雷斯特与爱腾两款 SUV。寄期望于豪华轿车市场扛得住高油价压力的分析师预测，双龙原本希望在国内卖出 1.3 万台，出口 1 万台柴油版"主席 W"。结果，2008 年 1 季度总销售额同比下跌 19%，账面亏损 340 亿韩元（合 3 600 万美元），而 2007 年还盈利 116 亿韩元（合 1 240 万美元）。[4]

与双龙突然走衰形成鲜明对比的是，韩国前两大车企现代和起亚的凯歌高奏。两家公司销售额同比增长 12%，合并市场份额从 70% 增至 73%。论原因，除汽油发动机较柴油发动机更具成本优势外，现代和起亚在 2008 年上半年投放的新车型也比双龙多。通用大宇则因主推省油紧凑型车，也提升了销售业绩。

到 2008 年 6 月，双龙国内销售额同比暴跌 68%，出口下滑 17%。虽然"主席"车型销售提速，却无法弥补其主打车型 SUV 遭受的重创。柴油价格暴涨趋势一直持续到 2008 年末，双龙在韩国五大本土车企中跌得最惨，销售额和市场份额萎缩最严重。现代和起亚依然高举胜利旗帜，多款新车型的投放为它们分别赢得 11% 和 4% 的业绩增长。[5]

1　"Ssangyong to Launch W100 Mil. Sedan," *Chosun Ilbo*, January 3, 2008.

2　"China compact may be sold here," *JoongAng Ilbo*, April 28, 2008.

3　"Lee Jae-hoon JoongAng Ilbo Sales up 12 percent from a year ago," *JoongAng Ilbo*, May 28, 2008.

4　"Han Ae-ran Diesel car sales plunge as price of gas hits home," *JoongAng Ilbo*, May 3, 2008; "Diesel prices pass gasoline at the nation's pumps," *JoongAng Ilbo*, May 22, 2008.

5　"Ssangyong Posts Worst Monthly Domestic Sales," *Chosun Ilbo*, July 2, 2008.

与此同时，韩国检方指控上汽非法转移双龙混合动力技术，也让双龙深受困扰。2007 年 1 月，韩国媒体曝出双龙将敏感技术非法转移给上汽，韩国检方正式启动调查。2008 年 7 月 4 日，首尔中央地方检察厅派出 20 名检察官突袭双龙汽车公司，主要搜查位于平泽的双龙研究所和首尔总部，带走电脑硬盘和文件。证据显示，相关技术文件已转移给上汽。检方主张，一般性技术可以转移，但混合动力技术的转移必须遵守相关法律。上汽主张，从被收购企业转移技术并不构成违法，况且，双龙并未实质性地转移任何技术给上汽。[1]

屋漏偏逢连夜雨，2008 年秋一场突如其来的全球金融危机成为压倒双龙的最后一根稻草。韩国在危机中受到极大冲击，韩国综合股价指数重挫 51%，严峻程度超过 1997—1998 年亚洲金融危机（那次下跌 42%）。韩元对美元贬值 28%，成为表现最差的亚洲货币。经济增长减速，从上季度的 0.8% 降至 0.6%，居民消费停滞，出口创七年来最大跌幅，就业增长急剧放缓。如此恶劣的经济形势，汽车销量下滑乃意料之中。然而，当其他韩国车企销量同比下滑 8.6% 时，双龙高达 63% 的跌幅仍让人触目惊心。[2]

应对举措

韩国车企纷纷出台应对举措，力争撑过这场旷日持久的大萧条。首选对策是减产。现代减少海外产量，通用大宇三家韩国工厂停产两周。另外，现代宣布实行管理层裁员，通用大宇则取消 2009 年新员工招聘计划。

为节省成本开支，双龙也可谓想尽办法，包括鼓励合同制工人办理自愿退休、文职人员请假等。[3] 2008 年 12 月，公司终止住房津贴和学费补贴等员工

1　"涉嫌外泄核心技术　韩检方搜查双龙汽车总部，"《朝鲜日报》，2008 年 7 月 5 日。

2　"Car Sales Continue to Lag as Global Slump Continues," *Chosun Ilbo*, December 12, 2008.

3　"S. Korean crisis 'worse than 1997,'" *China Daily*, November 4, 2008.

福利。[1] 2009 年产量目标从 2008 年的 13 万辆减少至 9 万辆，如果全球经济形势得不到好转，2010 年的生产目标还将进一步下调。[2] 2008 年，双龙以 400 亿韩元的价格出售平泽工厂一半面积（16 万平方米），并考虑出售九老洞的办公场所。为促进销售，双龙对雷斯特、享御和爱腾的购买者恢复免税支付计划，并为客户支付购置税和登记费，这部分费用通常占到购车总价的 7%。[3] 除一款拟于 2009 年 9 月投放的新款 SUV（C200）外，双龙取消或暂停了所有新车开发项目。谈及此事对开发团队的影响，双龙研发协会的一位管理者这样评价："在可预见的未来，我们所有的努力都集中在开发上汽的中型车上。我们自己的项目一个都没有。"[4]

偿付能力危机与对峙

双龙正式要求上汽紧急注资，但被后者拒绝，原因是双龙工会要求全体中国高管辞职。管理层弹尽粮绝，无奈宣布所有工厂停工三周。2008 年 12 月 12 日，双龙宣布重组，将国内营业本部、海外营业本部、服务本部合并成一个部门，并解雇多名高管。稍后，公司方面表示，还将围绕营业部进行新一轮重组。[5]

12 月 13 日，双龙工会在中国驻韩国大使馆门前举行抗议活动，再次要求全体中国高管辞职。第二天，在平泽工厂，他们又要求逮捕所谓将双龙核心技术转移给上汽的中国高管。工会谴责上汽没有兑现 2005 年收购双龙时许下的诺言，没有进一步投资技术开发，复兴双龙，反而只顾吸纳双龙的核心技术（见附录 6）。[6]

1　"Weak local and overseas demand leads to negative growth," *JoongAng Ilbo*, December 2, 2008.

2　"Korean Carmakers Downsize to Cope with Falling Sales," *Chosun Ilbo*, November 14, 2008.

3　"Carmakers look to survive," *JoongAng Ilbo*, November10, 2008; "Carmakers coax sales with discounts," *JoongAng Ilbo*, November 21, 2008.

4　"双龙汽车组织缩小　新车面世化为泡影,"《朝鲜日报》，2008 年 12 月 15 日。

5　"Ssangyong Unable to Pay Staff," *Chosun Ilbo*, December 22, 2008.

6　"上汽拒绝支援资金　双龙汽车将何去何从,"《朝鲜日报》，2008 年 12 月 23 日。

上汽对此驳斥：由于双龙工会不断制造麻烦，中国政府对合作前景相当不乐观，不可能给予双龙任何资金援助。上汽对韩国外商投资环境也颇有微词，比如外资在韩国享受不到任何特殊待遇，以及在韩国很难提供分期付款。[1]

为应对金融危机，韩国知识经济部宣布将向深陷信贷危机和销售泥沼的本土车企施以援手。据推测，高达4.3万亿韩元（合33亿美元）的资金援助将以债权和公司票据的形式由韩国邮政金融部门购买，该部门隶属于韩国知识经济部。12月26日，上汽董事蒋志伟（上汽接管双龙时任联席CEO）前往韩国知识经济部，拜会林采民次官，就政府注资双龙提出请求。不过，韩国政府并未给予任何承诺。[2]

上汽希望韩国政府和银行能为双龙这家伤痕累累的汽车制造商提供资金援助，上汽提出的重组举措包括裁减一半员工。韩国产业银行（KDB）已经向双龙提供2 300亿韩元（合1.75亿美元）贷款。[3]但这次，产业银行拒绝援助，除非上汽先注资3 200亿韩元（合2.44亿美元）。产业银行认为上汽还欠双龙1 200亿韩元技术转让费，且应兑现双龙在中国银行和中国工商银行的1 000亿韩元授信额度。

互不让步

双龙徘徊在破产边缘，上汽表态如果工会否决重组计划，它将于1月中上旬从双龙撤资，此时有人发声希望双方能找到妥善解决方案。韩国民主党立法者、知识经济委员会国民大会主席Jung Jang-seon表示："在今天举行的国民

---

1 "上汽拒绝支援资金 双龙汽车将何去何从，"《朝鲜日报》，2008年12月23日。

2 Cho Jae-eun, Kwon Hyuk-joo, "Ministry moves to shore up struggling industries," *JoongAng Ilbo*, December 27, 2008.

3 "SAIC to Ask Gov't for Help with Ssangyong," *Chosun Ilbo*, December 26, 2008.

大会上，在同双龙联席 CEO 崔馨铎等人的会晤中，我们得知上汽做出了上述决定。上汽的这个决定对韩国经济而言是一个让人震惊的严峻事件。我们将同政府一道尽可能寻求一切可行的救助举措。"[1]

但是，知识经济部官员表示，政府不会直接干预："对上汽和双龙的管理层和员工而言，当务之急是要通过合作与让步，携手渡过难关。"[2]

鉴于双方立场强硬，张海涛认为谈妥解决方案的可能性很低。上汽与双龙工会的恶劣关系很难修复，而工会领导又对上汽穷追猛打，谴责其不顾双龙死活，只顾窃取对自己有利的技术："2005 年，上汽出资 5 900 亿韩元收购韩国双龙 51% 股份。当时，上汽承诺今后将投入 1.2 万亿韩元用于技术和设备升级。如今四年过去了，这些承诺仍是一纸空言。对于双龙近期要求的 680 亿韩元紧急注资，上汽也毫无回应。只有不断推出新车型，车企才能发展，但是自 2005 年以来双龙一款新车型都没有，唯一的'主席 W'车型也是 10 岁老版'主席'的升级版。明年的新车计划又被全部中止。双龙研发中心人员表示，他们一直在忙于开发上汽的新轿车，根本没精力开发双龙自己的新车型。对于只顾转移技术，不顾双龙死活的谴责，上汽是无法回避的。"[3]

双龙研发人员表示，上汽自 2005 年接管双龙以来便着手转移双龙技术。例如，将"主席"引擎生产设施转移到中国，以及试图获取四五款车的设计蓝图。此外，收购一完成，双龙许多工程师便被调至中国指导上汽工程师，从而导致韩国本土计划被取消或延迟。双龙一高管表示，为韩国市场开发新车型是"不可能的事"，"因为 300 名主力工程师中有 50～60 名正在中国为上汽开发汽车"（见附录 7～附录 8）。[4]

1　"SAIC 'Threatens to Drop Ssangyong,'" *Chosum Ilbo*, December 24, 2008.

2　"SAIC to Ask Gov't for Help with Ssangyong," *Chosun Ilbo*, December 26, 2008.

3　"SAIC Seems Indifferent to Ssangyong's Fate," *Chosun Ilbo*, December 24, 2008.

4　"SAIC 'Only Wanted to Grab Ssangyong Know-How,'" *Chosum Ilbo*, December 30, 2008.

何去何从？

张海涛和其他上汽高管亟须寻求解决对策。揭不开锅的双龙求"财"若渴，希望达成一项协议以筹集用于持续运营的资金，但也会同时面临重大重组的可能。眼下，上汽可以向双龙注资，用于支付拖欠工资。但上汽的另一个方案是，只要工会同意裁员 2 000 人（相当于总人数的 25%），立即注资 2 600 亿韩元（合 2 亿美元），不过工会点头的可能性极低。但是，即便真的注资，双龙也挨不过半年。

当然，上汽也可以继续同产业银行和韩国政府协商注资事宜，但后两者一定会坚持上汽先注资。韩国方面很多人依然笃信，早前媒体所报道的上汽承诺投资 1.2 万亿（合 13 亿美元）韩元用于帮助双龙发展。但上汽坚决予以否认。

除债务重组和结构调整外，上汽还有另外两条路可选：申请"回生程序"（法院破产接收），实施重组；或壮士断腕，撤资双龙。在韩国，"回生程序"的目的与美国破产保护（Chapter 11）类似，即调整管理层、债权人和其他利害关系人的法律和财务关系，促使面临危机的企业恢复经营，暂时牵制住债权人采取行动。

但是，申请"回生程序"不一定能成功。双龙董事会需向法院申请破产保护，法院在一个月内作出答复。在此期间，债权人不得出售双龙资产。如果法院认为双龙回生可能性不大，或者无法靠自己的力量回生，则驳回其回生申请。一旦法院批准回生，公司现有管理层将失去控制权，法院将指定代理者经营公司。这种情况下，上汽将失去对双龙所有的管理控制权。法院也有可能指派现有管理层担任代理人，但执行权力会大大削弱，仅限法院规定范畴。在"回生程序"期间，法院定期评估重组进程，随时可能宣布公司无回生可能，下令清算（见附录 9）。

上汽还可以寻找其他买家来接盘。考虑到双龙债台高筑、全球经济持续低迷，汽车产业哀鸿遍野，要找到肯接手的买家着实不易，一旦脱手，上汽可能面临巨额投资减记。

盯着桌上的那杯茶，张海涛吃不准到底该向上汽集团推荐哪个方案。

附录

附录 1A: 双龙财务概要 (2001—2008)

金额单位: 百万韩元

项　　目	2008 财年	2007 财年	2006 财年	2005 财年	2004 财年	2003 财年	2002 财年	2001 财年
损益表								
收入	**2 495 217**	**3 119 335**	**2 951 837**	**3 435 467**	**3 297 855**	**3 281 452**	**3 417 338**	**2 326 694**
营运收益	（227 389）	44 086	27 270	（2 113）	31 043	289 577	318 366	152 464
税前收益	（709 684）	11 605	（57 728）	（59 239）	56 180	360 857	320 425	9 178
非经常项目前收益	（709 684）	11 571	（195 962）	（103 360）	11 389	589 696	320 425	9 178
净收益	**（709 684）**	**11 571**	**（195 962）**	**（103 360）**	**11 389**	**589 696**	**320 425**	**9 178**
非正常项目前基本每股收益（韩元）	（24 491）	（235）	（13 934）	（3 146）	2 186	45 464	不详	不详
基本每股收益（韩元）	（52 875）	864	（14 598）	（7 704）	846	43 929	26 298	21 690
稀释每股收益（韩元）	（52 875）	864	（14 598）	不详	不详	不详	不详	不详
息税折旧摊销前利润	（39 555）	231 539	237 719	189 324	205 180	451 425	485 529	301 817
每员工实际销售额	349	434	414	446	425	441	493	380
普通股权益收益率（%）	（116）	1	（19）	（9）	1	65	74	不详

项　　目	2008 财年	2007 财年	2006 财年	2005 财年	2004 财年	2003 财年	2002 财年	2001 财年
研发费用	126 462	101 049	135 408	146 027	126 859	102 316	91 596	47 635
人员费用	457 307	400.47	420 973	454 557	472 855	399 818	342 521	228 122
出口销售额	1 141 718	1 371 394	1 261 681	1 378 623	799 877	415 798	291 170	286 411
折旧费用	148 868	161 254	173 334	158 190	143 890	137 869	145 159	142 059
毛利率（%）	12	19	19	18	19	25	24	20
营运毛利（%）	（9）	1	1	（0）	1	9	9	7
利润率（%）	（28）	0	（7）	（3）	0	18	9	0
销售增长率（%）	（20）	6	（14）	4	0	（4）	47	31
1 美元兑韩元汇率	1 257	938	971	1 013	1 044	1 197	1 200	1 326

资料来源：Bloomberg, Accounting Standard KR GAAP.

附录 1B：双龙财务概要（2001—2008）

金额单位：百万韩元

项　　目	2008 财年	2007 财年	2006 财年	2005 财年	2004 财年	2003 财年	2002 财年	2001 财年
资产负债表								
流动资产合计	614 628	834 848	695 051	886 099	742 463	802 299	689 017	531 368

项　目	2008 财年	2007 财年	2006 财年	2005 财年	2004 财年	2003 财年	2002 财年	2001 财年
长期资产合计	1 090 661	1 582 382	1 656 243	1 822 743	1 867 736	1 727 365	1 508 430	1 543 241
资产合计	1 705 289	2 417 230	2 351 295	2 708 841	2 610 199	2 529 664	2 197 447	2 074 610
流动负债合计	859 690	835 496	900 319	937 294	920 161	853 059	937 411	999 962
长期负债合计	587 728	615 289	525 635	650 146	469 642	470 577	643 686	827 707
负债合计	1 447 419	1 450 785	1 425 954	1 587 440	1 389 803	1 323 636	1 581 097	1 827 669
股东权益合计	257 870	966 444	925 341	1 121 401	1 220 397	1 206 028	616 350	246 941
流通在外股票（%）	13	13	13	13	13	13	13	0
每股账面价值（韩元）	19 211	72 001	68 938	83 545	90 920	89 850	45 918	583 617
每股有形资产账面价值（韩元）	9 147	64 954	63 884	77 852	84 458	83 651	40 875	554 811
股东权益对负债与权益总额比（%）	15	40	39	41	47	48	28	12
存货-原材料	214 018	164 971	163 310	193 133	170 639	144 266	113 241	93 333
存货-在制品	42 325	29 725	35 654	35 290	36 635	35 622	21 076	19 606
存货-制成品	110 189	100 026	135 752	107 825	157 526	136 934	57 950	44 007
员工数（人）	7 154	7 185	7 138	7 699	7 761	7 444	6 936	6 126
1美元兑韩元汇率	1 257	938	971	1 013	1 044	1 197	1 200	1 326

资料来源：Bloomberg, Accounting Standard KR GAAP.

附录 1C：双龙财务概要（2001—2008）

金额单位：百万韩元

项　目	2008 财年	2007 财年	2006 财年	2005 财年	2004 财年	2003 财年	2002 财年	2001 财年
现金流量表								
净收益	（709 684）	11 571	（195 962）	（103 360）	11 389	589 696	320 425	9 178
经营活动产生的现金流	99 562	（116 170）	188 674	337 497	270 393	339 226	536 688	175 530
投资活动产生的现金流	（142 715）	（205 623）	（166 177）	（216 047）	（348 064）	（222 915）	（163 306）	（111 934）
融资活动产生的现金流	52 564	256 141	（149 302）	128 018	（40 160）	（160 407）	（234 596）	（72 005）
现金变动净额	9 411	（65 652）	（126 805）	249 468	（117 832）	（44 096）	138 787	（8 409）
自由现金流	（47 965）	（215 717）	46 210	102 863	（62 175）	156 263	419 780	92 717
基本每股自由现金流（韩元）	（3 573）	（16 071）	3 443	7 663	（4 632）	11 642	34 453	219 126
稀释每股自由现金流（韩元）	不详	不详	不详	不详	不详	不详	不详	167 024
每股现金（韩元）	7 417	（8 655）	14 056	25 144	20 144	25 272	44 048	414 846
1美元兑韩元汇率	1 257	938	971	1 013	1 044	1 197	1 200	1 326

资料来源：Bloomberg, Accounting Standard KR GAAP.

附录 2：韩国前五大本土车企与进口车市场份额（2004—2008）

单位：%

项　　目	2004	2005	2006	2007	2008
现　代	49.3	48.6	48.2	49.1	49.5
起　亚	22.5	22.7	22.5	21.4	23.4
通用大宇	9.4	9.2	10.7	10.3	9.2
雷诺三星	7.4	9.8	9.9	9.2	8.3
双　龙	8.8	6.4	4.7	4.8	3.7
进口车	2.1	2.6	3.5	4.2	5.0
总　计	99.5	99.3	99.5	99.0	99.1

资料来源：韩国汽车制造商协会（www.kama.or.kr）与韩国汽车进口商与经销商协会。

附录 3：双龙股价与韩国综合股价指数和道琼斯指数对比
**　　　（2006 年 10 月至 2008 年 12 月）**

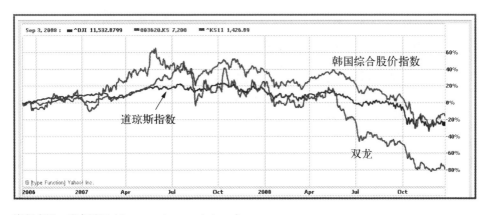

资料来源：雅虎财经（finance.yahoo.com/echarts）。

附录 4：上汽集团新品牌：荣威

图 1　荣威 750，2006 年 10 月上市

图 2　荣威 550，2008 年 6 月上市

资料来源：上汽网站（www.roewe.com.cn）。

附录5：双龙产品（2008）

类别	车　型	款　型
SUV	雷斯特 II	* 2.7 升 XDi270 柴油发动机 * 2.7 升 XDi270 XVT 柴油发动机 * 3.2 升汽油发动机
SUV	新版享御	* 2.0 升 CDi200 XVT1 柴油发动机 * 2.7 升 XDi270 柴油发动机 * 3.2 升汽油发动机
SUV	爱腾	* 2.0 升 XDi200 XVT 柴油发动机 * 2.3 升汽油发动机
SUT	爱腾运动版	* 2.0 升 XDi200 XVT 柴油发动机
轿车	主席 W	* 3.2 升直列 6 缸 DOHC 汽油发动机 * 2.8 升直列 6 缸 DOHC 汽油发动机 * 2.3 升直列 6 缸 DOHC 汽油发动机
MPV	路帝 / 史塔微克	* 2.7 升 XDi 涡轮柴油发动机 * 3.2 升汽油发动机

资料来源：双龙汽车公司网站 www.smotor.com/en/overview。

附录6：双龙工会抗议

2008年12月双龙发不出工资后，双龙工会在平泽工厂示威抗议。图片源于《朝鲜日报》。

2008年12月双龙发不出工资后，双龙工会在平泽工厂示威抗议。图片源于《朝鲜日报》。

2008年12月13日，双龙工会在中国驻韩国大使馆门前示威抗议。图片源于《环球时报》。

2008年12月13日，双龙工会在中国驻韩国大使馆门前示威抗议。图片源于《环球时报》。

附录7：上汽集团下属企业和业务结构图（2008）

上海汽车集团股份有限公司（简称"上海汽车"）前身是上海汽车股份有限公司，于1997年11月在上海证券交易所挂牌上市。上海汽车经多次改组，成为中国A股市场最大的汽车上市公司。上汽集团持有上海汽车78.94%股权。

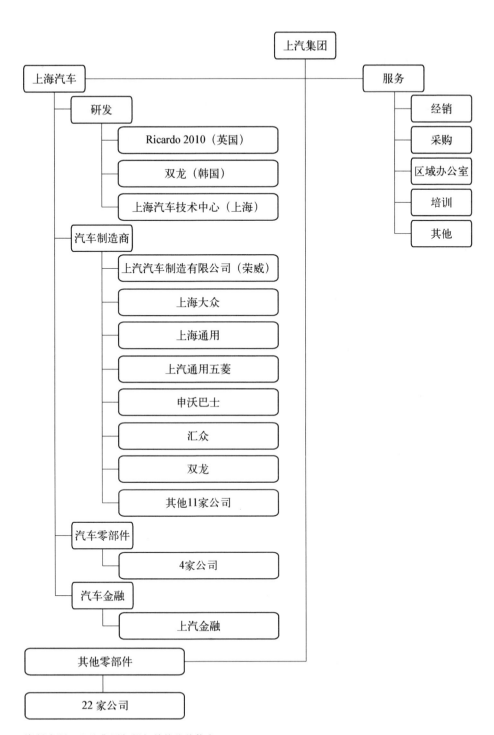

资料来源：上汽集团年报与其他公共信息。

附录 8：上汽集团业绩概览（2004—2008）

项　　目		2006 年	2007 年	2008 年
销售收入（百万美元）		17 948	20 654	24 704
出口额（百万美元）		892	905	939
员工人数（人）		70 374	79 394	82 336
整车总产量 *（辆）		1 344 073	1 690 511	1 826 158
乘用车合计（辆）		914 773	1 129 736	1 106 625
自有品牌	荣威	—	16 495	26 007
合资品牌	通用	—	—	9 528
	大众	349 088	424 622	429 747
	斯柯达	—	31 802	60 340
	别克	304 229	332 117	280 103
	雪弗莱	142 651	193 043	211 910
	凯迪拉克	2 823	7 040	6 585
子品牌	双龙	115 982	124 617	82 405

*"整车总产量"包括乘用车、商用车及其他车辆。
资料来源：上汽年报 2006—2008。

附录9：韩国法院企业回生程序与双龙申请回生程序后的可能命运

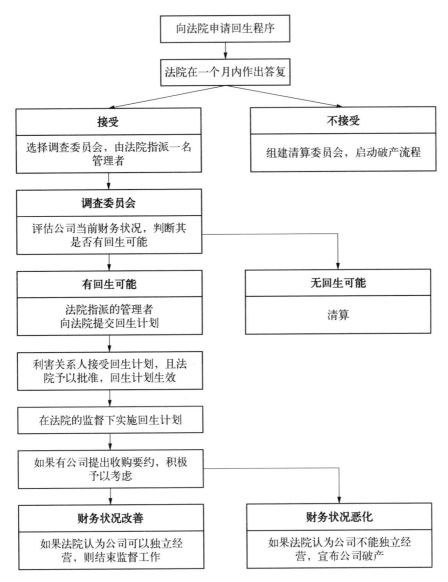

资料来源："SAIC is not to blame for Ssangyong's demise, Chinese say," *JoongAng Ilbo*, January 12, 2009.

加薪风波[1]

7

2010 年 5 月 12 日，晴。

张建设从早上 7 点进公司，到现在就没停过。下车间、见客户、为新项目招人面试……刚刚坐到自己的位置上看完几十封邮件，下午 1 点了。他赶紧起身奔食堂，眼看就没有吃的了。

下楼去食堂的路上，满眼都是年轻的面孔。这里就是这样，工人清一色 20 岁出头，高中或者技校毕业没几年，来自全国各地。做行政或者基层管理工作的，基本上是大专或者本科刚毕业。基层的小经理们普遍是在这个行当干了五六年的大学生，也不过三十左右。

张建设在这个硕大的厂区做三把手快三个月了，刚上任的兴奋劲还没过。大学里学机械，又在机械生产行业做了十来年了，他心里有谱，这里算不错了。上万平方米的厂区、办公室、食堂和宿舍都是新建的，条件挺好。过去的几年里，公司生意增长迅猛，势头不错。工作自然是辛苦的：一个人当几个人

1　本案例由中欧国际工商学院韩践和付苹共同撰写，王岚对此案例的开发亦有贡献。出于保护商业秘密的需要，一部分标示性信息和财务数据做了相应的修改和调整。撰写该案例的目的是用来做课堂讨论的题材而非说明案例所述公司管理是否有效。本案例获 2011 EFMD 案例写作大赛"崛起中的中国全球竞争者"最佳类别奖。

用，每周六天班。不过，在这种传统制造业也不算过分，苏南几百家这样的制造型企业，哪家不是这样？！关键是，上面两位总经理有能力，有远见，人也不错。刚进来时说好是做总经理助理，负责公司一个新的事业部，但是他知道，两位总经理都希望他能尽快成为全面负责生产运营管理的副总经理。打工嘛，有奔头就好。

不过要当副总经理也不是那么容易。就说现在这个专门为汽车行业大客户 W 公司[1]生产零配件的新事业部，基层管理人员缺了三分之一，在岗的看着也不太稳定，现任的质检员王小虎就是一个。小伙子虽说活儿没少干，但几次三番话里话外有抱怨。后来侧面打听了一下，王小虎的薪水确实有点低。今天上午已经开会定下来零配件正式批量生产的时间是两周后，可不能在这个时候让未来的质保工程师给跑了。张建设一边狼吞虎咽一边思量：涨！一定要把王小虎的工资涨上来！要不就真没人干活了！吃完饭下午第一件事就干这个。

张建设没想到的是，他的加薪提议竟然引起了一场不大不小的风波。

公司背景

F 公司于 2002 年在上海创立。成立伊始，公司主要是为起重机行业巨头法国 V 公司做代理进口商，在中国大陆销售其产品并为客户提供安装调试和相应的售后服务。F 公司进口主要部件，其他钢结构件则分包给国内的起重机制造厂，成品的制造、装配都在分包厂内完成。五年间，F 公司的业务迅速提升到 2007 年的 1 亿元人民币左右。随着业务增长，原有的钢结构制造、组装外包的模式逐渐显现出缺陷——国内的起重机厂在质量和交期上都很难达到日

---

1 W 公司，著名跨国公司，财富 500 强之一，所生产的高档轿车在全世界享有声誉。2004 年在中国建厂，并计划在 2010 年将产量增加至 30 万辆。

益提升的要求，于是 F 公司决定建立自己的制造工厂。2008 年 F 公司开始启动工厂的建设工程，2008 年年中试生产，2009 年 1 月份正式投产。至此，F 公司由最初的贸易为主制造外包的公司发展成为一个集产品研发、生产制造、销售及售后服务于一体的现代化起重机械设备制造企业，可以为客户提供全套的起重机解决方案。

2008 年和 2009 年，F 公司分别完成 1.5 亿元和 2 亿元的销售额，在中国的市场占有率排名第三。2010 年的目标销售额为 3 亿元，毛利为 15%，人力成本包括员工福利大约占总销售额的 8%。F 公司高层期望在 2013 年实现 5 亿元销售额，成为起重机机械行业第二。

随着企业的快速发展，企业组织规模急剧扩大。2008 年建厂前 F 公司团队只有以市场销售和技术服务人员为主体的 30 人左右。截至 2010 年 5 月，F 公司已经激增为包括研发、生产、销售、物流、合同执行、行政、财务、人事等 11 个部门的超 150 人的队伍。经过 2009 和 2010 年上半年的迅速扩张，F 公司的组织结构虽已初具规模（见附录 1），但仍然有一些关键岗位，如生产部经理、采购部经理等职位暂时空缺。

W01 项目

在 2009 年初，F 公司开始和欧洲的 W 公司接洽，试图成为其机械加工零件的供应商，在内部被称为 W01 项目。W01 项目的上马主要出于两方面的原因：① 起重机械设备的市场会随着区域内基础建设的热度而波动，逐渐开始拥有大量固定成本的 F 公司希望 W 公司能够带来长期稳定的订单，来充抵起重机械业务的波动性；② 希望能够在与 W 公司的合作过程中，引进现代化的管理制度，让公司的生产管理更规范。

经过和 W 公司的多轮接触并接受其考核，W01 项目在 2009 年 9 月进入了开发和试生产阶段。F公司划分出了独立的车间厂房，开始从全公司抽调人员并对外招聘一线工作人员，组建相对独立的W01事业部（见附录2）。在这一时期，一支包括工人、班组长和车间主任在内的单独的生产队伍迅速成立，人事部门也为W01车间制定了专门的以计件工时为基础的绩效考评制度，并与相关人员作了沟通。在这个新的考评制度下，车间的工人们普遍预期他们的收入会在批量生产后有所提升（见附录3）。在试产阶段的初期，协调整个项目运作的中层管理人员队伍，如采购经理、质保经理、技术工程师等职位基本上都由原来起重机业务部门的骨干力量兼任。

2010年2月，张建设被招入F公司，以总经理助理的身份总体负责W01项目。他很快适应了整个公司和W01项目的运作情况，并设计了W01项目量产后的组织结构（见附录4）。在2010年5月12日，W01项目正式量产的两周前，张建设提出申请为量产后的质保工程师候选人王小虎调整薪金，而这一动议引起了一场风波。

主要人物：

李明瑞： F公司创始人，总经理，主管营销、技术和生产运营。在创立F公司前，曾在机械行业一著名外企任销售经理多年。

赵清芳： F公司创始人，副总经理，主管财务、人事、行政和政府关系。在创立F公司前，曾在一跨国企业做技术研发多年。

张建设： F公司总经理助理，W01项目的总负责人，向李明瑞汇报。2010年2月加入公司，拥有超过10年机械行业生产管理经验，此前为长三角地区一家大型机械制造外企的生产经理。

周全： F公司人力资源部经理，兼管行政部，向赵清芳汇报。2009年8月加入公司，此前的8年一直在长三角地区的生产制造企业从事人力资源方面的工作。

王小虎： F公司质检员。2008年大专毕业，2009年11月加入F公司做质检员。2010年初开始接受W公司关于W01项目的质检培训，量产后有望成为W01项目的质保工程师。

第一回合：加不加薪？

W01项目负责人张建设为王小虎加薪的申请以电子邮件形式提出，内容如下：

发送时间：2010−05−12，星期三　13：58

发件人：张建设

收件人：李明瑞

抄送：赵清芳；周全

主题：关于王小虎岗位与工资调整的申请

李总：

　　随着W01项目发展的需要，原质检部质检员王小虎需调整为W01项目质量保证工程师，独立负责W01项目QA（Quality Assurance，质量保证）与部分QC（Quality Control，质量检查）的工作。因此建议工资作如下对应的调整：

　　1. 工资调整为2 700至2 800元之间；

　　2. W01项目合作方W公司会经常对质量工程师作相关的培训，为保证人员的稳定性与公司工作的连续性，需签订培训协议，为期3年；

　　3. 由于W01项目的特殊性，在调整工资时还需签订一份保密协议，公司作为相应的补偿，可每月给予补贴，但建议在年底一次性发放。

　　BR！

　　张建设

F公司两位总经理的工作风格一向雷厉风行。四小时后，张建设就收到了赵清芳副总经理的回复，不过内容有点出人意料。

发送时间：2010-05-12　17：42：34
发件人：赵清芳
收件人：张建设；李明瑞
抄送：周全
主题：Re：关于王小虎岗位与工资调整的申请

张总：

1. 公司调薪一般年底调薪，年中一般不调，除非有特殊情况，此人表现非常突出或者成绩斐然；

2. 我们任何员工都有签订保密协议，但如果享有特殊待遇还需单独签订附加协议。王小虎原来的薪资是1 800元，是入职时谈好的；目前他入职未满半年，如果要申请调薪，也可，不过条件是他表现突出，并且愿意较长期为公司做服务，要考察他的稳定性如何。每月可以增加300元。

3. 如果是特殊待遇，公司一般也不建议年底一起发放，因为这样的话，过年之后会给人事部造成很大的压力，所以以后奖金都建议分两次发放，一次可以是过年时，一次为第二年的10月份，这样有利于人事部门更好地做好人事管理的工作。

4. 固定工资调整为2 700～2 800元？不管什么原因，调动幅度都太大了！以后为表现优异的员工提升工资时，应该以个人和整体的业绩提升为前提。固定的月工资这一部分要降低，其他根据个人表现的结果和整个事业部业绩来衡量发放。

这是我的意见。

Best regards,

赵清芳

第二回合：为什么?

研究完 W01 的相关技术图纸已经 9 点多了，张建设又一次错过了晚餐时间，只好在办公室里泡了一包方便面。在等面的几分钟里，他又对着规划中的 W01 组织结构图开始琢磨手中的这几个人头（见附录 4）。直接向自己汇报的四个职位中，一个是自己兼着的，一个是和起重机业务分享的，一个项目经理倒是专职干 W01 的，不过看样子也不稳定。质量保证这块只有两个人：王小虎和吴建国。论理吴建国确实经验丰富，为人处事也老到很多。但毕竟没念过大学，文字功底和逻辑性都差些。W01 的质保工作是要和 W 公司对接的，工程师要写很多书面材料，吴建国无论如何短期没法胜任这个工作。念过大专的王小虎在这方面就要好很多了。小孩子是不太懂事，但潜力是有的。最关键的是，不用他也没有其他人好用啊！让人干质保工程师的活儿总不能还让人挣现场质检员的钱吧？！涨！还是要涨！

张建设也明白，自己下午发的邮件也确实仓促了点。这次他花了些时间斟词酌句，下决心要说服两位老总，尤其是主管人事的赵总：

发送时间：2010-05-12，星期三　22：23

发件人：张建设

收件人：李明瑞；赵清芳

抄送：周全

主题：Re：Re：关于王小虎岗位与工资调整的申请

赵总：

　　你好！按照公司的人事管理制度，你的意见非常合理。如非情况特殊，我也不会提出此事：

---

1. W 公司对供应商的 QA 这一块要求特别严格，因此需要一个有一定能力的质量工程师来完成此项工作。W 公司尤其强调了这个人的稳定性，以保证工作的延续性，同时避免重复性培训。

2. 经过一段时间的工作考察，王小虎是公司目前较为合适的 W01 项目质量工程师的人选，工作思路较为清晰。关键是他已经参与了项目开发的大部分过程，也接受了相应的培训，替代成本太高。

3. 如果从外部招聘质量工程师，工资怎么也要三四千，还要花相当时间熟悉公司。

4. W01 项目现在已处于快速发展的阶段，W 公司已经通知要在 5 月 25 日进入量产阶段，有大量的工作要去完成，因此急需要一个稳定的团队。如果我们不能按期保质保量交货而造成 W 公司停产，我们的赔偿责任是每条生产线、每个工位、每小时 30 美元！

5. 王小虎的工资在来公司时确实有些偏低。与其岗位近似的吴建国，中专毕业，主要负责现场质检工作，现在工资大约是 2 500 元，这种工资倒挂实在有失公平。

希望赵总特殊情况特殊考虑。

BR！

张建设

像以往一样，赵总的邮件回得飞快，一个小时后：

发送时间：2010-05-12　23：26
发件人：赵清芳
收件人：张建设；李明瑞

抄送：周全

主题：Re：Re：关于王小虎岗位与工资调整的申请

张总：

王小虎是作为应届毕业生入职的，入职时薪资待遇都是与个人沟通好的，如果要做微调可以，但是不赞成这么大幅度的。

我们所从事的是传统行业，同行业技术类似，我们没有很强的技术优势。我们公司是靠成本领先和及时优质的服务来争取客户的，如果我们失去成本优势，就很难生存，更无法谈发展。

王小虎的收入从我们公司纵向和横向来讲还是比较合理的，但是如果他的岗位职责有所改变，能够胜任，可以考虑加二三百元，其他根据W01的年度项目情况和个人工作情况结合发放年终奖。

另，如果此加薪是王小虎本人提出我建议尽早储备人员。即使我们这次妥协，明年他要从2 800元加到3 800元，怎么办？而且这样的话也会引来很多其他的不公平，同样大专毕业，郑明亮也是在质检部工作多年，也是这个薪水，工作也非常出色，也是每年慢慢在调整。

如果是员工以工作的重要性要挟公司涨工资，我们不能开这个先例。因为永远有公司比我们公司的收入高，公司里面也是，永远有人比你高。这也是我们薪资要求保密的原因。但是我最近发现员工乱传不真实的薪酬信息，希望周经理能够杀鸡儆猴，针对泄露薪资之事严重处罚1～2个人，以提请大家重视。

我觉得我们在管理员工方面还是要有一定的政策手段，要不的话，公司就会被搞得很被动，很辛苦。

Best regards,

赵清芳

看了赵总的邮件，张建设明白，王小虎加薪这事儿没那么简单。现在，他唯一的希望是自己的顶头上司李总能支持自己。张建设决定第二天一早就去找李明瑞总经理说说此事。

第三回合：不就是1000块嘛！

不过，第二天张建设还没见到李总前，在两位老总例行的碰头会后，这件事就被不经意提及：

2010年5月13日星期四　上午9：30，F公司总经理办公室

赵清芳： 张总关于给质检员王小虎涨工资的邮件，你怎么看？

李明瑞： 个人来说，我是支持张总的看法的。这个岗位一定会越来越重要，而且这个人本来定的工资就偏低了，万一他忽然辞职我们的麻烦太大了。与其冒这个险，不如给他一次加足工资，反正一个月多1000块也不是个大数。

赵清芳： 我也知道1000块不是大数字，关键是这么做可能引起的连锁反应我们是不是能够处理。加工资这种事瞒是瞒不住的。他一下子加了百分之六七十，W01项目的其他一线人员会怎么想？起重机业务这边的质检员会怎么想？另外，如果我们培养起大家对大幅加薪的期待，到年底我们不能给大家加这么多的时候，人员流失会非常严重。这都是要考虑的问题。

李明瑞： 你说的当然也有道理，不过张总这边的业务也不能不考虑……再说市场上一个成熟的质保工程师怎么也要三四千块钱一个月，我们总得大致公平吧。

赵清芳： 关键就是他不是一个成熟的质保工程师，到现在实打实质检员的工作经历一年未到。为培训他公司已经付出很大成本了，他未来的工作表现还未知，这时候就给他破格涨工资，对公司公平吗？

李明瑞： 要不这样，你们一人退一步，涨 500 块？

赵清芳： 李总，我们两个的工作又不是在菜市场讨价还价！公司发展得这么快，凡事都要个规矩，要不以后就没法管了。我们的工资和绩效考核制度刚刚公布，就这个例外那个例外地被打破，以后谁还会把制度当回事儿啊！难不成以后成百上千人了，工资的事情都到我们这个层面一事一议？

李明瑞： 人事和薪酬管理要制度化当然是没错的，但是张经理刚刚上任我们也要支持他的工作……这几个月来，他的工作能力和为人你我都看得见，我们也希望他能够早日将生产运营这块全面接管。这时候，不支持他建设队伍好像不太好吧？

赵清芳： 就是因为知道他会担当大任我才花这么多时间和他沟通这些背后的道理。他在做更高职位前应该更多了解公司和行业的性质，还包括一些管理上的原则。

李明瑞： 这样，我再和张经理聊聊，你也再想想，看看有什么别的办法。有个重要的事儿我们还得再议议，你看我们的二期厂房什么时候上马比较好？……

与此同时，人力资源部周经理给张建设回复了邮件：

发送时间：2010-05-13　9：26

发件人：周全

收件人：张建设

主题：Re：Re：关于王小虎岗位与工资调整的申请

附件：车间员工工资分类及发放暂行办法（摘要）

　　　F 公司车间员工工资参考标准

昨天看到了一些关于您和赵总讨论王小虎涨工资的邮件，我感到有些问题可能还需要和您进一步解释一下：

1. 公司车间一线工作人员的薪酬有一个参考标准，在这个标准内调整工资会比较简单。请参考附件。

2. 原则上，员工的工资每年在年底时根据行业情况和公司业绩作统一调整。在年中如果要做特殊调整，需要向公司总经理级别领导申请报批。批准后，人事部会积极协助办理。

3. 公司一线员工招聘时会由人事经理根据其学历、相关工作年限、面试或技能测试表现来订出建议薪资，最后和员工协商确认，员工认可了我们公司提供的薪酬条件之后入职的。您所提到的两位质检部的同事，都是这样的程序招聘进来的。

4. 关于吴建国的工资比王小虎明显高出很多，形成原因如下：

● 吴建国曾在一家大型机械厂做质检员五年，而且背景调查得知其工作表现优良。而王小虎在入职时仅毕业一年，且大半年失业，根本没有相关工作经验。一般情况下，一年的相关工作经验会带来100～150元左右的月薪增长。

● 吴建国在技能测试中表现优异，当时在场的质检部技术人员都给了满分，因此他拿到了全额面试工资400元 / 月。而当时的王小虎基本上处于什么都不会的状态。因此我们是照应届毕业生录用并培训的。

● 吴建国的工资里含有200元为住宿补贴，按照公司的统一规定向所有不住宿舍的一线员工发放。

● 当时王小虎个人并未提出更高的薪酬要求。

在您加入公司前，王小虎和吴建国同时开始参与W01项目，但并未正式指定任何一人为W01的质检工程师。当时您选择王小虎参加质检工程师相关培训时，一线员工有一些议论。出于对业务领导决策的尊重和支持，人事部还作了不少相关安抚的工作。如果您希望正式提升王小虎为质检工程师，还需要按照程序作相关的工作表现和业绩评估，然后业务部门和人事部门一起讨论决定。原则上，进公司不满一年不得提升，当然，如果公司高层特批，人事方面一定会积极办理相关手续。升职后再谈加薪的事情就比较顺利成章了。

　　无论业务部门和高层领导对此事的决定如何，人事部都将会积极配合！

　　祝好！

　　周全

　　再看看周经理的邮件，张建设觉得做生产管理出身的自己可能真是小看了这1 000块了。不过，说破天去，不就是1 000块嘛？！

　　既然李总都发话了，张建设决定暂时不提这事了。事情可以不提，但矛盾并没有解决。就这样拖下去，对王小虎公平吗？自己所负责的W01项目会因为王小虎的工作稳定性面临极大风险，而自己却无能为力，这对他这个业务主管公平么？人事经理和赵总的意见似乎都很有道理，但他这个业务主管难道不应该对自己队伍的薪酬福利有所影响？毕竟，自己的业绩是由底下的员工做出来的。张建设在犹豫，要不要和赵总再谈一次，但这次他得先好好想清楚，争取取得好的效果。

附录 1：2010 年 F 公司组织结构图

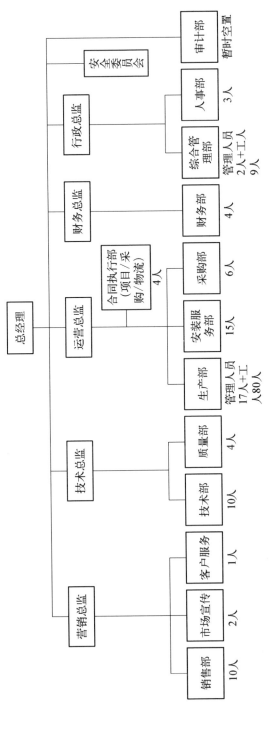

人员缺失以及兼任状态：

- 总经理兼任营运总监
- 财务总监和行政总监实为一人，头衔副总经理
- 人事部与综合管理部经理为同一人，头衔为人事行政经理
- 技术部总监兼任技术部经理
- 生产部经理出缺，合同执行部经理兼任生产部副经理
- 合同执行部副经理兼任生产部经理出缺
- 质量部经理出缺
- 财务部、采购部经理暂无经理职位

附录2：W01事业部试产时期组织结构图

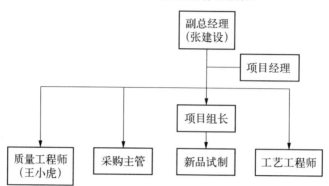

W01项目开发管理结构图

附录3：W01事业部量产时期组织结构图（张建设规划中）

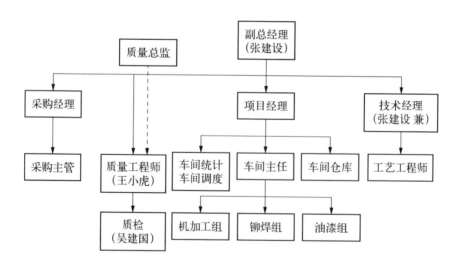

W01项目量产管理结构图

附录 4：F 公司车间员工工资参考标准

工资标准——后勤／生产类人员

相应参考职位	级别	固定基本薪资	全勤奖	保密津贴	岗位津贴	绩效薪资	工资总和	相应参考职位
一般普工（保洁、车间普工、仓库普工等）	1	750	200	0	0	285	1 235	
	2	750	200	0	50	300	1 300	
	3	750	200	0	100	315	1 365	
	4	750	200	0	150	330	1 430	
	5	750	200	0	200	345	1 495	
	6	780	200	0	250	369	1 599	
	7	780	200	0	300	384	1 664	一般保安、普通技术工人（水电、焊接、装配、油漆等）、普通质检员
	8	780	200	0	350	399	1 729	
	9	780	200	0	400	414	1 794	
	10	780	200	0	450	429	1 859	
	11	800	200	0	500	450	1 950	
	12	800	200	0	550	465	2 015	
	13	800	200	0	600	480	2 080	
优秀保安、保安队长、初级技术工人（水电、焊接、装配、油漆等）、初级质检人员、司机	14	800	200	0	660	498	2 158	
	15	800	200	0	720	516	2 236	
	16	820	200	0	780	540	2 340	
	17	820	200	0	840	558	2 418	
	18	820	200	0	900	576	2 496	
	19	820	200	0	960	594	2 574	

相应参考职位	级别	固定基本薪资	全勤奖	保密津贴	岗位津贴	绩效薪资	工资总和	相应参考职位
优秀保安、保安队长、初级技术工人（水电、焊接、装配、油漆等）、初级质检人员、司机	20	820	200	0	1 020	612	2 652	
	21	820	200	0	1 080	630	2 730	优秀司机、中级技术人员（水电、焊接、装配、油漆等）、中级质检
	22	820	200	0	1 140	648	2 808	
	23	820	200	0	1 280	690	2 990	
	24	820	200	0	1 360	714	3 094	
	25	820	200	0	1 440	738	3 198	
	26	840	200	0	1 520	768	3 328	
	27	840	200	0	1 600	792	3 432	
	28	840	200	0	1 680	816	3 536	
	29	860	200	0	1 760	846	3 666	
高级技术人员（水电焊接、装配、油漆等）、高级质检人员	30	860	200	200	1 840	930	4 030	
	31	860	200	200	1 920	954	4 134	
	32	880	200	200	2 000	984	4 264	
	33	880	200	200	2 080	1 008	4 368	
	34	880	200	200	2 160	1 032	4 472	
	35	900	200	200	2 240	1 062	4 602	
	36	900	200	200	2 320	1 086	4 706	
	37	900	200	200	2 400	1 110	4 810	
	38	920	200	200	2 480	1 140	4 940	
	39	920	200	200	2 560	1 164	5 044	
	40	920	200	200	2 640	1 188	5 148	
	41	940	200	200	2 720	1 218	5 278	
	42	940	200	200	2 800	1 242	5 382	
	43	960	200	200	2 880	1 272	5 512	
	44	960	200	200	2 960	1 296	5 616	

百思买：试水中国[1]

(A)

2011 年 2 月下旬，中国主要的商业报刊都刊登了这样一则令人震惊的消息：2 月 22 日，百思买（Best Buy）宣布关闭其在中国大陆的 8 家门店，其设在上海的中国零售总部将停止工作，而其 2006 年所收购的五星电器继续保持正常经营。[2] 刚得到消息的众多消费者、供应商，匆匆赶往百思买各家门店查看究竟，而被突然抛弃的员工则打出了"还我青春，还我工作"的抗议条幅。2 月 24 日，为处理善后事宜，百思买决定重开上海两家门店及杭州、苏州门店一个月，不过当天遭到大量消费者围堵，消费者更是与门店员工发生了冲突，计划临时重开的门店不得不延迟数日再开。[3]

百思买于 2003 年在中国上海设立全球采购中心。2006 年，百思买以 1.8

---

1 本案例由中欧国际工商学院蔡舒恒、朱健华、许雷平共同撰写。该案例目的是用来做课堂讨论的题材而非说明案例所述公司管理是否有效。本案例主要信息来自公开信息，相关信息来源均加以注明。本案例获 2012 EFMD 案例写作大赛"崛起中的中国全球竞争者"类别最佳奖。

2 魏宗凯、周蕊、高少华，"消费电子零售巨头百思买'水土不服'关闭中国零售总部"，*新华社中文新闻*，2011-02-22［2011-07-12］，available on Factiva。

3 陈力、代永华、李伟，"百思买的退却"，《商界评论》，2011 年第 4 期。

亿美元获得中国当时第四大家电零售商——五星电器 75% 股份，同年 12 月，百思买在上海开出首家旗舰店，之后 5 年又开出 7 家自有品牌门店。百思买中国自有品牌门店采用与北美地区门店类似战略——买断式经营、现款现货、提倡以客户为中心、无偏见导购等，而五星电器仍采用原有模式，五星门店数从 2006 年的 140 家增加到 2010 年底的 166 家，且地理区域还是原有七省（见附录 1～附录 2）。同期，苏宁电器门店由 351 家扩张至 1 342 家，国美电器门店由 587 家扩张至 1 400 家。

2010 年，苏宁实现销售收入 583 亿元人民币，同比上升 30%，实现净利润超过 41 亿元，同比上升 37%。国美电器实现销售收入 509 亿元人民币，同比上升 19%，实现净利润超过 19.6 亿元，同比上升 38%。百思买中国（含五星电器和百思买自有品牌门店）实现销售额约 127 亿元人民币，同比上升 16%，[1] 但百思买自有品牌门店的销售额仅为 9 亿元人民币，外界估计其亏损 2 个多亿元。[2] 无奈之下，百思买决定关闭中国市场的全部自有品牌门店并停止中国零售总部的工作，但保留目前盈利的五星品牌门店。

2011 年 2 月的最后一天傍晚，也是百思买中国零售总部停止运营的一刻。整个楼面空空荡荡，楼外春节长假刚过的大街上气氛也很冷清，这与春节前夕热闹的过年劲儿截然不同。百思买亚太区总裁唐思杰（Kal Patel）先生在办公桌前暗自神伤。在即将召开的百思买全球电话会议上，他将向百思买国际部团队介绍中国近况，也许会遭到询问：为何全球家电零售业老大百思买自有品牌门店无法在中国实现赢利？为何百思买中国的发展远远落后于本土企业，从而选择关闭全部自有品牌门店？是不是有比关店更好的选择？考虑到中国市场本身的规模和成长性，百思买自有品牌门店是否有必要考虑重新进入中国市场？如果再度进入中国，百思买又需要如何调整自己的战略布局从而东山再起？

1　Best Buy Annual Report 2011, www.bestbuy.com, accessed July 29th, 2011. P117.

2　姜燕，"百思买梦碎中国"，《大经贸》，2011 年第 2 期。

唐思杰又该如何回答这些问题呢？

百思买在全球

百思买是目前全球最大的电器／娱乐及办公用品零售商，全球共有 18 万名员工。百思买把"易于使用的高科技娱乐产品提高生活品质"作为自己的使命，秉承"帮助顾客将科技与生活完美结合"的理念，2009、2010、2011财年分别达到营业额 450.15 亿美元、496.97 亿美元和 502.72 亿美元，净收益10.03 亿美元、13.17 亿美元和 12.77 亿美元。[1] 百思买经营六大类商品：消费电子、计算机办公用品、娱乐软件、家用电器、服务和其他产品。

百思买前身是 Dick Schulze 先生在 1966 年成立于美国明尼苏达州的"音乐之声"商店，主营音像器材。1981 年受龙卷风影响，"音乐之声"采取了"仓储式"降价促销活动。在这个活动中，公司意识到顾客喜欢宽敞的购物空间、丰富的产品和低廉的价格。1982 年，公司加入了某购买联盟以便进一步降低成本，并从联盟成员所开的一万两千平方英尺的大型商店模式中受到启发。

音乐之声于 1983 年更名为百思买（Best Buy，意为"最合算的买卖"），并转型为家电大卖场。1985 年，百思买在纳斯达克上市。1999 年，百思买开设网店 bestbuy.com，帮助消费者实现实体店和网店购物的无缝对接。此时，百思买已先后战胜大型家电零售商 Highland Superstores 和电路城（Circuit City），取得美国家电零售老大的地位。2004—2006 年期间，百思买所有门店完成了"以顾客为中心"的转型。百思买美国 2010 年销售额来源依次为：消费电子产品 37%、计算机办公用品 37%、娱乐软件 14%、服务 6%（包括延长

1　Best Buy Annual Report 2011, www.bestbuy.com, accessed August 2, 2011.

保修费、家庭影院安装和咨询费等）、家用电器5%。[1]

2001年，百思买通过收购加拿大家电零售第一品牌Future Shop进入加拿大市场。百思买任命了两位副总裁，分别管理Future Shop和百思买店的业务，实施双品牌战略。百思买自有品牌门店采取"无偏见导购"，向店员付固定薪水的方式，而Future Shop仍采用原有方式——聘用收取佣金的导购员。从购物体验、产品种类和店面大小来看，百思买和Future Shop给顾客的感觉就是两家完全不同的商店。2002年，百思买和Future Shop两个品牌的市场占有率超过三分之一，百思买的双品牌运作在加拿大获得成功。

近年来，百思买在北美市场碰到了强劲的线下和线上对手。沃尔玛从2003年开始超过原排名第二的电路城，成为百思买最大的竞争对手。沃尔玛采取折扣战略，在平板电视、个人音乐播放器和小家电等领域分食百思买的市场份额。此外，在3C产品领域，百思买受到了网购巨头亚马逊的冲击。

在注重北美市场的同时，百思买也开始开拓欧洲、拉美和亚洲市场。在欧洲，百思买于2008年通过合资获得9个国家2 400家Carphone Warehouse和Phone House手机连锁门店资源；2010年，百思买在英国开了6家百思买自有品牌门店（2011年宣布关闭）；在拉美，百思买于2008年开始在墨西哥开设了第一家百思买自有品牌门店，目前已有6家门店；在土耳其，百思买自2009年开设了2家自有品牌门店（2011年宣布关闭）。在亚洲，百思买于2006年正式进入发展迅速、潜力较大的中国大陆市场（见附录3~附录6）。

百思买在中国

2003年，百思买在上海设立全球采购中心，并在上海设立亚太总部，明

1　Best Buy Annual Report 2011, www.bestbuy.com, accessed August 2, 2011.

确表示将进入中国家电零售业。但是，百思买开店设想一开始就遭到了本土家电连锁的阻击。最初，百思买计划将第一家自有品牌门店开在北京三环的马甸宜家店，年租金高达 8 000 万元。但当百思买与物业磋商合同细节时，该店面被国美迅速买下，成为其高端品牌鹏润的店址。

在自有品牌门店开设受阻情况下，百思买开始考虑收购。2006 年百思买以 1.8 亿美金收购五星 75% 股权，并于同年在上海徐家汇以自购物业的方式开出首家百思买自有品牌旗舰店，从此开始了在中国家电零售市场的双品牌运作。五星仍按本土家电零售商的模式运作，销售区域分租给不同的家电厂商，并由厂商派驻促销员在卖场销售，卖场从中收取租金，并从产品的销售额中提取一定比例作为利润。而百思买采用其美国市场"买断式经营"的运作方式，通过自行雇佣店员为顾客提供"差异化体验式服务"。百思买自有品牌门店定位一线城市高端客户，五星电器则定位于二、三线城市白领和年轻小康。

至此，百思买在中国呈现三大块业务：一是百思买全球采购中心；二是百思买自有品牌门店；三是五星电器。

百思买在中国的全球采购中心

2003 年百思买在上海设立全球采购中心，为百思买北美业务直接从亚洲制造商处采购洗衣机、电视机、家庭音响等家电和消费电子产品，以降低采购成本。例如，百思买同年与康佳签下 5 万台液晶电视供货协议，创下当年中国液晶平板产品出口的最大单一订单纪录。然而，中国本土家电和 3C 品牌进入百思买全球采购体系的机会微乎其微，因为全球采购中心主要采用贴牌加工生产方式进行采购，以支持百思买自有品牌产品的运营，如 Rocketfish、Dynex、Init 和影雅 INSIGNIA 等。百思买在中国的全球采购中心至今也是百思买唯一的一个全球采购中心（在深圳和台湾设有分部），办公面积从 2003 年的 1.2 万平方英尺扩大到 2010 年的 3.2 万平方英尺（1 平方英尺 =0.093 平方米）。

百思买自有品牌门店

2006 年 12 月至 2011 年的 2 月期间，百思买在中国共开出 8 家自有品牌门店（6 家在上海，1 家在苏州，1 家在杭州）。如此缓慢的开店速度在跨国企业中也是少见的，有分析认为百思买高管对开新店的战略意识不强，此外还受制于百思买的外资身份，而且其高昂的开店成本也使得开新店不易。

开店与成本

百思买门店号称不参加业内的价格战，坚持百思买在美国市场所推行的买断式经营模式。百思买称要找到盈利模式后才进行大规模复制，并对外表示其在中国的自有品牌门店为试验店，用于寻找适应中国的商业模式。对此，有分析认为：百思买进入中国市场之初，其外籍高管缺乏对中国家电市场的了解，尚未意识到当时是中国各大家电零售商跑马圈地的时代，对迅速开店的重要性意识不足。许多外籍高管仅到过中国的香港和上海，对中国市场缺乏整体认识，对中国同事提出每年计划开 200 家店的目标往往一笑了之。[1]

百思买在中国扩张也受其外资企业身份的限制。尽管中国零售业根据 WTO 规定于 2004 年 12 月 11 日全面开放，但这并不意味着外资企业马上就能在中国随意开店。百思买 2006 年 12 月在上海的第一家门店就因为仅通过上海市政府审批，而未经商务部审批，从而在入华记录上被盖上"不良记录"的印记。百思买此后谨慎行事，直至商务部 2008 年 9 月颁布新规定，将外资零售门店审批权下放到省一级商务部门后，百思买才在其后 9 个月内陆续在上海开出另外 5 家门店，并于 2010 年在苏州和杭州各开出一家门店。

百思买选址和营业模式所引起的高昂成本也使开新店不易。百思买中国的门店选在核心商圈，租金成本很高。由于近几年中国商业地产一直增值，导致百思买新开店的成本日益上升。同时，百思买的营业模式也使其营业成本高出

---

1 房煜，"谁赶走了百思买"，《中国企业家》，2011 年第 6 期。

竞争对手数倍。苏宁和国美等本土卖场只要先预付门店租金和30多位员工当月工资（其余促销员由厂商派驻）即可开店，门店租金可以很快通过转租给进店的供应商迅速回笼。卖场进行门店统一装修，供应商还会支付装修费，并带来样机，派驻促销人员。一般来说，一家5 000平方米门店，第一年大概500万元投入就能开起来。而在百思买模式下，租金不能转嫁，装修费全部由自己埋单，所有产品样机也都得由百思买掏钱向各个供应商购买，且不允许供应商派驻促销人员，百思买还要承担样机折旧的损失。这样同等规模门店第一年至少要投入3 000万元。[1]

此外，行业竞争程度之激烈也让百思买始料未及。自从百思买徐家汇旗舰店开张后，百思买就遭到了中国同行的"贴身肉搏战"。仅半年后，在百思买徐家汇店100米范围之内，国美和苏宁开设了各自的门店。无论是品牌数量还是产品品种的丰富程度，国美和苏宁都要比百思买略胜一筹。同时，很多同品牌、同型号的产品，国美和苏宁的价格都要比百思买低。苏宁高层曾明确表示，苏宁已做好了"百思买开到哪里，就扎堆竞争到哪里"的打算。

在如此缓慢的开店速度下，百思买门店的盈亏状况更让人担忧。在8家门店中，百思买上海徐家汇店是少数盈利的门店（可能是自有物业的缘故），其一年销售额可达3亿～4亿元，可进入百思买全球单店销售业绩前50名，在上海一直位列同类门店销售额前五。[2]除了徐家汇门店以外，其余7家店盈利欠佳。据估计，2010年百思买自有品牌门店亏损2亿元人民币。[3]

产品结构

百思买美国以提供3C产品增值服务和音像制品为主，传统家电仅占5%，

---

1 石磊、商勤硕，"百思买被排挤到边缘　五星将按原有模式扩张"，《第一财经周刊》，2011-02-21［2011-08-12］，available http://www.cs.com.cn/hw/09/20110221/05/201102/t20110221_2784241.html。

2 魏薇，"百思买们失陷'中国丛林'"，《经理人》，2011年第4期。

3 姜燕，"百思买梦碎中国"，《大经贸》，2011年第2期。

其竞争优势也主要在于出售 3C 类产品和相关服务。但中国的家电零售业格局明显不同，传统家电要占 60% 以上。[1] 百思买在 2007 财年的年报中显示五星电器所售三大类产品（消费电子、计算机办公用品和家用电器）中，销售额最高的也是家用电器。[2] 为此，百思买中国门店增加了传统家电的比重。这样做的后果就是百思买门店成了 3C 商店和家电商店的综合体。

但是，不少消费者第一感觉百思买是以 3C 产品为主的卖场。百思买徐家汇店共有 4 个楼面：第一层经营笔记本、电脑、打印机等 IT 产品；第二层经营各类家用影音电器；第三层经营手机和小家电产品；第四层才是冰箱、空调等大家电。百思买的这种做法也有悖于中国消费者的一般购物习惯，因为中国消费者习惯买家电时去家电连锁大卖场（如苏宁、国美），买 3C 产品时去电脑城或电子一条街（如百脑汇）。

百思买强调产品的高毛利，注重毛利较高的"国际品牌"，而忽视毛利较低的本土品牌。在某些百思买门店中，除海尔空调、美的小家电和万利达 DVD 外，国产品牌家电几乎绝迹。而在国美、苏宁的门店里，高、中、低价位的品牌都有，因而产品品种更为丰富。

百思买还尝试把其在美国的两个重要获利支撑点介绍到中国市场，包括服务和娱乐增值，但结果不尽如人意。比如说百思买美国提供的专家咨询服务，只要付 150 美元，专家就会登门拜访，帮助制定关于各种产品的购买指导。然而中国消费者对价格高度敏感，上千元价格的产品只要比其他商店高出 50 元就会流失到竞争对手那里，因此百思买的专家咨询服务模式无法在中国推行。[3]娱乐增值服务意味着出售娱乐软件，而中国的知识产权保护尚不够完善，盗版风行，百思买中国很难提高正版娱乐软件产品的销售业绩。

---

1 陈力、代永华、李伟，"百思买的退却"，《商界评论》，2011 年第四期。

2 Best Buy Annual Report 2007, www.bestbuy.com, accessed August 2, 2011. P9.

3 李杨，"百思买缘何在华走麦城"，《上海信息化》，2011 年第 4 期。

买断式经营

"买断式经营"系由百思买向供应商采购产品并全额付款，百思买拥有定价权。同时，百思买拒绝供应商促销员入场，全部由自有员工实行"无偏见导购"。而本土家电连锁则通过分期向供应商付款占用供应商资金，并采用厂家促销员进行产品的销售工作。[1]

合作初期，本土供应商往往会对百思买的买断式经营表示欢迎。首先，现款现货可以不占用供应商资金。其次，本土供应商希望借此机会进入百思买全球采购体系。然而百思买由于其自身资金原因，"现款现货"在坚持一年多以后就停止了。苏宁、国美的账期一般是 30 天或 45 天（实际可能不止），百思买的账期最后反而长达 60 天。尽管百思买在合作初期对供应商表示出低姿态，但其后行为更让人疑惑。一位供应商的工作人员曾透露：在百思买与供应商合作条款中，我们认为最匪夷所思的一点是，如果百思买发生火灾，不仅供货商的损失自付，而且我们需要无条件赔偿 200 万元。[2]

百思买在卖场中商品以功能分类摆放，而不是像其他卖场一样以品牌为陈列单位摆放的方式也使本土供应商大为不满。同时，由于百思买拒绝厂家促销人员入店，使厂家无法控制销售终端，许多本土供应商表示：在上海、苏州等区域，消费者对于外资品牌更加青睐，如果没有我们自己的促销员促销，那么，消费者会更多选择购买外资品牌。[3]

更让供应商觉得难以忍受的是，百思买从 2008 年开始要求供应商提供 15% 的返利，而国美要求厂商提供的合同返利一般在 11%～14%，这一举措进一步压缩了供应商的利润空间。此外，由于百思买在中国设有全球采购中

1 魏宗凯、周蕊、高少华，"消费电子零售巨头百思买'水土不服'关闭中国零售总部"，新华社中文新闻，2011-02-22［2011-07-12］，available on Factiva。

2 张淑芳，"百思买内资供货商集体缺席内幕调查"，*Twice China*，2008 年第 9 期。

3 陈力、代永华、李伟，"百思买的退却"，《商界评论》，2011 年第四期。

心，很多中国本土厂商希望通过产品入驻百思买中国的门店这一途径进入其北美市场，但百思买中国公司根本无权影响百思买在中国的全球采购中心，百思买中国门店的供应商也就无法借道进入北美市场。

对供应商而言，渠道的出货量是关键。百思买中国由于其自身门店数量有限且扩张缓慢，相对于国美、苏宁上千家的主力卖场，在与供应商合作过程中，百思买议价能力受到限制。这样一来，与百思买合作的本土供应商变得相对较少。即使是外资品牌（如惠而浦），也更愿意与国美、苏宁合作，因为惠而浦"是在经营中国市场，要看消费者喜欢去哪个卖场，哪个卖场就是主渠道"。[1]

自雇员工与无偏见导购

百思买门店员工都是自有员工，归门店直接管理。员工分为两种，穿蓝色衣服的是普通员工，负责某个区域的导购和咨询，顾客可以就普通产品向他们寻求咨询意见。穿白色衬衫的是个人销售顾问，一般对门店的大部分产品都很了解，并且具有更多的专业知识，如果顾客想在百思买店里购买整套家用电器的话，他们是最好的选择。

百思买要求员工为客户提供导购和咨询时，应该介绍同一类型各种产品的优缺点，但不应该进行销售诱导，这就是所谓的"无偏见导购"。无偏见导购的初衷是让导购员掌握更多的产品知识，让消费者做出自己的判断。百思买对于门店员工的考核不是看员工的业绩，而是看员工的服务水平、服务意识、团队协作精神及对产品知识的了解等。当顾客想购买一个产品的时候，百思买员工会按照顾客的需求介绍商品。一位百思买员工表示：在这里感觉很轻松，没有了国内家电卖场像打仗一样的工作方式，每天可以带着真诚的笑容与消费者沟通。因为同事之间不存在利益冲突，所以大家的团队意识都非常强。例如，

1　房煜，"谁赶走了百思买"，《中国企业家》，2011 年第 6 期。

给一个顾客介绍手机的时候发现，其中的一个功能不是很懂，这时候我会请求其他的同事来协助。这时候大家比拼的是如何掌握更多的产品知识，如何让消费者更满意等。为此，我们每个月不但要接受多次的产品知识培训，更有服务方面的考核。[1]

但百思买员工毕竟不是家电专家，在销售时常常被客人问倒，然后打电话询问供应商其产品特点和促销内容。由于没有类似给促销员的销售提成奖励，久而久之，百思买员工对推荐商品兴趣慢慢减少。

体验式服务

百思买提倡"体验式服务"，店里有各式各样的体验区，不管是买电脑、电视或是其他货品，都可以有直观的体验。最典型的是家庭影院区域，配有宽大的屏幕、优质的音响和舒服的大沙发，让顾客在体验时感到很舒适，顾客即使坐上一天也不会被赶走，这是在其他卖场中无法感受的。又比如为了方便顾客了解手机的拍照功能，手机销售区配备照片打印设备，以便顾客及时了解拍摄效果。

在百思买购物听不到其他常见的卖场促销员的反复销售诱导，顾客认为"在百思买购物简直是一种享受"。有许多消费者表示喜欢百思买的环境，"所有都是真机体验"。[2]消费者反映，自己经常在百思买店里"体验"一两个小时都没人管。但体验完了，就去其他店购买商品，因此百思买的体验很少能转化为实际消费。

价格、促销与服务

在百思买，无论是小家电还是大家电，其价格均为实价，消费者无法讨价还价。但本土家电零售一般标的是虚价，可以讨价还价。这样一来，百思买商品的实际销售价格比本土家电连锁价高10%～20%，甚至一些本土品牌家电

---

1 郭生婷，"逛逛努力与众不同的百思买"，《建材与装修情报》，2008年7月。

2 房煜，"谁赶走了百思买"，《中国企业家》，2011年第6期。

产品的价差达 50%。有人这样分析：以一款 DVD 播放机产品为例：假设供应商花费 600 元制造了一款产品，以 1 000 元价格卖给百思买。再假设百思买以 1 100 元价格，将这一产品卖给消费者。现在，消费者要求打九折，这很平常，但百思买做不到："如果打九折，我们就亏本了。"于是这个消费者去了国美，看到这个产品卖价也是 1 100 元，他也要求打九折。国美的供应商厂家促销员马上会说："当然可以！"[1]

国美能打九折，而百思买不能，原因是这两家公司商业模式不一样。百思买从制造商购买产品，并努力保证在销售时不亏钱。所以，百思买优惠额度不能高于 100 元。而国美向厂家出租卖场，收取租金和一定百分比的销售收入提成，并允许厂家派促销人员驻店，而这些促销人员就能为消费者提供一定的优惠额度。因此，在国美模式下，厂家和零售商像一家公司一样。而在百思买模式下，厂家和零售商作为两家独立的公司运营。

在促销方面，百思买不像其他大卖场那样，在开店营业时搞大型促销，也不搞签名售机、厂家路演等促销活动，百思买仅在特定时期特价销售某些商品。[2] 因此，同样产品在百思买门店卖价要比苏宁和国美高。一位消费者就这样表示：我在百思买试过很多数码产品，但很少购买。如果要购物的话，百思买的价格没有优势。[3]

尽管百思买提倡"以顾客为中心"的理念，但其做法沿用北美市场习惯，而忽视了中国消费者的习惯。在产品定价方面，百思买照搬其美国市场的"多部定价方式"就很难让中国消费者接受。例如，电视机一个价格，配件又是一个价格，而不是把两样不可分开的产品打包销售。这样中国消费者需要两次支

1　柏唯良，"百思买缘何折戟中国市场：深受次优化困扰"，[2011-06-27]，http://tech.163.com/11/0615/16/76JQANV2000915BD.html.

2　苏亮，"百思买退出后的思考"，《家电科技》，2011 年第 3 期。

3　魏宗凯 周蕊 高少华，"消费电子零售巨头百思买'水土不服'关闭中国零售总部"，新华社中文新闻，2011-02-22 [2011-07-12]，available on Factiva.

付，体验较差。虽然北美消费者习惯分开付款，但中国市场情况并不一样，以手机销售为例，中国手机促销员卖手机会另赠电池板，消费者觉得买大送小很正常，不管赠品是厂家标配还是促销所赠。[1]

中国消费者还习惯与商家讨价还价，要求延长保修期、提供赠品等。但消费者无法在百思买店内讨价还价。百思买要求消费者加 200～300 元购买其数码产品三年延长保修服务，但如果原价 1 500 元的商品加了 300 元，涨幅就是 20%，许多人觉得不值。[2] 此外，百思买可能对一些本土化的服务细节尚未注意。比如，有消费者表示曾想去某家百思买门店，车都开到门口了，保安表示只向会员提供停车位，要顾客把车停到别处再走过去。

百思买收购之后的五星电器

五星电器被收购之初意欲借百思买的资金投入迅速扩张，五星创始人汪建国曾表示计划一年内开 300 家新店，但很快被百思买高层否定。五星想在上海开门店，但被百思买否决。[3] 百思买强调提高五星单店利润率和销售额。

2006—2010 年期间，国美、苏宁迅速扩张，而五星仅由 135 家扩张到 166 家，且限制在原有江苏、浙江、安徽、山东、河南、四川和云南 7 个省。2009 年 2 月，百思买出资 1.85 亿美元，购买五星其余 25% 股份，五星成为百思买全资子公司。

尽管百思买早在 2006 年就意识到五星运营模式体现为"低毛利率、低管理费用"，但百思买一直举棋不定，无法确定是否让五星继续按照这个模式经营。2009 年 6 月，百思买全球总裁布莱恩·杜恩亲自决定五星按照原有商业模式运作和扩张。

---

1 陈峻松，"跨国巨头百思买为何败走中国？"，《社会观察》，2011 年第 4 期。

2 同上。

3 陈力、代永华、李伟，"百思买的退却"，《商界评论》，2011 年第四期。

五星也尝试吸收百思买经营理念和模式，百思买全球副总裁、五星首席执行官王健表示：百思买以顾客为中心的经营理念、无偏见的导购服务、提供丰富配件和产品组合、提供全套解决方案、先进的会员制等，这些都是经过实践证明的，中国消费者非常喜欢的东西。五星将持续把百思买这些好的经营理念与中国消费者实际需求相结合，中西合璧，更好满足消费者需求。[1]

在长三角地区，五星电器销售额每年保持两位数以上增长率。五星在与供应商合作、导购员设置等方面都做出了中西合璧式改变。在与供应商合作方面，五星电器严格按合同期限付款，不再占有供应商货款。同时，五星电器加强与供应商在物流方面的合作，减少供应商盲目供货的额外成本。在销售方面，五星学习百思买的无偏见导购，以自有员工向消费者提供"家电顾问"服务，帮助顾客提供一站式、跨品类购物服务。目前，五星一半店员是拿固定薪水而不是佣金的五星自有员工，另一半是厂家促销员。五星电器还推出了"准时配送，超时赔付"，"以旧换新，10分钟领取补贴"等本土化服务项目。

五星认为，在2011年消费电子产品是自己发展的机会点，近两年该类产品在五星的销售每年有50%以上增幅。但这个产品类别还缺少一个"专家"帮助消费者简单轻松地享受最新的技术和产品，五星就希望自己能成为这样的"专家"，五星进而提出其4A模式——帮助消费者在anywhere（任何地点）、anytime（任何时间）、anybody（任何人）和anything（任何事）上享受现代科技。

百思买曾尝试套用其在加拿大市场双品牌成功经验——在面向消费者的部分完全分开，在物流和信息等后台系统上尽量共享。但是，由于两家店经营模式不同，在物流等后台上共享难度很大。百思买曾打算整合五星分散各地的仓库，但五星按区域划分的仓库设计与上游供应商配送体系相匹配。每个厂家

---

1 "百思买重用五星电器融入中国本土"，[2011-07-13]，www.five-star.cn。

都会在各区域内将产品直接配送到对应仓库，甚至门店。如果不充分利用厂家现有配送体系而单独集中规划自身物流枢纽，反而是一种资源浪费。因而百思买中国和五星在后台上仍是各自为政，无法互为补充。

百思买中国的人事动荡

百思买在华 4 年期间，其主管中国业务的总裁换了三任。首任总裁吕维民系美国芝加哥伊利诺伊大学硕士，1995 年加入美国百思买，1999 年被提升为副总裁，重整了百思买标准运营流程，建立了百思买网上零售店，创建了百思买产品策略，并设立了百思买中国全球采购中心。2006 年吕维民担任百思买中国区总裁后，主持了百思买在中国市场的开拓和对五星的收购工作，并在百思买中国的自有品牌门店中大力推广百思买美国经营模式，但中国区业绩差强人意，业务发展缓慢，总部对其并不满意。主要竞争对手曾表示，"对付百思买简直是浪费子弹"，"五年之内不会研究百思买"。

百思买总部于 2007 年 4 月任命杨得铭担任百思买亚太区总裁，该职位在吕维民之上，试图以此改善中国区域业绩，半年后吕维民黯然离职。杨得铭曾任服装连锁品牌宝姿的高级副总裁，负责全球零售及批发业务，包括在中国 280 多家品牌店和 100 多家境外连锁店的业务。杨得铭当时表示："中国不需要再多一个国美或是苏宁。"他曾尝试在买断式经营模式前提下，要求供应商提供 15% 返点。但由于百思买本身门店规模有限，无法保证供应商销售量，遭供应商集体不满。[1] 2009 年 5 月，杨得铭积极推进百思买中国与三星签署协同补货协议（双方在北美有良好的协同补货合作）。[2] 协同补货将使商家和厂家掌握实时销售信息，维持最佳库存，必要时及时供货，以大幅提高经营效率。但杨得铭的"协同补货"推广并不顺利，因为没有其他供应商加入。2009 年

1　"百思买缘何败走中国"，[2011-07-18]，http://stock888.net/1332/110412/9669400,00.php。

2　冉宝松，"三星百思买协同补货登陆中国"，《中国物流与采购》，2009 年第 12 期。

10 月，杨得铭辞职，转投 GAP 公司。

2010 年 3 月，亚太区总裁唐思杰上任。唐思杰于 2003 年加入百思买，担任战略执行副总裁。他上任后即要求对百思买模式是否适应中国市场进行论证。通过论证，他做出了两个决策：一是将重点放在盈利的业务上，重金支持其发展，二是关闭百思买自有品牌门店。

百思买中国的关店举措

百思买中国资金紧张、财务状况不佳早在 2008 年就有端倪。2008 年 7 月，百思买中国总部从上海浦东商务区搬到了租金较低的金桥开发区。2010 年百思买在上海的大宁路、大华虎城、大华锦绣华城等 3 个签约项目未能入驻。

百思买北美在 2008 年金融危机后也开始出现业绩下滑。根据百思买 2010 年 12 月（圣诞旺季）财务报告，当月美国市场实现营业收入 84 亿美元，同比降 4.2%，海外市场同比增 4.5%；而在可比门店方面，美国市场可比门店同比降 5%，海外市场可比门店同比降 0.1%。[1]

在中国市场上，相比迅速发展的本土竞争者，百思买中国 2010 年自有品牌门店的销售额仅为 9 亿元人民币（外界估计其亏损 2 个多亿元）。[2] 无奈之下，百思买决定关闭中国市场的全部 8 家自有品牌门店并将其设在上海的中国零售总部停止运营，也对关店所带来的顾客服务和员工赔偿等问题作出了相应安排，同时宣布将保留五星品牌门店。

---

1 姜燕，"百思买梦碎中国"，《大经贸》，2011 年第 2 期。
2 同上。

附 录

附录1：百思买自有品牌门店布局情况

编号	店 名	开业时间	地 址	所处商圈	盈利情况*
1	徐家汇店	2006 年 12 月 28 日	上海市肇家浜路 1077 号 3 楼	徐家汇	盈利
2	中山公园店	2008 年 8 月 26 日	上海市愚园路 1398 号	中山公园	不详
3	八佰伴店	2008 年 11 月 27 日	上海市南泉北路 588 号新大陆广场 1 楼	陆家嘴	不详
4	陆家嘴店	2008 年 11 月 27 日	上海市陆家嘴西路 168 号正大广场 4 楼	陆家嘴	盈利
5	芳甸店	2008 年 12 月 10 日	上海市芳甸路 300 号联洋广场 A 区 B1 层	联洋	不详
6	仲盛店	2009 年 5 月 28 日	上海市都市路 5001 号	莘庄	不详
7	苏州店	2010 年 3 月 26 日	苏州市区		不详
8	杭州店	2010 年 9 月 21 日	杭州市区		不详

资料来源：根据百思买新闻整理。注：* 盈亏情况系案例作者估计。

附录2：五星电器门店布局情况

单位：门店数

编 号	省 份	2006 年	2010 年
1	安徽	14	13
2	河南	7	9
3	江苏	86	107

编　号	省　份	2006 年	2010 年
4	山东	8	8
5	四川	4	6
6	云南	3	5
7	浙江	13	18
8	总计	135	166

资料来源：根据百思买年报整理。

附录 3：百思买全球业务拓展大事记

地点	时间	业　务　拓　展
美国	1966 年	成立于明尼苏达州，原店名为"音乐之声"
	1983 年	更名为"百思买"
	1999 年	开设网店 bestbuy.com
	2000 年	收购 Magnolia Hi-Fi
	2002 年	收购 Geek Squad
	2006 年	收购 Pacific Sales
	2006 年	创设 Best Buy Mobile
	2007 年	收购 Speakeasy
	2008 年	收购 Napster
加拿大	2001 年	收购 Future Shop
	2002 年	开设百思买门店
中国	2006 年	收购江苏五星电器 75% 的股份；2009 年，收购剩余 25% 的股份
	2006 年	开设百思买门店

地点	时间	业　务　拓　展
欧洲	2008 年	与 Carphone Warehouse 合资成立"百思买欧洲"，拥有 50% 股权
	2010 年	开设百思买门店
墨西哥	2008 年	开设百思买门店
土耳其	2009 年	开设百思买门店

资料来源：根据百思买年报整理。

附录 4：百思买全球业务概况

地点	主要品牌	经营范围	门店数	面积（千平方英尺）
美国	Best Buy	消费电子、家电、娱乐软件	1 099	42 388
	Best Buy Mobile	手机	177	250
	Magnolia Audio Video	消费电子和家庭影院	6	78
	Pacific Sales	消费电子和家电	35	944
加拿大	Future Shop	消费电子、家电、娱乐软件	146	3 864
	Best Buy	消费电子和娱乐软件	71	2 250
	Best Buy Mobile	手机	10	13
中国	五星电器	消费电子和家电	166	5 931
	百思买	消费电子和家电	9	279
欧洲	The CPW and the Phone House Stores	手机	2 440	695
	百思买	消费电子、家电、娱乐软件	6	196
墨西哥	百思买	消费电子、家电、娱乐软件	6	327
土耳其	百思买	消费电子、家电、娱乐软件	2	80

资料来源：根据百思买 2011 财年年报整理。

附录5：百思买2007—2011财年主要财务数据

金额单位：百万美元

项　　目	2011年	2010年	2009年	2008年	2007年
销售收入	50 272	49 694	45 015	40 023	35 934
销售成本	37 635	37 534	34 017	30 477	27 165
毛利	12 637	12 160	10 998	9 546	8 769
销售和管理费用	10 325	9 873	8 984	7 385	6 770
重组费用	198	52	78		
其他费用			66		
运营收入	2 114	2 235	1 870	2 161	1 999
其他收入（费用）					
投资收入	51	54	35	129	162
投资损失			111		
利息支出	87	94	94	62	31
税前收入	2 078	2 195	1 700	2 228	2 130
所得税支出	714	802	674	815	752
净利润	1 277	1 317	1 003	1 407	1 377
可比同店销售额增长率（%）	1.8	0.6	1.3	2.9	5.0
毛利率（%）	25.1	24.5	24.4	23.9	24.4
销售和管理费用率（%）	20.5	19.9	20.0	18.5	18.8
运营收入率（%）	4.2	4.5	4.2	5.4	5.6

资料来源：根据百思买2007—2011财年期间年报整理。

附录 6: 百思买 2007—2011 财年国内和国际业务销售收入及占比

金额单位: 百万美元

国　别	2011 年	2010 年	2009 年	2008 年	2007 年
美国	37 186	37 315	35 070	33 328	31 031
	73.97%	75.09%	77.91%	83.27%	86.36%
加拿大	5 468	5 065	5 174	5 386	4 340
	10.88%	10.19%	11.49%	13.46%	12.08%
中国	1 952	1 677	1 558	1 309	563
	3.88%	3.37%	3.46%	3.27%	1.57%
欧洲	5 511	5 065	3 205	0	0
	10.96%	10.19%	7.12%	0%	0%
其他	155	46	8	0	0
	0.31%	0.09%	0.02%	0%	0%
总额	50 272	49 694	45 015	40 023	35 934

资料来源: 根据百思买 2007—2011 财年期间年报整理。

(B)

百思买关店后不到 4 个月，中国区高管又发生了一次人事变动。2011 年 6 月 10 日，百思买在南京（五星总部所在地）对外宣布：亚太区总裁唐思杰（Kal Patel）先生因"个人家庭原因"离职，其职务由百思买国际部 CFO Dave Deno 先生接任（Deno 将继续担任百思买国际部 CFO）。[1]

Dave Deno 在 2009 年加入百思买之前，就职于百胜（Yum!）集团（旗下有 KFC、必胜客等餐饮连锁），先后出任国际部 CFO，集团 CFO、COO。百胜被认为是西方企业在中国发展最为成功的典范之一。Dave Deno 从 1996 年起就常到中国支持百胜市场拓展。

百思买 CEO Brian Dunn 对 Dave Deno 颇有信心：Dave 的全球视野、对中国市场的了解，及其在财务、运营方面的背景都将使他能够出色胜任这一新角色。Dave Deno 在就职演讲中强调：中国是百思买在全球最重要的发展区域。我们会继续在中国大力发展五星电器和百思买品牌。[2] 据称，五星 2011 年开 40 家门店的计划不会改变，至 2011 年 5 月底，五星已开出 11 家新店。[3]

2011 年 2 月 24 日，万得城公开打出广告，"他们退出了，我们给你定心丸"。虽然广告中没有说"他们"是谁，但大家都清楚"他们"指的就是

1　刘新宇，"百思买高管'地震'亚太区总裁唐思杰已离职"，《广州日报》，2011 年 6 月 13 日。

2　牛颖惠，"百思买要回马枪　欲携电子商务重返中国市场"，《京华时报》，2011 年 7 月 20 日。

3　刘新宇，"百思买高管'地震'亚太区总裁唐思杰已离职"，《广州日报》，2011 年 6 月 13 日。

"百思买"。万得城中国区 CEO 汤旺涛表示，"只要是百思买的顾客，保修期内产品凭发票和凭证可以享受我们提供的更换和保修服务，并且这些全部免费。"除了顾客资源，万得城也希望可以全面接盘百思买的员工和供应商方面的资源。[1]

此外，百思买所留下的门店资源也处于被瓜分的状态。国美电器首先抢下百思买原上海莘庄店的门店资源，并于 2011 年 6 月 18 日正式开业。2011 年 7 月，苏宁接手百思买在上海、杭州的门店资源。目前已确认接收其 3 家门店（上海光新路店、联洋广场店和杭州万象城店）。其中两家门店将被改造为苏宁精品店，预计每年将为苏宁新增 4.5 亿元销售额。[2]

在 3C 和家电产品的电子商务领域，竞争更趋白热化。京东商城一直保持着高速增长，在 2010 年实现 102 亿元销售额的基础上，2011 年有望实现 150% 的销售增长；苏宁易购依托苏宁电器的采购系统，对供应商拥有近千亿元的议价能力，无论在商品数量还是在商品价格上都与京东展开激烈竞争；淘宝电器城凭借其淘宝网的巨大客户群，吸引各品牌厂家前来入驻；亚马逊在中国的网站（卓越亚马逊）除了出售图书，也开始大力涉足 3C 和家电产品领域。

面对如此激烈的市场竞争、诱人的市场规模和发展速度，上任不久的 Dave Deno 和他的团队开始对一些重要问题加紧思考，并需要迅速做出决策：如果重返中国市场，百思买原有运营模式应如何调整？中国电子商务市场竞争激烈，百思买如何后来居上？百思买中国双品牌战略又该如何延续？……

而在 2011 年 7 月，更有消息披露：百思买欲借电子商务和实体店重新杀回中国市场，目前正与中国一家电子商务公司进行谈判，计划通过收购或合资

1 "万得城愿接受百思买售后　消费者质疑其趁火打劫"，http://jingji.cntv.cn/20110225/110359.shtml, 2011-11-21。
2 "百思买关店遭瓜分　苏宁已购上海杭州三物业"，《东方早报》，2011 年 7 月 22 日。

的方式涉足电子商务。如谈判顺利，该公司将正式成为百思买在华子公司，百思买将全面发展家电网上零售业务。[1] 2011 年 9 月，五星 CEO 王健向媒体确认，百思买将在 2011 年 12 月重开在上海徐家汇的旗舰店。[2]

百思买这次重回中国，胜算如何呢?

1 牛颖惠，"百思买要回马枪　欲携电子商务重返中国市场"，《京华时报》，2011 年 7 月 20 日。
2 "百思买重回中国大陆　卷土重来前路依然坎坷"，http://www.chinanews.com/it/2011/09-23/3350511.shtml，2011-09-23。

K 省新华发行（集团）控股 [1]

（A）：王皓上任

山雨欲来

通过这几年的改制、股改、上市，这个企业总体上是在往好的方面走。同时，这个企业也是带着很多问题在走。我们不能休克疗法。

——K 省新华发行（集团）控股有限公司董事长　徐正清

中国现在的出版发行行业，可能在一个大变化的临界点上。应对好了就是一个巨大的发展机会，应对不好可能就会出现生存问题，就会被边缘化。

——K 省新华传媒股份有限公司总经理　陆超平

我们这几年最大的问题是战略模糊、多变。概念是有的，但没有形成具体的、有项目来支撑的战略。

——K 省新华发行（集团）控股有限公司副总经理　顾伟达

1　本案例由中欧国际工商学院梁能和许雷平共同撰写，在写作过程中也得到了 K 省新华发行（集团）有限公司的协作和支持。该案例目的是用来做课堂讨论的题材而非说明案例所述公司管理是否有效。相关公司名、地名和人名进行了匿名处理。本案例在中欧课堂受到广泛欢迎。

2010 年 3 月，中欧 EMBA 2007 级毕业生、时任 K 省泉新集团董事长的王皓先生得到 K 省委组织部的正式通知：经过对他的全面考核，省委决定任命他为 K 省新华发行（集团）控股有限公司总经理（见附录 1）。

　　K 省新华发行（集团）控股有限公司（简称"新华控股"）是在 K 省新华书店系统的基础上组建的，直属 K 省政府管理的、百分之百国有控股的正局级国有企业。集团的主营业务是教材教辅发行和一般图书零售，由集团下属的上市公司 K 新传媒（集团控股 75.4%）负责。K 新传媒是 2002 年由 K 省新华书店、省外文书店、中山市新华书店合并组成，2005 年股份制改造改组为 K 省新华发行集团有限公司（简称"K 新发行"）；2008 年"K 新发行"在上交所 A 股上市，同时更名为 K 省新华传媒股份有限公司（简称"K 新传媒"）；在《光明日报》和《经济日报》评选的"文化行业 30 强"榜单上，2010 年 K 新传媒排名 11。新华控股旗下还有从事商贸、地产、酒店、文化投资等其他业务的六家全资子公司（见附录 2）。

　　王皓知道，这一任命既代表了组织上对自己的巨大信任，同时也是对自己的一个巨大挑战。

　　挑战首先来自市场；信息技术的发展正在从根本上改变图书的销售方式和人们的阅读习惯，集团的传统发行业务已经受到了巨大的冲击。挑战也来自酝酿之中的出版发行体制改革。一旦目前由 K 新传媒垄断的全省中小学教材的发行也引入市场机制，集团的基本利润来源将会受到巨大威胁。更棘手的挑战来自集团的国企体制。虽然信息技术革命、发行体制改革也给集团带来很多新的机会，但是，对于一个在传统计划体制内运行了几十年的大型国有企业，战略转型、管理创新又谈何容易？

　　技术革命势不可挡，发行改革呼之即出。市场山雨欲来，国企新官上任。问题盘根错节，王皓应该从何入手？

新业态冲击：朝阳还是夕阳？

中国的文化行业一般被认为是个朝阳行业。按照行业统计，人均 GDP 一旦达到 3 000～5 000 美元，文化消费就会爆发。中国人均 GDP 已近 4 000 美元，文化消费需求很有可能随即爆发。2009 年中国出版图书 30 万种共 70 亿册，市场规模仅次于美国。从行业结构来看，中国图书市场尚未出现具有全国性影响力的龙头企业。美国图书市场的三大零售商占据了 51% 的市场份额；中国图书分销前 4 强的市场份额总和却只有 12%，兼并整合的空间很大。

K 新传媒承担了新华控股的图书主业，分为教材教辅业务（通过教育系统渠道销售）和图书零售业务（通过新华书店网点）两大块。2009 年，教材教辅业务销售额约 20 亿元，是公司利润的最主要来源；新华书店图书零售业务营业额约 5 亿元，利润贡献微薄。在这 5 亿元营业额中，1 亿元来自政策性销售，如各级政治学习资料、国家推广的农家书屋项目配书等；3 亿元来自各类应试教育书籍（50% 为中小学教辅）。真正意义的一般图书营业额不到 1 亿元（见附录 3～附录 4）。

虽然新华控股目前的日子还很好过，但是，危机已经来临。挑战之一来自图书销售方式的改变。在美国，亚马逊在 2007 年取代传统书店，成为美国最大的图书零售商（见附录 5）。在中国，网上书店 2009 年已经分流了全国 15%～20% 的一般图书销售，其中当当网占半壁江山。可以预见，实体书网上销售后续还会继续上升。

挑战之二来自阅读方式的变化。根据华尔街日报 2010 年 9 月的一篇报道，电子书在美国的销售正在经历爆发式的发展。2010 年美国的电子书销售已经占到图书总销售的 8%，预计 2012 年会达到 20% 甚至 25%（见附录 6）。[1] 中

---

1 J. Trachtenberg, "Authors Feel Pinch in Age of E-Books", *Wall Street Journal*, September 26, 2010.

国的电子书阅读人数也在高速上升（见附录7）。电子书的阅读方式，对实体书的发行会有很大的冲击。在数字化阅读人群中，52%的人表示能接受付费下载，91%的人阅读电子书后就不会再购买此书纸质版。

新业态的冲击，直接影响到K新传媒新华书店图书零售业务的利润和渠道资源的价值。K省全省新华书店有600多个零售网点，包括在17个市市中心的50多家大型卖场，62个县县城中心的100多家小型卖场，全省农村的近300家便民店。这些网点传统上专营或主营图书。因为图书零售利润低，新华书店不得不开始尝试多种经营；除了图书销售，现在也卖文房四宝、字画、台灯、电子词典、电子学习机、电子游戏机、小家电等产品，甚至还出售洗发水、护发素等家庭生活用品。书店部分柜面也被出租给联通WOW店（经营移动通信设备与服务等）等单位经营。

面对新业态的冲击，新华控股已经采取了一系列措施。为了应对网上书店的挑战，K新传媒借淘宝网开设了天心网上书店，2009年销售额已达1 000多万元，其中85%销售来自省外；为了应对电子书的挑战，新华控股已成为韩国某知名品牌电子书阅读器全国总代理，同时也在考虑开发电子阅读内容。

发行体制改革：机会还是威胁？

K省新华发行（集团）控股的图书主业中最为核心、也是最为盈利的是中小学教材教辅业务。中小学教材编制由政府主导，通过国有出版社编写和出版，再由省级新华书店系统垄断发行。K新传媒约80%的业务和几乎100%的利润来自面向中小学教育系统的教材发行和教辅销售。虽然教材发行属于"铁杆庄稼"，但K省中小学教材市场的目标人群数正在逐渐下降。2009年，K省总人口6 700万，其中中小学生870万；近年中小学生人数年均下降50万左右。

更大的威胁来自教材发行体制改革。K新传媒负责教材教辅业务的赵志强副总经理说："国家曾考虑让邮局进入教材发行领域，以打破新华书店垄断地位。邮局要被一分为三——行政机构、邮政银行、邮政大宗业务。邮政大宗业务长期亏损，急需新业务补充。在2002—2004年间3省范围第一次教材试点招标、2005—2006年间11省范围第二次试点招标过程中，都有邮局参与投标。虽然K新传媒最终在本省投标成功，但为了中标，不得不让利3%，影响了利润。"一旦引入新的发行机构，K新传媒现有的垄断地位就会动摇。

此外，上游的出版社也有进入教材发行渠道以获得更多利润的冲动。以编写《初中ABC英语教材》的民营书商为例，这家书商2009年就想跳过K省新华书店系统，直接发行到学校。尽管当时省教育厅采用行政手段迫使该书商妥协——不再试图独立发行，使K新传媒保住了该教材发行的大部分利润，但威胁并未真正消除。

相对而言，教辅书籍的业务还有一定发展空间。K新传媒在全省小学和初中阶段教辅市场占有率为70%，高中阶段为30%，其余份额为民营书商所占。但是，由于教辅材料市场是完全市场化的，新华控股集团并不具有特别明显的优势。

同时，教材教辅业务总体上面临季节性问题。每年两次开学季节的教材教辅分发就会像洪水泄流，非常紧张，而平时除了征订统计等日常工作，不算太忙。现在集团也正考虑这个业务团队的常态化经营，但目前还缺乏常态化产品，很难在两季空隙从事新的业务。

董事长徐正清说："现在教材（需求）下降，教辅（市场）放开，私营书店遍地开花，（再加上）电子商务、数字出版等，（对我们）冲击很大。很多人讲文化企业都是朝阳产业，但是在教育传媒出版方面，如果我们不调整，不转型，我们就会是夕阳企业。"

"新华"血统：包袱还是财富？

由于全国各地的新华书店长期服务于党的宣传教育事业，是国家最为重视的思想文化阵地之一。从这个角度而言，"新华"血统具有一定的政治优势。

政治地位优势。新华控股董事长徐正清先生说："现在中国面临的重要问题是，中国缺少好莱坞，缺少迪士尼，作为一个大国，不能没有自己的国家意志或者国家观念，所以中央进行文化改革。……文化产业其实比宇航工业还大，既没有污染，又输出了先进文化和价值观，社会效益与经济效益都很好，因此国家将它作为重点。"K 新传媒总经理陆超平说："出版发行行业是一个战略性的新兴产业，……是要代表话语权，代表对外影响力，也代表文化，……这是一个非常强大的软实力，国家从国家竞争力的角度、执政党的角度肯定会做出重要的安排。"

政策资源优势。由于集团的"新华"血缘优势，在 K 新传媒筹备上市的过程中，省政府帮助 K 省新华书店系统解决了不少历史遗留问题。K 省新华书店系统还享受着国家税收政策优惠。K 新传媒每年有 2 亿多元利润，其中一半得益于国家免征所得税政策支持。由于出版发行行业不对外资开放，新华控股借助自己得天独厚的"新华"血统，目前正在和迪士尼、央视、新华通讯社等机构谈各种合作，项目包括开发迪士尼宇宙宝贝动漫节目，收购澳大利亚华语电视台（TV66）进行对外推广等。

但是，与"新华"血统与生俱来的国有体系也给新华发行控股集团带来了很多问题。

首先是组织架构和干部素质问题。2008 年，K 新传媒上市的时候，非主营业务和亏损业务被剥离到了控股集团。但是，控股集团公司和 K 新传媒（上市股份公司）之间的关系，至今还没有理顺；关于集团公司和股份公司之间的权责利划分，各有各的理解，工作中摩擦很多。

虽然集团 2008 年也搞了公开竞聘，干部队伍素质总体仍然很弱。股份公司副总孙晓琳说："作为老国企，主要负责人的思路很好，但下面干部能力不够，执行起来很慢；但在短时间内又不能不让他们去做。"集团公司计划财务部副主任钱颖慧说："集团脱胎于老的新华书店系统，人员相对偏老。真正有管理水平的财务人才很难找。"管理团队中，几乎没有来自竞争性行业、有信息技术背景的高管（集团主要管理人员的背景信息请见附录 8）。

其次是控制体制和激励机制问题。董事长徐正清说："国企的制度，一方面很风光，另一方面很弱势。上市时，内部都说要持股，我反对，因为文化产业持股不成熟。我们这个企业是个高度平均主义的企业，是大锅饭，你比他多一分钱也不行。……人才队伍差，持股没有意义。"虽然 K 新传媒已经上市，是一个市场环境中的"企业"，管理层的薪酬仍然还是大锅饭，与"事业单位"时期的"新华书店"没有实质性的区别。

集团经营管理的基本体系也很薄弱。以信息体系为例，K 新传媒副总经理孙晓琳说："公司信息系统改造太慢，好像在一个病病歪歪的东西上慢慢往前进。虽然目前出财务报表没有问题，但整个业务系统与财务系统完全联系不起来。"要想对经营问题作具体分析，就必须花费大量时间，从很多"孤岛"数据系统中手工整理。

三是国企文化的惰性。企业虽然已经改制，但是员工思想上的身份置换并没有完成，很多人仍然认为自己是国企老职工。市场意识、竞争意识、创新意识非常薄弱。因为公司待遇还不错，一般都不愿意主动离开。人员规模和结构的优化，都只好靠退休制度来自然淘汰。在国企，用工制度的改革，稍有不慎就会造成群体事件。集团党群工作和人力资源部主任张丽说："三项制度改革（薪酬分配、干部任用、人员精简）触动的是广大员工的切身利益，做得不好会出大问题。集团下属的一个分公司，就是因为前期工作没有做细，内退的几十个员工就不断地来找集团董事长上访。"

值得欣慰的是，新华控股下属的其他6家公司中除酒店还有折旧性亏损（但现金流还是正的），其余5家子公司都实现了盈利。新华控股及其下属主要企业K新传媒目前资金较充足，手头20多亿元资金将是未来项目发展的后盾，其中约一半资金来自历年利润积累，其余来自上市融资。

战略方向和总部角色的争论

目前新华控股并不缺钱，可以投资的项目也很多。但是由于对行业变化和技术革命的趋势存在不同意见，大家对集团的战略方向还没有达成真正一致的看法。因此，历年利润积累和上市融资所得的20多亿元资金，至今只投出去很小一部分。省委领导来视察时说："别的公司借钱发展，你们有钱不用。几十亿的钱放着不用，不发展，干什么？"

集团领导关于战略方向的表述各有侧重：

（1）徐董：三步走计划。对集团的长远发展方向，董事长徐正清是这样描绘的："我们这个企业，60多年历史，100多个分支机构，传统业态，观念落后。好在这几年我们转型、打基础、上市，总体往好的方面在走。现在中央领导也来了，全国电视也采访了。我们战略的第一步是渠道为王，第二步是转向内容建设，三是适当多元化。渠道为王，首先整合连锁经营，把省市县三级渠道打通，增加附加值，卖场业态创新，盘活农村网点，5年内要形成K省最大的农村零售体系。对于城市连锁店，要提高每平方米销售额，提高资产回报率。内容建设，先从迪士尼开始，三方合作（包括中央电视台），采取中外合作、技术合作模式。图书肯定是主业，同时要适当多元化。"

（2）陆总：十字型战略。K新传媒总经理陆超平把公司战略概括为"十字形战略"。"纵的这条线就是立足于我们现有渠道终端优势，往上游走，往内容走，就是打通和延伸出版发行的产业链。我们要与出版社形成一种产权合作，帮出版社保证销量，使其成本更低。我们也尝试进入出版领域；横的这条线就是以我们现在的核心优势，终端为王、渠道为王的优势去扩展它的产业宽度，就是做相关的文化业态，拓展发展领域，在物理层面我们就是跨省，还有跨媒体。我们现在搞了数字媒体广告领域，也在考虑开发文化商业地产，这是非常大的项目，是覆盖全省的。做文化企业的好处就是影响力大，也比较有社会地位，比较容易获得政府支持。它是文化名片。弱点就是它的产出率低，这样子，我们要打文化牌或者和文化嫁接，去做一些相关的东西，我们拿东山市区那块地的时候，当时进入时机也比较好，还有就是政府看你是做文化的，给他贡献一个文化广场，给我们的地价也是比较便宜的，现在这个地还没有开发，这个地价已经翻番了。"

(3) 顾总：需要充分论证。 负责集团日常业务的常务副总经理顾伟达认为集团战略需要进一步论证。"我认为新技术的运用，速度比我们想象的要快得多。我们到现在还没有专门的机构来研究这个问题，那还得了。很有可能未来所有的资源都会被别人占掉……不要以为到了资本市场就可以活下去，那雷曼兄弟怎么死了呢？许多跨国公司是怎么垮的？……上市也好，股份制改造也好，无非是一种手段，如果没有战略项目来支持，你拿了钱干吗呢？我们这几年最大的问题是战略模糊、多变。概念是有的，但没有形成具体的、有项目支撑的战略。战略是要通过反复论证的，没有经过充分论证，就把所有的资源都集中到一个方向上，这就有相当大的风险，对企业来说，有可能就是万劫不复的深渊。"

一位集团职能部门的负责人担心，由于大家对集团提出的战略理解不一，在实际操作上就会各行其是。他批评说，集团的战略管理是"概念性的工作多，表面性的工作多"，"各种计划指标，书面的和口头讲的，领导们的口径往往不一致"。在项目选择上，"随意性大，想到哪儿，做到哪儿"。他举例说："近年来新项目做了不少，但都零打碎敲，未必能够形成合力。举例而言，农村便民店作为公益事业可以，但作为发展方向有问题，因为亏损店数达90%

以上。"

关于"多元化"的争论:

对于如何充分利用企业的核心资产——遍布全省、地处 17 个省辖市、62 个县的城市中心地区的大型零售网点,集团内部意见也不一致。有人主张"精耕本业",有人主张"多元化"。

主管图书零售的 K 新传媒副总经理鲁思亮主张"精耕本业"。"新华书店尽管现在是企业,我觉得我们还是一个文化企业,是国家的主导文化企业的一个代表、一个代言人。国家给了我们那么多优惠政策,我们的社会责任应该尽到。只要大家努力,一般图书是可以做好的。卖场实际上是很聚人气的,你只有把卖场一般图书做好做活了,才可能把跟主业相关的其他产业拉动起来,形成多元经济。"

支持"精耕主业"的高管认为,虽然一般图书销售基本不盈利,但是问题可能不在图书市场,而在于管理体制和业务模式。譬如,民营的大众书店的零售业务就发展得较好。大众书店通过租赁物业、整合相关业态,已实现盈利。目前,K 新传媒正在与大众书店谈判,准备投入 4 000 万元获得其 51% 股权,然后把大众书店模式复制到全省 600 多家新华书店网点,特别是县级以上 100 多家新华书店卖场。

另一种意见更强调多元化。K 新传媒与合作伙伴开设了一家新媒体公司,负责全省新华书店 LED 数字广告媒体联播系统。因为多数新华书店都在最好的商圈,可在墙体上、楼顶上建大型广告形成覆盖全省的广告网络。公司还利用图书物流网基础设施建立了物流园,拓展第三方物流,从而做省内大物流。此外,新华控股目前正在考虑投资资产规模适中的文化地产项目。基本设想是将文化设施(文化 Mall——文化购物中心)与住宅结合在一起。住宅出售,产出现金流,文化 Mall 整合相关业态,成为城市地标。这种设想一方面在地方政府那里容易拿到土地,另一方面在经营模式上也有合理避税的好处。

关于总部角色。

同样需要决定的，还有整个集团的管理框架和责权分工。K 新传媒上市之后，集团和上市公司之间的职责权限和分工管理问题变得复杂了。原来是上下级关系，现在变成了上市公司和控股股东的关系。从集团总部业务管理部门的角度看，部门间界限可能划得过清。很多职能部门，如人力资源、企业管理、财务计划，都是在集团和股份公司双重设置。两者之间的关系始终没有理顺。

一个集团高管说："K 新传媒的很多事情，现在新华控股都无法过问，一些互相促进的建议，也很难提。"

如果主营业务都在上市公司，集团总部做什么？总部到底应该起什么作用呢？

新任总经理的角色

省领导给 K 省新华发行集团提出的十二五目标是"双两百亿"目标——2015 年，销售额从目前的 58 亿增长到 200 亿、资产从目前的 37 亿增值到 200 亿，任务相当艰巨。除了 K 新传媒负责图书主业，新华控股集团下属还有新元隆（各类产品进出口）、天心祥远（酒店管理）、天心置业（房地产开发）、西山商贸（家电销售）、南山贸易（煤炭、农副产品、化肥、饲料等）、天心文化投资（文化交流活动及广告设计）等 6 家子公司。看新华控股和 K 新传媒的主要领导构成（见附录 8），每个人都有突出的长处。在集团的诸多业务板块中，王皓自己应该主抓什么呢？

王皓记得，中欧 EMBA 课堂上曾经讲过大英百科全书的案例。具有 220 多年历史、久负盛名的大英百科就是因为无法应对技术革命带来的阅读偏好变化，销售额在三年内骤降 50%，不得不在 1996 年变卖给了一家瑞士财团。对于要求不高的读者而言，一般信息检索需求，免费的网上百科就可以满足了。

作为一家企业，新华控股应该如何应对，才能避免重蹈大英百科的覆辙呢？

战略转型从来就是管理上的巨大挑战。对于一个省委宣传部直接领导的老牌国企，战略转型的需要与现有的国企体制一定会发生冲突；戴着镣铐跳舞，无疑是难上加难。

问题的复杂性还在于目前集团领导班子对于战略方向的认识并不一致，甚至可以说有相当大的分歧。

虽然组织上对自己期望很高，集团总经理毕竟只是二把手，而且自己又是初来乍到。王皓不禁问自己：作为新任总经理，自己到底应该从何着手，先抓什么呢？

附 录

附录1：王皓个人背景介绍

1966 年 8 月出生，汉族，K 省北山市人。2002—2005 年，攻读复旦大学世界经济专业，获得经济学硕士；2007—2009 年，就读中欧国际工商学院 EMBA 课程，获工商管理硕士。

1986 年 7 月参加工作；1990 年 12 月加入中国共产党，研究生学历，经济师。1986—1996 年，连续 11 年获得北山市税务系统先进个人称号；1997—2004 年，连续 8 年获泉新集团先进个人称号和泉新集团优秀共产党员称号；2004 年，当选中山市人大代表；2006 年，获"全国饭店业优秀企业家"称号；2008 年王皓当选全国人大代表。

历任 K 省北山市税务局市直税务所专管员，北山市税务局税政一科科长，北山市地方税务局党组成员、税政科科长，副局长；1997 年 2 月调入泉新集团，历任集团财务部副经理，中山市泉新大酒店有限责任公司执行董事、总经理，K 省泉新酒店（集团）有限责任公司董事长，泉新集团副总经理，泉新集团董事会董事，泉新集团副总裁，兼酒店事业部总监、泉新集团金融事业部总监。

2007 年 4 月，泉新集团董事长齐德利腐败案发，集团 7 位高管中有 3 人被拘。王皓临危受命，担任泉新集团董事长、总裁。通过"对内强化管理、对外深度营销"，彻底改造了泉新集团，将企业从 2007 年的亏损边缘提升到 2009 年净利润达 1.4 亿元，成为行业佳话。2008 年，获得该行业的"中国十大杰出人物"称号、当选第十一届全国人民代表大会代表；2009 年，评为品牌中国年度人物。

2010 年起任 K 省新华发行（集团）控股有限公司总经理、党委副书记。王皓时年 44 岁，在政府机关和国有企业已有 25 年工作经历。

资料来源：综合百度百科。

附录2：新华控股及 K 新传媒等子公司股权结构图（2010 年）

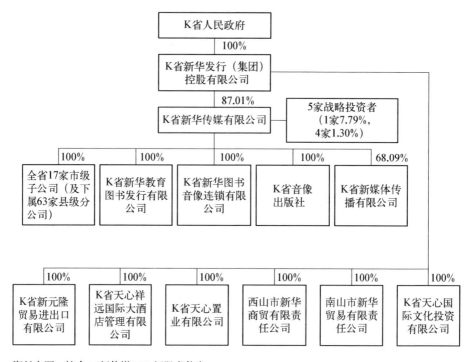

资料来源：综合 K 新传媒 IPO 招股书信息。

注：上市前，新华发行控股集团控股 87.01%；上市之后，集团控股对股份公司控股 75.4%。

附录3a：新华控股的组织结构图（2010 年，根据案例访谈信息整理）

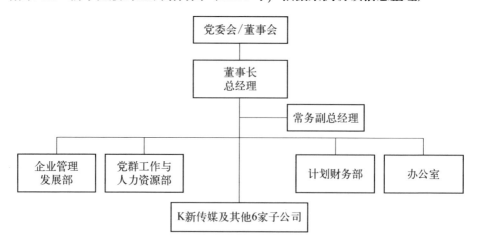

附录 3b：K 新传媒的组织结构图（2010 年）

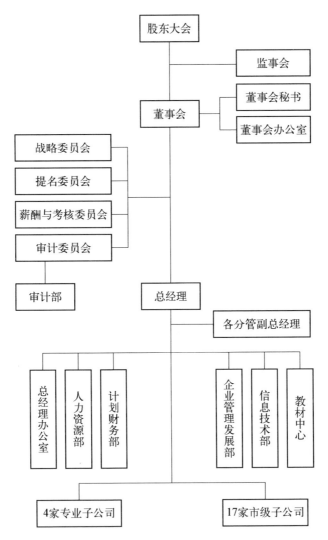

资料来源：K 新传媒 IPO 招股书。

附录 4a：（上市公司）K 新传媒损益表（2007—2009）

金额单位：百万元

项　　目	2009 财年	2008 财年	2007 财年
主营业务收入	2 530.844 5	2 400.932 6	2 176.160 4
产品 / 品牌分类	2 544.68	2 413.62	2 184.88
一般图书销售	1 048.59	855.3	721.83
教材销售	1 266	1 360.81	1 216.28
文体用品销售	136.1	50.21	45.23
音像制品销售	51.73	71.72	30.78
其他经营收入	40.94	35.93	34.84
广告代理	1.32	0.7	0
营业税金及附加			
地理分类	2 544.68		
中国 K 省	2 503.74		
中国 K 省外			
调整–其他经营收入			
营业税金及附加			
其他地区	40.94		
主营业务收入成本	1 718.657 3	1 636.953 2	1 485.843 4
产品 / 品牌分类			
一般图书销售			
教材销售			
文体用品销售			

项　　目	2009 财年	2008 财年	2007 财年
音像制品销售			
其他业务成本			
广告代理			
地理分类			
中国 K 省			
中国 K 省外			
其他业务成本			
毛利	812.187 1	763.979 4	690.317
营业开支	531.919 2	511.475 8	510.938 7
营业利润	280.268 1	252.503 5	179.378 4
利息支出	N/A	N/A	N/A
外汇损失	0	N/A	N/A
营业外亏损净额	4.208 1	0.207 3	−32.354 6
税前利润	276.06	252.296 2	211.733
所得税支出	−0.105 6	0.018 1	0.033 8
非常项目前收入	276.165 6	252.278 1	211.699 2
非常项目税后亏损	0	0	0
少数股东权益	−0.304 7	0	0.000 6
增长率（%）			−99.28
净利润	276.470 3	252.278 1	211.698 7

资料来源：Bloomberg。

附录 4b：K 新传媒主营业务收入（2007—2009）

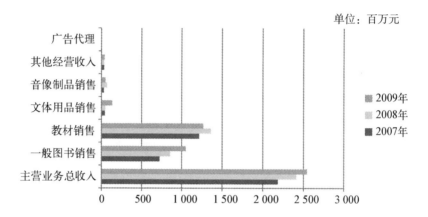

单位：百万元

广告代理
其他经营收入
音像制品销售
文体用品销售
教材销售
一般图书销售
主营业务总收入

2009年
2008年
2007年

0　500　1 000　1 500　2 000　2 500　3 000

附录 5：美国图书市场亚马逊与两大实体连锁书店销售额比较（2002—2009）

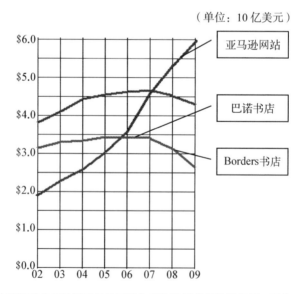

（单位：10 亿美元）

亚马逊网站

巴诺书店

Borders书店

$6.0
$5.0
$4.0
$3.0
$2.0
$1.0
$0.0
02　03　04　05　06　07　08　09

补充说明：本图主要目的在于比较亚马逊网站与实体连锁书店的销售额。因此，巴诺书店（*B&N*）销售额中未包括其网上书店 BN.com 的销售。BN.com2009 年销售额 5.73 亿美元，约为亚马逊网站在美国市场的图书销售额 1/10。此外，巴诺书店和 Borders 书店财务年度结束于第二年的第一季度。
资料来源：www.fonerbooks.com/booksale.htm。

附录6：变化中的阅读习惯（2008—2015 预测，以美国一般图书为例）

一般图书销售额，单位：10亿美元

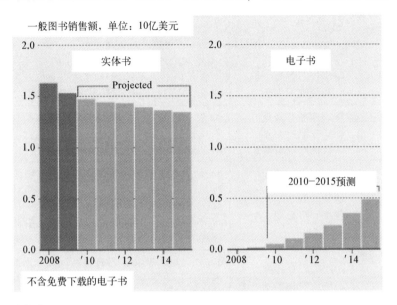

不含免费下载的电子书

资料来源：Albert. N. Greco, Institute for Publishing Research。

附录7：第七次（2009）中国国民阅读调查结果汇总（2010 年 4 月公布）

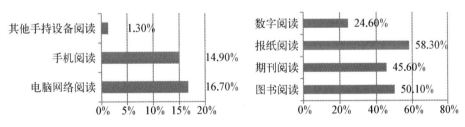

各种数字阅读在 18～70 岁人群中比例（百分比）　　各种阅读类型在 18～70 岁人群中比例（百分比）

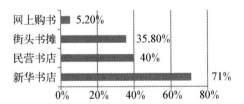

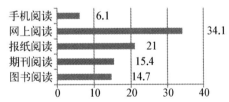

18～70 岁人群的购书渠道意向（百分比）　　18～70 岁人群人均每天阅读时间（分钟）

资料来源：综合各类有关中国出版科学研究所"第七次全国国民阅读调查"媒体公开报道。

附录 8：新华控股和 K 新传媒主要管理人员介绍

姓　名	职　务	基　本　背　景
徐正清先生	新华控股董事长 新华控股党委书记 K 新传媒董事长	54 岁，2005 年起担任发行集团一把手，主导了 K 省新华书店系统近年的改制上市及多项内部改革，之前担任 K 省日报报业集团副总编
王皓先生	新华控股总经理 新华控股党委副书记 K 新传媒副董事长	44 岁，2010 年 4 月从泉新集团董事长任上调入新华控股，曾经带领泉新集团走出低谷，早期从事地税管理工作
顾伟达先生	新华控股 常务副总经理	54 岁，2007 年加入发行集团，之前担任 K 省出版集团副总裁。早期任 K 省少儿出版社社长期间，该社市场占有率曾位列全国第一，后班子成员悉数迁任出版集团重要岗位，少儿社因此被称为 K 省出版系统的"黄埔军校"
陆超平先生	K 新传媒总经理 新华控股党委副书记	42 岁，2007 年由 K 省日报社调入，之前在报社内担任过总编室副主任、K 省商报总编和社长等多种职务
于兴国先生	新华控股 企业管理发展部主任	2008 年竞聘上岗，之前从事集团财务管理、集团监事会等工作
钱颖慧女士	新华控股 计划财务部副主任	2008 年竞聘上岗，之前从事 K 省外文书店财务管理等工作
张丽女士	新华控股 党群工作部（人力资源部）主任	2008 年竞聘上岗，之前从事 K 省新华书店人事管理等工作
朱鹃女士	新华控股 办公室主任	2008 年竞聘上岗，2002 年起担任 K 省新华发行集团有限公司办公室主任
赵志强先生	K 新传媒 副总经理（教材教辅业务）	59 岁，1981 年部队转业进入中山市新华书店从事人事工作。1992 年任中山市新华书店副总经理，先分管一般图书零售，1995 年后专门负责教材教辅业务
鲁思亮先生	K 新传媒 副总经理（一般图书业务）	53 岁，1979 年插队回城到中山市新华书店工作，1994 年担任中山市新华书店总经理，长期负责图书零售业务
孙晓琳女士	K 新传媒 副总经理（主管财务）	56 岁，2008 年竞聘上岗，之前从事基层财务和集团财务管理等工作

资料来源：根据案例访谈信息整理，年龄信息参照 K 新传媒招股书。

荣昌洗衣连锁服务的 O2O 转型之路
——孵化"e 袋洗"平台[1]

2015 年 8 月 5 日，荣昌耀华网络技术（北京）有限公司（简称"e 袋洗"）正式宣布完成了由百度领投、经纬中国和 SIG 跟投的 1 亿美元的 B 轮融资。[2] 而在此前的 2014 年 7 月 e 袋洗曾获得腾讯 2 000 万元人民币天使投资，[3] 在 2014 年 11 月又获得来自经纬中国和 SIG 共 2 000 万美元的 A 轮投资，[4] 投资人连续的注资表示其对 e 袋洗的模式、团队及服务能力的看好。[5] 这是由北京荣昌科

---

1 本案例由中欧国际工商学院陈威如和厦门大学管理学院陈闯及林次武共同撰写。写作过程中，得到了荣昌和 e 袋洗的支持与授权。该案例目的是用来做课堂讨论的题材而非说明案例所述公司管理是否有效。本案例获"2015 中国工商管理国际最佳案例奖"最佳奖。

2 36 氪，"e 袋洗"正式宣布完成 1 亿美元 B 轮融资，由百度领投，经纬中国、SIG 跟投［EB/OL］.http://36kr. com/p/5035819.html?utm_source=site_search，2015－08－05。

3 张雨忻，荣昌洗衣 O2O 服务"e 袋洗"获腾讯天使轮投资 2 000 万人民币，将重点布局小区众包模式，http://36kr.com/p/213948.html?utm_source=site_search，2014－11－04。

4 张琳，e 袋洗获 A 轮 2 000 万美元融资将加大"众包"规模［EB/OL］，http://www.cet.com.cn/itpd/itxw/1361237. shtml，2014－11－5。

5 投资中国网，e 袋洗 A 轮获 2 000 万美元：经纬 SIG 投资腾讯是天使［EB/OL］，http://capital.chinaventure.com. cn/11/172/141514851410.shtml，2014－11－05。

技服务有限责任公司（简称"荣昌"）所孵化的线上到线下（O2O）洗衣服务新产品"e袋洗"自2013年11月推出以来之后的第三次融资。B轮融资成功的消息一经发布，迅速被各大媒体转载，许多朋友纷纷表示祝贺。然而张荣耀知道，一个互联网产品的成功距离全组织朝向线上线下运营完美融合尚有一段艰辛过程。那么，如何构建一个完整、系统的O2O平台，使其形成正向循环、快速增长呢？他从最初的兴奋中冷静了下来，陷入了对转型过程的回顾与对未来的思考……

荣昌成立于1990年，25年来依靠洗衣服务加盟连锁和直营的模式迅速发展壮大。截至2013年3月，荣昌在全国拥有989家门店，已成长为国内最大的洗染业连锁企业之一。然而，传统连锁洗衣企业的发展遇到越来越多的困难：资产重、产能过剩、优秀店长资源匮乏、优质店铺稀缺、店铺租金高昂、劳动力成本上涨、现金流无法集中、环保要求日益提高等。另一方面，自2013年起，国内洗衣行业掀起了互联网创新热潮，多家线上洗衣公司陆续创立，如泰笛洗涤、干洗客、微洗衣等，从线上到线下导流并完成服务。媒体将他们称为用互联网方式改造传统洗涤业的先行者，同时，他们还受到了资本市场的青睐。

在这样的背景下，张荣耀（荣昌和"e袋洗"两家公司的创始人、董事长）自2013年开始尝试传统服务与移动互联网结合，实施传统服务业从线下到线上的O2O模式发展和转型。"e袋洗"是荣昌在O2O方面的第一次尝试，它的成功上线大大提升了荣昌员工的士气，同时也坚定了张荣耀要继续进行O2O转型的信心。然而，张荣耀感到成功融资后摆在他面前的问题似乎更多了："e袋洗"如何能够既挣得人气，又走在持续发展的路径上？如何平衡荣昌原有的传统业务（包括荣昌品牌的直营业务和伊尔萨品牌的加盟业务）与"e袋洗"业务之间的关系？快速向全国扩张下要做怎样的组织架构与人才管理的布局呢？

荣昌的 O2O 布局

1990 年成立至今，荣昌经历了 24 年的发展，目前公司旗下拥有"荣昌""伊尔萨"和"珞迪"三大品牌。1999 年，张荣耀开始尝试"特许加盟"的模式，从 1999 年到 2003 年，荣昌的连锁门店从 15 家扩张到 300 余家。2003 年，张荣耀又开创了"一带四＋联网卡"的业内全新商业模式，促使公司实现了规模的又一轮快速扩张；2011 年，"一带四＋联网卡"的模式获得了全国最佳优秀商业模式奖；截至 2013 年 3 月，荣昌在全国拥有 989 家门店，其中直营店 251 个，加盟店 738 个。加盟店数量最多的五个城市及其数量占比分别为北京 14.3%，上海 3.1%，大连 2.3%，南通 1.7%，西安 1.2%，业务遍布全国 19 个省、4 个自治区、4 个直辖市，以及香港特别行政区（见附录 1）。

O2O 转型缘起

随着"云"这个概念的兴起，越来越多的行业开始引入。2013 年 2 月，张荣耀决定做"云"洗衣，即将洗衣服务与移动互联网结合，并提出要将荣昌改造成为一家"基于渠道与电子商务的家庭服务集成商"的概念。最初的想法其实很简单，就是基于顾客送衣时停车难、店面营业时间不能满足顾客取送时间等洗衣行业的痛点，要改变原有的顾客必须亲自到洗衣店洗衣的传统模式，建立"云洗衣"模式。在这个模式下，顾客可以通过网上预约、下单，即可享受专人免费上门取件、洗后送回衣物的服务，让顾客足不出户就可以完成网上洗衣。2013 年 6 月 16 日，"荣昌居家服务网站"初版上线。在该网站上，洗衣联网卡用户还可查询卡内余额、消费记录、积分查询及兑换、洗衣联网卡充值等服务。此外，网站上还计划为顾客提供多元化的社区生活服务，包括社区周边商家的商品配送、居家维修、窗帘清洗等服务（见附录 2）。

2013 年 8 月，在一次与中欧商学院校友交流的过程中，张荣耀由针对国外磅洗模式的讨论中萌生了最初的袋洗念头，但由于当时只是简单的交流，他并没有把袋洗的念头继续深入下去。然而，到了时隔一个月后的 9 月，张荣耀强烈地感受到了以"微洗衣"为代表的线上洗衣创业型公司对于传统洗衣行业所具有的颠覆潜能。此外，荣昌虽然一直走在洗衣行业 O2O 改造的前沿，但一直没能推出一款真正意义上的 O2O 产品。因此，他迅速召集公司 8 位总监级以上人员召开紧急会议，并第一次在公司的核心团队里抛出了用"e 袋洗"产品进行 O2O 转型的初步想法。然而，无论张荣耀如何向核心团队游说，会议室里都充斥着反对的声音。他们认为，国外的磅洗是自助洗衣，且只烘干，不熨烫，e 袋洗在国内又洗又烘又熨烫的话，公司肯定要亏本。此外，加盟商和联网卡这两项业务的部门负责人也认为自己负责的业务会受到极大冲击。

会议不欢而散，但张荣耀并未就此放弃。那天深夜他在公司总监级以上人员的专属微信群里写了一条态度诚恳又语气坚定的信息，再次表达要推出"e 袋洗"的决心，公司高层中多数是一起打拼多年的"老战友"，经过一段时间的讨论、碰撞，大家最终表示愿意支持他的决定。

2013 年底，为确保这场期待已久的变革能够顺利进行，张荣耀再次将高管召集起来开会，在会上他宣布了两个重要的新业务拓展原则：首先，原有的业务，即加盟商发展和联网卡推广不能受到任何影响，这是公司现金流的来源；其次，O2O 核心团队成员将全部由外部引进，在与各部门对接时，大家必须全力配合。

荣昌 O2O 模式

变革的号角一旦吹响，张荣耀便迅速组建团队着手建立荣昌的 O2O 模式。他在之前的"云"洗衣模式上进行了调整，这一次荣昌将网络平台、服务中心和消费者定义为一个服务循环体：消费者在网络平台上挑选产品并下单，由网络平台进行订单处理，并将信息通知给线下服务中心，线下服务中心实现消费者的商品和消费体验，消费者再到网络平台对消费体验进行评价和分享，网络平台则将这些信息反馈给线下服务中心，由服务中心向消费者提供售后服务和保障（见附录 3）。

布局

在 O2O 的布局方面，荣昌在产品设计、生产、物流、营销和销售，以及售后服务等企业内部价值链上的各个环节都做出了清晰地规划：

（1）产品设计。 为了解决传统模式中顾客到干洗店洗衣停车难、送洗衣物交接时间烦琐、店面营业时间不能满足顾客取送时间等一系列的痛点，荣昌开发了洗衣 O2O 产品 "e 袋洗"：由顾客自行将被洗衣物装入到尺寸为 43×34×7 cm 的 "e 袋洗" 专用洗衣袋，顾客通过微信（"e 袋洗" 专用微信服务号具备订单预约、进度查询、会员中心、在线支付、投诉 / 建议、微社区、游戏互动等功能）下单，预约取送时间和地点，再由荣昌服务人员上门取送。

为了让收衣流程更加省时、便捷，荣昌引入了以袋计洗衣费的新方式，颠覆了按衣物类型以件收费的传统方式；同时也取消现场查验衣物的环节，将 "e 袋洗" 的服务流程设计为工作人员上门后当场将袋子封签，等衣物到达洗涤现场，工作人员在摄像头下拆封、检查、录像保存（当客户需要查阅时，荣昌可以随时将录像推送给客户）。工作人员将洗涤清单通过微信发送给客户，若衣物检查中发现有问题，则会通过微信与客户反馈。如开线、纽扣掉了等小问题荣昌会为客户免费处理；相对复杂或处理起来费用较高的问题，荣昌会与客户协商尽量帮其处理。定价方面，荣昌内部团队在袋子上试了几千种衣物组合，尽量让一袋的消费量控制在市场价格 200 元左右，让打折后每袋 99 元的收费大致不会亏本，在洗涤量大的情况下还能盈利。

(2) 生产。 在荣昌北京总部内设有一座中央洗衣工厂，在每日三班的满负荷运转下，日处理能力为 15 000 件衣物。"e 袋洗"产品上线前，该工厂主要负责团体客户的订单处理。由于当时工厂并未满负荷运转，因此荣昌决定"e 袋洗"产品上线后，为了便于测试、改进、监控和保障服务质量，将"e 袋洗"的订单全部交由该洗衣工厂来完成。

(3) 物流。 在物流环节上，当时荣昌觉得这仅仅是取送衣服的工作，只要保证时效性即可，因此，荣昌决定采取与第三方物流公司合作的方式。考虑到以餐饮配送为主的物流公司在服务时间上正好与荣昌的业务有错峰互补的效果，于是张荣耀很快地通过朋友介绍与一家负责餐饮和生鲜配送的第三方物流公司达成了合作协议。该公司负责所有 e 袋洗衣物的取送，而荣昌自身则专心做好其他环节的工作。

(4) 营销和销售。 在开拓个人用户方面，荣昌通过各种地面推广活动和收衣店门店员工主动邀请群众扫描微信二维码的方式来快速增加粉丝。荣昌发现在员工主动邀请群众扫码的过程中，附上符合当下潮流和热门事件的小赠品，能够很好的吸引消费者；例如，在 2014 年的世界杯开赛期间，荣昌订制了与足球相关的钥匙扣作为赠品，包括足球和热门球队的球衣、国旗、运动服、球星人偶等。在开拓团体用户方面，荣昌通过与企业、团体的行政部门、人力资源部门等负责员工福利的部门联系，以用户公司名义共同合作开展针对性的推广活动。例如，荣昌在腾讯、京东、360、搜狐、高德、蓝色光标、凤凰网等大企业都开展过专场的推广活动。以腾讯为例，一次活动一天的订单量就有200 多单，如果每月到腾讯做一次活动的话，一年就有 3 000 余单。通过追踪后期的下单地址数据，荣昌发现腾讯公司的员工在参加活动后的个人重复下单率高达 30%；而如果这部分用户将家庭住址等其他非腾讯办公地址作为后期的下单收货地址的话，那么这个重复下单率就不止 30% 了。

（5）售后服务。 荣昌以 400 电话作为售后服务的主要窗口，通过电话回访的机制随时了解和解决用户的售后问题。由于荣昌将"e袋洗"定义为一款关注用户极致需求的产品，因此在售后服务上要求一线员工遇到问题时必须思考"如何能让用户满意"，而不是急着给上级主管打电话。张荣耀认为：一切能让用户满意的行为都值得公司给予奖励。因此，荣昌赋予一线员工 300 元的售后赔偿权限，还设置了一名专门负责售后问题处理的主管。

转型之初

团队组建和组织架构调整

尽管张荣耀一开始就坚定了找全新团队运作 O2O 业务线上部分的想法，但找到好的合作伙伴并不容易。在找到合适的人选前，他决定亲自挂帅，在原有荣昌核心团队中抽调容易接受新兴事物的年轻成员开始做前期工作，最终他选择了负责市场推广和新大客户开发的总监及自己的专职助理：前者当时年仅 30 岁，是张荣耀的上一任助理，入司多年，对公司业务非常熟悉；后者曾经在电子商务行业工作过，也负责过荣昌高端服饰养护品牌珞迪业务的开发。

从 2013 年 9 月张荣耀第一次提出做 O2O 的想法，到 2013 年 10 月 31 日"e袋洗"在北京中欧校园限量首发，在这不到 2 个月的时间里，张荣耀亲自带领两位年轻人完成了 O2O 模式的构建和"e袋洗"的研发。其中不仅包括线上端口的研发、测试，专用袋的设计、制作，还包括线下流程的规划、调整和硬件配套。尽管前期的工作进展很顺利，但张荣耀明显感觉到在使用微信做"e袋洗"的产品推广，以及线下的大面积推广活动策划和实施等许多环节上，现有的团队明显缺乏经验，找到真正专业的 O2O 团队迫在眉睫。

"虽然我有互联网思维，但在具体操作时还是不自觉地只把互联网当工具，而没有上升到互联网是一场革命的高度。所以必须解决基因问题,岸上的人不能操作海上的事。"[1] 就在张荣耀感到焦虑时,他遇到了刚刚离开百度的陆文勇。这位生于1987年、2010年本科毕业、年仅27岁的年轻人,在第一次面谈时就让张荣耀"动了心"。张荣耀说:陆文勇与自己有共同的价值观、使命和追求,并且有团购业务的背景,懂得关注用户和任务,也有胸怀。

早在2007年,陆文勇还在读大学期间,就开始了自己的创业历程。当时他选择了3C数码产品作为自己的第一个创业项目,不仅投资开设了实体店,还在互联网上做起了电商。与此同时,他还创建了一个网站,主要是给餐厅、KTV等商户做导流,即在网站上提供他们的优惠券、团购套餐等信息(实际上这是2010年开始兴起的团购业务的早期雏形)。尽管当时这些业务在当地发展得非常顺利,已经具备了非常好的市场口碑,也能够产生每年几十万元的利润收入,但由于这些创业项目都是区域性的业务,天生喜欢冒险和闯荡的陆文勇认为仅在沈阳、抚顺这样的城市发展不是自己的最终理想。于是,2010年他毅然卖掉了自己的门店和网站,只身来到北京。而这一段与团购业务高度关联的创业经历让他顺利进入了刚刚起步的"24券"团购网。他从市场专员一路迅速成长为全国市场推广负责人,管理着20个城市和200人的下属团队。之后陆文勇离开"24券",加盟百度LBS事业部,负责产品、运营、渠道等工作。2013年10月,陆文勇决定离开百度,准备开始第二次创业。而就在此时与张荣耀的相识,让他迅速明确了创业的方向。

为了让以"e袋洗"产品为主的O2O业务能够更好地在荣昌落地生根,让陆文勇能更好地推进荣昌的O2O转型,张荣耀决定对公司的组织架构进行重大调整,将与线上业务相关的资源进行整合,并计划组建一家全新的互联网公司。2013年12月30日,陆文勇正式加盟荣昌,并被任命为拟组建的新公

---

1 黄钱钱,张荣耀:老板们,年过40你该在移动互联网上干什么 [EB/OL],正和岛资讯,2014-02-11。

司的 CEO；这个让 27 岁的陆文勇自己都感到惊讶的决定，实际上是张荣耀深思熟虑的结果，他认为只有这样的业务剥离和组织任命才能让陆文勇顺利调动企业相关的资源，帮助荣昌成功转型。不仅如此，张荣耀还做了另外两件事为陆文勇"保驾护航"：一是在陆文勇正式入职前，张荣耀又一次召开了总监级以上人员会议，提前向大家宣布了这个消息，解释聘任他做 CEO 的原因，并要求大家全力支持；二是张荣耀指定公司董事会秘书作为陆文勇日常工作的具体协调人，这位董事会秘书不仅是公司的元老，还曾在人力资源等多个部门任职，在公司具有非常好的人际关系。

2014 年 4 月，荣昌耀华网络技术（北京）有限公司正式成立，陆文勇出任 CEO。与北京荣昌科技服务有限责任公司（见附录 4）以加盟、连锁业为主而设置的组织架构不同，新公司的组织架构是依照互联网公司的模式来设置的，主要包括：市场中心、销售部、运营中心、技术部、财务部、人事行政部和总裁办等七大部门（见附录 5）。最大的转变在于成立了运营中心，下设包括客服部、线下服务部、门店管理部、用户运营部、流程管理部、产品部六大部门，部门职能各不相同，但核心职责都是关注和提升用户体验。例如，用户运营部从客服部拿到用户回访、客户满意度调查或客户投诉处理等相关数据后，会对数据进行分析，当得出由于公司微信客户端下单速度较慢而影响了用户体验时，他们会将改进微信客户端的需求提交给技术部，并通过协调客服部做进一步的用户回访来确认改进效果。用户运营部也会针对外部数据进行对比分析，找到提升用户体验的方向，向内部相关部门发起各项改进需求。

此外，在搭建新公司的人才架构中，陆文勇还利用自己的人脉为公司引荐了一批具有互联网工作经验的人才，他们加盟后成为市场中心、运营中心和技术部等部门的核心成员，包括市场营销部负责人、BD 地推部负责人、技术部负责人等。

在新老团队的融合方面，张荣耀称：荣昌的老团队都是第一代 O2O 产品联网卡业务的员工，主要工作内容为 O2O 销售、用户满意度打造，跟新团队在工作内容上有重合，团队融合相对容易。[1]

产品调整

陆文勇到任后，除了对组织架构进行重大调整外，还对"e 袋洗"产品进行了一次深入的市场调研，通过调研和深入分析，他发现价格相当实惠的 99 元"e 袋洗"产品自身存在一些弊端。首先，按袋洗衣是新模式、新产品，客户普遍会感到陌生，市场接受度开始会比较低，客户需要一个了解的过程，如果同时有按件付费的产品，可以给客户提供一个良好的认知过渡。其次，该产品对于一部分客户群体的吸引力不足，例如，那些对价格并不敏感的高端客户不会因为价格因素而将衣物积攒到能够装满一袋再洗；一些单身白领或小夫妻又因为人数太少，需要很长的时间才能将衣物积攒到能够装满一袋。因此从满足不同客户的多种需求的角度出发，新增按件付费的"e 袋洗"服务是非常有必要的。再次，对于原来没有使用过"e 袋洗"产品的新用户来说，99 元的客单价偏高，对他们决定是否做第一次尝试产生了阻力，而如果有按件付费的产品让他们可以以较低的成本进行尝试的话，将非常有利于吸引新客户来体验。基于上述分析，陆文勇向公司建议：增加"e 袋洗"按件收费的功能，普通衣物清洗只设 9 元、19 元、29 元三个价位（例如，一件西裤的收费标准是 9 元，而西服是 19 元），仍然给予顾客较大的价格实惠。通过这样的产品调整，"e 袋洗"产品又因其便捷和实惠的特性进一步吸引了更多类型的客户。截至 2015 年 6 月，在销售收入方面，按件收费和按袋收费的两类产品的占比大约为 6：4。而截至 2015 年 12 月，这个比例提升为 9：1。

1　亿欧网，洗衣 O2O 公司 e 袋洗：玩 4P 和深 V 搞定腾讯经纬 SIG！［EB/OL］，http://www.iyiou.com/p/14503，2014-11-23。

线下加工模式的调整

最初，"e袋洗"的订单是全部由位于荣昌北京总部的中央洗衣工厂来处理。随着订单量的逐步增加，加上原有大客户部的业务订单，工厂的洗涤量很快达到了每天千件以上。尽管工厂设计的洗衣吞吐量远远高于千件，但由于"e袋洗"订单的分拣程序比大客户的订单要复杂和费时，因此工厂渐渐不能满足"e袋洗"的承诺服务时间。此外，随着订单量的增加，公司发现"e袋洗"的投诉率也在上升，经过调查、回访，公司了解到造成客户投诉的主要原因是洗涤质量问题。

经过内部讨论，最后公司决定将"e袋洗"订单按照区域分配给就近的设备店进行加工。公司按照连锁店统一价格体系的30%将"e袋洗"的业务分包给几家订单量尚不饱和的加盟店和少量的直营店。例如，在这套价格体系里一套西装的收费标准是30元，门店为公司加工这个订单引流的结算价格就是9元。尽管对于门店而言这些订单几乎不能盈利，但可以借此分摊门店高昂的运营成本，包括房租、人工等，对于订单量尚不饱和的门店而言，"e袋洗"不断增加的单量能够帮助他们度过培育期。当然，想要顺利承接"e袋洗"的订单，门店还需要做一些硬件投入，如加装摄像头等；另一方面就是需要学习和适应"e袋洗"特有的服务流程。

经过一段时间与设备店的合作，公司发现北京地区洗衣工厂在洗涤质量方面的投诉率普遍要比设备店高约30%～40%，推断其原因是中央洗衣工厂员工没有直接接触客户的反馈，在衣服流程化清洗后，没有细心检查衣服可能存在的小污渍。然而，当"e袋洗"后续向深圳、广州等南方城市扩张的时候，由于当地没有荣昌的直营设备店，而伊尔萨的加盟店也数量有限（如深圳地区仅有2家），再加上其他洗衣品牌的设备店密度也较低，导致公司无法将其在北京地区的线下加工模式复制到深圳。而在另一方面，公司还发现深圳的洗衣工厂往往会在市区开设一定数量的收衣店，并且拥有自己的干线物流，即从洗衣工厂到收衣店之间的自有物流团队。因此，在深圳公司最终选择了与洗衣工厂进行合作。但试运行后，公司发现深圳洗衣工厂的洗涤质量并没有明显低于设备店。最终，"e袋洗"在南北地区形成了两种不同形式的线下加工模式。

线下物流模式的调整

在线下运营很重要的物流环节上，张荣耀最初选择与一家负责餐饮、生鲜配送的第三方物流公司合作，但短暂合作中发生的一系列问题让张荣耀下定决心要自建物流团队。第一，这家物流公司不同意在物流员工的手机上安装"e袋洗"的系统，这导致"e袋洗"产品的订单信息需要经过物流公司总部的APP进行二次传输，直接影响了物流人员的响应速度；第二，由于第三方物流公司的客户众多，很难与"e袋洗"产品的服务时间做到完全错峰，这也直接导致物流人员容易出现漏单、无法接单，或响应过慢等情况；第三，在上门服务时，第三方物流的人无法实现"e袋洗"人性化服务的要求，如客户常常会针对一些与衣物相关的问题与上门服务的物流人员进行沟通，而物流人员因为没有经过相应的洗衣知识培训，常常会出现不理解客户诉求或抱怨的情况；第四，由于第三方物流人员原有的工作习惯使得他们没有意识和耐心倾听客户的声音，也就无法很好地将客户的反馈传递给公司，这些问题不仅容易导致客户满意度下降，还使得公司丢失了一个非常重要的与客户沟通环节；第五，由于"e袋洗"不直接管理这些物流人员，因此无法将公司所做的地面推广活动或者微信平台上推出的各种营销活动的信息对他们进行良好的传递和培训，这使得客户在向物流人员询问这些信息时无法得到满意的答复。

对客户体验极端关注的张荣耀认为公司必须自建物流团队，将这个与客户直接接触、对客户体验起到非常重要影响作用的环节握在自己手里。接下来，公司聘请了一位在物流行业工作的人士来担任总监，负责组建物流团队，但运行一段时间后，公司发现该总监虽然精通物流运营，但不懂洗衣服务，无法理解公司想要的人性化物流服务的理念。例如，物流人员到设备店取送衣物时，假如当时店员正好在接待客户，从荣昌一贯的理念出发应当先服务完客户再对内部人员进行衣物交接，但来自物流行业的人往往习惯于原有的工作方式，希望尽快交接衣物，一切以保障物流工作效率为先。2014 年 5 月，"e 袋洗"北京地区的洗衣量突然从 200 单 / 天窜到 1 000 单 / 天，该负责人受不住压力辞职了。当时，陆文勇硬着头皮和团队成员用 3 天时间全员送件，这个坎算是过去了。但这一课的教训，让团队意识到要加强物流储备的重要性。[1]

此后，张荣耀起用了一位从 1994 年就开始追随自己一路打拼至今的元老来全面负责运营中心的工作，其中也包括自建物流团队。与此同时，公司并未完全结束与第三方物流公司的合作，为了更好地保障物流服务，公司将第三方物流作为补偿物流，即当自身物流业务饱和，无法再承接取送订单的时候，会将订单安排给第三方物流公司。截至 2014 年 7 月，第三方物流承担的业务大约占 "e 袋洗" 全部物流订单量的 10%。

然而自建物流团队的方法也并非完美的解决方案。它需要公司投入大量的人力、物力，包括全职物流人员的招募和培训、物流交通工具的配置和统一等。实际上在物流人员管理上也同样遇到了一些麻烦，如公司当时是采用微信群的方式分配任务和进行内部交流的，有时候某一个员工在群里的不当言辞会影响到其他员工的工作情绪。曾经发生过一个新进的物流人员在群里公然表示对薪酬的不满，引起了一部分员工的共鸣。

此外，在解决最后 1 公里配送的问题上，公司尝试利用劳力众包模式，即在社区里找一名住户，最好是时间较为自由的中老年人，负责 2 公里范围或 1 500 户左右的社区内 "e 袋洗" 订单的取送，再与干线物流人员对接。

---

1 李舒，王晓洁，周劼人，"e 袋洗"：传统洗衣行业也能玩 O2O［EB/OL］，新华社报道，2014-11-16。

在众包人员的薪酬方面，由于那时"e 袋洗"业务订单量还不稳定，且数量有限，因此公司当时只能采取无责任保底薪资加阶梯型业绩提成的方式进行核算。在众包人员的招募渠道方面，前期主要采取明确招聘条件由门店员工推荐的方式，而后期又逐步拓展了社区居委会、物业公司，甚至牵头跳广场舞上的阿姨等多种人选推荐渠道。

然而，在众包模式运行的早期，公司内部对于众包人员的招募节奏存在意见分歧，负责物流体系搭建的总监认为：在"e 袋洗"业务订单量还不稳定，且数量有限的阶段，应当放缓众包人员的招募节奏，否则不但增加公司的人工成本、安全风险、管理压力，员工自身也会因为短期拿不到提成或拿到较少的提成而无法具备较好的工作稳定性。对此，张荣耀却认为：为了 O2O 的线下布局及应对"e 袋洗"未来爆发性的增长需要，当前必须不计成本先将众包人员招募到位，至于安全风险、管理压力和稳定性等因素是企业必须想办法克服的。

营销策略的调整

由于"e 袋洗"产品的价格优惠力度很大，可能会对加盟商的设备店和公司的联网卡大客户产生冲击，因此"e 袋洗"在营销策略上有所回避。例如，首先，地推活动的选址要经过负责加盟商业务的总监审核，原则是在活动地点 2 公里半径内不能有加盟店（实际上，张荣耀认为当"e 袋洗"的订单量继续增加，直到如果将订单按区域分包给加盟商有足够多的数量时，这条回避性的策略就完全可以取消了）；其次，公司不会导入任何原有的荣昌老客户到"e 袋洗"的微信平台上，且"e 袋洗"的大客户开发推广活动也会回避荣昌已有的联网卡大客户。

此外，在"e 袋洗"产品的地推活动策划上，公司也进行了一些调整。例如，最初公司的地推活动只是单纯地做产品宣传，希望能增加粉丝量，并给予一次免费或价格极其优惠的体验。但运行一段时间后，公司发现很多客户仅仅体验了一次，二次下单的概率并不高。于是，对地推活动策略进行了调整，以推广"e袋洗"产品和储值卡为主。客户新办储值卡将享受一定的优惠，例如充值300元加送50元，充值500元加送100元，充值1 000元加送250元等以此类推，目的是用储值卡将新客户绑定更长时间，实现更多产品体验和消费。

绩效考核指标的调整

在绩效考核方面，为了激励员工推广"e袋洗"产品，公司对于直营收衣店的员工增加了"粉丝数"和"下单量"两个指标，"粉丝数"是指直营收衣店的员工向大众推广"e袋洗"微信账号，并让对方扫码成为粉丝的数量；"下单量"是指这些微信号粉丝通过微信下单的数量。为了让员工更加直接地感受到自己为公司增加粉丝所产生的价值，公司规定员工推广引入的每个粉丝按照虚拟价值5元来计算，并且在公司的微信群里每周公布每个人的业绩情况，对于业绩好的员工不仅能拿到数额可观的奖金，还有成为"带店老师"的荣誉。"带店老师"是指扫码业绩好的员工可以作为指导老师被公司派到那些业绩不好的门店指导店员如何增加粉丝数。

当时公司将与新业务推广有关的考核指标的比重设置得较重。例如，对于直营收衣店的员工而言，粉丝数和下单量两个指标的合计占比与传统指标销售收入的占比比例为2：1。此外，对于其他岗位的员工也会根据岗位工作内容的不同调整考核指标，如对于BD地推部的员工除了粉丝数、下单量指标外，还增加了重复下单率的指标。

2015年起的持续转型

团队和组织架构的进一步调整

2015年，在张荣耀和陆文勇的推动下，公司进行了多轮重大的组织架构调整：首先，自 2015 年 1 月起，公司将北京分公司的架构从组织中拆分出来，形成了总部与分公司的两级架构；其次，为了更好地垂直支持和服务各地分公司，提升效率，自 2015 年 5 月起，公司将原来隶属于服务运营中心的外包、物流和众包三个部门独立出来，并全部升级为一级部门，分别被命名为外包管理部、物流管理部和众包运营部；再次，为了更好地运行项目制管理，自 2015 年 7 月起，公司将原来隶属于服务运营中心的产品部提取出来，并入到研发部，命名为产品研发中心（见附录 6）。

此外，在管理团队方面，2015 年 e 袋洗也进行了多次至关重要的人才引进，在现任 17 位公司高管团队成员中，包括董事长张荣耀在内有 6 名高管是从原荣昌团队转入 e 袋洗新公司的，而其余 11 名高管都是从 e 袋洗业务规划开始陆续从外部引进的。其中，从 2014 年 12 月底至 2015 年 11 月，公司先后引进了运营规划部、业务发展中心、服务运营中心、物流管理部、客户服务部、产品研发中心、人力资源部的负责人及董事长助理等 8 位高管。至此新的管理团队主要来自百度、腾讯、京东、滴滴和宝洁等；物流团队来自京东、顺丰、易迅等；客服团队来自搜狐；业务团队来自团购行业；研发团队则来自国内外软件开发机构。[1]

尽管经历了数次的组织架构和人员的调整，且其中 80% 的岗位和人员都进行了重组和调换，但是，这些调整并没有导致任何一个从荣昌转到 e 袋洗的老员工离职。

产品和服务的进一步调整

2015 年第一季度起，"e 袋洗"承诺客户下单后 1 小时内上门取衣，72 小时完成取送衣服流程（见附录 7）。经过市场需求调研，公司计划未来将针对

---

1 网商在线，荣昌 e 袋洗突然火了 ［EB/OL］，http://www.wshang.com/micro/show/id/18.html，2014-12-04。

一部分对洗衣时效性需求较高的客户，陆续推出 48 小时、24 小时，甚至 12 小时、6 小时内送达的"e 袋洗"急速达产品（见附录 8），在定价方面会根据送达的时间采取不同比例的上浮政策。

线下加工模式的进一步调整

随着"e 袋洗"业务订单量的爆发式增长，荣昌自身的洗衣工厂和原有的荣昌和伊尔萨两个品牌的加工型门店已经渐渐无法满足加工需求。自 2014 年 9 月起，公司将加工业务按照区域就近原则逐步外包给外部的品牌洗衣店（如福奈特、象王等），五星级酒店洗衣房和洗衣工厂（如衣贝洁），并逐步建立起了一整套的加工商准入体系和考核体系。值得一提的是洗衣品牌老字号"正章"与"e 袋洗"已经签署了整体战略合作协议，将以公司的身份与"e 袋洗"进行全面的合作。截至 2015 年 12 月，"e 袋洗"共有 492 个线下加工商，而其中非荣昌品牌的门店已经占到了 75%。

而随着非荣昌体系洗衣店的加盟，"e 袋洗"与线下洗衣店的加工费结算方式也做出了调整，从原来按照公司统一价格体系的 30% 来作为结算价格的方式，调整为按照"e 袋洗"产品价格的 50%～60% 的价格进行结算。截至 2015 年 12 月，在一般合作的洗衣门店中，"e 袋洗"业务已占其销售收入的 30%～50% 不等；而对于类似"正章"这样的全国品牌合作商而言，这个比例也达到了 30%～40%。

在准入方面，"e 袋洗"除了评估洗衣店的基本资质、品牌、面积外，还对使用的设备，技师的等级水平、工作年限，店内员工数量，清洗流程、洗涤产品质量标准等均有着严格的要求。在考核方面，"e 袋洗"建立了一套数据监测排名系统，每日关注洗衣店的时效性和返洗率两个指标；在时效性指标方面，"e 袋洗"规定洗衣门店的加工时间为 30 小时以内，洗衣工厂的加工时间为 24 小时以内；在返洗率指标方面，"e 袋洗"规定不超过千分之一。每一天

"e 袋洗"的洗衣店监管人员都会及时查看数据，一旦发现某一洗衣店在两项指标中的任何一项上未能达到考核要求，则会关闭其接单系统，即第二天起该洗衣店将不会再接到系统分配的订单。

线下物流模式的进一步调整

线下物流模式经过一段时间的运行和测试后，公司发现第三方物流团队已经完全没有存在的必要了，而在自有物流团队和众包人员的业务分配上，由于物流距离的缩短，以及由于部分门禁管理较为严格的小区物流人员难以进入等因素的影响，众包模式越来越显现出了优势。基于此，公司进一步对众包模式进行了加速和优化。

首先，"e 袋洗"将众包人员统一命名为小 e 管家，以社区为单位进行布点，每个社区配备一个全职配送员和多个兼职配送员（全职是指可以全天候为公司工作，兼职是指只有部分时间可以为公司工作），以保证用户在下单后能够在 48 分钟之内上门取衣，主要负责其居住社区及社区周围 2 公里内 "e 袋洗"下单衣物的取送工作。[1] 每天他们从 APP 上收到要求上门取送衣物的 "e 袋洗"用户的地址，拿到衣物后，再将其送到附近的洗衣加工门店或者物流中转站点。

其次，在众包人员的薪酬方面，由于 "e 袋洗"业务订单量已经呈现放量增长的态势，因此公司取消了早期无责任保底薪资加阶梯型业绩提成的核算方式，改为以每单 10 元的完全按单计费的形式（同一客户的一笔订单取送计为两单，即完成取送可获得 20 元酬劳）。截至 2015 年 12 月，小 e 管家中全职配送员的最高月薪纪录为 1 万余元，而兼职配送员的月薪也普遍在 3 000 元至 4 000 元之间。

---

1 速途网，e 袋洗开出百万就业大单［EB/OL］，http://www.sootoo.com/content/549723.shtm，2015-2-3。

再次，在众包人员的招募渠道方面，随着"e袋洗"知名度的不断提升，也有了较大的变化，当前公司主要采取三种渠道进行招募，一是微信服务号粉丝之间的信息传播；二是通过广播等媒体进行广告宣传；三是通过各类网络软文的信息传播。

最后，在众包人员的招聘选拔和培训管理方面，公司认为任何个人都可以加入成为小e管家，要求仅仅是有智能手机，会用支付宝，身体健康，具备一定的服务意识。应聘者在交一部分保证金后，参加为期2天的岗前培训，包括服务礼仪培训、收衣技巧培训等。[1] 同时，为了实现对小e管家的多渠道激励，公司还计划今后逐步将小e管家的新员工培训、对用户的宣传、售后服务等多种职能赋予小e管家，让他们有更多的收入来源，更多的成就感和归属感，从而增加他们的稳定性。

截至2015年12月，e袋洗小e管家全国招募已达十万人，平台上活跃的小e管家60%都是当地人，其中90%以上为社区常住居民。而管家主要分三类：一是退休后的大爷大妈，这类人占40%；二是赋闲的全职妈妈，占30%；三是为兼职赚钱而来的工薪阶层居民，占30%。目前平均每人招募成本约几十元。

截至2015年4月，e袋洗共组建了近4 000人的物流团队，其中自有物流团队1 000余人（北京地区约占60%），众包团队近3 000人。在物流单量的分配上，当时e袋洗自有物流与小e管家的接单量比例是3∶7；而截至2015年12月，随着小e管家的快速增长，这个比例已经低于2∶8。虽然小e管家承担的业务量在不断上升，但公司认为目前约300人的自有物流团队仍然要保留，这是由于其在填补物流空白区域和平衡某些区域应对短期订单激增等问题方面具有重要的作用。此外，更重要的是，在与洗衣工厂进行加工合作的过程中需要通过不同区域的物流站点进行衣物的中转。

---

1 中国电子商务研究中心，张荣耀：e袋洗从哪来？到哪去？［EB/OL］，http://b2b.toocle.com/detail--6238056.html，2015-03-19。

营销策略的进一步调整

随着"e袋洗"专用APP和微信服务号用户数和粉丝数的迅速增加，公司已经取消了原有靠门店员工邀请客户扫码来增加粉丝的营销方式。但仍然保留了原有的社区地推活动和企业大客户合作的营销模式，同时新增了两项主要的营销活动：一是通过与微信和支付宝等端口的合作，来实现客户引流，例如，在支付宝端口植入红包派发的页面，当客户点击领取红包，就能实现支付宝客户的成功引流；二是通过高层管理人员组织或参与各类演讲、会议来快速增加粉丝数。

此外，公司也打破了原有的营销策略上的回避政策：起初公司不会导入任何原有的老客户到"e袋洗"的微信平台上，且"e袋洗"的大客户开发推广活动也会回避荣昌现有的联网卡大客户。实际上，随着"e袋洗"的快速发展，公司已根据原有大客户中个人用户的需求情况来决定是否导入其微信平台。具体来说就是如果原有的大客户采取的是以公司名义每周固定时间集中整体送洗衣物的，那么由于"e袋洗"不具备接待团体客户的端口，因此这一类客户不做导入；而另一类大客户采取的是以公司福利的名义由员工根据其生活需要自行选择荣昌洗衣门店送洗衣物的，那么公司会将他们导入微信平台。

2015年3月18日，"e袋洗"宣布与腾讯的微信团队达成了战略合作，主要包括两个方面：一是补贴类合作，预计达6个亿人民币左右的优惠金额。其中第一轮主要面向老用户，他们在下单时会直接跳转到分享红包的新页面（与滴滴红包类似）；第二波优惠将针对新用户，他们通过各类渠道注册时可以获得微信的优惠红包。二是同微信的内部合作，即当"e袋洗"服务城市达到20个以上后将可能接入与微社区、微信生活入口的合作。[1]

---

1 36氪，家庭服务的入口将是下个风口，e袋洗宣布和微信开展战略合作［EB/OL］，http://36kr.com/p/220632. html?utm_source=site_search，2015-03-16。

中国洗衣行业 O2O 转型现状

在移动互联网大发展的背景下，自 2013 年起，国内洗衣行业掀起了 O2O 转型的热潮。传统洗衣服务商纷纷用互联网方式进行自我改造，推出线上产品或通过线上进行产品销售或宣传，实现企业 O2O 模式再造，代表企业除荣昌外，还有象王、康洁、福奈特等。

象王

1989 年，台湾象王集团将"象王"品牌和国际先进的洗衣技术与洗衣理念从台湾带入大陆，并在全国发展象王洗衣连锁事业，是国内洗衣业最早倡导并实践特许经营的企业之一。截至 2015 年 7 月象王已在北京、上海、天津等全国二十一个省、市、自治区及亚太地区成功开设了 500 余家洗衣连锁加盟店。[1] 2014 年 4 月，"象王购物商城"（www.eKinggo.com）在上海正式上线运营，该网站出售的商品和服务包括皮具及奢侈品护理服务、环保洗涤产品，以及各类生活家居、运动健康、美容护肤、文化娱乐、食品饮料、服饰配件、电子产品、家用电器等日用品。2014 年 6 月象王进一步开通了官方微信，象王不仅通过微信向顾客分享洗衣知识，还进行"象王购物商城"上的各种新产品推介活动。

2015 年，淘宝网生活服务联合菜鸟网络启动"洗衣连锁品牌门店上门服务"项目。8 月 6 日，象王洗衣连锁作为淘宝网首家洗衣门店上门服务战略合作品牌，与淘宝生活服务在上海签署在线洗衣业务战略合作协议，象王洗衣首批开放上海 130 多家门店接入淘宝平台；并计划在 10 月份前，陆续开通杭州、北京、苏州、成都、南京等城市的上门洗衣服务。用户在象王洗衣淘宝旗舰店"象王洗得好"下单预约，即可享受到由附近优质象王洗衣店提供的上门取衣、

---

[1] 象王公司官方网站，http://www.xiangwang.com.cn/.

清洗消毒杀菌及衣物挂式送回等全流程的洗衣服务。[1]

康洁

成立于 1989 年的郑州市康洁洗涤有限公司（以下简称"康洁"），集干洗、湿洗、皮货洗染、奢侈品洗护、单店直营、加盟和工厂加盟、洗涤设备和材料销售、洗涤培训为一体，构建了全国近 700 家连锁店为终端的大型洗衣连锁网络，在华北、华中、华东、华南和西部地区拥有成熟店网体系。[2]2013 年康洁开始启动洗衣 O2O 业务：4 月，开通了自己的微信公众号；8 月成立康洁 O2O 物流部；10 月，开始内测康洁上门服务；随即正式开通上线。[3] 微信上线第一天，康洁接到了十几个订单。试运营两个月时，微信注册会员达 7 000 余名，日订单几十个。康洁微信终端上线 3 个月，新添加客户的转化率达到 7%，每月消费四次以上的会员占到总会员数的 10% 以上。[4] 在服务方面，康洁承诺客户下单后 1 小时内登门取衣，并实现 72 小时内完成收取、洗涤、送达的流程，即前 12 小时主要用于客户下单到上门取件，再将订单送达工厂；中间 48 小时用于订单到达工厂后的洗涤过程；后 12 小时用于订单返还给客户的送件流程。[5]

康洁 O2O 物流部成立半年时，已经组建了 10 辆专业物流车辆，15 人的 O2O 物流团队，业务涵盖郑州市未来路以东区域，日收取衣物能力 800 件。并已形成微博展示、微信下单、客服中心调度，上门服务代表上门服务的整套服务体系。[6] 在收费方面，康洁规定：一次洗四件衣物以上，上门服务不收服

1　就是生活，淘宝生活服务微信公众号，象王洗衣携手淘宝生活服务开启洗衣 O2O 新模式［EB/OL］，2015-08-07。

2　康洁公司官方网站，http://www.kangel.net.cn/。

3　当康洁遇上 O2O—华丽转身的背后［EB/OL］，http://tieba.baidu.com/p/2887133815，2014-02-25。

4　李媛媛，马新辉，徐英捷，康洁洗衣：用"O2O 模式"颠覆传统洗衣业［EB/OL］，http://news.zynews.com/2014-02/14/content_9162013.htm，2014-02-14。

5　中原网，康洁洗衣：用"O2O 模式"颠覆传统洗衣业，http://news.zynews.com/2014-02/14/content_9162013.htm，2014-02-14。

6　当康洁遇上 O2O—华丽转身的背后［EB/OL］，http://tieba.baidu.com/p/2887133815，2014-02-25。

务费；少于四件的，收取 5 元服务费。[1] 康洁在郑州已建成了自己的洗衣工厂，占地 1 000 平方米以上，投入 500 万元，可供应 80 家以上收衣门店。

2015 年 2 月，康洁针对河南省推出了 1 000 家康洁收衣店的加盟招商计划，康洁承诺每家店面均具备精洗衣物、鞋包护理、皮草护理、窗帘地毯、汽车坐垫、工装团洗六大版块洗涤功能服务，加盟商只需要负责"开店 + 收发衣物"的工作，而康洁公司为加盟商提供"上店面收衣—物流配送—工厂洗涤—48 小时专车送回店面"的服务。[2]

福奈特

1997 年在北京注册成立的北京福奈特洗衣服务有限公司（以下简称"福奈特"）是国内洗衣业最早以特许加盟形式运作连锁体系的品牌之一。截至 2013 年，福奈特北京总部分别在上海、广州、成都、西安、大连设立了分公司，门店总数达 900 多家，直接服务于加盟店的福奈特总部及分公司的员工有 150 余人。[3] 2014 年 3 月福奈特官方微信正式开通，通过微信顾客可以参与总部开展的活动，了解与洗衣有关的资讯；同时还可以通过该微信账号搜索就近的门店，然后完成下单、支付的动作，并享受上门取送衣物的服务。此外，福奈特总部还为员工推出了福奈特学习 APP，通过云计算技术将培训视频和图文资料直观、高效地传达给福奈特一线员工，让培训变得更轻松、更高效。

展望未来

2014 年 7 月，"e 袋洗"产品正式推出后仅半年时间，"e 袋洗"在 4—5 月的洗衣旺季时日平均订单量约为 700 单，而在后续的 6—7 月的洗衣淡季时的

1　当康洁遇上 O2O—华丽转身的背后 ［EB/OL］，http://tieba.baidu.com/p/2887133815，2014-02-25。

2　康洁公司官方网站，http://www.kangel.net.cn/。

3　福奈特公司官方网站，http://www.fornet.com.cn/。

日平均订单量约为 300 单。然而，到了 2014 年 11 月 28 日，即 "e 袋洗" 服务上线一周年纪念日，日单量为 3 000 单，洗衣量为 2 万件，APP 用户数突破 50 万，微信服务号拥有 20 万粉丝。[1]而当时间继续推进到 2015 年 8 月 5 日，"e 袋洗" 完成 B 轮融资时，日单量突破了 10 万单，APP 用户数为 400 万，其中每个月都会下订单的活跃用户的比例高达 80%。据公司的估算，由于新用户的加入，使得洗衣市场产生了巨大的增量部分，约为原市场总额的 50% 以上。

2014 年底，"e 袋洗" 服务已经在 18 个地区开通，分别为北京、上海、深圳、天津、南京、武汉、西安、杭州、宁波、苏州、无锡、广州、福州、成都、重庆、青岛、南宁、济南等地。[2]2015 年底，"e 袋洗" 已将服务范围扩张至 28 个城市，并在 2016 年内计划实现扩张至全国 100 个城市。

管理创新

陆文勇称，"e 袋洗" 在管理方面推行五大举措。第一，用户至上是唯一考量标准。在 "e 袋洗"，唯一考量工作效果的标准是用户满意度，一切工作都以让用户满意，提高用户满意度为指导思想。而用户满意度提高后，所有员工共享奖励。第二，采用合伙制。"e 袋洗" 施行合伙制，拿出大量的股份和期权与员工分享，激励优秀员工。第三，扁平化管理，开放平等。在 "e 袋洗" 内部，提倡自由、民主、开放的文化，实行扁平化管理。"e 袋洗" 认可每一个个体都是优秀的、平等的，"e 袋洗" 内部不存在领导和下属的等级关系，任何人都可以对产品、对服务提出建议意见，合理建议意见会在最短时间内得以采纳执行。第四，实施合弄制。合弄制即不以领导决策为中心，而是以用户为导向，员工共同协商处理问题。第五，向一线员工充分授权。

---

1 极客公园，荣昌 e 袋洗：关于一家洗衣公司的重启与再塑［EB/OL］，http://www.geekpark.net/topics/211839，2014-12-03。

2 "e 袋洗" 官方网站，http://edaixi.com/home/about。

一线员工直接与用户打交道，是公司形象的窗口，为了提高用户满意度，"e袋洗"充分向一线员工授权，推行"第一责任负责制"，一线员工无须请示，有权力当场处理客户投诉，在最短时间内让用户得到满意的解决方案。[1]

市场拓展

2015年8月7日，"e袋洗"微信平台宣布此次完成1亿美元融资后，将重金搭建优质加工商产业联盟。2015年8月6日至9日，"e袋洗"参加第十六届中国国际洗染业展览会，现场招募高品质的服务合作商；"e袋洗"要求，服务商的技术团队中要有三年以上专业技师达1/3，保证是业内诚信品牌，服务口碑一流，用户体验至上。公司还承诺将给予优质服务合作商六个方面的大力支持：一是提供雄厚的资金支持，保证优质服务合作商的资金链；二是提供技术支持，以专业技术为客户提供专业服务；三是单量支持，"e袋洗"庞大的用户队伍，为服务商提供足够的单量支持；四是运营支持，"e袋洗"拥有足够强大的运营团队，全程提供运营支持；五是宣传支持，多渠道的媒体资源保证品牌宣传；六是盈利支持，最终实现互利共赢。[2]

服务升级

为了进一步提升服务，"e袋洗"在北京选取了四个社区作为试点，实行客户下单后确保48分钟上门取衣，并在48小时内完成取送衣服流程。此外，"e袋洗"还执行"先行赔付"的售后服务策略，即有用户投诉时"e袋洗"先出钱赔付给用户，解决后再和加工商确认责任，并给予客户"7天内解决"的服务承诺。

1 速途网.五大法宝助力e袋洗获最佳新锐雇主［EB/OL］，http://www.sootoo.com/content/549479.shtml，2015-02-02。

2 e袋洗.微信公众服务号，e袋洗融亿元美金，重金建优质加工商产业联盟［EB/OL］，2015-08-07。

平台转型

张荣耀称："e 袋洗"未来自身将不再做洗衣服务，而是开放接口和用户，同合格的洗衣加工商进行合作，成为一个轻度平台型公司。[1] 除了洗衣外，在 2015 年上半年还上线了洗鞋、洗窗帘和奢侈品养护服务，未来的服务还将延伸到共享厨房、家电维修等多个领域，[2]"e 袋洗"希望做成一个基于社区的家庭服务平台。[3]

2015 年，张荣耀出售了荣昌旗下所有直营店，但旗下伊尔萨门店由于一直是加盟品牌而得以保留，但其归属于"北京荣昌科技服务有限责任公司"，完全独立于"e 袋洗"业务所在的"荣昌耀华网络技术（北京）有限公司"之外。对于这样的布局，陆文勇曾在媒体采访中形象地描述："相当于 e 袋洗是一个信息平台，而伊尔萨是洗衣公司，我们做前端、品牌、用户，伊尔萨来做后期的洗衣。"[4]

2015 年 12 月 2 日，陆文勇在接受专访时称：中国社区共享经济之风口已到，未来一年将不遗余力发展平台战略。事实上，为了实现平台化，公司已将"小 e 管家"确立为在"e 袋洗"之上的独立母品牌，以内部孵化和投资的方式发展各项共享经济服务，搭建社区邻里互助平台。目前，已在北京地区成功上线了主营社区内私厨共享服务的"小 e 管饭"项目，预计 2016 年 1 季度可以达到每天 2 000～3 000 个订单。

此外，公司还联合众多企业家、媒体人、投资人成立了 ShareVC（共享基

1　36 氪，张荣耀：家庭服务的入口将是下个风口，e 袋洗宣布和微信开展战略合作 ［EB/OL］，http://36kr.com/p/220632.html?utm_source=site_search，2015-03-18。

2　36 氪，"e 袋洗"正式宣布完成 1 亿美元 B 轮融资，由百度领投，经纬中国、SIG 跟投 ［EB/OL］，http://36kr.com/p/5035819.html，2015-08-05。

3　36 氪，轰轰烈烈的社区 O2O 之战，最后的胜者或许会是弯道超车的 e 袋洗？ ［EB/OL］，http://36kr.com/p/5036080.html，2015-08-05。

4　邵蓝洁，消灭荣昌所有线下门店——专访 e 袋洗 CEO 陆文勇 ［EB/OL］，http://www.bjbusiness.com.cn/site1/bjsb/html/2015-01/15/content_283662.htm?div=-1，北京商报，2015-01-15。

金），第一期募集 1 亿元人民币资金，专门投资可接入平台的社区共享经济项目，如让邻居教你开车的"好好学车"、邻居帮你寄养宠物的"宠物帮"，以及做回收的淘弃宝；公司也以"e 袋洗"或"小 e 管家"的名义投资了社区医生帮你照顾老人的"陪爸妈"，主打月嫂、保姆和育儿嫂服务的"无忧保姆"，以及做上门产后恢复的"奶牛妈妈"。

未来"小 e 管家"会继续和 Share VC 联动投资，至少要投资 15～20 个项目，还会涉及维修、回收、家政、绿植等领域，主要投资团队好、理念相同的项目，占有其 20% 以内的股份；而"e 袋洗""小 e 管饭"和未来将要孵化的内部项目都将接入平台。简而言之，"小 e 管家"将触及各类家庭服务来完成平台布局。[1]

2016 年 1 月，Share VC 对上门家庭维修 O2O 服务商"蚁匠家修"项目进行了 1 000 万元天使投资，同时该项目已接入社区服务平台"小 e 管家"。进入平台后，通过向 e 袋洗粉丝推送宣传消息，其在周末活动期间日单量峰值已接近 500 单、客单价一百多元。目前，公司已开始准备将 e 袋洗的服务号粉丝向小 e 管家服务号迁移。未来，e 袋洗、小 e 管饭和蚁匠家修将是小 e 管家平台主推的三大服务。

尽管"e 袋洗"当前的发展非常迅猛，且得到了众多投资者的青睐和媒体的关注，但摆在他们面前的问题也更多了，比如：如何管理好数量快速增长的众包团队？如何平衡好扩张速度和服务质量？中国家庭服务市场是不是个具有网络效应的赢家通吃的市场？如何在进一步扩张用户规模的同时，将传统连锁友商也吸引进来提供服务，参与到"e 袋洗"构建的生态圈之中？

1　36 氪，e 袋洗陆文勇：社区共享经济风口已到，1 亿美元倾囊砸向市场［EB/OL］，http://36kr.com/p/5040431. html，2015－12－02。

附录1：荣昌全国门店分布情况

附录1-1：全国门店统计表

直营店	收衣店	设备店	团体服务网点	合　计
北京	81	11	117	209
天津	20	1	0	21
大连	6	1	0	7
上海	9	1	0	10
武汉	0	1	0	1
深圳	0	3	0	3
总共	116	18	117	251
加盟店				738
合计				989

资料来源：荣昌公司提供，截至2013年3月。

附录1-2：全国门店分布表

直营店主要分布的城市	直营店主要分布在北京及外地分公司所在地：北京、天津、上海、深圳、大连、武汉、香港
加盟店主要分布的省市	加盟店主要分布在全国28个省/直辖市/自治区：北京市、天津市、上海市、重庆市、香港特别行政区、河北省（石家庄、保定、唐山、邯郸）、山西省（阳泉、晋城、长治、临汾、运城、晋中）、江西省（南昌）、辽宁省（大连、沈阳、盘锦、丹东、辽阳、鞍山）、吉林省（长春、德惠）、黑龙江省（哈尔滨、大庆、牡丹江）、江苏省（南京、苏州、无锡、常州、南通、宜兴、镇江、如东、徐州、丹阳、淮阴、金坛、常熟、扬州、盐城、建湖、通州、吴江）、福建省（厦门、福州、泉州、福清）、河南省（郑州、平顶山、安阳、漯河）、浙江省（杭州、宁波、余姚、台州、乐清、义乌、舟山、萧山、诸暨、东阳、绍兴、海宁、慈溪、湖州、上虞）、安徽省（合肥、安庆、滁州、泗县、马鞍山、阜阳、芜湖）、湖北省（武汉、黄冈、仙桃、黄石、荆州、宜昌）、山东省（青岛、东营、招远、淄博、济南、潍坊、临沂、烟台、威海）、湖南省（长沙）、甘肃省（兰州）、广东省（深圳、广州、东莞、惠州、佛山、湛江）、四川省（自贡、成都、达州、泸州）、贵州省（贵阳）、陕西省（西安、延安）、广西壮族自治区（南宁）、内蒙古自治区（呼和浩特、包头）、宁夏回族自治区（银川）、新疆维吾尔自治区（乌鲁木齐）

资料来源：荣昌公司提供，截至2013年3月。

附录2：荣昌"云"洗衣模式示意图

电商平台：
连锁店可以方便地实现消费者互动及定制化服务

网络取送下单	消费卡在线充值
增值产品在线订购	积分兑换礼品
洗衣流程监控	在线点评及投诉建议

电商平台

联网卡：
消费者可以持联网卡到店洗衣，接受增值服务，为连锁店增加额外利润

联网卡

- 拓展团体客户
- 保证客户忠诚度
- 实现新店过渡

资料来源：http://www.rongchain.com/，原荣昌居家服务平台，目前已更名为 http://edaixi.com/home。

附录3：荣昌O2O模式示意图

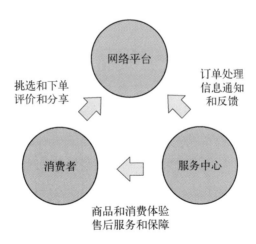

网络平台

挑选和下单
评价和分享

订单处理
信息通知
和反馈

消费者

服务中心

商品和消费体验
售后服务和保障

资料来源：笔者绘制。

附录 4：北京荣昌科技服务有限责任公司组织架构图（2013 年前）

资料来源：荣昌公司提供。

附录 5-1：e 袋洗：荣昌耀华网络技术（北京）有限公司组织架构图（2014 年 7 月）

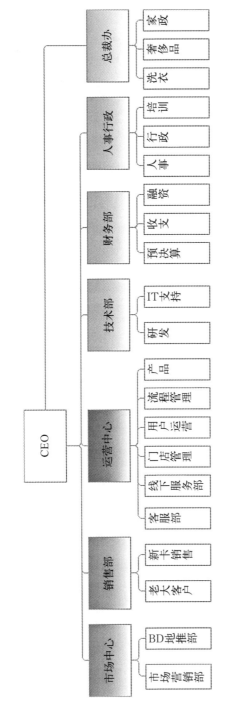

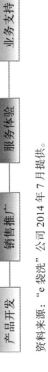

资料来源："e 袋洗"公司 2014 年 7 月提供。

附录 5-2："e 袋洗"各部门工作职责概述（2014 年 7 月）

中心 / 部名称	工作职责概述
市场中心	市场营销部：负责线上营销活动的策划和推广；策划和执行线下活动，以增强老客户的黏性，塑造品牌形象。
	BD 地推部：负责 O2O 产品的线下推广和销售，包括商场、超市、社区，以及直营门店周边的公众推广活动，主要目的是增加微信粉丝量、销售电子储值卡，以及促进粉丝转化率和用户的重复下单率。
销售部	老大客户部：负责荣昌原有联网卡的销售工作，但不会针对已有的联网卡客户进行 O2O 产品的专项推广活动。
	新卡销售部：负责针对团体大客户进行 O2O 产品的专项推广，实现电子储值卡的销售。
运营中心	客服部：负责线上（微博、微信、网站）、线下（400 电话）用户的咨询、答疑和投诉处理及用户满意度调查等。
	线下服务部：即线下物流服务。
	门店管理部：负责内、外部洗衣加工商的管理，包括确定加工商，洗衣质量、客户满意度等的考核评估。
	用户运营部：以提升用户体验为目的，通过分析内外部数据，对内部各个部门提出各项提升用户满意度的改善提案。
	流程管理部：负责 O2O 产品的总体流程规划，并对内部服务和处理流程继续持续改进、提升。
	产品部：负责移动客户端产品的研发（包括发起需求、建立模型，以及进行模拟用户交互流程等）和优化。
技术部	负责 O2O 产品和线上线下服务窗口的技术实现和维护，负责日常办公的 IT 支持。
财务部	负责公司的日常业务收支管理、预决算及融资管理。
人事行政部	负责公司各项人事、行政工作。
总裁办	负责公司新产品、新业务的孵化，以及现有业务日常运行的监管。

资料来源：由笔者根据访谈于 2014 年 7 月整理得出。

附录 6：e 袋洗：荣昌耀华网络技术（北京）有限公司组织架构图（2015 年 12 月）

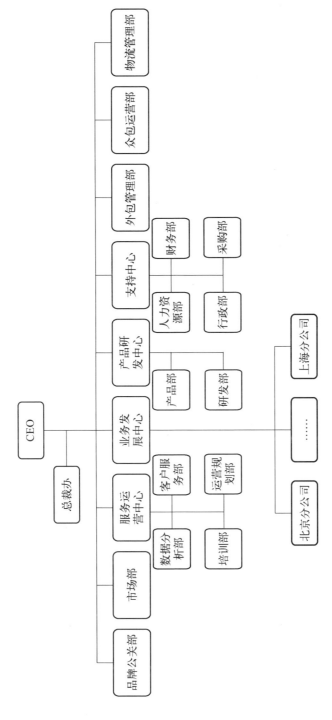

资料来源："e 袋洗"公司 2015 年 12 月提供。

附录 7："e 袋洗" 72 小时服务流程示意图

资料来源：《e 袋洗缘何"摊上"这么多投诉》，南方法制网，http://www.nffzw.cn/f/2015/fazhidiaocha_0415/2972.html，2015-04-15。

附录 8："e 袋洗" 24 小时服务流程示意图

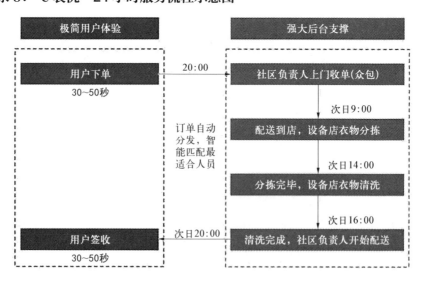

资料来源：吴晓波，《一家洗衣店的互联网革命 | 跟着他们学转型》，http://news.paidai.com/15715，2015-03-18。

11

基美的中国整合团队 [1]

(A)：危险指令

"对于在新的市场上培养领导力以及成功地整合被收购的企业，我们的许多专业人士积累了无与伦比的经验。"

——基美公司 CEO 派尔-奥洛夫·鲁夫在 2010 年年报中的致辞

2011 年 10 月，基美公司（KEMET）的副总裁鲍勃·威洛比（Bob Willoughby）从美国总部致电中国区运营总监娄歆懿：经过与 CEO 派尔-奥洛夫·鲁夫（Per-Olof Lööf）商量并得到他的授权，公司决定委派娄歆懿带领中国团队前往印度尼西亚，去整合四年前收购的巴淡工厂；如果娄歆懿接受此项任务，总部将提升他为事业部的亚太区运营总监。接完电话，娄歆懿走到办公室的窗前，看着窗外苏州工业园区的繁荣景象，心情一下子变得复杂起来。

同年 8 月，CEO 鲁夫去印尼视察巴淡工厂，总部安排娄歆懿一同前往。在了解工厂的现状后，娄歆懿与同去的下属陈官平半开玩笑地说，他们刚刚整

1　本案例由中欧国际工商学院忻榕和仲进共同撰写。在写作过程中得到了基美公司的支持。该案例目的是用来做课堂讨论的题材而非说明案例所述公司管理是否有效。该案例获"2015 中国工商管理国际最佳案例奖"提名奖。

合了两家工厂，也许这会成为他们的第三个整合项目。两个月后，他的话应验了。娄歆懿虽然隐隐预感到会有这一天，但是对于公司真的把这一艰巨任务交给中国团队，他还是感到十分震惊。

总部的信任和提拔，说明娄歆懿和他的中国团队过去几年的整合工作得到了认可。然而，娄歆懿也知道，整合印尼工厂像一把双刃剑，成功则自己的职业前途一片光明，失败则不得不灰溜溜走人。是安于功成名就的现状，还是冒一次风险去接受更大的挑战？他在心里一遍遍地问自己。

2011 年的基美

基美公司是一家全球领先的电容器生产商，产品涉及钽电容、多层陶瓷电容、电解铝电容、薄膜电容、纸质电容等多个电容器领域。这家历史源头可追溯到 1919 年的公司，正式成立于 1990 年，总部位于美国南卡罗来纳州格林维尔市，在美国、德国、意大利、中国、印尼以及墨西哥等地拥有 22 家生产工厂，销售和分销网络遍布全球各地，全球员工人数达 9 700 人。现任 CEO 派尔-奥洛夫·鲁夫于 2005 年 4 月加盟基美，在他追求增长的方针指引下，这家电子公司开始实施大规模的并购战略。2007 年 4 月，作为全球钽电容器的龙头老大，基美收购了以生产电解电容器为主的芬兰和瑞典合资的伊沃克斯瑞法公司（Evox Rifa），该公司是中国南通工厂和印尼巴淡工厂的母公司。同年 10 月，基美收购了以生产薄膜电容器的意大利阿可公司（Arcrotronics），该公司是中国上海阿可电子公司的母公司。随后，公司组建了一个新的事业部——"薄膜与电解电容事业部"（F&E BG）。

基美 2011 年 4 月发布的年报把标题定为"聚焦增长"（Focused on Growth），上一财年公司的收入确实同比增长 38%。CEO 鲁夫在写给股东的信中说"我们已经重获增长的势头"，然而，种种迹象表明，2011 年基美的销售业绩正在下滑，而公司股价也跌到 5 美元以下。令公司总部担忧的是，2011 年印尼巴淡工厂还在继续亏损，各项业绩指标都在恶化，这显然不利于公司的增长。

印尼巴淡工厂

印尼的巴淡工厂建于 1991 年，是由一位叫 CH Wee 的 40 岁新加坡华人在巴淡岛投资建立的一家私人企业。后来，CH Wee 决定加入一家很独特的欧洲公司伊沃克斯瑞法（Evox Rifa）。Evox 是一家芬兰公司，Rifa 是一家瑞典公司，两家公司合并后又兼并了一家公司叫 BHC 的英国公司。实际上，这是一家由几个小作坊捆绑起来抱团取暖，而又各自为战的私营企业。加入 Evox Rifa 之后，CH Wee 成为该公司的亚洲总裁，巴淡工厂成为该公司的亚洲运营基地。CH Wee 不管工厂的具体事务，聘请了一名新加坡人当总经理。工厂的管理人员来自东南亚好几个国家，财务经理、生产经理、制成经理都是新加坡人，质量经理是印尼人，负责设备维修的是缅甸人和菲律宾人。工厂的管理团队跟着 CH Wee 干了 20 年。这家生产薄膜和电解电容器的工厂被基美收购后，由于 CH Wee 有很大的影响力，公司给他副总裁的头衔，工厂也一直让原先的总经理和团队管理着，基美没有派人过去，任由其自己运作。工厂的良品率和交付率等关键指标正在不断恶化。

基美公司总部花费 200 万美元聘请一家顾问公司来帮助扭亏，但结果以失败告终。于是，公司总部孤注一掷，决定让此前成功整合上海和南通两家中国工厂，并扭亏为盈的娄歆懿和他的中国团队尝试一下去整合该工厂。

娄歆懿其人

37 岁的娄歆懿，拥有南京大学经济学学士学位、苏州大学应用心理学研究生学历，以及澳大利亚维多利亚大学 MBA 学位。加入基美公司之前，他曾先后在喜来登酒店、旭电科技、百得电动工具等公司担任人力资源管理职位，在战略人力资源管理、领导力开发和组织与流程的有效性方面积累了丰富的经验。

2003 年，娄歆懿加入基美，在公司十年间，先后担任人力资源经理、中国区人力资源总监、亚太区人力资源总监、全球人力资源开发总监、工厂总经理、中国区营运总监。娄歆懿从事人力资源管理工作长达 11 年。2006 年，他被基美公司最高管理层评选为"基美公司 25 位下一代全球领导人候选者"，并于 2007 年赴美参加哈佛商学院教授在总部进行的培训——基美培养领导班子的一个项目，俗称"哈佛班"。

在娄歆懿所取得的成绩当中，最令人刮目相看，也最令他自豪的莫过于成功地领导带领中国团队对基美的上海工厂和南通工厂进行了整合。从人力资源管理转向业务经营，他完成了一次华丽转身。

空降上海工厂

2008 年 12 月，基美总部找娄歆懿谈话，任命他为上海工厂的总经理，希望他回中国对该工厂进行整合。自 2007 年由亚太区人力资源总监晋升为公司总部负责全球人力资源开发的总监，娄歆懿在美国工作已经一年有余。此时，被收购后一直由原班人马管理的上海工厂经营不善，持续亏损。

走马上任

12 月 10 日，娄歆懿由公司两名高管陪同，以全球人力资源开发总监的身份来到位于上海安亭的工厂。他们先以审计的名义拿走了公司的公章。当天晚上，工厂的原总经理给所有人发了短信，说那是自己在基美工作的最后一天，他自己也不知道谁来接班。第二天早上，娄欹懿到工厂去上班。那天的情景令他刻骨铭心，终生难忘：当他再走进工厂的时候，所有人看他的眼光都是异样的，所有的眼睛都像刺一样刺过来。从前台到他办公室只有 10 米远，但他觉得那一段路显得特别漫长。没有人脸上带着微笑，因为他们知道是他昨天晚上把与他们相处了 10 年的总经理开除了。这一天，整个工厂弥漫着惶惶不可终日的气氛，都在猜究竟谁来接班。负责采购的经理王永刚说，他感觉可能是娄欹懿，其他人都觉得是天方夜谭。原来，王永刚早上去找娄欹懿盖章，从对方说话的语气中看出了端倪。

下午 2 点，娄欹懿与同来的高管把所有经理召集起来，宣布了公司任命娄欹懿为新任总经理的决定。之后，他们把王永刚、质量部经理、生产部经理三个人留下，进行专门谈话，说原总经理推荐了他们，他们三人在公司干得不错，对公司来说也非常重要，希望他们留下来。

完美组合

上任后的第一周，娄欹懿可谓无人问津，他孤单地坐在办公室，哪怕打印一份材料都必须自己去找人。在他熟悉公司的过程中，质量部经理、生产部经理先后离开，而他对留下来的采购经理王永刚则起了戒心。毕业于上海交大的王永刚，同刚刚被解聘的总经理一样，是拥有澳大利亚国籍的上海人，戴一副眼镜，身材瘦削，显得很聪明。娄欹懿很自然地联想到前任总经理与采购经理之间的密切关系。他感觉王永刚眼镜片后面的眼神有一丝狡黠，心里便想这可能是一个潜在的风险点，一定要倍加小心。在接下来的几个月里，娄欹懿从王永刚那里得到了最多的信息和最大的帮助。但娄欹懿一直在告诫自己不要放松警惕，在不动声色仔细观察的同时，他在思考这些帮助背后的动机。直到 9 个月之后，王永刚积极配合他整合工厂的言行才让他的戒心彻底消除了。王永刚得到了娄欹懿的重用，成为负责供应链的高级经理。

基美的上海工厂是一家与日本的日精联合建立的合资企业，不少人来自日精，还有一些人来自国企，背景纷繁复杂，管理方式陈旧，与基美的文化格格不入。作为一名空降兵，娄歆懿上任伊始便考虑引进新人，组建自己的团队。考虑到现场的生产线完全依赖于设备和维护工程，而设备效率的提高能带来整体运营效率的提升，他想拥有自己能够掌控的技术人才，于是他从基美公司内部调来了一位叫陈官平的技术干将。陈官平在长三角地区做设备、做维护工程赫赫有名，并且他 2007 年加盟基美时，正是时任中国区人力资源总监的娄歆懿给他做的面试。2009 年 1 月，陈官平从苏州来到上海，担任上海工厂的设备部高级经理。

　　娄歆懿从公司内部调来的第二人是质量管控专家张梅，她在基美的苏州老厂已工作多年。说来也巧，张梅当初也是娄歆懿招进基美的，并且在工作中得到过后者的帮助。所以，2009 年 3 月，当娄歆懿打电话给她，邀请她担任上海工厂的质量经理时，她很爽快地就答应了。此外，由于工厂生产的薄膜电容器基美从来没做过，娄歆懿便从生产相同产品的竞争对手那里挖来一个人，此人叫秦川，来基美后负责技术和工艺。

　　在娄歆懿精心打造的团队中，性格迥异的陈官平、王永刚、张梅被人们称为娄歆懿的"铁三角"。陈官平说："我们三个人的个性差别很大，每个人有自己的强项：我性格沉稳，强项在于设备、生产、工业制造；张梅性格外向，熟悉质量、系统，善于和客户打交道，处理客户投诉；而王永刚性格温和，长于与供应商打交道、管理供应链。三人正好可以互补。娄歆懿在不断调整自己的同时，像个伯乐那样去发现人才，我们三人是他精心选拔和培养的对象。"而王永刚也说："歆懿理论很强，官平最能说，张梅很严谨，而我柔性比较大，四人性格完全不一样，但互补性特别强。歆懿高屋建瓴，像老鹰在上面飞，看得高看得远，我们三人在下面紧紧追随。我们四个人，相互之间学到很多东西，简直是完美的组合。"

苦练内功

娄歔懿空降上海之时，正值全球经济危机向纵深发展之际，他手头没有多少资源做事情，所以在总经理的位置上有 6 个月时间几乎没有大事可做。不过，在这段时间他也没有闲着。

娄歔懿请人把工厂油漆成基美的标志色——蓝色，让大家首先从感观上认可基美的文化和理念。由于安亭员工存在较大的戒备心理，很少主动开口，你问几句他答一句，这使新的管理团队心情低落。每天娄歔懿都让大家碰个头，把各自所负责部门的情况和反馈总结一下。他不断给管理团队鼓气，要大家调整各自的心态。由于核心团队主要来自苏州，每天在苏州和上海安亭之间往返，于是在高速公路上奔驰的面包车里，娄歔懿便抓住这个机会与大家一起开会，进行战略矫正，甚至给予个人辅导。

为了解工厂的运营并做出诊断，娄歔懿让各个经理给他做培训，具体介绍自己的部门。娄歔懿了解到部门之间的壁垒很严重，于是成立了供应链部、制造部等部门，把一些资源整合到一起。管理团队还经常到生产线观看，并且语气很缓和地给生产主管提一些建议，但还是遭到强烈的抗议和抵制。在管理团队真正帮助他们想出好主意，解决重大困难，并且效果显著之后，双方之间的信任慢慢建立起来，抵触情绪就一点点消失了。

当然，这样的积极变化还得益于娄歔懿陆陆续续给工厂带来了一些新鲜的管理理念，如关键绩效指标（KPI）。之前工厂管理很薄弱，根本没有 KPI。王永刚对此深有体会："半年之后，大家感觉歔懿确实给我们带来许多新东西，我们学到了很多。以前，我们 4 点半就下班了，他来了之后，很多人都干到 10 点半。同时，大家做得很快乐。"

由于 2009 年经济不景气，工厂产量低，工厂从 300 多人中裁员 130 多人。精简过后，工厂开始大练内功：进行了为期 6 个月的培训。此外，娄歔懿逐渐把不合适的经理都换掉，然后开始进行团队建设、领导力培训，并且开异地会议（offsite meeting）以拓宽眼界。这年夏天，娄歆懿派陈官平和王永刚到中欧国际商学院参加为期一周的领导力速成班，内容涉及精益制造、财务指标、人力资源管理。学完后，两人头脑中对人事、财务、指标等有了概念。

扭亏为盈

2009年7月，上海工厂的订单回暖。管理层针对团队的绩效和整个工厂的绩效分别制定了奖励机制。练好内功的团队开始发挥自己的威力了。从7月开始，工厂的产量、良品率、及时交货率连续破纪录，关键指标持续提高长达15个月，上海工厂成为基美薄膜与电解电容事业部的第一名。娄歆懿不无感慨地说："如果说我们9个月就扭亏为盈，实际上前6个月只是一个铺垫，大家在最后的3个月才冲上去的。"

这年7月，陈官平成为制造部高级经理，2010年1月被提拔为厂长。上海工厂的整合从设备开始，延及生产、工艺、质量等领域，前后花费1年时间，终于大功告成。

试水南通工厂

就在上海工厂的整合工作初见成效之时，娄歆懿感到自己组建的团队越来越强大，磨合得像个大家庭一样，可以尝试做更多、更大的事情。显然，上海工厂的规模不够大，于是他向美国总部毛遂自荐，申请去整合南通工厂。

南通工厂的复杂性比上海工厂还要大。该工厂是2001年6月，由芬兰、瑞典、英国合资的伊沃福斯瑞法公司与当地的民营企业南通江海电容器有限公司共同投资兴办的。这家专业从事铝电解电容器生产的合资企业，拥有一个很小的车间，设施和设备都是江海公司的，100多名员工基本上是合资时从江海公司过来的。工厂独立性很差，既有求于江海，又与其是竞争对手。尽管基美总部早有整合意向，碍于没有人力、资源，更没有信心把它整合好，所以一直拖着没有采取行动。

对于娄歆懿主动申请去整合南通工厂，公司没有立刻批准。此时，适逢CEO到南通视察这家被基美收购的工厂，并参观了竞争对手江海公司。之后，公司才同意了他的请求。娄歆懿跟团队分享了他的南通工厂整合计划和未来前景，大家感到兴奋不已。

整合计划

2010年8月10日，基美美国总部任命娄歆懿担任基美薄膜与电解电容事业部中国区运营总监，直接管理基美在上海安亭和江苏南通的工厂。11日，娄歆懿给南通工厂的管理层发了一封邮件，做了自我介绍，感谢大家过去多年的付出，并表达了自己的良好愿望，分享了自己的整合计划：

> 我带来了我们的整合团队，我们会和原南通工厂的团队精诚合作，密切沟通，同舟共济，继往开来。在这里，我想和大家简单分享一下我们的计划：
> - 我们开始的三或四周对南通工厂的人员和组织、管理系统进行全面的学习和了解。在这个过程中，我希望大家向我和整合团队分享你们的经验和知识，彼此了解，开放沟通。
> - 在第二个三十天，我们会提出初步的短期系统改善方案，并着手方案的实施和相应的人员组织配备。在这个阶段，我希望大家打开思维，勇于变革，一起改善南通工厂的成本结构。
> - 在第三个三十天，我们将为南通工厂考虑长远的发展战略，积极考虑基美美国总部的战略及电解电容市场的发展方向，从而制定我们电解电容中国业务的务实工作计划。在这个阶段，我希望大家能够展现高度的战略思维和务实态度，从而确保我们有开阔的未来。

破冰会议

就在发出邮件的当天，娄歆懿就带领他的整合团队成员陈官平、王永刚、张梅以及人事经理潘欣宇、制造部经理郑军开赴南通。

整合团队6人与南通工厂的管理人员开了第一次会议。会前他们就感到，所有相熟和不熟的人眼神都是怪怪的。很明显，他们对整合非常反感。会议尚未开始，气氛就骤然紧张起来。不过，由于整合团队的成员在每个领域都是高手，在气势上具有了一定的优势。娄歆懿尽量笑得更自然一些，他说："大家不要紧张，我们来不是让所有人都走，都离开岗位的。我们在座的就有个正面的例子。"他用手指了指王永刚，"就是他。一开始我并不看好他，后来他融入了团队，干得很出色，今天已经成为团队不可或缺的一分子。"面对众人投来的探寻目光，王永刚笑着点点头。

尽管如此，双方的沟通还存在很多障碍。工厂的经理们说："你们不了解我们的情况，我们南通与你们上海不一样，有很多特殊情况。"整合团队耐心地进行了解释。会后，娄歆懿找不同的员工，尤其是老员工，了解工厂的情况。当时，工厂的订单比较充足，时常交不了货，要求员工加班又不给加班费，工人们很有意见，还搞过一些抗议活动。娄歆懿赶紧安抚工人，他说整合团队一定会帮助妥善解决这些问题，这使工人们对整合团队有了好感。

调查摸底

第一个礼拜，整合团队采取的策略是摸底：只听，不做建议，不做评价。他们像一家中立的评估公司那样，仔细地去了解上至最高管理层，下到工程师、技术员、操作员等各个层级的情况。每天大家从各自的领域进行汇总，并最后得出一些结论。对于没有搞清的事情，第二天再去摸底。

从第二周开始，整合团队尝试着给工厂人员做出一些评价，提出一些建议，试试他们的水平如何，同时开始对他们提出一定的要求。一个月下来，整合团队摸透了工厂的所有人员和运营状况。对于那些达不到要求的管理人员，采取逐渐边缘化的措施，最后让他们离开。例如，工厂的生产部经理和制造部经理就先后被解聘了。

赢得信任

很快，娄欹懿和他的团队遇到了从未有过的外部压力。被解聘的前任总经理竟然到材料供应商那里试图说服他们不供货，想断了工厂的原材料，同时又到最大的客户——一家知名的欧洲电器公司，全球500强——那里说，新的团队没有做过铝电解电容器，没有人懂技术，工厂供不了货。在遭受两头夹击之下，娄欹懿首先派人跟供应商会谈。而就在这时，那家大客户的采购经理带了很多人来质疑，并且住下来不走，给了交货的最后期限。娄欹懿说，他们确实没办法保证一定能交付产品，但他们唯一能做的就是尽最大努力。经过大家的共同努力，最终平息了这场风波。这件事也使工厂各级人员对整合团队刮目相看。

此外，整合团队还帮助每个部门都建立起 KPI。每天的晨会以及各式各样的会议，大家开始相互沟通绩效指标。过去部门之间扯皮很严重，不能协商解决问题，打通各个部门之间的藩篱之后，问题迎刃而解。原来只讲数量不讲质量，质量与自己没关系的做法，通过激发员工的主人翁精神，也得到了纠正。

2010年9月15日，娄欹懿给南通工厂的各位操作员和检验员写了一封信，表扬"大家在高级制造经理郑军的带领下生产现场有了一些初步的改善"，并提出了12月底之前新的生产目标。同时，娄欹懿公布了薪资政策的调整细节，承诺做到文化激励、团队激励和管理激励。

整合三个月之后，整合团队赢得了工厂员工的信任，工厂的业绩指标也开始好转了。

关闭工厂

虽然业绩好转了，因为南通没有发展空间，整合团队开始为搬厂做准备。事实上，娄歆懿及其整合团队最初就是带着 10 个月后关厂的目标去的，所以自 2011 年 1 月份他们就开始筹建新的苏州工厂，并在南通建立产品库存。

由于知道最终与员工摊牌将会是一个无比艰难的沟通过程，整合团队早已开始做准备。他们在三个月的整合期，通过摸底，已经能判断工厂的关键人员哪些会跟着去苏州，哪些人可以重用，这为组织架构变化做好了铺垫。除了把业绩指标提升上去让大家看到了希望，给员工加薪、发加班工资，并让他们拿到比江海公司更有竞争力的工资，整合团队还潜移默化地宣传苏州的好处，年会和团队建设带员工到苏州园区参观，使他们对苏州产生好感。

3 月份以后，整合团队每周开好几次会，讨论如何去跟每名员工沟通，他的薪酬如何设计等相关细节，并且与律师沟通了赔偿方案。整合团队还与当地政府和江海公司打好招呼，制订好应急方案，以防骚乱。万事俱备之后，他们才宣布了搬厂的决定。

出人意料的是，在与工厂 100 多名员工签署赔偿合同和新的聘用合同时，沟通过程非常顺利。最终，大约三分之一的人愿意跟去苏州新厂，而最关键岗位的人员基本上都留下了。

6 月份最后一周，南通工厂的设备开始搬往苏州，一直到 7 月的第一周才结束。经娄歆懿提议，公司任命陈官平兼任苏州新工厂的厂长。

棘手的抉择

现在，娄歆懿就在苏州的这家新工厂里办公。对于过去几年马不停蹄地对上海工厂和南通工厂的整合，往事依然历历在目。正在这时，公司副总裁鲍勃·威洛比（Bob Willoughby）再次给他打来电话，鼓励他勇敢地接受整合印尼工厂的挑战。

娄歆懿脑子里陡然升起了一个疑问：为何公司一直没有人愿意去整合印尼工厂呢？

他知道，兼并后的整合大多数以失败而告终，而他已经成功两次了，他还会成功第三次吗？他过去整合的是两家中国公司，没有文化隔阂，而印尼工厂是一家外国公司，而且比过去整合的两家工厂更为复杂，规模更大，人数更多：上海工厂员工人数300多人，南通工厂员工人数为100多人，而印尼工厂员工人数有700人；上海工厂和南通工厂大约有9年的历史，员工基本上是中国人，而印尼工厂有20年的建厂历史，员工来自东南亚诸多国家。对于这样的情况，过去的成功经验能确保今后还会取得成功吗？

娄歆懿想起人力资源经理潘欣宇给他讲过的一件事：有一天中午，她与同到印尼巴淡岛出差的一位意大利同事出去吃饭，正好遇到了印尼工会罢工游行，只见餐馆外面是一片打砸抢的混乱场面，警车被掀翻，轮胎在燃烧，餐馆老板赶紧把大门用铁链锁起来，叫大家都不要出去，否则有生命危险。印尼的工会素来强大，经常组织上街游行、堵塞路桥，甚至占领经营场地，有时他们的活动会引发打砸抢事件。娄歆懿还记得不久前的一则报道说，2011年6月在巴淡岛上发生了一起非常危险的事件：一家日资企业的三名高管被工会堵在办公室里面，时间长达36个小时。

想到这一切，对于自己未来在公司的发展、整合印尼工厂会遇到什么样的挑战，娄歆懿开始在心里进行细细评估。

娄歆懿转身看着墙上的世界地图，找出了印尼巴淡岛的位置，他两眼盯着那里看，那个小岛离中国显得那么遥远。他眼前突然浮现出1998年印尼排华事件的恐怖场面，不禁打了个寒战。

该不该领导这场前途未卜的整合？自己是否有能力驾驭这次整合？娄歆懿知道，他要做出的决定会影响自己的整个职业生涯。

(B)：整合前奏

经过一番慎重考虑，娄歆懿决定接受基美总部的任命，担任薄膜与电解电容事业部的亚太区运营总监，带领中国整合团队去印尼巴淡工厂迎接挑战。总部命令中国团队于 2011 年 12 月中旬前往印尼，整合时间为三年。不过，娄歆懿给自己设定的期限是 18 个月，因为他知道自己必须在 18 个月内让公司有所起色，这样，变革才有可能获得支持并最终取得成功。现在，娄歆懿面临的一个紧迫问题是，如何在不到 2 个月的时间里为这一艰巨的任务做好准备。

艰难游说

娄歆懿开始默默地从一切可能的途径收集有关印度尼西亚的资料，他还从亚太区人力资源总监潘欣宇那里进一步了解印尼工厂的人事情况。与此同时，娄歆懿开始考虑整合印尼工厂的最合适人选。他决定以上海工厂和南通工厂的整合团队为班底，补充一些得力干将，组建一支更强大的整合团队。他在电脑上打出了核心成员名单及其职责：

> 娄歆懿：总负责人
> 陈官平：总经理，负责生产、设备

王永刚：供应链、仓储、物流

张　梅：质量

潘欣宇：人力资源

杨　波：财务

余凤华：精益生产、六西格玛、各种协调

秦　川：技术、工艺

对着自己精心考虑的名单，娄歆懿心想，要说服这些人员前往印尼，关键是首先必须说服已升为上海、苏州两家工厂厂长的核心人物陈官平。他先试探性地问陈官平是否愿意参与整合印尼工厂，陈官平表示从没想过。娄歆懿把自己的整合计划详细说给他听，陈官平也就姑且听着。交谈几次后，娄歆懿正式与陈官平谈话。陈官平提出了不想去的理由：第一，他已40多岁，在国内干得好好的，从没想过出国工作，更何况去印尼有很多未知的风险，步子一旦迈出就难回头；第二，他的女儿在顶尖的学校读高中，让她转学不大现实；第三，他的英语一直是短板，沟通起来很困难，印尼人讲的英语根本听不懂……

对于陈官平的一堆理由，娄歆懿从各个层面循循善诱地加以分析。他说，年龄不是问题，不惑之年正是大干一番事业的黄金年龄，到印尼去他将担任总经理，事业将会有很大的发展空间；英语更不是问题，他分享了自己过去学英语的经验；当然，最大的问题是家庭，不过他会妥善安排的。娄歆懿提供的解决方案是：让陈官平全家都搬到教学很好的新加坡，他可以每周从印尼来回新加坡，四天住巴淡，三天住新加坡。娄歆懿还让潘欣宇帮助张罗租房子、找学校等琐碎事情。陈官平去新加坡考察了三天，回来后感觉再没有理由拒绝，也就同意加盟整合印尼工厂的中国团队。

在11月底去基美总部参加"哈佛班"培训之前，娄歆懿把草拟的公告与陈官平做了沟通。12月9日是陈官平和同学们在"哈佛班"拿毕业证书的日子，当天基美总部的人力资源的副总裁到培训现场宣布，公司要整合印尼工厂，陈官平被提升为巴淡工厂的总经理。同学们都来握手道贺，但每一次握手都给陈官平带来更大的压力，因为他预感到前面的路将充满艰辛。

成功说服了陈官平，其他人也在娄歆懿的努力游说下加入了整合印尼工厂的中国战队。

秘密准备

在总部正式宣布整合印尼工厂之前，中国的整合团队已经秘密地开始做各项准备。娄歆懿、陈官平和潘欣宇悄悄地收集资料，分享给团队。娄歆懿发给团队成员两本书：一本是全面介绍印尼的文化、历史背景、地理位置、气候、风俗习惯、宗教、语言的印尼指南《印度尼西亚》；另一本是业务书籍《并购的艺术》（整合分册）。他还给大家发了一些学习网址，其中有一个叫"最初90天"（First 90 Days），上面不但有一些理论框架，还有名人的指点、建议和经验分享。

娄歆懿带领团队运用SWOT分析了自己整合印尼巴淡工厂的强项、弱项、机会、威胁。整合团队还做了头脑风暴（brainstorming），讨论从与人打交道的角度如何让自己怎么变得更强大、更优秀，大家甚至对穿着、行为举止、相互之间的配合与协调提出了要求，并相互指出平时的缺点和不良习惯。

接着，他们讨论了整合的目标、战略、战术，细化到每一个功能领域的每一个人的角色、游戏规则，以及团队如何协同。他们制定的30天、60天、90天的整合计划，其中包括的五大整合项目及其指标、三个月的出差计划等。他们制定的三条整合原则：专注（focus）、迅速（fast）和灵活（flexible）。

娄歆懿花了三天时间精心准备一份PPT，然后给整合团队做了一个《变革管理——印尼整合前奏》的终极培训，其中涉及变革管理的理论、方法、行动计划等内容。娄歆懿反复强调了两点：第一，要懂得整合是一个变革过程，这个过程里有共性，有规律；第二，要想方设法获得被兼并方所有员工的认可。

就在 12 月 9 日公司总部宣布整合印尼工厂时，娄歆懿给整合团队所有成员发了一封主题为"你准备好了吗？"的邮件。11 日，娄歆懿与陈官平给印尼工厂发出了第一份整合简讯。12 日，召集公司管理层开会，把整合团队离开后上海工厂和苏州工厂的工作安排好，让留下的人员维持两家工厂的稳定运营，确保现有的业绩指标不下滑。同一天，娄歆懿又给印尼巴淡工厂的管理层发了邮件，介绍了中国整合团队的成员、日程安排和工作项目。

人身威胁

2011 年 12 月 14 日，娄歆懿带领中国整合团队全体成员从上海出发，到达了新加坡樟宜机场。就在众人高高兴兴地拿行李的时候，娄歆懿的黑莓手机突然跳出来一份电子邮件。邮件转发自美国总部。娄歆懿打开邮件，一口气读完，顿时感觉心里咯噔一下，脑袋一片空白，浑身发麻。

邮件内容来自基美公司内部的两个沟通渠道：一个是"Ask Per"（"问CEO"），另一个是"Listen Up"（"听我说"）——一个第三方的沟通平台，写给第三方的信被直接交给董事会，董事会再转给 CEO 和高管层。在 5 封责问CEO 的信中有人挑衅道：为什么要任命娄歆懿、陈官平和这帮中国佬到印尼来？中国人能管好我们吗？只有几年的整合经验就行吗？而在"听我说"的一封邮件中，有人直截了当地说要用 AK47 冲锋枪把娄歆懿和陈官平杀掉。总部感到事态严重，旋即把情况通告娄歆懿。

担心的事终于发生了。娄歆懿告诉自己要冷静，不要马上告诉团队，等合适的机会再讲。他在大家面前尽量不露声色，表现出若无其事的样子。然而，他心里翻江倒海，迅速思考着如何把严峻的形势告诉大家。

到了酒店的休息厅，大家坐下来，娄歆懿才把总部的邮件给陈官平和团队成员看了。陈官平默默地坐那里，后悔之情不言而喻，其他人则是满脸写着紧张。娄歆懿没有极力地去安慰大家，只是轻描淡写地说事情没有那么严重，让大家不要恐慌。

其实，娄歆懿的心里也是既紧张又矛盾，他不知道是否一定要继续领着大家去冒巨大的风险。那一天，大家的心情格外沉重，一直交谈到凌晨 2 点钟。大家走到酒店的落地窗前，外面的天空乌云滚滚，眼看一场暴风雨就要来了。

(C)：变革时刻

第二天，几乎一夜没合眼的整合团队很早就起来，准备按计划从新加坡出发，坐 20 分钟的高速渡轮前往 20 公里之外的印尼巴淡岛。临出发前，娄歆懿收到了公司副总裁鲍勃·威洛比发来的邮件，他与团队分享了邮件内容：

"一切从今天开始。

我知道今天是个大日子，我希望你们走进这一天的时候，知道我对你们信心满满。如果我能以任何方式帮助你们，请尽管说。

这件事并不容易，不过，生活中最值得做的事都不容易。你们一定会取得成功。成功并非一蹴而就，但只要以正确的方式做正确的事情，我相信最终必将取得巨大成就。我对你们的能力和做事方式充满信心。我真希望在那里和你们并肩工作。

祝旅途安全！"

第一次会议

整合团队到达巴淡工厂，接待大厅空空荡荡。到了会议室，里面也空无一人。整合团队坐下来打开电脑，然后挨个打电话叫工厂的管理人员过来开会。经理们来到会议室，并没有坐到会议桌旁，而是全部靠墙坐着，脸色凝固，眼神锐利。会议在严肃而又紧张的气氛中开始。首先，整合团队成员和工厂管理人员依次做了自我介绍。整合团队强调自己的善意。娄歆懿请王永刚现身说法。于是，王永刚把自己如何从被整合对象到今天获得公司的认可和信任，被培养为上海安亭工厂的厂长，并成为整合团队的一员的故事做了分享。

接着，娄歆懿一边播放 PPT，一边开始了他两个小时的分享。他想在第一天的会议上，在第一时间把自己和整合团队敞开来让印尼工厂的管理团队了解。当娄歆懿介绍"H_2O 愿景"时，经理们感到很新鲜，顿时瞪大了好奇的眼睛。娄歆懿解释说："我们提出的'H_2O 愿景'，是表示我们希望把印尼工厂建设成为一个拥有健康生活、高绩效的组织（Healthy Life, High Performance Organization）。大家都知道，H_2O 表示水。印尼是被水围绕的，而水是财富的象征。我们要的高绩效，不是个人的绩效，也不是部门的绩效，而是整个工厂最终的绩效。只有工厂的绩效好了，我们的日子才会真正地好起来。对于健康生活，我们希望不是简单的身体健康，而是心智模式也要健康，这样我们才懂得工作和生活的平衡，也知道怎么通过一个有效的方式去提高我们的业绩。"

全方位沟通

会议结束之后，娄歆懿立刻让整合团队成员与工厂对应职能部门的负责人一一对谈，在对方互相之间没有交流的情况下观察、了解他们的第一反应。于是，陈官平、王永刚、张梅等人分头行动。其实，在开第一次会议时，整合团队的成员就已经开始按照事先部署，开始进行一对一的盯人观察，并把观察到的情况记录下来。下午，整合团队和一线的操作员工进行了沟通。晚上 11 点半，娄欹懿和陈官平又马不停蹄地与车间里上晚班的员工进行了接触和交谈。

到午夜 12 点半，一天的交流沟通活动结束了。整合团队回到酒店，开了一次碰头会，相互交流了自己所观察到的工厂人员的语言和肢体行为。大家尤其对高级质量经理邱比（Jopie）的言行印象深刻。在上午娄欹懿演讲的时候，邱比一直仰着脖子，眼睛看着别处，满脸不屑的神情，腿一直在抖动。下午，邱比还跟娄欹懿和陈官平说了一句莫名其妙的话："工会的头儿是我的朋友。"但是他的话立刻遭到人力资源经理卡拉（Carla）的反驳。对一天的情况进行了分析之后，每个人都谈了对整体局势的判断，会议持续到凌晨两点。

在整合第一周里，陈官平与工厂所有管理人员做了一对一的交谈。在第一周结束时，工厂召开了一次全员大会，对一周以来的整合情况进行了总结。

每日运营评估会

2011 年 12 月 19 日，整合团队从工厂管理人员那里了解到他们每周开一次运营评估会。娄欹懿和陈官平立刻表示运营必须即时控制，一周开一次评估会根本没法控制。他们要求每天都开运营评估会，但经理们都摇头：怎么可能每天开会呢？我们信息、数据都拿不到。于是，娄欹懿和陈官平带领大家进行头脑风暴，讨论如何开每日运营评估会。整合团队还分享了中国工厂的做法：在上海和苏州的工厂，每日运营评估会在上午 9 点钟开，经理们都是从车间带着当天的问题和解决方案而来。经过一番讨价还价，巴淡工厂的经理们勉强同意在下午 2 点开会。第二天下午 2 点，陈官平带领大家尝试着开了第一次每日运营评估会，会议持续了 2 个小时。针对时间较长这一现象，娄欹懿和陈官平提出，评估会必须控制在半个小时以内。

陈官平决定按照整合团队最初制定的"反思、重建、改革、重新校准"的四大变革要求，把每日运营评估会开好。在接下来的两个月，每日运营评估会从下午 2 点提前到 1 点，最后到上午 11 点，每次会议基本上在 11 点半结束。后来，大家养成了习惯，每天自己开会，不需要整合团队参与。此外，每月的运营评估会也逐渐走上了正轨，工厂建立起新的运营检测跟踪体系。

第二封整合简讯

2012 年 1 月 27 日，即开始整合 45 天后，整合总负责人娄歆懿和巴淡工厂总经理陈官平给全体员工发出了第二封整合简讯。这份简讯对最初 45 天的整合工作作了总结：中国整合团队和当地的管理团队共同努力，在文化、运营系统和工作流程三个方面建立了流程或系统。

简讯中说，在"文化"与"人"的方面，整合团队实施的重要举措有：加强了沟通，尤其是让维修工程部拆除了经理办公室门的自动关闭装置，确保"门户开放"政策得以实施；通过线上和线下对员工满意度进行了调查；举办了对组织与人才进行评估的研讨会；在文化与价值观方面，根据巴淡工厂的现实初步制订了一些基本原则；并且开始研究如何塑造雇主品牌。在运营系统和工作流程方面，工厂已经在实施一个得到证明的严格的整合流程，确保目的明确地渡过整合的各个阶段，同时让巴淡始终聚焦于运营和财务目标的不断实现。

工厂的经理们

通过 90 天的摸底，整合团队已经对工厂原有管理人员了如指掌。工厂原来的总经理是新加坡人，已经 60 多岁，在陈官平到来之前被劝退休。在工厂的管理团队中，三分之二是新加坡人，其中财务经理李大为（David Lee）、技术部经理周德良（Chow T. Lian）以及生产经理林泰伦（Terence Lim）处于核心地位。他们跟着原总经理干了 20 年，对中国整合团队持排斥的态度。李大为和林泰伦由于存在诚信问题，后来被一一解雇，而周德良被提拔为高级经理。

在管理层中的印尼人，也存在着明显的抵触情绪，而邱比就是完全不服气的代表。当然，整合团队也慢慢发现，那些表现得很配合的人，可能具有损人利己的倾向。此外，来自缅甸的维修部经理，一直板着面孔不讲话。

ELT 外出会议

娄歆懿把整合最初的 90 天视为一个最重要的转折点。经他提议，整合团队决定举办一次活动，展示 90 天的整合成果，与当地人一起庆祝最初的成功。2012 年 4 月 9 日，基美巴淡工厂的"ELT（扩大的领导团队）外出会议"在巴淡岛的一家度假酒店隆重召开，参加会议的有中国的整合团队、巴淡工厂的 35 名骨干员工，而且基美副总裁鲍勃·威洛比也从总部飞来参加这次活动。

这次会议聚焦于五大主题：共享领导力，共享主人翁精神；建立双向沟通，感知工厂及业务脉搏；创建一个连续学习与人才发展的平台；沟通业务目标、战略、战术，确保业务一致性；培育健康的公司文化，提升组织能力。为此，娄歆懿在两天中给与会者做了"了解团队""自我领导力""领导力基础""文化与目标的一致"等培训。与会人员被分为 5 组进行讨论，然后进行汇报和问答。现场互动的气氛非常热烈。通过这种互动，管理层赢得工厂第二管理梯队的信任，让他们知道整合团队的管理方式与以前的传统管理方式不一样。

人力资源经理

整合团队在巴淡工厂工作一周半之后，按原定计划回中国一趟。非常配合整合团队工作的人力资源经理卡拉依依不舍地把大家一直送到轮渡口。她眼泪汪汪地对娄歆懿和陈官平等人说："你们是我们的救星，我们就靠你们了。"但当整合团队不久之后重返印尼时，竟意外听说卡拉悄无声息地消失了。

娄歆懿与陈官平商量，必须赶紧招聘一名人力资源经理，因为他们知道，印尼的工会很强大，工厂人事很复杂，人力资源经理可以在处理这些事务上发挥重要作用。由于本地招不到高水平的人力资源经理，娄歆懿就接受猎头公司的建议和帮助，2012 年 4 月初到雅加达招聘。娄歆懿、陈官平和潘欣宇进行了三天的面试，最终看中了一名叫布迪（Budhy）的印尼人。已步入中年的布迪，成熟稳重，曾在澳大利亚人管理下的可口可乐印尼分公司工作过，经历过工会罢工等很多复杂的事情。5 月底，布迪成为巴淡工厂的高级人力资源经理。

五人委员会

随着布迪的到来，6 月娄歆懿与陈官平在管理团队之上设立了一个"五人委员会"，即战略决策委员会，成员包括娄歆懿本人、总经理陈官平，以及布迪、邱比和周德良三位高级经理。由于陈官平每周只在巴淡待三天半，中间还要回中国，"五人委员会"可以加强遥控管理，至少能通过周德良和布迪这两个渠道了解工厂发生的一切。

邱比

邱比是原总经理的干儿子，能力最强，也最聪明，一直自以为是，不把其他人放在眼里。作为工厂原来唯一的高级经理，他可谓是一个呼风唤雨的人物，在工厂的地位相当于二把手，可以随时以质量的名义把产品线停下来，所有的经理都惧怕他三分。但谁也没料到，原先让整合团队头疼的邱比，竟然在 2012 年 1 月 7 日主动递交了辞呈，说自己拿到了一份新的工作合同，薪资涨了 30%。整合团队成员都认为，邱比的价值观和整合团队不相符，但是他对工厂的一切了如指掌，在没有完成知识转移的情况下具有不可或缺的利用价值。于是，娄歆懿决定用钱豪赌一把。他连夜给美国总部打电话，申请给邱比的薪资涨一倍。1 月 30 日，娄歆懿告诉团队，邱比决定留下了。

不久之后，整合团队决定进行人事调整：既然作为质量经理邱比一味地强调质量，不重视生产、产量与交付，那就干脆调他去做生产经理，让他明白生产也有关键指标。2012 年 3 月 19 日，整合团队宣布组织架构重组，其中决定让邱比担任高级生产经理，而质量部门的负责人由整合团队的张梅兼任。

一年之后，强势的邱比把生产部门管理得不错。但是，维修部经理到了快退休的年纪，比较软弱，他的部门处于弱势地位。两个部门之间因此产生了不合作的问题。陈官平建议把维修部整合到邱比手下。2013 年 3 月，巴淡工厂的机器维修部门与生产部门被整合为"制造部"，这个新的部门就由邱比来负责。

工会

整合伊始，工厂的工会找到整合团队质问，为何写给管理层的信函新任总经理一直置之不理，并声称要去投诉，这令陈官平感到一头雾水。人力资源经理卡拉解释说，信在她那里，她以为不重要就忘记了。到这时，整合团队才知道，工会的信函必须 7 天之内给予回复。由于工会与管理层本来就对立，管理团队不想因小失大，于是马上向工会表明自己的善意，并表示一定会尊重工会，广开言路。后来整合团队还找上级工会来协调，最终还决定管理层和人力资源每个月与工会至少开一次面对面会议。这次信函风波虽然平息了，但让整合团队第一次领教了印尼工会的厉害。

2013年伊始，由于政府把最低工资上调了760 400印尼卢比（上浮54%），巴淡基美工厂的工会便要求每个人的工资都增加这个数额，但是工厂不同意所有人员都涨工资。于是，工会就不断要求谈判，以罢工来威胁。陈官平与工会每周谈判一次，从1月初一直谈到2月底。最终，经过调解，厂方同意给每个人上涨工资，而工会则答应2013年不再要求涨工资，并且从此不再为公司更名为基美工厂而索要遣散费。

作战室

自2011年12月整合团队踏上巴淡岛，最重要的整合工作到2012年4月基本完成。2012年5月，陈官平把自己的家搬到新加坡，开始常驻巴淡岛。这时，除娄歆懿、王永刚、潘欣宇、张梅外，整合团队的其他人员基本不来巴淡工厂了。2012年10月财务经理李大为离开后，整合工作初步告一段落。在这一年的9月、10月，巴淡工厂的整合开始显现出效果，管理团队焕然一新，工厂的氛围变得轻松愉快，运营走上了正轨，包括KPI在内的各项业务指标终于有了起色。

然而，好景不长。2013年年初发生的最低工资事件，工会以罢工来威胁，工厂开开停停，导致及时交货率变得很差。2013年3月最糟糕的时候，及时交货率降到62%，没有及时交货的产品价值近20万美元。

为了提高业务指标，加强团队合作，2013年4月，整合团队及时出手，成立了一个危机管理中心，取名为"作战室"。这个中心的负责人由陈官平担任，其他主要成员为工厂的11名管理人员。此外，作战室还有27名第二梯队人员，他们被分为三个小组，每组有自己的组长。作战室的主要成员每天一上班就全部到作战室办公，相互沟通解决存在的问题，而陈官平作为作战室的协调者、组织者，指挥大家进行攻坚战。

早已开始独当一面的陈官平，常常在作战室里思考，未来自己还会遇到什么样的新挑战。

（D）：几大意外

工厂绩效迅速好转

当初基美的美国总部花 200 万美元聘请咨询公司都没能扭转业绩颓势的印尼巴淡工厂，在中国整合团队领导下进行了一系列的变革，仅仅 6 个月之后，工厂的关键绩效指标（KPI）就获得跃升，这比娄歆懿原计划花 18 个月时间提高工厂绩效还要早很多。下面是整合前和整合 8 个月后的一组数据对比：

KPI	整合前（2011 年 12 月）	整合后（2012 年 8 月）
浮动利润率	45%	57%
制造利润率	34%	47%
产量	59 mil pcs	75 mil pcs
良品率	67%	85%
准时交货	43%	92%
客户投诉	5/mth	1/mth
安全事故	2/mth	0/mth
敬业度	34%	65%
离职率	12%	4%

值得一提的是，今天巴淡工厂仍然是整个事业部盈利状况最好的工厂之一。

卡拉人间蒸发的背后

整合团队刚到印尼去整合时，人力资源经理卡拉非常配合工作，并提供了许多信息。但是，她怎么会突然之间神秘失踪了呢？

卡拉与位于苏州的亚洲人力资源总监潘欣宇有直接汇报关系。最初，娄歆懿通过潘欣宇了解到卡拉所反映的工厂情况：包括工厂总经理在内的整个管理层都很差，不但背地里贪污，而且平时行为不端；尤其是质量经理邱比，在印尼人中职位最高，但诚信度很差，观念也很差，而那些新加坡人完全依仗于他，他是一人之下，万人之上，平时非常狂妄、武断。此外，卡拉还提到现有管理层的人力资源理念很陈旧，人力资源唯一的职能就是行政支持，她提出印尼的人力资源要做业务伙伴和战略人力资源。作为资深人力资源背景的娄歆懿，自然而然感到非常认同卡拉。

娄歆懿带领团队去巴淡工厂整合之后，看到的许多现象确实也验证了卡拉信息。但是，娄歆懿也了解到，卡拉一直与工厂原管理层有矛盾，尤其是关于招聘一名招操作工是签固定期合同还是不固定期合同，与当地的总经理和团队发生了很大的冲突，所以她对管理团队评价都是负面的。

后来，随着各个职能的整合全面铺开，娄歆懿开始了解并研究人力资源部门，发现有些情况与当初了解的不一样，而卡拉闪烁其辞，说不清楚。娄歆懿开始产生疑惑，于是做了一些交叉验证。在与邱比交谈时，邱比也揭露了卡拉的一些不良行为。另外，整合团队后来发现，最初工会发给管理层的信函竟然是被卡拉故意隐藏起来的。

娄歆懿继而发现，卡拉有贪污餐厅钱款的嫌疑。在面对面的沟通中，卡拉感到了娄歆懿对她回答的不满意，有一种一下从天堂跌入地狱的感觉。随着整合团队对财务的深入调查，她自感贪污之事难以逃脱追究和处罚，加上她借了当地合作社的钱没有还，于是就人间蒸发，再也没有现身。

第一次握手时犯的错误

娄歆懿第一次见到工会领导人时，主动伸出右手与对方握手，然后自己的左手就顺势拍拍对方的肩膀，令他意外的是对方的脸顿时就很阴沉下来。旁边的几位同事马上提醒娄歆懿，他意识到虽然自己之前做了充分的研究，但还是犯了一个致命的错误。娄歆懿在美国工作过，习惯于拍肩以示友好，但是用左手拍印尼人的肩膀，就是犯了大忌，因为穆斯林认为用左手拍他是很肮脏的事情。

荣获工会大奖

2012 年 9 月 13 日，基美的巴淡工厂因为遵守劳工协议、管理层与员工之间有良好沟通，被印度尼西亚的 SBSI 工会评选为全国前五强，荣获大奖。高级人力资源经理布迪与两名工厂工会人员前往首都雅加达领奖。基美工厂是巴淡岛仅有的两名获奖者之一。

邱比仍在工厂

邱比到现在仍然在巴淡工厂工作，依旧难以管理，一直是总经理陈官平的一块心病。不过，用娄歆懿的话来说，那次工资加倍的赌注还是非常值的。

周德良与陈官平成为好朋友

新加坡人周德良一开始对整合团队并不友好，瞧不起中国整合团队，但是在慢慢打交道过程中，他对工厂的变革开始转为配合与支持的态度，最终与陈官平成为好朋友，他们的家庭在新加坡经常相互走动。

陈官平仍在接受挑战

去印尼整合之前，原计划是让陈官平担任一段时间的总经理，等整合任务完成之后，在当地管理者中选择一名合适的人选继任总经理，履行"不是来抢饭碗"的承诺。但是，几年过后，陈官平得到了工厂上下一致的信任，请求他留下继续担任总经理。三年过去了，陈官平仍然在印尼工厂担任总经理一职。有时他回中国时间稍长一些，那里的同事都十分想念他。

美的：职业经理人的接班¹

2012 年 8 月 25 日，美的集团 70 岁的创始人、董事长何享健宣布再次从董事长职位上退休，转战幕后的控股公司，这是在他 2009 年辞去集团上市公司美的电器（SZ：000527）董事长职位之后的第二次退隐。美的体系是何享健几十年来一手打造的白电帝国，品牌属行业领先，集团除上市公司外，还拥有小家电、电机和物流业务。接替何享健位置的，是原美的电器董事长兼 CEO，45 岁的职业经理人方洪波。接棒之时，方洪波面临的局面并不乐观：公司业绩下滑迫切需要转型，自己一时间未必能驾驭老臣，基层人浮于事，要按照自己的想法提升业绩，困难重重；另一方面，何享健虽是恩师对自己赏识有加，但他还有三名亲生子女，中国人"子承父业"的传统可能在众老臣眼中更加容易接受。

方洪波自得知将接棒美的集团一事以来一直琢磨将如何摆好自己的位置。这次承担的责任比三年前接手集团下属上市公司美的电器董事长一职时候更

1　本案例由中欧国际工商学院李秀娟和赵子倩共同撰写。在写作过程中得到了美的集团的支持。该案例目的是用来做课堂讨论的题材而非说明案例所述公司管理是否有效。本案例获"2016 中国工商管理国际最佳案例奖"提名奖。

重。他知道，自己必须理清千头万绪的思路：虽然自己对美的未来的成长将不遗余力，但如果自己不能令羽翼相当的同僚心悦诚服，结果反而可能事与愿违，到时候在众口铄金之下自己应该如何面对何享健和自己的选择？想到这些，他不由得神色凝重地陷入沉思："也许只有用事实来说话才能真正服众，然而，在互联网时代下，以往的经营思路已经到了不得不改变的时候了。为了实现新的愿景未免又会引发波澜。在'引领变革'和'人员稳定'的双重压力下，自己如何才能带领美的走向新的未来？"

接棒之前

美的缔造者何享健

何享健是美的当仁不让的缔造者。出生于 1942 年的他高小毕业后便辍学，当过学徒、工人、出纳。1968 年，他带领街道居民集资创办塑料生产小组，生产药用玻璃瓶和塑料盖，后来替一些企业做配件。走南闯北地找市场锻炼了何享健的商业意识，在刚刚改革开放后的 1980 年，他就开始为一家国营电器厂生产电风扇零配件。当年，他就已经开始学以致用，生产自有品牌的电风扇。1981 年，何享健已经成为 250 多人的厂长。1986 年，该厂生产的电风扇开始销往香港。1985 年，公司引进日本的先进技术，开始生产窗式空调机。1993 年，美的电器上市获批，该公司是中国第一家上市的乡镇企业。1990 年到 1994 年间，美的空调销售排名处于行业第三位。[1]

放权事业部，培养经理人

20 世纪 90 年代，白色家电进入战国时代，业界经常发生你死我活的价格

---

1 "何享健美的帝国创业史"，赢周刊，2012-10-04［2015-09-06］，http://chuangye.cyz.org.cn/2012/1004/30560.shtml。

战，各方都试图通过降价挤占市场份额从而打倒对手，全行业几乎都在亏损。1996 年，美的空调的销售排名下跌到行业第 7 位，企业年产值从 25 亿元大幅下滑到 20 亿元，当年的利润主要来自一些投资收益。当时市面上广泛传闻政府有意让科龙兼并美的，美的品牌的市场地位显得岌岌可危。

在反思中，何享健认为美的之所以在激烈竞争中呈现下滑之势，是因为公司得了"大企业病"。当时美的已经拥有空调、风扇、电饭煲等五大类产品线，共计数百种产品。这些生产线的经营全部由公司集中决策，被称为"统筹统销"。由于产品跨度大，销售人员和总部职能部门都需要对多产品负责，工作重点不明确；同时，由于决策权集中在金字塔顶端，何享健本人既抓销售又管生产，精力已无法满足产品品类日益增多的需求。据美的集团前任高级副总裁黄晓明回忆："当时公司有一万多人，所有部门都向老板一人汇报，他每天有看不完的文件，签不完的字。"[1]

1997 年，何享健决定引入事业部制，成立空调、家庭电器、压缩机、电机、厨具 5 个事业部，由事业部负责生产制造及销售，而总部的职能集中于总体战略决策和控制。事业部之间的业务往来采取市场化运作方式。同时，公司启用一批职业经理人担当"外藩"重任，其中就包括让方洪波担任美的空调事业部内销总经理。为了明确职业经理人的权责边界，美的还制定了《分权手册》。总部只负责财务、预算、投资和高级职业经理人管理，事业部高度自治，可以自行组建团队，自行管理研发、生产、销售等产业链环节，具备独立人事权。他曾说过："只要把激励机制、分权机制和问责机制建立好了，自然就会有优秀的人才来帮你管理。"[2]

借事业部改制和分权经营之机，何享健劝退了部分美的创业元老，有意淡

1　李晓清，"改革之路是最美的路——美的集团在改革开放三十年中的发展足迹"，《人民日报》，2008-10-31〔2015-09-06〕，14 版，http://paper.people.com.cn/rmrb/html/2008-10-31/content_129899.htm。

2　"何享健美的帝国创业史"，赢周刊，2012-10-04〔2015-09-06〕，http://chuangye.cyz.org.cn/2012/1004/30560.shtml。

化家族对公司的影响，其中就包括 23 人创业元老之一——何享健的太太。确定事业部体制后，何享健基本退出了对日常经营活动的管理，一批元老退出经营一线，而一批年轻的经理人开始走向前台。但是，当时职业经理人的人才市场在刚刚脱离计划经济时代的中国还未形成，美的启用的职业经理人基本都是几年前开始在内部培养的，他们跟随美的一同成长起来。[1] 时任美的学院院长及人才发展总监黄治国曾经评论道："1997 年美的事业部制改革，是美的一个非常重要的历史转折点。一方面是分拆成了几大事业部，实现了产品多元化背景下的经营专业化，把何总从日常琐事中分离出来；另一方面则是一批元老从经营一线退出来，一批年轻的经理人开始走上前台，方洪波也就是那时启用的。"

自从事业部制在 1997 年建立之后，美的组织架构一直在调整，每次都关系到权力的收放，遵循着"授权有道，分权有序，授权用章，用权有度"的 16 字方针。

方洪波在美的的成长经历

1997 年美的面临困境之际，何享健启用方洪波主管美的最重要的空调国内销售业务，这是何享健力排众议的安排。1992 年，25 岁的方洪波以内刊编辑身份进入美的，供职于总裁办。何享健发现了他的才干，在方洪波于美的工作的 5 年以来，提拔他为公关科副科长，再历任科长、广告部经理、市场部经理。这造就了 1995 年时人们耳熟能详的广告"美的生活，美的享受"，美的邀请明星巩俐作为形象代言人，令人们印象深刻。"虽然我不知道他是不是培养了别人，但他培养我，我是真能感觉到，因为他时常把我叫到办公室，拿出来一张小纸条，上面是平时记的事情，和我系统地谈一次，说哪一天我在哪个场

---

1 "何享健美的帝国创业史"，赢周刊，2012-10-04［2015-09-06］，http://chuangye.cyz.org.cn/2012/1004/30560.shtml。

合表态不对，或者那一天我说话很冲动。"得到老板有意识重用和培养，令方洪波感到自己应当全力以赴。

上任伊始，方洪波亲自叩响优质客户的大门，但却因为产品不符合客户需求而吃了闭门羹。为了解决公司不能以客户为导向的问题，方洪波提出"让销售向营销转变，让生产制造向顾客需求转变"，同时向何享健建议渠道扁平化，绕过市场代理直接发展优质客户。

在当时"以产定销"为主流思想的中国市场，方洪波更加面向市场的营销思路及渠道扁平化的倡议得到何享健认可后，美的空调迅速摆脱困境，市场地位蒸蒸日上。方洪波上任第二年，美的空调销量剑指三强，达 90 万台，增速200%，重新奠定了美的在空调行业一线品牌的地位。何享健曾对方洪波说："现在形势这么好，我最开心的不是销量增长，不是挣钱了，而是我判断没有错，没有用错人。"[1]

首战告捷后，方洪波平步青云。2000 年，他凭借在空调事业部的出众业绩，出任美的空调事业部总经理。空调事业部是美的六大事业部中最大的，销售额几乎占当年整个集团的 60%。方洪波被称为美的最大的"外藩"[2]，由于工作成绩出色，此后又屡次得到提升（见附录 1）。

"无数个美的"难题

2000 年前，"价格战"正在上演，为了实现规模经济，"急速扩张"策略几乎是所有家电厂商的不二选择，美的集团也不断开展并购。既遵循跑马圈地的思路发展，几乎所有家电企业都"号称要建全国乃至全球最大的生产线，不

---

1 暂慧昉，"专访方洪波：美的如何打通禅让与转型的任督二脉"，《中国企业家》，2014-07-07［2015-09-06］，http://www.iceo.com.cn/mag2013/2014/0707/292910_5.shtml。

2 罗天昊，"方洪波：近臣出藩之道"，小康财智，2009-10-22［2015-09-08］，http://news.cnfol.com/091022/101,1596,6685542,00.shtml。

断高举多元化大旗，以资本运作方式拓展到其他非相关产业"。[1]方洪波回忆："2004 年的时候，我们还没有冰洗业务，但也就是五年的时间，美的已经成为白电领域里唯一能与海尔抗衡的企业。"[2]

随着纵向发展和横向扩张，美的集团的组织架构也愈加复杂，2004 年，集团增加了新的层级——二级集团。随着业务逐渐复杂起来，以往单纯的事业部架构被认为是造成重复投入和各自为政的原因。当时，何享健对美的集团的改革方向是"投资控股型集团"，强化二级集团对于事业部的经营管控，以往事业部的权力则部分回收到二级集团。以往单纯的事业部架构被认为容易造成重复投入和各自为政的弊端。事业部制的思路依然是二级集团的基础，支持各产业的专业化经营。含有二级集团的新架构虽然通过资源统筹提高了效率，也让以往事业部总经理中优秀者在更高的职位上大显身手，但是集团架构也因此变得愈加复杂。美的高管分析道："二级集团只不过是改变以往的分兵作战，转为集团军作战模式。"[3]

自此，美的拥有了美的集团、二级集团（包括上市公司美的电器）、事业部、产品公司四级架构，每一个层级都有自己的运营管理、财务管理、资产管理和品牌管理部门。各二级集团旗下一共有近 25 个产品事业部，各自独立经营，独立签订合同。美的内部曾经流传这样一句话："没来美的前，看到的是一个美的；进了美的后，发现有无数个美的。"[4]

这种架构映射了何享健"制衡"的哲学。何享健本人担任集团董事长，横向制衡几个二级集团，而纵向又有四级架构相互制衡。在这样的哲学下，没有

1 吴丽，"美的走出家电围城"，《商务周刊》，2009 年 21 期。

2 郭荣村，"横向扩张纵向延伸，美的网起一个'家电帝国'"，每日经济新闻，2011-01-20［2015-09-06］，http://www.nbd.com.cn/articles/2011-01-20/437898.html。

3 美的第三次架构调整：投资控股型集团雏形初现，《21 世纪经济报道》，2007 年 8 月 25 日。

4 暂慧昉，"专访方洪波：美的如何打通禅让与转型的任督二脉"，《中国企业家》，2014-07-07［2015-09-06］，http://www.iceo.com.cn/mag2013/2014/0707/292910_5.shtml。

人能占绝对优势，但是缺点就是容易形成诸侯割据的诸多亚文化，随着时间的愈加深化。

2009 年交班第一棒：美的电器

2004 年"太子登基"的传闻

2004 年底，围绕美的电器董事会的变动风言四起：美的"太子"何剑锋有望近期进入美的董事局。有关"太子登基"的种种传闻终止于何享健 12 月 25 日在集团员工大会上公布的集团结构调整方案，美的集团将所有产业划分为两个二级集团公司，日用电器集团和制冷电器集团，分别由张河川和方洪波担任 CEO。然而，这一举动在"父传子、家天下"的中国文化传统下又迅速引发了各方揣测——虽然此举让张、方二人更有实权，但很可能背后旨在分离美的集团的"家族所有权"和"精英管理权"，何剑锋可能将担任美的集团的董事局主席。这次可能是何享健别有用心地安排儿子何剑锋未来在更高一级的美的集团接班，而不是在上市公司美的电器接班。[1]

何享健之子以及盈峰集团

何剑锋是何享健独子，1994 年开始在美的体外独自创业，但和美的一直关系甚密。何剑锋的企业最初是为美的做代工，专门从事小家电的贴牌生产，后更名盈峰集团。截止到 2002 年，盈峰集团已经拥有 5 个事业公司和 2 个经贸公司，员工 5 000 多人。这些事业被业界认为是何享健历练儿子的一个平台。从 2003 年 9 月起，美的电器出资并购何剑锋旗下的风扇业务、电饭煲业务、厨具业务等，这直接成为 2004 年传闻的事实依据。因为，中国法律规定

1　"美的接班路线图猜想：何享健仿制联想"，Techweb.com.cn，2005–01–13［2015–09–18］，http://people.techweb.com.cn/2005-01-13/1416.shtml。

董事会成员或高管必须规避同业竞争，这意味着何剑锋如果还持有相关业务，就不能进入美的电器董事会或管理层。

况且美的集团早在 1997 年就已经实现经营层面上的职业经理人化，何剑锋若要回归，面对的是一批美的功臣，而何剑锋在美的体系的资历未必能够服众。何剑锋本人也并未继续沿着父亲在制造业上的成功而发展，而是转而关注资本市场和金融产业。

2008 年 9 月，盈峰集团发布公告称，根据公司战略需要正式更名为"广东盈峰投资控股集团有限公司（盈峰投资）"，宣告其从实业公司彻底转型为投资公司。何享健、何剑锋和长女何倩嫦都是盈峰投资的主要股东。何倩嫦控制合肥百年模塑科技有限公司，与次女何倩兴均为合肥市会通新材料有限公司自然人股东，这两家公司都从事美的集团上游产业。同时何倩兴也从事电子器件行业，曾经营广东新的科技集团。[1]

何享健早前就曾表示："美的集团从来不是家族企业，不用担心接班人问题。儿子不愿回归，美的电器将来的出路，可能就是依靠职业经理人的管理。"[2]2009 年，何享健的想法更为明晰，曾肯定地表示："美的集团最后的 CEO 都会是职业经理人，家族只是一个股东。"[3]

快车道上交班

2008 年的美的和 2000 年相比已经不可同日而语。2000 年该数字还不到 100 亿元，而 2008 年美的集团销售收入已经为 900 亿元。2008 年，连番并购后的美的集团公布了"新三年规划"，力争在 2010 年实现销售收入 1 200 亿元

1　王媛，"美的何氏家族金融布局揭秘：何大少和三个低调女人"，时代周报，2015-08-18［2015-09-23］，http://business.sohu.com/20150818/n419144244.shtml。

2　"接经营层面的班，从'父传子'到职业经理人"，《商学院》，2012 年 11 期。

3　"何享健美的帝国创业史"，赢周刊，2012-10-04［2015-09-06］，http://chuangye.cyz.org.cn/2012/1004/30560.shtml。

人民币的规模。自从新目标提出，美的集团内部争相拓展新领域，生产项目遍地开花。

此时，美的的职业经理人文化已经渗透到集团各个角落，美的分公司负责人全是职业经理人，核心管理职位也没有一个何家人。2009年8月26日，何享健宣布辞去上市公司美的电器董事局主席及董事职务，该职务由原董事会副主席、总裁方洪波继任。何享健则继续担任美的集团董事会主席。随着何享健的退出，美的电器董事会成员也开始完全由职业经理人担任，美的被外界称为进入了"职业经理人时代"。[1]

方洪波并不意外。早在接班十年前，方洪波就听到何享健对自己说："你目光放高一点，你不是这个位置，你要承担更大的责任。"随着时间的递进，方洪波记得何享健的措辞发生了改变，明确"未来我是要交给你的"，但并没有定下具体的时间点。直到2009年美的电器交班时，方洪波还能回忆起何享健在公司大会上对成百上千人明确了一点："公司未来要完全遵循职业经理人的发展路线，美的不会成为家族企业。"

这次交班时，美的集团正在经历前所未有的辉煌。在以规模增长为主导的思路下，美的集团在2010年进入了"千亿俱乐部"，销售额突破千亿人民币。振奋人心的财务业绩令68岁的何享健提出"再造一个美的"的新五年计划——到2015年实现销售收入2 000亿元。当时，美的电器2011年第一季度制冷集团规模同比增长90%，日电集团同比增长60%，机电集团同比增长50%。"当时甚至觉得不用等到2015年，就能突破2 000亿元目标。"一位高管回忆道。[2]

---

1 唐明，"美的换帅：美的全面迈入职业经理人时代"，中国广播网，2012-08-26［2015-09-18］，http://finance.cnr.cn/gundong/201208/t20120826_510680904.shtml。

2 暂慧昉，"专访方洪波：美的如何打通禅让与转型的任督二脉"，《中国企业家》，2014-07-07［2015-09-06］，http://www.iceo.com.cn/mag2013/2014/0707/292910_5.shtml。

业绩振荡与图谋转型

扩张受阻

2011 年第二季度末，前一年的美好憧憬戛然而止。美的财务数字出现大幅下滑，上半年美的电器销售收入同比增长 59%，但净利润同比只增长 13.7%，这意味着成本增加过快（见附录 2）。美的内部分析原因，发现外部市场并未出现显著扩容，此前美的的增长是 2 000 亿元目标刺激下拼规模、渠道压货和降价促销共同促成的结果。在美的以往采取的低成本战略下，其产品并不出色，利润率不高，只靠大量备货和大量出货取胜。在市场并未发生爆发式增长，而在公司所追求的业绩目标过高的情况下，就会出现渠道压货现象。另一方面，在以往追求规模的思路下，因为小家电的研发和建立生产线成本较低，为了单纯提高规模，美的集团的小家电品种曾经遍地开花，其中有一些不具备竞争优势，还有一些已然亏损。此外，集团复杂的架构也导致内部资源无法共享，争议也基本搁置。这些问题造成公司运营效率低下。

美的电器领衔转型

在美的集团中，方洪波领导的上市公司美的电器是推动转型较早的板块。2011 年下半年，已经同时兼任美的电器公司董事长、CEO 的方洪波提出"精品工程"，也就是提升产品品质，走差异化路线，提高利润率和产品形象。不过，以往的思路是降低成本、打价格战，直到把竞争对手"灭掉"。这种单靠在市场上刀口舔血的战略与修炼内功的新战略背道而驰，管理层思路很难一时间转变过来，在一些具体工作上很可能往往遵循老路子，让新战略难以落地。例如，老思路是尽量压低供应商价格，到处建厂买设备，扩张产能；而新的战略则强调产品意识，加强原材料的筛选和把关，将大笔资金投向研发技术和高端人才引进。

作为美的电器的董事长和 CEO，方洪波已经拥有足够的权力给美的电器做减法（财务数据见附录 3）。2012 年上半年，美的电器产品型号由 2.2 万个减少至 1.5 万个，砍掉只靠低价竞争和利润率不佳的产品。"壮士断腕——这是我当时讲得最多的一个词，必须要这么做，胳膊不砍命就没了。"2010 年，美的公司员工总数为 98 676 人，到了 2011 年，美的员工总数只剩下 66 497 人，总人数减少了 32 179 人，其中生产人员减少了 32 317 人。[1]

精简行动并不局限在产品线上。在渠道整合上，美的也大动干戈。以往规模扩张最大时，美的在每个县城都设有代理商。家电下乡政策[2]停止后，代理商与美的都赚不到钱，代理商冗余严重。美的开始整合渠道，五个大县设一个代理，小县城则十几个设一个。

在内部管理上，公司以往对管理层最主要的考核指标是销售额和利润，销售额是最重要的指标，对利润率没有量化要求。这意味着公司虽然规模庞大，却不能给股东创造价值。从 2012 年开始，集团要求利润增长高过收入增长，从而使利润率上升，在经营上，集团必须开发高毛利产品，减少产品型号，内部改善管理，提高单位投入的产出。这意味着以往一些毛利率很低、风险较大的订单要被抛弃，而以往丢单被管理层认为是"不能容忍的"。[3]

经过 2011 年下半年的努力，虽然由于收缩战略导致美的电器全年营业收入同比增速下降为 24.9%，而营业利润却出现了 96% 的增幅。

2012 年交班第二棒：美的集团

美的电器大刀阔斧的整肃，是何享健知道并允许的。方洪波作为美的电器

1　马安越，"美的去年净赚 36.99 亿元　生产人员裁减三分之一"，财新网，2012-03-12［2015-09-14］，http://companies.caixin.com/2012-03-12/100366864.html。

2　从 2008 年底到 2011 年底，国家曾针对金融海啸所造成的家电产品外销衰退开展对内销的补贴。

3　暨慧昉，"专访方洪波：美的如何打通禅让与转型的任督二脉"，《中国企业家》，2014-07-07［2015-09-06］，http://www.iceo.com.cn/mag2013/2014/0707/292910_5.shtml。

的董事长和 CEO，是美的电器转型的实际操刀者。不过，美的虽然诸侯割据、文化各异，但集团以往跑马圈地的思路却是一统天下的价值观。美的面临的问题是集团整体思路不再适应环境，而要改变美的集团不在上市公司的其他业务，方洪波并不在其位。

方洪波内心十分担忧，如果任由美的臃肿不堪，将来整艘大船有可能沿着肆意扩张这条不归路一去不回。裁员、换供应商、整肃渠道、调整产品策略⋯⋯涉及内内外外的整肃，实属大动干戈。美的急需在沿着既往路线飞奔而去的路上敢于踩"急刹车"的人，只有具备很高的胆识和巨大的魄力，并且有资格和影响力在事后稳住大局的人才能担当为美的脱胎换骨的重任。如果只考虑这些因素，那么何享健是力挽狂澜当仁不让的领导者。不过，方洪波知道，"挨刀子"的无一不是老臣、功臣，何享健的位置也非常尴尬。

新老交接

2012 年夏天，在高管惯例的休假之前，70 岁的何享健与方洪波沟通了自己退位让贤的想法，自己要退得干干净净，连董事会都不参与。在此之前，何享健还约见了美的集团的核心高管，让他们谈谈"对方洪波的看法"，其意不言而喻。[1] 2012 年 8 月 25 日，何享健第二次对方洪波交班，原先担任美的集团董事局副主席、总裁的方洪波正式担任董事长，接手除美的电器之外的其他业务。

何享健表示此番隐退是为了让精力更充沛的年轻职业经理人更有施展才能的空间，自己退到集团的母公司美的控股（见附录 4）后可以潜心做一些战略性研究。在告别大会上，何享健陈词："现在美的是一个国际化的大集团，没有足够的精力、能力，是绝对运营不好的，所以把经营权交给精力更充沛、

1　暂慧昉，"专访方洪波：美的如何打通禅让与转型的任督二脉"，《中国企业家》，2014-07-07［2015-09-06］，http://www.iceo.com.cn/mag2013/2014/0707/292910_5.shtml。

更具国际化管理水平的职业经理人，是对企业负责。如果我还担任集团董事长，职业经理人的能力就发挥不出来。所以我退下来，对职业经理人是件好事，他们可以放开手脚去经营……但我不是退休，而是任职美的控股公司，投入更多精力做一些战略性研究。"[1] 在告别会上，何享健也表明了自己未来看待美的集团事务的原则："以后不再过问公司经营，不再参与公司事务，也不再出席公司会议。"[2]

新一届美的集团董事会成员为：方洪波、黄健、蔡其武、袁利群、黄晓明、栗建伟、何剑峰（何享健之子）、陈劲松（工银国际投资银行部董事总经理）、胡晓玲（鼎晖投资基金管理公司董事总经理）、李飞德。除何剑锋（首次进入美的体系）、陈劲松、胡晓玲外，其余七人均在 20 世纪 90 年代加入美的，年龄相仿，平均为公司服务 15 到 20 年时间，而且都是何享健一手提拔起来的（简历见附录 5）。

何享健对此这样评论道："将企业寄托到某一个人身上并不理智，企业要持续稳健发展，靠老板、靠感情、靠物质激励早晚会出问题。"[3] 据美的前高管透露，何享健曾在优秀的职业经理人之间进行了长达十多年的观察和考核，让各个事业部的领头人分头奔跑，用"赛马"的方式甄选可能的继任人选。[4]

集团整体上市前的资本运作

在交班给方洪波前，何享健早就在筹划集团的整体上市。从 2011 年 11 月开始，多家 PE（私募股权）机构相继从美的控股手中购得美的集团股权，鼎晖系合计持有 7.82%，珠海融睿及关联方持有 13.33%。由于 PE 机构需要所投

1　智慧昉，"专访方洪波：美的如何打通禅让与转型的任督二脉"，中国企业家，2014-07-07［2015-09-06］，http://www.iceo.com.cn/mag2013/2014/0707/292910_5.shtml。

2　余骅，"创始人何享健交棒，美的进入完全职业经理人时代"，《IT 时代周刊》，2012 年 9 月 20 日。

3　"美的集团的职业经理人制"，《企业管理》，2011 年第九期。

4　陈新焱，冯叶，"美的式传位"，南方周末，2012-09-19［2015-09-14］，http://www.infzm.com/content/80537。

资的公司上市或被收购才有退出获利机会，这一系列事件被外界认为是美的集团整体上市的前奏。[1]

从 2012 年 8 月 24 日，也就是公布方洪波成为美的集团新任董事长的前一天，美的电器公布半年报。8 月 27 日，美的电器停盘，准备集团整体上市。新的上市公司准备纳入以往在美的集团而不在上市公司旗下的小家电业务、电机业务和物流业务。

自从担任集团新董事长那一日，为集团减员增效、图谋转型的大任被完全交到方洪波手中。方洪波还必须尽快筹划集团整体上市的战略。2013 年 7 月 30 日，美的集团通过换股方式吸收合并美的电器得到证监会批准。2013 年 9 月 18 日，美的电器摘牌，由美的集团承接。按年度营收排名，美的集团此举将超越竞争者青岛海尔和格力电器，成为 A 股最大的白色家电上市公司。

何享健离开美的集团，去往美的投资控股有限公司（美的控股）。成立于 2002 年 8 月 5 日的美的控股注册资本金为 3.3 亿元，仅有两名自然人股东，由何享健持股 94.55%，何享健儿媳卢德燕持有剩余股份，何氏家族 100% 控股。何享健为美的控股执行董事，夫人梁凤钗为监事，栗建伟为经理。美的控股下辖美的集团、美的地产等二级产业集团。美的控股在 2011 年 10 月时持有美的集团股份 84%，截至 2012 年 6 月 30 日，该比例降至 59.85%。美的集团整体上市后，何氏家族控制的美的控股及宁波开联事业发展公司合计持有美的集团三分之一以上的股权，仍然为控股股东。[2] 何享健套现逾 40 亿元后，被认为"退而不休"转战地产行业。[3]

1　侯隽，"入股美的集团，整体上市可以更'美的'"，中国经济周刊，2015-11-26［2015-11-26］，http://finance. people.com.cn/stock/GB/222942/16337169.html。

2　"美的集团内部权力斗争升级，7 核心高管已离去 3 人"，理财周报，2014-07-14［2015-09-23］，http://money. 163.com/14/0714/07/A13LAIRC00253B0H.html。

3　王永强，"何享健退而不休或转战美的地产"，中国经营报，2012-09-01［2015-09-14］，http://www.cb.com.cn/ companies/2012_0901/409700.html。

传承前的铺路——集团架构调整

在经营上，为了让方洪波更加游刃有余地"动刀子"和资源整合，何享健在交接班前，将美的集团旗下原有的四大二级平台撤销，除和主业关联不大的美的地产划归美的控股，其余制冷家电集团（美的电器、小天鹅）、日用家电集团（微波炉、电饭煲）、机电集团（港股上市公司威灵控股、美的旗下物流业务）撤销，原有职能划归集团总部及 15 个下属产品事业部，旨在实现财务、采购、渠道、仓储等集团级别的资源全方位协同。"以往事业部之间泾渭分明，基本没有交流。"方洪波边回忆边思索着如何打通资源。

这些被取消的子集团以往都在上市公司美的电器之外，日用家电集团负责人黄健、机电集团负责人蔡其武曾经都与方洪波平级。在方洪波执掌全局、美的集团"江山一统"后，他们分别在美的集团统一的管理体系内承担副总裁职务，向方洪波汇报。制冷家电集团、日用家电集团、机电集团（含物流业务）以往的负责人分别是方洪波、黄健和蔡其武。2012 年 8 月集团架构调整后，黄健、蔡其武分别担任总裁、副总裁兼品质管理部总监，且都在董事会有席位。

针对新的格局，有内部人针对美的集团架构调整指出："之前何老板在公司内部有着较高的威望，所有职业经理人都听他的，而现在的架构中老板缺位的状态下，高管之间如何协调是个问题，毕竟这不再是几位高管分管一个二级平台的架构。"[1]

方洪波接手全局后，为集团的整合提出了未来的共识。"第一个是'小集团大事业'，美的集团要变小；第二个是'一个美的一个标准'，无论你是哪里出身的，都必须纳入一个整体的系统中。"新的集团总部架构非常简单，即方洪波本人领导几个职能部门。

---

1 郎朗，"方洪波'接棒'何享健，美的集团冲刺整体上市"，21 世纪经济报道，2012-08-29 ［2015-10-23］，http://www.forbeschina.com/review/201208/0019614_2.shtml。

推行高管股权激励制度

方洪波上任之后，2012 年年底业绩数字相当严峻，美的集团营业收入 1 026.51 亿元，同比下降 27%，也就是说，同上年相比，将近 300 亿的收入化为泡影。2011 年的数据还只不过是增速放缓，2012 年已经呈现真正收缩。

方洪波心中非常清楚，公司未来的业绩像对何享健的一张答卷，以往的经营模式明显已经不符合时代特征，变革迫在眉睫。但这不能单凭一己之力，而是需要集结高管团队的力量，要让他们迅速改变思维，适应未来。而且，方洪波知道，对管理层的激励不仅仅是为了这几年的发展，也是为了更长远的未来。"再过两年，我的创新能力和经营能力可能也跟不上了，下面的接班人需要提前激励和选拔，而下一代接班人的传承关系可能和以往完全不一样了。"

7 人高管团队的股权激励

方洪波回忆起公司以往的高管激励机制：从 2007 年起，为了让高层管理人员的收入与全球市场对接，也是作为他们共同努力令美的多年来实现迅速增长的奖励，何享健就在这方面下了功夫。当时凭借股改之机，美的曾经在咨询公司的建议下做过一次虚拟的股权激励计划，只覆盖 7 人构成的高管团队，包括产业集团和职能部门的负责人。美的集团在 2013 年上市时，原来 7 人的高管团队留在美的集团只有 5 个，新的 7 人高管团队身家剧增（见附录 6）。[1]

美的一直以来的激励原则是固定薪酬较低，绩效薪酬较高，比例可高达 1∶5，而且以往大多采用现金激励，在中国企业开始采用股权和期权激励之前，美的的高现金激励曾被很多同行羡慕。一位高管回忆道："（这种薪酬方案）是在任何行业都见不到的，我们为了拿当年的绩效，都拼了命在干，但

---

1 "美的集团内部权力斗争升级，7 核心高管已离去 3 人"，理财周报，2014-07-14［2015-09-23］，http://money.163.com/14/0714/07/A13LAIRC00253B0H.html。

很多人认为我们透支了下一年，并不具备可持续性。"股权激励并未充分利用，2007 年的股权激励只针对原先的 7 人高管团队，其中没有一个事业部总经理。然而，这些高管中有人负责的事业被定位成二级产业集团，因此得到了股权激励，但可能这个二级集团所有业务规模加起来也超不过最大的事业部。这样的安排会产生一些不平衡，事业部是集团的根基所在，未来接班人从何培养？

核心高管人员的股权激励（美晟计划）

2012 年，鉴于集团各个事业部的管理团队仍单一地采取短期现金为主的激励方式，美的集团启动了"美晟"股权激励计划，覆盖范围扩大至 47 人，主要针对集团部门负责人、事业部总经理和副总经理级别。这些管理人员合资成立有限合伙企业宁波美晟，在美的集团 2013 年整体上市之前持有美的集团 3% 的股权，股票来源于美的控股，即何享健的转让。美的集团整体上市之后，这些高管间接持有合计 1.75% 的股权。这些股权是按照销售规模、利润贡献分配给他们的。如果 2013 年到 2015 年间，集团整体业绩达到考核要求，而且个人业绩达标，这些高管们就能真正行权，如果未达到要求，那么只能以净资产退出。业绩指标是相当具有挑战性的，参加美晟计划的高管对此还是比较认可的："集团拿出这么多资源，业绩指标还是要严格一点。"高管购买的价格低于当时股票的市价。如果再加上集团整体上市后出现新一轮增长，长期激励的收入是很可观的。"前任创始人（何享健）对我们很好，他用自己的钱来激励我们，解决了我们的温饱问题……这次股权激励的目的是让你做好本职工作，尽职尽责，交出好的业绩答卷。同时，解决了当时缺乏长期考核的问题，让职业经理人真正去注重，还要有长期的业绩考核。"

从 2013 年 9 月 18 日集团整体上市之日算起，到 2016 年 9 月 18 日三年锁定期满后，美晟计划的激励股权才能兑现。

未来股权激励向中层延伸

对于中层，方洪波还打算在 2014 年以后不断推出新的股权激励计划，覆盖面更是要延伸到 1 000 多名中层人员。虽然这也许是一柄双刃剑，每个人心中都对激励方案是否公平有着不同的认识，这直接影响他们的心态。但是方洪波认为，从培养人的角度，各部门负责人必须通过如何分配这个具体的决定来思考未来哪些人才是重点培养的对象。

方洪波面对的挑战

虽然内部架构的调整令方洪波终于得以施展手脚，但他必须要面对 2012 年令人窒息的业务状况。他清晰地看到，沿用以往的业务模式不再能帮助自己力挽狂澜，变革必须立即开始。但是，一方面，变革能否带来日后业绩的反弹还是未知数；另一方面，变革还未完全贯彻之前，各种怀疑和斥责就已经纷至沓来。但谁又能保证转型一定能起到立竿见影的效果呢？能够给方洪波底气的，是何享健对自己人品和能力的信任，以及占集团业务大半比例的美的电器在自己领导下转型的成绩单。

方洪波觉得，要面对所有问题，需要冷静分析再形成判断。"整块业务卖掉了，又要裁员，整个集团很混乱，也有各种各样的说法，这时没有多少人可以商量，要想清楚自己到底要干吗……该伤筋动骨就伤筋动骨，该快刀斩乱麻就快刀斩乱麻，来不了一点点犹豫与瞻前顾后。"[1]

激活因循守旧的管理层

方洪波深知，一些管理层早就失去了学习新事物的动机，更为了自身利

---

1 暂慧昉，"专访方洪波：美的如何打通禅让与转型的任督二脉"，中国企业家，2014-07-07［2015-09-06］，http://www.iceo.com.cn/mag2013/2014/0707/292910_5.shtml。

益抗拒变革，他觉得正是这些管理层思维的僵化才阻碍了美的的发展。"经理做到总监，做了几年就上去，开始不学习，不改变，不接受，互联网是什么东西，形成抗拒，形成了自己的利益共同体，一切以我为主，我保护我周边的人，保护我这个部门的利益，也不跟别人协同。"方洪波觉得，必须对集团的结构、团队和文化彻底重组才能令美的集团焕发新生。

为了转变管理层的思维，他在各种会议上不断向高管灌输怎样改造公司，怎样适应新时代的要求："以前在美的，大家更看重当即的收入，现在要知道用户数能给我创造什么价值，流量能给我带来什么样的价值。美的以前学历结构最低的有两类，一类是做售后的，一类是做物流的，以前搞搞仓库，搞搞运输，但现在时代已经变了，当我们站在电商时代，需要和用户连接，以后对人的素质要求会完全不同。"

方洪波对转型的态度表达得很明朗："这种时候，你必须换思维、换行动，换不了，就换人。"在一次高管会议上，方洪波甚至放了狠话："无论是谁，过去资历有多深，只要跟不上步伐，哪怕这个董事长的位置不干了，我都要动你。"事实上，集团进行事业部整合后，方洪波主抓集团战略和投资，十四个事业部各自独立操作产研销，其他几位高管实际的权力逐渐被削弱。

方洪波十分清楚，精简业务、换人这种果断决绝的手段可能会不得已伤害了很多人的利益。方洪波猜测，也许当自己接管美的集团那一刻，很多已经得到了股权的高管已经萌生了离开的打算，只不过没有把话说出口而已。他反复思量，近期内如果没有业绩数字来说话，自己可能会面临众叛亲离的处境，更何况做减法的功绩是短期内难以定论的。

方洪波深知自身理性果断的管理风格与何享健充满人情味的风格形成强烈反差。他回忆起以前何享健一开口就令人如沐春风，而自己的性格是直截了当，把所有批评的话都放在台面上。以往，即使在公开场合与何享健之间，方洪波也敢于坚持自己更加理性的想法，甚至公开与之唱反调。虽然自己的领导风格不一定立即被其他人接受，但是方洪波希望所有人了解自己就事论事的风格。为了以身作则推广平等和开诚布公的文化氛围，方洪波平日放下架子，不使用独立电梯和食堂，和所有员工一起乘坐电梯、排队打饭。

面对何享健

对美的如此重大的变革，方洪波必须思考何享健会作何反应。二十年效力，方洪波视何享健与自己的关系如同父子，美的集团交班之后，二人关系是否还依然如旧？在美的集团业绩碰壁的时刻，何享健给了方洪波足够的空间来实施变革，事实上，每年何享健只会参加方洪波的两次汇报。何剑锋在董事会中位列一席，也很少给意见，基本淡出美的集团的管理。但方洪波内心不敢妄自尊大，他认为接班后自己必须重新定义自己与何享健的关系。"代理人与所有人"是方洪波对二人关系新的定义。方洪波回忆自己与何享健之间的关系，自己从类似秘书的身份和何享健一起不断出差和出国，多年来一同摸爬滚打情同父子。但从他交给自己的那一刻，角色发生了转换，互信关系也许变得经不起一些外部事件引发的猜忌。正由于珍惜这种信任关系，方洪波认为自己应当谨守职业经理人的本分。即使何享健不作表态，方洪波也会不定期地汇报。

方洪波默默思索新的关系中的微妙之处："这种关系建立在非常信任的基础上，而信任是在过去二十年形成的，但在我接班之后每一秒，这种信任关系可能都在变化。如果哪个细节没有把握好，会顷刻间就发生变化。它很脆弱，毕竟不是血缘关系，而是雇佣关系。"不过，方洪波又觉得自己与一般的代理人不同，"我是跟着老板一起干的，这种关系非常微妙，老板的一个眼神，一个表情，甚至手怎么放，我都知道他是什么意思，再加上对美的整个成长过程的了解，这是空降一个人完全无法相比的，因此美的的接班不可复制"。心中五味杂陈的感觉难以言喻，但"在中国，最有效的治理还是家族企业"，方洪波心中认定了这样的结论。

职业经理人成功接班的案例在中国并不多见，更何况是像美的这样的大集团。既无前路可遵循，又无知心人可探讨，方洪波深深感到高处不胜寒。面对外部巨大的业绩压力、内部难以迅速转变思维的管理层，以及深不可测又情同父子的老板，方洪波反复扪心自问为什么要挑起这个担子。接任美的集团董事长后，重担加倍，如果不考虑股权，方洪波的名义年收入只有以往的一半。"一定是凭内心原始的冲动，如果仅仅凭利益驱使的话，我无法带领这个企业走得更远。千里马常有，而伯乐不常有，滴水之恩，涌泉相报。"方洪波清楚地将自己定位成一个过客，三五年之后如果能力不再适合，自己也会和其他人一样退出。但至少在现在，自己还是会顶住各方面的压力，不辜负何享健的一番信任。

高管层的变动

以往的两次股权激励事件后，2013 年 10 月，时值完成交接班不久、美的集团刚刚整体上市、业务提出转型之时，总裁黄健的离职在美的内外引起了不小的震动，外界疯传"美的内斗"。时隔不久，2014 年 4 月和 7 月，黄晓明和蔡其武也相继离职。黄晓明在美的控股担任了新的职务。按照证券交易市场的规定，他们每人多达十几亿的身家直到 2016 年 9 月 18 日才能解禁流通。

对于参与美晟计划并留任的管理层，到解禁日之后每个人的股票都得到了相当可观的升值，如何再度激发他们的积极性呢？方洪波必须思考如何尽快设计出新的职业经理人激励机制，但美晟计划的老路是不可重复的，必须找到用于新激励计划的股票来源，以及制定令人心服的分配方案。

新的业务方向

何享健给方洪波的任务十分艰巨："不仅车不能停，还要加速，同时前方没有路，你要寻找新的出口。"从业务战略上来看，美的曾经是中国具备产品制造优势的代表，但是未来成本上升压力巨大，低成本制造的方向必须改变，同时在竞争中美的还不能为了创新而减缓发展速度。

美的选择了被方洪波比喻为"第二条跑道"的战略，在 2013 到 2015 年间开展移动战略，也即在手机端上开展家电智能化。这也许是美的未来的出路，不过，两种模式同时进行可能意味着激励方式更加复杂或者产生冲突。方洪波必须思考，怎样设计新的激励机制才能避免高管大量流失，同时让美的这棵老树发出新枝呢？

附 录

附录 1：方洪波的履历

年　份	职　　　位
1992 年	从东风汽车辞职，加入美的集团，在总裁办就任
1995 年	在美的集团市场部就职，并担任美的广告公司经理
1996 年	就任市场部部长，负责全面的广告、营销和销售工作
1997 年	就任美的集团空调事业部国内营销公司总经理
2000 年	就任美的集团空调事业部总经理
2001 年	就任美的集团副总裁兼空调事业部总经理
2005 年	就任美的电器 CEO
2009 年	就任美的电器董事局主席
2012 年	就任美的集团董事长

来源：和讯网人物频道，［2015-09-14］http://renwu.hexun.com/figure_853.shtml。

附录 2：美的电器 2005—2013 年二季度关键财务数据

项　　目	2013-06-30	2012 年	2011 年	2010 年	2009 年	2008 年	2007 年	2006 年	2005 年
营业收入	4 628 725	6 807 120	9 310 806	7 455 889	4 727 825	4 531 346	3 329 655	2 117 051	2 131 361
同比增速（%）		−26.9	24.9	57.7	4.3	36.1	57.3	−0.7	
营业利润	362 380	474 372	502 260	255 672	251 975	172 731	181 575	84 293	69 797
同比增速（%）		−5.6	96.4	1.5	45.9	−4.9	115.4	20.8	
净利润	306 866	412 885	454 096	404 324	251 387	155 110	167 437	80 407	63 676
同比增速（%）		−9.1	12.3	60.8	62.1	−7.4	108.2	26.3	
销售毛利率（%）	22	23	19	17	22	19	19	18	18
销售净利率（%）	6.63	6.07	4.88	5.42	5.32	3.42	5.03	3.80	2.99
员工总数（人）	67 521	67 521	66 497	98 676	59 654	40 795	46 158	39 198	20 558
增速（%）	0.0	1.5	−32.6	65.4	46.2	−11.6	17.8	90.7	

来源：Wind 数据库。

附录 3：美的集团 2005—2015 年二季度关键财务数据

项目	2015-06-30	2014 年	2013 年	2012 年	2011 年	2010 年	2009 年	2008 年	2007 年	2006 年	2005 年
营业收入	8 250 914	14 166 818	12 097 500	10 259 811	13 404 565	10 384 795	6 853 385	6 399 209	4 792 057	3 682 518	2 954 458
同比增速（%）		17.1%	17.9%	−23.5%	29.1%	51.5%	7.1%	33.5%	30.1%	24.6%	
营业利润	1 020 640	1 345 050	932 365	700 486	746 366	550 917	357 657	281 762	272 609	170 422	93 534
同比增速（%）		44.3%	33.1%	−6.1%	35.5%	54.0%	26.9%	3.4%	60.0%	82.2%	
净利润	894 857	1 164 633	829 750	614 089	664 138	640 628	331 455	265 841	261 690	165 638	81 860
同比增速（%）		40.4%	35.1%	−7.5%	3.7%	93.3%	24.7%	1.6%	58.0%	102.3%	
销售毛利率（%）	27.43	25.41	23.27	22.56	19.12	18.00	22.58	18.88	19.55	17.70	17.40
销售净利率（%）	10.85	8.22	6.86	5.99	4.95	6.17	4.84	4.15	5.46	4.50	2.77
员工总数（人）	108 120	108 120	109 085	99 539							
同比增速（%）		−0.9%	9.6%								

来源：Wind 数据库。

附录 4: 美的控股

美的控股成立于 2002 年 8 月 5 日, 注册资本金为 3.3 亿元, 仅有两名自然人股东, 由何享健持股 94.55%, 何享健儿媳卢德燕持有剩余股份, 何氏家族 100% 控股。何享健为美的控股执行董事, 夫人梁凤钗为监事, 栗建伟为经理。美的控股下辖美的集团、美的地产等二级产业集团。美的控股在 2011 年 10 月时持有美的集团股份 84%, 截至 2012 年 6 月 30 日, 该比例降至 59.85%。美的集团整体上市后, 何氏家族控制的美的控股及宁波开联事业发展公司合计持有美的集团三分之一以上的股权, 仍然为控股股东。

来源: "美的集团内部权力斗争升级, 7 核心高管已离去 3 人", 理财周报, 2014 年 7 月 14 日, http://money.163.com/14/0714/07/A13LAIRC00253B0H.html, 2015 年 9 月 23 日访问。

附录 5: 黄健、蔡其武、袁利群、黄晓明、栗建伟等人简历

姓 名	出生年份	性别	国籍	学历	履 历
黄 健	1967	男	中国	硕士	1992 年加入美的, 曾任生活电器事业部总经理、日用家电集团总裁等职务。2012 年 8 月担任美的集团董事、总裁
蔡其武	1963	男	中国	硕士	1992 年加入美的, 曾任美的压缩机事业部总经理、机电装备集团总裁职务, 美的电器董事, 副总裁兼品质管理部总监。2012 年 8 月担任美的集团董事
袁利群	1969	女	中国	硕士	1992 年加入美的, 曾任美的电器监事会召集人等职务、美的电器董事, 同时担任美的集团董事、副总裁。2012 年 8 月开始担任美的集团财务总监、董事, 2014 年 4 月开始担任美的集团副总裁
黄晓明	1971	男	中国	硕士	1996 年加入美的, 曾任美的电器董事局秘书、董事局副主席, 在美的集团担任集团人力资源总监、美的电器董事、副总裁。2012 年 8 月担任美的集团副总裁兼公共事务部总监、董事

姓　名	出生年份	性别	国籍	学历	履　历
栗建伟	1966	男	中国	硕士	1994 年加入美的，曾任美的电器董事局秘书、董事局副主席，同时在美的集团任董事、副总裁

来源：Wind 数据库。

附录 6：2013 年美的集团上市时集团高管持股比例及持股价值

姓　名	职　位	持股比例（按发行价 44.56 元计算）	持股价值（亿元）
方洪波	董事长	2.1%	16
黄　健	总　裁	1.75%	13
袁利群	高级副总裁	1.4%	11
蔡其武	高级副总裁	1.17%	9
黄晓明	高级副总裁	1.17%	9
栗建伟	董　事	1.17%	9
郑伟康	监　事	0.58%	4

来源：美的集团相关资料。

盒马——中国零售市场的新物种[1]

（A）：商业模式演变

走近任何一家盒马鲜生（以下简称"盒马"）店，你不仅可以看到类似超市的生鲜产品陈列区，还可以看到生鲜产品加工区和就餐区，以及挂在天花板悬挂链上的徐徐流动着的拣货袋。这是一家超市还是一家餐饮店？面对客户的好奇，盒马创始人兼 CEO 侯毅回答道，这不是超市，也不是餐饮店，而是一个数据和技术驱动的新零售平台。客户不仅可以在店内购物、就餐，还可以在盒马 APP 上购物，盒马最快 30 分钟内可以将所购商品送到家。[2]

盒马首店于 2016 年 1 月在上海开业，9 个月后第二家店开张。从 2017 年下半年起，盒马进入快速扩张阶段，平均每 6 天开一家新店。截至 2018 年 6 月，已在全国 13 个城市拥有 46 家店。盒马计划 2018 年底门店数超过 100

---

1 本案例由中欧国际工商学院的张文清和朱琼共同撰写。在写作过程中参考了现有公开信息（均已在文中注明）。该案例目的是用来做课堂讨论的题材而非说明案例所述公司管理是否有效。本案例获 2018 中国工商管理国际最佳案例奖最佳和 2018 EFMD 案例写作大赛"可持续商业模式"类别一等奖。

2 温颖然，朱艺艺，盒马鲜生"五城十店"：新零售之争下半场开幕，21 世纪经济报道，2017-09-29［2018-05-24］，http://tech.sina.com.cn/i/2017-09-29/doc-ifymksyw4705598.shtml。

家[1]，终极目标是做一个超级 APP，超越大部分电子商务平台。[2]

然而，就在盒马扩张的过程中，来自客户的抱怨也陆续出现，如现场管理和服务水平有待提高、商品缺货、加工用餐等待时间长等。[3]那么，盒马接下来该如何发展，是先补足短板完善门店商业模式后再扩张，还是边补足短板边扩张？

中国零售市场

像全球其他零售市场一样，中国零售市场上也并存着实体零售和电子商务模式。携带互联网基因的电子商务尽管已活跃十几年，但零售额占中国消费品零售总额的比重仍未达到 20%。不仅如此，自 2014 年起，电子商务开始呈现增速放缓趋势（见附录 1）。2016 年 10 月，阿里巴巴集团董事局主席马云首先点破电子商务困局，纯电子商务时代即将过去，与之对应的是新零售概念将诞生，线上线下结合的新零售是未来趋势。[4]实际上，在那前后，向线下实体零售领域延伸，已成了阿里巴巴和京东等电子商务平台不约而同的行动。2014—2016 年，他们对实体零售领域总计投资 414 亿元人民币，新零售概念提出后，他们又在一年半时间内对实体零售投资了 1 457 亿元。[5]

---

1 董也，盒马门店数达 46 家 . 品途商业评论，2018-04-26［2018.05.29］，http://www.sohu.com/a/229549090_363549。

2 张钰芸，金志刚，不满足生鲜电商的"小目标" 侯毅说：盒马要做超级 APP，新民晚报，2018-01-10
［2018-05-29］，http://newsxmwb.xinmin.cn/wangshi/2018/01/10/31350227.html。

3 小咖有话说，对于盒马鲜生的未来有以下几点担忧，搜狐，2017-04-24［2018-05-28］，http://www.sohu.com/a/136085005_479244。

4 2016 杭州云栖大会马云："互联网公司没有边界，明年将不再提电商"，搜狐，2016-10-14［2018-01-12］，http://www.sohu.com/a/116148907_468622。

5 程相民，表面风光的新零售其实并没有想象中那么美，联商网，2018-05-14［2018-05-24］，http://www.iotworld.com.cn/html/News/201805/df43368f73223154.shtml。

盒马所切入的中国生鲜零售市场，2017 年交易规模为 17 897 亿元[1]，其中电子商务的交易规模仅为 1 391.3 亿元，占比 7.8%，这还是自 2014 年以来生鲜电子商务市场年增速超过 50% 的结果（见附录 2）。这里不仅聚集了京东生鲜和天猫生鲜之类的传统电子商务平台（见附录 3），也催生了易果生鲜、超级物种、7FRESH 之类的创新物种（见附录 4）。相关数据显示，生鲜属于消费者的高频刚需消费，引流作用明显，75.6% 的客户表示在购买生鲜食品时会购买其他品类商品。[2]

中国主流的生鲜消费者，正在变成 80 后、90 后人群。调查显示，生鲜网购的主力是 26～35 岁年龄段客户，占比为 57.6%。其中中产阶级家庭客户为消费主力，大学以上学历客户占比为 76%。[3] 这些成长于物质丰裕时代、受过良好教育的人追求生活品质，对生鲜商品的品质、新鲜度等食品安全方面的重视程度远大于对价格的敏感度（见附录 5）。而传统超市或其他一些零售终端很难满足他们的需求，市场空白由此形成，催生了包括盒马在内的零售创新物种。

阿里巴巴

盒马隶属于阿里巴巴，创建于 1999 年的阿里巴巴集团（以下简称"阿里"），是中国最大的电子商务企业，于 2014 年开始向线下延伸业务。除了盒马外，阿里还尝试打造其他智慧门店，并通过资本方式向百货、超市和便利店等零售终

---

1 聂丽平，盒马大规模开店，都开在什么地方？搜狐，2018-05-03［2018-05-24］，http://www.sohu.com/a/230217618_167028。

2 艾瑞咨询，2018 年中国生鲜电子商务行业消费洞察报告，艾瑞网，2018-01-05［2018-05-23］，http://report.iresearch.cn/report/201801/3123.shtml。

3 同上。

端渗透。发展到 2017 年底，阿里在新零售领域至少投入 750 亿元人民币。[1] 为了支撑其新零售版图，阿里还联合中国排名前列的物流公司成立物流骨干网菜鸟平台。

阿里之所以能如此行动打造其新零售模式，不仅在于其资金雄厚，还在于其拥有技术积累。它于 2009 年成立了云计算子公司，2015 年又增资 60 亿元用于云计算、大数据研发。[2] 其大数据技术已覆盖了大数据采集、加工、服务、消费的全链路环节。

背靠阿里的盒马，在创业之初得到了这些资源的支持。盒马在其第一家店开业不到两个月时就获得了包括阿里在内的约 1.5 亿美元的投资；盒马团队最初一大半人都来自阿里。就连最初支撑盒马运转的线上线下一体化系统，也是由阿里研发团队 500 人基于侯毅的思路在一年半时间内开发的。此外，盒马还能与天猫团队共享采购供应链资源。由此，盒马能在创业之初迅速与鲜活产品产业链顶端的供应商、生产商建立直接采购关系。

盒马

按照侯毅的说法，盒马是针对生鲜行业缺少高品质、安全、新鲜食品的痛点而创建的模式。[3]

拥有 20 年实体零售经验的侯毅，在创业盒马之前，曾是京东物流总监。他在京东时就发现了行业痛点并产生了盒马创意雏形，要做一个线上线下一体

---

1 远见财讯，马云马化腾加注新零售，线下商超或枯木逢春？东方财富网，2017-12-12［2018-01-12］，http://caifuhao.eastmoney.com/news/20171212193854385415600。

2 野明月，马云：大数据云计算是阿里未来十年核心战略之一，光通讯网，2015-10-09［2018-01-12］，http://fiber.ofweek.com/2015-10/ART-210007-8440-29012280.html。

3 雅各布专栏，侯毅揭秘：盒马鲜生如何成为新零售第一样本？搜狐，2017-11-29［2018-05-23］，http://www.sohu.com/a/207431517_100065989。

化超市，线下重体验，线上做交易。他的想法没能被京东重视但却得到了阿里的垂青。于是，盒马创始团队于2015年3月成立于阿里旗下。

"所有的大生意，都不是小步快跑、快速迭代出来的。所有的大生意，在创业的第一天就需要做好顶层设计，要搞清楚自己这门生意的本质到底是什么。"侯毅说。[1] 盒马的顶层设计也在成立之初就被确定：第一，线上交易量要大于线下；第二，线上每天要做到单店5 000单以上；第三，APP能够独立生存，不需要其他流量支持；第四，在冷链物流成本可控的范围内做到30分钟送达。此外，针对这个项目还有五个具体标准：（线上线下）统一会员、统一库存、统一价格、统一营销、统一结算。[2]

2016年1月，按照这个标准的盒马首家店在上海金桥国际商业广场开业，店铺面积4 500平方米，店铺门楣显示屏上标有"支付宝会员店"字样，客户在店内购物，必须先下载盒马APP，然后在APP内用支付宝付款。为了在保证生鲜商品质量前提下降低物流配送成本，盒马划定了店铺周边3公里的配送范围。在此范围内，客户可以在APP上订购店内商品，盒马用常温配送替代冷链物流提供生鲜配送。

盒马APP是将门店客户引到线上消费的关键手段。一旦客户在门店获得了很好的消费体验，就会通过APP在线消费。对于在线订单，门店又充当仓储配送的角色。从接单到商品装入配送箱，需要10分钟，配送需要20分钟。

盒马门店围绕"吃"来构建商品品类，并依据其所倡导的生活理念来选择商品。因此盒马店内SKU不超过5 000款，其中80%是食品，生鲜产品占比20%。[3] 食品以中高档为主，大多做成小包装来售卖。标上售价的小包装不仅

1 刘润，盒马的顶层设计到底是什么逻辑？搜狐，2018-06-10［2018-09-04］，http://www.sohu.com/a/235015682_147574。

2 雅各布专栏，侯毅揭秘：盒马鲜生如何成为新零售第一样本？搜狐，2017-11-29［2018-05-23］，http://www.sohu.com/a/207431517_100065989。

3 一手调研数据：解读新零售超级物种盒马鲜生，联商网，2017-01-20［2018-05-25］，http://www.linkshop.com.cn/web/archives/2017/368767.shtml。

方便客户在店内自助结账，也便于客户在线下单。

定位

在盒马会员中，20～45岁的女性白领占比达70%。这是盒马想要的结果，因为它最初就定位于解决这群人的生活痛点。盒马发现这群人背后代表的是一个家庭，她们共同特征就是生活节奏很快，追求较高生活品质。而她们的痛点在于很难方便地买到新鲜并安全的品质食品，而且没有时间为家人精心挑选商品。[1]为此，盒马针对她们打造了快节奏高品质生活解决方案：围绕"吃"这个场景构建商品品类和线上线下服务方式，让目标客户能吃到新鲜的商品、买到新鲜的商品，甚至倡导她们抛弃冰箱，即买即吃，享受新鲜健康的生活方式。为此，盒马不仅在店内增加餐饮加工和就餐服务，还提供了半成品和成品（加热可吃）商品，除了将生蚝、帝王蟹等按"个"卖外，其他生鲜都做成小包装，如蔬菜300～500克一包，猪肉350～450克一包，让客户买一次就一顿吃完。为了养成客户即买即吃的习惯，盒马提供了3公里内订单30分钟免费配送服务。甚至，当客户改变购物主意时，盒马还允许客户无条件退货。客户只需在APP上点击退货，盒马员工就会免费上门取退货。

为了让客户接受盒马的这种解决方案，为了让"吃"这件事变成娱乐和快乐，每个盒马店一般每周都会组织两场以上门店活动，包含亲子聚会、亲子厨房、美食课堂、手工DIY等。除了组织线下活动外，盒马每个店还会建立客户微信群，在其中围绕"吃"的主题与客户互动。此外，盒马还会借助其APP和微信公众号向客户推送其关于吃的价值主张，而这个价值主张不是统一的说辞，而是针对具体客户需求的个性化营销。

---

1 屈丽丽，盒马鲜生：用爆品切入新零售，不想把大海鲜做成高频产品，中国经营报，2018-01-27［2018-05-25］，
http://news.winshang.com/html/063/3468.html。

以海鲜引爆品牌

盒马的每一家店都在显著位置陈列着鲜活的大海鲜。与一般超市或菜场的环境脏乱、气味难闻的海鲜售卖区不同，盒马店的海鲜区容器干净，灯光明亮，没有异味，更为特别的是，还有别处罕见的帝王蟹、波士顿龙虾、面包蟹等大海鲜。它们的价格相对海鲜批发市场不具有优势，但比传统商超和生鲜电子商务却便宜一半。[1]

按照盒马高层的说法，鲜活海鲜在盒马一开始就承载了引爆盒马品牌的重要使命。[2]"盒马能向客户提供性价比较高的鲜活海鲜，因此，能一下子占领客户的心智，让客户涌进店来。"[3]

一位具有 20 年深海捕捞产业经验者指出，全世界的卖场和超市之所以都不卖或仅卖少量鲜活海鲜，是因为鲜活海鲜存活率不高，品质难保证，运营成本很高。[4]而盒马之所以敢切入这个稀有品类，根据盒马高层的说法，是因为已为此做好准备：首先，盒马走到了产业链顶端，直接向捕捞者下订单，去掉了中间损耗环节；其次，盒马攻克了店内养殖环节的难题，解决了损耗问题；再次，他们还通过提高海鲜销售周转率来降低损耗率。[5]

大海鲜促销是盒马每一家新店吸引客户的主要手段。客户到店后，盒马相对高端的门店环境、现场加工海鲜的服务、超市＋餐饮的布局、悬挂物流系统等，都给客户耳目一新的感觉，并成为客户口碑传播的素材。由此，盒马的

---

1 吴文治，陈韵哲，盒马鲜生北京首店试营业 价格是生鲜电商一半，北京商报网，2017-06-09［2018-05-25］，http://www.bbtnews.com.cn/2017/0609/196856.shtml。

2 屈丽丽，盒马鲜生：用爆品切入新零售，不想把大海鲜做成高频产品，中国经营报，2018-01-27［2018-05-25］，http://news.winshang.com/html/063/3468.html。

3 同上。

4 盒马鲜生打造鲜活海鲜成爆品，给海鲜市场带来的是重生还是毁灭？搜狐，2018-01-28［2018-05-29］，https://www.sohu.com/a/219407099_672426。

5 屈丽丽.盒马鲜生：用爆品切入新零售，不想把大海鲜做成高频产品。

知名度在 2017 年逐渐扩大。特别地，2017 年 7 月阿里高管巡视盒马上海金桥店时，马云站在海鲜池边兴致勃勃地拣起了帝王蟹并拍下了照片（见附录 6），旋即这张照片在网上被广泛传播，盒马由此迅速变成了"超级网红"。当时在搜狗搜索里输入"盒马鲜生"，导出的信息达 89 页；在微信上搜索，查到的结果达上千条。[1]

盒马的网红特性，引发了在网上被刷频的"盒区房"[2]概念，这个概念甚至被房产中介当成一个卖点（见附录 7）。不仅如此，盒马还带动了周边商区的繁荣。杭州一位商城负责人说道："自开出盒马鲜生以来，这座老商城的线下人流量明显增加。因为盒马这个 IP 自带流量，又有海鲜这种吸引客流的强势品类，许多居民以及外地游客纷纷涌入，直接带动了商场人气。"[3]

盒马的引流效应不仅吸引来了主动洽谈合作的商场，甚至吸引了地方政府。武汉市政府就曾主动邀请盒马在武汉建店。尽管邀请者众多，但具体在哪个城市、在城市的什么位置开店，盒马并非随意决定，它们有一套大数据支持的选址决策流程。

尽管鲜活海鲜成了消费者认知盒马的第一大商品，但盒马却意识到大海鲜不能做成高频产品，蔬果、肉禽蛋、牛奶面包和半成品等才是客户的高频刚需。为了加强这类商品的黏性，2017 年 8 月和 9 月，盒马推出了"日日鲜"系列蔬菜、肉类和牛奶。当年底用户月消费达 4.5 次。[4] "日日鲜"指的是从原产地供应商处直接采购的商品，在店内销售时间只有 24 小时。快过期时，它们或被放在盒马 APP 上促销，或成为其餐饮加工的原材料。

1　零售老板内参 APP. 盒马为什么成为超级网红？36 氪，2017-07-30［2018-05-25］，http://36kr.com/p/5085754.html。

2　在盒马门店附近 3 公里范围内的房子被称为"盒区房"，住"盒区房"可以享受盒马门店商品 30 分钟配送服务。

3　新零售智库，盒马的选址厉害在哪？自带流量的门店是这样炼成的，搜狐，2018-03-13［2018-05-25］，http://www.sohu.com/a/225484223_734932。

4　中国连锁经营协会，你所不知道的盒马鲜生背后的那些创新，搜狐，2017-12-12［2018-05-25］，http://www.sohu.com/a/210214566_170950。

模式演变

在第一家店开业两年半内，盒马不仅对门店模式进行了修正迭代，推出了盒马集市、盒马机器人餐厅等迭代版本，还创新出了便利店、盒马云超、"盒小马"等新业态。

盒马集市

在开了两家店后，由于线上订单产能受限，盒马意识到需要扩充门店经营面积来释放更大的门店"仓配"功能。[1] 于是，2016 年 12 月，盒马在上海浦东八佰伴开了一个经营面积为 1 万平方米的盒马集市，比第一家店面积大了一倍。

在 1 万平方米的店内，餐饮经营面积也被提升至与零售面积对等。之所以这样做，是因为盒马发现，餐饮不仅是客户体验中心，更是流量中心，不仅能吸引客户到店，更能吸引客户在线消费。为此，餐饮中心不仅提供堂食，还将食物加工所需的调料及各种美食做成半成品和成品在线销售。为了让客户能回家做美食，盒马 APP 上还提供各种美食做法视频。2018 年 5 月的数据显示了盒马此举的阶段性成果，餐饮的线上订单销量超过 50%。[2]

盒马南翔店

为了解决用户"用餐等待时间长"的问题，2018 年 2 月，盒马创建了一个引入机器人操作的盒马南翔店。前去这里就餐的顾客首先要在餐厅入口的

---

1 盒马鲜生进军北京市场 首店选址独家曝光，联商网，2016-09-28［2018-05-25］，http://www.linkshop.com.cn/web/archives/2016/359621.shtml。

2 妮可，侯毅解读"新餐饮"：这是我们看到的最大机会，零售氪星球，2018-05-18［2018-05-25］，http://www.jiemian.com/article/2152621.html。

屏幕前选座，然后根据系统指示入座，用盒马 APP 扫描桌面二维码点餐，在桌子旁边有送餐轨道，餐食由机器人沿轨道送来。从顾客点餐到后厨加工到送餐，所有的作业都被系统管理，并被显示在桌子旁的显示屏上。在这家店，机器人不仅承担送餐任务，还参与菜品烹制，一些能标准化的菜品都由机器人烹制。机器人送餐系统和设备是盒马自行研发的，应用了声音、图像等多种混合感应技术和深度学习技术。按照盒马的说法，这套系统能让机器人在菜品出餐后以平均 40 秒左右的速度送餐。[1] 不过对于这家店，仍有顾客抱怨等待时间过长、活鲜不新鲜、厨艺一般等。[2]

F2 便利店

2017 年便利店在中国市场呈快速发展趋势，全国 36 个一、二线城市中，便利店增速超过 10% 的城市占比 61.1%，最快增速达 25.5%。[3]

在这个背景下，2017 年 12 月 4 日，盒马的新业态 F2（Fast & Fresh，快捷 & 新鲜）便利店开业，经营面积 500 平方米，面向周边 500 米内的办公室人群提供早、午餐和下午茶。这样的服务专门针对上班族在外吃早中餐时"排队、食物不新鲜"等痛点而提供的。[4]

与盒马超市一样，走进 F2 迎面看到的仍然是有视觉冲击力的海鲜，价格也与盒马超市的一样。客户可以通过盒马 APP 下单，接到订单后门店开始加工。客户按约定时间到店自提，也可以在店内吃加工好的餐品。

1　王诗琪，探秘盒马机器人餐厅：送餐速度平均在 40 秒左右，新零售智库，2018-06-09［2018-07-05］，http://news.winshang.com/html/064/0340.html。

2　盒马鲜生（南翔店），大众点评，［2018-07-05］，http://www.dianping.com/shop/98652528/review_all?queryType=reviewGrade&queryVal=bad。

3　张晓荣，《2017 中国城市便利店指数》发布：全国保持平均两位数增速，新京报，2018-05-23［2018-05-25］，http://news.sina.com.cn/c/2018-05-23/doc-ihaysvix4101497.shtml。

4　零售老板内参 APP，侯毅解读 F2 便利店：餐饮高度集合 + 现做现吃 + 到店自提．每日食品，2017-11-04［2018-05-26］，http://www.foodaily.com/market/show.php?itemid=17209。

盒马云超

尽管盒马在加紧开店，但侯毅认为门店毕竟有限，满足家庭消费还远不够。[1] 实际上，盒马门店已经遇到线上产能的瓶颈。受仓储面积和配送模式的制约，盒马单店每天能处理的线上订单最多不过 7 000 单，[2] 就算 2018 年能在北京开 30 家店，其在北京的线上业务产能也不过就是 21 万单。而京东到家 2017 年 6 月 19 日当天所完成的同城订单就突破 400 万单。[3]

"盒马是生鲜卖场这件事已经过时了。"[4] 侯毅公开说。2018 年 4 月 1 日，他推出了盒马云超。自此，盒马 APP 不仅跟生鲜卖场关联，还是一个不受"盒区房"限制的电子商务平台，涵盖粮油副食、休闲零食、美妆个护、母婴用品、厨卫清洁、日用百货等十大类商品。

不过，与传统电子商务的全品类商品不同，盒马云超的 SKU 只有 2 万款。像其实体店的商品一样，云超的商品仍然是盒马精选的中高档消费品，配送为"次日达"。订单商品在当日夜间被运送到相应门店，第二天在门店较空闲的时段为客户免费配送。上海门店在云超上线试运营后，日订单量接近 2 万单。[5]

在上线云超的同时，上海和北京的 25 家盒马门店还宣布实行 24 小时服务。此前他们已在两地开通了夜间 SOS 家庭救急服务，提供电池、灯泡、创可贴等日常急需商品，平均配送时间为 18 分钟，每单收取 8 元夜间配送费。

---

1 陈岳峰，侯毅：盒马是生鲜卖场已过时，云超做 B2C 会把物流成本降低一半！搜狐，2018-03-12［2018-05-29］，https://www.sohu.com/a/225397758_596367。

2 揭秘盒马鲜生的新营销模式，海商，2017-12-18［2018-05-25］，http://www.hishop.com.cn/xls/show_47608.html。

3 投资界，一天日单量超 400 万单，不到 20 天超 5 000 万单，达达-京东到家凭什么能做到？搜狐，2017-06-19［2018-05-26］，http://www.sohu.com/a/150143954_439726。

4 郭苏妍，盒马鲜生已经过时了，盒马云超能流行起来吗？第一财经周刊，2018-03-22［2018-05-25］，https://www.cbnweek.com/articles/normal/20550。

5 同上。

"盒小马"

为了丰富自己的零售业态，同时也为了实现对传统零售业的数字化改造，2018 年 6 月，盒马与阿里收购的线下连锁超市大润发合作推出了"盒小马"，一个经营面积为 800 平方米左右的类盒马超市。

像盒马鲜生一样，"盒小马"也是店仓合一、线上线下一体化运营，店内生鲜面积占比 50%，不过生鲜区没有鲜活的水产，也没有餐饮服务区和现场加工服务。"盒小马"也支持门店周边 3 公里配送，只不过是 1 小时送达，而且只支持首单免费配送。有关人士透露，"盒小马"是在阿里系大数据资源和各种算法技术支持下，结合盒马数据化运营经验和大润发门店管理经验，进行数据选址、选品和流量运营的结果。[1]

盈利状况

与传统超市和电子商务网站相比，盒马的海鲜水产具有价格优势，其堂食价格也比餐饮店有竞争力，不过其精品蔬菜水果定价则较高。而盒马的蔬果动销率[2]为 95%；生鲜中活鲜库存周转为 1 天（24 小时），其他不超过 3 天。盒马给供应商的账期有三种：7 天、15 天、30 天。[3]

2016 年底，盒马在上海开的第一家店经过一年运营，营业额达到 2.5 亿元。2017 年 7 月，当盒马开了 13 家店时，侯毅曾对外说，盒马营业时间超过半年的门店已基本实现盈利。当然单店盈利只是意味着门店的收支平衡，并没有计算盒马总部对门店在技术、物流方面的投入。在盈利的门店里，线

1　盒小马背后的数据思维才更让传统企业颤抖，友盟全域数据，2018-06-06［2018-07-05］，https://xinwen.pconline.com.cn/1131/11313466.html。

2　商品动销率＝商品累计销售数÷商品库存数。

3　创业家，47 页 PPT 深度报告全面解剖盒马鲜生，凤凰网，2018-08-17［2018-08-18］，http://tech.ifeng.com/a/20180817/45127677_0.shtml。

上商品转化率[1]达 35%，是传统电子商务的 10～15 倍，线上订单毛利率达20%。[2]2018 年 4 月，侯毅又透露，盒马开业一年以上的门店 60%～70% 营业额来自非店内消费。上海 4 000 平方米的单店年营业额约为 3 亿元。[3]盒马线上平均客单价超过 80 元，线下平均客单价超过 120 元。商品综合毛利率为18%～23%，其中海鲜毛利率为 25%～30%。[4]

盒马门店已经实现每年每平方米 5 万元的坪效，而传统零售企业的坪效大约是每年每平方米 1.5 万元。[5]盒马之所以能获得高于传统零售企业的坪效，按照其官方说法，主要有三点原因：第一，其海鲜产品占比是传统超市的 10倍以上，海鲜产品毛利达 25%～30%，而且海鲜现场加工也能获得不错的加工费现金流。同时，盒马包括海鲜在内的生鲜产品，基本上是通过直采获得，拥有规模议价能力。特别是跟阿里系共享采购，可以让其价格更具优势，如菜价就比传统菜场低 10% 以上。第二，不同地区门店会根据客户口味推出大量成品和半成品，这些品类不仅促进了线上订单量的增长，还拥有巨大的毛利空间。第三，超市和餐饮联动，延长了餐饮经营时间，刺激了餐饮线上产品的销售，餐饮毛利率也因此达到 50%～70%。[6]

不过，与类似的业态超级物种相比，盒马的坪效还有很大差距。超级物种坪效已突破了每年每平方米 15 万元。[7]

1　商品转化率是访客中产生购买行为的人数和所有访客人数的比率。转化率 =（产生购买行为的客户人数 / 所有到达的访客人数）× 100%。

2　汽车服务世界，首店已盈利　盒马鲜生成为新零售第一样本？搜狐，2017-07-22［2018-05-29］，http://www.sohu.com/a/159122137_141776。

3　盒马 CEO 侯毅：六七成营业额来自非店内消费，亿邦动力网，2018-04-13［2018-07-15］，http://www.ebrun.com/ebrungo/zb/272321.shtml.

4　创业家，47 页 PPT 深度报告全面解剖盒马鲜生。

5　汽车服务世界，首店已盈利　盒马鲜生成为新零售第一样本？

6　中国经济网，盒马鲜生复制提速背后的经济账，搜狐，2017-07-19［2018-05-29］.http://www.sohu.com/a/158248946_120702。

7　吴勇毅.零售业开始玩餐饮，餐饮业该玩什么？36 氪，2018-03-22［2018-05-25］，https://36kr.com/p/5125230。

盒马鲜生单店的成本包括固定运营成本和变动成本。固定运营成本包括开店成本（一般在几千万元不等[1]）、门店租金、人力、生鲜损耗、杂项、总部技术开发、增值税（见附录8）。因为门店要充当前置仓，因此每家门店的人力成本也相对较高。如其上海一家门店有理货（分拣）员30人，促销员3人，服务中心2人，餐饮区6～8人（不包括后厨，后厨一般为3人），安保人员3～4人。至于支撑配送所需的100人左右的快递员，其人力成本应归类在变动成本。[2] 简单来说，一家盒马门店的变动成本主要来自每单12元的履约成本[3]，这个金额大约是行业平均值的2倍。[4]

挑战

进入2018年的盒马非常激进。侯毅声称，盒马正进入"舍命狂奔"阶段，未来要开2 000家店。[5] 为了实现这个目标，盒马除了自己开店外，还通过模式输出方式进行联营开店，或者对老店进行数字化改造。然而，盒马已有的直营店尚存在影响客户体验的问题，那么在联营店和改造店如何能消除这些问题呢？如果快速开店时此类问题大面积出现，那么盒马品牌的持续竞争力如何得到保证？

盒马门店通过最快30分钟配送一直在给消费者输送快捷、便利、品质

1　成都市电子商务协会，盒马鲜生开店13家已实现规模盈利，搜狐，2017-07-20［2018-05-29］，http://www.sohu.com/a/158644946_471161。

2　一手调研数据：解读新零售超级物种盒马鲜生，联商网，2017-01-20［2018-05-25］，http://www.linkshop.com.cn/web/archives/2017/368767.shtml。

3　履约成本即履行订单所产生的运营成本，总体上包括人力成本、物流成本、包材成本、优惠券及促销成本四个方面。将这些成本总额相加，除以历史总订单数，即得到平均每个订单的履约成本。

4　祁建宝，另一种声音：盒马鲜生尚不值得你如此膜拜，联商网，2017-11-17［2018-05-26］，http://www.linkshop.com.cn/web/archives/2017/391424.shtml。

5　60后创业，2年开25家店，盒马未来要开2000家店，Chinasspp，2018-01-11［2018-05-29］，http://www.chinasspp.com/News/Detail/2018-1-11/402429.htm。

生活的理念，而盒马云超却以"次日达"让客户在一些商品上放弃快捷理念。这本身就已经让消费者产生了一定的矛盾感。另外，如果说云超可以通过免费配送来吸引客户容忍"次日达"，那么这种在较高履约成本支撑下的配送能持续免费多久？如果免费停止，那么云超如何与奉行极速达的京东和每日优鲜们竞争？

尽管存在诸如此类的问题，侯毅却说："今天的盒马不是要弥补短板，把自己变成很完美的企业。我们需要和竞争对手拉开差距，建立起较高的门槛。今年（2018 年）的最大任务是让长板更长，短板可以慢慢补。成本高一点没关系，我们愿意付出。"[1]

盒马真的不需要先补足短板再扩张吗？盒马模式发展到这个程度，背后的支撑力和驱动力是什么？

---

1 陈岳峰，侯毅：盒马是生鲜卖场已过时，云超做 B2C 会把物流成本降低一半！搜狐，2018-03-12［2018-05-29］，https://www.sohu.com/a/225397758_596367。

附录1：2010—2017 年消费品零售总额和网上零售额对比

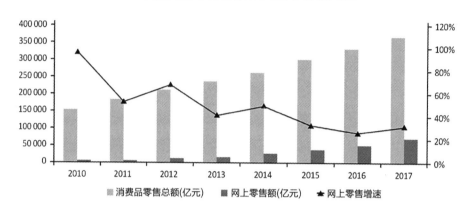

资料来源：根据国家统计局数据整理，2018-05-23，http://www.stats.gov.cn/tjsj。

附录2：2013—2019 年中国生鲜电子商务市场交易规模

资料来源：艾瑞咨询，2018 年中国生鲜电子商务行业消费洞察报告，艾瑞网，2018-01-05 ［2018-05-23］，http://report.iresearch.cn/report/201801/3123.shtml。

附录 3: 传统电子商务涉足生鲜领域

京东生鲜	天猫生鲜
成立于 2016 年 1 月,自营和第三方商家并存,主营生鲜全品类,SKU 在万数量级以上,对所覆盖区域提供次日达服务	除了其于 2015 年 1 月推出的自营生鲜店之外,都是第三方商家,也主营生鲜全品类。2017 年夏天在北京等城市推出 1 小时送达服务

资料来源: 艾瑞咨询, 2018 年中国生鲜电子商务行业消费洞察报告, 艾瑞网, 2018-01-05〔2018-05-23〕, http://report.iresearch.cn/report/201801/3123.shtml。

附录 4: 零售创新物种

新物种	简　介	主营商品	是否有 APP	支付方式	仓储配送
每日优鲜	2014 年 12 月投入运营,获腾讯投资	全品类精选的果蔬、海鲜肉禽、牛奶、零食等,不到 1 000 款 SKU	有	微信、支付宝	前置仓储覆盖周边半径 3 公里,1~2 小时配送服务,订单满 39 元免 10 元配送费
易果生鲜	创建于 2005 年,2017 年被阿里巴巴投资	果蔬、海鲜肉禽、牛奶等,SKU 为 4 000 款左右	有	支付宝、银联支付、信用卡	在北京、上海等十大城市建 11 个冷链物流基地,北京、上海、广州、成都等城市可以做到物流当日达,其他城市一般是次日达,购物不满 100 元每单收取 10 元运费
京东到家	2015 年投入运营,定位于连接超市和消费者的平台	不参与商品运营,对接沃尔玛、永辉、永旺等超市的货品	有	微信、银行卡	由京东旗下达达物流配送,提供 2 小时送达服务,运费每单 4 元
大润发优鲜	由大润发飞牛网于 2017 年 7 月 7 日打造的生鲜 O2O 项目,有线下体验店	5 000 款 SKU,主要以生鲜食品为主,经营品类涵盖生鲜、进口食品、日用百货、快消等分类	有	微信、支付宝、飞牛网购物卡	前店后仓模式,前店配置物流传送带,员工也手持智能设备处理订单。门店覆盖 3 公里范围,1 小时送达。会员在一定距离范围内免运费,超过收费

新物种	简 介	主营商品	是否有APP	支付方式	仓储配送
掌鱼生鲜	美团旗下的O2O平台,于2017年7月开业,定位于年轻消费者	生鲜类产品包括肉禽、水产、烘焙、果蔬等精选产品,水产以冷冻海鲜为主	有	微信、银行卡	起送价为20元,配送价为每单3元
超级物种	2017年1月1日开业的永辉超市旗下餐饮+超市店,定位于中高端,当年开店17家。其温泉店坪效为400元,远超同业	3 000款SKU,其中生鲜商品占50%	有	微信、银行卡等多种支付方式	每家店覆盖周边3公里客群,提供30分钟送货服务,不满18元运费每单6元
7FRESH	2018年1月在北京开业的京东旗下餐饮+超市店	3 000多款SKU,生鲜占比约75%,精选高端商品为主	有	微信、京东支付、银行卡、人工结算	以门店为中心的3公里范围内享受"最快半小时送达"且免运费

资料来源:作者根据公开信息整理。

附录5:中国生鲜网购客户选择购买平台时最看中的因素

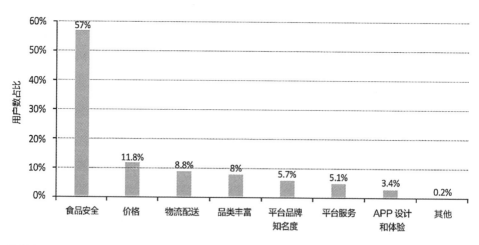

资料来源:艾瑞咨询,2018年中国生鲜电子商务行业消费洞察报告,2018〔2018-05-23〕,http://report.iresearch.cn/report/201801/3123.shtml。

附录6：马云对盒马的背书

资料来源：新零售世界，马云去逛盒马鲜生，没忍住现场就品尝龙虾帝王蟹，搜狐，2017-07-15〔2018-05-23〕，https://www.sohu.com/a/157363392_629446。

附录7："盒区房"成为房产中介卖点

资料来源：互联网小司机，"盒区房"爆红网络！北京小区被刷屏　上海女子为它弃千万房产，搜狐，2017-07-18〔2018-05-23〕，https://house.focus.cn/zixun/c8c950a231038642.html。

附录8：盒马鲜生单店固定运营成本推算

开店

每家店投资数千万，故不妨推测为 1 200 万元，建议按照 5 年摊提。

门店租金

根据行业数据，盒马店铺的租金大约为 6 元 /（平方米·天）。[1]

门店人力

公开资料显示，超市理货员月薪在上海为 6 000 元。[2] 于是，单位员工人事成本 =6 000 元 / 月 ×1.5=9 000 元 / 月（乘以 1.5 是考虑员工社保和其他福利）。

生鲜损耗

成熟市场行业的生鲜损耗率为 3%～5%[3]（生鲜在商品中占比 20%）。

杂项

包括水、电等其他运营成本，建议估算为 10 万元 / 月。

总部技术开发

盒马这套系统是由总部 500 名开发人员在 1.5 年开发出来的。不妨假定总部开发人员开发成本为每月 2 万元，建议按照 5 年摊提。

增值税

增值税 = 营业收入 × 综合毛利率 ×16%（增值税税率）

不考虑特殊情况，如地方政府的创新优惠税率或退税政策等。

1　搜房源，2018-8-30［2018-9-16］，http://bj.soufy.cn/spcz/house_35191539.html。

2　前程无用招聘网，［2018-09-11］，https://m.51job.com/jobs/all/102050152.html?jobtype=2。

3　"我国生鲜果蔬的平均损耗率远高于成熟市场平均水平"，中国质量报，2017-6-27［2018-9-11］，https://www.tech-food.com/news/detail/n1347647.htm。

(B)：数据驱动核心能力

"盒马是全渠道超市，是移动电商。"[1] 当盒马实体店陆续开出并引人注目时，盒马官方将"全渠道""移动电商"这类本来与线下店无关的概念都加进了对盒马的描述中。之所以能创造出这样一个跨越线上线下零售边界的新物种，按照盒马 CEO 侯毅的说法，是源于包括移动互联网、云计算、大数据和人工智能等技术的驱动（见附录 1）。[2]

首先，移动互联网让盒马实现了人、（人和商品所在）位置和门店的互动，也让盒马可以更加方便地进行数据采集。[3]

此外，作为阿里巴巴旗下品牌，盒马的整个业务系统，都架构在阿里云之上，遵从阿里巴巴"中台战略"[4] 的架构体系，而大数据和人工智能技术则让盒马实现了线上线下统一会员、统一价格、统一库存、统一营销方法和统一支付手段。

随着 5G 时代的到来，随着各种新技术进一步完善，盒马能借此打造哪些

1　品途商业评论，盒马鲜生 CEO 侯毅：我们的新零售到底想做成什么样？凤凰网，2017-10-15［2018-07-05］，http://tech.ifeng.com/a/20171015/44716331_0.shtml。

2　盒马鲜生侯毅：Amazon Go 启示，科技推动新零售，亿欧，2016-12-11［2018-07-05］，https://www.iyiou.com/p/35888#0-tsina-1-10554-397232819ff9a47a7b7e80a40613cfe1。

3　盒马鲜生侯毅：Amazon Go 启示，科技推动新零售。

4　所谓的中台是指介于前台和后台之间的部分。阿里巴巴"中台战略"启动于 2015 年底，即所谓的大中台、小前台的组织机制和业务机制。作为小前台的业务部门因此会更敏捷应对瞬息万变的市场，而中台将集合整个集团的运营数据能力、产品技术能力，对各前台业务进行强力的支撑。引自"深度解密阿里巴巴'中台战略'转型始末"，搜狐，2017-5-30［2018-9-12］，https://www.sohu.com/a/144689936_488677。

核心竞争力？它在零售市场的创新是否能更加如鱼得水？

数据和技术的驱动

数据选址

在线下开店首先要面临选址问题。盒马选址的首要依据就是支付宝用户的大数据画像。当盒马考察某个地址时，会对周边3公里支付宝活跃用户进行大数据分析，这些数据或者来源于支付宝消费，或者来源于微信、微博等第三方平台。盒马之所以将成都首店开在红牌楼区域而不是传统商圈春熙路上，就是因为大数据分析显示红牌楼区域的网购用户数量相对较大，客单价也较高。[1]当然，除了用户数据外，盒马还要看当地地产商的配合能力以及物业的服务能力。它们的配合，让盒马可以拥有更多的停车位、性价比更高的仓储和门店空间，从而让盒马在为客户提供更好线下购物体验的同时，为客户提供效率更高的线上订单配送。

因为上述的选址标准，盒马并没有像传统超市那样一定要将店开在人流密集的繁华之地，它也会选择相对偏僻的地方，如盒马北京大成路店所在位置就不是一个闹市区，亦庄在北京也是相对偏僻的地方。之所以在这两个地方开店，是因为从数据中盒马发现，大成路周边有十多个大型社区，消费者消费能力较强，但周边上档次的超市餐饮寥寥无几；而亦庄则是北京500强大公司高管居住地。[2]

门店引流

按照盒马项目的最初设定，线下开店是为了向客户提供体验场景，从而增

---

1 王丹，盒马鲜生今年将在成都开10家店　选址依靠线上大数据分析，赢商网，2018-05-08［2018-07-05］，http://news.winshang.com/html/063/8471.html。

2 氢创社，为何开一家火一家？盒马鲜生的选址里藏着很多秘密，品途商业评论，2018-03-27［2018-07-05］，https://www.pintu360.com/a48821.html。

加客户信任度，最终目的是要将客户引流到线上。因此，在盒马线下开店时，盒马线上零售也在其 APP 上同步展开。

盒马 APP 是其线下线上流量转换的关键节点，盒马所有渠道、场景都在为 APP 导流。第一，客户到线下店消费，被强制用 APP 结算。第二，在盒马线下线上商品实现同种同质同价的前提下，线下商品都被附有条形码。客户在线下店时可以通过 APP 扫描条形码后在线上下单，然后商品就会被快递回家。第三，盒马线下店内的自助结账机器，也可以让客户自己扫码商品并通过 APP 自助支付，从而省略了排队的麻烦。第四，客户在餐饮区点餐后，盒马会在餐品准备好后用 APP 提醒客户，这样客户可以边等餐边逛盒马超市。

个性化营销

线上线下客户都通过 APP 结算的举措，让盒马统一了其线上线下会员，并获得了会员线上线下全方位的消费需求和消费习惯数据。基于这些数据，盒马 APP 引入了阿里巴巴的个性化推荐技术，实现了面向不同客户的千人千面式营销。而营销互动场景，可以是实体店的各种聚会，也可以是线上各种形式的促销。例如，他们会邀请年岁相仿的孩子和家长来参加店内的亲子聚会；而当某种商品需要促销时，他们也会将促销信息直接发送给需要此类商品的客户。

因为掌握了客户的清晰画像，盒马的广告基本上都是能引起客户共鸣的场景式内容。例如，2018 年盒马品牌内容从"鲜美食材"变为"平常生活新鲜化"，与此对应的盒马短视频广告就呈现五个场景：担任高管的老公订盒马大龙虾送给爱妻；海外留学的女儿订盒马帝王蟹给国内的父母；孩子们聚集在盒马店内观赏鲜活大海鲜，并因此结识成朋友从而让母亲欣喜；邻居们互送"日日鲜"鸡炖的汤；写字楼白领因为一碗家乡馄饨而互相认识。

智慧供应链管理

盒马从商品采购到仓储物流、到配送给消费者的供应链（见附录 2），都是借助新技术和设备进行管理的。盒马的供应链管理系统构建在阿里云系统之上，包括 ERP 系统、门店 POS 系统、物流系统、配送系统以及 APP 系统，对盒马会员、商品、营销、交易、供应链和门店作业，全面实现了数字化管理。在这里产生的数据，与盒马体系外的数据一起，在诸如深度学习、图像识别、语音识别、温度识别和定位等技术的支持下，形成了盒马在选品、仓储管理、门店作业、订单履约与配送等供应链运营管理能力的智能算法模型（见附录 3）。

数据选品

在商品采购预测方面，盒马依据阿里大数据和盒马自己的客户数据做精确到门店的商品选品和采购计划，以及库存分配。

盒马的选品能力是依据大数据不断完善的。开店前的数据来源于支付宝的用户画像和商品供应数据；开店后则又增加了运营数据。每一个盒马店在开店后的最初两个月，都会对各种商品 SKU 进行销售跟踪，以此决策品类的取舍和订货的频率以及订货量。两个月后，店内的品类和订货模型就可以基本确立下来。之后，盒马还通过 APP、Wi-Fi、商品二维码等介质，去持续跟踪客户的购物偏好、购买频次和评价等，以完善选品算法。

盒马的商品分自有品牌商品和第三方品牌商品。创建之初，盒马就建立了自有品牌研发团队，"盒马味道""日日鲜"等都是其自有品牌。2018 年年初，自有品牌已超过 300 个。[1] 自有品牌商品通过"买手制"进行采购，实行全球直采和基地自采。例如，盒马在帝王蟹生存的阿拉斯加海域，找到了拥有当地捕捞权的合作商直接下单，对方将帝王蟹用保温箱装起来，盒马负责将其全程冷链运输到盒马加工检测中心仓，之后再送到门店。而"日日鲜"则依循盒马

1　赢商探店：盒马鲜生成都首店开业　新鲜感与科技感的碰撞，赢商网，2018-02-06［2018-05-25］，http://news.winshang.com/html/063/3994.html。

跟当地农场合作构建的生鲜产品供应链来进行采购：盒马系统会在每天 12 点采集每个门店需求，14 点将商品采购计划传至农场生产基地。基地会在 15 点前收割产品，17 点后商品便会被运出至各个门店。蔬菜从收割到在门店上架的间隔时间被控制在 18 小时内。在这过程中，系统通过 Wi-Fi 探头、温度感应器、GPS 等获取过程信息并进行实时管控。在种植地附近，供应商应盒马要求建造生产车间，车间里要配备冷链温控、预包装生产线，接入 Wi-Fi 探头，而冷链运输车里也安装了温度感应器、GPS 等装置。[1]

第三方品牌商品也是盒马大数据选品的结果。对于第三方商品供应商，盒马不收取进场费、促销费和其他市场费用，为的是去除因这些收费而导致的不合理价格空间。

仓储管理

盒马的仓库分两级：一级是兼具质检、商品标准化、活海鲜养殖功能的（区域）中心仓；另一级就是（盒马门）店仓。盒马门店中的"日日鲜"商品是从原产地直接到店仓的，除此之外的商品都是从原产地或供应商处到中心仓再到店仓。商品从原产地到中心仓再到店仓，都是用托盘装卸、用卡车批量运输，只有从门店到客户的 3 公里会被按照订单拆成包裹零散投递。商品在中心仓和店仓中的仓储管理算法，依靠来自门店的运营数据和淘宝体系数据构建而成。分散在中心仓、店仓和货架上的商品，依靠电子价签[2] 和商品专属条码实现线上线下统一实时价格，以及线上线下统一库存。一旦商品在店仓或货架上发生缺货或滞销，仓储管理系统就会触发自动补货或者促销。例如，如果"日日鲜"商品到了当天晚上还有剩余，那么系统就会通过大数据筛选出对这类商

---

1 赢商探店：盒马鲜生成都首店开业　新鲜感与科技感的碰撞，赢商网，2018-02-06［2018-05-25］，http://news.winshang.com/html/063/3994.html。

2 电子价签是一种带有信息收发功能的电子显示装置，可替代传统纸质价格标签。电子价签通过有线或无线网络与后台数据库相连，将最新商品信息显示出来，实现了收银台与货架之间的价格一致性。

品有意向的客户，向他们推送商品促销信息。从开始推送促销信息时起，每隔一个时段（如1小时），系统就会根据促销进展对促销方案进行调整，以便更有效地促销。

门店作业

因为每个商品都有电子价签和专属条码，因此，处理商品到店、上架、拣货、打包到配送等任务，员工都是通过手持智能设备去识别商品并在系统驱动下作业。员工几点几分上架了哪些商品、补货了多少次，甚至杀了几条鱼都会被系统记录。凭借着对员工实时位置、行动的记录，以及对货位、库存信息的掌控，再加上对历史线上线下销售数据的分析，门店作业系统能实现对员工精确到分钟的任务指派，以均衡门店工作量，实现人效和坪效最优。

例如，线上订单来了后，系统根据商品库存位置、拣货员的位置和工作负荷等数据把订单商品拆成不同拣货任务，发放给能就近拣货的拣货员，驱动他们在3分钟之内完成一个拣货任务。店内悬挂链也是为了配合高效拣货和传送商品的。拣货袋在悬挂链上最终移到合流区，形成订单包裹。至此，订单生产不超过10分钟。

订单履约

盒马订单履约的算法，基于（商品生产）线路、（订单）时序、（订单商品所需）温层、（订单商品所在库存）区块等信息，把订单分门别类聚合起来，以使商品生产和配送的效率最高，并实现以最低的履约成本获得最好的用户消费体验。

例如，对于最快30分钟送达订单的履约，盒马的拣货不是靠一个人对着订单去拣所有的货。盒马系统会将不同订单对同一商品的需求进行整合形成拣货任务单，分派给商品所在地附近的店员。每个店员都通过手持移动终端获得任务并完成拣货，之后将放着商品的拣货袋挂到超市顶部的悬挂链上流转到后仓。

店员拣货时间被系统控制在3分钟之内，拣货袋被挂上悬挂链并被流转到后仓也被控制在3分钟之内，最后的打包也有同样的控制时间。系统会根据订单商品组成、相近的订单预约时间、相近的消费者位置、相似的配送员路径等信息，将商品自动合单并由人工打包。之后，包裹会用垂直升降系统送到物流中心出货。留给配送员配送的时间为 20 分钟。

物流配送

订单包裹能在 20 分钟之内抵达消费者，也是盒马系统优化的结果。首先，盒马系统会基于订单时效节点顺序、订单地址区块分布等信息，将不同订单做最优配送批次的串联。其次，再根据订单批次、订单品类、配送员熟悉的配送区域、配送员此时所在的具体位置等信息，算出包括最佳配送路径的配送任务单提交给适合接单的配送员。

而在盒马云超，为了降低履约成本，系统会在订单量集约到一定数量后，才根据订单数量和商品种类确定最佳出仓途径。在同一条配送线路上的订单，依据配送员的可承载工作量，被整合成一个个合成订单进行生产。系统依据合成订单信息将商品在夜间从中心仓运到门店，在第二天门店相对空闲时，再由配送员将合成订单包裹取走并配送。配送员抵达客户后，才对照该客户订单信息从合成包裹中拣出其所订商品。

技术驱动的其他零售新物种

盒马并不是零售业唯一被数据和技术驱动而诞生的新物种。除它之外，在美国市场诞生了 Amazon Go，在中国市场诞生了无人值守便利店和无人值守货架等。

Amazon Go

Amazon Go 是全球最大的零售电商亚马逊创建的线下无人收银便利店。通过使用计算机视觉、深度学习以及传感器融合等技术，Amazon Go 取消了传统便利店收银结账环节，让客户购物"拿完即走"。[1] 客户只需下载 Amazon Go 的 APP，在商店入口闸机上扫码后，便可以进入商店购物。每当客户把商品从货架上拿下来，这件商品就加入了一个虚拟的购物车；如果再把它放回货架，这件商品就自动从购物车里消失。客户挑选完所需要的东西，直接从闸机走出去即可。在客户走出店铺后的几分钟之内，电子收据就会推送到客户手机上，并随后在客户亚马逊账户上结账收费。电子收据上不仅显示购物明细，还有客户在店停留时长。[2]

Amazon Go 于 2016 年 12 月在亚马逊西雅图总部楼下试运营，向亚马逊员工开放。原本打算 2017 年年初正式对外运营，但测试期间发现，当店内人数超过 20 或者消费者过快搬拿货架上的商品时，店内跟踪设备就难以准确跟踪消费者和商品。[3] 亚马逊花了一年时间解决这个问题，因此，Amazon Go 直到 2018 年 1 月 22 日才正式对公众开放。不过，此后一年中亚马逊计划要再开 5 家店。[4]

无人值守便利店和无人值守货架

中国的无人值守便利店，起始于缤果盒子的无人店。缤果盒子第一家店于 2016 年 8 月开在广州，2017 年 6 月在上海通过代理商加盟方式启动规模化扩张，2018 年 1 月进入全国近 30 个城市。[5]

以缤果盒子进驻上海为开端，一系列其他品牌无人便利店项目纷纷落地，

1　Kasavana, Michael, "Amazon Go's impact on payments, self-checkout", January 19, 2017, accessed June 29, 2018, https://search.proquest.com/docview/1860711291/10073C8A0EAE46ECPQ/1?accountid=37781.

2　Ibid.

3　好奇心日报，做了 20 多年电商之后，亚马逊要全面铺开的无人便利店有什么不一样的？腾讯网，2018－03－05［2018－07－05］，http://new.qq.com/omn/20180305/20180305A0U8EM.html。

4　太平洋电脑网，亚马逊计划开设 6 家全新的 Amazon Go 免结账杂货店，搜狐，2018－02－24［2018－07－05］，https://www.sohu.com/a/223829910_223764。

5　中国网，复星培育无人零售"新物种"，领投缤果盒子 B 轮融资，新华网，2018－01－17［2018－07－05］. http://www.xinhuanet.com/itown/2018-01/17/c_136902370.htm。

闻风而动的资本也向这个领域扑了过来。2017 年 6 月 28 日，"F5 未来商店"获得 3 000 万元 A+ 轮投资。7 月 3 日，"缤果盒子"也完成超过 1 亿元的 A 轮融资。阿里巴巴对标 Amazon Go 的无人商店——"淘咖啡"也于 7 月 8 日在杭州淘宝造物节上正式亮相。

不过，按照专家的说法，与 Amazon Go 相比，中国无人便利店不算真正意义的"拿完即走"模式。中国无人店内商品大都附上了 RFID 标签[1]，需要消费者购物后主动扫码结账，在偷盗率控制上难度较大。[2]

除了便利店，办公室无人货架则是 2017 年吸引风险投资的又一个零售应用新场景。第三方数据显示，截至 2017 年 9 月末，至少有 16 家无人货架品牌获得投资，融资总额超过 25 亿元。[3] 不过，自 2018 年年初，这个细分行业传出企业的裁员、关店等负面消息，以至于无人货架的商业模式可持续性受到了质疑。

盒马的未来

随着 5G 时代的到来，盒马意识到更多的数据来源以及由此产生的更多商机，因此，他们希望借助物联网技术加强盒马线上、线下渠道建设，并凭借渠道能力赢得在产业链上的议价权和定价权。[4]

线上渠道，除了盒马 APP 外，淘宝、饿了么等其他阿里系电商渠道也将成为盒马引流渠道；线下渠道，除了自有实体店外，盒马还正在通过赋能的方式将战略合作伙伴的渠道变成自己的渠道，"盒小马"就是一例。

1　一种非接触式自动识别技术，通过射频信号自动识别目标对象并获取相关数据，识别工作无须人工干预。

2　每日经济新闻, 从 Amazon Go 看国内无人零售　技术是应用中的双刃剑? 新浪科技, 2017-10-24［2018-07-05］, http://tech.sina.com.cn/it/2017-10-24/doc-ifymzzpw0432445.shtml。

3　便利蜂每周新增逾万无人货架　做好长期不盈利准备, 中国网, 2017-12-11［2018-01-20］, http://finance.china.com.cn/consume/20171211/4466933.shtml。

4　品途商业评论, 盒马鲜生 CEO 侯毅: 我们的新零售到底想做成什么样? 凤凰网, 2017-10-15［2018-07-05］, http://tech.ifeng.com/a/20171015/44716331_0.shtml。

线上线下的渠道拓展，不仅能为盒马带来规模市场，也能带来大量实时的一线数据。这些规模采购量和大数据将成为盒马实现商品采购议价权的筹码。

不仅如此，在面对更大市场时，盒马还希望在已有的数据资源基础上通过对新技术的应用打造自有品牌，在自有品牌下通过重新定义商品属性而获得定价权。盒马的"日日鲜"品牌正在朝这个方向努力。对于"日日鲜"所合作的农场，盒马正在为它们制定种植标准，提出包括对土地和水资源等在内的无污染、无公害要求。

诸如"日日鲜""盒小马"之类的创新，最终能否帮助盒马成长为掌控产业链话语权的零售终端？盒马在过往发展中暴露出的运营短板和模式问题，将如何在由数据和技术驱动的创新中得到妥善解决？在5G时代到来之际，盒马应该如何利用新技术将自己打造得更具竞争力？

附 录

附录1：盒马所涉及的云计算、大数据和人工智能技术简介

技　术	简　　介
云计算	云计算是一种基于互联网的计算方式，通过这种方式，共享的软硬件资源和信息可以按需提供给计算机和其他设备。云计算能让应用者降低技术使用成本，跟上最新技术潮流，并实现更多的合作。云计算包含三种服务类型：提供基础设施租用的服务（IaaS, Infrastructure-as-a-Service）、提供软件开发平台的服务（PaaS, Platform-as-a-Service）、提供软件租用的服务（SaaS, Software-as-a-Service）。随着移动互联网的发展，移动云计算技术也在不断进化，人们可以通过移动网络以按需、易扩展的方式获得所需的基础设施、平台和软件
大数据	大数据指海量的、多样化的，具有高增长率的信息资产，这些资产用传统数据处理手段无法加工形成商业价值，于是挖掘数据形成价值的大数据技术应运而生。这些技术涉及数据收集与存储、数据筛选、算法分析与预测、数据安全、数据分析结果展示等
人工智能	人工智能是一种对大数据进行智能化处理的方式，主要应用于指纹识别、人脸识别、图像和语言识别、智能控制等领域。人工智能技术主要包括自然语言生成、机器学习、深度学习、生物特征识别等。应用这些技术实现人工智能的应用，需要用大量数据去训练、优化相应的算法模型

资料来源：作者根据公开资料整理。

附录2：盒马供应链示意图

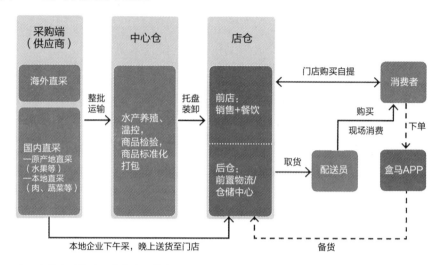

注：实线表示物流；虚线表示信息流。

资料来源：亿欧网，盒马的物流究竟牛在哪？2 小时对话，我们得到这些答案，一点资讯，2018-04-17 ［2018-05-29］，http://www.yidianzixun.com/article/0Ip5R82a。

附录3：盒马供应链运营管理能力算法示意图

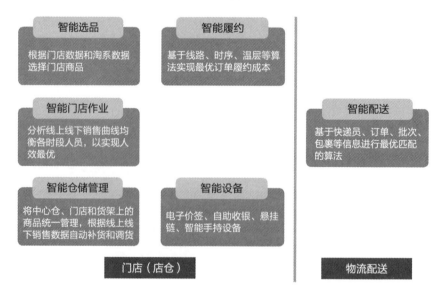

资料来源：亿欧网，盒马的物流究竟牛在哪？2 小时对话，我们得到这些答案，一点资讯，2018-04-17 ［2018-05-29］，http://www.yidianzixun.com/article/0Ip5R82a。

易流科技：
透明连接物流的探路者[1]

（A）

2018 年 10 月 12 日，由易流科技主办的"物流运输过程透明管理峰会"在深圳召开，千人会场，座无虚席。易流成立之初，有一个愿景——用信息技术改造中国物流行业，为此，易流在 2007 年提出了"物流透明"理念，希望通过"物流透明"来影响中国物流行业。这个峰会从 2007 年开始举办，现在已经连续办了 12 届。12 年间，易流不断探索物流透明的实践，从一开始解决物流过程中各种要素信息的采集，再到解决物流上下游业务主体之间信息的互通与协同，通过各类技术手段与物流大数据的采集、分析和对外赋能，逐渐成长为公路运输领域全国领先的第四方物流服务平台。[2]

---

1 本案例由中欧国际工商学院的赵先德、钱文颖、王良共同撰写。在写作过程中得到了深圳市易流科技股份有限公司的支持，并参考了现有公开信息及企业授权资料（均已在文中注明）。出于保密需要，本案例所涉及的深圳市易流科技股份有限公司的财务指标和部分关键数据均经过掩饰，但这样的掩饰不影响本案例的讨论和决策。该案例目的是用来做课堂讨论的题材而非说明案例所述公司管理是否有效。本案例获"2018 中国工商管理国际最佳案例奖"提名奖。

2 第四方物流是 1998 年美国埃森哲咨询公司率先提出的概念，是指专门为第一方（生产企业自有物流）、第二方（分销企业自有物流）和第三方（广大的物流公司）物流提供信息、规划、供应链管理等类型的服务，自己不实际承担具体物流运作的企业。

易流董事副总裁、物流透明研究院院长黄滨一直致力于将易流的实践经验总结成可以赋能整个行业的理论。会场上，黄滨正在发表关于物流透明最新的思考，物流透明有多重要？物流透明 1.0、2.0、3.0 分别意味着什么？如何利用物流大数据来优化物流决策？如何通过物流透明的技术手段和物流大数据来设计和推广更多的创新服务？这些问题都是易流科技过去 12 年来不断在实践中摸索的问题。

会后，黄滨约了一个供应链专家喝咖啡，他打算将易流探索物流透明的历程讲给这位专家听，并提出在新阶段面临的困惑，希望从专家这里获得关于易流未来发展的一些启示。

易流科技概况

易流科技成立于 2006 年[1]，总部设在深圳。成立之初，全国正涌现出一大批以售卖硬件为主营业务的 GPS 企业，但易流科技一早意识到只靠卖硬件很难有发展前景，将自己定位成为客户提供软硬件一体化服务的"运营商"，并于 2007 年提出"物流透明"的理念，开始逐步实现物流业务的数据化。2017 年，易流全年营业收入 1.256 亿元，同比增长 61.52%，毛利率达 50.49%。[2]2018 年，当年卖 GPS 硬件设备的企业大多都已经关停，而易流则成功连接了 40 000 多家物流企业与 2 000 多家货主企业，平台拥有 140 多万辆在线货车与 150 多万名司机用户，涉及制造、冷链、快递、新零售、餐饮、商超等多个细分领域，业务范围包括全国及周边亚洲国家、欧美部分国家和地区，

1　易流科技的前身为宇易通科技，于 2006 年 10 月 27 日注册成立。易流科技于 2009 年 5 月 14 日注册成立，宇易通占股 83.999%。

2　易流科技：2017 年度报告摘要，2018-04-23［2018-10-30］，http://guba.eastmoney.com/news,835955,756725908.html。

并获得菜鸟网络的战略投资。[1]

物流业务数据化：易流的前期积累

以物流信息化切入

2006 年时，中国物流成本居高不下；与此同时，中国的信息技术正在迅速发展。面对物流信息化的巨大市场潜力，张景涛 2003 年以 IT 切入物流行业，做了 3 年的运输管理系统、跟过车、带过车队，并切身体会过公路运输环节的各种痛点后，他与包括黄滨在内的几位同仁联合创立了易流科技，希望用信息技术改造中国公路运输行业，降低物流成本，提升行业的整体运行水平。[2]

成立之初，创业团队首先想利用互联网技术来解决公路运输回程空驶率居高不下的难题。但由于 2006 年物流行业的信息化基础太差，缺乏必要的技术支持和行业培育，市场发展速度并没有想象中那么快，这个想法过于超前。

生存压力之下，易流决定从更基础的行业痛点——"车辆管控难"问题入手，并迅速调整战略方向。车难管的根本原因是无法及时获得车辆位置，当时物流企业和车队的车辆调度几乎都是通过老板打电话问司机"你在哪里"的方式来进行，效率低，工作强度大，也无法了解司机真实行驶情况——司机甚至能以堵车为由，接了活后中途顺道做点私事。易流的应对之策是通过 GPS 等技术手段来实时监控车辆位置，解决司机上路之后就追踪不到位置的问题，这个创新之举正中物流企业和车队的需求"红心"，原本非常头疼的"管司机"

1　苏磊，首发｜菜鸟再下一城，战略参股易流科技，亿欧，2018-09-13［2018-10-30］，https://www.iyiou.com/p/81208。

2　对话易流科技创始人张景涛：打造中国最大的公路运输产业链互联网平台，中国物流与采购网，2016-03-16［2016-11-23］，http://www.chinawuliu.com.cn/xsyj/201603/16/310436.shtml。

问题迎刃而解，调度效率大幅提高 90%。[1]

物流透明 1.0：物理数据的采集者

成功监控车辆位置给易流带来很大的启示。张景涛和黄滨等人意识到传统物流行业诸多痛点的根本原因是信息的极度不对称，如果能够将物流运输过程透明化，让需要的人登入信息系统就能看到物流信息，那么信息不对称就能得到极大改善。而实现这些的前提是得掌握运输过程中的各类物理数据。

经过思路的整理，2007 年易流提出了"物流透明"的理念，即通过各类硬件和传感器实现从车辆位置到更多物理数据的采集，为公路运输供需双方提供数据化的服务。与此同时，黄滨也担任起了物流透明理念的"布道师"，向行业同仁传播和普及物流透明的理念，让更多的人理解和认同物流透明带来的价值。

所谓物理数据，是指与"人（司机）、车（含厢）、货、仓"等实体相关的数据。在货物出库—运输—入库的过程中，易流通过摄像头、GPS、电子锁、门磁、油尺、追货宝、甩挂终端等十余种硬件和传感器对人、车、货、仓的各类物理数据进行采集，并通过信息系统让数据可视化，实现对司机、车辆和货物的安全监控（见附录 1）。

在货物安全监控方面，不同于传统货运安保押运的思路，易流对运输流程中的关键节点和行为进行识别，从基本逻辑入手去保障货物安全。例如正常情况下，厢式货车运货途中是不允许开后厢门的，如果后厢门中途开启，很可能是在调包货物。基于此，易流科技的解决方案是"事先计划路线，标注定点区域"，通过后厢摄像头、GPS 终端、门磁等设备记录每一次开门和货物装卸场

1　黄滨，石忠佳，刘军飞．物流透明 3.0．北京：中国财富出版社，2016.

景，对非定点区域的货物操作立即警示相关方（见附录 2）。这一方案帮助 3C[1]和化妆品企业解决了货物偷盗的问题；帮助牛奶品牌商实现了从产奶到工厂灌装环节的全过程监控，保证了食品安全。在司机和车辆安全监控方面，易流在电子地图上事先标注了所有的弯道预警路段，司机靠近该区域时，系统会自动提醒司机减速，有效降低事故率。[2]

对于专业化程度更高的特种物流，易流也相应地通过更高程度的"透明"为其创造价值。以冷链物流为例，我国冷链损耗率超过 25%，很大程度上是由于一些物流企业为节约成本，在中间运输环节偷偷关停制冷设备造成的[3]——"冷链"变成了"冷端"，货物先解冻后冷冻，品质大大降低。对于这些冷藏车辆，易流除常规硬件外还加装了冷签、温度探头、湿度仪等设备和传感器来实时监测在途温度数据和冷机开关记录，从源头控制冷藏车辆中途关停制冷设备。截至 2016 年，易流已经服务了 2 000 多家冷链企业、20 000 多台冷链车辆和 6 000 多个冷库，形成了较高的用户壁垒。[4]

物流透明 2.0：从物理到业务数据

2008 年，易流在服务一家保税区的运输客户时发现：运输环节不同参与方之间的单据流转方式非常落后，以电话、纸质表格为主，流程之间也缺少协同，出错率高。因此，易流帮助客户做了一个简单应用——将报关作业指令放在信息系统上，通过系统和互联网的对接大幅降低了业务传递中的错误率，客户非常满意。易流团队从这件事中意识到要进一步提高物流效率，除物理层面

---

1 3C 是计算机（Computer）、通信（Communication）和消费类电子产品（Consumer Electronics）的总称，亦称"信息家电"。

2 黄滨，石忠佳，刘军飞 . 物流透明 3.0. 北京：中国财富出版社，2016：80.

3 2016 年中国冷链物流市场现状分析及行业发展趋势预测，中国产业信息网，2016-04-22［2016-09-09］，http://www.chyxx.com/research/201609/447143.html。

4 易流科技：《公开转让说明书》，［2016-11-23］，http://pdf.dfcfw.com/pdf/H2_AN201601290013320301_1.pdf。

的透明之外，业务层面的透明也不可或缺。黄滨也对物流透明进行了概念延伸，将业务信息（即商流）的透明定义为物流透明 2.0，物理信息（即时物流）的透明相应地成为物流透明 1.0。

业务信息透明具体包括物流单据流转过程，出库、入库、装车、卸货、分拨、配送各环节，以及物流网络节点的信息透明。易流通过信息系统和互联网来打破业务之间的"信息孤岛"，为客户采集物流环节不同主体的业务数据，从数据的整合和分析中发现效率改善的空间。以宝洁为例，2008 年易流对宝洁从广州到上海的洗护用品运输业务进行了物流透明 2.0 的尝试，通过对出库、调度、卸货、入库等业务流程的可视化，很快找到了上海仓库环节的两个"效率黑洞"：一是入库人工检验非常费时，二是不合理的车辆调度导致交通堵塞。对于前者，易流通过监控货车运输过程有无开关门异常的做法取而代之；对于后者，易流则借助车载定位终端采集车辆位置、速度，预估车辆到达时间、进出仓库、合适码头，提前部署，降低交通堵塞和卸货等待时间。其结果是上海仓库平均入库时间从 160 分钟大幅降至 90 分钟，效率明显提升。

打造物流透明服务的 SaaS 平台

随着移动互联网、云服务等技术的成熟和普及，2010 年后，SaaS 开始在中国进入发展快车道。和传统的信息系统和软件相比，SaaS 能够使广大中小企业以较低的成本向提供商租用基于 Web 的应用软件服务，而不必自己购买、构建和维护基础设施和应用程序。在时代机遇面前，易流除继续为大中型客户提供系统级的专有解决方案外，还将一些相对标准化的、基于物理和 / 或业务数据的应用部署在云端，以 SaaS 形式让更多中小型客户都能享受物流透明服务带来的成本节约和效率提升。

易流通过两大 SaaS 平台——运输过程透明管理服务 SaaS 平台和供应链物

流服务 SaaS 平台来提供相应的物流服务。其中,运输过程透明管理服务 SaaS 平台中部署了过程监控、报警处理、考核分析等模块。在过程监控模块中,用户能够全览所有车辆的运行状态,实现对车辆运输过程的透明化监控。具体功能包括车辆运行监控、线路编辑、车辆运行轨迹监控、行驶里程与速度监控、运输时效设置、电子围栏设置等。相应地,报警处理模块包括车辆超速、疲劳驾驶、线路偏移等异常状态的处理,考核分析模块包括驾驶员证件管理、考核管理、异常管理等,车辆证件管理、维修管理、轮胎管理等内容。[1]用户可以根据自身需要付费开通相应的功能,以模块化的方式实现个性化的运输管理方案。截至 2016 年底,该 SaaS 平台拥有企业用户 15 000 多家,服务货物运输车辆数近 50 万辆,涉及细分行业有电商快递、城市配送、食品冷链、公路零担、港口甩挂、危险品等货主企业、第三方物流、专线等。[2]供应链物流服务 SaaS 平台(曾用名 e-TMS 平台)则是以订单为驱动,通过订单将货主、承运商、车队、司机和收货方的业务流程连接,实现各环节中的单据流转和交接对账透明化,借此提高运作效率。具体服务功能包括订单管理、结算管理、订单流转、支付、考核等,通过订单流转费、平台使用费、APP 使用费、追货宝、安全锁等子系统进行收费。[3]截至 2016 年 1 月 29 日,该 SaaS 平台每天产生运单数量超过 4 000 个。

在黄滨看来,SaaS 平台背后的核心是易流在硬件和软件端的历史积淀:如果没有多年来对设备的研发和应用,运输过程透明无法便利地实现;如果没有系统开发对接、APP 等软件端的投入,运输过程的数据也无法和跨企业单据流转、交接对账等商流数据连接起来,形成从货主下订单、承运商下运单、车队派车单、司机完成运输、收货方签收回单、再到回单流转的运输全流程透明可

---

1 易流科技:《公开转让说明书》,[2016−11−23],http://pdf.dfcfw.com/pdf/H2_AN201601290013320301_1.pdf。

2 易流科技:《2016 年半年度报告》,[2016−11−23],http://pdf.dfcfw.com/pdf/H2_AN201608220017243181_01.pdf。

3 易流科技:《公开转让说明书》,[2016−11−23],http://pdf.dfcfw.com/pdf/H2_AN201601290013320301_1.pdf。

视（见附录 3）。

物流数据业务化：易流的当前探索

以 2012 年国务院《"十二五"国家战略性新兴产业发展规划》为标志，2012—2013 年成为众多研究报告和媒体笔下的"大数据元年"。随着计算能力的提升和数据存储成本的降低，很多信息平台出身的企业开始存储并从海量数据中挖掘隐藏规律，为企业及其客户创造价值，甚至将大数据视为决定企业发展的战略资源。在物流业，大数据的时代也已经到来，与物流各个环节相关的物流大数据应用市场预计将从 2014 年的 2.92 亿元飙升至 2020 年的 188.23 亿元，年复合增长率超过 100%。[1]

物流大数据的获取是易流的优势。易流 SaaS 平台中积累了从实物流到商流的海量数据，全国 300 多个数据采集终端维护网点和 60 台数据库服务器每个月能够产生 10TB 的数据增量。然而对于更加关键的物流大数据分析和应用，2012 年前后的易流还是一个新手。虽然当时的易流能够通过数据化来降低信息不对称，提高传统业务流程的效率，但它还没有用数据来优化甚至改变传统的业务流程，为物流各环节参与方创造额外的收益，换句话说，数据本身还没有成为赋能的工具。如何实现从获取数据到应用数据的跨越？易流的管理团队开始了物流数据业务化的"二次创业"。

产学研合作创新

大数据的分析应用需要大量智力资本的投入，特别是需要有研究人员潜心钻研数据分析的各种模型和算法，这在利润导向的企业中是较难实现的。

1　刘虹玉，王双金．大数据在仓储物流中的发展与应用．物流技术与应用，2017（3）．

易流科技的做法是开放合作，通过与科研院所的合作来实现共赢。例如 2012 年，易流与中科院深圳先进技术研究院联合成立物流信息服务创新技术联合实验室；2015 年，易流与西安交通大学管理学院联合成立智慧物流大数据实验室。在这些合作关系中，易流能够调用科研院所的研究人员开发数据分析模型和算法，而研究人员也能够利用易流的数据做研究发表论文，实现双赢。为帮助研究人员理解易流的业务场景，黄滨本人也获聘为西安交通大学管理学院专业学位导师。此外，2014 年易流自建的大数据研发团队也经常与科研院所讨论技术问题。基于以上产学研合作，近年来易流在用户画像、智能调度和配载、路径优化、物流金融等领域进行了多项物流数据业务化的探索。

用户画像

用户画像是一种相对基础的数据挖掘应用，它的原理是从大量指标和数据中解析出不同用户的行为差异，从而给用户贴上"标签"。所谓标签是指高度精练后的特征标识，这些特征标识可以辅助管理决策，例如为不同的产品和服务甄选目标用户。基于 SaaS 平台中积累的海量物理数据和业务数据，易流实现了：① 运用车型、业务动态、合作公司信息、月均里程及承运次数、常驻城市及常跑线路等指标为每辆车贴上业务标签和运距标签；② 通过准驾车型、驾龄、车载设备数据等信息建模生成司机驾驶行为，进而对其保险系数、业务水平评级；③ 通过业务模式、主要客户、规模、地域、运力等情况对物流企业进行画像（见附录 4）。

这些"X 光片"帮助易流实现了诸多物流业务创新，例如在对车辆、物流企业画像后，结合历史数据和宏观指标，能更准确地预测出一辆货车在未来某个时点最可能跑哪条线路，以及一条线路在未来某个时点最可能有哪些运输需求，因此可以分时段向司机、车队及物流企业推荐当时最可能需要的业务信息，取得事半功倍的效果。

智能配载和调度

除表层挖掘和分析外，易流在深度模型和算法方面也探索了很多应用。[1] 智能配载和调度就是一个典型的应用场景。配载，是指将订单的货物转化为不同批次和 O-D（出发地—目的地）的运单。调度，是指将运单转化为派车单，派送给相应的车辆。通过配载和调度，货主的运输需求与车辆的运输能力之间得以实现匹配。

对于"订单→运单→派车单"的转换过程，易流前期积累了较多的数据，但只是通过数据化来提高固有过程的效率，没有从本质上去优化转换过程。而大数据时代，易流将前期积累的海量数据作为训练集，通过智能算法的使用建立模型[2]：在输入运单集合后，模型能够在不同运单类型、货品属性、出车地点、装车要求等多维度约束条件下进行动态路由拆分、运单归类、运单捆绑和配装选车，最终输出优化的配载和调度方案（见附录5）。在优化之后，对于运力池中的自有车、承运商、熟车、常包车和临时车，车辆载重和载积的综合利用率明显提高，空驶率和等货时间明显降低，发货方和承运方都能从这种优化中提高效益。易流创业之初"解决公路运输回程空驶率居高不下"的梦想已经照进现实。

路径优化

在装好货之后，承运方接下来面对的是路线怎么走的问题。所谓路径优化，是指对运输车辆的行驶路线进行科学设计，从而以更经济、更高效的路径来完成运输任务，这也是模型和算法的另一个重点应用领域。路径优化的经济性指标包括更短的行驶路径、更短的时间费用、更少的车辆使用、更好的客户体验等，路径优化得越好，运输过程的经济性就越高，创造的用户价值也就越大。

在路径优化方面，易流选择与阿里云大数据计算平台（ODPS）合作，利

1　挖掘和分析可视为数据驱动（Data-driven）的方法论，模型和算法可视为数学机理驱动（Mathematics-driven）的方法论，后者需要更高深的数学基础，其运算结果也更具有稳健性。

2　训练集是指用来训练模型或确定模型参数的数据集，一般而言数据集越完备，最终模型的效果越好。

用后者的路径优化引擎来进行路径优化。这样做是出于以下技术考虑：① 阿里云的路径优化已得到较多业内应用，相对稳定可靠；② 通过阿里云能够获得高德地图数据，这对路径优化而言是非常重要的外部数据；③ 阿里云的 RDS 数据库兼容性好，易流用户运输管理系统中的数据能够和高德地图等外部数据在 RDS 中集成后统一接入 ODPS，降低数据调用时间，提高优化效率。

易流的数据优势发挥着重要作用：由于过去十年历史数据的维度非常多，易流能够设置更为精细的约束条件，使同样的引擎算出的结果更贴近实际。可能的约束条件包括车辆容积、车辆载重量、路径开环/闭环、车辆行驶距离限制、车辆往返次数限制、司机休息/用餐时间、装货点时间窗、卸货点时间窗、多次装卸、先装后卸次序、摆放稳定性、上下重量限制、实时路况等，可谓面面俱到（见附录6）。

以一家客户企业的运输任务为例。该客户使用 7 辆车来完成 1 个需求点和 23 个取货点之间的运输任务，由于需求点对各货物的需求时间不同，且各取货点的可取货时间段也不同，运输的效率相对较低。在采用易流科技制定的路径优化方案后，在同样完成运输任务的情况下，车辆需求从 7 辆车降低到 6 辆，里程数减少 25%，每日总油耗减少 25%，空载率下降 10%，大数据分析创造的价值显而易见。[1]

物流金融

随着电子商务的发展，中小型物流企业在数量和规模上都大幅增长，产生了较大的资金需求。目前国内物流企业的融资渠道主要来自银行，但由于缺少实物资产等传统授信评估指标，70% 以上的物流企业很难从传统金融机构中获得融资。[2] 易流认为物流企业只需证明自己有还款能力且信用良好，就能

---

1 易流科技董事长张景涛：基于物流透明的大数据应用如何实施？如何业务化？搜狐，2017-01-22［2017-03-31］，http://www.sohu.com/a/124913913_473276。

2 供应链金融智库.2016 中国物流金融白皮书：63-64.

抵消对其业务高风险的顾虑，而证明方式除传统实物抵押外，也可以利用大数据时代的数据来做授信模型和风险控制。与画像、智能配载、调度、路径优化等应用相比，易流对数据授信和风控的探索意味着其对数据的理解达到新的层次，从聚焦运输业务本身到为物流企业整体赋能。

2015 年，易流的物流金融服务平台正式上线，其目标是作为物流企业和金融机构之间的中间方，通过技术和数据为物流企业提供金融信贷信用担保，促成物流企业、货主企业与金融机构的借贷交易。[1]

以"运单贷"服务为例，该服务聚焦于物流企业承运时上下游资金错期问题——上游货主付款时通常是月付或季付，但下游具体承运的司机却通常需要现付。对于特定的物流企业，易流通过对其在易流平台上积累的运输过程和业务数据以及第三方机构的相关数据来对其进行不同额度的授信（一般为小额短贷），并基于真实的运输轨迹和单据来进行数据风控。物流企业可以通过运单贷筹集资金，向司机及时支付运费，减轻了运营压力；司机也可以在安全完成物流运输后在第一时间内收到运费，不再为押金、预付款等旧模式"扯皮"（见附录 7）。截至 2016 年 8 月底，易流物流金融服务平台累计服务物流企业近千家，放款总额超过 2 000 多万元，没有出现一笔坏账。[2]

升级后的易流云："物流业务数据化"+"物流数据业务化"的 SaaS 服务接口

对于以上这些对物流大数据应用价值的探索，易流内部正在将其封装成不同的服务模块，并尝试通过统一的平台——整合 1.0 时代两大 SaaS 平台并且全新升级后的"易流云"，以 SaaS 服务的形式对外提供。在易流的总体服务框

---

1 《2016 物流金融白皮书》案例分享之三：易流科技用大数据构建物流金融新生态，万联网，2016-09-14 ［2016-11-23］，http://mp.weixin.qq.com/s/8vnj04XFj4JqnpVK9g4inQ。

2 同上。

架中，1.0时代的SaaS服务帮助客户企业解决了运输过程、业务流程在线可视化的问题，2.0时代这些新增的SaaS服务则进一步帮助客户企业用数据优化业务流程，以及获得金融支持。

在具体服务设计方面，易流的第一步是将用户画像、智能调度、路径优化等模型中的算法、参数与输入输出标准化，从用户使用的角度，只需要在菜单式的输入界面中输入相应的信息，后台就能直接运算出结果，以简明易懂的方式呈现在用户所看到的输出界面中。以智能调度为例，用户只需要按照易流云平台的指引，点击选择需要运输的订单信息（含发货地、起运时间、收货地、收货时间等），以及能够使用的车辆信息（含车长、核定载重量、车厢内部尺寸、车辆容积等），系统就能自动算出哪些订单应该用哪些车来运输，并生成相应的计划号（见附录8）。

虽然进行了很多前期开发，但在目前阶段，易流云对外提供的基于物流大数据的SaaS服务还较为有限，特别是与物流金融类服务相比，物流优化类服务的数量和用户数都比较少，更多的物流优化还是以定制项目的形式与客户合作，即在对方的系统中加入易流的优化功能。

在黄滨看来，这一现象的出现，一方面与物流行业的发展现状有关：小的企业还没意识到物流优化的价值，而大的企业往往有复杂、个性化的优化需求，难以通过SaaS服务去交付。另一方面也与易流目前的服务提供能力有关：从各类模型算法、输入输出变量中提炼出能够对外赋能的标准化服务并非易事，在这一点上易流还需要进行更多的探索和试错。尽管目前面临一些困难，但易流"通过物流技术手段和物流大数据不断设计和推广创新服务"的前进方向是坚定的。

物流透明3.0：易流的未来思考

不知不觉，黄滨已经讲了两三个小时。"夯实物流透明1.0、发展物流透明 2.0、展望物流透明 3.0。产业链乃至物流生态圈的协同发展是大的趋势，易流的未来几年肯定想顺应这个大趋势多做些事，这个概念特别大，所以今天想向您请教，帮我们梳理出一些头绪来。"咖啡桌前，黄滨向供应链专家请教道，"易流如何通过技术手段与大数据的应用，为物流生态中的更多参与方设计新服务？在新的环境和机遇面前，易流的下一步又该如何发展？"

附录1: 易流科技的部分硬件设备及物理数据采集（物流透明1.0）

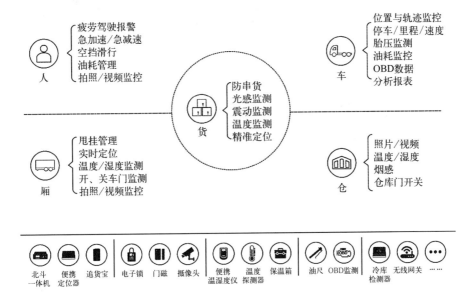

资料来源：易流科技提供。

附录2: 易流科技的货物安全监控示例

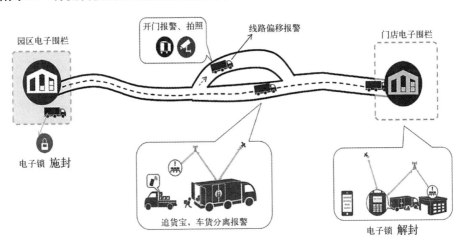

资料来源：易流科技提供。

附录3：易流科技软硬一体的全流程透明（物流透明1.0+2.0）

资料来源：易流科技提供。

附录4：易流科技的用户画像示例

图4-1　车辆及司机画像示例

图4-2　物流企业画像示例

资料来源：易流科技提供。

附录 5：易流科技的智能配载和调度示例

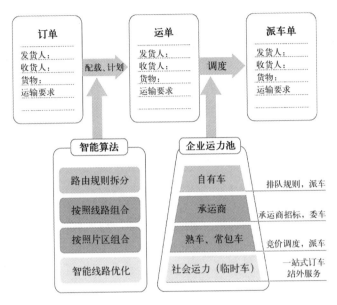

资料来源：易流科技提供。

附录 6：易流科技的路径优化示例

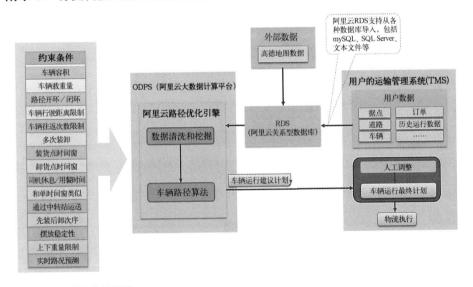

资料来源：易流科技提供。

附录7：易流科技的"运单贷"物流金融业务

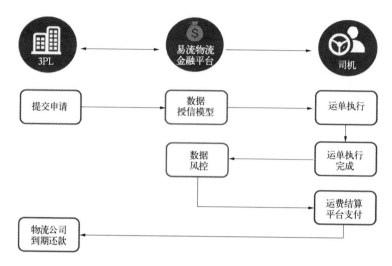

主要的业务流程

在易流云中的示例

资料来源：易流科技提供。

附录8：易流云中的路径优化服务模块操作示例

第一步：选订单

第二步：选车辆

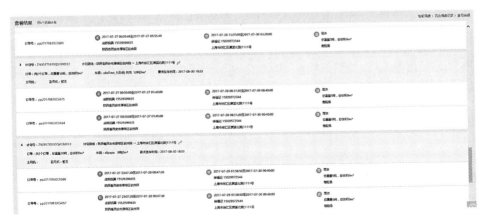

第三步：生成优化后的路线

注：订单与车辆信息均为虚构。
资料来源：易流科技提供。

(B)

易流科技一直以来是专注于物流透明的第四方物流平台，从事物流车辆和货物的数字化和智能化，提供端到端的物流透明服务。截至 2018 年 9 月，易流已经连接了 40 000 多家物流企业与 2 000 多家货主企业，平台拥有 140 多万辆在线货车与 150 多万名司机用户，涉及制造、冷链、快递、新零售、餐饮、商超等多个细分领域，业务范围包括全国及周边亚洲国家、欧美部分国家和地区。所服务客户，主要包括宝洁、华为、沃尔玛、富士康、伊利、顺丰、招商局等一批知名企业和世界 500 强企业。[1]

听完黄滨对易流发展历程的介绍后，供应链专家指出物流技术和物流大数据——从运用技术管理运输及业务过程、采集各类大数据到运用这些大数据提供智能配载和调度、路径优化、物流金融等创新服务——构成了当前易流的核心能力。显然，易流的下一步发展需要依赖这些核心能力，至于判断具体的发展方向，首先需要分析几个大的"基本面"。

物流行业的转型升级

一个最大的"基本面"是中国物流正处在转型升级的大变革时代。政

1　新三板摘牌后即获菜鸟战略投资，同创伟业还是其第二大股东！搜狐，2018-09-19［2018-10-30］，http://www.sohu.com/a/254724884_505254。

策方面，近年来国家密集出台利好政策推动物流业的变革转型。例如 2016 年 7 月 5 日，国务院印发《关于积极推进"互联网 +"行动的指导意见》，将"互联网 +"高效物流列为 11 项重点行动之一，强调通过网络平台协调货物和运力间的配送关系，以"互联网 + 物流"的方式实现物流业的变革转型。2016 年 7 月 29 日，国家发改委印发了《"互联网 +"高效物流实施意见》，强调着力打破制约"互联网 +"物流发展的体制障碍，加快调整完善政策法规，统一相关行业标准。2018 年 1 月，国务院办公厅印发《关于推进电子商务与快递物流协同发展的意见》，提出加强大数据、云计算、机器人等现代信息技术和装备在电子商务与快递物流领域的应用，提高科技应用水平。

除政策引领外，技术和资本也是物流业转型升级的重要推手。除物联网相关设备（易流当前使用最多的硬件）外，各类更为先进的无人机、机器人与自动化设备已相对成熟，进入初期商用；仓内可穿戴设备、干线中的无人卡车以及数据底盘的人工智能等技术也将在未来 10 年左右逐步成熟，广泛应用于仓储、运输、配送、末端等各物流环节。[1] 另外，各路物流资本近年来持续加大对"智慧物流""物流科技"等题材的投入，2018 年上半年，智慧物流投资金额同比增长超过 600%。[2]

在这些因素的驱动下，各物流环节中的"物流新物种"们正在蓬勃发展，竞争日趋激烈和专业化——以易流所在的运输场景为例，从城际 B2B 物流到区域 B2B 物流，再到末端 to C 配送，每一段细分的运输路程中都有差异化的第三方物流和第四方物流平台参与竞争，构建起中国运输领域的转型升级（或称为智慧物流）版图（见附录 1）。在这张版图中，易流和主要竞争对手 G7 目

---

1 德勤中国，中国智慧物流发展报告，[2018-01-08]，https://www2.deloitte.com/cn/zh/pages/about-deloitte/articles/pr-china-smart-logistic-whitepaper.html。

2 品途智库，2018 中国零售科技研究报告，[2018-08-08]，https://www.pintu360.com/in245.html。

前均位于工具层——自己不碰货[1]，而是通过对运输过程（物流企业、承运商／车队、车辆和司机等）及相应业务流程的智能化管理来为运输环节赋能。

从大数据的视角看物流行业的这轮转型升级，黄滨和供应链专家认为这意味着物流大数据的更多来源与应用空间。一方面，更多的技术和设备能够从物流活动的更多环节中采集到更多的数据；另一方面，物流大数据应用市场也会迎来真正的爆发，预计到 2020 年的市场规模年增速都将保持在 40% 左右。[2]——中国运输领域的转型升级版图中的"物流新物种"们多少都在进行物流大数据的采集和应用。这对于易流来说是一个喜忧参半的格局：喜的是——在一些细分的大数据采集和应用领域已经拥有先发优势，且随着物流大数据应用市场的成熟，运输环节的各个参与方越来越能够意识到数据产生的价值，愿意为基于数据的服务买单；忧的是——面对伴随未来物流行业转型升级的"数据爆炸"，似乎数据怎么都采集不完，怎么都不够用。

菜鸟网络的战略投资

另一个"基本面"则来自阿里主导的菜鸟网络。菜鸟网络科技有限公司成立于 2013 年 5 月 28 日，是由阿里巴巴集团、银泰集团联合复星集团、富春控股、"三通一达"（申通、圆通、中通、韵达）等共同组建。菜鸟网络本身不做具体的物流业务，而是要通过 5～8 年时间建立一个开放、共享的社会化物流大平台——"中国智能物流骨干网"。按照马云的计划，这张骨干网由国内、国际两部分组成，国内要做到任一地方 24 小时必达，把中国物流成本占 GDP 的比重降到 5% 以下，国际部分则是沿着一带一路打造全球 72 小时必达。

1　"碰货"为行业术语，通常包括与货主签署运输合同提供实际运输服务（第三方物流），以及组织货源匹配运力（第四方物流中的中货匹配平台）等商业模式。

2　中文互联网数据资讯中心，物流行业的大数据发展与应用，［2016-12-11］，http://www.199it.com/archives/545340.html。

从物流与供应链的视角看，菜鸟主要扮演了撮合与组织者的角色。与满帮集团等众多车货匹配平台"拿着运力找货源"不同的是，菜鸟是反向的"拿着货源找运力"——一方面掌控淘宝天猫平台上的运输需求，另一方面通过组织和调度多家物流企业去满足这些运输需求，这在"控货为王"的撮合领域意味着巨大的优势（见附录2）。相同之处则在于对多维度物流大数据的收集和应用，要实现菜鸟所希望的提高物流运作效率、加快商家库存周转、降低社会物流成本、提升消费者物流体验的效果，基于大数据的决策优化不可或缺，贯穿从入库、仓内作业、运单调度（给物流企业）、出库再到干线运输和末端配送的物流全流程（见附录3）。基于以上能力，截至2018年下半年，菜鸟全球智慧物流网络已经覆盖224个国家和地区，并深入中国2 900多个区县，其中1 000多个区县的消费者可以体验到当日达和次日达的配送。[1]

2018年9月13日，菜鸟网络宣布战略投资易流科技，两家企业从此产生了紧密的联系。这次投资也被业界解读为菜鸟全面启动IoT战略以来，在物流数字化和智能化方面的又一领先布局。也是菜鸟加快建设国家智能物流骨干网，提升骨干网效率的重要一步。2018年5月31日，菜鸟在2018全球智慧物流峰会上提出全力发展物流IoT战略，用技术连接物流的现实世界和虚拟世界，实现人、车、货、仓、店等物流全要素的数字化和智能化——其中以人、车、货、仓为代表的末端智能化管理正是易流的核心能力，也是以前端（控货、管仓等）起家的菜鸟当前的相对短板。

关于这次战略投资，菜鸟网络总裁万霖表示："易流科技符合菜鸟的物流数字化升级方向，此次战略投资将为易流带来更好的技术研发能力和更大的技术应用场景，共同加快提升整个物流行业的效率。"易流董事长张景涛也表示："易流与菜鸟的战略合作会带来很好的互补性和协同性。易流将为菜鸟的国家

1　菜鸟官网，关于菜鸟，［2018-10-30］，https://www.cainiao.com/markets/cnwww/aboutus?spm=a21da.44372.0.0.41983045FsE7el。

智能物流骨干网效率提升，以及新物流的加速落地提供支持。"[1]

黄滨知道，菜鸟的战略投资对易流无疑是加速器。背靠阿里系的货源、资金、技术与数据优势，易流得以有更多的机会尝试在物流行业的转型升级中扮演更多、更新的角色。但另一方面，双方在未来合作中也不可避免地存在一些不确定性，以及对现有的一些合作关系产生影响。更重要的是，如何利用好菜鸟的能力去提升自身的核心能力而不是依赖于前者，这在任何商业合作中都是重要考量。

易流的下一步思考

明确了以上外部因素后，黄滨与供应链专家深入讨论了易流面临的几个可能的发展方向。

可能的方向一：做深当前的数据业务化（如物流金融）

面对物流大数据应用的光明前景，易流可以立足于做深自己最擅长的东西——现有的数据业务化，让平台上的更多参与方从中获利（并转换为易流的盈利）。

物流金融就是一个很好的数据业务化场景。虽然技术和资本正在更多地支持创新的物流运作，但对于绝大多数物流从业者，资金周转困难、传统融资渠道融不到资的问题依然在持续，物流金融在可预见的未来依然是"刚需"。除易流已经提供金融服务的物流企业外，在运输链条上还有更多从业者，如承运商（为第三方物流服务的车队，相当于前者的运力供应商）和司机（车队雇佣的专职司机或挂靠车队的个体车主）。他们处于运输链条的相对更底层，议

1　苏磊，菜鸟再下一城，战略参股易流科技，亿欧，2018-09-13［2018-10-30］，https://www.iyiou.com/p/81208。

价能力更弱，面临的资金缺口更明显，通常是垫了很多钱，运费迟迟收不回来（见附录4）。既然易流已经跑通了用大数据做授信和风控的物流金融创新模式，那么后续能否进一步去尝试做深这个方向，将服务对象拓展至车队和司机，利用自己的数据和分析能力为他们开发更多的金融服务？例如利用车辆相关的数据去发展面向车队的车保贷、ETC信贷，利用个体司机的数据去发展面向司机的小额信用贷等？

对此，供应链专家提出了他的顾虑。虽然易流在大数据＋物流金融服务方面有一些优势，但车队和司机对平台的黏性不如物流企业强；司机在运输之外的行为难以监控，信贷风险较高；目前的数据征信模型也没有精细到个体层面，这种情况下，要拓展现有的物流金融服务，应该如何通过数据征信体系做好风控？模型指标如何选取？是否需要外部的补充数据？如何与金融机构进行合作？这些问题的解决成为这一发展方向能否落地的关键。

而纵观市场，越来越多基于大数据的金融服务平台开始布局物流金融。例如，作为金融科技创新龙头的蚂蚁金服，在阿里电商核心生态内部，围绕菜鸟物流体系，搭建了小微物流企业金融生态；在阿里电商核心生态外部，抓紧通过投资完成相关布局——前不久，蚂蚁金服完成了对凯京科技和中交兴路的投资[1]，这两家公路货运领域数据科技公司与易流的业务范围存在一些重合。易流的主要竞争对手G7也已经通过与微众银行的战略合作，提供微众钱包、微路贷等多种金融解决方案。[2]

可能的方向二：拓展更多的数据业务化（如货车服务）

既然易流有做物流透明3.0的愿景，那就应该去探索为更大的物流产业链

1 钛媒体，物流金融风口渐成，行业破局路在何方？［2018-10-30］，https://www.wdzj.com/hjzs/ptsj/20181215/911211-1.html。
2 亿欧，物流与金融融合创新，哪些企业值得关注，2017-02-03［2018-10-30］，https://www.iyiou.com/p/38651.html.

乃至生态圈赋能，而不局限于现有的运输环节。货车服务就是这个思路下的一个自然的延伸：从管理运输过程和业务流程到基于数据为物流企业、车队和司机提供围绕货车使用过程中的更多服务，带动货车相关支持行业的升级，甚至利用数据向产业链上游延伸，帮助车企改进车辆。与其他全新的数据业务化场景相比，这个延伸是最贴近易流主营业务和数据积累的。

（1）货车"后"服务。货车后服务包括保险、加油、轮胎、汽配、二手车、维修、保养等项目，被业内认为是未来十万亿级的市场。在供应链专家看来，易流的大数据能够在这个市场中创造一些独特价值。举个例子，基于对货车的历史轨迹、里程与实时运输过程等数据的掌握，易流可以通过分析这些数据来帮助车主和司机优化对货车后服务的选择，例如什么时间在哪儿换轮胎、加油更经济，什么时候保养、维修更划算等。这对于成本敏感的车队和司机而言价值很大。如果易流投入精力去研究，这样的例子还有很多——掌握了货车的使用数据，就能够发掘相应的车后服务场景。

但互联网＋车后服务市场已经不是创新的概念，这个市场中已经存在满帮集团这样的全国最大的货车后服务平台。满帮集团由中国最大的两家车货匹配平台——货车帮和运满满于 2017 年 12 月战略合并后形成。2018 年 4 月 24 日，满帮集团完成合并后的第一轮融资，融资金额高达 19 亿美元。截至 2018 年 5 月，中国干线货车 700 万辆中有 520 万辆是满帮会员，中国物流企业 150 万家中有 125 万家是满帮会员，中国公路货物日周转量 182.8 亿吨公里中有 135.9 亿吨公里是通过满帮平台发布。[1] 一直以来，车后服务市场的挖掘都是满帮集团旗下货车帮的业务亮点，如今的满帮集团通过覆盖柴油、ETC、新车、金融、保险、园区等服务领域，为货车司机提供一站式服务。

与满帮集团相比，易流的核心优势无疑是对货车使用过程中更精细的数据

1　王颖，满帮集团（货车帮＋运满满）将承办数博会交通运输物流领域唯一官方论坛，2018-05-21［2018-10-30］，http://www.ddcpc.cn/news/201805/t20180521_117013.shtml。

掌握，能够提供更精准的服务建议。但在货车后服务的实际"触点"——物流园区、加油站、维修站等方面，易流的线下掌控能力暂时还比不过从线下园区打拼起来的满帮集团。

（2）货车"前"服务。易流的主要竞争对手——G7近年来正在加快与车企的合作。G7同样是一家管车队管司机起家的第四方公路运输平台，成立于2009年。目前，G7服务的客户超过6万家，连接车辆超过80万台。[1] 近年来G7加大对物联网应用开发的投入，除"数据业务化"外更多地进军硬件设备与智能装备，凭借"物联网科技公司"的标签与易流形成了一定的差异化发展，也同样获得了诸多资本的青睐。2018年10月，G7获得新一轮3.2亿美元融资，创下全球物联网领域融资金额的最高纪录。[2] 2018年8月，G7与广汽日野达成战略合作，后者生产的700臻值系危运版牵引车将装配G7的发动机管理系统。G7可以通过对货车运输过程的大数据分析，帮助广汽日野进行发动机设计的优化升级——这是一个典型的利用数据向产业链上游延伸的例子。[3] 此外，G7也正在与更多车企合作，研发智能挂车甚至无人驾驶货车。

与G7相比，易流有着相似的基因和大数据积累与分析能力，且在车辆连接总数等一些指标上处于优势，但在智能装备布局、与车企的合作脚步上有所落后。在与菜鸟进行战略合作后，易流是否应该在这条赛道上发力突破？

可能的方向三：从自身数据到多源数据（如多式联运）

除了利用易流自身的数据外，在探索更多数据业务化场景的过程中，易流有没有可能"站在更高的高度"，通过与其他的物流大数据平台合作来帮助解

1　G7官网，关于G7，[2018-10-30]，http://www.g7.com.cn/about.html。

2　G7智慧物联网，G7完成3.2亿美元融资　创全球融资额记录，2018-12-10［2018-12-15］，http://www.360che.com/news/181210/104637.html。

3　光明热点，G7与车企合作推动商用车产业智能化升级，2018-08-30［2018-12-15］，https://baijiahao.baidu.com/s?id=1610184258490108305&wfr=spider&for=pc。

决更大的行业问题？例如为中国多式联运的发展提供支持？

这个想法看似十分超前，但并非没有支撑。多式联运是指依托两种及以上运输方式的有效衔接，为发货人提供集成的货物运输方案，其核心是"扬长避短"，利用每种运输方式的优势来分段运输，提高总体运输的经济性和效率（见附录5）。首先，易流所服务的公路运输由于货量大[1]、机动灵活等特点，成为多式联运中至关重要的一环。纵观国内的多式联运先行者，如普洛斯的公铁联运、物润船联的水陆联运、锦程物流的综合运输等，它们中的大多数都将公路运输作为串联其他运输方式的关键。

其次，多式联运在发达国家已较为普及，其模式得到充分验证，只是由于中国物流行业小、散、乱、差的痼疾而没能得到充分发展。近年来，国家通过一系列政策从战略高度支持多式联运的发展，特别是基础设施建设（见附录6），"十三五"期间铁路、公路、民航、水运的固定投资分别达到3.5万亿元、7.8万亿元、6 500亿元和5 000亿元。[2] 基础设施的短板得到迅速改善。再加上物流行业信息化、透明化水平的不断提升，多式联运被很多人认为是物流行业系统性降本增效的突破口。

目前包括易流在内，在公路、铁路、海运、空运等环节都涌现出掌握大量数据的第四方物流服务平台，例如亿海蓝之于海运、物润船联之于长江水运、天信达之于空运。据供应链专家总结，这些平台都在依托GPS、AIS、红外探测等各类设备，各种运输工具的实时轨迹、运力流向等都是可以监测的。对于易流科技，一个可能的战略方向是与不同的第四方物流平台合作，将物流透明从公路延伸到全通道货运，为多式联运提供过程监控、数据及服务支持。

---

1 据国家统计局《中华人民共和国2016年国民经济和社会发展统计公报》显示，2016年中国货运总量为440亿吨，其中公路货运量就占据了336.3亿吨，占比76.4%，同比增长6.8%。

2 "十三五"期间交通运输总投资规模将达15万亿元，中国金融新闻网，2017-02-28［2017-03-31］，http://www.financialnews.com.cn/gc/gz/201702/t20170228_113413.html。

接着，供应链专家为黄滨描绘了他的一个研究前沿——基于大数据的多式联运智能决策系统（见附录7）。在他看来，除了基础的监控服务外，如果真的能通过合作获得足够的大数据，一个更为创新的服务是通过易流的数据分析能力设计出优化的多式联运计划——"路径优化"的全通道升级版。根据货主企业的具体需求（起始地点、时效、成本等）来最优化地组合公路、铁路、水运、航空运力以满足需求。如此一来，易流虽然不亲自碰货，但却可以扮演多式联运的"决策大脑"，将数据业务化提升到一个全新的高度。

这一系列构想虽然激动人心，但要实现却绝非一朝一夕之事，首要考量的是如何为这种基于大数据的合作方式设计相应的合作机制？这包括不同平台数据交换的确权和定价、数据的安全性和隐私、标准的制定和执行、责任的划分和认定等一系列挑战。与前两个可能的方向相比，这个方向更像是一张未来的蓝图，而在当前阶段，易流是否具备足够的实力来扮演这个角色呢？

可能的方向四：从物流科技到科技物流（如无车承运）

无车承运是物流行业中正在兴起的另一种创新模式。无车承运人是指以承运人身份与托运人签订运输合同，承担承运人的责任和义务，通过委托实际承运人完成运输任务的道路货运经营者（见附录2），其特点是自己不拥有车辆，而是利用物流信息平台和大数据来组织运输过程中的各类资源完成实际运输。

自2016年9月交通运输部办公厅在全国开展道路货运无车承运人试点工作以来，原本规划推进的48个无车承运人单位已经扩展到了260个以上，可见市场对于这种创新模式的热情。

易流科技过去积累的能力看上去可以用来设计出好的无车承运方案。交通运输部办公厅明确指出无车承运人试点企业应"具备较为完善的互联网物流信息平台和与开展业务相适应的信息数据交互及处理能力，能够通过现代信息技术对实际承运人的车辆运营情况进行全过程管理"[1]——这正是易流透明 1.0 阶段所擅长的，不仅如此，易流科技还可以通过透明 2.0 阶段的大数据分析能力来进一步优化运输方案，实现降本增效的效果。如果易流成为无车承运人，自己去配置运输资源满足运输需求的话，这种降本增效就意味着更高的运价差和利润。

纵观整个物流市场，从百年老店的罗宾逊到新锐势力的卡行天下、传化物流、中储智运、天地汇等，在中国运营的无车承运人企业正在政策和资本的助推下迅速积累物流大数据和建立数据分析能力，这也是当前易流的核心竞争能力。

但是，易流一直以来都是作为第四方物流服务运营商，如果转换赛道往无车承运的方向发展，将成为其主要客户第三方物流供应商的竞争对手，客户是否还会继续相信易流，将业务交给它呢？

因为相信而看得见

"因为相信而看得见"，这是黄滨在"物流运输过程透明管理峰会"上演讲的主题，黄滨认为只有在头脑里面首先能够清晰地想象到未来的图景，在头脑里面构建未来的场景，然后因为相信它并去努力实践，才能把头脑里面的想象变成现实。

回顾与供应链专家的头脑风暴，每一个方向都面临着不同的机会和挑战，有的相对温和，是基于易流核心能力的渐进创新；有的则相对前瞻，需要更多的外部资源补充才可能实现……这种情况下，也许需要建立一个分析框架来仔细评估这些方向，来看看哪些可以做，哪些不可以做？哪些应该先做，哪些应

1　出自《交通运输部办公厅关于推进改革试点加快无车承运物流创新发展的意见》（交办运〔2016〕115 号）文件。

该后做？除了这些方向外，是否还存在更好的战略和商业模式？黄滨相信这些思考是非常值得的，在物流行业的这轮转型升级中，谁最先想得越清晰，越有可能在未来的竞争中处在有利的位置。

回到住地的黄滨再次打开笔记本，翻阅着当天的讨论纪要。他决定起草一个邮件给易流的管理团队，就易流的未来业务和战略布局和大家约一次会议。过去 12 年，易流科技经历了两个主要的发展阶段，现在，是时候开启第三个五年计划了⋯⋯

附录1：中国的"智慧运输"场景图

资料来源：罗戈研究院，2017 智慧供应链图谱，［2018－11－01］，https://www.iyiou.com/p/62677.html。

附录2：菜鸟在物流活动中扮演的角色

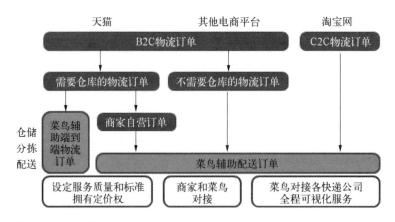

资料来源：案例作者自主整理。

附录 3：菜鸟基于物流大数据的决策优化示例

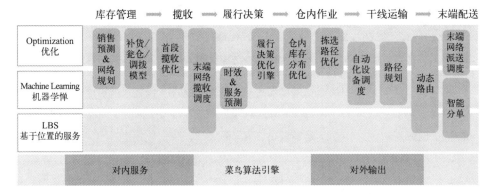

资料来源：罗戈研究院，2017 智慧供应链图谱，[2018-11-01]，https://www.iyiou.com/p/62677.html。

附录 4：面向承运商和司机的物流金融模式

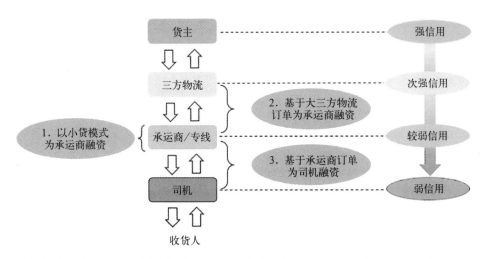

资料来源：搜狐，物流金融如何拯救苦不堪言的供应链人？ 2018-05-23 [2018-11-01]，https://www.sohu.com/a/232640656_609301。

附录 5：各种运输方式的特征

方式	优 点	缺 点	适用范围
铁路	运量大、运价低	建设周期长、运输范围受限	大宗货物的长途运输
公路	机动灵活、速度快	运输成本高、运输效率较低	内陆地区短途运输
航空	时效高	运量量小、成本高	体积小价值高、追求实效的货物
航运	运量大、运价低	运输时效差	大宗货物的长距离运输

资料来源：案例作者根据公开资料整理绘制。

附录 6：多式联运近期政策文件

时 间	政策文件名称	亮 点
2015 年 7 月	交通运输部、国家发展改革委关于开展多式联运示范工程的通知	加大港口、铁路、公路、枢纽等基础设施
2016 年 7 月	国家发展改革委关于印发《"互联网＋"高效物流实施意见》的通知	通过网络平台推动完善多式联运运输组织一体化解决方案
2016 年 12 月	交通运输部等十八个部门关于进一步鼓励开展多式联运工作的通知	多式联运的市场／监管环境、基础设施、装备技术、规则及标准、组织形式、信息共享、价格改革、企业培育、对外合作等
2017 年 4 月	交通运输部办公厅、国家发展改革委办公厅关于组织开展第二批多式联运示范工程申报工作的通知	进一步加大多式联运基础设施建设，在此基础上鼓励冷链、商品车等专业化领域，以及装备技术创新、资源整合类多式联运项目的发展

资料来源：案例作者根据公开资料整理绘制。

附录 7：基于大数据的多式联运智能决策系统构想

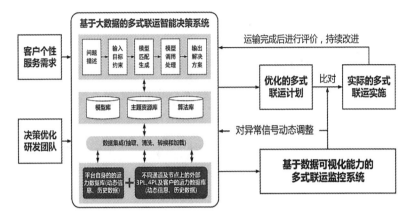

资料来源：案例作者绘制。

附录 8：无车承运人模式中的权责关系及运作实例

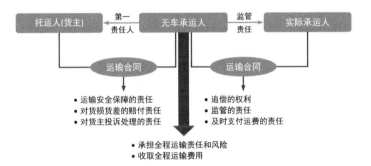

无车承运人模式中的权责关系

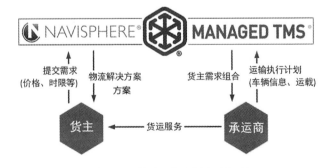

无车承运人模式运作实例（罗宾逊）

资料来源：案例作者绘制。

阿里巴巴和京东：
战略、商业模式与财务报表 [1]

经过十几年的发展，中国电商行业培育出了阿里巴巴和京东两大巨头。2014 年，这两家公司相继上市，2015 年上半年，又分别公布了上市后的首份年度财务报告（见附录 1）。媒体铺天盖地的报道很快就吸引了张伟这位刚从 EMBA 毕业的投资助理的注意。考虑到客户可能的投资需求，张伟决定仔细研究这两家电商企业。结合已经收集的公司和市场公开信息，他开始阅读这两家公司的财务报告，希望寻找一些投资亮点。

京东和阿里巴巴上市

2014 年 1 月 30 日，京东率先向美国证监会提交 IPO（Initial Public Offerings，

1　本案例由中欧国际工商学院的陈世敏、潘鼎文和黄夏燕共同撰写。在写作过程中参考了现有公开信息（均已在文中注明）。该案例目的是用来做课堂讨论的题材而非说明案例所述公司管理是否有效。本案例获"2019 中国工商管理国际最佳案例奖"提名奖。

首次公开发行）申请，同年 5 月 22 日，京东在纳斯达克证券交易所挂牌上市，交易代码"JD"。京东发行定价每股 19 美元，高于发行价区间 16～18 美元，IPO 融资约 15 亿美元。上市当日，京东以 20.90 美元收盘，较发行价上涨 10%，市值达到 297 亿美元。纳斯达克前总裁 Bob Greifeld 表示，京东是迄今为止中国公司在美国资本市场最大的 IPO。[1] 按此市值计算，京东成为继腾讯和百度之后，中国的第三大互联网上市公司。

继京东提交 IPO 招股说明书之后，2014 年 3 月 16 日，阿里巴巴也启动了赴美上市事宜，9 月 19 日，阿里巴巴在纽约证券交易所上市，交易代码"BABA"。阿里巴巴发行定价每股 68 美元，位于定价区间 66～68 美元的上限，IPO 融资约 100 亿美元。上市当日，阿里巴巴以 93.89 美元收盘，较发行价上涨 38%，市值达到 2 314 亿美元，超越 Facebook，成为仅次于谷歌的世界第二大互联网公司。

尽管京东率先上市，成为"中国电商第一股"，但依然难以掩盖阿里巴巴的风头。阿里巴巴和京东是中国电商行业经过十几年发展培育出的两种模式、两大巨头：一个是最大的平台电商，一个是最大的自营电商；一个携流量统帅三军，一个用物流号令天下。不管是阿里巴巴还是京东，都是优势与劣势并存、机会与风险同在。[2]

中国网络零售市场

2011 年，中国网络零售市场交易规模 7 845 亿元，2014 年，交易规模达

1　崔西，京东纽约上市：中国公司在美国最大 IPO，新浪科技，2014-05-22［2020-02-15］，https://tech.sina.com.cn/i/2014-05-22/23439394615.shtml。

2　贺树龙，京东 PK 阿里，谁才是未来，网易科技频道，2015-01-21［2020-02-15］，http://tech.163.com/15/0121/08/AGFHVONB000915BF.html。

到 2.8 万亿元，年均复合增长率 52.6%。随着网络零售市场规模迅速增长，其占总零售市场的份额也逐渐提升，从 2011 年的 4.3% 提高到 2014 年的 10.6%。2014 年，中国网购市场进入蓬勃发展阶段，网购在网民中的渗透率高达 55.7%，另外，通过手机进行线上购物的规模也实现了大幅度增长，在 3.6 亿网购用户中手机用户达到 2.36 亿，占 65.6%（见附录 2）。[1]

随着电商经济的蓬勃发展，中国涌现了许多优秀的电商平台。在线支付技术和物流技术的进步，进一步推动了电商企业技术和业务模式的创新与突破，颠覆了传统的商业模式。

阿里巴巴：只是电商运营商？

撮合交易的中间商

阿里巴巴成立于 1999 年，使命是让天下没有难做的生意，旨在赋能企业改变营销和经营方式，提高企业效率。阿里巴巴为商家、品牌商和其他企业提供交易基础设施和营销平台，让它们借助新技术力量和用户、客户进行互动，以更高效的方式开展运营。截至 2015 年 3 月底，阿里巴巴的核心电商平台包括淘宝网、天猫、聚划算三大国内零售平台，国际零售平台全球速卖通（AliExpress），国际批发平台 Alibaba.com 和国内批发平台 1688.com（见附录 3）。

零售平台

2003 年，阿里巴巴成立了 C2C[2] 平台——淘宝网。淘宝网是一个基础交易平台，卖家可以在淘宝上开设店铺、销售商品，买家可以在淘宝上浏览、选择和购买商品。阿里巴巴为买卖双方提供交易支持服务，如为卖方提供店铺管理

---

1 观智库，2015 中国网上零售市场典型企业分析，知识库，2015-12-31［2020-02-15］，https://www.useit.com.cn/thread-11077-1-1.html。

2 C2C，Customer to Customer，是个人与个人之间的电子商务模式。

工具、为面访提供权益保护、为买卖双方提供沟通交流工具等。

在这一过程中，阿里巴巴作为撮合买卖双方交易的中间商，不直接参与交易，而且通过提供广告营销等服务获得收入。阿里妈妈是阿里巴巴旗下的网络营销平台，成立于2007年，主要通过搜索营销、展示营销、佣金推广以及竞价交易等模式帮助网上商户进行营销推广，以获得广告收入。2008年，阿里巴巴将淘宝网与阿里妈妈合并。

淘宝卖家主要是个人和小企业，在商品质量管控、知识产权保护以及消费者体验维护等方面容易出现问题。2008年，阿里巴巴适时推出了淘宝商城（后更名为"天猫"），定位为综合性的B2C[1]购物网站，致力于为消费者提供选购品牌商品的优质网购体验。与淘宝网不同，天猫采取收费制度，仅接受公司形式的注册，店主每卖出一件商品，需要向天猫支付佣金，收入来源包括佣金扣点收费、开店建店费等（见附录4）。2010年，阿里巴巴还上线了零售团购网站——聚划算。淘宝和天猫的卖家可以在聚划算平台促销或推广其商品，聚划算收取相应的平台展示费和交易佣金。

除了淘宝、天猫和聚划算三大国内零售平台之外，2010年，阿里巴巴创立了国际零售平台——AliExpress。世界各地的消费者可以通过AliExpress直接以批发价向中国批发商和制造商购买多种商品。AliExpress的收入包括向卖家收取固定佣金和广告促销费用等（见附录4）。

批发平台

阿里巴巴有两大B2B[2]平台Alibaba.com和1688.com，主要通过收取会员费和提供互联网营销服务获取收入（见附录4）。国际批发平台Alibaba.com是阿里巴巴最先创立的业务，是面向全球贸易批发市场的B2B平台，小企业可以通过Alibaba.com将商品销售到其他国家。国内批发平台1688.com主要面

1　B2C，Business to Consumer，是企业对个人的电子商务模式。

2　B2B，Business to Business，是指企业与企业之间通过网络进行数据信息的交易、传递，开展交易活动的商业模式。

向中国贸易批发市场，为商家提供从本地批发商采购商品的渠道。

平台背后的支撑力量

在核心电商平台之外，阿里巴巴还搭建了支付体系（支付宝）、数据服务（阿里云）、物流服务（菜鸟网络）等服务平台，为线上交易的各个环节提供服务和技术支持（见附录3）。

金融支付：支付宝

随着在线购物支付中的信用与安全问题越来越突出，支付宝适时而生。2003年10月，支付宝正式上线。支付宝的交易过程采用担保模式，即买方先把钱支付到支付宝的托管账户，当收到所购商品并检查无误后，再通知支付宝的托管账户将货款转给卖方。

截至2014年底，支付宝已经成为淘宝网、天猫平台交易的主要结算方式，是阿里巴巴生态系统的关键一环。但是阿里巴巴不拥有支付宝的股权，支付宝隶属于阿里巴巴的关联公司小微金融服务集团[1]（简称"小微金服"）。2011年7月，阿里巴巴与支付宝签订框架协议，支付宝每年向阿里巴巴支付49.9%的税前利润，作为支付知识产权许可费用和软件技术服务费。2014年8月，阿里巴巴与小微金服达成新的协议，小微金服每年向阿里巴巴支付37.5%的税前利润。

云计算：阿里云

随着交易数据总量和数据维度的增加，需要存储的数据越来越多，阿里巴巴每年需要花费数千万美元甚至数亿美元购买IBM、Oracle、EMC的商用设备。这些IT设备不仅价格昂贵，也不能完全满足阿里巴巴的需求。[2]2008年9

---

1 小微金融服务集团筹建于2013年3月，除支付宝外，还包括招财宝、众安在线等资产。
2 天下网商，9年奋战，阿里云的隐忍与爆发，搜狐网，2018-11-03［2020-02-15］，https://www.sohu.com/a/273060885_114930。

月，阿里巴巴确定了"云计算"和"大数据"战略，决定自主研发大规模分布式计算操作系统"飞天"——阿里云的核心操作系统，目标是开发成具有高度可扩展性的云计算和数据管理平台。2009 年 9 月，阿里云计算有限公司（简称"阿里云"）正式成立。

截至 2014 年底，阿里巴巴电商平台、关联公司和支付宝的海量数据全部在阿里云上运行和存储。2011 年 7 月，阿里云开始对外提供云计算服务，成为数据基础设施提供商。截至 2015 年 3 月底，阿里云已经为包括企业、金融机构、政府管理部门在内的 180 万个客户提供云计算服务。在阿里云发布的大数据计算平台 MaxCompute 上，中小企业只需要花几百元就可以进行海量数据分析。

物流支持：菜鸟网络

随着电商交易规模的扩大，阿里巴巴的物流短板效应愈加明显。2013 年 5 月，阿里巴巴联合了银泰集团、复星集团、顺丰、三通一达（申通、圆通、中通、韵达）等国内主要物流公司，启动了物流项目"中国智能骨干网"，成立了菜鸟网络科技有限公司（简称"菜鸟网络"）。

阿里巴巴没有自建物流，而是搭建第三方物流服务体系，打造基于大数据的科学供应链计划。菜鸟网络与第三方物流供应商在数据共享、运输条例、价格和特定商品物流服务等方面达成一致协定，通过菜鸟网络的物流信息平台，买家和卖家都能看到商品的即时订单物流状态跟踪。此外，菜鸟网络还具有需求预测、库存计划、物流计划驱动、末端配送、客户服务、供应链可视化等职能。按照规划，菜鸟网络将成为一个基于大数据的中转中心和结算中心。

商业生态系统与并购

为了提高市场份额和盈利能力，阿里巴巴一方面持续优化和拓展电商平台及其相关服务，另一方面不断寻找更多的流量资源。

在 PC 端时代，搜索引擎是最重要的流量入口之一。早在 2005 年，阿里巴巴就收购了著名的互联网门户网站雅虎中国的全部资产，享有雅虎品牌和技术在中国的独家使用权；雅虎则获得阿里巴巴 40% 的经济利益和 35% 的投票权。2012 年，阿里巴巴以 63 亿美元现金和 8 亿美元优先股[1]，回购雅虎持有的阿里巴巴 20% 股份，并向雅虎一次性支付技术使用费 5.5 亿美元现金；并协议未来阿里巴巴上市时有权优先购买雅虎所持剩余 20% 股份。[2]

在移动互联网时代，更多与日常生活相关的传统行业通过手机与电商产生交集，流量场景和流量入口更加多样化。为此，阿里巴巴加快推进了对外并购活动，交易标的涉及 O2O[3]、数字传媒、医疗及物流、金融、文化、娱乐、健康等业务[4]，商业生态圈不断完善。

从 2010 年开始，阿里巴巴便加快了在社交应用、搜索引擎、定位服务等领域的布局，锁定更多的流量入口。阿里巴巴先后收购 UC Web 100% 股权（中国最大的移动端浏览器供应商）和新浪微博 30% 股权，以获得更多的客户流量。2013 年 4 月，完成对高德地图的收购，让定位服务成为营销的核心；2013 年 10 月，推出社交应用"来往"。[5]

移动端消费的兴起也打开了广阔的 O2O 市场，手机淘宝围绕本地生活服务张开了一张大网，囊括了购物、旅游、餐饮、娱乐等生活场景，通过支付宝形成交易闭环。围绕"Double H"战略[6]，一方面，阿里巴巴收购了中信 21 世

---

1 回购资金的来源包括阿里巴巴的自有现金储备、银行借款等。2012 年，阿里巴巴新增长期借款 224.62 亿元。2014 年 11 月，阿里巴巴发行高级无抵押债券，主要偿还到期银行借款。

2 Eric Sacitz. Alibaba Group Closes $7.1B Buyback of Shares from Yahoo (Updated)，福布斯，2012-09-18［2020-02-15］，https://www.forbes.com/sites/ericsavitz/2012/09/18/alibaba-group-closes-7-1b-buyback-of-shares-from-yahoo/#3122dce3d448。

3 O2O，线上到线下，Online to Offline，指将线下的交易与互联网结合，让互联网成为线下交易的平台。

4 唐佳睿，梁江泽，阿里巴巴：拥有成熟盈利模式的互联网零售巨头，中银国际证券，2014-12-01［2020-02-15］。

5 徐问，王晴，移动时代的战略大师和生态圈固守者，平安证券，2014-12-15［2020-02-15］，https://doc.mbalib.com/view/55896f81d3beae614d932a5f9f89f862.html。

6 从 2015 年开始，阿里巴巴启动"Double H"战略布局，一个 H 指 happiness，另一个 H 是指 health，代表了 10 年后基于数据技术的健康和数字娱乐业务。

纪（后更名为"阿里健康"）38.1%的股权，布局健康产业；另一方面，先后收购了虾米音乐、天天动听（后升级为"阿里星球"）、文化中国（后更名为"阿里影业"），投资优酷土豆；收购UC旗下的UC九游，成立游戏分发平台；并投资华数传媒，进入互联网机顶盒市场。

京东：电商界的后起之秀

京东成立于1998年，2004年开始涉足电商。京东的使命是让生活变得简单快乐，广告语是"多快好省"。京东以自营为主，一直被认为是中国版的亚马逊；同时自建物流体系，提供配送服务，致力于提高供给端的效率。正品保证和良好的购物体验一直是京东吸引并留住用户的金字招牌。

最大的自营电商

与阿里巴巴搭建平台撮合买卖双方交易的模式不同，京东直接参与交易，本质上是一家零售商。在自营业务中，京东与上游供应商直接建立合作关系，从上游供应商处批量采购商品后，通过平台直接向消费者销售，从中赚取买卖差价。成立之初，京东主要销售3C商品。3C商品具有高标准化的特点，价格容易相互比较。京东抓住用户对3C商品价格敏感的特点，以低于传统销售渠道10%左右的价格，在网络上销售3C商品，并提供质量保证。以此，京东迅速打开市场，初步奠定"正品""低价"形象。

3C商品差异化程度低，商家之间容易发生价格战；而高差异化的商品，不仅价格不容易比较，毛利率也比较高。从2010年开始，京东便逐渐扩充新品类，相继增加了服装、美妆、日用百货、图书、食品等品类。截至2014年底，京东的在售品类达到15大类。商品品类的增加，不仅满足了用户多元化的需求，提高了京东的综合毛利率，也柔化了京东的3C产品形象，向更多的消费群体扩展。

除了"正品""低价"，京东还一直强调消费者的购物体验。为了保障消费者权益，京东推出了"价格保护""延保服务"等政策，最大限度地解决消费者的后顾之忧。在销售商品的同时，京东还提供售后管理服务，不仅可以货到付款，还提供退货时上门取件等服务，满足消费者的不同需求。

"甘蔗理论"与京东物流

京东创始人刘强东曾提出一个"甘蔗理论"，从零售行业供应链的角度解读了参与者之间的利益分配。这个理论将零售、消费品行业的价值链分解成10个环节：创意、设计、研发、制造、定价、营销、交易、仓储、配送、售后。刘强东认为前5个环节归品牌商，后5个环节归零售商，在商品流通过程中参与环节越多，赚取的利润便越多。京东的策略便是"吃掉更多的甘蔗节数"，不只做交易平台，还将业务延伸至营销、仓储、配送、售后等环节。

京东从2007年开始自建物流体系。与第三方物流相比，自建物流体系的前期投入非常高。2009年，京东获得2 100万美元投资，70%资金投入建设物流体系；2011年，京东获得约15亿美元投资，全部投入物流和技术建设。

仓储布局是京东高效物流的核心。京东采用分布式仓储模式，即京东在主要城市建立一级仓储中心，在三、四线城市建立二级仓库，再将每个仓库细分成10～20个小的区域仓，每个区域仓负责为附近区域供货。这种仓储布局是一种以空间换时间的做法：供应商只需提前将货物送到仓库，用户在平台下单后，京东便可立刻从距离用户最近的仓库发货，并以最短的时间将商品送到用户手上。

2007年京东率先建成北京、上海、广州三大物流系统；2010年建成华北、华东、华南和西南四大物流中心。截至2014年底，京东已经在全国7个主要城市建立枢纽仓储中心，在40个城市同时运营123个仓库，拥有3 210个配送站和自提点，以及超过 230 万平方千米的仓储中心。

除了仓储布局，京东还开发了高效的仓储管理系统。2010 年，通过自主研发的仓储管理系统，京东逐渐摆脱纸单登记、手工拣货等落后模式。2014 年，京东正式投入运营的上海"亚洲一号"大型仓库，不仅配备了自动化立体仓库、自动分拣机等先进设备，还拥有仓库管理、控制、分拣、配送等信息系统，是当时国内规模最大、自动化程度最高的物流中心。

在仓储布局和仓储管理系统的支持下，京东相继推出了"211 限时达""夜间配""极速达"[1] 等配送服务，通过高效的物流和适时的配送服务，不断提高用户的购物体验。但高效的物流服务背后是巨额的履约费用（包括进货、验货、仓储、分拣、运输、投递等费用），2014 年京东的履约费用达到 80.67 亿元，占总收入的 7.01%。

第三方平台业务

2010 年，京东正式开放第三方平台。京东允许第三方商家入驻京东平台，直接向用户销售商品。入驻平台的商家可以借助京东的仓储、配送、客服、售后、货到付款、退换货、自提货等服务，优化用户的购物体验。第三方平台商家主要经营服装、鞋帽、箱包以及家居等非标准产品。截至 2014 年底，京东有超过 6 万个第三方商家，第三方平台成交总额达到 1 009 亿元，同比增长 217%。

与自营业务不同，第三方平台业务的收入主要包括入驻商家的佣金、在线广告收入以及为商家提供物流、仓储、配送和售后等附加服务而收取的服务费用等。随着第三方平台业务的快速发展，2014 年，京东的服务和其他收入达

---

1 "211 限时达"是指，用户在当天上午 11 点前提交订单，京东当天可将货物送达；用户当天晚上 11 点前提交订单，京东第二天 15 点前送达。"夜间配"是指向用户提供晚上 19 点至 22 点之间的配送服务。"极速达"是指只需用户加付 49 元 / 单，便可于 3 小时内将货品送达。

到 64.53 亿元，在总收入中占比 5.61%。

与腾讯的战略合作

2014 年 3 月，京东与中国最大的互联网社交企业腾讯达成战略合作，签订了 5 年战略合作协议和 8 年非竞争协议。根据战略合作协议，腾讯获得京东 15% 股权，并且约定在京东上市后再认购 5%。作为对价，腾讯向京东支付 2.4 亿美元，并将旗下的 B2C 平台 QQ 网购、C2C 平台拍拍网和物流部门等并入京东。这项战略合作使得京东的估值从三个月前的 80.3 亿美元一下子跃至 157 亿美元。

腾讯旗下的 B2C 平台 QQ 网购和 C2C 平台拍拍网并入京东后，京东进行了资产整合。2014 年 7 月，京东重新推出了拍拍网，开始进军 C2C 领域，为消费者提供更多长尾产品，与阿里巴巴的淘宝业务展开直面竞争。

作为战略合作伙伴，腾讯在旗下的微信平台和手机 QQ 客户端为京东开通了一级入口位置。微信被认为是移动端购物天然的导流入口，根据腾讯的数据统计，截至 2014 年底，微信（含 WeChat）的月活跃账户有 5 亿。在微信流量的支持下，京东的活跃用户从 2014Q1 的 5 600 万提升到 2015Q1 的 9 800 万。此外，京东和腾讯还将在移动产品、移动网络服务、会员系统和支付方式等方面继续展开合作。例如，用户在京东购物，可以通过微信支付账单。拿着阿里巴巴和京东的年度报告，翻阅媒体对两家公司的大量报道，张伟陷入了沉思：同样是电商企业，阿里巴巴和京东的战略和商业模式有什么区别？这些区别又如何影响它们的财务报表？他知道很多客户都对电商行业感兴趣，但在阿里巴巴和京东这两大电商巨头之间应该如何给出投资建议？在做出决定之前，他想对两家公司的财务报表进行系统的分析。

附 录

附录1：阿里巴巴和京东 2014 年度财务报表

附录1.1：资产负债表（简表）

项　目	阿里巴巴（2015/3/31）		京东（2014/12/31）	
	金额（百万元人民币）	占总资产比率	金额（百万元人民币）	占总资产比率
现金及现金等价物	108 193	42.36%	16 915	25.44%
存货	—	—	12 191	18.33%
流动资产合计	142 109	55.63%	49 942	75.11%
权益性投资	33 877	13.26%	587	0.88%
固定资产	9 139	3.58%	2 408	3.62%
在建工程	—	—	1 929	2.90%
商誉	41 933	16.42%	2 622	3.94%
非流动资产合计	113 325	44.37%	16 551	24.89%
资产总计	**255 434**	**100.00%**	**66 493**	**100.00%**
应付账款	—	—	16 364	24.61%
其他流动负债	34 314	13.43%	10 505	15.80%
流动负债合计	39 672	15.53%	28 995	43.61%
长期借款	1 609	0.63%	—	—
无抵押优先票据	48 994	19.18%	—	—
非流动负债合计	57 691	22.59%	—	—
负债合计	**97 363**	**38.12%**	**28 995**	**43.61%**
股本溢价	117 142	45.86%	47 131	70.88%
留存收益	24 842	9.73%	−9 272	−13.94%
所有者权益合计	**158 071**	**61.88%**	**37 498**	**56.39%**

资料来源：阿里巴巴和京东的年度财务报告。

附录 1.2：利润表（简表）

项　目	阿里巴巴（2015FY）[1]		京东（2014FY）[2]	
	金额（百万元人民币）	占收入比率	金额（百万元人民币）	占收入比率
营业总收入	76 204	100.00%	115 002	100.00%
零售业务	61 500	80.70%	—	—
批发业务	7 923	10.40%	—	—
云计算和互联网基础设施收入	1 271	1.67%	—	—
其他收入	5 510	7.23%	—	—
网上直销收入	—	—	108 549	94.39%
服务及其他收入	—	—	6 453	5.61%
营业成本	23 834	31.28%	101 631	88.37%
履约费用	—	—	8 067	7.01%
研发费用	10 658	13.99%	1 836	1.60%
销售费用	8 513	11.17%	4 010	3.49%
管理费用	7 800	10.24%	5 260	4.57%
营业利润	23 135	30.36%	−5 802	−5.05%
净利润	24 320	31.91%	−4 996	−4.34%

注：（1）阿里巴巴 2015 财年的会计报表对应的会计期间是 2014 年 4 月 1 日至 2015 年 3 月 31 日。

（2）京东 2014 财年的会计报表对应的会计期间是 2014 年 1 月 1 日至 2014 年 12 月 31 日。

资料来源：阿里巴巴和京东的年度财务报告。

附录 1.3：现金流量表（简表）

项　　目	阿里巴巴（2015FY）			京东（2014FY）		
	金额（百万元人民币）	占总资产比例	占总收入比例	金额（百万元人民币）	占总资产比例	占总收入比例
经营活动产生的现金流量净额	41 217	16.14%	54.09%	1 015	1.53%	0.88%
投资活动产生的现金流量净额	−53 454	−20.93%	−70.15%	−13 203	−19.86%	−11.48%
筹资活动产生的现金流量净额	87 497	34.25%	114.82%	18 392	27.66%	15.99%

资料来源：阿里巴巴和京东的年度财务报告。

附录 2：2011—2014 年中国网络购物交易量

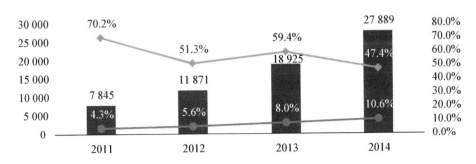

资料来源：案例作者根据艾瑞咨询的统计数据绘制。

附录3：阿里巴巴的生态系统（部分）

电商平台		平台背后的力量	生态系统	
零售业务	批发业务			
淘宝	Alibaba.com	支付宝	UC 浏览器	阿里健康
天猫	1688.com	阿里云	微博	虾米音乐
聚划算		菜鸟网络	高德地图	阿里影业
速卖通			来往	优酷土豆

资料来源：案例作者根据公开资料绘制。

附录4：阿里巴巴电商平台的主要收费模式

平台	国内/国际	收费项目	收费模式
零售平台	国内（淘宝、天猫、聚划算）	P4P 直通车	在淘宝搜索页的竞价排名，按照点击量收取广告费
		广告展示费	按固定价格或竞价收取广告展示费用
		增值服务费	提供软件帮助线上店铺装饰和升级
		交易佣金	天猫和聚划算的卖家通过支付宝的交易需要支付交易额的 0.3%～5% 的佣金
		聚划算位置费	卖家购买聚划算的促销页面费用
	国际（AliExpress）	交易佣金	通过支付宝的交易需要支付交易额的 5% 的佣金
		广告费用	第三方联盟营销广告费
批发平台	国内（1688.com）	诚信通会员费	提供基础数据分析服务
		增值服务费	提供增值数据分析服务、P4P、关键词竞价服务等
	国际（Alibaba.com）	会员费	提供店铺产品成列服务
		广告费用	提供 P4P 等广告服务
		增值服务费	提供进出口相关服务，包括清关、退税

资料来源：方正研究所。

汇纳科技:
大数据引领零售变革[1]

2019 年 2 月的一天,在上海陆家嘴金融街区一座法式别墅办公楼里,汇纳科技股份有限公司(以下简称"汇纳科技")的董事长兼 CEO 张宏俊先生(中欧 2013 级 EMBA)刚刚结束与高管团队的会议。会上,大家一起梳理了公司现阶段面临的挑战,并就应对策略展开了头脑风暴。

自 2004 年创立以来,汇纳科技一直在为实体商业提供客流分析系统和配套服务,以超过 60% 的市场占有率成为该细分领域的龙头,并于 2017 年 2 月 15 日在 A 股创业板上市,近两年营收年复合增长率为 20%,2018 年营收达 2.49 亿元(见附录 1)。但随着近几年技术和市场需求的变化,实体零售的数字化变革成为趋势,张宏俊敏锐地意识到,单纯的客流分析将逐渐无法满足客户日渐增长的数据需求,而零售与大数据的融合蕴含着巨大商机,公司需要尽

---

1 本案例由中欧国际工商学院的向屹、阮丽旸、李妍毓共同撰写。在写作过程中得到了汇纳科技有限公司的支持,并参考了现有公开信息及企业授权资料(均已在文中注明)。该案例目的是用来做课堂讨论的题材而非说明案例所述公司管理是否有效。本案例获"2019 中国工商管理国际最佳案例奖"提名奖。

快转型，将未来业务的重心转到实体零售大数据服务上。

2018 年底，汇纳科技推出了大数据服务，希望为百货、购物中心等实体零售商提供精细化运营建议和决策支持。但推广几个月以来，市场反应平平。根据团队的讨论，张宏俊总结出几个关键问题：一是大数据服务应采取怎样的盈利模式才能让客户更容易接纳，同时保证汇纳科技的收益？二是大多传统企业对于大数据的价值没有明确感知，缺乏支付意愿，汇纳科技要如何培育市场激发需求潜力？三是随着零售业的变革，汇纳科技应如何开发新产品、拓展新业务，才能满足市场需求的变化，为公司带来持续增长？

实体零售的变革与挑战

随着移动互联网的普及和物流等基础设施的完善，消费者越来越习惯于随时随地在网上购物，实体零售受到来自线上的挤压，面临诸多挑战，例如消费者可以随时用手机上网比价，使得许多门店沦为电商的"展厅"。[1] 但近两年，当国内互联网流量红利逐渐见顶时，[2] 网上零售额在社会消费品零售总额中的比重仍仅占 20% 左右，远低于实体零售，[3] 这让人们又重新认识到实体零售的必要性。2016 年 10 月，马云抛出了"新零售"的概念，认为在未来的 10 到 20 年，"新零售"将取代电子商务成为零售业的发展趋势。"新零售"强调顾客的场景体验和线上线下全渠道融合，因此，互联网巨头纷纷到线下跑马圈地，如阿里巴巴大举投资百联、新华都等大型零售商，实体零售逐渐回暖。

但实体零售回暖并不意味着可以保持原样，传统模式下面临着管理效率

---

1 张赛男，传统百货现倒闭潮 "新零售" 崛起，2017–09–07［2019–02–14］，http://www.ebrun.com/20170907/245691.shtml。

2 辛苓，CNNIC 互联网报告：中国网民超 8 亿，普及率为 57.7%，2018–08–20［2019–02–14］，https://www.ithome.com/html/it/377972.htm。

3 亿欧智库，2018 线下大数据产业应用研究报告，2018–05。

低下、难以洞察消费者需求、无法与消费者产生有效互动、销售转化率低等困境。面对电商的冲击，实体零售若故步自封，则难免面临被淘汰的危机。随着物联网、大数据等技术的发展，实体零售的数字化变革成为趋势。

与电商天然的数字化不同，实体零售在数据获取、处理和应用上存在许多挑战。例如，在线上虚拟空间中，消费者的行为相对简单且都可以数据化，如搜索、点击、浏览、加购物车、付款等行为都会留下数据记录。而在实体空间中，消费者的行为更加复杂多变，例如消费者的游逛、停留、触摸、品尝、试穿、与店员沟通等行为，较难用数据准确、全面地记录。[1] 实体零售现有的数据质量普遍不高，存在许多问题，例如数据滞后，缺乏实时数据；大多企业只有自身数据，缺乏行业数据，在"数据孤岛"难以洞察全局；大多线下数据都是抽样数据，无法验证且缺乏全量数据。实体零售的大数据应用也更为复杂，需要对实体场景有深入的理解和丰富的运营经验，并结合线上线下的数据和行业整体数据，才能对实践产生有价值的指导，即使是互联网巨头也未必能很好地把握。对大多实体零售商来说，自行应用大数据几乎无法实现，它们一方面缺乏相应的技术能力，另一方面，大数据应用所需的前期资源投入也比较大，因此需要外部大数据服务的支持。

大数据产业

行业概况

近年来，中国大数据产业快速发展，2018 年整体规模为 4 384.5 亿元，预计 2021 年将达到 8 070.6 亿元。[2] 大数据具有数据量大、真实性高、类型复杂、

1　常佳瑞，大数据将推动零售业技术变革，2018-03-12［2019-02-17］，http://www.xinhuanet.com/fortune/2018-03/12/c_1122522134.htm。

2　赛迪顾问，2019 中国大数据产业发展白皮书，2019-03。

更新快速、经"提炼"后的数据价值大等特点。[1]

大数据产业是"以数据采集、交易、存储、加工、分析、服务为主的各类经济活动，包括数据资源建设、大数据软硬件产品的开发、销售和租赁活动，以及相关信息技术服务"。[2]大体来说，大数据产业主要包含数据来源、数据管理与分析、数据应用三方面。数据来源上，一个是中国目前大数据的主要拥有者包括政府部门，百度、阿里、腾讯等为代表的互联网企业和运营商。另一重要来源是利用网络"爬虫"等对网络数据进行收集。数据管理与分析包括数据的存储、安全等，以及使用数学模型、AI、可视化等对数据进行处理与分析。数据应用是将大数据的分析结果应用到各个行业中。例如，在金融业，通过客户交易行为等大数据，可以分析金融风险、预防诈骗等；在医疗行业，大数据可以辅助分析疫情传播趋势，做出相应的防控措施，还可以分析用户的健康趋势，建立电子病例，以及用于研发和临床试验，提高诊断准确性和药物有效性等；在制造业，大数据可以用于产品研发、供应链管理、柔性生产、售后服务等；在公共事业领域，大数据可以用于交通、刑侦、电子政务等方面，提高公共管理效率、维护社会稳定。[3]

大数据在零售业的应用

到 2019 年，大数据在零售业的应用主要包含几个方面：

第一，提高运营效率。例如根据以往的销售数据、消费者以及市场相关信息，企业可以预测市场需求的变化趋势，从而制定生产计划、优化供应链。大数据还可以用于门店选址、会员管理、商品管理、物流管理等，从而提高综合

1　亿欧智库，2018 线下大数据产业应用研究报告，2018-05。

2　赛迪顾问，2019 中国大数据产业发展白皮书，2019-03。

3　加米谷大数据，大数据技术的四个应用方向，2018-07-13［2019-05-23］，https://cloud.tencent.com/developer/article/1381906。

运营效率和提升收益。

第二，市场分析。大数据可以帮助企业更加清晰地了解市场，分析市场变化趋势以及精确地进行市场定位。例如，根据目标市场客户的消费行为，可以分析出他们的消费偏好、支付意愿等，根据行业大数据，可以了解供需情况、发展趋势、竞争对手及其特点、大众对品牌的认知和偏好等，从而指导企业更加精准地定位自己在市场上的位置，制定合适的竞争战略，以及对市场变化快速反应。

第三，精准营销。在信息爆炸的时代，消费者的行为会在互联网上留下很多痕迹，如社交网络（微博、微信等）、电商平台上分享的文字、图片、视频等。通过对这些信息和数据进收集和分析，可以更全面地了解消费者的兴趣偏好、消费习惯、支付能力等，从而进行精准营销，对适合的顾客进行广告推送、送优惠券等，以节约营销成本，提高营销效果。

第四，产品开发与改进。消费者经常在各种网络平台，如微博、论坛、点评网等分享自己对商品的体验、点评其优缺点，会员们会提供各种反馈意见等，这些都构成了产品需求大数据。零售企业通过对这些信息和数据进行汇总和分析，可以了解消费者的真实需求，根据这些需求设计、生产、选择出更合适的产品。

电商

电商中大数据应用主要包括：① 个性化购物体验。电商可以根据用户画像给不同用户提供个性化的购物体验，如不同的购物界面、不同的商品推荐和促销等。② 动态定价。如果商品在多个网站销售，网站之间就可能存在价格竞争。网站可以采用动态定价，根据竞争对手的定价、产品特征、顾客行动等，来确定合适的价格，如亚马逊等大型电商已采取动态定价的方式。③ 提高客户服务质量。例如，根据大数据对可能出现的问题提前预测，做好准备，从而在顾客提出问题时及时响应，让顾客感到被重视。④ 精准营销，基于用户画像，可以在合适的场景将合适的商品推送给合适的人，并直接通过购买链接引导销售转化，从而提高营销效率。⑤ 欺诈行为管理。大数据分析能够帮助识别出欺诈行为，并实时进行检测，从而营造一个更安全的购物环境。⑥ 预测分析。大数据可以帮助零售商进行销售预测，从而更好地管理库存和物流，还可以根据顾客需求选择或定制不同的商品等。[1]

实体零售

大数据在实体零售中的应用主要包括：① 门店选址。根据实体零售商的规模、品类、目标客户等，基于线下大数据锁定目标客户集中的区域，综合考虑客流、成本、效率、风险等因素后，推荐匹配的商圈和店铺位置，确保门店能有效触达目标客户。② 品类管理。由于线下门店货架空间有限，在选品上就更需要慎重。大数据可以分析所在商圈的客群特征，根据他们的需要选择合适的商品以及确定商品数量。③ 精准营销。实体零售商可以采集和分析门店的客户数据，结合线上大数据进行精准营销，还可以根据地理位置信息有针对性地对商圈附近的客户定向投放，特别是对一些需要场景体验的商品和服务。④ 门店销售。例如大数据可以支持门店智能导购，提供智能商品推荐等。⑤ 精细化管理。根据大数据分析合理设计动线、商品摆放、橱窗展示等，提高客户的现场体验，以及分析业绩变化原因，提出优化建议等。[2]

对于这些实体零售大数据应用，客流分析是最基础的环节，有充足的客流数据才能为门店选址、精准营销、门店精细化管理等提供决策依据。无论线上还是实体零售，有客流才会有销售机会，吸引更多客流并引导其产生最大的销

1　Gagan Mehra，大数据在在线零售商的六大应用，2014-08-11［2018-05-21］，https://cloud.tencent.com/developer/article/1132752。

2　亿欧智库，2018线下大数据产业应用研究报告，2018-05。

售转化，是零售商运营的第一要务。因此，在实体零售数字化变革中，全面掌握客流数据并对客流进行有针对性的管理具有重要意义。

获取客流数据最原始的方法是通过人工计数，不仅数据滞后，准确性也较低。随着技术的发展，开始出现基于红外、重力感应、视频分析等技术的客流分析系统。近年来，Wi-Fi 探针、iBeacon、人脸识别（见附录 2）等技术也越来越多地用于客流分析系统中，使得客流统计数据越来越精确，信息越来越丰富。

在发达国家，90% 以上的大型商场和连锁店都已使用客流分析系统，而国内则离普及还有很大距离。截至 2017 年底，国内共有 5 000 多家购物中心（见附录 3），[1] 其中仅 2 000 多家安装了客流分析系统。在国内实体商业客流分析系统市场上，汇纳科技一家独大，同行企业包括北京文安、BrickStream、ShopperTrak 等 20 余家，与汇纳科技所占的市场份额差距较大。[2]

汇纳科技

发展历程

汇纳科技于 2004 年在上海成立，创始人张宏俊先生是个典型的技术型 CEO，毕业于西北大学数学系的他与数据有着不解之缘。辞职创业十多年以来，他一直在思考如何用创新的数据服务为客户创造更多的价值。

创立初期，汇纳科技自主研发了一套视频客流分析系统，开始为客户提供

1　前瞻产业研究院，2018 年中国购物中心发展现状分析，餐饮业态发展形势较为严峻，2018−11−18 ［2019−02−24］，https://www.qianzhan.com/analyst/detail/220/181115-9f1a62c6.html. https://www.baidu.com/link?url=r0qTy MWII7_3eI0ej4YnTT9D70n3SmmIsvCyaUxRW-WhaRYFprJ0bMqQq85DXSMprpdkJ_w9_wXErAb1gRYAhx7bdxjfFRVKPe dqgWqGM77&wd=&eqid=dedb387c00022e63000000045e8c3e46。

2　平安证券，汇纳科技：客流统计分析领域领军者，智能零售驱动公司快速增长，2017−11−10［2019−02−23］，http://data.eastmoney.com/report/zw_stock.jshtml?encodeUrl=UxZ1D225kG2takxEKUT51syV/FbsH33W6clsR2SO2Qs=。

客流分析服务，提供包括摄像头等硬件、系统软件、配套安装运维等全套产品和服务，帮助客户获取较为准确的客流数据。随着技术和服务质量的提高，汇纳科技逐渐建立起良好的品牌声誉，客户数量也在不断增加，其中不乏许多知名企业，如万达地产、龙湖地产、华润置地等一流商业地产和品牌。

2015年上半年，汇纳科技转为 SaaS[1] 模式，通过"汇客云"平台为客户提供客流分析服务，目的是把各个客户孤立的数据都汇聚到平台上，从而获取和积累整个中国实体零售行业的客流数据，为公司之后向大数据服务转型做铺垫。公司为此专门成立了大数据服务中心，负责平台的搭建和维护。同时，为提高大数据服务能力，汇纳科技还陆续设立了三个研发中心、投资了数家相关技术企业（见附录4）以及与高校建立研发合作，主要研发方向包括与实体零售大数据服务相关的人工智能、大数据、物联网等技术。

经过十多年的发展，汇纳科技已成为行业领导者，其管理团队和组织架构（见附录5）逐渐完善，公司规模和业务稳定增长，到2018年底，共有600多名员工，130多个服务网点，服务340多个城市和地区的1 000多家百货商场和购物中心，以及超过2万家品牌连锁店，在全国共设有20多万个数据收集传感器[2]，统计客流人次达上百亿。有了这些基础，汇纳科技于2018年年底开始推出实体零售大数据服务，为百货、购物中心等实体零售客户提供精细化运营建议和决策支持。

客户

汇纳科技的客户主要包括商业地产（如万达、龙湖、华润、凯德、恒隆）、

---

1 Software-as-a-Service（软件即服务）的简称，是一种通过互联网提供软件的模式，厂商将应用软件统一部署在自己的服务器上，客户可以根据自己实际需求，通过互联网向厂商定购所需的应用软件服务，按定购的服务多少和时间长短向厂商支付费用。

2 通常指一种检测装置，能感受到需要测量的信息，并能将感受到的信息按一定规律转换成为电子信号或其他所需形式的信息输出，以满足信息传输、处理、存储、显示、记录和控制等需求。

品牌连锁店（如 Apple、Watsons、欧莱雅），以及一些展馆和景区（如上海世博会巴西国家馆、通用汽车馆。展馆景区收入仅占汇纳科技总收入的 2%，故不作讨论）。

大中型商业地产是汇纳科技最主要的客户，集中在一线城市（北京、上海、广州、深圳）、领先的二线城市（重庆、成都、武汉、西安、苏州、南京）及其他省会城市。商业地产中的百货和购物中心（统称为"商场"）是汇纳科技的主要服务对象，两者的区别在于：百货主要关注商品销售，以满足顾客的购物需求。一般采取联营制，即出租柜台给商家，从商家的销售收入中抽成来获利，并通过统一收银了解商家的销售情况。购物中心不仅满足顾客的购物需求，还满足顾客的餐饮、娱乐等综合生活需求。购物中心一般不参与商户的销售环节，其收入主要来自商铺租金和物业管理费等。近年来，百货和购物中心的界限变得越来越模糊，如许多百货开始增加餐饮休闲业态，以吸引客流；百货和购物中心的收入模式都会采取"租金＋抽成"，但比例上各有侧重。

从管理模式上来看，商业地产的管理主要有三种模式：主流模式是开发商自行成立商业管理公司，负责商场的招商、运营、营销、物业、人事等工作；少量开发商会在自建商业管理公司的基础上，与第三方顾问公司联合管理，由顾问公司直接派驻高管和团队到现场，全面负责商场的管理工作；随着市场分工越来越专业化，一些开发商不再自建商业管理公司，而是直接将商场管理外包给第三方商业管理公司，让其全面负责招商、运营、营销、物业等工作（见附录 6）。

在实际运营中，商场管理团队的组织架构中一般包括总经理、副总经理、运营部、市场策划部、招商部、物业部，以及行政和人事等职能部门（见附录7）。各部门有着不同的工作职责和绩效指标，例如，招商部门主要负责招募合适的品牌入驻商场，绩效指标包括商场各业态和楼层商铺的出租率、空置率及其总体变化趋势；市场策划部主要关注如何通过公关和促销活动提高商场客流量，绩效指标包括每天的客流和车流量，会员的增长、活跃，以及在各种媒体上的参与度、曝光率、覆盖范围等；运营部门的主要职责是通过调整商铺租户（包括调铺、合铺、拆铺等），优化商场内的品牌和业态组合，从而影响商场内的客流，帮助租户提高销售和向租户收取租金等，绩效指标包括租户月销售坪效（销售额／加权租赁面积）、欠费率（欠缴金额／应收金额）和租售比（租金／销售额）。

各管理部门的业绩和效率决定了商场整体的收入和成本。商场收入一般包括向商户收取的租金、销售抽成和服务费（如推广服务费和物业管理费），以及运营收入（如广场租赁收入和广告位租赁收入）、停车场收入和其他经营收入（见附录 8）。其中，租金和抽成是最主要的部分，前者取决于商场的品牌价值和招商情况，后者主要取决于运营和营销推广情况。除融资成本外，商场的主要成本包括营销推广成本、运营管理成本、物业成本、IT 成本。一般商场的营销推广成本约占租金收入的 5%～10%；运营管理成本约占租金收入的5%；物业成本与物业管理费收支平衡或略有盈余；IT 成本则根据每年系统上线和维护需求来定，变动较大。

客流分析系统和数据

为帮助实体零售客户获取准确的客流数据，汇纳科技自主研发了 IPVA（Intelligent Pedestrians Video Analysis）客流分析系统（见附录 9），其主要原理是通过摄像头采集来往行人的视频图像，通过对图像中行人的头肩信息、圆心距、行人运动姿势等特征进行识别和分析，从而计算出较为准确的客流数量。2013 年后，汇纳科技开始采用 Wi-Fi 探针、iBeacon、人脸识别等综合的客流数据采集技术，以帮助客户采集更丰富的线下数据，并为客户提供更丰富的商场数字化解决方案，包括 Wi-Fi 定位系统、智能停车场管理系统、电子导购系统、远程视频巡店设备等产品。

汇纳科技在采集商场客流数据时，一般有三个层次：第一是在商场与外界连通的通道部署客流统计点（一般是视频分析摄像头），进行商场进出客流人次的实时计数，从而获取商场实时客流量的总体数据以及各出入通道客流的分布情况；第二是在商场内各区域、各楼层通道间部署客流监测点，从而获取商场各区域客流量的分布以及顾客在各个区域的流动规律；第三是在商场内各店铺部署客流监测点，从而掌握客流的动态细节以及单个店铺的客流情况。采集的数据经过后台处理后生成客流统计分析报表（见附录10），使商场管理者可以精确、实时监测本商场客流变化和分布情况。

除了商场客流数据，汇纳科技进一步通过"汇客云"平台为其用户提供深度的数据洞察。平台上进一步汇聚了三类数据，一是所有采用汇纳科技 SaaS 服务的客户客流数据；二是这些客户授权的自有数据，如 CRM 数据、运营活动数据等；三是第三方数据，如通信运营商数据、其他互联网企业提供的位置数据、用户标签等。相比于孤立的单个商场数据，"汇客云"平台在谨慎管理好数据隐私问题的前提下，通过对不同客户、不同来源和不同类型数据的汇集，打破了"数据孤岛"，实现全行业数据资源的整合、统一和共享，扩展用户所能使用数据的维度，进而提高数据应用的价值。

核心大数据服务

"汇客云"平台实现了实体零售商的数据共享，汇纳科技开始探索如何用平台上的客流大数据为客户创造更大的价值，张宏俊和团队集思广益，厘清了基本的价值创造逻辑（见附录11）。张宏俊认为，商场的本质是周边线下流量的聚集和分发平台，客流量的多少和质量与其价值正相关，商场收入的主要来源为租金和抽成，而抽成取决于商铺的销售额。从销售额的决定因素来看：

$$销售额 = 客流量 \times 进店率 \times 转化率 \times 客单价$$

因此，提高客流量、进店率、转化率和客单价，就可以提高销售额。例如，商场可以通过不同的业态和品牌组合以及各类营销活动吸引更多的顾客；通过改变商铺外观设计、货架摆放等吸引顾客进店；培训销售员的销售技巧以促进顾客购买等。商铺销售额提升后，商场就可以获得更高的抽成，同时也可以提高商场自身的商业价值，有利于之后的招商和提高基础租金。

传统模式中，这些决策都是凭管理者经验，无法进行精细化管理。而汇纳科技可以用大数据支持商场管理者做决策并提供准确的效果反馈。在这一过程中，需要把商场物理空间内的一切商业行为数据化、指标化，在此基础上，把线上线下、商场内外的数据进行整合，分析数据背后的联系和意义，再结合商场的业务需求和实践经验，为商场招商、运营、营销推广等各环节提供优化建议，从而帮助商铺提高销售额，帮助商场提高租金收入和资产价值，汇纳科技就可以从中获得报酬。

基于"汇客云"数据资源，汇纳科技提供了四类大数据服务，包括客流对标服务、客群分析和商圈洞察服务、运营诊断服务、营销活动效果评估与优化服务。以 A（匿名）商场为例来说明。

客流对标

商场管理者一般不仅想知道自己的客流数据，还希望了解竞争对手的情况，以及自己在行业中的竞争地位。传统的方法一般是直接派专人去竞争对手商场的各入口数客流人数，或是靠管理人员的人脉关系定期了解竞争对手和市场总体情况。这些方法获取的数据质量低，数据不全、滞后，人力成本也较高。对此，汇纳科技提供了大数据客流对标服务，即为商场提供其客流量、集客力（客流量除以租售面积）、游逛深度（顾客每次来商场逛的店铺数量）这三个综合指标与竞争对手和行业总体情况的对比。这三个指标分别有不同的意义，如游逛深度的值越高，表示顾客进店率越高，品牌商户获得的交易机会也越多，在一定程度上反映了商场内品牌之间的联动能力、客流转化为销售的能力等。综合考虑商场这三个指标在不同的地理范围（全国、区域、省市、商圈等）、商场类型（商场规模、定位、开业年限等）和时间范围（年度、季度、月度、特定时间）的对标情况，可以对商场运营状况有更全面、客观地评估。例如，商场在某一时期客流量的绝对值下降，表面上看起来不好，但实际上可能是行业整体不景气所致，若其在行业中客流量的对标情况变化不大，则说明该商场自身的运营水平没有明显变差。

汇纳科技为 A 商场提供客流对标分析发现，该商场日均客流为 3.09 万人次，高于上海 57% 的商场；日均集客力为 0.21 人 / 米^2（商场内平均每天每平方米 0.21 人），高于上海 14% 的商场；日均游逛深度为 3.52（商场内平均每天每个顾客逛 3.52 个店），高于上海 35% 的商场。综合这三个指标可以看出，该商场客流总量中等，但集客力和游逛深度优化空间较大，说明商场内的运营需要改善。而该商场开业一年来，客流量在开业期间极高，但热度持续时间较短，开业不久就一路下跌，说明该商场可能位置不错，周边潜在顾客数量可观，但顾客光顾后并没有对商场有好印象，这进一步说明商场内的日常运营需要提升。

客群分析和商圈洞察

如果商场想了解自己的客户特征和商圈情况，传统做法是获取会员信息和通过管理人员的人脉关系定期了解，但效率低且信息不足。而汇纳科技通过商场内的 Wi-Fi 探针系统、人脸识别系统和第三方数据（如百度、阿里、腾讯的数据），可以获取全面的商场客群画像，包括客群的基本属性、经济实力、兴趣爱好、购物偏好、线下游逛偏好等。第三方数据还可以提供客群的工作地、居住地、来源商圈和区域等信息，从而进行与地理位置相关的商圈洞察。通过客群分析和商圈洞察，商场可以锁定重点目标人群、目标区域，进行精准营销。例如，商场可以分析其目标客户与周边各个社区居民特征的匹配程度，在匹配程度高的小区重点进行营销投放，从而提高营销效率。

汇纳科技为 A 商场提供客群分析和商圈洞察时发现，从客群的基础特征上看，该商场女性客户比例较高，年龄在 19～45 岁，相比整个商圈的其他商场，其对 35～44 岁的客户吸引力偏弱；客户主要是公司职员，已婚已育的较少，中产收入的居多，高收入的较少。从客群来源上来看，该商场客户主要来自 A、B、C 区，最大集群为 A 区，80% 来自周围 8 公里以内，沿地铁 X 号线从北向东南方向辐射，在北面渗透率较高，在东南部靠近市区的渗透率偏弱。从市场地位和竞争态势上看，该商场是周围 3 公里范围内最受欢迎的商场，主要竞争对手为 B 商场。

运营诊断

商场在判断自身运营状况好坏以及做决策时，通常是根据自身财务和运营数据的同 / 环比分析，数据比较滞后且无法发掘顾客的潜在消费机会。而汇纳科技可以通过 Wi-Fi 探针获取顾客逛店的数据，即进入商场的顾客都去过哪些店铺，哪些区域、楼层、店铺的客流量最大及数据变化如何等，从而可以进行商场内的冷热区分析、店铺之间的关联分析、客流预测和预警、不同业态的客流对标等，给商场在业态优化、租金评估、招商谈判、铺位调整、营销优化上提供详细建议。例如，通过顾客逛店数据可以分析出不同品牌之间的关联度以及某个品牌在该商场中的作用，是否有较高的客流贡献度（即与很多品牌都有关联）等。根据这些分析，商场运营部门在调铺时，就可以给予客流贡献度高的店铺租金优惠，而对客流贡献度低的店铺收取较高的租金，以及让关联度高的品牌店铺之间合作进行交叉营销等。运营部门还可以根据各店铺、区域和业态的客流情况调整业态组合和品牌组合。招商部门也可以根据品牌和业态的客流贡献和关联有针对性的招商。分析商场各入口、楼层的客流分布数据，还能为商场物业部门合理安排人员提供指导，如洗手间人流较大时增加保洁频率。

汇纳科技为 A 商场提供运营诊断时发现：从店铺上看，该商场的优质商户有 11 家（高客流、高销售额，店铺营销能力和转化率均强），需要重点引流的为 146 家（低客流、高销售额，需要加强引流），应关注转化率的为 33 家（高客流、低销售额，说明转化率低，需要提高店员服务能力和推销能力），预警的为 16 家（低客流、低销售额，建议调整或加强店员培训）。从业态上看，该商场的优质业态为珠宝、数码、百货、化妆品、鞋包、食品、餐饮，需要重点引流的为配饰、运动服饰、家居建材、儿童娱乐、教育，需要关注转化率的为儿童用品服饰，而预警的是 VR 体验、美业配套。

营销活动评估与优化

张宏俊介绍，大型商场每年举办的各类营销活动可能有上百次，大型活动可能有十几次，对这些活动效果的评估大多是凭经验，看销售额和客流量是否提升，无法排除节假日、天气等干扰因素，也难以总结出规律。汇纳科技对此提供了多维度的评估指标，如活动期间商场客群辐射范围、标签特征、客流转化等方面的变化，营销活动带来的品类、品牌销售和关联度方面的变化等。将这些指标与活动目标、历史表现及竞品进行对比，可以更准确地评估营销活动的有效性、投资回报率以及活动类型是否匹配等。根据评估结果，商场短期可以实时调整活动计划，中长期（一年以上）可以优化营销活动预算和规划，长期（三年以上）可以帮助商场建立营销活动组合模型，积累营销经验并转化为知识。

汇纳科技帮助 A 商场评估某次动画 IP 的营销活动效果，发现此次营销活动有效提升了对原来 A 商场客群渗透率较弱的东南区顾客的吸引力，且高档小区客源量提升明显，活动期间新客量占比 9%，有效提升了对周围 35～44 岁家庭消费客群的吸引力，客流量总体提升了 8.8%，并有效拉动了餐饮及儿童相关业态客流的增加。得出的方案优化经验包括：亲子类活动对儿童相关业态引流效果明显，特别是儿童零售业态和特色休闲餐饮。但本次活动中的促销活动相对简单，未来可以配合主题性更强的促销活动，将客流转化为销售额。

营销战略

汇纳科技客流分析系统和大数据服务的销售主要采取直销模式。公司建立了一支经验丰富的销售团队，并设立了营销中心专门负责营销管理工作，其他包括产品研发中心、大数据服务中心等专业部门也会给销售团队提供技术支持。基于十多年的行业经验，汇纳科技会把有共性、成熟的客流分析解决方案进行总结，并通过内部培训体系将积累的经验和案例在销售团队中快速传播，从而提升整个团队的销售能力。

在营销推广方面，公司会根据市场份额、营销渠道、是否有重点客户等因素，将整个市场划分为不同区域，有针对性地配置营销资源，以提升营销效率。主要推广方式包括在行业展会、沙龙等活动上展示公司的产品和成功案例，以及在行业主流媒体上通过广告、软文等进行宣传。在获客方式上，主要利用行业资源和现有客户引荐、参加行业展会、公司官网、客户主动电话咨询转化等，其中前两种为最主要的方式。

在价格方面，对于客流分析系统，早期是按整个项目统计点（摄像头安装点）的数量和平均每个点的单价一次性收取工程项目款，一般平均 5 000 元 / 点，之后每年再收取 10% 的系统维护费，客户从而可以获取客流数据及相应的数据分析报告。改为 SaaS 模式后，客户所得到的基础服务的功能与之前基本一样，费用以系统初装费和年度数据服务费的形式收取，一般为 1 000 元 / 点的初装费和 500 元 /（点·年）的数据服务费，单个商场的客流分析系统费用总额一般为 10 万～20 万元 / 年。基础 SaaS 服务以外的大数据服务，则按客户选择的服务项目逐个收费，费用总额差别较大。

对于不同的客户和项目，汇纳科技会进行分级管理，如对于集团型客户，会在集团层面建立战略合作，签署战略采购框架合同，然后再细化到具体项目；而对于单体型客户，主要与项目的关键决策人沟通，他们有较高的运营决策权。集团型客户一般有一定数据分析能力，对数据本身的要求较高，而单体型客户比较关注周边人群、商圈、业态的客流数据，以及产品和服务能带来的价值。根据项目的体量，一般按照小型（5 万平方米以内）、中型（5 万～10 万平方米）、大型（10 万～20 万平方米）、超大型（20 万平方米以上）进行区分，投入不同的资源。

在运维服务方面，汇纳科技在全国有几百名员工从事线下建设运维工作，保障了持续服务以及快速响应能力。公司还建立了 400 个服务平台，并通过SLA（服务等级协议）来规范服务标准和响应时效。

市场竞争

汇纳科技对零售业和数据研究的专注，使其在客流分析系统市场上处于领先地位，市场份额超过 60%。但张宏俊意识到，随着实体零售大数据受到越来越多的重视，市场上会不断有新进入者，包括一些巨头支持的创业企业（如阿里巴巴收购友盟，支付宝投资树熊网络等）。[1] 在互联网巨头的支持下，这些新进入者可以提供整体解决方案，帮助实体零售商进行数字化转型。例如，阿里的"新零售"布局中，对传统零售的数字化和智能化改造是重要环节之一，利用阿里生态的数据资源和技术，帮助实体零售转型。阿里在电商、金融、娱乐、本地生活、地图等领域都有很多资源，可以建立全面的用户标签以及全方位触达用户，阿里云可以提供零售智能化运营的决策支持系统，提供包括门店

---

1 亿欧智库，2018 线下大数据产业应用研究报告，2018–05。

选址、会员管理、货架陈列、商品和库存管理、精准营销等服务，并根据品牌商、商超、电商等服务对象的不同需求定制解决方案。[1] 阿里与银泰、三江购物、百联集团、新华都、高鑫零售等实体零售商都有较为深度的合作。[2] 例如与银泰的合作中，阿里通过对其会员、交易和商品系统的数字化及整合，打造智慧购物，从"引流—转化—复购"各个环节，用数据重构银泰与消费者的关系，从而提升绩效。[3]

同样，腾讯凭借其在社交、游戏、金融等领域广泛的用户覆盖，也积累了大量线上数据，在数据资源、流量、用户触达和技术方面都不逊于阿里，也开始布局线下，尝试赋能实体零售，为品牌连锁、商业地产、便利店等提供智能选址、运营分析、商圈分析、招商指导、客群画像分析、会员数据打通及精准营销等解决方案。腾讯与线下实体零售的合作包括家乐福、永辉超市、红旗连锁、步步高、海澜之家、万达等，腾讯主要提供技术和数据，支持它们进行数字化转型。[4]

在张宏俊看来，在客流分析系统市场上，汇纳科技具有明显的先发优势。公司的大客户主要是万达、龙湖等商业地产龙头，它们不仅能为汇纳科技背书，还让汇纳科技积累了丰富的行业资源和经验。同时，相比于线上，实体零售更分散、资产更重、更新速度更慢，安装一套客流分析系统后转换成本较高。目前，全国购物中心装有客流分析系统的有两千多家，其中 1 200 多家都是汇纳科技的客户，这一客户规模壁垒很难被打破。更重要的是，即便不是所有的客户都接入了"汇客云"平台，公司也拥有目前国内最大的实体商业客流

1 阿里云官网，新零售数字化转型专家，［2019-02-24］，https://www.aliyun.com/solution/ecommerce/。

2 方砚. 麦德龙中国是阿里下个目标？ 2019-02-15［2019-02-18］，http://www.ebrun.com/20190215/320346.shtml。

3 阿里云研究中心，AI 时代零售业的智能变革，2019-06-07［2019-02-18］，https://files.alicdn.com/tpsservice/15125245f4ffcbfd07608c0dd03703bf.pdf?spm=5176.7910928.1105845.1.54e677b1wryp8E&file=15125245f4ffcbfd07608c0dd03703bf.pdf。

4 腾讯云官网，智慧零售解决方案，［2019-02-24］，https://cloud.tencent.com/solution/smart_retail_solution。

全量数据样本。而由于历史数据的稀缺，即便竞争对手现在大力推广和收集客流数据，一时也难以获取足够的历史数据。

对于互联网巨头，张宏俊认为，汇纳科技提供的实体零售大数据服务与互联网公司有着不同的逻辑："互联网公司是以'人'为中心，基于'人'的需求重构'货'和'场'。而汇纳科技以'场'为中心，考虑'场'的特征会吸引什么样的'人'，卖什么样的'货'，通过改变'场'来改变'人'及其消费行为。"汇纳科技在给商场等"场"提供大数据服务时有一定优势："我们在给一个'场'提供服务时，会把与这个'场'运营有关的数据都给出。阿里有'人'的数据，但它不知道这个'人'进了商场以后去了哪、怎么逛。但只要来这个'场'的'人'，我们都能知道他的数据。不管是阿里还是腾讯，只要不在'场'内装传感器，数据就不是全量数据。"此外，汇纳科技在十多年服务实体零售客户的过程中，对客户真正需要什么有更深入的理解。在张宏俊看来："技术发展到最后一定是趋同和开源的，最重要的是了解技术和数据要应用在哪里，要知道它的场景是什么、需求在哪儿。而我们已经总结了无数个客户需求。"

挑战与思考

2018 年年底，基于自身在技术、数据、经验、团队等方面的积累，汇纳科技开始推出实体零售大数据服务，然而几个月推广下来，市场反应远不如预期。张宏俊思考：从短期到中长期，公司主要面临着三方面的挑战。

盈利模式

汇纳科技目前 80% 以上的利润来自客流分析系统的销售（以系统验收合格为收入确认时点）以及后续维护服务费，系统销售的毛利率在 70% 左右。

公司希望未来能够以大数据服务为主要利润来源，但目前公司的销售体系主要是十多年来销售客流分析系统积累下来的，用在大数据服务的销售上还需要进行调整。

首先，要考虑的是销售对象的变化。客流分析系统的销售主要通过项目招投标或通过商务谈判由客户直接采购，汇纳科技一般只需接触商场的关键决策者、IT 和采购部门，费用来源为商场每年的 IT 固定资产采购费。而销售大数据服务时，汇纳科技则需要接触商场不同的职能部门和管理者，包括总经理、IT 部门、招商部门、运营部门、市场营销部门等，他们有不同的数据需求，会根据自身需要选购不同的大数据服务，例如，总经理比较关心商场的三个对标数据，市场营销部门需要活动评估报告，招商和运营部门需要运营诊断报告等，物业部门需要楼层、入口、洗手间等人流信息，以便合理安排物业服务人员等。费用来源一般为商场的运营、营销等费用预算。汇纳科技需要深入了解商场各职能部门的具体工作和数据需求，与不同部门分别进行沟通，提供不同的大数据服务，销售工作会变得更加复杂。不仅如此，商场各职能部门之间、管理者和被管理者之间可能存在着利益博弈，某一个数据指标对一方有利，但可能对另一方不利。同时，由于一些商业地产是自行开展商业管理活动，另一些则委托给第三方，利益博弈同样存在于他们之间。如何权衡这些利益关系以减少他们购买大数据服务的阻力，也是汇纳科技需要考虑的问题。张宏俊设想：是否应该不提供用于绩效考核的 KPI 等硬指标，以免让商场管理人员感到被数据制约，而是仅根据数据分析结果提供改进建议，帮助他们提升业绩？

其次，对于大数据服务的定价，张宏俊认为也需要优化。目前，汇纳科技是根据客户所选的大数据服务项目逐个收费，如对标服务按每个指标 1 万元 / 年收取，该服务得到客户较高的重视，3 万元比较便宜，客户也容易接受。但也有客户认为 3 万元微不足道，汇纳科技应当作为赠品免费提供。其他大数据服务定价则相对较高，如客群和商圈洞察服务的价格为 9.8 万 / 年，营销活动效果评估为 20 万 / 年。张宏俊原本认为，相对于商场租金收入，这样的定价并不算贵："一、二线城市购物中心每年平均租金收入是 1 个亿，三、四线城市也在 4 000 万～5 000 万元，每年总成本基本都在 1 000 万元以上，大的购物中心一年甚至可能花 1 亿做营销。"但事实上，尽管客户可能认同大数据服务是有价值的，但价值多少并不能确定，若单项服务就增加 20 万 / 年的变动成本，按平均 1 000 万 / 年的总成本来看，相当于增加了 2%，且未必能立刻带来收入增加，大多数客户一般难以接受。张宏俊思考：是否要采取其他定价方式？例如，把按服务项目收费转为按成果收费，即从商场的租金和销售额增长中提成，从而把双方的利益绑定，租金和销售额的增长都可以通过用大数据优化商场运营来实现，这样也许会让客户更容易接受。

市场培育

目前国内还有 3 000 多家购物中心没有安装客流分析系统，使用线下大数据服务来指导运营的更是少之又少，张宏俊认为其主要原因在于数据价值尚未被明确感知。目前汇纳科技的客户多为观念领先的大中型商场和品牌，主要分布一、二线和主要省会城市，而在中西部、低线城市和规模较小的客户中接受度不高。这些传统实体零售商的管理人员素质普遍不高，主要靠经验运营，对数据价值的认可度不够。这使得客流分析系统市场的发展还存在一些阻碍，更何况是大数据服务。如何培育市场、让客户感知到大数据的价值是汇纳科技面临的又一挑战。

但让张宏俊有些犹豫的是：市场培育需要很大投入，且很可能让跟随者坐收渔利。相比于互联网巨头，汇纳科技在影响力和资源上也没有优势。但市场对大数据价值的认可对汇纳科技来说又非常重要，这决定了"汇客云"平台能否汇集更多客户数据，从而建立更高的壁垒。自公司 2015 年开始推广"汇客云"平台以来，客户对于将自己的数据放在平台上还是有很多顾虑，对 SaaS

服务的认可程度和付费意愿也不高。到 2017 年公司上市时，只有一半客户加入了"汇客云"平台，直到 2018 年年底"汇客云"平台也只有近 1 000 家客户。尽管这已经是目前国内最大的实体商业客流全量数据样本，但张宏俊明白，这样的数据量还不够大，需要尽快达到更大的样本量，理想状态是 2 000 家以上，否则还是存在样本偏差。张宏俊相信，随着"汇客云"平台数据样本量的增加，平台的价值也会越来越大。

但在培育市场的同时，汇纳科技也要警惕竞争的威胁。张宏俊担心：尽管汇纳科技目前在客流分析系统市场占据领导地位，但随着人脸识别、5G 等新技术的发展和应用，客流分析在技术上的壁垒会降低，新技术能带来更高的数据精确度，客户也可能会认为汇纳科技提供的视频客流分析系统有些过时。特别是在零售巨头的示范作用下，尽管现有的客流分析技术和数据已经有足够的价值，且成本较低，但客户还是可能会盲目投入数倍的成本采用更新的技术。

为了尽快完成市场培育和抢占市场先机，张宏俊设想，能否免费推广客流分析系统和"汇客云"平台，从而尽快接入更多的客户数据，提高平台上数据的广度和深度，之后再通过提供更高质量的大数据服务来盈利？张宏俊还在考虑，要不要花费重金入股一个购物中心，这样就可以在该购物中心的管理中大规模应用自有的大数据服务，从而建立一个样板模型，用该购物中心采用大数据服务后真实、客观的降本增效数据来说服客户。这一方案是否可行？

业务发展

作为 CEO，张宏俊不得不思考公司的长期发展问题。对汇纳科技来说，向大数据服务转型是公司持续发展的需要。单纯的客流分析系统市场空间有限，根据相关报告分析，国内零售门店数量最终会大致稳定于大型店 8 300 个、中型店 1.4 万个、小型店 18 万个，假设客流分析系统最终渗透率分别达到 90%、75%、60%，同时假设折旧年限为 8～10 年，则完全成熟后国内潜在客流分析系统市场空间约为 12 亿～16 亿元。[1] 若不发展其他业务，汇纳科技客流分析系统销售这一主业将很快遭遇增长的天花板。

向实体零售大数据服务转型就是汇纳科技突破行业天花板的尝试。但就目前公司提供的几种大数据服务而言，未必能满足客户需求，也无法确保公司长期、持续地发展。随着市场竞争的日趋激烈，特别是互联网巨头的加入，汇纳科技的市场空间又会被进一步压缩。在零售业的变革趋势下，汇纳科技要如何拓展新业务、开发新产品，以打破增长的天花板？

面对这些近忧和远虑，张宏俊有些理不清头绪，他打算尽快召集高管团队，就公司如何制定大数据服务的价格体系和营销战略，如何培育市场和抢占市场先机，以及公司长期业务发展方向等问题再仔细商讨一番。

---

1 平安证券，汇纳科技：客流统计分析领域领军者，智能零售驱动公司快速增长，2017–11–10 [2019–02–23]，http://data.eastmoney.com/report/zw_stock.jshtml?encodeUrl=UxZ1D225kG2takxEKUT51syV/FbsH33W6clsR2SO2Qs=。

附录1：汇纳科技营收与净利润

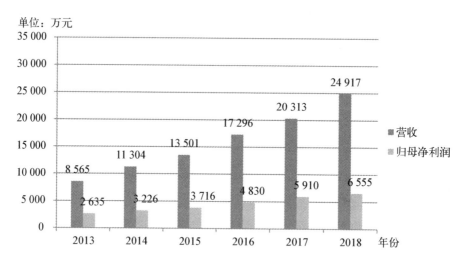

单位：万元

资料来源：汇纳科技年报。

附录2：部分线下数据采集技术

线下数据 采集技术	特　　　　点
红外感应	根据人体经过阻断红外线之间的对射进行客流量的统计，其统计客流数量方便，数据传输量小，成本较低，安装方便，对光线要求不高。但多人经过时可能漏数，不断进出的同一个体则会被重复计数等问题，存在着较大的偏差
视频分析	视频分析客流统计技术是用嵌入式摄像头采集视频，然后对摄像头中的视频图像进行分析，即通过对人的体型特征进行计算识别，以及对人体通过的区域和方向进行设定，来统计进出人次
iBeacon	iBeacon是苹果公司2013年9月发布的操作系统的新功能。通过使用低功耗蓝牙技术，iBeacon基站可以创建一个信号区域，当设备进入该区域时，相应的应用程序便会感知到。配备有低功耗蓝牙通信功能的设备可以向周围发送自己特有的ID，接收该ID的应用软件会根据该ID采取一些行动。例如，在店铺里设置iBeacon通信模块，便可将信号区域内iPhone和iPad上的运行资讯告知服务器，服务器可以给顾客发送折扣券及进店积分等

线下数据采集技术	特　　点
Wi-Fi 探针	指 Wi-Fi 设备通信过程中的一种信号帧。利用 Wi-Fi 探针系统，顾客不必连接 WiFi 或安装任何软件，系统就可以主动抓取用户手机的 MAC 地址数据包，实现数据实时回传，根据手机数量可以统计顾客数量，还可以对顾客在店内的行动轨迹进行追踪，识别新老顾客数据、平均游逛时长、用户的手机品牌构成等
人脸识别摄像头	人脸识别是基于人的脸部特征信息进行身份识别的一种生物识别技术。用摄像机或摄像头采集含有人脸的图像或视频流，通过视频分析技术可以实时监测客流信息。摄像头通过人脸抓拍，与云端人脸库（提前录入或自动抓拍的人脸照片）进行识别比对，根据比对结果，可获得这个人的基本属性，可用于进店人数统计、人员去重、人脸属性分析（性别、年龄层）、新老客频次分析等

资料来源：作者根据公开资料整理。

附录 3：中国已开业购物中心数量

单位：家

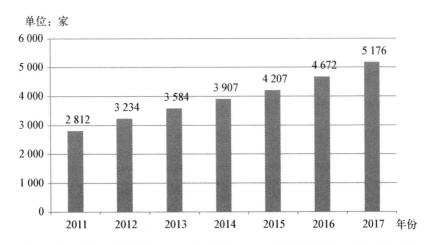

资料来源：前瞻产业研究院，2018 年中国购物中心发展现状分析，餐饮业态发展形势较为严峻，2018－11－18［2019－02－24］，https://www.qianzhan.com/analyst/detail/220/181115-9f1a62c6.html。

附录 4：汇纳科技投资的企业

公司名称	持股比例	主 营 业 务
上海云加	20%	主要从线下消费信息数据的 APP 应用开发，围绕 iBeacon 微定位技术，提供室内精准定位 SDK 和营销活动管理及数据分析
上海象理	30%	与 TalkingData 联合投资设立，专注商用数据的挖掘与分析
北京码牛	5%	主要从事信息安全及相关大数据分析产品的研发、集成和运营
南京圈圈	16.31%	主要从事线下消费信息数据的 APP 应用开发，通过 AR 技术将信息融入场景，利用游戏化的 AR 体验连接商家与用户
南京千目	30%	主要从事电子导购系统的研发与销售
成都盯盯	29.7%	主要为连锁店提供门店可视化管理及大数据服务

资料来源：作者根据公开资料整理。

附录 5：汇纳科技组织架构

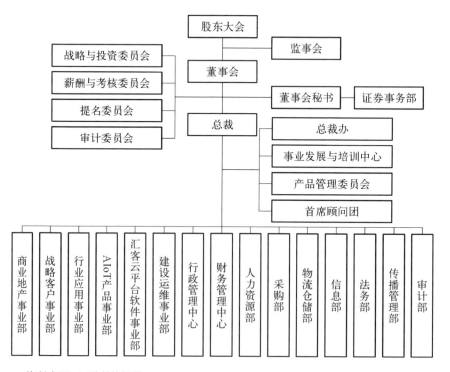

资料来源：汇纳科技提供。

附录6：商业地产三种管理模式

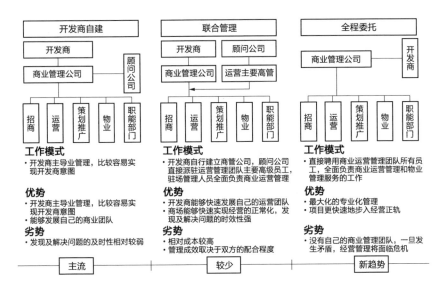

资料来源：汇纳科技提供。

附录7：某商场商业管理团队的组织架构

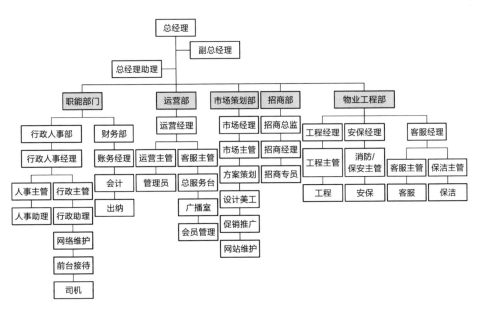

资料来源：汇纳科技提供。

附录 8：商场总收入构成和相关部门

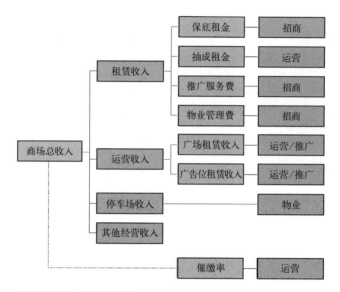

资料来源：汇纳科技提供。

附录 9：IPVA 客流分析系统基本架构

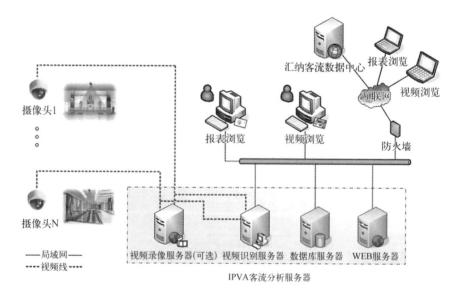

资料来源：汇纳科技提供。

附录10:"汇客云"平台报表节选

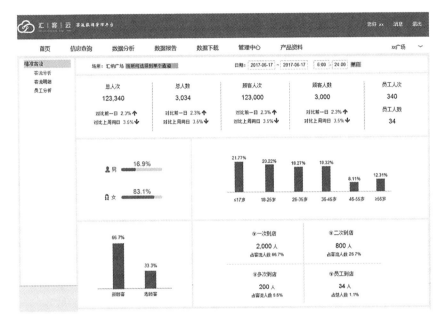

图 10.1:总体客流分析

图 10.2:客流明细

资料来源:汇纳科技提供。

附录11：汇纳科技提供大数据服务的总体逻辑

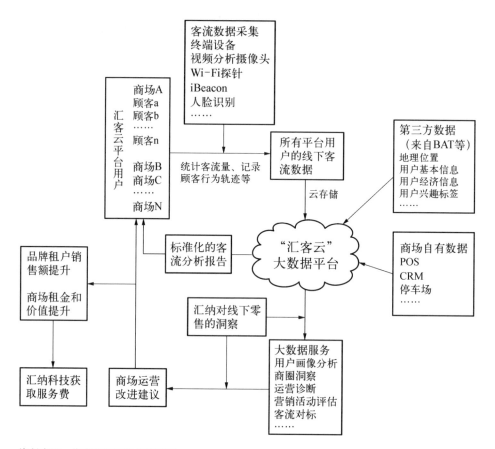

资料来源：作者根据访谈信息整理。

17

肯德基中国：
数字化重构竞争优势[1]

作为第一个进入中国市场的"洋"快餐，肯德基（KFC）自 1987 年在北京开设第一家店后就一直发展迅速，支撑中国区成为 Yum! Brands（见附录 1）的重要市场。2015 年，屈翠容（Joey Wat）就任肯德基中国区 CEO。2016 年，百胜中国（纽约证券交易所股票交易代码：YUMC）从 Yum! Brands 分拆独立上市。屈翠容决心要将肯德基中国的业绩再进一步。然而，快餐行业环境已经今非昔比：受消费升级的影响，健康和享受逐渐成为中国消费者的追求；而中式快餐、小吃等品类的崛起让中国的餐饮市场竞争更加激烈；从业人员流动性高，人力、房租等成本不断攀升；年轻消费群体崛起，影响消费行为的因素也从商品本身延伸到服务、内容，关注点从价格、功能转向性价比、个性化与参与感等。对于产品的高度标准化、客单价相对稳定的肯德基而言，突破点在哪

1　本案例由中欧国际工商学院的林宸、张驰共同撰写，中欧国际工商学院的李思瑶对资料的收集和整理也作了贡献。在写作过程中得到了百胜咨询（上海）有限公司的支持，并参考了现有公开信息及企业授权资料（均已在文中注明）。该案例目的是用来做课堂讨论的题材而非说明案例所述公司管理是否有效。本案例获"2019 中国工商管理国际最佳案例奖"提名奖。

儿呢?

屈翠容想到了数字化。被称为"被炸鸡耽误的科技公司",肯德基中国很早就开始数字化生态的布局,建立了强大的数字化能力。围绕"好吃、好玩、有里、有面",屈翠容带领肯德基中国进行了诸多尝试,以提高运营效率、降低成本,并改善消费者在整个消费旅程中的体验。然而,如何更好地利用数字化这一"武器"为品牌服务呢?屈翠容还需要回答许多问题:肯德基发布的许多"黑科技"到底如何运用在未来业务里?在餐饮服务业中,科技可以取代人吗?应当如何定位科技在客户体验与创新的作用呢?

新餐饮的崛起

餐饮新零售的概念

近年来,伴随着市场逐步趋于饱和,竞争加剧,餐饮业高人力成本、高食材成本、高房租、低毛利的问题越加突出,对餐饮企业精细化管理的需求也越发急迫。2016 年,马云首次提出新零售的概念,认为未来不会有纯线上或者纯线下的零售企业,线上线下和物流将结合在一起。新零售的概念很快获得认可,数据驱动下以消费者体验为中心的商业理念开始普及,以零售商餐饮和便利店餐食[1]为代表的零售餐饮化和以餐饮 IP 企业和未来型店铺[2]为代表的餐饮零售化渐成趋势。同时,为体量小、技术能力不足的中小餐饮企业提供供应链、

---

[1] 零售餐饮化是指零售企业为了提升坪效,利用自身零售优势向餐饮业融合,提供零售餐食加工和外带餐食售卖。零售商餐饮是指原有的零售商利用自己供应链的优势,从生鲜品类的购买、展示、加工出发,诞生的集购买、烹饪、餐饮为一体的业态;便利店餐食则是便利店和家居店里用客流优势,售卖易于携带的小食、便当和饮品。顾客购买后外带使店铺节省了餐饮的租金成本,同时扩展了销售品类。

[2] 餐饮零售化是指餐饮行业在线上线下融合过程中利用新技术不断突破场景壁垒,升级顾客体验,将食品产品化,与零售业产生交叉。餐饮 IP 企业是指具有一定知名度的食品连锁企业,将自己的热销菜品产品化,使顾客在用餐之外可以购买,将品牌优势和店铺服务延伸到餐馆之外的地方;未来型店铺则是指利用新技术的新型店铺,包括 24 小时无人店铺、自动售货机和采用了 AR 技术的概念体验店等。应用新科技给顾客带来新鲜感的同时也可以提升运营效率。

金融、管理等服务的 B2B 服务提供商应运而生。

新技术助力

新技术在餐饮业的广泛应用，正在改造着传统餐饮从顾客获取直至反馈互动的各个环节（见附录 1）。

大数据技术在顾客画像、选址、营销等方面的应用改变了传统餐饮店铺经营逻辑。通过对支付平台和到店消费平台所积累的数据进行挖掘，商家可以获得较为清晰的顾客画像，在开店前就可以更精准地选择品类，并确定自己意向的客户群体；通过对商圈人流性质、人流时间等数据的分析，结合店铺定位，店铺可以选择更合适的商圈，从而降低选址风险和租金成本；线上平台可以将宣传精准地投放到目标用户上；会员制度有助于及时拉回客流；通过平台数据的反馈，商家更容易在服务和菜式上及时做出改变，了解对顾客的吸引点和顾客流失的原因，快速升级迭代服务和产品从而更好地满足消费者多元化的需求。

即时配送的完善和升级能够使商家提供突破场景的消费体验。数字化支付是餐饮这一高频次消费得以实现线上线下融合的基石，不断变革着消费者的购买流程，升级消费者的购买体验。供应链系统的升级允许企业使用标品和半成品，在提升效率的同时保证出餐品质的稳定性，减少用餐者等待时间，并保证稳定的供给。

肯德基在中国

肯德基中国概况

肯德基是中国最大的西式快餐连锁品牌，在中国 1 300 多个城市拥有 6 500 余家店面（2019 年 12 月 31 日），店面数量两倍于排名第二的竞争对手。

在炸鸡产品之外，肯德基中国结合本地市场创新了菜品，如猪肉、海鲜食品、饭类、新鲜蔬菜、汤类、粥类等，还陆续推出了早餐、外送和 24 小时营业等措施。

2004 年，根据 AC 尼尔森的调查结果显示，肯德基排名"顾客最常惠顾"的国际品牌第一位。然而，在 2014 年，肯德基同店销售额下滑达 4%（见附录 2）。[1]

2015 年 8 月 20 日，屈翠容被任命为肯德基中国区 CEO。[2] 屈翠容带领肯德基放手变革。她对中国市场有自己的看法："从改革开放前到今天，广大中国人的心态经历了颠覆性的变革。个性得到全面释放，更专注自我，乐于享受简单的生活，从而回归真我。"基于此，屈翠容决定"进入 2016 年，肯德基选择尽情自在"。[3]

此后，肯德基中国围绕"好吃、好玩、有里、有面"，在品牌年轻化方面做出诸多尝试。其中，数字化战略的成功实施作用尤为重要（见附录 3）。被网友戏称为"一家被炸鸡耽误的科技公司"，肯德基中国一早就建立了自己的数字营销团队和 IT 部门。作为餐饮业，甚至整个零售业内最早开始研究手机点单的公司之一，肯德基中国无先例可循，参考互联网"小步快跑、更新迭代"的指导思想，摸着石头过河，最终呈现出手机自助点餐等多个数字化产品。当然，在数字化的早期，肯德基中国也遇到一些挑战："肯德基数字化开始得比较早，是走在消费者前面的，在消费者形成数字化习惯前就去做预判实际上是很困难的；如果判断错了，怎么及时修正，也是一个难点。"幸运的是，

1　知识库，2014 年，肯德基业绩分析，数据表明在中国将越来越糟，2014-11-11［2019-06-11］，https://www.useit.com.cn/thread-7449-1-1.html。

2　韩璐，KFC 中国屈翠容：喜欢猕猴桃的女 CEO　油炸烘烤将被颠覆，2015-08-21［2019-07-15］，https://www.chinaventure.com.cn/cmsmodel/news/detail/282682.html。

3　今报网，好吃　好玩　有里　有面，肯德基"Original+"概念店盛大开业，2016-04-26［2019-09-14］，http://www.sohu.com/a/71725474_259498。

肯德基中国的多位高管都是 IT 出身，或有 IT 背景，对技术的预判和实现都颇有心得。目前，百胜中国几乎对自己所有自主研发的软硬件科技产品拥有知识产权，这也使得肯德基在数字技术应用上更加自如。

2016 年，Yum！Brands 将百胜中国分拆，分拆后的百胜中国不再是 Yum！Brands 的中国事业部，而成为在纽约证券交易所上市的独立公司，拥有肯德基、必胜客、塔可钟品牌在中国大陆的独家运营权。同年，肯德基中国全年运营利润达 6.45 亿美元，同比增长 29%，全年同店销售额增长 3%。

竞争对手

麦当劳 1955 年创立于美国，1990 年进入中国内地。如今，中国是麦当劳全球第二大市场、美国以外全球最大的特许经营市场，以及全球发展最快的市场。2017 年 7 月，麦当劳与中信股份、中信资本、凯雷达成战略合作，共同运营和管理麦当劳在中国内地和中国香港的业务。截至 2019 年 6 月，中国内地有超过 3 100 家麦当劳餐厅。麦当劳中国提供汉堡、小食、甜品等各类美食。[1] 外送也在麦当劳中国中扮演越来越重要的角色，2018 年麦当劳在中国的外送增加了 75%[2]，在北京、上海、深圳等大城市，外送已占整体销售额的 25% 之多。在数字化进程中，麦当劳中国始终与微信保持密切合作。自 2015 年起，麦当劳中国接入微信支付、推出微信小程序点餐、接入微信会员卡，至 2019 年 8 月，采用微信支付的订单比例已超过五成；至 2019 年 6 月，麦当劳中国的 8 500 万会员中有 85% 以上是通过微信小程序注册会员的。2016 年，麦当劳和微信首先推出未来智慧概念餐厅，至 2019 年 8 月，"未来餐厅"的概念已经覆盖全国超过 70% 的麦当劳餐厅，包括触屏自助点餐机、手机点餐、手机

1　数据来源：麦当劳中国官方网站，https://www.mcdonalds.com.cn/index/McD/mcdonalds-china/MCD-in-China-2。

2　经济观察报，拆解麦当劳 Q2 财报：将重资投入未来餐厅　中国特许经营店增到 3 152 间，经济观察报官方百家账号，2019-07-30［2020-02-20］，https://baijiahao.baidu.com/s?id=1640464118740437082&wfr=spider&for=pc。

支付、双点式柜台、会员积分、送餐到桌等等。[1]

德克士最早起源于美国得克萨斯，1996 年被顶新集团收购，至今已成为中国西式快餐特许加盟优秀品牌之一。德克士自 2000 年开启加盟以来，已经在全国拥有超过 2 500 家门店，遍布全国所有省市，其中 85% 为加盟店。[2] 德克士走的是农村包围城市路线，低价俘获人心。2014 年德克士开始实行会员电子化，并在此后打通集享联盟会员系统，接入微信、支付宝等第三方渠道。目前德克士已在全国拥有超过 4 000 万集享会员。[3] 通过会员数据，德克士可以优化产品，找出新的卖点，推出了海陆巨蟹堡等爆款产品。[4] 2017 年 12 月，德克士推出付费尊享会员。2016 年，德克士启动对 POS 系统的后台、中台都做了调整，并在 2017 年 12 月推出首家无人智慧餐厅。

汉堡王 1954 年创立于美国，1980 年进入香港地区，直至 2005 年才在中国内地开出第一家餐厅。2012 年，汉堡王中国获得新注资，开始爆发性发展。截至 2018 年，汉堡王已经进驻 140 多个城市，门店突破 1 000 家，预计到 2021 年餐厅数将突破 2 000 家。[5] 2015 年，汉堡王在中国开始进行数字化尝试，开发了 2 个微信小程序、2 个支付宝小程序，其中支付宝会员小程序表现最为突出，2019 年给汉堡王带来超 400 万会员量。此外，汉堡王还提供自助点餐机、线上点单、扫码点单等多种点餐形式；饿了么和美团外卖等平台的生意贡献度超过了汉堡王整体数据的 30%。[6]

1　第一财经，麦当劳中国如何成为全球数字化程度最高的麦当劳？2019-08-06［2020-02-12］，https://www.yicai.com/news/100285340.html。

2　数据来源：德克士官网，http://www.dicos.com.cn/join/introduce.html。

3　德克士官网，数字化、即时化、尊享化，德克士深挖会员数据近况，2018-06-12［2020-02-12］，http://www.dicos.com.cn/mediacenter/26.html。

4　亿欧，顶巧餐饮集团执行长邵信谋：推展新餐饮体验，2019-06-14［2020-02-12］，https://www.iyiou.com/p/102761.html。

5　数据来源：汉堡王官网，https://www.bkchina.cn/trained/index.html。

6　杨洁，万亿餐饮深海，汉堡王的数字化转型方法论，2020-01-17［2020-02-12］，http://dy.163.com/v2/article/detail/F3442CCD0519F5EB.html。

数据资源开发

2008 年，百胜中国开始着手建立国内的数据中心（Data Warehouse）。2016 年，百胜中国在已有的数据中心（Data Warehouse）的基础上建立了数据银行（Data Bank）。得益于百胜中国 2.4 亿（截至 2019 年 12 月底）的会员，海量数据每天都在源源不断地流入百胜中国。肯德基中国对这些数据进行深入挖掘，形成了复杂的消费者标签体系，并以此升级算法提升预测模型的准确度。

构建消费者标签

在百胜中国的数据银行里，有 1 800 余个消费者标签，且维度非常丰富，包括所在区域 / 地址、爱好、偏好以及一些社会性数据。[1] 消费行为是判断消费者标签最重要的依据。例如，如果每次都要买儿童套餐，那可能有孩子；如果只有中午时间段来、晚上不来，那可能是白领，也有可能是喜欢游戏的、体育爱好者，或者追求性价比的人；如果习惯点广告产品，就可能是新品爱好者；如果只叫宅急送，从不用到店的手机自助点餐，那可能是不愿出门的宅男。精确的消费者标签使肯德基中国能够通过智能营销推动购买行为，并建立消费者的忠诚度。

"标签构建的关键是与外部数据打通。每一次营销活动，都可以累积大量的数据。比如我们举行过一次营销活动是让吮指原味鸡和脆皮鸡 PK，看消费者更喜爱哪个。消费者的选择也可以给我们留下数据，"首席技术官如是说，"如果一个顾客连续三次来点的都是一样的东西，那么他第四次进来就会想要尝试一点新的产品。"

---

1 社会性数据包括消费者的一些行为。比如肯德基有很多广告投放，顾客可能选择视频网站、微信注册码、支付宝等渠道进入消费场景。

AI 平台提升运营效率

肯德基中国掌握着线上、线下所有交易的明细数据，这些海量数据是开发算法模型的基础。肯德基中国用来做交易和产品预测的变量主要有五个：销售业绩、位置、促销、节假日和天气。然后基于这家店过去两年所有的销售数据，形成一个深度学习算法模型。算法开发的难度主要是在参数调整上，越往后模型的准确度就越难提升，几乎每个百分点的提升都会对成本产生影响。

现在，AI（人工智能）技术的发展帮助肯德基中国的算法升级突破瓶颈。AI 技术在肯德基中国有丰富的落地场景。例如，作为 AI 重要组成部分的机器学习就在调参的过程中发挥着重要作用。百胜中国的数据科学家团队在 AI 平台上将过去两年的业绩数据装入模型模拟运算，通过历史数据检验预估的准确性，进而不断调整、优化。AI 的应用，已经帮助肯德基中国提升了预测模型的准确度。更高的预测准确性帮助肯德基中国减少了浪费，降低了库存风险并改善了劳动力安排。

除此以外，AI 技术还在智能营销、智慧店铺、智能服务和智慧企业等多个领域发挥作用：开发个性化菜单和优惠策略，优化媒体策略，进行消费者洞察，进行店铺运营和库存管理，动态规划配送路线，优化选址，提升招聘、风险管理、供应链管理等工作的效率等（见附录 4）。

数字化技术改进用户体验

2015 年是肯德基中国数字生态的元年。这一年，肯德基中国决定通过技术实现用户体验现代化以彻底解决体验老化的问题。经过研究，肯德基中国划定了客户旅程（customer journey）：从顾客离店 3 千米到进店前 6 秒，决定排队还是马上离开，到点餐拿到餐的 3 分钟，到离开要不要推荐，到回家要不要继续点一份餐，到每逢节日是不是要送给别人肯德基礼品，等等；继而，肯德基中国将客户旅程中的每一个与用户的接触点都拆分出来进行数字产品的设计，并配备独立的产品经理；产品经理负责对接触点进行分析，最终保证每一个接触点都变成一个数字产品（见附录 5）。借鉴互联网运营模式，肯德基中国的每一个新的数字产品都通过项目制来操作，项目组中一般由作为需求提出方的市场部人员作为产品经理，总揽整个项目，其他产品部门、IT 部门也会参与进来，目前肯德基中国有上千个项目组。

进店前：更高的到店效率

（1）手机自助点餐（Pre-order）。2014 年，肯德基中国推出"预付快取"（后改名为"手机自助点餐"）服务 [1]，消费者只需要在网上下单 [2] 付款，就可以在事先选择的时间内在任意开通预付快取的肯德基门店取餐，并且有专门的通道保证消费者不用排队，到点打包保证食品口感。[3] 预付快取数字点餐平台由肯德基品牌自建，点餐全程由消费者自助独立完成。预付快取的作用在早餐时段尤为明显。根据调查结果，消费者对早餐时间要求极为苛刻，一半以上的受访者愿意等待早餐做好的时间仅为 2～5 分钟，一旦超过 5 分钟将失去等待的耐心。肯德基的预付快取解决了这个痛点：消费者可以在手机 APP 上提前下单，在上班的路上到店提走早餐。

（2）全渠道，实体店与快速定位。截至 2018 年底，肯德基在中国 1 200 多个城市拥有 5 900 多家实体店。早在 2015 年，肯德基携手百度地图搭建"虚拟门店"，成为首批入驻百度地图商户平台的品牌。借助百度在 LBS 定位、

1　三湘都市报，无需排队，肯德基将推预付快取，2014-06-20［2019-06-24］，http://epaper.voc.com.cn/sxdsb/html/2014-06/20/content_844234.htm?div=-1。

2　网络下单的方式包括天猫商城-肯德基会员旗舰店、手机 APP 和小程序、电脑、店内扫描二维码等。

3　袁森，互联网改变生活，预付快取让吃饭不用再排队，2014-06-19［2019-06-24］，http://zjnews.zjol.com.cn/system/2014/06/19/020092959.shtml。

地图资源、语音搜索技术的优势，虚拟门店可以应对用户在现实生活场景中寻找就餐地点往往要考虑所在位置、优惠力度、搜索方式及品牌可靠度等因素的情况。比如用户身处某商圈附近想要找个地方吃饭，他可以通过地理位置寻找附近的肯德基门店，活动期间也可以直接在百度地图通过语音搜索喊出"我要吃汉堡"，就会跳出由百度地图官方认证的肯德基品牌页；在找到肯德基虚拟门店后，用户便能看到由百度糯米提供的优惠套餐；完成线上支付后百度地图就会为用户导航到最近的认证门店取餐。[1]

（3）多种虚拟店面。在自有的超级 APP 上，肯德基中国搭建了 V 金商城，在 V 金商城中消费者不仅可以购买肯德基的产品，还可以购买美妆个护、数码家电等多品类的产品。消费者亦可以在天猫商城、口碑商城的会员旗舰店上购买肯德基产品券，并在线下核销，逢"618""双十一"等线上节点还会有促销活动。2018 年圣诞节前肯德基中国开发了微信小程序——口袋炸鸡店：通过微信登录，根据页面引导，选择"店面""店主形象"后即可成为"店主"，将"口袋炸鸡店"分享给好友；好友即可通过"口袋炸鸡店"向肯德基购买产品；店主根据订单量和订单数额等获取奖励。随着社交电商的发展，肯德基中国还推出了另一款微信小程序——肯德基拼一拼，通过拼团，消费者可以优惠的价格购得产品。截至 2018 年底，肯德基共开出 150 余万家口袋炸鸡店，每日活跃用户峰值可达 200 万人。

（4）社交媒体营销。从 2013 年 12 月 30 日起，一场"吮指原味鸡"与"黄金脆皮鸡"的 PK 大战开始，历时 8 周，消费者累计投票总数高达两千多万票[2]，天涯、豆瓣等社区不乏相关话题的讨论帖，最终，吮指原味鸡以微弱优

1　北京青年报-北青网，肯德基携手百度地图，搭建"虚拟门店"玩转全新 O2O 生态，2015－11－30［2019－06－24］，http://tech.huanqiu.com/news/2015-11/8076064.html?agt=15438。

2　重庆晨报，肯德基炸鸡大 PK 结束：吮指原味鸡小胜黄金脆皮鸡，2014－04－02［2019－09－17］，http://news.cjn.cn/gnxw/201404/t2451668.htm。

势获胜，自 2012 年下架后实现"复活"。2017 年 7 月，肯德基与视频平台哔哩哔哩（英文名称 bilibili，简称 B 站）合作，前往肯德基指定餐厅购买吃过瘾炸鸡桶或人气明星餐，就能领取限量版 B 站徽章。2017 年 12 月，肯德基在抖音平台上线了一首神曲《干杯大侠》，制作极具大侠色彩的"K 记斗笠"，满足"90 后"甚至"95 后"的个性化需求，用户可以配合音乐，自发创作新奇且有创意的音乐短视频，在 KOL[1] 的引导下，引发海量二次传播。此举旨在推广肯德基早餐新品——干贝大虾粥。[2]"肯德基的土豪吃法"等视频也都在抖音上走红。肯德基官方微博账号拥有 242 万余粉丝（2019 年 9 月），成为发布新品、促销活动等信息的重要阵地。

餐厅内：更多自在享受

2016 年肯德基"Original+"概念店开业时，屈翠容在现场强调："我们不但有好吃的产品，也有好的服务，更有独特的体验。这就是我们所追求的：好吃、好玩，有里、有面。"[3]

（1）多样点餐。除了上面提到的手机点餐外，在肯德基餐厅中，消费者还可以通过动态电子餐牌（DMB）或者触屏点餐机（Kiosk）来点餐。触屏点餐机的软件和硬件都是百胜中国自主研发的，触屏点餐机还申请了专利。触屏点餐机可以实现中英双语显示，还可以区分成人模式和儿童模式，在儿童模式下，考虑到小朋友身高有限只能操作部分屏幕，机器只将下半部分作为点餐区域。

1　KOL，即关键意见领袖（Key Opinion Leader），通常被定义为：拥有更多、更准确的产品信息，且为相关群体所接受或信任，并对该群体的购买行为有较大影响力的人。

2　楚北网，肯德基早餐联手抖音，喊你起！床！啦！2017-12-04［2019-09-17］，http://mini.eastday.com/mobile/171204225342329.html。

3　今报网，好吃　好玩　有里　有面，肯德基"Original+"概念店盛大开业，2016-04-26［2019-09-14］，http://www.sohu.com/a/71725474_259498。

在杭州的人工智能小镇，肯德基开设了未来餐厅并设置了一个独一无二的特殊职位——天才管家，如果消费者是老人、小朋友，没有手机或者不会用手机，天才管家会协助他们完成点餐、取餐等多个环节。从柜台到数字化点餐，肯德基店面也随之发生变化：2015 年，点餐区占店内面积较大；而 2018 年，部分点餐区域已经改为配餐区。2018 年第四季度，数字化点餐占销售额的比例已经从 2017 年第四季度的 33% 增长到 54%，同比增长超过 50%；2018 年肯德基员工服务效率获得提升，员工每小时服务的交易量[1]比 2013 年增长了 15%。[2]

（2）数字化支付。2015 年 7 月，肯德基成为第一家将支付宝带到 1 000 多个城市的 4 800 家线下门店的品牌。2017 年 1 月，肯德基全面接入微信。2017 年 9 月 1 日，支付宝和肯德基在 KPRO 餐厅[3]联合上线"刷脸支付"，这家开在杭州万象城的肯德基 KPRO 餐厅是全球第一家可以刷脸支付的餐厅，这也是刷脸支付技术在全球范围内第一次实现商用。2019 年 2 月，百胜中国与中国银联合作完成了支付应用——"神钱包（YUMC Pay）"的上线。至此，肯德基可以使用支付宝、微信支付、神钱包等多种支付方式。数字化支付的引入，免去了找零的环节，提高了收银的速度；使肯德基店内的 POS 机数量从以前平均每店 6 台减少到现在的每店 2 到 3 台；避免了收到假币的风险；减少了现金的使用，极大地降低了出纳的工作强度：以前每天都至少要去一次银行存当天收取的现金，现在一周一次甚至未来一个月一次都是可以的，前台员工的时间被节省下来，可以将更多精力投入更好的服务体验。2018 年四季度，肯德基数字化支付占比从 2016 年四季度的 39% 增长到 85%。

1　每小时交易量表示每小时每人工服务的交易平均数。

2　数据来源：2019Investor Day-KFC-Solid Foundation for Growth，2019 - 03 - 13 ［2019 - 10 - 10］，http://ir.yumchina.com/static-files/70b6c6f8-e9c1-45c9-b55f-c342ac5c56a4。

3　KPRO 是肯德基为中国都市白领量身打造的子品牌，特点是菜单时尚创新、现点现做、随季节更新。KPRO 餐厅定位为绿色生活方式"轻食简餐"，新潮而富有活力。它还是全球第一家可以"刷脸支付"的餐厅。

（3）便捷取餐。在自助点餐专用通道之外，肯德基还采用了双桌式柜台，即将柜台隔离成两个部分——点餐台和取餐口，提高了消费者取餐的效率。

（4）娱乐化用餐。肯德基门店还依托科技实现了一系列个性化的体验内容。肯德基为到店消费者提供免费 Wi-Fi 服务，只需打开无线局域网就可以根据指引连接到免费网络。通过扫描餐厅内桌贴二维码或者通过肯德基 APP K-Music 板块，消费者可以自定义餐厅的背景音乐。[1] 2018 年底，K-Music 最高月点歌超过 80 万次。2017 年，肯德基中国与网易手游《阴阳师》进行合作，借由移动定位服务（LBS）和扩增实境（AR）技术，将虚拟游戏带到现实生活中的肯德基门店中（参见附录 6）。玩家可以进入附近的门店，利用 LBS 地图攻打副本；肯德基也推出《阴阳师》欧气明星餐、限量闪卡、应援寮和主题应援店等线下推广活动，肯德基门店因此成为收道具、找闪卡之地。该活动不仅引发话题，攻占许多媒体版面，也赋予了肯德基全新的游戏感，掀起一股热潮。肯德基还提供电子礼品卡服务，在肯德基超级 APP 的礼品卡板块中，填写对方的手机号，就可以选择卡片，通过短信的形式发送给对方，这是一个很好的体验，将礼品卡销售和用户的情感结合在一起。此外，肯德基还提供在线故事会等创新体验。

一些带有颠覆创新性质的"黑科技"也在肯德基店内得到应用。2018 年，肯德基中国在苏州开出的 AI 无人甜品站。在 100 天的试运营中，无人甜品站每天最多可以卖出 300 个冰激凌甜筒。甜品都是由机械臂做出的，机械臂可以模拟人类员工的每一个动作，也可以做到每一个甜筒的重量基本相同，同时严格按照员工操作规范进行冰激凌的打制以确保用户体验。2019 年 7 月，肯德基无人甜品站 2.0 版本在上海人民广场开业，与前一个版本相比，外观更美观紧凑，相关体验环节进行了全面升级，成为一个真正的独立无人"小店"。

1　中国网，肯德基 K-Music 音乐主题餐厅在北京亮相，2017-08-22［2019-06-24］，http://science.china.com.cn/2017-08/02/content_39066047.htm。

离店后：持续个性化服务

消费者虽然离店，但肯德基采取了多种措施让会员"带着权益离开"："他会记得，这些权益会不断地把他重新驱动回店里来。"

（1）超级 APP。2016 年，肯德基中国将原先分别实现单个功能的多个 APP 改造成为一款超级 APP，集纳了消费者可能与肯德基连接的所有接触点，比如外送、手机自助点餐、会员服务、优惠券等。超级 APP 是百胜中国数字化生态的核心，也是肯德基 1.6 亿（截至 2018 年底）会员的服务平台，K 金[1] 兑好食、K 金享生活、周二会员日、会员特权等会员服务也在此提供一站式服务。超级 APP 的功能在不断得到完善和强化：最初，APP 只提供诸如优惠券、点餐等刚需服务；现在，APP 中加入了许多互动板块。在分析签到人的特点得出"用户一旦签到一次，就会想把其他的都签完"的结论后，超级 APP 上线了签到板块。目前，签到版块是超级 APP 中最受欢迎的功能之一，打开 APP，点击签到就可以获得 V 金[2]，在某些活动时，比如周二，V 金可以折抵现金使用；连签 7 天，就可能获得一个产品的免费券；到店签到，可以获得额外的回馈，比如得到更好的产品等。"他一旦到店里面签到，肯定会买一些东西，买一杯饮料、带一杯咖啡或者吃一顿正餐都有可能。"肯德基中国数字化营销的负责人如是说。

（2）WOW 会员体系。2016 年，"肯德基 WOW 会员"的会员计划正式在全国铺开。在不到一年的时间里，肯德基的会员数量迅速超过 6 000 万，2019 年第四季度肯德基中国会员人数超过 2.15 亿，贡献了 57% 的销售收入。会员体系最大的意义是扭转了以往顾客在餐厅是顾客、离开后就是陌生人很难再找到的局面，而将顾客变成了一个可以找得回来的会员，以此获得二次沟通的机会。

1　消费者可以加入肯德基 WOW 会员，会员在肯德基消费即可积累积分，积分称为 K 金。

2　2018 年，百胜中国将肯德基、必胜客的会员体系打通，肯德基的会员积分 K 金升级为 V 金，V 金在肯德基及必胜客均可使用。

2018 年，肯德基活跃会员为百胜中国带来的年度销售额是 2016 年的 1.8 倍。

2017 年，肯德基中国推出会员尊享计划来建立会员忠诚度，并提升消费频次。每月 18 元，消费者可以从宅神卡[1]、醒神卡[2]、提神卡[3]中任选其一。根据公司 2018 年四季度的数据，主打外送特权的宅神卡带来的交易量占自有平台交易总量的 22%，月度客单价提高到 2.1 倍，月度消费频次增加到 2.4 倍。在百胜中国全时段、多品类的交易中，会员占比都显著提升：午餐时段会员占比从 2017 年的 37% 提升到 2018 年的 48%，早餐时段和外送的会员占比均从 15% 提升到 21%。[4]

（3）会员服务。肯德基中国提供了门店、肯德基超级 APP、微信、支付宝及天猫会员店等多个快捷入会路径。在 V 金商城里，会员则可以通过消费累积的积分兑换更多礼品，除肯德基的食物、服务之外，会员还可以享受个性化的服务。例如，作为鹿晗粉丝的会员有机会免费看鹿晗的演唱会，爱好跑步的会员可以参与肯德基马拉松跑团等。[5]

（4）AI 个性菜单。传统零售难以吸引并留住消费者很大的原因是传统零售不知消费者所想，更难知消费者所爱，"粗糙"的产品难以精准地触达消费者需求，进而达到捕捉消费者的目的。利用"支付即会员"的巧妙形式，肯德基拉近餐厅与顾客之间的距离，收集大量的顾客脱敏数据，并利用消费金额、消费频率、消费习惯等信息，将客户打上不同的标签进行聚类，为餐饮营销做基础。基于消费者数据，肯德基中国可以有针对性地向不同人群推送不同的促销信息（见附录 7）。

---

1 宅神卡的特权是每天免 2 次外送费。

2 醒神卡的特权是每天 1 份任一早餐单品半价。

3 提神卡的特权是每天 1 杯任一中杯现磨咖啡 10 元。

4 数据来源：2019Investor Day-Digital Transformation & Disruption，2019-03-13［2019-07-16］，http://ir.yumchina. com/static-files/cf0acc90-987f-4029-b8c0-a6e925092b3d。

5 深圳晚报，一年积攒会员 5 000 万，肯德基是怎么做到的？2016-12-18［2019-10-15］，http://wb.sznews.com/ html/2016/12/18/content_3689170.htm。

以前在柜台点餐的时候，都是店员推销，但现在顾客对店员推销越来越抗拒。手机则不同，京东、淘宝等的推荐成为许多消费者购买的参考。但肯德基与淘宝相比还是有很大不同：在淘宝上所有东西都可以推荐，但是在肯德基则存在及时性的问题。百胜中国的首席技术官举了个例子："你到这家店，如果这家店新出的早餐饭团卖得特别好，那我们就不敢再推这个了，因为再推的话就卖光了。"所以，肯德基在 2019 年的一项工作任务就是把线下的库存和生产打通，店内销售情况和线上打通，这样后台就可以知道这家店实时的生产和库存数据，进而进行推荐。现在有一些产品也是可以推荐的，比如一般不会卖空的蛋挞和咖啡；如果是早餐，则可能推荐鸡蛋或豆浆。这都是基于 AI 和大数据得出的结果。

外送业务

除了堂食外，外送也是肯德基重要的消费场景。早在 2006 年下半年，肯德基就涉足外送市场，这比美团和饿了么（2012 年开始）早了 5 年多。2007 年，肯德基将外送模式推向全国，这也标志着肯德基成为国内最早在顾客端、手机端完成外送生态的企业，但此时外送多是通过电话下单的。这是肯德基外送的 1.0 时代：通过手工分拣，以肯德基门店为基础，由自有骑手配送。

2014 年，当网上外送平台初具规模时，百胜中国敏锐地察觉到这些平台会通过补贴提高外送的渗透率从而吸引大量的客户进入外送市场。出于战略考量，百胜中国决定与平台进行合作，成为第一个接入美团和饿了么的连锁餐饮企业。那时，由于外送平台技术还不是很先进，百胜中国与外送平台一同研发全自动菜单，实现平台与菜单中心对接。2017 年，百胜中国收购了"到家美食会"和"食派士"两家早前皆定位于中高端客户的餐饮外送平台。即便与外送平台合作，肯德基仍然坚持只使用自有的骑手团队。2018 年，肯德基采用自动分拣技术，将外送带入 2.0 时代。2019 年，肯德基将进入外送 3.0 时代，采用 AI 分拣系统，未来会探索基于商区为包括肯德基、必胜客、塔可钟、东方既白等旗下多品牌提供配送服务，并完善物流支持。为了保持外送与堂食品质如一，肯德基曾坚持10年不外送薯条。2015年，肯德基研发了专门的外送菜单并对堂食菜品进行了改进和创新："2015年开始决定送薯条是因为我们发明了一种新的薯条，一种粗的螺纹的薯条，到家之后温度和脆度都可以保持，比起店内是完全不一样的，这款薯条只在外送菜单中可选。"

2018年第四季度，肯德基中国16%的营业额靠外送实现，而高达（2015到2018年间）40%[1]的复合增长率也使外送成为肯德基中国业绩增长的重要推手。动态规划的外送系统使得送餐员的分配、配送路线规划更加合理和高效，30分钟内的履约率从2018年一季度的69%上升到四季度的85%，更快的送达速度也使得外送餐品质量提到提升。

数字化技术在肯德基的未来

数字化成效显著

基于海量的完整数据和强大的数字化能力，百胜中国形成了完整的数字化生态：以旗下品牌为中心，贯穿整个消费者旅程，涵盖多种用餐场景并能满足多种消费者需求。数字化帮助肯德基获得显著的改进：人力成本下降；排队时间缩短，顾客体验大大提升；手机点单的方式下，消费者可以更自由、放松地选择，这使得客单量有所上升；产能增加，解放出来的人力可以做厨房或者奉客的工作，消费者90秒内就可以拿到订单产品。

2019年第四季度，肯德基已经实现70%的数字化点餐（2018年第四季度为51%）和92%的数字化支付（2018年第四季度为85%）。自2016年来，肯德基中国表现出了强劲的增长势头：2019年，肯德基同店销售额同比增长

---

1 数据来源：2019Investor Day-KFC-Solid Foundation for Growth，2019-03-13［2019-10-10］，http://ir.yumchina.com/static-files/70b6c6f8-e9c1-45c9-b55f-c342ac5c56a4。

4%，系统销售额同比增长 11%。[1] 可以说，通过数字化战略的实施，肯德基中国已经成功实现了业绩的复兴。

未来，肯德基如何应用数字化？

肯德基计划将 AI 技术置于更为广泛的应用场景中。其实不只是 AI，肯德基还应用了许多黑科技，比如无人甜品站、超级 APP 中的 KFC Intelligence——KI 上校、刷脸支付、可以无线充电并可以定制歌单的音乐充电桌等，这些黑科技多仅用在某些概念店中。这些黑科技对未来布局有何作用？

数字化不是全部，技术进步当然可以实现全无人——无人取餐柜、无人点餐，但前两年引起关注的"无人面馆"等也都渐渐失去了踪迹，对此肯德基中国数字营销负责人认为"未来模式不是为了省人工，而是为了让顾客的体验更好，而在这个体验当中，人还是很重要的一环"。"为客疯狂"是百胜中国一直坚持的理念，数字化改造围绕的也是顾客的体验，"如果我们把顾客服务好了，利润就会随之而来，我们很少会做只为提升利润的事情"。虽然数据已成为百胜中国越来越重要的资产，正如百胜中国的首席技术官所言"我的任务是要把这些数据资产像金融资产一样整合起来，让它产生更大的价值"，但顾客永远不应该只是一串的数据，或者只是一个 ATM。

2019 年被称为"5G 元年"，5G 高速率、低时延、高密度、广连接等特性在效率提升、程序简化和体验增强等方面为餐饮业赋能。在数字化新餐饮的时代，面对麦当劳、德克士等竞争对手的跟进，肯德基如何把目前数字化的优势转化为持续的竞争优势？如果数字化的目的是提升客户体验，那么员工在这个过程中又该扮演什么角色？肯德基又该是如何看待"人与人"之间互动的意义与价值？5G 助力下肯德基的数字化还可以做何种探索？随着门店数不断扩大，肯德基也该思考找出一个最适合的"人与技术"完美结合的模式。

1　本数据及文中其他类似数据均已剔除汇率影响。

附录 1：Yum! Brands[1] 及百胜中国概况

1. Yum! Brands

1997 年 10 月 7 日，美国百事集团公司将自己的部分业务从公司中剥离，成立了泰康全球餐饮公司（Tricon Global Restaurant, Inc.），并授权其在全球范围内使用肯德基（KFC）、必胜客（Pizza Hut）和塔可钟（Taco Bell，墨西哥式食品）等品牌。1998 年，泰康全球餐饮公司在纽约证券交易所独立上市，并更名为 Yum! Brands 餐饮集团（以下简称"Yum! Brands"）。Yum! Brands 旗下的三个主要品牌包括肯德基（KFC）、必胜客（Pizza Hut）以及塔可钟。2019 年，Yum! Brands 各品牌共实现系统销售收入[2] 500 余亿美元，在全世界 150 多个国家拥有 5 万余家各类店面。

2. 百胜中国

2016 年，百胜中国从 Yum! Brands（纽约证券交易所代码：YUM）分拆，并于 2016 年 11 月 1 日独立在纽约证券交易所上市，股票代码为 YUMC。百胜中国在中国市场拥有肯德基、必胜客和塔可钟三个品牌的独家运营和授权经营权，并完全拥有东方既白、小肥羊、COFFii & JOY 连锁餐厅品牌。截至 2019 年底，百胜中国在大陆的足迹遍布所有省份，在 1 300 多座城镇经营着 9 200 余家餐厅。2019 年 8 月 22 日，百胜中国发布公告宣布收购黄记煌集团以获得控股股权，黄记煌旗下拥有"黄记煌"和"三分饱"两个品牌。百胜中国奉行共创、共享、共赢的企业文化，主张为客疯狂、创业创新、求知若渴、

1　资料来源：百胜餐饮集团 2018 年年报，2019-03-29［2019-05-27］，http://ir.yumchina.com/static-files/4f1aaebb-c10c-48cf-bb53-256de7d1ac32。

2　系统销售收入是特许经营领域的专业术语。某一品牌的特许经销商会向特许经营者提供供应链、营销、管理等服务，并分享部分特许经营者的收入。同时，特许经销商也可能会有部分自营店面。系统销售收入即是指使用同一品牌而获得的销售收入的总和，或者某一特许经销商所拥有的所有品牌的自营及特许经营收入的总和。系统销售收入便于衡量某一特许经营品牌的增长。

正直诚信、认同鼓励、互信支持、贯彻卓越、回馈社会。[1]

3. 百胜中国与其他竞品市场规模的对比（2016 年数据）

公　　司	市场份额（%）	品　　牌
百胜中国	15.8	肯德基、必胜客、东方既白、塔克钟、小肥羊
麦当劳	6.1	麦当劳
星巴克	3.9	星巴克
顶新国际	3.1	德克士、康师傅私房牛肉面
四川海底捞	1.4	海底捞火锅
生根食品	1.2	一点点
汉堡王	1	汉堡王
上岛咖啡	1	上岛咖啡
全聚德	0.9	全聚德
真功夫	0.8	真功夫
重庆德庄	0.8	德庄火锅、青一色火锅、雨情调

注：市场规模以销售收入计算。
资料来源：中金公司研究部，快餐业王者归来，2017-09-08〔2019-09-15〕，https://max.book118.com/html/2017/1106/139161379.shtm。

4. 快餐行业最受欢迎品牌

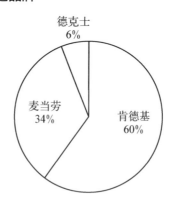

资料来源：中金公司研究部，快餐业王者归来，2017-09-08〔2019-09-15〕，https://max.book118.com/html/2017/1106/139161379.shtm。

1　资料来源：百胜中国官方网站，〔2019-08-09〕，http://www.yumchina.com/About。

5. 2018 年快餐行业各品牌门店数量对比

2018年门店数

资料来源：作者依照公开资料整理。

附录 2： 肯德基中国同店销售额增长率变动趋势

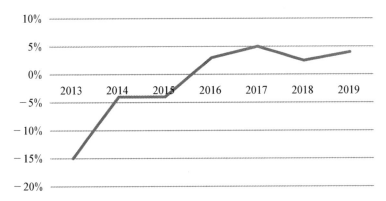

资料来源：作者依百胜中国 2017 年第四季度业绩展示、2018 年年报整理，
http://ir.yumchina.com/static-files/4b224d05-3cae-48be-a0fc-cdf8939bf1bd；http://
ir.yumchina.com/static-files/4f1aaebb-c10c-48cf-bb53-256de7d1ac32。

附录3：百胜中国数字化策略一览

	2015	2016	2017	2018	2019
全渠道虚拟店铺	肯德基超级 APP	肯德基会员官方旗舰店（天猫）	必胜客超级 APP 必胜客官方旗舰店（天猫）	肯德基/必胜客口碑商城	
数字点单		肯德基预点单		必胜客桌边点单	肯德基移动点单
数字支付	支付宝	微信支付			AI 个性菜单 YUMC 支付
会员		肯德基 WOW 会员	必胜客会员	肯德基/必胜客特权会员	
外送	（2007 年开始的）肯德基外送（KFC Pioneer）聚合外送平台（美团外卖、饿了么）			外送 2.0（自动派送）	外送 3.0（交易区及多品牌平台）
会员数					
肯德基	300 万	6 000 万 +	1.1 亿 +	1.6 亿 +	
必胜客	100 万	2 000 万 +	3 500 万 +	5 000 万 +	
数字支付占比	约 20%	43%	72%	86%	

资料来源：Yum China，2019 Investor Day –Digital Transformation & Disruption，2019－03－12［2019－07－16］，http://ir.yumchina.com/static-files/cf0acc90-987f-4029-b8c0-a6e925092b3d。

附录 4: 数据和 AI 对业务的支持

资料来源: Yum China, 2019 Investor Day −Digital Transformation & Disruption, 2019 −03 −12 〔2019−07−16〕, http://ir.yumchina.com/static-files/cf0acc90-987f-4029-b8c0-a6e925092b3d。

附录 5: 百胜中国数字化生态

资料来源: Yum China, 2019 Investor Day −Digital Transformation & Disruption, 2019 −03 −12 〔2019−07−16〕, http://ir.yumchina.com/static-files/cf0acc90-987f-4029-b8c0-a6e925092b3d。

附录 6：KFC 应用 LBS、AR 技术与《阴阳师》合作"召唤鬼王"

资料来源：现场速报！《阴阳师》× 肯德基品牌合作人气爆棚，网易，2017－04－05〔2020－02－28〕，http://help.3g.163.com/17/0405/11/CH8N86L800968CPU.html#from=relevant。

附录 7：AI 菜单个性化推荐示例

资料来源：2019 Investor Day - Digital Transformation & Disruption,〔2019－07－16〕, http://ir.yumchina.com/static-files/cf0acc90-987f-4029-b8c0-a6e925092b3d.

零氪科技：
医疗大数据的商业化探索[1]

（A）

2014 年底，已经在医院信息化行业积累了 5 年创业经验的张天泽，经过深思熟虑，成立了零氪科技，开始了新一轮的创业之旅。这次他把目标聚焦在建立医疗大数据平台上，意在通过人工智能和大数据技术为病人、医生、医院和药企赋能，在临床诊疗、科研、药品研发以及医疗支付、保险等领域产生新的价值，提高各环节的效率。

这是一个充满热情和想象力的愿景，也是一个异常艰难的商业化探索之路。作为一个创业公司，零氪科技如何从海量的医疗大数据中，积累到更具价值的临床数据资源？医疗临床数据是稀缺资源，同时也是病患隐私，零氪应该如何处理医学伦理观和科研试错理念的冲突？有了数据能力之后，零氪应该如何进行商业化变现？为医院提供数据服务是否是个好的市场选择？

---

1 本案例由中欧国际工商学院的张华、钱文颖、李抒洋共同撰写。在写作过程中得到了零氪科技（北京）有限公司的支持，并参考了现有公开信息及企业授权资料（均已在文中注明）。该案例目的是用来做课堂讨论的题材而非说明案例所述公司管理是否有效。本案例获"2019 中国工商管理国际最佳案例奖"提名奖。

公司概况

零氪科技，成立于 2014 年底，是一家专注于肿瘤领域的医疗大数据公司。零氪通过临床数据融合系统，帮助医院和科室建立结构化病历数据库，提高诊断、随访、科研等各环节的效率，同时建立了结构化电子病历，覆盖 3 000 余种疾病，帮助医生进行临床研究和决策。成立 4 年后，公司规模近 1 100 人，大数据平台的肿瘤单病种渗透率已达到 60%，超越美国；并获得了 4 轮融资（见附录 1），其中 D 轮融资额达 10 亿元，是目前国内医疗 AI 领域单轮融资额最高的医疗 AI 公司。[1]

第一次创业：医院信息化

零氪科技创始人张天泽，2005 年毕业于北京邮电大学，先后供职于腾讯、阿里巴巴等互联网公司，拥有丰富的互联网产品经验。早在 2009 年，张天泽就开始了第一次创业。张天泽出身医疗世家，在家庭环境的影响下，从小耳濡目染对医疗行业有一定的了解。他深知中国的医疗行业是个巨大的市场。

2009 年中国卫生总费用支出 17 541.92 亿元，过去 9 年的复合增长率 14.9%，[2] 但仅占 GDP 的 5.08%，相比高收入国家 7.7% 占比的水平，未来中国医疗服务市场存在巨大上升空间。与此同时，2009 年国务院下发了《关于深化医药卫生体制改革的意见》，其中要求在医院中以医院管理和电子病历为重点，推进医院信息化建设。

综合考虑了市场需求、国家政策和技术环境，张天泽第一次创业选择了

1　AI 财经社，零氪科技 D 轮融资 10 亿元，"国家队"参投，创医疗 AI 单笔融资纪录，2018-07-04［2018-08-13］，http://baijiahao.baidu.com/s?id=1605060334941941289&wfr=spider&for=pc。

2　数据来源于 2001—2009 年各年的《中国卫生和计划生育统计年鉴》。

通过医院信息化建设切入医疗大数据市场，成立了信石泰康网络科技有限公司（http://www.trustone.cn/），主营业务是为医院提供信息化系统（后简称 HIS）[1]集成和应用软件开发。

HIS 是指利用电子计算机和通信设备，为医院所属各部门提供病人诊疗信息和行政管理信息的收集、存储、处理、提取和数据交换的能力并满足授权用户的功能需求的平台，主要包括行政管理系统（人事、财务、后勤、药库、医疗设备、预约、住院管理系统等）、医疗管理系统（门诊、急诊、病案管理、医疗统计、血库管理系统等）、决策支持系统（医疗质量评价、控制系统等）和各种辅助系统（医疗情报检索、数据库系统等）等。对于医院来说，信息化改革可以降低医院管理成本，通过数据化、标准化、智能化来提高医院的运作效率，因此医院在国家政策的推动下也愿意加大信息化系统的采购力度，其预算额度逐年靠近医疗设备的采购标准。

在医院信息化改革的热潮下，张天泽第一次创业的信石公司服务了多家知名医药企业和大型医疗机构，在医院信息化领域积累了大量的实战经验，研发的医院舆情监测及品牌建设业务线更是帮助华西医院、湘雅医院等医疗机构获得了亚洲医院管理大奖，业务长期保持 100% 以上的增速。[2]

重新定位未来方向

但在公司业务蒸蒸日上时，张天泽却早早看到了医疗信息化业务存在一定局限性。

一方面，公司主要服务的三甲医院的信息化建设市场容量有限；而二甲医

1　医院信息系统英文缩写 HIS，全称 Hospital Information System。HIS 是覆盖医院所有业务和业务全过程的信息管理系统。

2　创业者，张天泽简介，https://data.cyzone.cn/founder/1430337.html。

院和社区诊所的管理运营思路与三甲医院存在明显差异，想要将业务复制下沉也存在一定阻碍，且市场同质化产品较多，竞争白热化。

另一方面，信息化改革仍然属于"医院内"的改革。各层级医院之间的信息数据无法互联互通，成为一座座"信息孤岛"，且与患者没有交互的渠道，没法将数据有效的分析、转化，无法更进一步提高医疗大数据的运作效率。

张天泽开始梳理公司过去积累的资源和沉淀的优势，重新思考公司未来可以调整的业务方向。

数据方向

医疗数据主要分为三类：生活数据、健康数据和临床数据。其中临床数据最有价值，数据维度最多、质量最高。其他两类数据存在两大问题：数据采集质量难以保障，数据维度单一，很难对医疗大数据产生正向推动作用，只能作为交叉验证的辅助。获取临床数据成为关键，而临床数据基本都掌握在各大医院手中，这就使得医疗大数据成为一个进入门槛很高的领域，所有大数据公司必须通过服务医院来获取数据。

在过去 5 年时间里，张天泽和团队积累了不少顶级医院的数据资源，通过为医院建设 HIS 系统采集到大量数据，其中也有一部分患者数据，但由于公司的服务主要是和院长办公室打交道，接触不到科室和病患，很难深入了解到第一线的需求和痛点，难以将这些数据做价值转化。

张天泽希望下一步可以进一步聚焦数据资源，获取更全面、更持续的临床数据。数据可以将医生的经验具象化，让顶级医疗专家的能力有了被复制的可能性。

聚焦领域

对于医疗行业，不同医疗疾病面对的挑战和困难不同。大数据、人工智能在医疗领域的应用主要分为三大类，第一类是普遍的常见病、多发病，如感冒、腹泻等，这些疾病的临床诊断更多是以 OTC 和患者自主用药构成。第二类是慢性病，如糖尿病、心血管疾病等，可以通过智能可穿戴设备对患者血糖进行实时监测并给予健康管理提醒。第三类是针对重大疾病、疑难疾病进行辅助诊断、辅助治疗。

基于公司已有的资源优势以及对于医疗各领域的理解，张天泽认为，未来公司发展第三类的医疗数据应用将有很大的市场价值，尤其是肿瘤领域。肿瘤在各个医疗领域疾病里面的需求最旺盛、潜在市场空间最大。我国每年新增400 万肿瘤患者，治疗费用达到 4 000 亿元人民币，40% 的患者被误诊。[1]据艾美仕市场研究公司（IMS）预测，截至 2020 年，抗肿瘤药将占医疗消费的11%。[2]近十年，全球关于抗肿瘤药物的研发数量激增，从 2006 年的 481 个一路攀升到 2015 年的 3 286 个。[3]

第二次创业：零氪科技

2014 年，依托于深度学习算法[4]和大数据技术的迅猛发展，国内政策形式的一片大好，医疗大数据的创业浪潮开始席卷全国。同年年底，经过深思熟虑的张天泽把大数据业务从信石剥离出来，成立了零氪科技，开始第二次创业。

1　中国医药创新促进会，新"独角兽"零氪的养成：从拥有数据到拥有能力，2018-12-21 ［2019-03-10］，http://www.phirda.com/artilce_18994.html?cId=1。

2　岳媛，王珏，中国肿瘤医疗市场将进入黄金十年（上），2016-12-12 ［2018-08-13］，http://www.yyjjb.com/html/2016-12/12/content_245327.htm。

3　毛艳艳，高柳滨，全球抗肿瘤药物研发报告（2016），2016-10-10.［2018-08-13］，https://wenku.baidu.com/view/5fefe109876fb84ae45c3b3567ec102de2bddfe9.html。

4　深度学习算法由希尔顿（Hinton）等人于 2006 年提出，动机在于建立、模拟人脑进行分析学习的神经网络，模仿人脑机制来解释数据。该建模技术可模拟人脑行为，同时优化特征选择和模式分类。

团队构成

零氪从成立初就在不断完善扩大自己的人才梯队。张天泽很敢挖人，不管是跨国药企的高管，还是优秀的技术大拿，只要是他看好的人才就要锲而不舍地"追到手"。[1] 零氪的人员背景主要分为几类，一是核心医学团队，有来自罗氏、阿斯利康、礼来、雅培、强生等国际知名药企的资深专家；二是科研和数据运营团队，人才来自昆泰、科文斯、泰格等全球和中国一线 CRO（Contract Research Organization，受托研究机构）企业以及百度、阿里巴巴、腾讯等互联网科技公司；三是产业服务团队，来自麦肯锡、昆泰、IMS 等企业的一线产业专家。因为聚集了优秀的人才，整个公司都处于快速学习、快速迭代的氛围中。

其中，从事科研和数据运营的团队占一半以上。对此，张天泽认为，这部分人群通过大量的研发、设计、数据处理等工作可以打造出公司坚实的"数据底座"。有了这个"底座"支撑后，未来公司可以在上面插入业务单元，在数据赋能下，将比传统业务有更高的利润。

医疗行业特点

医疗行业常说的"5P"是指 Patient（患者）、Physician（专家）、Pharma（药企）、Provider（医疗服务提供者，包括医院、诊所、实验室、药房等）和 Payer（付费者，包括国家政府、地方政府实施的医保或医疗补助政策、医疗保险计划和保险公司）。

医疗行业与一般的消费品行业存在着很大的不同，一般消费品行业的特点是支付方就是获益方。而医疗行业，由于个体的消费决策专业性不够，会由医疗保险作为谈判方选择药品，并进行价格谈判，因此药品最终的支付方为政府 /

---

1 宁新燕，零氪科技：兑现医疗大数据价值，2018-09-17［2019-01-10］，http://www.fx361.com/page/2018/0917/4231544.shtml。

保险公司等。

决定 Payer（付费者）购买决策的，同时也和其他四方都息息相关的是临床证据——Physician（专家）需要靠临床研究数据来发表论文；Provider（医疗服务提供者）需要更多的临床证据来辅助诊疗；Patient（患者）需要基于临床证据给自己更多更新的诊疗指导或意见；Pharma（药企）需要通过临床研究证据进入治疗指南和医疗政策名单中，成为患者购买的第一选择，以获得更好的销售业绩；政府/保险公司则需要参考最新的治疗指南和医疗政策名单来决定当前最适合患者的药。[1] 因为药企对于新药上市、营销的目的，临床研究的支付方往往是药企。

由于全球制药企业研发投资成本加大、研发周期变长、研发成功率降低，目前全球已经有超过 50% 的药企选择专业 CRO 企业协助临床研究。2017 年，全球 CRO 市场规模为 396 亿美元，中国 CRO 市场规模约为 42 亿美元。[2] 但是传统的 CRO 企业，如药明康德等，主要提供的是新药上市前的临床研究服务，据美银美林（BofAML）调查的数据显示，临床前 CRO 占比 15%、临床Ⅰ期占比 12%、临床Ⅱ～Ⅳ期占比 58%，中心实验室业务占比 8%。肿瘤领域的数据分析处理难度尤为大，传统做法是由 CRO 派人到现场采集临床数据，这种数据结构化方式成本极高，单个患者的病例数据成本近万元。因为价格昂贵、这种方式大多只在新药研发阶段使用；而新药上市后的数据研究则因为成本太高而鲜有 CRO 机构涉猎。据美国临床肿瘤学会（ASCO）统计，美国也仅有不到 3% 肿瘤患者的数据被结构化用于研究，剩下 97% 的数据都闲置在

1　上述为循证医学，意为"遵循证据的医学"，又称实证医学，我国港台地区也译为证据医学。其核心思想是医疗决策（即病人的处理、治疗指南和医疗政策的制定等）应在现有的最好的临床研究依据基础上作出，同时也重视结合个人的临床经验。

2　Frost & Sullivan 数据显示，2017 年全球 CRO 市场收入规模 396 亿美元，同比增长 12%；预计到 2021 年全球市场规模达到 646 亿美元。2016 年，CRO 渗透率近 30%，预计到 2021 年渗透率将提升至 46.5%。

医院的 HIS 里或者病历病案室中。[1]

如果能将这些沉睡在医院的最有价值、最核心的临床肿瘤数据，通过人工智能和大数据技术进行结构化，将存在巨大的市场空间。这就是零氪的目标，但这个目标非常艰巨，非一朝一夕能够实现。作为一家初创的创业公司，在资源和资本有限的情况下，零氪选择了对目标进行分阶段拆解，通过完成一个个小目标向大目标不断靠近。第一步就是如何将数据结构化的成本大幅降低，直到能够承接新药上市后的 CRO 业务。

获取数据

2015 年初，零氪科技获得了恩颐投资数千万美元的 A 轮融资。"磨刀不误砍柴工"，拿到融资后，零氪科技并没有急着找医疗大数据商业化的路径，而是花了一年多的时间"修炼内功"，解决如何获取最优质的临床肿瘤数据以及如何解决肿瘤数据结构化的难题。

但是，来自临床的科研级数据得之不易。由于中国医疗资源极其不平衡，顶级三甲医院掌握着绝大多数优质患者数据，特别是在一些肿瘤癌症病例，一个医院很可能掌握全国 90% 的某种癌症患者数据。而三甲医院对于创新的态度更开放，包容性更强。于是公司战略性地将目标定为这些位于金字塔顶端的大医院。

一开始，张天泽和公司的首席技术官（CTO）罗立刚还沿用原先做 HIS 业务时主攻医院院长的路子，想要通过医院院长来获得临床数据。结果第一次，在一家医院为院长做路演，两人还没有讲完，就遭到不留情面的拒绝，这是他们以前在互联网公司作为技术"大拿"从来没有遇到过的挫折。碰壁后，

---

1 李昊原，零氪科技罗立刚：人工智能，让医疗科研更简单，2017-06-07［2019-01-10］，http://www.sohu.com/a/146881935_740071。

他们回去反思，医院对大数据公司很敏感，如果只跟医院谈数据不谈价值，很难达成合作。

张天泽和初创团队开始琢磨如何才能找到临床数据来源的突破口。相比医院院长，离临床数据更近的人群是各个科室的主任、医生。这个群体不仅与病患直接接触，更理解临床数据；并且科研需求旺盛，需要不断产生有质量的学术成果和学术文章。但是中国的医生大都工作负荷大，大多数时间都在手术室、病房或者门诊，没时间去整理数据用以学术论文的撰写。在国外，一线专家会有专门的科研助理团队负责整理数据和完成患者随访，而中国只有最顶尖的专家才会有这样的助理。[1]

针对这一痛点，零氪科技果断地把第一阶段的业务聚焦在帮助这些学科专家做科研级临床数据的结构化，把医院方从客户转变为合作伙伴，免费为他们提供服务。

张天泽认为这个转变做得非常有价值，这种合作方式，零氪一方面可以获得更全面的临床数据，可以用于训练人工智能；另一方面在辅助大型医院医生做临床研究的过程中，可以通过人工智能将数据和部分研究成果沉淀在产品中，就像是将未经开采的临床数据从原油提炼成了石油，未来将有很多的商业化可能性。

探索数据结构化

一本肿瘤患者的病历长达 60 多页，涵盖患者检查报告、拍片、处方、诊断书、手术记录和出院报告等大量数据。虽然大多数医院已经完成了信息化，但是这些病历数据也只是从"手写"变成了"Excel"，由于肿瘤患者病历中存

1　李昊原，零氪科技罗立刚：人工智能，让医疗科研更简单，2017-06-07［2019-01-10］，http://www.sohu.com/a/146881935_740071。

在大量的图片信息，并且每个医生的文风和措辞不一，甚至存在部分俚语、俗语，这些非结构化数据[1]难以被机器理解，因此数据处理极具难度。

在零氪之前，传统的数据结构化方式是企业通过外派工作人员到医院现场协助医生，在线下手工录入，一般每个地方需要两个人员，录完之后再由研究者通过人工翻看病历和录入的结构进行比对，通过一层一层专业人员的监督去保证质量，因此价格非常高昂。零氪通过模式创新和技术创新双轮驱动、经过三个阶段的技术迭代，大幅降低了数据结构化的成本，提高了数据结构化的效率。

阶段一：数据采集中心化

零氪认为，如果将病历分散在各个医院进行录入，对派出的人员专业要求特别高，且差旅成本很高。如果一开始就把分散在各个医院的数据集中到后台进行中心化处理，首先就能省下巨额的差旅费用。因此在数据采集模式上，零氪采用直接接入医院的 HIS 系统，获取数据。

有了原始数据后，零氪刚开始也是通过人工录入的方式进行数据结构化，但很快就发现难以为继，一份病历从病案首页、到病历报告再到手术记录，要看得懂各个模块内容的人起码是在临床工作了十几年的医生，这种人才紧缺且昂贵，并且人工录入效率低下，一份电子病历平均要花 2 个小时来整理。

阶段二："流水线式"作业

为了进一步提高录入效率、降低对录入人员专业性的依赖，零氪想到了将病历数据进行脱敏处理后，分拆成十几个单元，进行模块化处理。比如说一份

1　非结构化数据，是指数据结构不规则或不完整，没有预定义的数据模型，不方便用数据库二维逻辑表来表现的数据。包括所有格式的办公文档、文本、图片、XML、HTML、各类报表、图像和音频／视频信息等。计算机信息化系统中的数据分为结构化数据和非结构化数据。非结构化的格式非常多样，标准也是多样性的，而且在技术上非结构化信息比结构化信息更难标准化和理解。

病历中有 5 ～ 6 页是手术记录的信息，就分成一个独立的部分，让一个录入员专门做手术记录的数据结构化（见附录 2）。这样刚毕业的临床医学生只要经过 15 ～ 20 天的培训，就能从最简单的模块处理起来。有了分工协作的"流水线式"作业，人工录入的产能快速提升。

但是人工录入质量难以控制，一开始人工录入的正确率只有 40% 左右。为了提高录入的质量，零氪反复对分工的工序做优化调整，比如病历如何切分更高效合理，流水线上如何监督、控制质量；并自主研发了一种基于云端的双阅读 / 录入系统（double-reading/entry system，简称 DRESS）（见附录 3）。通过这个系统，一份病历的模块过来，会随即分配给两个录入人员各自录入，如果出现内容差异，会传给第三个人抽查；此外该系统还引入了录入规范智能提示、参考病历自动推送、自动化质检系统等辅助技术。零氪还自主开发了 Fellow-X 智能系统，在数据被导入 Fellow-X 系统后，电子信息会自动解析、标准化录入并进行质量校验；纸本信息会被扫描成图片格式然后由图片识别技术（OCR）识别成文本信息，计算机在复杂场景下也能快速适配，比如说某个药的名称识别错了，系统就会自动更正。零氪通过"机器辅助人工"的形式提高了录入的质量，将病历的录入时间从 2 小时降到了 17 分钟。

阶段三：人工智能处理

零氪从成立初就开始尝试通过人工智能来解决数据结构化问题。机器取代人工的障碍在于医疗术语缺乏标准化和医疗信息的复杂性；需要先通过人工构建相对完善的医学知识图谱，再对医疗数据进行人工的标注，机器再通过深度学习技术，学习标注后的病历。

一开始，零氪从大型医院中挖来几个临床医生，通过引入医生的意见构建了知识图谱，但结果是学习样本不够精准，导致机器学习后，自动读取的准确率较低。随后零氪又招来了更多权威的医学专家，通过技术团队和临床医生的反复磨合，逐步熟悉了临床医生习惯的表述，明确了结构化点位基于的标准，逐步形成了标准化的术语集。一本肿瘤病历中有上千个关键信息点，而每个信息点都会有近百种表述方式。单是肺癌中关于吸烟的表述，就有 200 多种。基于此前对各类头部医院的病历梳理，零氪能够准确地对病历中的俚语、俗语进行识别，从而让机器能够对获得的准确而结构化的数据样本进行学习。在数据足够多后，零氪的 AI 系统已经可以读懂一本病历中各种信息点的不同描述。到第二年、第三年的时候，人工智能自动读取的准确率快速提升。在人工智能的协助下，95% 的数据都能自动结构化，只剩下 5% 比较难的还需要人工校验，一份病历的录入时间缩短到只需要 5 分钟。

通过不断迭代升级数据库系统，零氪将录入一份完整病历的时间从 120 分钟缩短到了 5 分钟，数据结构化的效率是传统的 EDC 系统结构化效率的 7 倍；数据结构化的成本从原先的几千元／份下降到几十元／份。到 2017 年上半年，零氪的肿瘤大数据平台上已经积累了超过 100 万份的患者数据。[1]零氪希望通过技术手段缩短时间成本，在把数据准备好的情况下，与医生一起通过花费 10% 的时间结合经验知识，来释放 90% 的价值。

通过随访完善数据

由于患者病历记录中缺少后续患者疗效的反馈数据，零氪为医院临床医生和专家提供的第二个服务就是为医院提供电话随访服务，帮助医院管理出院后的患者。零氪成立之初就专门建立了一支 100 余人的有医学背景的随访[2]团队，

---

1 李昊原，零氪科技罗立刚：人工智能，让医疗科研更简单，2017-06-07［2019-01-10］，http://www.sohu.com/a/146881935_740071。

2 随访是医院根据医疗、科研、教学的需要，与诊治后的病人保持联系或要求病人定期来医院复查，对病人的疾病疗效、发展状况继续进行追踪观察所做的工作，又称作随诊（follow up）。简单地说，就是在诊治后，对病人继续追踪、查访。

帮助医院与诊治后的病人保持联系，对病人的疾病疗效、发展状况继续进行追踪、查访，形成对患者数据的更新、迭代。

为提高随访效率的同时保障患者隐私，零氪建立了"科研级随访解决方案"，随访人员只能通过系统直接从后台拨出电话，并不能获取患者的联系方式，每个电话都会做录音以便于后期的监察；随访人员也看不到患者的完整病历，零氪针对不同的病种，制定了不同的随访模型和随访周期，随访人员只能看到后台根据患者结构化数据自动生成的 30 天、90 天、180 天问题，整个随访过程像"流水线"一般的作业，成功率高达 90% 以上。

通过两年时间的"潜心修炼"，零氪打造了基于对病历数据进行结构化和电话随访服务两大核心服务，将院后患者的康复数据与其临床数据整个拼接起来，变成很有价值的、完整的结构化数据。数据量也在快速增长，从 2015 年的 20 多万例，到 2016 年的 40 万～50 万例，再到 2017 年的 100 多万例，截至 2018 年底，零氪科技已与超过 500 家综合医院及专科三甲医院合作，覆盖 900 多个科室，实现日处理病案数据 62.5 万多页，累计结构化病例 380 万多例[1]，帮助集成及清洗区域医疗数据超千万份，处理医学影像数据超千万份。公司大数据平台的肿瘤单病种渗透率已达到 60%，超越了美国。

商业化探索：辅助临床科研

数据"底座"已经搭建完成，接下来如何合规的利用数据，开发商业化产品。零氪首先选择的客户是医院。医院是零氪科技在成立的前两年过程中接触最频繁的医疗参与方。零氪针对医生科研难的痛点，推出了 HUBBLE 系统辅助医生做临床研究。

---

1 中国医药创新促进会，新"独角兽"零氪的养成：从拥有数据到拥有能力，2018-12-21［2019-03-10］，http://www.phirda.com/artilce_18994.html?cId=1。

HUBBLE 系统可以基于结构化数据，将各学科专家的经验囊括到系统中，通过先进的 IT 技术、深度学习算法等针对肿瘤领域进行专业的定制，为医生提供可视化、场景化、智能化的系统解决方案。

在辅助管理方面，HUBBLE 通过院长面板、业务报表，为合作医院和科室智能化"诊断"医院质量管理中可能存在问题，通过患者分析、医疗质量分析、运营效率分析等六大模块可视化地展现出来，为医院管理决策提供数据依据。

在辅助科研方面，HUBBLE 科研工具贴合临床学术科研设计，内置有医学统计师思维的方法及工具，能够便捷的基于结构化的数据进行科研课题设计、研究人群设定、变量设置、统计出图；其中还内置了比如描述性统计、组间比较、生存分析等常用服务。

在辅助诊疗及影像智能诊断方面，零氪科技基于海量的临床病历数据和影像数据，结合医学专家精准的样本标注数据，通过人工智能技术，让机器有效学习专家知识，输出智能化辅诊及影像诊断服务，能够为基层医生发现和确诊疾病、提升诊疗效率提供帮助。[1]

问题和挑战

但是，零氪推出的产品是否能让医生产生很强的购买意愿呢？

辅助临床科研的市场空间是否能支撑零氪实现盈利呢？

零氪的数据是否还可以在其他市场（如药企、患者或医院）中产生价值，形成商业化变现能力呢？

这些都是盘旋在张天泽脑中的问题……

1　LinkDoc，零氪科技张天泽：科技的价值在于辅助医者，普惠患者，2017-06-20［2019-01-10］，https://www.sohu.com/a/150536393_740071。

附 录

附录1：零氪科技融资情况

轮次	金 额	时 间	参 投 机 构
A 轮	数千万美元	2015 年 1 月 8 日	NEA 恩颐投资
B 轮	千万美元	2016 年 4 月 4 日	千骥资本、NEA 恩颐投资、CBC 宽带资本、汇桥资本
C 轮	数千万美元	2017 年 5 月 31 日	长岭资本 Temasek
D 轮	10 亿元人民币	2018 年 7 月 4 日	中投公司、长岭资本、恩颐投资、宽带资本、汇桥资本等

资料来源：案例作者根据 https://www.tianyancha.com/company/31642742/gsfz 资料整理。

附录2：零氪科技对肿瘤患者病历的结构化处理示例

基础信息	药品治疗	外科手术报告
Gender | Personal ID | Address | Age | Birth date | BMI ID information | Contact # ...	Drug name | Dosage | Unit | Route of administration | Start date | End date...	Surgeons | Surgical position | Methods and duration of biopsy | Morphine admini-stration | Aspiration biopsy | Interventional therapies | Type of incision | length of incision | Pre-surgery conditions | Tumor shape/size | Tumor appear-ance | Observed distant metastasis ...

医疗历史
Allergy history | Previous diagnosis record| Previous surgery record | Smoking record | Family diagnosis record ...

其他治疗
Targeted therapies | Bio therapies | Interventional therapy | Stem cell therapy | TSH suppression therapy ...

影像检查报告
Type of scan | Location | File number | Diagnosis | Tumor location | Tumor size | Haller index | Calcifications | Enlargements | Complications | Abnormalities | Cirrhosis stage | CT | DSA | MRI | PET_CT | X-Ray | Lympha-denopathy ...

住院概要
Clinical pathway | Date of hospitalization | Dept. | Rm. No. | Internal transfer | Duration | Duration after surgery | Diagnosis at hospitalization and discharge | Doctor | Expenses | Mortality during hospitalization ...

一般数据模型

其他检查报告
Height/Weight | Heart rate/blood pressure | Carotid arteries ultrasonography | Mucosa conditions | Trigeminal nerve function | Eye movements | Facial nerve functions | Coordinate movement functions | Vestibule function...

病理报告
Biopsy results: biopsy date | biopsy methods | sample size | biopsy sample location | pathology picture | lymph node sample size | lymph node # with metastasis...
Tumor information: tumor size | Tumor shape | tumor location | tumor # | ...
Tumor staging | TNM staging | T stage | N stage | M stage ...

跟进数据
Date | ECOG score | Imaging tests | Local recurrence | Distant metastasis | Chemo therapies | Weight | General conditions | Survival time | Time of death | ...

Adverse event report
Event description | Start time | End time | Potential trigger assessment | Solution taken | Outcome ...

资料来源：案例企业提供。

附录3：零氪科技 DRESS 引擎情况

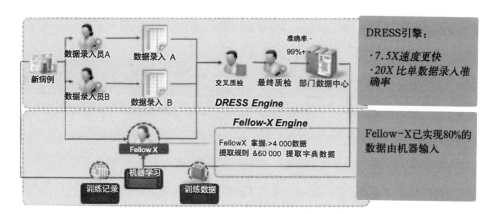

资料来源：案例企业提供。

(B)

　　零氪科技成立于 2014 年底，是一家专注于肿瘤领域的医疗大数据公司。公司成立后并没有急着找医疗大数据商业化的路径，而是花了一年多的时间"修炼内功"，解决如何获取最优质的临床肿瘤数据以及肿瘤数据结构化的难题。

　　2016 年，零氪的数据"底座"搭建完成，接下来如何合规地利用数据，开发商业化产品，促进合作的客户企业购买付费，成为零氪在新发展阶段的首要问题。零氪首先选择了医院作为自己的目标市场，并根据医院临床科研的痛点推出了产品。随之，零氪又开始在其他方向进行商业化探索。

　　2017 年，国家开始推动临床药品销售的政策变革，要求改变传统销售模式，减少甚至取缔商业驱动，取代以学术型拜访为主导。这个政策导向，使得零氪面对了一个前所未有的商业化机遇，如何将基于海量临床数据获得的市场认知能力，与国家要求医药企业学术推广的政策导向相一致，一方面推动行业的良性发展，一方面形成新的商业化业务。这成了横亘在面前的一个机遇和一个难题。

　　2019 年，国家市场监督管理总局药品审评中心发布了《真实世界证据支持药物研发的基本考虑（征求意见稿）》。这表明在药品研发趋于精准化和个性化的背景下，真实世界数据的价值正在被逐渐采纳。对于已经积累大量真实世界数据的零氪而言，如何充分运用现有数据赋能药企的药品研发成为未来3～5年将要面临的主要课题。

医疗行业产业链复杂、参与者众多，谁才是最有购买付费意愿的目标市场？零氪应该如何设计产品和业务，推动行业相关参与者购买付费？发展过程中，很多医疗大数据公司由于短期内"自我造血能力"较弱，没有逃开"C轮死"的宿命，零氪应该如何平衡好短期的商业化和长期的公司战略方向？

医药营销变革中的市场机会

医药营销市场

营销是医药市场中重要的一环。整个医药市场，营销成本占总营收的30%以上，营销成本的高低直接决定着企业总成本的高低，即直接影响产品在市场上的价格、营销企业的产品销量和企业在消费市场上的核心竞争力。

医药营销市场中的参与者主要有患者、医生、药企，其中医生是患者的决策代理人，医生通过对药品功能的认知、通过医学指南的数据来选择药品，医生决定了患者对药品的付费意愿。药企要加强患者的付费意愿，就需要通过医药代表专门从事药品信息的传递、沟通、反馈，加强医生对药品的认知。基于传统的医药营销模式，中国的医药代表规模日益扩大，大约有300万人。

从商业驱动到学术驱动

但传统以商业驱动的医药营销模式存在很多弊端，传统的医药代表主要是销售代表，整体层次不高，更关注药品的推广和营销，随着新药市场竞争加剧，营销端恶性竞争也愈演愈烈，销售成本越来越高，成为药企沉重的负担，并且出现了商业贿赂等多种行业潜规则。

2017年起，国家启动新政大力整顿临床医药营销，严格限制商业推广。

在政策监管背景下，学术推广的重要性越来越明显，受到企业和行业的大力推崇。学术推广核心在于解决医学信息怎样才能对目标医生产生足够吸引力，通过学术推广改变医生的处方行为。

新的市场环境，需要医药代表往更专业化的医学联络员方向发展，更注重医学科学信息的传递，成为医生的"专业帮手"。但是，在全行业缩减销售成本以及推广费用的背景下，中国医药市场缺乏专业的学术推广工作人员。

因此，现阶段学术推广效率不高，提升空间巨大。

药企数据痛点

数据对药企而言是最核心的部分，药品的整个生命周期中，要做好营销，都需要有效的数据来做支撑，主要包括以下几方面：新药上市前的患者招募、发现市场需求、设计实验方案等数据；新药上市后到竞争对手上市前的（独占期）安全性评价、诊疗路径规范、患者教育等数据；不断发现新适应证（成长期）时期的有效性对照、头对头研究、差异用法／用户分级等数据；出现仿制药（成熟期）时期的替换使用的效果评价等数据。这些数据也是对医生开展医药营销，加强认知和营销的重要证据（见附录1）。

而现实中，药企受限于数据不足，存在新药上市效率低下、新药上市后市场信息不透明、医生对新药缺乏认知等诸多痛点。

医药 CRM

互联网可以帮助药企进行有效的改善，比如通过 CRM（Customer Relationship Management，客户关系管理）系统构建数字化的会议管理平台，实现活动计划、执行、跟进和评估的闭环管理，并在会前、会中、会后持续开展数字营销。同时，活动管理系统还可与费用报销系统集成，在活动计划批准后直接进行费用申请，活动结束后进行费用报销。不论是活动管理还是费用管理平台，都需搭建在企业内部的私有云上，确保全程可控和信息安全。

基于此类需求，诞生了专注生命科学领域的 CRM SaaS 提供商，比如 Veeva。Veeva 成立于 2007 年，2013 年在纽交所上市，是全球第一家基于 SaaS 模式为客户提供医药 CRM 解决方案的企业。针对商业、医学和研发，Veeva 分别有其对应产品线。其中，在商业方面，Veeva CRM 拥有内置闭环营销、合规邮件、远程操作和网络互动功能。医学方面，Veeva Medical CRM 可提供关键意见领袖的完整资料，让一线医学团队能够在各种渠道中充分利用最相关的科学信息。研发方面，使用 Veeva 研发解决方案，即可通过一体化云平台轻松管理公司总部、各地的分支机构及外部合作伙伴的所有内容。从 2011 年到 2015 年，Veeva 的总收入分别为 0.61 亿美元、1.30 亿美元、2.10 亿美元、3.13 亿美元和 4.09 亿美元。

Veeva 在全球发展一帆风顺，但在中国发展之路却并不顺利。目前在华的外资医药企业虽有 60% 采用了 Veeva 的 CRM 系统，但基本是因为集团总部统一信息系统的要求而不得不采用；而内资医药企业更是基本不买账。Veeva 在中国市场不被认可的原因主要是由于国情的不同。Veeva CRM 诞生于美国，更适合医疗体系高度发达的市场。而中国医药市场仍不成熟，一家医药企业营销经营，需要建立政府事务团队、招标团队、商务团队、医院团队、OTC 团队、第三终端团队、招商团队、市场团队等。规模较小的药企，也需要兼顾多种业务模式的需求。Veeva 对中国医药市场而言不仅没有提高效率，反而因为填写工作量大而成为一个沉重负担。

这给零氪带来了新的商业化机会。

医药研发变革中的市场机会

医药研发市场

众所周知，药品研发往往是每个药企最核心的资金投入。全球前 15 大药企的药品研发费用均占到年收入的 15% 以上。据统计，前 15 家药企的研发支出在 2018 年超过了 1 000 亿美元。另外，药品的研发周期漫长，从临床前的药物发现及合成再到临床阶段的临床研究（Ⅰ期至Ⅲ期）需要耗费 10 年甚至更久的时间，整个过程也伴随着较高的失败风险（进入临床阶段后，全球肿瘤新药研发的成功率仅为 8%）。

当肿瘤治疗进入精准化的时代，药物研发方向也将更趋于个性化。众多小靶点分子逐渐走进公众视野，免疫疗法单药及与其他药品的联用探索也纷纷出现在了国家市场监督管理总局药品审评中心的临床试验注册清单上。如何让药品快速批准上市成了每家药企都在思考的问题，早一天上市意味着更早的投资回报以及先发的市场占有优势。

医药研发创新

单个药品在进入上市后的成熟期时，由于药品本身的特性，往往会基于真实世界的用药反馈进行新适应证的临床试验的申请，从而进一步开发该药的商业潜力。Offlabel 用药的数据往往起到了关键的指导作用，如何运用真实世界数据更精准有效地帮助药品拿到新适应证，成为医疗大数据公司不断探索的方向。

真实世界研究

2019 年 4 月美国食品药品监督管理局批复了第一个由真实世界数据（RWD）作为证据提交的扩展适应证——Ibrance（哌柏西利）用于治疗晚期或转移性男性乳腺癌患者。美国食品药品监督管理局此次批准主要基于美国电子健康记录数据，以及 IQVIA 保险数据库、肿瘤大数据公司 Flatiron 的乳腺癌数据库、辉瑞全球安全性数据库收录的 Ibrance 上市后在真实世界肿瘤的男性患者中的用药数据。真实世界数据在扩大已上市创新药的使用范围方面发挥的作用越来越大。由于男性乳腺癌患者极其罕见，乳腺癌临床试验招募患者时也很难招募到男性患者，这就使得几乎没有针对男性乳腺癌的新药获批上市。

同年，美国患者权益组织癌症研究之友与 IQVIA 公司和其他的医疗保健研究组织合作开展研究，确定在什么情况和什么时候可以信任真实世界数据。这项前期研究，检查了从不同的数据来源采集真实世界数据的运作能力，探索从不同医疗保健数据组织的数据来源抽提真实时间终点的潜在运用，同时评价了真实世界数据终点的实际运用情况。

来自 6 个不同的数据源提供方的研究者，遵循相同的方案，采用医保报销和电子病历数据，评价真实世界终点。这些真实世界终点，包括在真实世界情况下，使用 PD-1/PD-L1 抑制剂治疗的晚期非小细胞肺癌晚期患者的总生存期、距离下次治疗时间、距离停药时间、进展时间以及无进展生存期。这些不同的数据集，源自 2011 年 1 月至 2017 年 10 月间接受治疗的 269 名至 6 924 名非小细胞肺癌患者。所涉患者均做匿名处理。这些研究结果证明了从不同数据集中抽取一些真实世界终点的能力。

2019 年 5 月底，国家市场监督管理总局药品审评中心组织起草发布了《真实世界证据支持药物研发的基本考虑（征求意见稿）》。通知指出，为鼓励研究和创制新药，考虑到药物临床研发过程中，存在临床试验不可行或难以实施等情形，利用真实世界证据用以评价药物的有效性和安全性成为可能的一种策略和路径。

未来罕见病、儿童药、肿瘤药都有望通过真实世界证据的提交，快速批准药品上市。零氪作为中国首屈一指的真实世界医疗大数据公司，将承担起让病人用上"对的药、好的药"的重任。

零氪在药企方向的商业化探索

利用医疗大数据能力，零氪针对药企的诸多痛点，进一步完善了商业化产品线，从医院临床研究的市场拓宽到服务药企，增强其盈利能力。对张天泽而言，帮助药企完成销售任务的服务，是他找到的变现路径最短的商业化产品。总体而言，零氪对药企的赋能主要分为两种服务，数据洞察咨询服务和患者招募服务。

数据洞察咨询服务业务

在竞争日益激烈的医药市场环境下，大数据对药企营销模式带来了新的影响。当前，药品营销中会用到大量的数据，以帮助药企更清晰的认知市场、制定营销计划并监控营销计划效果。目前药企数据的来源主要是通过自己开展市场调研收集整理出来的数据，卫生部门等权威机构所发布的疾病发病率、知晓率、就诊率等数据以及从专门的数据公司（如爱美仕）购买的数据等。但这些数据多数为抽样的数据，覆盖面不全，准确率较低，而且数据不能持续更新。

而零氪作为医疗大数据平台，数据库中积累了丰富的临床数据资源，包括患者的病历记录和离院后的随访数据，已经经过专业结构化处理，而且数据库每天持续更新。零氪通过数据和CRM系统的结合，可以为药企提供更大的价值，让药企营销更为精准，有限的销售资源可以获得最大限度的回报，达到"智慧营销"。

零氪的数据面板可以帮助药企更清晰地认知市场，了解产品相关患者的分布比例和市场潜力，并根据不同地区的情况制定不同的市场营销计划，投入不同的资源。假如某公司准备上市一个新产品，可以通过数据看板获得该治疗领域的相关患者在不同地区的分布比例、该疾病发病率比较高或该类治疗方式认知程度比较高的区域，公司可以决策将这些区域作为新品上市活动最先开展的区域。如果市场上已经有同类产品，也可以通过数据看板看到这些区域内其他竞争对手的市场占有率情况。

零氪的数据面板还可以帮助药企在营销计划实施后，检验营销效果。药企可以通过提供的季度／月度报告，及时反馈各省市关键指标的变化趋势，监控策略执行情况，进行策略效果评估，在第一时间了解问题所在，有利于及时调整营销策略，从而获得最佳结果。

患者招募业务

临床研究离不开患者招募。目前，在整个临床试验的过程中，所面临的最大的难题是怎样发现、招募、入组和保留受试者，并保证受试者顺利地完成试验。据不完全统计，在中国进行的临床试验只有 45% 能够按时完成入组。

患者招募困难的主要原因是入选／排除标准限定太严。举个例子，比如有个公司想做治疗胸腺瘤的药品，胸腺瘤本身是发生率不高的癌症疾病，如果要做实验，招募的患者必须同时满足做了手术、术后化疗等多个条件。全国能同时满足这多个条件的患者可能只有几百个。

传统的患者招募策略大多是在各大媒体、医疗机构、患者集中俱乐部、医疗相关门户网站做广告，宣传费用成本高昂，而且效率低下。不同的试验机构之间也缺乏消息沟通平台，一些试验项目招募不到合适的患者，一些想参加的患者找不到合适的项目。如果药企想要通过传统的患者招募方式从这几百个患者中找 200 个做临床试验，可谓是大海捞针。而患者招募时间拖得越长，不仅成本高昂，而且会不断拖长新药上市、新药营销的时间。而新药的生命周期时间有限，如果研发上市耗费了过多的时间，就会影响到后面新药上市后的爬坡、成熟期的时间，影响新药价格的盈利水平。

而零氪则能够通过大数据技术和肿瘤数据库，更高效地招募合适的患者。零氪的数据库中有几十万个一直随访的活着的肿瘤患者，这些患者的信息都经过了结构化，可以方便地查询、筛选。药企要进行患者招募，只要通过零氪的大数据平台就能迅速地筛选到合适的患者，在征求医生同意后，就可以通过医生询问患者参与到临床试验中。

通过大数据高效、精准地赋能招募患者，对药企而言，可以大幅提高研发效率，降低研发成本，使新的治疗药物更快地应用于临床；对患者而言，不仅能获得 4 万元的丰厚回报，更能获得更有益、更新的治疗方案，从而改善患者健康状况，提高生存质量。

医疗改革带来的市场机会

零氪商业探索的过程中，医药卫生体制改革（简称新医改）也在如火如荼地进行中，这一轮新医改中医药分开、分级诊疗都是核心内容。

医药分开

长期以来，药品利润是医院生存和发展的重要来源，"以药养医"已经形成了顽固的体制惯性。医药分开就是为了建立药品流通的竞争机制，切断医院、医务人员与药品营销商之间的经济利益关系，改变"以药养医"的现状。

早在 2002 年，国家发改委曾启动"医药分开"试点，但因政策不配套，主管领导调离，试点没能继续。2006 年 8 月，我国再次启动新一轮医改方案调研，国家十余个部委办局组成协调小组联合行动。在这一轮医改方案修改稿中出现了"探索公立医院门诊药房改制为零售药店等医药分开的有效途径"等意见。北京市同仁医院、天坛医院、积水潭医院三家公立医院于 2012 年 12 月 1 日起正式启动医药分开改革，取消 15% 药品加成，增收医事服务费。

分级诊疗

长期以来，中国医疗服务体系布局不完善、优质医疗资源不足和配置不合理。分级诊疗就是为了从根本上解决"看病难，看病贵"问题，按照疾病的轻重缓急及治疗的难易程度进行分级，不同级别的医疗机构承担不同疾病的治疗，逐步实现从全科到专业化的医疗过程。

2015年9月8日，围绕建立分级诊疗制度，国务院办公厅发布了《关于推进分级诊疗制度建设的指导意见》，为指导各地推进分级诊疗制度建设，围绕总体要求、以强基层为重点完善分级诊疗服务体系、建立健全分级诊疗保障机制、组织实施等四方面提出了意见。2017年，习近平总书记在全国卫生与健康大会上明确提出，构建分级诊疗制度是重构我国医疗卫生服务体系、提升服务效率的根本策略，是"十三五"深化医药卫生体制改革的重中之重。构建多种形式医联体，正是推动分级诊疗制度落地的有效载体。《2017年政府工作报告》明确要求：全面启动多种形式的医疗联合体建设，三级公立医院要全部参与并发挥引领作用，建立促进优质医疗资源上下贯通的考核和激励机制，增强基层服务能力，方便群众就近就医。

在医药分开、分级诊疗相关政策逐步明晰的背景下，零氪在患者方向迎来了新的商业化机会。

零氪在患者方向的商业化探索

针对医药分开和分级诊疗的发展大趋势，零氪利用医疗大数据能力，推出了DTP药房业务和互联网医院业务。

DTP 药房业务

DTP，全称为Direct to Patient，是指制药企业不通过任何代理商，直接将产品授权给药房销售，患者在医院拿到处方后，可以直接到药房买药，并获得专业的用药服务。当前，美国的DTP药物中肿瘤药占比48%。但我国在21世纪初才开始探索 DTP 模式，尚处在初级阶段，未形成系统的服务规范。[1] 近几年，我国开始加大医疗改革力度，推行医药分开的趋势下，DTP 迎来新发展。

2017 年，零氪开始布局 DTP 药房——"邻客·智慧药房"。在进入 DTP 药房行业之前，零氪首先思考的是患者的需求到底是什么？这需要对患者的需求有更深的洞见。因此，在布局 DTP 药房业务之初，团队做的第一件事就是详细梳理了患者在疾病对抗期、修复或进展期、康复期的不同需求，并设置相应的服务精准匹配患者的需求，将"以患者为中心"落到实处。

DTP 团队基于前期充分的调研分析，依托零氪的健康医疗大数据能力，集合了"大商业、大药房、大诊所、大课堂"四大平台功能，为患者提供药事服务、智慧随访、医疗金融、电子处方增值、物流增值、慈善赠药、患者教育等服务。零氪的"邻客·智慧药房"均标配一支至少 4 人的专业执业药师和经验丰富的临床医师团队，药房配备具有 UPS 保障的全程冷链配送系统等先进设备设施，药房人工智能辅助诊疗中心可实现 MDT 综合多学科远程会诊与患者属地化管理等服务。截至 2018 年底，"邻客·智慧药房"已在全国布局 40 余家智慧药房，遍及 4 个直辖市与 25 个省市地区，DTP 品种数达 1 200 库存量单位（SKU），在重疾慢病、恶性肿瘤、罕见病等特殊疾病领域获多项产品的独家经营权，累计服务 20 000 名患者。[2]

互联网医院

由于肿瘤本身的治疗难度和复杂度，加之当前医疗资源的相对集中，导致中国癌症患者的就医都集中在北京、上海、广州等一线城市的重点三甲医

1　赵浩然，抢占处方外流大市场——DTP 药房专题报告，2017-08-11［2018.08.13］，http://muchong.com/html/201708/11593563.html.

2　刘旷，零氪布局线下场景，大数据赋能邻客玩转 DTP 药房新业态，2018-12-14［2019-03-20］，http://mp.ofweek.com/medical/a645673023666.

院。随着医疗的发展，肿瘤病人的生存周期也在不断被延长，这就要求患者不止要在医院接受专业的治疗，更需要在离院后接受专业细致的康复疗养。而据2016年发表在美国临床肿瘤学会（ASCO）肺癌专场上的一项权威研究表明，通过互联网方式获得及时、规律、精准的离院康复指导的患者生存率比通过传统方式获得非及时、不规律的离院康复指导的患者生存率要高26%。互联网医疗对于肿瘤病患意义重大，但中国的互联网医疗一直以来没有政策的规范。2018年4月28日，国务院办公厅正式发布《关于促进"互联网＋医疗卫生"发展的意见》，使得互联网医疗也迎来了新曙光。

在政策利好以及获得10亿元D轮融资的背景下，2018年7月，零氪在银川全国首个互联网医院基地，成立了零氪（银川）互联网医院，并获得第一批国家互联网医院牌照的机构。基于零氪独有的大数据平台及资源优势，零氪互联网医院探索了一套以患者为中心的精准诊疗和康复服务体系，形成了包括从癌症科普到精准的患者教育，再到便捷的线上诊疗服务、一站式的专业药事服务、智能化立体化的随访服务及专业的不良反应管理等服务的零氪模式（见附录2）。[1]

肿瘤患者在零氪互联网医院的就医流程如下：患者当日通过零氪互联网医院向医生提交线上咨询，医生根据其提供的化验资料开出零氪互联网医院线上电子处方，随后患者在零氪DTP药房拿到药品，顺利结束诊疗过程。

医生在零氪互联网医院开线上处方情况如下：不受时间、地点约束，只需要根据患者个体差异输入药品名称、用量，其他方面可以直接勾选所需的选项即可，比手写处方以及通过医院的处方系统开具过程时间更快。

截至2018年10月底，零氪互联网医院基于已构建的全国肿瘤专家网络、高质量肿瘤病例数据、"邻客健康管家"医患平台以及相关行业协会和NGO

1　与银川卫健委等机构合作，零氪互联网医院用大数据技术让互联网＋医疗健康服务落到实处，2018-07-29［2019-03-30］，http://k.sina.com.cn/article_5334569296_13df7115002000abal.html。

组织战略支持而打造的互联网医疗平台，与 400+ 家医院的 900+ 科室紧密合作，汇聚全国 11 000+ 位医生，其中副高级别以上职称达 44%，中级以上职称达 100%，搭建了患者全程精准管理服务桥梁。[1]

在互联网医院建立后，零氪开拓了"DTP 药房 + 日间门诊"新型连锁模式，通过加强日间门诊建设，进一步打造药房的智能化运营，落地药事服务线上全流程解决方案。

进一步探索医院方向的商业化

相比于临床研究而言，医院更大的痛点是优质医生的缺乏、服务能力的掣肘，针对这一痛点，零氪科技在辅助临床诊疗方面做了更多的探索。

零氪自主研发的 AI-肺结节智能诊断系统，通过辅助医生诊疗，比知名三甲医院胸外科医师的平均诊断准确率提升了 20%，让医生的平均诊断准确率提升 60%～80%，诊断时间缩短 25%。基于这一点，零氪科技与天津市科委、天津市胸科医院开始合作建立京津冀第一家肺癌人工智能辅助诊疗中心，预计可服务京津冀 40 万肿瘤患者，并将利用数据和算法平台把医疗人工智能能力分发到全国各地。[2]

在人工智能和大数据的赋能下，2018 年的 ASCO 大会上，零氪仅仅用 3 个月的时间，支持 10 位专家用一个大数据队列，产生了 10 篇世界级科研成果，其中一篇摘得重磅大奖"Merit Award"。[3] 零氪自主研发的"肺癌跳跃转

1　零氪互联网医院在线处方上线，线上线下成闭环，2018-10-26［2019-03-20］，http://www.sohu.com/a/271442623_656199。

2　宁新燕，零氪科技：兑现医疗大数据价值，2018-09-17［2019-01-10］，http://www.fx361.com/page/2018/0917/4231544.shtml。

3　中国医药创新促进会，新"独角兽"零氪的养成：从拥有数据到拥有能力，2018-12-21［2019-03-10］，http://www.phirda.com/artilce_18994.html?cId=1。

移预测"技术，每年能为中国患者延长大约 10 万人月的寿命，减少 8 000 例误诊。[1]

下一阶段：问题和挑战

2019 年，成立第 5 年，零氪已经先后针对药企市场、患者和医院市场进行了业务布局。这些业务线处在不同的研发、市场阶段，有着不同的市场空间和变现风险。在公司当前的资源能力下，应该如何把握好各个业务线的投入力度和节奏？哪些市场客户购买意愿更强、变现路径最短？哪些市场的潜在空间更大、离零氪的创业目标更近呢？零氪是否需要对市场做出取舍呢？张天泽是一个自我学习迭代能力很强的人，在 10 年的医疗大数据行业探索中，他不断从行业、业务和团队中吸取新的养分，找到新的灵感。零氪的第 5 年，通过分阶段攻克一个个小阶段的目标，已经离他当初定下的目标越来越近了。但是，依然还有很长的路要走。

1　宁新燕，零氪科技：兑现医疗大数据价值，2018-09-17［2019-01-10］，http://www.fx361.com/page/2018/0917/4231544.shtml。

附录1：医药营销市场特点

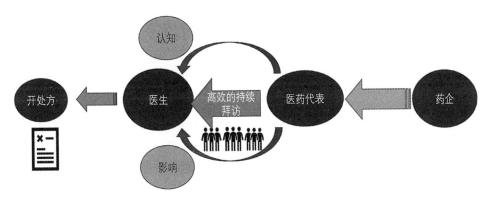

资料来源：案例企业提供。

附录2：零氪科技的互联网医院情况

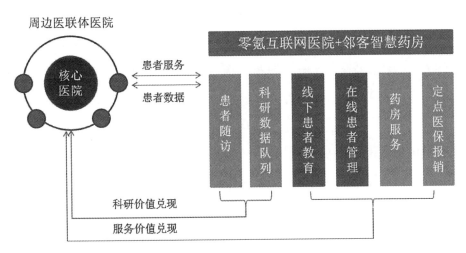

资料来源：作者根据《与银川卫计委等机构合作，零氪互联网医院用大数据技术让互联网+医疗健康服务落到实处》资料绘制。具体资料链接为 http://k.sina.com.cn/article_5334569296_13df7115002000abal.html.

EVCARD：
中国新能源汽车分时租赁领先者[1]

　　EVCARD，中国最早的分时租赁项目之一。2013 年 EVCARD 开始小规模测试，2015 年正式运营。2016 年 4 月，EVCARD 运营车辆达到 1 000 辆，网点 600 个，停车位 2 000 个，成为国内最大的分时租赁服务商。2016 年 5 月，EVCARD 和上汽集团旗下分时租赁项目 e 享天开合并，成立环球车享汽车有限公司，EVCARD-e 享天开分时租车作为统一的分时租赁的品牌名称保留。合并后，公司规模进一步扩大。截止到 2018 年 11 月，EVCARD 覆盖全国 64 个城市，1.3 万 + 个网点，投入车辆 4.2 万 + 辆车，注册会员超过 400 万，日订单近 10 万单。

　　EVCARD 缘起于电动汽车国际示范区示范项目，是中国新能源汽车分时租赁应用的先行者。在 EVCARD 成立之前，中国新能源汽车的销售和商业应

1　本案例由中欧国际工商学院的龚焱、钱文颖共同撰写。在写作过程中得到了环球车享汽车租赁有限公司的支持，并参考了现有公开信息及企业授权资料。该案例目的是用来做课堂讨论的题材而非说明案例所述公司管理是否有效。本案例在中欧课堂受到广泛欢迎。

用刚刚萌芽,普通用户对新能源汽车的认知度很低。他们是如何在中国首次提出"分时租赁"的概念,通过精益创业的方式试验、迭代了新能源分时租赁的商业模式,成长为中国新能源分时租赁的领先品牌呢?

EVCARD:成立背景

2011—2012 年:考察学习,先行先试

> "从未来整个能源架构来看,电力最终取代石油是一定的,所以从这个意义上说,电动车肯定是发展趋势。"[1]

——上海国际汽车城集团董事长荣文伟

上海国际汽车城集团于 2001 年成立,在政府支持下,董事长荣文伟带领团队从零开始,快速建设发展。到 2011 年,上海汽车城已经成为全国汽车产业高地,并在国际上打开了知名度。此时,世界各国正在积极响应电动汽车倡议(EVI),希望通过建立电动汽车国际示范区的方式来探索电动汽车的普及和应用,上海嘉定区成了首批电动汽车国际示范区,由上海国际汽车城集团负责开展示范区工作。[2]

这对荣文伟和他的领导班子而言,又是一个从零开始的艰巨任务——上海国际汽车城集团在第一个十年的主营业务是围绕汽车工业的地产开发,公司上下对新能源汽车了解的人屈指可数。而这个时期,新能源汽车的销售和商业应

1　网易新闻,主推纯电动车　中国首个新能源示范区今年启动,2011 [2011-04-27],http://auto.163.com/11/0427/18/72LS6DPE00084JTN_4.html。

2　国际电动汽车示范城市与产业发展论坛在沪举行,2013 [2013-05-03],http://auto.gasgoo.com/News/2013/05/07093043304360210195400.shtml。

用在国内才刚刚萌芽起步，虽然国内外厂商已经设计开发了不少电动车型，但实际销售情况并不容乐观，普通用户对新能源汽车的认知度则更低。

接下电动汽车示范任务后，团队一方面开始围绕试乘试驾和宣传推广两个点展开工作，开始产业俱乐部、产业平台、试驾等中心的搭建，另一方面，为了更好地探索电动汽车商业化应用落地，团队多次到国外新能源汽车商业应用发达国家如法国、德国、日本等地进行考察学习。其中，法国巴黎的 Autolib 项目给考察团留下了深刻的印象。

对标项目：法国巴黎的 Autolib

Autolib 是由法国巴黎政府推动，由博洛雷（Bolloré）集团负责运营的一个电动车分时租赁项目，2011 年 12 月 5 日正式运营。主要情况如下：

运营模式： Autolib 是由政府联合周围 46 个市镇设立的城市公共服务，采用公开招标的形式，由博洛雷（Bolloré）集团中标受托经营。主要运营模式为政府出资支持前期建设（巴黎市政府和 45 个周边市镇负责投资建设电动汽车租车站点，为每个租车站投入 5 万欧元的公共补助金），公开招标运营单位，主要由运营单位承担运营盈亏，辅以运营单位与政府盈利共享、亏损共担。

充电桩建设： 充电桩建设采用分布式无人值守模式，在巴黎市和 45 个周边市镇道路两侧建设租赁点，租赁点平均间隔 250 米，每个租赁点约 5 个充电桩。每辆车平均每天被使用 3 至 5 次，每次租赁平均行驶 12 公里。Autolib 成立当年建成充电站 253 个，此后每个月投入一批充电桩。2012 年建成 590 个租赁站点；2013 年，建成 800 个租赁站点，4 000 个充电桩。[1]

车辆情况： Autolib 中运营的车型为 Bluecar，是一款纯电动汽车，车辆由 Bolloré 集团与电池制造商合作开发，雷诺公司代工生产。车型长 3.65 米、四

1　三种电动汽车分时租赁案例分析，按需付费全程自助，北京日报，2014［2014-08-27］，http://www.cheyun.com/content/931。

人座，充满电后车辆可行驶 250 公里。车辆投入方面，2011 年为 250 辆；到 2013 年底，已有 2 035 辆 Bluecar 在运营。

收费模式： Autolib 采用会员制模式运行，用户缴纳相应会员费注册不同等级会员，会员费包括了电费、保险、维修和保养以及停车费等。在车辆使用过程中，用户按照使用时间缴纳使用费。如 1 年期会员每年缴纳 144 欧元会员费，此后按每 30 分钟计费 5 欧元。Autolib 2011 年发展会员 6 000 人；2012 年，发展 3.7 万个会员；2013 年，会员总数达到 10 万人。

系统架构： Autolib 为用户开发的 ICT 系统可以让用户在线享受预约车辆、停车位；了解周围站点情况、网上注册会员以及查找充电站点等服务。用户可以通过线上网络或线下街边服务亭注册会员，可以从任一站点借还车。

日常维护： Autolib 有约 200 个日常维护人员，负责换车后的打扫、检查、平衡租车点的车辆分布。如检测到车辆故障，将被送至其位于巴黎 18 区的维修点，该维修点占地 3 000 平方米，有近 50 个维修人员，能同时容纳 130 辆车。运营 5 年来，已完成 3 万次维修。[1]

电动汽车商业应用的短期突破点究竟在哪里？法国的 Autolib 为荣文伟和他的团队开辟了新的思路，他们在中国第一次提出了"分时租赁"的概念，此后"分时租赁"这个词得到了行业和社会的普遍认可和接受。

EVCARD：精益探索

经过反复开会论证，大家认为可以在中国进行验证、示范和推广 Autolib 模式。考察结束后，荣文伟立刻从集团抽调了十余个年轻人成立专门小组，开始着手电动车分时租赁项目可行性研究和实地运营测试。

1　余振刚，谢新洲，刘平平，国内外电动汽车分时租赁发展现状及我国发展对策建议，2018［2018-02-01］，https://doc.mbalib.com/view/483c9a5ff94029195e71c783b709c4c6.html。

可行性研究

2004—2014 年是中国汽车产业的"黄金十年"，在这十年里国内汽车保有量快速增加，随之而来的尾气排放也对城市环境造成了严重污染；此外，交通拥堵和停车难问题也日益严峻。团队分析认为，分时租赁作为一种共享出行方式能缓解上述痛点，主要有以下几点原因：

（1）电动车能源清洁，一定程度解决了尾气排放问题；

（2）分时租赁的共享模式，大幅提高了车位使用率；

（3）根据国外实际营运数据测算，一辆分时租赁车可以取代 3.6～13 辆私家车，一定程度缓解交通拥堵；

（4）分时租赁的异地还车、无人值守等运营特点，大幅降低了汽车租赁人工成本。

基于这几点，团队认为分时租赁模式将是未来电动汽车重要的商业模式之一。

合作还是自营？

2013 年初，团队一开始想通过寻求外部合作来开展电动车分时租赁项目——由集团成立一家企业，负责电动汽车的采购；然后与专业汽车租赁运营商合作，由其负责分时租赁的运营、维护、保养。为此，团队和排名靠前的汽车租赁公司神州、一嗨、赫兹都先后进行了谈判，但都无法达成一致——此时汽车租赁公司都对分时租赁项目处于观望状态，他们认为当前条件下，发展电动车分时租赁无论是在系统、运营模式，还是在车载设备、充电桩等方面均不具备条件，短期内不可能盈利。

寻求外部合作未果，团队意见逐渐形成了两个阵营。**一个阵营认为**：业界对新能源汽车分时租赁并不看好，而集团主营业务又是地产开发，不懂租车行业、没有技术优势，很难独立开展分时租赁业务。**另一阵营则认为**：新能源汽车分时租赁背后的技术已经相对成熟，技术问题并不是主要难点，难点是如何整合现有技术，研发应用到分时租赁的商业应用上，将线上的信息转化为线下的行为，并保持持续有效地沟通。

经过一段时间争论，荣文伟拍板由汽车城集团成立公司运营和探索，并委任集团副总经理曹光宇博士负责分时租赁项目的决策。2013 年 7 月上海国际汽车城新能源汽车运营服务有限公司成立，曹光宇任公司 CEO 兼法人，并根据团队接手新能源汽车项目的缘起电动汽车倡议（EVI），将分时租赁品牌命名为 EVCARD。

小范围封闭式测试

2013 年 12 月，项目组启动了第一个封闭式测试网点：同济大学嘉定校区。学校师生成为 EVCARD 种子用户，测试阶段采用了有人值守的模式，团队委派了 4 个工作人员轮流在同济大学校园里值班。

小规模测试第一期投入了 8 辆荣威 E50，发放了 15 张"会员卡"，从 01 编号到 15。当用户有用车需求时，后台通过发送指令"编号为 ×× 的卡刷卡可以打开车门"给车载终端，车载终端接收到信号后，在确认出相应编号的卡刷卡后，就自动打开车门。在测试阶段，工作人员会在车子旁边人工确认车门是否打开，以及记录后台发出指令和实际打开车门的时间差。这看似"傻瓜"的测试主要是因为：

第一，由于项目组成员都是汽车城集团其他部门抽调的员工，并不懂租车行业和当中可能发生的问题，也不熟悉用户租车时可能产生的行为。通过"傻瓜"式的测试，可以将租车运营过程中操作的最优路径确认下来，形成自己的逻辑，并将逻辑内化到系统程序中去。

第二，由于物联网技术不完善，后台通信链路较长，信号从车载终端传到后台，再从后台返回到车载终端中间存在时间差，短则一两秒、长则一两分钟。线下场景用户就会出现刷了卡但车门没打开的现象。通过封闭式测试可以反复调整硬件设备和后台系统，验证硬件设备与后台通信的稳定性，提高通信的反馈速度。

怎么收费？

与同济大学网点反复测试、优化迭代运行逻辑的同时上演的是，汽车城大厦办公室里关于收费方式的反复争论。

一方认为：国外市场中法国政府主导的 Autolib、戴姆勒集团主导的 Car2go 等的分时租赁运营商大部分都采用"年费＋时间＋（里程）计费"（见附录 1）。收费方式应该参照国外相对成熟的经验。

另一方则认为：中国人的消费观和国外不同，收取年费的方式并不适用中国国情；应该去掉年费，直接采用时间＋里程计费。

更年轻的成员则表示：分时租赁作为一种共享出行的新形式，应该区别于神州、一嗨等在线租赁公司，进一步简化用户操作流程，直接采用时间计费，并且以小时为计算单位，让用户直观感受到分时租赁的使用时间从以天计算变成了以小时计算。

经过多方论证，曹光宇最终拍板决定直接以时间计费。而关于单位时间的使用费用，由于没有实际运行的数据参考，团队一直争论不下：有的表示要对标国外分时租赁收费情况；有的表示要对标国内的出租车和租车公司价格，价格要比这两者低；有的表示应该参考公共自行车租赁和地铁的收费模式；而负责市场的人员则表示应该学习滴滴、Uber 等共享出行平台前期补贴甚至免费吸引用户。

最后，为了应对紧接着的网点推广活动，曹光宇从定价简洁、用户易接受两个角度出发，制定了"每分钟 0.5 元起"的单一定价规则，目的是尽量提升车辆的有效使用时间，同时降低用户出行费用（见附录 2）。

逻辑理顺，系统上线

经过近半年的封闭测试和测试过程中的不断迭代，EVCARD基本理顺了分时租赁无人看守时取还车、提前预约、临时取消等流程逻辑。

公司从2012年下半年就开始与外包公司研发线上系统。2014年6月，EVCARD上线了第一版DEMO，这版系统仅可以在PC上运行，是一个非常简洁的网页，用户可以在网页上进行线上预订。2014年10月，第一套系统正式上线，用户已经可以通过下载手机APP，进行预订和取还车。

EVCARD：快速迭代

拓展网点

2014年8月，EVCARD团队扩充到30余人，在嘉定区启动试运营，在区政府的大力支持下开始铺设网点。截止到2014年10月，EVCARD已经投入第一批车50辆，发放会员卡几百张，EVCARD第二波、第三波种子用户来自嘉定区机关单位和上汽大众的整车厂及供应商厂；虽然卡以集团名义发下去了，但实际运营情况并不尽如人意——一天下来大概只有七八个订单。

团队分析认为，订单量上不去主要是因为网点覆盖不够密。在接下来的3个月里开始加快拓展网点。由于EVCARD是示范区重点扶持的孵化项目，区政府在网点方面给予了大力支持，以免费或者较低的租金给到EVCARD。到2015年1月1日，EVCARD正式启动运营时，已经拓展了50个网点，EVCARD团队规模也扩充到近50人。

2015年9月对EVCARD是个转折点，时任上海市长杨雄为"十三五规划"的实施前往嘉定调研，高度肯定了EVCARD对新能源汽车应用的实地探索，并表示"政府和公共服务部门要带头支持电动车分时租赁业务发展"。

有了市政府的鼎力支持，EVCARD网点开始迅速往上海其他区域扩展。

到 2015 年底，EVCARD 网点在上海嘉定区、松江区、崇明区的车队规模已经扩展到 1 000 台，网点数量约 200 个。同时，EVCARD 内部进行了改制：原先团队更像一个创业团队，没有明确的分工；改制后，公司开始形成产品、推广、后台等明确的职能型组织架构，团队分工明确。

在上海继续拓展网点的同时，EVCARD 开始和其他城市政府接洽谈判，尝试将逐渐成熟的运营模式复制到其他城市；如 2015 年底，EVCARD 在新开通的浙江丽水高铁站展开试运营。

系统迭代

随着网点的不断增加，网点的运营管理越来越难，一些问题逐渐显现：如网点车位被占、刷卡开车门成功率不高导致投诉提升等，基于这些问题，技术团队与外包公司在 2015 年 6 月左右对公司的后台内部系统做了一次迭代。

一、UI 升级：将 UI 界面根据使用场景进行划分，用户可以在 APP 上切换集团卡模式、内部卡模式等不同场景。

二、引入实时数据库：原先团队采用本地数据库，在订单量并发时或者遇到网络攻击等情况时，容易引起系统瘫痪；引入实时数据库后，实现了实时数据库和管理数据库双模式，提高了承接能力，并启动了数据备份应急预案。

三、车载终端和通信升级：团队通过优化逻辑，如将车载终端分成命令和状态两种数据，根据不同的状态来决定前后台哪边开始先发先收数据，在细节的迭代升级下，开锁的速度和稳定性上提 5%。

竞争情况

在 EVCARD 迅速扩展的同时，全国各地已经先后涌现出一批参与者进入分时租赁市场，运营模式主要分为三类：A2A 模式，如戴姆勒在中国的分时租赁项目 car2share，只能 A 点借 A 点还；A2X 模式，如 e 享天开等，可以在任意网点借还；X2X 模式，如戴姆勒的 car2go，可以在规定区域内任意停车点借还。企业类型主要分为六大类：

一、整车企业：如上汽集团推出了 e 享天开、北汽推出了 GreenGo、吉利推出的微公交等。整车企业面临汽车行业颠覆，希望通过分时租赁等新模式探索从车辆制造商到出行服务商的转型路径；在行业竞争中，拥有车辆、资金和品牌的优势。

二、汽车经销商：如庞大集团推出了小蜻蜓分时租赁。对汽车经销商而言，面临着汽车销售利润越来越薄的问题，希望通过分时租赁等新模式探索以租代售，打开盈利渠道；在行业竞争中，拥有车型多的优势。

三、新能源充电设施运营商：如云杉智慧。通过快速充电站技术的研发和经验积累，进入分时租赁运营，其在充电站和线下停车网点方面有一定优势。

四、互联网创业公司：如一度用车。互联网公司在用户思维、产品能力和技术方面有一定优势。

五、租车公司：如神州租车、一嗨租车等。此时看到了新能源分时租赁的风口，也开始尝试分时租赁，给予消费者更多样的出行选择；租车公司相比而言，有更强的线下运营经验。

六、技术提供商：如微租车等，此时市场已经出现了专门提供分时租赁技术解决方案的公司，拥有更强的技术整合能力。[1]

和市场其他参与者相比，EVCARD 在两个方面形成了竞争优势：

一、地理位置：分时租赁是一种新型的出行方式，市场普及度较低，EVCARD 选择从汽车文化浓郁的"汽车城"嘉定试点，再拓展到用户对共享出行接受度最高的上海市区，一定程度上降低了市场反应不佳的风险。

二、政府关系：EVCARD 是依托电动汽车国际示范区的孵化项目，受到

---

1 中国共享汽车市场商业运行模式调查分析报告，2017［2017－04－06］，http://www.sohu.com/a/132269658_361162，2017－04－06［2018－02－01］。

科技部和上海市政府的大力支持，在网点铺设上和新能源运营汽车牌照的发放方面，都比其他企业更有优势。

在这样的优势下，EVCARD 逐步扩大推广。到 2016 年 4 月，运营车辆达到 1 000 辆，网点 600 个，停车位 2 000 个，成了国内最大的分时租赁示范项目之一。

EVCARD 和 e 享天开

e 享天开

"e 享天开"是上汽集团孵化的分时租赁项目，于 2015 年 5 月上线。产品主要分三大类。第一类是分时租，价格是 0.6 元 / 分钟；第二类是传统产品全日租，5～24 小时，180 元 / 日；第三类是特色产品 e 夜租，88 元 / 下午 5 点—次日上午 9 点，实现上下班代步。

操作流程方面，与 EVCARD 不同的是，它没有实体会员卡，而是直接手机开锁。用车结束后，点击"锁门还车"键并完成充电操作，行程账单自动计算显示。截止到 2016 年 6 月底，e 享天开已经发展了车辆 100 余台，网点数量近 80 个。[1]

合并

上海市政府在参考借鉴了其他省市的情况后作出判断：分时租赁是公共交通的补充，如果把运营资质和牌照发给大量小租赁公司，很难形成分时租赁的网络。2016 年 5 月，上海国际汽车城集团旗下的 EVCARD 和上汽集团旗下的 e 享天开在上海市政府的协调下，开始进行公司合并，注册成立环球车享汽车有限公司，其中上汽集团占股 51%，成为环球车享大股东；汽车城集团占股 49%，EVCARD 的原董事长荣文伟继续担任董事长，EVCARD 的原 CEO 曹

---

1 方翔，"互联网＋"汽车 上汽集团"e 享天开"，2015［2015-09-23］，http://sh.eastday.com/m/20150923/u1ai9041865.html，2015-09-23［2018-02-01］。

光宇继续担任 CEO，EVCARD-e 享天开分时租车作为统一的分时租赁的品牌名称保留，公司在上汽领导下保持独立运作。合并后，公司车辆规模达 2 000 多辆，充电桩 2 600 多个，会员数超过 35 万，单日最高订单超过了 1 万个。

运营迭代

合并后，大股东上汽集团的品牌、技术和车源优势，进一步加快了 EVCARD 在车辆采购、充电桩建设、分时租赁系统搭建和服务推广等各个方面的探索。

车型方面，EVCARD 并没有局限于上汽集团的车型，根据用户需求进一步拓展了不同档次的车型，主要包括上汽 E50、奇瑞 EQ、宝马之诺等。车辆服务按时间定价，上汽 E50、奇瑞 EQ 车型通常为 0.5 元 / 分钟，宝马之诺为 1 元 / 分钟。

充电设施建设方面，EVCARD 不仅通过自己的运营队伍建设，也委托循道、挚达、特锐德、埃士等充电设施服务商建设安装部分充电桩。

运行流程方面，EVCARD 做了一定调整。一方面，从原先"手机远程开关→到车门口刷卡→终端传数据给后台→后台发指令给终端打开车门"的逻辑变成"用户在线预订→后台提前将信号传到车内终端→终端记住卡号→用户将卡 / 手机放在读卡器上→车门打开"的逻辑，通过远程预订和实际开门时间差一定程度解决后台延迟，大幅提高刷卡开门的速度和成功率。另一方面，关于停车位被占、车辆没电等问题，EVCARD 将"充电"变成结束用车、完成支付前必须完成的动作（见附录 3）。

系统数据方面，EVCARD 将系统全面迁移到云上，上云之后开始了模块化部署，一方面引入外部数据提高数据库的丰富性；一方面通过舆情监测、订单运转情况、用户画像分析，开始探索大数据的挖掘和利用。

技术方面，为了更快地响应产品需求，EVCARD 收购了原先外包团队，组建了独立的技术公司。所有系统，包括车端软件、硬件、客户端 APP 都由技术公司自主开发。经过长时间的摸索和迭代，技术已经成了 EVCARD 的核心竞争力。

城市扩张

2016 年 11 月，整合后的环球车享以 EVCARD 的品牌开始扩大国内市场布局，环球车享外地的扩张采用多种资本形式进行，通过股权合资、资源共享合资来拓展分时租赁业务。截止到 2017 年 3 月，EVCARD 已经进入全国 24 个城市，其中苏州、常州、南京、成都、丽水、江山等 9 个城市已经开始运营，全国营运租还热点超过 3 400 个、投入运营车辆超过 8 400 辆。

随着网点不断拓展，网络效应逐渐形成，自合并以后 EVCARD 的会员数和月订单量增长迅速，平均月复合增长率在 20% 左右，到 2017 年 3 月，注册会员超过 55 万名（见附录 4），月均订单超过 44 万笔（见附录 5），总订单已经接近 240 万笔。其中，上海地区已经有 3 018 个网点，超过巴黎成为全球最大规模的新能源分时租赁运营城市。

到 2017 年底，EVCARD 已进入 60 个城市，车辆数辆超过 2.7 万辆。2018 年进入全国 70 个城市，运营车辆超过 5.5 万辆。根据曹光宇的规划，到 2020 年 EVCARD 将在一百多个城市扩大运营，车辆达到 30 万辆。EVCARD 目标是未来半径 500 米内，用户都可以找到分时租赁网点。

EVCARD：开向何方？

运营成本问题

EVCARD 的运营成本主要包括车辆折旧、充电桩、停车费、商业保险、人员管理等。其中，车辆折旧、充电桩、停车费方面，因为背靠汽车城集团和上汽集团，EVCARD 有一定的优势；商业保险则占 EVCARD 成本较大的份额，因为分时租赁是一个新兴的业态，潜在风险因素较多，商业保费居高不下；当前国内的保险公司还没有针对分时租赁模式的商业保险，EVCARD 需要为每辆运营车辆每年购买基本的商业保险。人员管理方面，EVCARD 从一个政府背景的房地产开发公司示范项目孵化而来，随着规模的不断扩充，到 2016 年底，环球车享员工扩充到 270 多人；截至 2017 年底，员工数超过 1 100 人。随着 EVCARD 和 e 享天开员工的合并，这个越来越庞大的互联网租车公司的管理成本正在攀升。

EVCARD 应该采取哪些措施降低居高不下的运营成本呢？如何实现精细化运营？

盈利模式问题

"如果我们每辆车每天能够租赁 4.5 小时，就到盈亏平衡点的水平。"

——环球车享总经理曹光宇博士

2017、2018 年，EVCARD 和市场上大多分时租赁公司一样正处在投入期，因为要大量进入新城市、采购车辆、租赁充电桩、招聘员工，公司短期内并不能实现盈利。但从 EVCARD 最初试运营的嘉定区的运营情况来看，经过几年网点的布局、车辆的投入，以及品牌的宣传推广，嘉定区的分时租赁平均单车单日使用时长基本已经过 3.5 小时，部分区域部分车辆单车单日使用时长已经超过 4.5 小时；整个上海地区的单车使用率也在不断提升，2018 年上海地区进入盈亏平衡点。

这个盈亏平衡点是 EVCARD 基于租车费用进行的测算，但如果仅仅是租车费用，这个生意似乎利润想象空间并不大。除此之外，EVCARD 还可以从哪些渠道挖掘盈利点呢?

技术趋势问题

汽车产业正处在颠覆的过程中,技术发展瞬息万变。关于智能驾驶、新能源技术方向的争论不绝于耳,EVCARD 如何应对未来汽车行业的技术变革呢?

附 录

附录1：Autolib/Car2go 的收费方式

1. Autolib 收费情况

计划	会员资格	会员费	汽车预订	费用/30分钟	最高事故发生率		
					第一次事故	第二次事故	第三次事故（最多）
1年	1年	120欧元/年	0欧元	6欧元	200欧元	475欧元	750欧元
随时出发	1年	0元/年	1欧元	9欧元	200欧元	475欧元	750欧元

资料来源：Autolib 官网，2017-06-20，https://www.autolib.eu/en。

2. Car2go 收费情况（以奥斯丁市为例）

资料来源：Car2go 官网，2017-06-20，https://www.car2go.com/US/en/austin/。

附录 2：EVCARD 收费情况

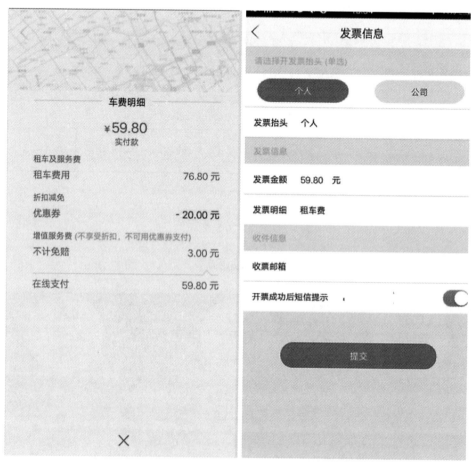

资料来源：环球车享汽车租赁有限公司提供。

附录3：EVCARD产品架构图和运营平台架构图

EVCARD产品架构

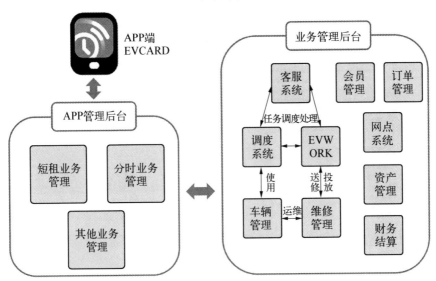

EVCARD运营平台架构

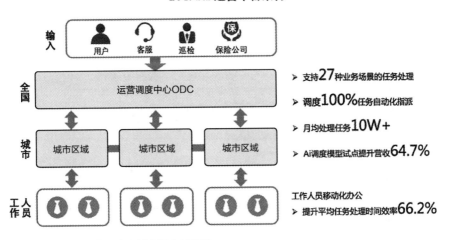

➢ 支持**27**种业务场景的任务处理

➢ 调度**100%**任务自动化指派

➢ 月均处理任务**10W+**

➢ Ai调度模型试点提升营收**64.7%**

工作人员移动化办公

➢ 提升平均任务处理时间效率**66.2%**

资料来源：环球车享汽车租赁有限公司提供。

附录4：EVCARD 2016 年 1 月—2018 年 8 月会员增长情况（单位：人）

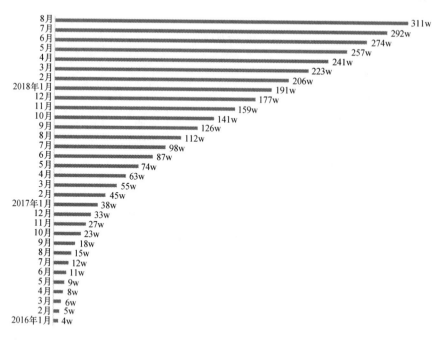

资料来源：环球车享汽车租赁有限公司提供。

附录5：EVCARD 2016 年 2 月—2017 年 3 月订单增长情况（单位：个）

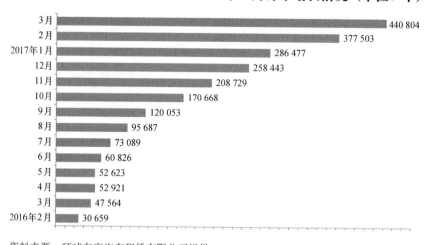

资料来源：环球车享汽车租赁有限公司提供。
注：后面数据公司不再公开。

上汽大通：
中国数字化时代 C2B 汽车开拓者[1]

2018 年，中国汽车销量结束了 30 多年的产销量连续增长，进入"寒冬"期；2019 年，中国汽车销量同比下降 8.2%。在这个背景下，上汽大通全年实现了 42.85% 的增长。[2]

上汽大通成立于 2011 年 3 月 21 日，是上汽集团旗下的国际汽车品牌。随着数字化时代的到来，上汽大通 2016 年开始在汽车领域开拓 C2B 智造模式。上汽大通的 C2B 模式贯穿整个汽车制造环节，用户可以全程参与到车辆的定制中来。经过几年的探索，上汽大通已经初步跑通了 C2B 之路，获得了不错的市场反响。在 2017 年推出全球首款全 C2B 模式的 SUV[3]D90；2019 年推出

1　本案例由中欧国际工商学院的方跃、钱文颖共同撰写。在写作过程中得到了案例企业的支持，并参考了现有公开信息及企业授权资料。本案例部分财务指标和关键数据出于保密需要可能经过掩饰，但不影响讨论和决策。该案例目的是用来做课堂讨论的题材而非说明案例所述公司管理是否有效。本案例获"2020 中国工商管理国际最佳案例奖"二等奖。

2　上汽大通实现 2019 年销量逆势增长 42.85%，车家号，2020－01－02［2020－06－15］，https://chejiahao.autohome.com.cn/info/5396310。

3　SUV，全称是 Sport Utility Vehicle，或 Suburban Utility Vehicle，即城郊多用途汽车，是一种拥有旅行车般的空间机能，配以货卡车的越野能力的车型。

首款全 C2B 模式的 MPV[1]G50，截至 2019 年底，G50 累计销量近 3 万台。[2]

在市场尚无成功先例的情况下，上汽大通是如何从 0 开始，一步步摸索出 C2B 模式的？用户数字化运营对上汽大通的产品打造起到了什么样的作用？上汽大通的 C2B 模式对传统的汽车价值链进行了哪些数字化改造？在未来的发展中，上汽大通 C2B 模式还面临哪些挑战呢？

行业背景

改革开放四十年来，由于中国经济高速发展、消费者需求不断提高，汽车产业在很长一段时间内都处在"供不应求"的卖方市场阶段。这个阶段，汽车制造商关注的重点是如何扩大产能，汽车经销商关注的重点是如何扩大渠道网络。

经历数十年的快速发展后，中国汽车行业伴随宏观经济一起进入了低速增长的"新常态"阶段。2018 年中国车市结束了 30 余年的连续增长（见附录 1）。"躺着都能挣钱"的时代结束了，汽车行业传统模式在新环境下出现了越来越多的问题：一方面是生产过剩、市场饱和；另一方面又面临着无法满足消费者个性化需求的困境。85 后和 90 后逐渐成为汽车市场的主力消费群体，年轻一代的消费心理和习惯都发生了很大变化，他们更注重个性化和消费体验。而汽车是典型的流水线[3]产品，消费者只能被动接受有限的汽车配置组合。

1　MPV，Multi-Purpose Vehicles，多用途汽车，从旅行轿车演变而来，它集旅行车宽大乘员空间、轿车的舒适性和厢式货车的功能于一身，一般为两厢式结构，可以坐 7～8 人。

2　数据来源：车主之家，https://xl.16888.com/s/128118/。

3　流水线生产，指劳动对象按一定的工艺路线和统一的生产速度，连续不断地通过各个工作地，按顺序地进行加工并生产出产品的一种生产组织形式。它是对象专业化组织形式的进一步发展，是劳动分工较细、生产效率较高的一种生产组织形式。福特汽车创始人亨利·福特于 1913 年建立了汽车装配流水线，使得汽车生产效率大幅提高。

与此同时，全球汽车产业开始如火如荼的产业变革，各类产业资本、创业企业争先涌入汽车市场，在汽车产业链各个环节进行数字化创新。面对经济环境、技术环境的变化，面对汽车新老势力的混战角斗，中国本土的汽车厂商亟须探索数字化转型，以适应汽车产业新趋势以及消费者需求的新变化。

公司背景

上汽集团

上汽集团（全称：上海汽车集团股份有限公司），成立于 1984 年，目前是中国 A 股市场最大的汽车上市公司，主营业务为整车（含乘用车、商用车）的研发、生产和销售，旗下有多个合资品牌和自主品牌，包括乘用车公司、商用车公司、上海大众、上海通用、上汽通用五菱、南京依维柯、上汽依维柯红岩、上海申沃、上汽大通等。

面对汽车行业的新变化，上汽集团在 2016 年就敏锐地提出："汽车行业电动化、网联化、智能化、共享化的'新四化'趋势已经显现，产品技术和商业模式的创新为行业发展带来新的机遇，自主品牌创新发展迎来重要时间窗口。"[1]

为了加快创新转型，上汽集团率先提出了"新四化"发展战略，并开始统一部署"新四化"的前瞻与先期技术创新工作，希望从一家传统制造企业转型为移动出行服务与产品的综合供应商。在行业大趋势下，上汽集团 2019 年全年整车销售 623.8 万辆，同比下降 11.5%。但新业务已经开始逐步形成集团新的增长引擎，比如公司新能源汽车销售 18.5 万辆，同比增长 30.4%。[2]

1　信息来源：上汽集团 2016 年年度报告。

2　上汽集团（600104）2019 年财报：营收、净利润双降，今年销量力争 600 万辆，雪球，2020-04-15［2020-06-15］，https://xueqiu.com/5675075225/146865563。

上汽大通

上汽大通成立于 2011 年 3 月 21 日，是上汽集团旗下的国际汽车品牌。成立初期，上汽大通以商用车切入市场；2014 年进入乘用车领域，以 MPV 切入新市场。到 2015 年底，上汽大通已进入包括英国、爱尔兰、澳大利亚、新西兰等 41 个国家和地区，实现了汽车销量 7 倍增长的好成绩。

作为上汽集团里年轻的一员，上汽大通率先开始了数字化转型的探索。关于如何转型、怎么转型的问题，上汽大通内部经过了多次反复地讨论，最终确定了战略定位——从 C2B 智能定制模式切入。一方面，要做 C2B 智能定制需要对整个汽车价值链进行改造，相比其他大型传统车企，上汽大通有着"船小好调头"的优势；另一方面，上汽大通是中国商用车行业率先引入个性化智能定制的汽车企业，有着个性化定制的基因。

当时汽车领域 C2B 模式全球范围内几乎找不到成功案例可学习，但是，上汽大通发现中国的家居、家电、快时尚等行业中出现了不少 C2B 的成功案例，颇有借鉴价值。

设计研发环节： 开源汽车制造公司 Local Motors 通过线上平台，聚集优秀的设计企业/个人来提供各种个性化的整车和配件产品，并对接终端消费者，而消费者也可参与到汽车的生产过程中来。[1]

生产环节： 定制家具企业尚品宅配通过将产品不断分解形成"元产品"库，利用模块化生产体系满足产品多样化并优化供应链。定制服装企业红领西服则通过对工艺流程进行数字化改造，使得消费者发出定制化需求后，版型数据库可以迅速匹配，生产制造系统则迅速进行任务分解推向各个车间。

营销环节： 智能硬件公司小米通过建立粉丝评价机制，及时了解消费者需求和反馈，引发用户深度参与产品开发，确保了产品高效的迭代升级。

1　诸刚强，C2B 模式定义汽车行业未来，亿邦动力，2017-11-01［2020-06-15］，http://m.ebrun.com/252037.html?from=singlemessage&isappinstalled=0。

销售环节：运动品牌阿迪达斯利用官网和线下直营店为消费者提供定制化服务。尚品宅配在线下门店环节利用设计师来担任销售角色，相比普通销售，更能充分了解客户需求。

售后环节：特斯拉通过空中升级技术（OTA）对交付的产品实现远程迭代升级，为消费者提供持续不断的更新服务。

通过触类旁通，上汽大通重新梳理用户、汽车厂商、供应商之间的关系，基本形成了对 C2B 模式发展的战略规划。2016 年，上汽大通成为全球首家提出 C2B 造车的汽车企业。

C2B 模式

100 多年来，汽车行业一直是以产品为中心的推式生产[1]逻辑。在推式生产中，每一工序都根据生产计划，尽其所能地生产，尽快完成生产任务，不管下一工序当时是否需要。在这种模式下，汽车的开发周期很长，一个全新的车型往往需要耗费 40 余月。传统模式是大规模、批量化、标准品的生产，很难照顾到用户差异化的需求；而当汽车市场增速放缓，这种生产模式很容易造成库存积压。

C2B（Customer to Business）则是以用户为中心、以市场需求为出发点的拉式生产[2]逻辑。消费者根据自身需求定制产品和价格或主动参与产品设计、生产和定价，产品、价格等彰显消费者的个性化需求，生产企业进行定制化生产。这一模式改变了原有汽车厂商和消费者的关系，汽车的生产制造从厂商决策变为了生产者和消费者共同决策。而要实现这一转变，不仅仅需要模式创

---

1 推式生产，是指按照 MRP（物资需求计划，Material Requirement Planning）的计算逻辑，各个部门都是按照公司规定的生产计划进行生产。上工序无需为下工序负责，生产出产品后按照计划把产品送达后工序即可。

2 拉式生产，是指一切从市场需求出发，根据市场需求来组装产品，借此拉动前面工序的零部件加工。根据"拉动"方式组织生产，生产的量是适量的，企业不会出现高库存的问题。

新，还需要对汽车厂商进行全流程的数字化改造。

2016 年，上汽大通将 SUV 产品 D90 作为第一个全流程 C2B 模式的试验。在 D90 上市前一年，上汽大通即开始通过互联网招募种子用户，目标受众定位在 85 后、90 后等互联网原住民，这个人群很乐意在互联网上发表意见、分享想法，这些种子用户成了 D90 最好的"产品经理"，车的尺寸多大、车的价格多少，用户都可以通过网络平台发表意见。用户从产品定义、到产品开发、产品改进，全程参与了 D90 诞生的过程。2017 年，上汽大通推出了全球首款 C2B 汽车 D90，这款车型用户全程参与，可以说是一款完全由用户需求驱动的产品。经过 D90 的试水和不断探索，2019 年初上汽大通又推出了首款 C2B 的 MPV 车型 G50，一经上市就获得了良好的市场反馈。

探索 C2B 模式以来上汽大通发展迅速。2018 年，在中国汽车市场销量同比下降 2.8% 的情况下，上汽大通全年销售整车 84 017 辆，实现 18% 的增长。[1]2019 年，在中国汽车市场销量同比下降 8.2% 的情况下，上汽大通全年销售整车 120 017 辆，实现 42.9% 的增长（见附录 2）。[2]

上汽大通的 C2B 模式探索

C 端：以用户为中心

要探索 C2B 模式，首先就是要转变思维方式，从原先传统汽车厂商"以产品为中心"的思维转型为"以用户为中心"。传统模式下，汽车厂商了解用户需求主要是通过市场调查来获取，但这种方式样本量小、反馈不及时，很难

---

1 上汽大通 2018 年销量逆势增长 18%，全年销售整车 84 017 辆，盖世汽车，2019-01-02［2020-06-15］，http://auto.gasgoo.com/News/2019/01/0209551255127100811449C102.shtml。

2 杨益春，上汽大通 2019 年销量猛增 42.85%，连续 5 个月破万，网上车市，2020-01-02［2020-06-15］，https://a.cheshi.com/news/3242611.html。

真实体现用户需求。要获得用户真实及时的反馈，首先得直接触达用户，上汽大通开始尝试通过互联网平台来吸引自己的潜在用户。

上汽大通在微信公众号上自主搭建了互联网平台"我行MAXUS"，建立论坛、商城、调研等功能，通过精心设计一些小活动，比如每两周在公众号上线一个小游戏、利用抽奖活动鼓励用户邀请好友、制定用户的影响力指数等，公司很快收获了一批来自线上的粉丝。经过一段时间摸索，公司的互联网运营能力逐步增强，2016年双十二期间，上汽大通仅凭一张海报就在4天内吸粉20万人。在第一款C2B汽车D90上市前，公司共开拓了微信、微博、短信等38个推广渠道，吸引了40余万粉丝，并在这些粉丝当中获取6 000辆盲订订单。

用户全程参与

购买传统汽车，用户只能在限定的几个配置中选择。而C2B造车，用户可以从产品定义阶段就开始深度参与到汽车的生命周期中，包括参与产品定义、参与产品开发、参与产品验证、参与产品选配、参与产品定价和参与产品改进。比如，上汽大通D90的用户就参与了汽车整个生命周期，不只是被动选择的消费者。

产品定义阶段：公司通过与31 125名用户在交互平台上互动和举办线下活动邀请行业KOL参与试驾，共计收获了围绕D90的18个产品定义点超过3万条建议。

产品开发阶段：公司在"我行MAXUS"平台上进行了众包项目试点，吸引了外部240余名设计师注册，并搜集了80余份设计作品，涵盖轮毂、行李架、防滚架、排挡杆等部分。公司还通过设计师平台让用户看到上汽大通产品的"设计端"运营，参与产品的设计环节，提高用户参与的趣味性。截至2018年底，工程在线平台积累了3万多条一对一问题建议，每条建议都由工程师进行回复沟通，浏览量超过90万次。

产品定价阶段：在汽车市场从未有过用户定价的先例，上汽大通开了先河。2017年4月公司在D90上市前做了一次用户参与定价的活动，用户可以通过公司设计的选配器模拟订单并自主定价。这场活动吸引了全网60多万人次参与，后台获取了共170多万个价格。随后，公司通过对大样本大数据的分析，发布了D90的价格。

产品选配阶段：D90上市后，上汽大通将原先给用户模拟订单的选配器升级成了"蜘蛛智选"智能选配器。在"蜘蛛智选"上，用户可以像吃自助餐一样，在3～15分钟内就能"选出"一台个性化的汽车，从驱动模式，到前格栅、车标LOGO、轮毂造型、天窗、座椅、内电动尾门、自适应巡航、360°高清全景影像、64色氛围灯内饰风格、大屏系统、氛围灯等，甚至是卡钳的颜色都可以随心选择。理论上，"蜘蛛智选"中的配置组合可以达到10的20次方。[1] "蜘蛛智选"针对不同的用户开发了四种不同的选车模式，第一种是智能定制模式，用户可针对自己关注的部分进行选择定制；第二种极客[2]定制模式，为特别懂车的族群开发，用户可以亲手挑选一辆完全个性化配置的车；第三种模式可以通过互动问题选出更适合自己的车；第四种模式是可以根据大数据分析的热门配置推荐选车。

产品验证/改进阶段：传统汽车厂商一般在营销阶段才开始接触用户，而上汽大通则从用户定价阶段就开始用户运营，并获得海量数据，通过数据分析可以帮助后台产品的验证和改进。D90产品验证/改进阶段，就通过对用户选配期间的数据分析发现，用户对轮毂的选择和原先公司自己预估的采购计划差异很大，公司很快根据用户数据对采购方案进行了调整。如果在传统车企的供需模式下，生产出来的汽车将和大部分用户的偏好偏离（见附录3）。

1　周博林，C2B智能定制模式　专访上汽大通蜘蛛智选，中关村在线，2018-05-03［2020-06-15］，http://auto.zol.com.cn/688/6881549.html。

2　极客是美国俚语Geek的音译，形容对创新、技术有狂热喜好的一群人。

产品服务阶段：为了给用户在购车后新的个性化选择的机会，上汽大通在业内首创"后悔药"特色服务，D90 认证车主可通过"我行 MAXUS"APP 及公众号进行领取 8 颗短期免费"限时特效药"，以及不断迭代的长期"处方后悔药"，用以不断更新改造自己的爱车。

数字化用户运营

随着用户数的增多，公司的数据团队逐步建立起完善的数据采集流程，数据采集涵盖前期的渠道推广活动的监测、用户到站后行为的监测以及用户分享的数据监测，覆盖了用户的全链路。基于对上述用户数据的运营，上汽大通改造了传统汽车厂商的营销模式。

传统的汽车营销模式下，用户的采集、培育、孵化、转化等环节都是分配给各个部门负责的，虽然企业在各个环节内部都进行了信息化，但这些信息是无法打通、流动的，从而造成了汽车营销过程中信息不透明、滞后，导致营销决策不准确。

而上汽大通的营销数据中心，将用户洞察从用户采集直至最后成交的全流程打通。通过建立用户 360 标签体系（根据数据现状梳理标签 223 个，以及后续导入社交属性标签 56 个），公司对数字化用户进行运营管理，改变了传统模式下汽车制造商无法直接触及用户、获取颗粒度更细的用户需求的痛点。

基于对用户的大数据分析，营销数据中心可以形成丰富的用户画像用来支持细分人群的营销方案、支持媒体投放和活动设计的决策，提高预售订单的转化率；还可以支持各类业务场景，帮助公司其他业务部门实现用户分组、完成数据变现。通过上述探索，上汽大通基本解决了在 C2B 模式下前端用户的问题。

B 端：智能生产

对用户而言，定制一台车只需要在"蜘蛛智选"智能选配器上像点外卖一样选择自己的配置，但其背后是上汽大通的整个流程再造。个性化需求意味着工厂接到的每一个订单都可能是不同的，从而导致后续生产不同车型配置各个环节的工时是不同的。一辆汽车打散了以后有一两万个零部件，一个车型需要上千家乃至几千家供应商的协同。订单的个性化将为中端生产端和后端供应链带来巨大的冲击。对此，上汽大通一边对 C2B 模式进行探索，一边通过数策软件[1] 等软件供应商的支持，对原有的生产制造体系进行全流程的数字化改造。

智能生产线改造

传统模式下，一个新车型开发首先需要汽车厂商对市场进行判断并制定目标，然后进行为期 18～36 个月的新平台开发阶段，供应商根据汽车厂商的产能规划进行零配件的供应；新车型推向市场后一般几年才会进行一次改款，每次改款要重新经历 2～4 个月的工艺验证阶段。

为适应 C2B 极度柔性的生产模式，上汽大通在数策支持下自主研发了 APS[2] 高级智能排产系统。用户下好订单后，智能排产系统可以迅速对每个车型配置的不同工序进行模拟仿真验证，根据工厂装配工时和订单周期分析计算出最优排产计划。当车身进入装配车间，就会在立体库[3] 中进行排序，每一辆车的装配指令都由系统统一控制，统一排放到流水线上。在系统上，可以清晰地看到每一订单车辆的所在位置。用户在前台下好订单后，每个汽车订单就会立刻生成一个独立的 ID，后续所有零配件、生产、装配环节，都将对应着这个唯一

1　上海数策软件有限公司，成立于 2011 年，是一家专注于汽车行业大数据应用解决方案的 IT 公司，专为汽车行业提供大数据应用解决方案和数据分析服务。

2　APS，高级计划系统（Advanced Planning System），又名高级生产计划与调度系统（Advanced Planning and Scheduling），结合长期、中期、短期三个层次的计划进行联动，可以通过诸如 MAXPROVA 等调度系统快速实现有限产能排产。

3　立体库也称为高架库或高架仓库，一般是指采用几层、十几层乃至几十层高的货架储存单元货物，用相应的物料搬运设备进行货物入库和出库作业的仓库，能充分利用空间储存货物。自动化立体库（AS/RS）由高层货架、巷道堆垛机、输送机、控制系统和计算机管理系统（WMS）等构成，可以在计算机系统控制下完成单元货物的自动存取作业。

的 ID 来进行。系统会根据每个订单的 ID 统一下发指令，列物料订单。订单在物流仓库进行智能配料，由机器指示人来拿物料，而不会以纸质版形式发放到工人手中。在拣货前，工人只需扫一下订单的二维码，货架上的灯就会自动亮起；工人只需要按照亮灯的顺序来依次装配物料，无须对照订单一一核对。

在装配过程中，生产线各工位都有电子显示屏，装配单、检查单都直接在电子显示屏上显示。工人只需要按照系统显示屏弹出的装配信息和操作要求，按照亮灯的顺序来依次装配物料，无须对照订单一一核对。系统不仅集成了精确追溯条码防错功能，从供应商端就启动防错预警；还集成了物料控制的暗灯系统，实现半自动化提醒，以及车身车间视觉防错系统，有效识别不同配置车型上细微的孔位差异，在线防错。最后，在订单下线时，订单的交付检验也通过订单唯一的 ID 进行。

供应链数字化

传统模式的汽车供应链系统建立在大批量标准化生产系统之下。在大批量标准化的生产系统下，生产所需的零配件无论是 SKU[1] 还是数量都是根据汽车厂商的规划进行匹配的。传统模式一般一辆车所有零配件的 SKU 在 2 000～3 000 个左右。

而 C2B 模式对零配件的要求是小批量、多批次、反应快，这就要求供应链配合联动。供应商愿不愿意、有没有能力配合，都是上汽大通 C2B 模式能不能走通的重大问题。对此，上汽大通在供应链环节做了很多数字化探索。

一方面，上汽大通打通了销售端和制造端的数据流，将用户在"蜘蛛智选"上选配的信息进行综合分析，与原先采购计划的选配比例进行比较，早在用户兴趣、意向环节就收集到更精准的选配偏好，用以帮助提高采购决策的效

---

1 SKU，Stock Keeping Unit，库存保有单位。

率。在生产环节，通过 OTD[1] 可视化菜单实时监控生产，提前干预风险，减少供应链波动。另一方面，上汽大通还将数据能力赋能开放给供应商，把后台 EDI[2] 开放与供应商系统打通连接。供应商早在用户选配订单时，就能实时了解相关零配件的需求动态，在生产前，提前做好准备，确保产品及时交付。已经打通数据的供应商，每一辆车所需要的零配件都会实时传递到供应商手中，供应商可以对照 VIN 车辆的唯一识别号为每一辆车进行配件。以汽车座椅为例，传统模式下汽车厂商需要存储大量库存，占地面积大、找货难度大。而上汽大通与汽车座椅供应商延锋安道拓打通了 IT 系统，每一个订单都将实时发送到座椅供应商手中，再进行备货送货。延锋安道拓更是将一条生产线直接搬到了上汽大通工厂内部，通过供应链打通实现成品零库存，响应速度从一周缩减到两小时。[3]

截至 2018 年底，上汽大通已经打通了多个核心一级供应商，但离打通全部的一级和二级供应商还有很长的距离。

设计开放化

在设计环节，2018 年底，上汽大通与法国达索系统[4]达成协议，公司将基于达索系统 3DEXPERIENCE 平台和 C2B 模式协同，构建研发工程在线平台，建立上汽大通内部工程师和社会设计力量协同设计的环境。短时间内，上汽大通的"设计创意平台"已有约 1 000 位工程师、设计师加入创意设计和研讨。

1　OTD，Order to Delivery，订单交付流程。

2　电子数据交换（EDI）简单地说就是企业的内部应用系统之间，通过计算机和公共信息网络，以电子化的方式传递商业文件的过程。换言之，EDI 就是供应商、零售商、制造商和客户等在其各自的应用系统之间利用 EDI 技术，通过公共 EDI 网络，自动交换和处理商业单证的过程。

3　揭秘上汽大通 C2B 智能定制工厂"黑匣子"，一辆定制化的汽车是怎样炼的？钛媒体，2019-01-22 [2020-06-15]，https://www.cyzone.cn/article/492517.html。

4　达索系统，总部位于法国巴黎，提供 3D 体验平台，应用涵盖 3D 建模、社交和协作、信息智能与内容和仿真，服务范围涉及商务飞机、汽车等多个领域。

经销服务在线化

上汽大通 2014 年才开始进入乘用车市场，在经销商网络方面能力薄弱，一度成为上汽大通终端体验的掣肘。为了提升经销能力，上汽大通一方面大力发展渠道经销商，构建经销商网络，2017 年发展了 70 家渠道经销商，2018 年发展了 100 家。另一方面，上汽大通还打造了与经销商直联的"知乎平台"[1]，这是上汽大通对经销商的服务平台和标准化、在线化、数据化的管理抓手。通过这一平台，上汽大通可以直接与经销商分享信息，帮助其解决问题。[2]

中台：新型组织的探索

C2B 转型落地，离不开企业组织的保障。在传统车企的组织架构中，各职能部门条线分割、各司其职，但这种内部密切分工合作的组织对用户需求的响应速度极其缓慢。如何使上汽大通原有职能化部门组织架构转化成为围绕用户为中心的组织架构，是摆在大通面前的一道难题。[3]

新的激励机制

面对汽车市场剧烈变革，公司探索转型新模式一定要有强有力的组织推动，但变革往往带来阵痛。在公司转型 C2B 模式初期，上汽大通的员工出现了两种截然不同的现象：一种员工主动拥抱变革；还有相当一部分人持质疑的态度。变革是势在必行的，如何让员工接受变革、接受不确定性是关键。要支撑 C2B 业务转型，上汽大通在组织能力建设上做了大量工作。

对此，在探索 C2B 业务初期，公司实行淘汰机制，"跟得上的你就上，不

---

1 知乎平台是一个中文互联网问答社区，大家可以分享知识、经验和见解。

2 对话上汽大通董事长：领导力就是让员工拥抱变革，和讯，2019-05-22 [2020-06-15]，https://m.hexun.com/bschool/2019-05-22/197280551.html。

3 同上。

行你就下", 通过反复强调变革重要性排除噪声。蓝青松观察到组织中会有 15%～20% 非常优秀的干部和员工脱颖而出, 这些员工就是公司转型的种子员工。在推动 C2B 业务探索过程中, 公司通过激励机制给到种子员工奖励, 让种子员工挑更大的重担, 承担责任, 起到带头的作用, 并做出阶段性成果。当 C2B 模式探索不断有了阶段性成果, 公司上下就会受到鼓舞, 觉得方向对了, 更多的员工就会参与进来。[1]

组织流程再造

在传统模式下, 组织结构是直线型的。而在 C2B 模式下, 原本的组织架构无法招架公司内外部成本增长的沟通需求。为此, 上汽大通将内部结构转变为 "中台支持一线" 的形式, 将直线型组织结构升级为矩阵结构。

公司构建了 "i 大通平台" 对组织内部沟通协作做了数字化改造。在 "i 大通平台" 上, 公司上下员工都可以匿名发言, @领导解决问题, 相关负责人响应率高达 90% 以上。这个平台打破了公司原本各个职能部门逐层汇报、沟通链条冗长单向、响应速度缓慢的现状。公司从直线型组织结构往矩阵结构发展, 一切围绕用户需求, 往用户驱动业务运营发展, 逐步淡化边界, 跨界运营。

当前, 上汽大通已经构建起了面向用户和升级在线管理的七大平台, 除了面向内部组织的 "i 大通平台", 还有面向 C 端的 "我行 MAXUS" 平台、房车生活家、蜘蛛智选、蜘蛛智联和工程在线五大数字化平台, 以及面向 B 端经销商的大通知乎平台。通过这些平台上汽大通初步实现了企业与用户及伙伴在全价值链上的互联。[2]

---

1 蓝青松谈 C2B2.0: 组织流程是下一轮企业竞争核心, 汽车头条 APP, 2018-08-10 [2020-06-15], http://news.bitauto.com/hao/wenzhang/890916。

2 对话上汽大通董事长: 领导力就是让员工拥抱变革, 和讯, 2019-05-22 [2020-06-15], https://m.hexun.com/bschool/2019-05-22/197280551.html。

问题与挑战

SUV D90 后，上汽大通又采用 C2B 模式让用户全程参与研发生产了 MPV G50。G50 交货周期第一阶段缩短到 30 天之内，第二阶段缩短到 16 天内；相比传统汽车的交付期大大缩短。在用户大数据层面，上汽大通 MAXUS 积累了海量的用户数据。截至 2019 年 6 月，"蜘蛛智选"累计访问量达 1 168 万次。在上汽大通车主中 42% 的用户在购车前使用过"蜘蛛智选"，有 30% 的用户选择了通过 C2B 模式自由搭配自己的爱车。上汽大通的 C2B 探索使得其产品减少了 35% 的上市时间，产品交付周期缩短 20%，配置精确度达到 99.8%，加工和换线时间缩短 30%。

2019 年的夏季达沃斯论坛上，上汽大通南京 C2B 智能工厂成功入围世界经济论坛的工业 4.0"灯塔工厂"名单，公司的 C2B 探索被如此评价："面对竞争激烈的市场环境，上汽大通针对大规模定制展开了新模式。利用一体化数字主线，该工厂对从客户到供应商的端到端价值链实现数字化，在提高销售量的同时降低了成本。"这意味着上汽大通的 C2B 探索在世界范围的权威评选中获得肯定，为全球制造业企业提供了一定的借鉴方向。[1]

蓝青松认为，上汽大通作为一个起步晚的车企，只有开创一个与众不同的商业模式才能在竞争激烈的中国汽车市场中杀出一条路来。但在数字化变革的浪潮中，上汽大通作为汽车 C2B 第一个"吃螃蟹"的汽车厂商担负了巨大的风险。C2B 是否真的是未来的趋势呢？上汽大通该如何保持自己的先发优势呢？C2B 模式是否能响应更大的市场需求呢？从 1 到 N 的阶段上汽大通应该如何发展呢？

1　对话上汽大通董事长：领导力就是让员工拥抱变革，和讯，2019-05-22［2020-06-15］，https://m.hexun.com/bschool/2019-05-22/197280551.html。

附 录

附录 1：中国 2008—2019 年汽车总销量情况

资料来源：根据汽车工业协会历年公开销量数据整理。

附录 2：上汽大通汽车销量情况

附录 2.1　上汽大通 2011—2019 年汽车销量情况

资料来源：根据上汽大通历年公开销量数据整理。

附录 2.2 上汽大通 D90 和 G50 销量情况

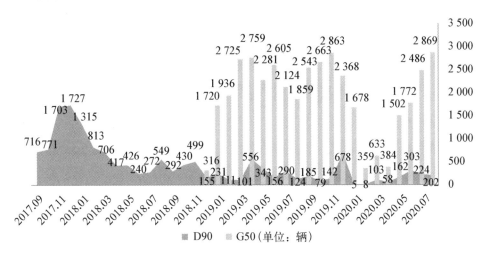

■ D90   ■ G50（单位：辆）

资料来源：上汽大通 MAXUS G50 销量详情. 车主之家，2020［2020-10-10］，https://xl.16888.com/s/128118/；上汽 MAXUS D90 销量详情. 车主之家，2020［2020-10-10］，https://xl.16888.com/s/127528/。

附录 3：上汽大通 D90 用户配置偏好数据与实际采购预估的差别

项　　目	17 寸轮毂	18 寸轮毂	19 寸轮毂	21 寸轮毂
采购前期预估选配比例	0%	50%	40%	10%
用户定价期间选配比例	4.7%	10.1%	62.8%	22.4%
用户选配期间选配比例	2.7%	13.1%	70.2%	14.0%

资料来源：案例企业提供。

21

蚂蚁金服：
创新的边界在哪里？[1]

蚂蚁金服起始于支付宝，后者创建于 2004 年。2013 年，以支付宝为主体的小微金融服务集团成立。2014 年，此集团被改名为"蚂蚁金融服务集团"（简称：蚂蚁金服），2019 年 4 月，全球用户数超过了 10 亿，70% 的用户使用 3 项及以上的蚂蚁金融服务产品（见附录 1）。

蚂蚁金服的产品几乎都是其利用互联网技术对金融创新的产物。蚂蚁金服的创新触角，已经从支付延伸到了财富管理、小微贷款、保险、信用生活等诸多领域（见附录 2）。接下来，蚂蚁金服还将如何创新？

为了探讨这个问题，2019 年 5 月，蚂蚁金服特地召开了高管战略会议，讨论持续创新和创新边界问题。"持续创新在今天到底意味着什么？如果有些事情，蚂蚁金服可以不做，那究竟是哪些事情？又是为了什么？"

---

1 本案例由中欧国际工商学院的朱晓明、朱琼、倪英子和朱奕帆共同撰写。在写作过程中得到了案例企业的支持，并参考了现有公开信息及企业授权资料（均已在文中注明）。出于保密需要，本案例所涉及的案例企业的财务指标和部分关键数据均经过掩饰，但这样的掩饰不影响本案例的讨论和决策。该案例目的是用来做课堂讨论的题材而非说明案例所述公司管理是否有效。本案例在中欧课堂受到广泛欢迎。

金融创新的市场背景

互联网金融创新，即所谓的 Fintech 在 2013 年引爆了中国市场（见附录 3），2015 年底，互联网金融的市场规模超过 12 万亿元，用户数超过 5 亿，跃居世界第一。[1]2017 年，中国的 FinTech 公司增至 5 000 家。[2]

出现在 FinTech 行列中的不仅有互联网巨头，还有创业公司、传统非金融或金融企业（见附录 4）。这些公司不仅彼此竞争，也对传统金融机构发起挑战。

不过，从 2016 年起，在监管压力下，FinTech 公司纷纷宣布向 TechFin 转型，后者的含义，按照蚂蚁金服的解释，就是"只做 tech（技术），帮金融机构做好 fin（金融）。"

互联网金融监管

对于互联网金融，中国政府最早持开放、包容态度。[3]转折发生在 2016 年，当年政府工作报告提出要"规范发展互联网金融"。[4]此后，一系列监管政策相继出台，如对现金贷持续收紧、对第三方支付"断直连"[5]等，监管力度逐年增大。2019 年 5 月，中国人民银行原行长、中国金融学会会长周小川甚至发文指出，"警惕 Big Tech 赢者通吃"。[6]

1　Joseph Luc Ngai, John Qu, Nicole Zhou," What's next for China's booming fintech sector?" July 2016, https://www.mckinsey.com/~/media/McKinsey/Industries/Financial%20Services/Our%20Insights/Whats%20next%20for%20Chinas%20booming%20fintech%20sector/Whats-next-for-Chinas-booming-fintech-sector.ashx, accessed April 13, 2019.

2　"Fintech 在中国究竟有多火？"，搜狐，2017-08-24［2019-03-29］，http://www.sohu.com/a/166901213_465792

3　"2013 年，互联网金融引爆金融业"，网易，2013-12-12［2019-03-31］，http://money.163.com/13/1212/05/9FSCRR2V00253B0H.html。

4　"2016 互联网金融的监管时代"，trjcn，［2019-04-29］，https://www.trjcn.com/zt/internet_financial.html。

5　"断直连"是指第三方支付机构切断之前直连银行的模式，接入网联或银联。

6　"'拆分'蚂蚁金服：央行监管'金融控股'样本观察"，钛媒体，2019-08-04［2019-08-29］，https://finance.sina.com.cn/roll/2019-08-04/doc-ihytcitm6772614.shtml。

市场需求痛点

在中国市场之所以能爆发金融科技创新，一方面在于新技术的不断涌现，以及因为电子商务和移动电子商务的兴起而产生的大量互联网金融应用场景；另一方面，也是更为直接的原因在于，中国传统金融市场存在诸多需求痛点和空白点。

中小微企业融资难： 2018 年 1 月的一份世界银行报告显示，在 5 600 万个中国中小微企业中，有 41% 的企业存在信贷困难，超过 2 300 万个中小微企业或是完全无法从正规金融体系获得外部融资，或是从正规金融体系获得的融资不能完全满足需求。中小微企业融资缺口接近 12 万亿元人民币。[1]

信用缺失： 信用缺失是导致中小微企业融资难的原因之一。企业到银行去融资要么通过抵押担保，要么通过信用担保。而中小微企业既无资产抵押，又缺失信用信息。

个人消费金融需求增加： 当 80 后、90 后成为消费主力时，他们对消费金融的需求更加强烈。但根据蚂蚁金服的数据，中国商业银行 90% 以上的消费信贷被 4 亿人获得，超 7 亿人消费信贷或不足或缺乏，因为他们缺乏信贷记录，银行对他们的触达、风控成本均较高。

个人财富管理需求涌现： 中国个人可投资资产从 2006 年的 26 万亿元，增加到 2017 年的 188 万亿元（估计），年复合平均增长率达 20%。伴随着金融资产的增加，居民对金融资产的财富管理需求日益增大，但与此同时，中国的投资或其他财富管理渠道相当匮乏。[2] 蚂蚁金服从支付开始的产品和商业模式创新。

1　"中小微企业融资缺口报告（中）"，搜狐，2018-02-08［2019-03-29］，http://www.sohu.com/a/221720639_611529。

2　"2017 年中国财富管理行业发展现状及市场规模分析"，chyxx，2018-02-28［2019-02-28］，http://www.chyxx.com/industry/201802/614696.html。

支付宝：从支付到生活服务平台

支付宝的诞生，是阿里巴巴体系内需求倒逼的结果。

阿里巴巴是马云于 1999 年在杭州创立的中国第一、全球地位仅次于亚马逊的电子商务平台。淘宝是阿里巴巴旗下的 C2C 电商平台，最初因为买卖双方缺乏信任而少有交易。为了解决信任问题，淘宝参考当时竞争对手 eBay 旗下在线支付工具 PayPal 推出了支付宝，之后，淘宝就出现了 768% 的月增速。

2011 年，支付宝获得了央行第一批颁发的支付牌照。之后，支付宝的活跃用户数一路飙升（见附录 5），2018 年在中国移动支付市场支付宝的份额达 53.78%，排名第一，腾讯金融（含微信支付）紧随其后。

支付宝的增长，不仅缘于其产品创新所带来的使用便捷性，还在于其对支付场景的创新所带来的应用范围扩大，用户可以在支付宝上进行各种生活缴费、订车票、订餐、租房，由此，支付宝变成了生活服务平台。

2017 年，支付宝从线上扩展到线下，针对小商户推出了"收钱码"。只要商户有一个手机号和银行卡号，支付宝就可以帮其关联一个"收钱码"。线下交易时消费者扫描"收钱码"，钱就直接被划到了商户的银行卡里。此举大大方便了消费者和商户。

为了增加用户使用频次，支付宝还推出了蚂蚁森林公益行动，用户通过步行、地铁出行、使用支付宝在线服务等行为，获得"绿色能量"，并据此在支付宝种一棵虚拟树。这棵树长到一定程度后，支付宝会以该用户的名义在荒漠种下一棵真树，并向用户颁发公益证书。

发展到 2019 年 5 月，按照蚂蚁金服总裁胡晓明给出的数据，支付宝已成为中国民生服务的第一入口，每 4 名中国人中就有 1 人使用支付宝，支付宝在中国的用户数有数亿，其中年龄最大者为 95 岁。

从余额宝到财富平台

2013 年 6 月上线的余额宝[1]，是支付宝在金融领域创新的第一个"爆品"。设计余额宝初衷，是为了解决"双十一"开始时前 15 分钟内的交易瓶颈。此前"双十一"开始时，由于银行无法在短时期内（15 分钟）提供巨大资金支付流量，导致用户无法支付、交易被卡，甚至平台陷入瘫痪。

兼具货币理财和支付功能的余额宝能吸引用户的大量资金，这些资金能在短时间内起到备付金作用，满足瞬时大支付流量的需求，从而消除了瞬时交易瓶颈。

理财是定期的，而支付是即时的，这一对矛盾在传统金融体系内无法调和，但蚂蚁金服却利用大数据技术将它们实现了兼容。不仅如此，他们还将投资门槛降至 1 元。

余额宝上线首日，引来了几十万用户，上线 10 天后，用户数突破了 100 万，半年后则达 4 000 万。"再也没什么理由把钱存银行了"，当时一位用户说。[2] 余额宝上线当年底，银行储蓄存款累计少增 6 860 亿元。[3] 从 2015 年起，蚂蚁金服搭建了向金融机构开放的财富管理平台。在此平台上，面向用户，蚂蚁金服提供了千人千面的产品服务，比如其目标投产品，可以让用户自己选择收益率，然后蚂蚁金服据此为用户匹配合适的金融产品。

面向金融机构客户，财富平台不仅提供支付宝的用户流量，还开放底层技术和服务能力，帮助他们提升运营效率。截至 2018 年底，入驻财富平台的基金公司超过 100 家，而平台累计服务理财用户近 1 亿人，用户平均持仓资金为五六千元。而同时期金融机构的理财门槛为 5 万元。

---

1 余额宝是蚂蚁金服和天泓基金合作的产品，2015 年 1 月，蚂蚁金服控股天弘基金。

2 罗骢，"9 个月经历 4 轮限额和整改，支付宝的银行梦结束了"，qdaily，2018-02-08［2019-04-29］，http://www.qdaily.com/articles/49916.html。

3 Ibid.

从信用到普惠信贷

芝麻信用是支付宝的一个衍生品。使用支付宝的用户，都会在支付宝上沉淀大量的数据。基于这些数据，再加上从其他途径获得的数据，支付宝就能对用户进行信用评估并给出芝麻信用分。此举让3亿多"信用白户"拥有了信用记录。

芝麻信用分是蚂蚁金服对用户提供金融服务的依据。比如，分数高于600分者有机会享受免押金租房、租车等信用租服务，不同芝麻信用分的人能获得不同的花呗、借呗额度。

花呗是个人信用消费产品，与银行信用卡类似，不过，花呗用户与信用卡客户的重叠率低于25%。用户选择花呗付款，可以享受41天免息及分期还款服务。2018年底，花呗用户数过亿。借呗是个人信用贷款产品，芝麻信用分600以上就可以开通借呗，申请500～20万元不等的贷款额度。通过借呗借款只需要3秒。

2015年成立的网商银行是蚂蚁金服的另一类信贷创新业务，定位于服务小微和三农，不做500万元以上的贷款业务。这是一个没有线下网点的互联网银行，不能做存款业务，只能做贷款和理财业务，资金最初来源于投资人的投资、银行同业拆借和发行ABS产品，2018年6月以后，执行"凡星计划"[1]，与其他金融机构合作放贷或做理财业务。

截至2019年4月，网商银行累计服务超过1 600万家小微企业和个体经营者，其中约80%为网商银行独有客户，与传统银行存在交叉的客户只占10%。

单户授信1 000万元以下的企业是银保监会认定的普惠金融应该覆盖的小微企业，而中国前五大行服务的小微企业授信额度一般在3 000万元，浙商银

1　凡星计划：自2018年起的三年里，网商银行将与1 000家金融机构合作，共同服务3 000万家小微企业和个体经营者。其中包括，全面开放蚂蚁金服、阿里巴巴所有的生态场景，以及开放人工智能风控体系和智能化的运营能力。

行等股份制银行服务的小微企业授信额度为 500 万元，台州农商行等地方银行服务的小微授信额度为 50 万元。而网商银行单户授信为 100 万元以下的企业占比 96%。在网商银行贷款中，单次放款 10 万元以下者占比 96.4%，放款 5 万元以下占比 88.9%，总体户均余额仅为 2.5 万元。

针对小微企业融资需求急的特点，网商银行创新推出了"310"贷款模式：3 分钟申贷、1 秒钟放款、全过程 0 人工干预。此模式的平均运营成本为 2.3 元，其中 2 元为技术投入费用。

2017 年，网商银行跟随支付宝"收钱码"服务线下小微商户，只要后者使用"收钱码"进行交易，网商银行就能依据其店铺位置、交易金额、交易频次、买家结构等信息对其进行风险画像并据此授信，使用"收钱码"越多授信额度越高。

截至 2017 年末，网商银行资产总额为 781.7 亿元，资本充足率达 13.5%，年营业收入为 42.75 亿元，净利润 4.04 亿元，同比增长 28%。截至 2019 年 3 月，网商银行累计放贷 2 600 多亿元。

从场景保险到平台保险

场景保险是针对阿里巴巴交易具体场景定制的保险产品，比如账户安全险[1]，或退货运费险。[2] 账户安全险的千人千面定价是指针对不同人的安全防控意识和账户资金数等变量给出不同的保险定价；退货运费险的千单千面定价则是指针对订单配送距离远近、订货者退货倾向等变量给出不同价格。这两款产品都拥有亿级以上的用户。

1　账户安全险是针对支付宝账户里所有因被盗发生的直接损失提供的全年不限次数、全额赔付、案件快速响应、全程在线理赔的保障服务。

2　退货运费险是针对交易产生退货时所发生的运费提供保险的服务。购买该产品的买家在发生退货时可以获得退货运费赔付。

除了场景保险外，蚂蚁金服还搭建了一个销售商业保险产品的平台，不过，这个平台的流量一直不大，直到"相互保"的推出。"相互保"上线7天就吸引了超过1 000万用户加入，半年后用户数超过5 000万。

"相互保"是蚂蚁金服推出的一款针对芝麻信用分650以上人的互助保障类产品。与传统保险产品先交钱后享受保险服务不同，"相互保"零元加入，等出险时再通过互助圈进行分摊，出险者可以得到最多30万元保障，其他人则分摊这笔费用。由于这款产品拥有数千万的用户规模，因此，针对每一笔出险理赔，每个用户扣款金额不到0.01元。如果用户拒绝付费，则会导致其芝麻信用分降低。

在全球市场延伸创新

蚂蚁金服在大陆市场的创新模式和产品，自2014年起开始沿着两条路径向海外输出：一，跟随中国游客出海，在当地市场向他们提供服务；二，在"一带一路"沿线，跟本地公司合作，通过投资和赋能，让他们为本地人提供金融服务。

为了在海外市场服务中国游客，蚂蚁金服首先跟当地银行合作，让支付宝能成为当地的支付工具；接着用人工地推的方式将支付宝的支付条码放进当地商家，这样中国游客就可以直接扫支付宝二维码在当地支付。

在"一带一路"沿线，印度是蚂蚁金服输出的第一个国家，2015年他们两次向印度最大的移动支付和商务公司Paytm投资9亿美元，成为其第一大股东，之后，他们派出至少20人驻扎在Paytm总部，花了一年半时间将支付宝模式复制给Paytm。没合作前，Paytm的用户数大约为2 000万，合作一年后其用户数翻了6倍。

在印度做成后，蚂蚁金服本想拿着印度经验在其他国家复制，然而，各国的实际情况和需求差异很大，因此，蚂蚁金服不得不一地一策地创新，比如，为马来西亚打造了一个当地版支付宝 TNGD，为菲律宾和孟加拉国已有的电子钱包赋予了更多互联网金融的新功能等。

此外，蚂蚁金服还与阿里巴巴联手，在马来西亚打造了第一个 eWTP（electronic World Trade Platform，电子世界贸易平台）试验区。eWTP 运营 1 年，就帮助 2 000 多家当地中小企业参与了全球贸易，"一家公司此前一年的出货量可能在 10 个集装箱左右，而现在通过 eWTP 平台四五个月销量就达到 45 个集装箱"，马来西亚数字经济发展局 COO 说。[1]

2019 年 1 月，蚂蚁金服上线了其从马来西亚到巴基斯坦的区块链跨境汇款业务，实现了跨境汇款 3 秒到账。传统金融渠道的跨境汇款一般需要 2～5 个工作日。

2019 年 2 月，蚂蚁金服以 7 亿美元收购了英国跨境支付公司 WorldFirst。至此，蚂蚁金服的全球金融合作伙伴已增至 250 余家。通过他们，蚂蚁金服连接了全球 54 个国家和地区的数十万商家。

开放式创新

蚂蚁金服的创新产品在推出之初曾引起行业的极大震动和关注，一些大银行甚至把蚂蚁金服当成"最大的竞争者"。[2]

然而，四面为敌不是蚂蚁金服创新的初衷。不过，做金融业务的诱惑确实太大，置身于一系列金融创新产品的丰硕成果中，蚂蚁金服内部也曾有人提出想做一家金融公司。然而，反对者质疑到：从传统金融市场上去切一块蛋糕有

---

1 "民间版中国数字经济方案整体海外输出：阿里首站为何选在马来西亚？"，搜狐，2018-03-16［2018-07-16］，https://www.sohu.com/a/241580361_650513。

2 箫雨，"华尔街日报：蚂蚁金服正在重塑中国银行系统"，凤凰科技，2018-07-30［2019-08-28］，http://www.techweb.com.cn/internet/2018-07-30/2690610.shtml。

价值吗？蚂蚁金服的优势，是体现在金融服务上还是金融科技创新上？做大金融生态是否更能体现蚂蚁金服的价值？

为了回答这些问题，蚂蚁金服追溯到自己的创新初心。最初的金融创新，都是为了解决商业交易中存在的金融服务不足的痛点问题。蚂蚁金服之所以申请了包括银行、保险、基金和第三方支付的牌照，是因为他们需要在这些领域充当"第一个吃螃蟹者"。蹚出路后，他们该继续独自往前走，还是联合行业一起前行呢？

独自往前走，就会跟其他金融机构产生冲突，蚂蚁金服的创新产品和模式也只能在相对局限的范围内应用。在蚂蚁金服管理层看来，这显然有违蚂蚁金服的初心。于是，2015 年，他们坚决回归初心，坚持定位于金融科技公司，将支付、理财、融资、保险等业务平台向整个行业开放。

向 B 端开放科技能力

平台开放，只是蚂蚁金服开放的第一步，2018 年初，他们将金融科技能力也开放给金融机构。他们的目标是，到 2022 年让技术服务在蚂蚁金服的收入占比，从 2017 年的 34% 提升到 65%。

按照蚂蚁金服副总裁刘伟光的说法，通过平台开放，蚂蚁金服用平台的数据和技术能力帮助合作伙伴实现了互联网金融业务；而科技能力开放，则涉及提供诸如搭建分布式金融架构平台、风控管理和反欺诈系统等技术服务。比如，他们联合阿里巴巴帮助南京银行推出了"鑫云 +"互联网金融开放平台。后者利用该平台实现了对中小银行的资源整合、信息汇聚、利益共享，带动中小银行开展互联网金融业务。在合作中，三方共建"数据共创实验室"，共同探索中小企业金融、个人金融等方面的数据模型和数据应用。

蚂蚁金服对外开放的技术能力，都是其团队多年打造的。每一年的双十一，就是其技术最大的锤炼场，在支撑起一年比一年高的瞬间交易笔数峰值（见附录6）的同时，他们也打造出与传统金融机构完全不同的技术架构和产品，比如，分布式开放技术平台和金融级分布式关系数据库 OceanBase。与此同时，他们也积累起了其分属于 Blockchain（区块链）、Artificial Intelligence（人工智能）、Security（安全）、IoT（物联网）和 Cloud Computing（云计算）等（BASIC）领域的技术能力。从 2016 年起，蚂蚁金服连续三年成为全球申请技术专利最多的公司，其区块链申请专利数量，在全球互联网公司中名列第一。

挑战

无人区的挑战

作为金融科技的创新者，蚂蚁金服正在步入数字金融领域的无人区。在这里，他们不仅要面临技术不确定的挑战，还要面临监管空白的挑战。

作为一家靠科技驱动的公司，蚂蚁金服需要在技术赛道上持续布局，然而，在这个技术快速变化的时代，"今天谁可以预测未来五年科技带来的变革？"蚂蚁金服 CEO 井贤栋说道。而胡晓明也指出："在很多基础科学研究领域，我们还存在一些盲区。"因此，如何走出盲区、区辨未来技术、如何布局赛道成为他们的一大挑战。

行走在无人区的蚂蚁金服，还需要面对金融监管规则空白的挑战。没有规则不意味着蚂蚁金服可以为所欲为，特别是在金融领域。蚂蚁金服的创新产品每每上市，几乎都会跟既有规则发生碰撞。一直以来，蚂蚁金服都在致力于解决业务发展的合法合规、正当性问题，这样的努力未来仍然必需。

竞争对手的挑战

几乎被问到的蚂蚁金服人都认为，腾讯是其最大的竞争对手，在金融的各个领域，双方都会竞争。此外，随着蚂蚁金服创新边界的扩大，它还会遇到各个细分领域的强劲竞争者和在金融科技方面不断强化能力的传统金融竞争者。

界定边界的挑战

对外输出金融科技能力的蚂蚁金服，最终是要打造金融生态。那么，在这个生态创建和维护过程中，为了保证生态的平衡、健康和持续发展，蚂蚁金服应该如何设定自己的创新边界？是继续在金融产品上创新，还是在金融科技服务上创新？哪些事情应该由自己来做？哪些事情应该交由生态伙伴来做？显然，如果这些问题不能合理解决，那么健康的生态就很难形成。

附录1：蚂蚁金服发展的主要历程

年份	事　　件
2004	支付宝公司成立
2009	支付宝推出手机支付服务
2010	马云批支付宝体验差；彭蕾出任支付宝CEO；推出快捷支付；推出阿里小贷业务
2011	支付宝获央行颁发的《支付业务许可证》
2012	获基金第三方支付牌照
2013	余额宝上线，支付宝开始拓展金融业务
2014	蚂蚁金服公司成立，推出"花呗"
2015	获120亿元人民币A轮融资；网商银行开业；推出"借呗"；推出互联网推进器计划；入股国泰产险成为控股股东
2016	获得45亿美元B轮融资；回归支付主业，宣布国际化、农村、绿色金融三大战略方向
2017	推出"收钱码"产品，促进线下移动支付普及；披露"BASIC"战略布局
2018	彭蕾卸任，井贤栋接任蚂蚁金服董事长；宣布蚂蚁金服金融科技全面开放；获得140亿美元第三轮融资

资料来源：蚂蚁金服。

附录2：蚂蚁金服的业务版图

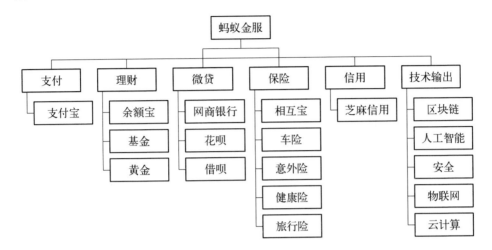

补充文中未出现的相关概念：

车险： 是指对机动车辆由于自然灾害或意外事故所造成的人身伤亡或财产损失负赔偿责任的一种商业保险。

意外险： 指在约定的保险期内，因发生意外事故而导致被保险人死亡或残疾，支出医疗费用或暂时丧失劳动能力，保险公司按照双方的约定，向被保险人或受益人支付一定量的保险金的一种保险。

健康险： 指保险公司通过疾病保险、医疗保险、失能收入损失保险和护理保险等方式对因健康原因导致的损失给付保险金的保险。

旅行险： 是指被保险人在保险期限内，在出差或旅游途中因意外事故导致死亡或伤残，或保障范围内其他的保障项目，保险人应承担的保险责任。

区块链： 从本质上讲，它是一个共享数据库，存储于其中的数据或信息，具有"不可伪造""全程留痕""可以追溯""公开透明""集体维护"等特征。基于这些特征，区块链技术奠定了坚实的"信任"基础，创造了可靠的"合作"机制。

人工智能：是研究和开发用于模拟、延伸及扩展人的智能的理论、方法、技术及应用系统的一门新的技术科学。

物联网：指通过各种信息传感器、射频识别技术、全球定位系统、红外感应器，激光扫描器等各种装置与技术，实时采集任何需要监控、连接、互动的物体或过程，采集其声、光、热、电、力学、化学、生物、位置等各种需要的信息，通过各类可能的网络接入，实现物与物、人与物的泛在连接，实现对物品和过程的智能化感知、识别和管理。

云计算：是分布式计算的一种，指通过网络"云"将巨大的数据计算处理程序分解成无数个小程序，然后，通过多部服务器组成的系统进行处理和分析这些小程序得到结果并返回给用户。

资料来源：蚂蚁金服。

附录3：2015年中国互联网金融市场画像

互联网金融模式	互联网金融细分模式	市场占比
第三方支付		89.2%
财富管理	基金	4.50%
	其他（私募、信托）	0.10%
融资	P2P	2.25%
	小微贷款	2.25%
	众筹	0.10%
其他	保险	0.10%
	在线或直销银行及其他	1.50%

资料来源：改编于 Joseph Luc Ngai, John Qu, Nicole Zhou, "What's next for China's booming fintech sector?" July 2016, https://www.mckinsey.com/~/media/McKinsey/Industries/Financial%20Services/Our%20Insights/Whats%20next%20for%20Chinas%20booming%20fintech%20sector/Whats-next-for-Chinas-booming-fintech-sector.ashx，［2019－04－13］。

附录 4：中国市场主要 FinTech 公司

FinTech	简　介
腾讯金融	在垄断的 QQ 和微信社交平台上诞生的腾讯金融，拥有丰富的互联网场景，其第一个支付产品财付通成立于 2005 年 9 月，2013 年 8 月，微信支付诞生，2014 年，腾讯牵头成立了互联网银行——微众银行。2018 年 3 月开始启动海外金融布局，涉及数字银行、支付和信用卡等业务。总之，腾讯凭借微信和 QQ 在社交媒体上的垄断优势，向金融全链条渗透布局，并用此过程积累的金融科技能力赋能 B 端形成开放金融生态。腾讯金融包括支付（财付通、微信支付、QQ 钱包）、理财（理财通、微黄金）、证券（微证券）和创新金融（一生保、手机充值、信用卡还款、腾讯征信、金融云、区块链）等部分，持有的金融牌照有支付、小额贷款、保险、保险代理、银行、券商、基金销售和个人征信等。腾讯金融没有独立运作，仍被归于腾讯"其他业务"项下。2018 年，腾讯"其他业务"收入同比增长 80% 至人民币 779.69 亿元，该项收入主要来源于腾讯金融科技与云服务等。腾讯金融云服务的金融客户已超过了 6 000 家。腾讯金融收入主要来自三方面：一，向商户收取商业交易手续费；二，向用户收取提现费和信用卡还款费；三，向金融机构收取分销金融科技及云产品的服务费。未来业务重点在于金融科技服务
度小满金融	度小满金融就是原百度金融，始于 2013 年。百度是中国最大的搜索引擎提供商，拥有强大的技术创新能力。2018 年 4 月，百度金融从百度拆分独立，启用新品牌度小满金融，融资 19 亿美元，估值 250 亿～300 亿元人民币。业务包括消费金融、支付、理财、保险和证券等板块，以"搭金融服务平台，建金融科技生态"为战略目标，在自营业务的基础上，向外输入金融科技能力。2019 年初，度小满已与 50 多家银行和消费金融公司合作，服务超过 700 万小微企业主。但这只满足了百度生态内不到 1% 的金融需求
京东金融	京东金融业务始建于 2013 年 10 月，最初是基于京东电商产业链，为消费者和供应商提供金融服务，业务涉及消费金融、财富管理、支付、众筹、保险、证券、农村金融等，但没有银行牌照，其他金融牌照也比较少。京东是中国最大的 B2C 电商。从 2016 年起，京东金融从自营转向向金融机构开放科技能力。2017 年 6 月，京东金融从京东集团分拆独立，2018 年 11 月，"京东金融"品牌升级为"京东数字科技"，后者除了包含京东金融外，还包含京东城市、京东农牧、京东钼媒等。2018 年"京东数字科技"完成 B 轮融资，公司估值超过 1 300 亿元人民币；全年实现盈利，其中科技服务收入占比翻 3 倍。未来，京东数字科技一方面在获取金融牌照上不遗余力，另一方面将不仅赋能金融机构，还将赋能其他产业机构，最终打造共赢生态链
苏宁金融	苏宁是中国领先的家电零售企业之一。苏宁金融始于 2011 年的第三方支付，2015 年开始独立运营，同年成立苏宁消费金融公司，2016 年搭建了苏宁金服平台，成立了苏宁银行，形成了苏宁金服、苏宁消费金融、苏宁银行三足鼎立格局，旗下有第三方支付、小贷、保理、保险代销、企业征信、消费金融、基金代销、融资租赁、民营银行等牌照。苏宁金融采取 O2O 战略，依托苏宁易购线上线下流量优势，在线上设立金融门户，在线下依托苏宁众多门店设立财富中心。2018 年 6 月数据显示，苏宁金服收入 12.9 亿元，同比增长 210%，净利润 6 171 万元，同比

FinTech	简　介
苏宁金融	下降 75.3%；苏宁消费金融收入 3.71 亿元，同比增长 263%，净亏损 2 892.5 万元；2018 年，苏宁金融供应链金融业务交易规模同比增长 55%，苏宁银行总资产较年初增长 116%。同时，他们引入新一轮战略投资者，估值 560 亿元
陆金所	陆金所是平安旗下一员。平安集团曾经是中国最大的保险公司，后发展为集保险、银行、投资业务为一体的综合金融服务集团，2011 年 9 月在上海成立陆金所。利用平安的品牌背书和庞大的用户数据优势，陆金所从 P2P 业务起家，2016 年转型为一站式财富管理平台，形成包括陆金所、重金所（重庆金融资产交易所）、前交所（深圳前海金融资产交易所）、普惠金融在内的"三所一慧"战略布局。其中，普惠金融通过线上＋线下授信模式向企业或个人提供无抵押、有抵押的贷款产品，截至 2017 年三季度，贷款规模达 2 692 亿元，同比增长 141%；陆金所为中小企业及个人提供投融资服务，截至 2017 年三季度，陆金所管理的客户资产规模达到 4 762 亿元，活跃投资者达到 770 万人，活跃用户增长放缓，用户转化率有所下降；重金所和前交所主要为金融机构和政府部门提供非标资产交易和流转的平台，截至 2017 年三季度，两所机构业务成交量接近 4.2 万亿元。作为财富管理平台，陆金所打造了 KYC（Know Your Customer，投资者评估）＋KYP（Know Your Product，产品风险评估）的投资者与产品风险适配体系
宜人贷	宜人贷（NYSE：YRD）是由宜信公司于 2012 年推出的在线 P2P 平台，2015 年 12 月上市。宜信是创业于 2006 年的小额信用贷款中介服务平台。宜人贷通过互联网、大数据等科技手段，为中国城市白领人群提供信用借款咨询服务，并通过宜人财富在线平台为投资者提供理财咨询服务。2018 年，宜人贷实现营收 56.21 亿元，同比增长 1.41%；实现利润 9.67 亿元，同比减少 29.52%，调整后净利润为 19 亿元，同比上涨 39%。2018 年，宜人贷为 55.4 万石借款人促成借款总额 386.06 亿元，其中 26.6% 借款来自重复借款人；为 48.6 万石出借人完成 468.63 亿元资金出借。截至 2019 年 3 月 26 日，宜人贷市值为 7.44 亿美元

资料来源：单美琪，金微，"赶上金融科技最后一班地铁　腾讯金融'扶正'"华夏时报，2019-03-29 ［2019-04-23］，http://www.chinatimes.net.cn/article/85302.html；

王鹏淇，"度小满金融：科技赋能金融助力行业进化"，济南日报，2019-01-08 ［2019-03-20］，http://news.e23.cn/jnnews/2019-01-08/2019010800216.html；

"京东数科最新估值超过 1300 亿"新浪科技，2019-01-07 ［2019-03-20］，http://finance.sina.com.cn/money/bank/dsfzf/2019-01-07/doc-ihqfskcn4808420.shtml；

"民营金控样本之苏宁金融：三足鼎立　有诱惑有挑战"，新浪，2018-09-03 ［2019-03-20］，https://tech.sina.com.cn/roll/2018-09-03/doc-ihiqtcam9895086.shtml；

洪偌馨，"迷之苏宁金服：拿什么撑起 560 亿估值"，新浪，2019-01-10 ［2019-03-20］，http://finance.sina.com.cn/zl/bank/2019-01-10/zl-ihqfskcn5889790.shtml；

"揭秘陆金所：估值 600 亿美元"，网贷之家，2018-01-26 ［2019-03-29］，http://www.myzaker.com/article/5a6af1d61bc8e00a0d0000f7/；

"宜人贷 2018 年财报解读"，亿欧，2019-03-26 ［2019-04-02］，https://www.iyiou.com/p/95758.html。

附录 5：支付宝历年活跃用户数

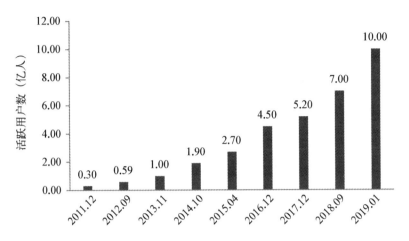

资料来源：蚂蚁金服。

附录 6：支付宝在历年"双十一"中的峰值处理能力

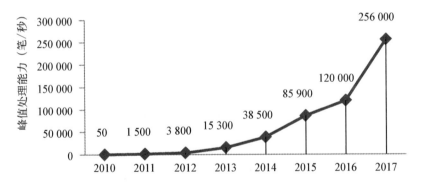

注：2019 年数据显示，网联独立处理交易峰值超 4.4 万笔 / 秒。（数据来源："银联除夕处理支付清算 2 617 亿，网联跨机构交易处理峰值超过 4.4 万笔 / 秒"，搜狐，2019-02-07［2019-03-30］，http://www.sohu.com/a/293603292_208700）

资料来源：蚂蚁金服。

22

老爸评测：
一家社会企业的两难抉择 [1]

2019 年 8 月，又到一年开学季。为女儿把新学期要用的新课本包好书皮之后，魏文锋拿起手机，习惯性地查看自己创办的"老爸评测（DADDYLAB）"当天的运营情况。每逢开学季，老爸评测早期创业的情形便清晰地浮现在魏文锋的脑海。

为解决女儿使用的有毒包书皮问题，魏文锋于 2015 年 8 月创办了杭州老爸评测科技有限公司（简称"老爸评测"）。魏文锋希望能够带领老爸评测团队解决"中国劣质有毒产品烂大街"的社会问题。在将一个有关有毒包书皮问题的视频传播开来之后，魏文锋很快成为网红，受到千千万万家长的追捧。2017年，老爸评测微信公众号的粉丝数量达到约 50 万；2018 年，老爸评测微信文

---

1 本案例由中欧国际工商学院的 Daniel Han Ming Chng、赵丽缦、Byron Lee、Peter Moran 和孙鹤鸣共同撰写。在写作过程中得到了杭州老爸评测科技有限公司的支持。该案例目的是用来做课堂讨论的题材而非说明案例所述公司管理是否有效。本案例获"2020 中国工商管理国际最佳案例奖"最佳奖、2020 EFMD 案例写作大赛"责任领导力"类别最佳奖、2022《金融时报》责任商业教育奖"教学案例"类别亚军、2023 欧洲案例交流中心全球案例写作竞赛"杰出案例开发者：热点话题"最佳奖。

章点击量达到 165 万次。2018 年 9 月，老爸评测被中国慈展会评为"金牌社会创业"。受到关注和认可的魏文锋感到十分欣慰。

"支持我们走下去的不是商业利益，而是对大家的'爱'！"魏文锋介绍老爸评测时如是说。魏文锋将老爸评测的模式定为"发现问题（通过社交媒体发现、检测和报告有害产品）+ 解决问题（推荐或销售健康产品）"。魏文锋也曾担心老爸评测的"产品检测"和"产品销售"双重身份是否会影响消费者或者粉丝对老爸评测的信任。然而，作为一个社会创业者，他必须努力让世界成为一个对儿童及其家庭更安全的地方，同时也需要足够的利润来维持这一目标。

思及老爸评测的未来，魏文锋意识到他处在一个窘境之中：老爸评测目前的商业模式对实现其社会目标和经济目标是否有效？老爸评测应如何更好地权衡"产品检测"和"产品销售"这两个身份？又该如何确保未来的可持续发展呢？

"愤青"老爸魏文锋

魏文锋，1998 年毕业于浙江大学物理学系。毕业后，魏文锋加入了浙江出入境检验检疫局，从事产品安全检测和产品认证工作。在这份能够兼顾家庭并能陪伴女儿成长的工作岗位上，他一干就是十年。

2009 年，魏文锋辞去这份安稳的工作，创办了杭州瑞欧科技有限公司（后来华测入股后改名"华测瑞欧"），主要从事欧盟 REACH[1] 化学品法规应对工作。截至 2014 年底，这家公司在美国、欧洲、中国台湾开设了子公司，员工发展为 150 余名，为 3 000 多家企业提供了化学品安全和毒理风险评估服

---

1 REACH 是欧盟法规《化学品的注册、评估、授权和限制》，REGULATION concerning the Registration, Evaluation, Authorization and Restriction of Chemicals 的简称，是欧盟建立的，并于 2007 年 6 月 1 日起实施的化学品监管体系。

务，年营收额超过 5 000 万元。

正在魏文锋踌躇满志地想把这家公司做成营收上亿的公司时，一张包书皮改变了他的事业轨迹。

发现并解决社会问题

2015 年春季入学的前几天，小学二年级的女儿请魏文锋帮自己为新课本包书皮。做了多年产品检测和化学品安全评估工作的魏文锋，被包书皮刺鼻的气味震住了。他的直觉告诉自己，买来的书皮肯定有问题。他又从 7 家文具店买了更多塑料书皮，均发现类似的问题。于是，他告诉女儿书皮有危险并建议女儿改用牛皮纸包书皮，但是女儿却说老师要求所有同学都用这种透明的塑料书皮。魏文锋意识到万千小学生的健康可能都存在隐患。

鉴于政府检验机构不接受个人提交的产品检验申请，魏文锋尝试促使当局检验这些潜在的有毒产品。他发微博、打电话给相关部门，甚至带着这些书皮亲自去到教育部门——结果都石沉大海。"各个部门只是互相踢皮球而已，"魏文锋回忆道，"我必须'搞件大事'让他们无法坐视不管。"

2015 年 6 月，魏文锋投资 100 万元发起老爸评测[1]，专门检测日常生活中对孩子和家庭存在威胁的产品。他坦言，"老爸评测这个名字好得实在不能再好，否则，哪个词更能贴切地表达我们正在做的事呢？"[2] 他的首要目标就是与畅销全国的不安全的塑料书皮作斗争。

随后，老爸评测花费了 9 500 元将 7 款书皮送到江苏省泰州市国家精细

---

1 2015 年 1 月，魏文锋注册成立了一家公司，计划做跨境电商，但是之后改变了战略方向。当他被要求以公司的名义出售书皮时，他通过这家公司销售，并于 2015 年 6 月将该公司改名为"杭州老爸评测科技有限公司"。

2 杨书源，林环，"一位'愤青'老爸的突围"，解放日报，2016-03-19［2017-09-18］，http://newspaper.jfdaily. com/jfrb/html/2016-03/19/content_180938.htm。

化学品质量监督检验中心。检测结果显示，7 款包书皮都含有大量的多环芳烃（PAHs）和邻苯（DEHP），前者是化学致癌物，而后者则会干扰内分泌，具有生殖毒性。"塑料书皮的生产商都是按照国家检测标准来生产的，这两种化学物质（多环芳烃和邻苯）当时都没有列入国家检测标准之中，"魏文锋说道，"我们的任务就是把这些检测合格却有害的物质检测出来，确保孩子们的安全。"

为了引起社会对类似事件的重视，魏文锋个人投入约 10 万元拍摄了一部关于检测毒包书皮的纪录片，并将其发布在老爸评测的微信公众号上。该纪录片自 2015 年 8 月 25 日在老爸评测微信公众号正式曝光以后，立刻刷爆了朋友圈。随后，中央电视台、人民日报等媒体转发、报道，视频播放量累计已经超过 1 600 万次。魏文锋成为"网红"，被粉丝亲切地称为"魏老爸"，得到了上万家长的支持。[1]

魏文锋决定建立家长微信群来获得更多支持。每个微信群达到上限人数 500 人时，便开设一个新的微信群。[2] 为了保持与政府和厂家的健康关系，魏文锋还积极邀请政府监管部门的人进入微信群，与他们商讨如何改进产品标准。

通过众筹模式做公益检测

在检测包书皮之后，不少家长开始请魏文锋检测孩子们在用的各种存在安全隐患的物品，从书桌上的铅笔、橡皮、文件袋、固体胶、台灯，到餐桌上的大米、水壶、菜板、筷子、桌垫，还有校园里的跑道，乃至生活中的魔术擦、净水器、驱蚊手环等，这些需求推动着老爸评测成为一家发现危险产品并如实

1　截至 2019 年年中，该视频已累计观看 200 万人次。

2　截至 2017 年 6 月底，老爸评测共有 13 个微信群。老爸评测的运营团队并没有根据用户的地域、工作背景或者身份的不同，对用户进行分群分类。

公布以唤起公众对危险产品警觉的社会企业。

"以前总觉得自己会靠做检测赚一辈子的钱，却没想到有一天我会拿检测来烧钱。"面对源源不断的检测请求，魏文锋对老爸评测后续的发展充满了担忧。虽然有些家长会在提交检测需求时打赏老爸评测，但是这些打赏远远不足支付昂贵的检测费用。2015 年 10 月底，老爸评测的检测和宣传活动已经产生了近 70 万元的费用，100 万元的初期投资马上就要用完。魏文锋曾考虑过向有检测需求的家长直接收取检测费用，然而他很快打消了这个念头，因为检测费用远非个人消费者乐意承担的。在这种情况下，魏文锋在家长的微信群中宣布老爸评测再持续几个月就要解散了。

让魏文锋惊讶的是，千千万万家长粉丝团为其"撑腰"。群里一位家长说道："魏老爸，你一定要不忘初心，为我们检测更多的东西。我们永远支持你！"许多支持者听到消息后立刻尝试通过微信捐款，有的甚至高达 2 万元。然而，作为一家企业，老爸评测不能依靠捐款存续下去。

为了把检测项目维持下去，魏文锋决定邀请来自全国各地的 500 位家长成为"老爸评测"项目的微股东，以每人 3 000 元作为准入门槛，募集 150 万元作为产品检测专项资金（约占老爸评测 10% 的股份）。然而，当他来到浙江省股权交易中心时，却被告知，200 人以上的股权众筹属于非法集资。

于是，老爸评测重新制定了众筹的方案，将微股东最低投资金额设为 1 万元，人数限制在 200 人以内。令他欣慰的是，更高的门槛没有减弱支持者的热情。2016 年 1 月中旬，老爸评测向各位报名的家长公布了众筹的细则（见附录 1）。[1]"我当时提醒各位家长说'投资有风险'，但有的家长回复我说：'没事，就是想支持你们，不求啥回报。'这真的很让我感动。"魏文锋回忆道。几天后，老爸评测通过聚募网平台向 112 名家长成功募集了 200 万元，这些家长

---

1 做老爸评测的微股东，属于股权投资，需要投资人具备一定的风险承受能力。老爸评测本身不对微股东的资质提出要求，而是交由聚募专业机构进行管理，这也是出于法律合规方面的考虑。

共同持有老爸评测 10% 的股份。[1] 这次众筹为老爸评测带来新生。家长的这份信任也坚定了魏文锋将公益检测进行到底的决心。

老爸评测遵循系统的方法来挑选评测的产品。家长可以在线申请产品检测（见附录 2），然后老爸评测 10 人组成的化学工程师团队会对每一个请求进行评估。该团队会挑出待检测产品有毒有害物质超标风险较高的成分，搜索历史数据，并依据欧盟 REACH 法规数据库以及化学品危害毒理数据库，制定相关的产品检测标准，继而委托有资质的第三方检测机构进行检测。老爸评测所有测试的最低要求是按照最新国际标准来制定的。

家长们可以自行购买一些产品寄给老爸评测实验室来确保真伪。制造商也可以将产品提交给老爸评测进行检测。老爸评测的团队同样会评估这些请求。对于这些产品，公司会在公开市场上购买，而不是使用他们的样品。为了保持公正，该公司不接受制造商的任何付款，并将所有产品提交给合格的第三方检测。

为负担这些检测，老爸评测继续着他的众筹模式：待检测的产品会向粉丝公开，并从粉丝中募资。截至 2016 年 1 月 31 日，1 944 人向老爸评测的众筹金额达到 60 847 元，当时的检测费用达到 96 883.66 元。截至 2016 年底，老爸评测团队开发的微信端众筹检测平台向 4 660 人筹集金额 240 472.16 元，全额资助了 23 个检测项目。本着透明、公开的原则，老爸评测在每次检测完成后都会将检测费用的发票原件拍摄下来并上传到它的微信公众号。

2017 年年中，老爸评测实现盈亏平衡之时，停止接受粉丝的打赏（捐款）。2018 年，老爸评测投入 100 万元在浙江省爱心事业基金会里成立了"魏老爸和粉丝们公益基金"，其中约 35% 的资金为过去众筹资金的余额，该基金

1　如附录 1 所述，目标为 170 万元人民币，但老爸评测总共筹集了 200 万元人民币，因此转让了 10% 的股份。到 2018 年 2 月，魏文锋持有 90% 的股份，其中 15% 代表管理团队。主要投资者上海蹑景投资管理公司持有 2.5% 的股份。杭州聚道投资管理公司代表 110 名小股东，持股 6.5%。另一位个人投资者持有 1% 的股份。

将支持公开讲座，并奖励那些发现潜在危险产品或孩子健康问题的父母。

选择"网红＋电商"的模式

> "不要说我是做公益的，这样别人会对我进行道德审判。做带有公益性质的事业，也要活下去，要有自我造血的功能。"
>
> ——魏文锋[1]

虽然老爸评测被定位为一个专注于解决有毒有害产品社会问题的企业，魏文锋也很明白，要想持续生存下去就必须想办法可持续发展。于是，魏文锋决定采取"网红＋电商"的模式，在社会公益和财务回报上寻求平衡。

魏文锋回忆道："在观看了毒书皮的视频以后，微信群中越来越多的家长开始寻找安全书皮，他们说：'魏老爸，你不要告诉我这个有毒那个有害，你应该告诉我到哪里买放心产品就可以了。'"但是，对魏文锋而言，发现问题是一件事，而如何解决问题，是另一件事。为了给家长们找到一款放心的包书皮，魏文锋开始走访包书皮厂商。通过对比，他锁定一家位于上海的文具生产商。魏文锋请厂长看了他生产的包书皮的检测报告，并耐心向厂长解释他想定制一批用食品安全级的原料生产的包书皮。考虑到成本太高，厂长并没有接受魏文锋的提议。

随后，魏文锋了解到厂长的儿子正在读幼儿园，在第二次走访时他质问厂长可否愿意看到自己儿子以后也天天使用有毒的包书皮。魏文锋还承诺如果新产品通过检测，他会大批量采购。厂长被这一番话所触动，遂答应魏文锋开发并生产新的包书皮。魏文锋对厂长开发的新样品进行了检测，在得到理想检测

1　张维，"'老爸'魏文锋：与'毒书皮''毒跑道'作战"，新京报，2016-09-14［2017-09-18］，https://www.sohu.com/a/114318920_114988。

结果之后订购了一批包书皮。

这款包书皮便开始在老爸评测的有赞微商城[1]上出售，价格为书皮的成本和运输成本。在短短一周时间里，老爸评测便收到了5 000多张的团购订单。[2]应粉丝的要求，老爸评测开始通过电商平台推出更多高质量的产品。截至2015年10月，老爸评测的月营业额为30万元。

2016年6月，魏文锋在第四届"社会创业家之星"大赛中获得冠军。魏文锋更加坚定要采用"网红＋电商"的模式去支撑企业社会目标的达成。2016年底，超过4万名家长在老爸评测微商城上下单。2017年3月，老爸评测开了淘宝店，开始销售更多种类的产品（见附录3）。

然而，与很多提供成千上万条可选商品的互联网电商平台不同，老爸评测坚持以下四项基本原则：

第一，老爸评测不接受任何以商业为目的，特别是可能会使其失去控制权的合作——否则其社会目的就会受到损害。比如，一位著名商家曾找到魏文锋商讨可否将合格产品贴上该商家的标志来销售。这在一定程度上确实能够提高商品的销量，然而魏文锋认为这种合作的商业性太强，而且很可能无法有效控制商品的安全和质量，故果断拒绝了这位商家。

第二，老爸评测将检测报告附在所售产品的介绍部分。在魏文锋心中，好的产品不是来自检测实验室，而是诚信的商家。第三方检测的报告能够确保老爸评测认证的公正，并强调他们承诺只与诚信商家合作。

第三，老爸评测在检测合格的产品中会选择一种来销售。对于其他产品，老爸评测也会按照"安全"这一因素推荐给消费者。比如，老爸评测曾对市场上32种防晒霜进行了检测，发现10%的产品含有害化学成分，而真正有防晒

1　有赞是一家旨在为商户提供微商城和完整的移动零售解决方案的移动零售服务商。

2　2016年2月春季学期初，上海和江苏省质量技术监督局对塑料书皮进行了专门检查，并包括了对PAHs和DEHP的测试。

效果的只有 5 种。在这 5 种产品中，老爸评测选择一种进行销售——通常是利润率最高的那一种。

第四，在魏文锋的心中，粉丝就是消费者，要时刻把他们的需求放在首位。为了更好地维系与消费者的关系，老爸评测出台了详细的规则。例如，如果消费者不喜欢老爸评测的商品，可以无条件退货。但是，为了保持和用户的良好关系，避免因其一次不理想的购物体验而失去这个用户，老爸评测精心设计了退换货登记卡，让退货和交流更加容易（见附录 4）。一位家长向老爸评测客服反馈一批儿童用台灯的灯泡显色指数有问题。经过技术团队核实，老爸评测确认该问题确实存在。于是，他们一边联系厂家，一边联系同批次购买的消费者，召回了全部的灯泡，返回工厂调换。在魏文锋看来，这些家长微信群承担着电商平台的质量控制角色。

建立标准倒逼供给侧改革

魏文锋对老爸评测的角色定位是，发现劣质产品问题，引起有关部门重视，以此推进监管的行动和标准的建立。

例如，2016 年年中，许多家长要求对学校合成跑道进行检测。老爸评测团队到全国各地 14 所学校的跑道现场调查、取样。检测的结果显示，跑道被检测出 7 种有毒物质超标。这一行动引起了社会的广泛关注。在浙江瑞安一所小学调查时，媒体进行了专题报道，浙江省教育厅亦派调查组去调查，学校发现问题后铲掉了问题跑道。此后，多个省市发布了塑胶跑道新标准，以规范行业现状。2016 年 11 月，教育部对塑胶跑道标准进行更新，加入更多的有毒物质检测要求。[1]

---

1 黄姝伦，苑苏文，周辰，权梓晴，吴美微，"网红'老爸评测'与消费者维权困局"，财新网，2017-05-03〔2017-09-18〕，https://www.myzaker.com/article/590983c61bc8e0fa78000000/。

然而，质疑声同样存在。一位跑道的原料提供商打电话斥责魏文锋："我们轮胎颗粒显示各项化学指标都合格，你这是在瞎说！"[1]但是，正如魏文锋的分析："中国对跑道的标准只规定了8种化学检测项目，而厂家在生产和施工过程中可能添加和使用了远远不止这8种有毒物质。"因此，虽然产品检测符合国家标准，但是也不意味着跑道是安全的。

魏文锋进一步说道："不能苛责政府没有尽到责任。事物的发展总是螺旋式的，科技发展和技术进步让我们身边有了五花八门的产品，我们的标准只有不断更新，才能有效监督。而且，中国人口众多，消费量非常大，不可能指望政府完成对所有产品的监管。这时候，就需要行业自律、消费者提高鉴别能力，以及我们这样的企业倒逼、监督和补充。"[2]

然而，在大量曝光之后，有些曾接受老爸评测检测申请的实验室，因担心会影响以后的检测业务，而拒绝再为老爸评测检测额外的项目。魏文锋也没少接到商家的威胁电话——"打来电话的时候，隐晦说一句'再查下去，对谁也没有好处'。挂电话之前，还'提醒'我'注意安全'。"魏文锋感慨道："好在我有强大的粉丝团支持我，他们以志愿者的身份担当着我的律师，为我提供咨询和帮助。"

为了很好地平衡其与产品生产企业及其与政府相关部门的关系，老爸评测在其微信订阅号和网站上仅公布产品检测分析报告（包括检测的日期、费用、方式、化学物质含量分析、消费建议等），但对劣质产品的品牌打上马赛克。"我们不公开不合格厂家，但消费者依然可以知道是哪个牌子，"魏文锋说，"曝光劣质品牌是政府部门的事情。"[3]2018年1月，老爸评测被浙江

---

1 吴子茹，"魏文锋：理工男、愤青和天下无'毒'的心愿"，中国新闻周刊网，［2016-11-29］，http://news.inewsweek.cn/news/people/235.html。

2 张维，"'老爸'魏文锋：与'毒书皮''毒跑道'作战"，新京报，2016-09-14［2017-09-18］，https://www.sohu.com/a/114318920_114988。

3 黄姝伦，苑苏文，周辰，权梓晴，吴美微，"网红'老爸评测'与消费者维权困局"，财新网，2017-05-03［2017-09-18］，https://www.myzaker.com/article/590983c61bc8e0fa78000000/。

省质量技术监督局授权成为 16 家"浙江省产品质量安全伤害信息监测点"之一。

努力扩大社会影响

> "当你在做一件正确的事情时，你会发现全世界的人都在帮你。"
>
> ——魏文锋

看着越来越多的家长信任并支持着老爸评测，魏文锋决定将这股信任的力量传递下去。由于经常在朋友圈看到为白血病儿童筹款的信息，魏文锋想到家庭装修是儿童患白血病的重要原因。于是，为了帮助家长们准确获知家中甲醛含量是否超标，老爸评测在市场上挑选了一款采用酚试纸检测方法的便携式高精度甲醛检测仪。鉴于这款甲醛检测仪价格对于普通家庭比较昂贵，魏文锋向 487 位家长众筹了 5 万元人民币，购买了三台仪器。2016 年 7 月，老爸评测在全国范围内发起了甲醛检测仪漂流活动。

在这个活动中，家中装修的家长可以排队申请、依次免费使用甲醛检测仪，不必支付押金、不必与老爸评测签订协议，只需在漂流日记本上留言。魏文锋在这个日记本的扉页写着："心若简单，世界就是童话！"他将这场活动称为"一场互联网信任传递实验"。这次活动推出后不久便得到了诸多家长的欢迎。随后，老爸评测又陆陆续续购置了 100 台检测仪在全国更多地方漂流，供更多家长使用。截至 2017 年 1 月，甲醛检测仪漂流全国 29 个省份，6 000 多家庭、30 000 多房间进行了检测，超标率达到 39%。活动期间，每一位家长都十分爱护仪器，没有出现检测仪丢失或损坏。通过这个活动，老爸评测吸引了 50 万名粉丝。

为了更好满足这项服务产生的巨大需求，老爸评测于 2018 年 7 月推出了

"爱心漂流"微信小程序[1]，并在抖音上也推出这项服务。除了为提前预约的用户提供免费服务之外，小程序也允许希望尽快使用设备的用户支付 100 元人民币的快速使用费。[2] 该项目取得了巨大的成功，截至 2018 年底，积累用户超过 150 万。老爸评测坚守了社会使命，该项目帮助用户测试了超过 60 000 个房间，其中 44% 的甲醛浓度超标。截至 2018 年底，约有 5 377 名用户捐赠了 10 元至 50 元人民币，以支持该项目的运营。项目总收入为 310 万元人民币，而总支出为 340 万元人民币。

除此以外，老爸评测还通过微信群和商城推出一系列的爱心活动。比如，2017 年 2 月，老爸评测将商城里的 400 多件文具，以家长的名义捐给了贵州省毕节威宁县新田小学。

老爸评测的两难选择

社会企业因其社会使命受到了广泛的关注。2018 年，老爸评测的微信文章和视频的总观看次数达到 2 000 万，而粉丝数超过了 170 万。截至 2018 年底，抖音的累计观看次数达到 6 030 万，其粉丝数量达到 690 万。老爸评测在中国社交媒体领域的影响力继续扩大（参见附录 5）。

2018 年，老爸评测的收入不断增加，产品类别不断多元，用户重复购买率不断上升（参见附录 3）。大约 10% 的粉丝是线上消费者。截至 2018 年底，老爸评测有 50 名员工，管理团队和股东不断壮大（参见附录 6）。

老爸评测的成功吸引了许多潜在投资者，良好的财务状况使魏文锋可以与投资者平等对话。鉴于他的社会使命和保持公司控制权的需要，魏文锋更倾向

---

1 微信小程序是直接集成在微信短信应用程序中的功能强大的小型应用程序。老爸评测的"爱心漂流"微信小程序是为了满足更多的检测甲醛浓度的需求。

2 小程序刚推出时，快速使用费用为每次 200 元人民币，在一年之内减少到每次 100 元人民币。

于向银行贷款。"如果我们拿投资机构 1 000 万元，却有可能稀释掉 10% 的控制权；但是如果向银行贷款，却不会失去任何股权，有时我们还会拿到很好的利率。"他这样解释道。

尽管老爸评测取得了成就，魏文锋非常清楚这家新创企业还面临许多不确定性。"我们最大的挑战便是产品检测和产品销售的双重身份。"老爸评测的目标是通过测试（即"产品检测"）来保护儿童及其家庭免受具有潜在危险的消费品的侵害。同时，为了产生长期的社会影响，老爸评测采用了电子商务模型来产生可持续的收入和利润来源（即"产品销售"）。尽管自 2017 年以来该公司通过销售产品一直在经济上可持续发展，但魏文锋想知道老爸评测出售更多产品的模式将如何影响其作为中立且公正的裁判员的信誉。一些收到不利评价的供应商，甚至一些消费者都质疑其测试方法和结果的公正性。他们认为，尽管产品发送给第三方测试，但产品和机构的选择过程并不透明。此外，他们不得不依靠老爸评测的解释和建议。他们能信任企业具备中立且公正的产品检测身份吗？

这种双重角色的困境与老爸评测的双重社会和经济目标交织在一起。例如，当潜在的投资者建议老爸评测应该作为一个专门的测试和认证中心为制造商服务以赚取更多的钱时，魏文锋担心这会破坏他的社会使命。他认为，如果老爸评测为商业客户进行测试，并对国内认证收取费用，就很难保持中立。魏文锋不断地在老爸评测的社会使命和线上盈利性业务之间寻求平衡，以确保可持续性。魏文锋意识到打破社会或经济目标之间的平衡可能会危及老爸评测的长远未来。展望未来，作为一个公正的产品检测企业，企业能否在追逐利润的同时保持其在粉丝中的信誉？魏文锋如何建立一个更可持续性的商业模式？

附 录

附录 1：老爸评测首次众筹时给微股东的声明

各位陪伴老爸评测四个多月的朋友们，你们好！

时间过得很快，从老爸评测 8 月 25 日诞生开始，已经四个半月过去了。当我提笔开始写这个微股东众筹的通知信的时候，群里提前知道消息并在后台报名的家长已经超过了这次开放众筹的人数。令我和团队伙伴们感动万分。

在这过去的四个月里，我们和家长群里的几百位家长从陌生到熟悉，建立了一个充满爱的微信群。除了家长群之外，我们还有检测技术群、宣传群、天南海北吃客群，甚至还有医生家长主持的老爸爱心医院群。我们检测的东西也逐渐增多，从学生的文具到日用品再到食品，凡是可能存在有毒化学危害的，我们都去检测。

这次微股东活动的起因是在 10 月的时候，有群里家长们起哄要存钱入股老爸评测。我一想，这样也挺好，本来我办这个平台就是给大家服务的，干脆大家一起来吧。于是就开始去操办和落实，结果拖啊拖啊一直到现在才开始。实在是抱歉，让大家久等了。不过也挺好，年底到了，年终奖也不远了嘛。

这次微股东众筹，我们募的是智慧、人脉、资源和资金。希望能汇集大家的力量和资源，共同把老爸评测 DADDYLAB 做好，让天下更多的孩子和家庭远离危害！

老爸微股东众筹已经在 1 月 13 日今天中午上线发布，承办这次股权众筹的平台是"聚募网 www.DreamMove.cn"，正式的线下路演活动将在本

周六 1 月 16 日下午 3 点举行。欢迎大家来参加，凡是来捧场的都有礼品相送，晚上我请客！

（本次活动感谢稻易大米支持提供礼品，当然，是被我们检测合格的）

路演时间：1 月 16 日下午 3 点—5 点。

路演地址：滨江区建业路 511 号，浙大科技园，2 楼壹派客众创空间。

本次募集资金目标 170 万，出让的股权为 8.5%。

募集资金用途：

检测费（2016 计划 45 种产品）；

宣传推广费用（线上和线下的推广）；

团队运营费用（薪资和办公等）。

股权众筹领投人：上海蹑景投资管理公司

股权众筹平台：聚募网 DreamMove.cn

备注：聚募网是一家独立的第三方机构，专门从事众筹投资管理。

资料来源：2016 年 1 月 13 日老爸评测微信公众号文章《微股东股权众筹开始啦》。

附录 2：老爸评测众筹模式下公益检测的申请表

各位家长好：

目前我们已经在开展台灯的选型和评测，请大家耐心等待。我们同时在开展的评测产品还有：保温杯、桌垫、文件袋、超轻黏土。还有很多很多的产品在排队中。但是我知道还是不能覆盖那么多家长的需求，所以我们做了一个表单可以方便大家提交想法：

如果您家里有不放心的产品想要检测的话，可以点这个链接提交您的想法：

微信：＿＿＿＿＿＿＿

姓名：＿＿＿＿＿＿＿

手机：＿＿＿＿＿＿＿

我的身份：○ 爸爸　　○ 妈妈　　○ 准爸妈

职业：＿＿＿＿＿＿＿

城市：＿＿＿＿＿＿＿

想要检测的产品：＿＿＿＿＿＿＿＿＿＿＿＿

产品照片：

上传文件（需小于 500 M）：

给魏老爸的话：＿＿＿＿＿＿＿＿＿＿＿＿＿

资料来源：2015 年 10 月 30 日老爸评测微信公众号文章《家长发起众筹检测》。

附录3：老爸评测的网店业绩（单位：百万元人民币）

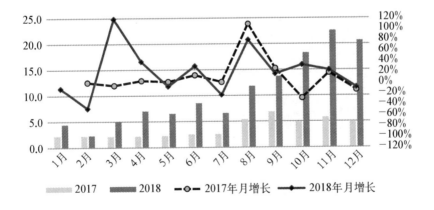

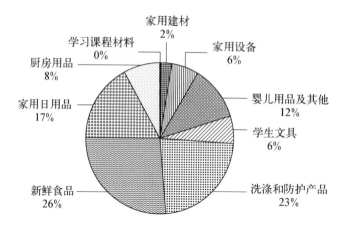

在 2018 年，淘宝和有赞分别贡献了总收入的 39% 和 60%。其余 1% 来自其他媒体。大约 5% 的访问者在老爸评测的网上商店订购。截至 2018 年底，老爸评测的网上商店的消费者总数接近 40 万，其中 68% 是 2018 年的新客户。有赞的消费者有 15.5 万，淘宝的消费者有 24.2 万。在有赞的回购率为 41%，淘宝的回购率为 38%。

附录 4：老爸评测商城退换货登记卡

资料来源：老爸评测提供。

附录 5：老爸评测在不同社交媒体的影响力（2018 年）

社交平台	粉丝数量	总点击量	发 帖 量
微信	165 万	2 000 万	1.15
抖音	686 万	6 030 万	150
今日头条	23 万	1 105 万	81
知乎	233 000	2 454 万	236 000 点赞
微博	49 000	NA	308
魏文锋个人账户	151 000	NA	70

资料来源：老爸评测提供。

附录 6：老爸评测主要管理人员及其简介

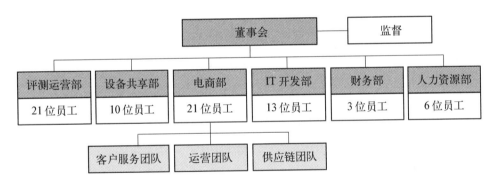

备注：本组织结构图于 2019 年 1 月 1 日更新。
来源：老爸评测提供。

传音控股：
新兴市场的颠覆式创新[1]

2019 年 1 月 19 日，在印度市场站稳脚跟后，中国品牌小米宣布成立非洲地区部，由副总裁挂帅。此时，同为国产手机玩家的传音控股（下文简称传音）已在非洲傲视群雄。两者皆以产品性价比高见长。伴随小米加码非洲市场，行业专家对传音能否继续称霸非洲产生动摇。[2] 而在非洲以外的市场，传音和小米等一众国产手机也激战正酣。展望未来，一边是巩固非洲市场霸主地位，一边是在其他市场开疆拓土，下一步怎么走，传音务必未雨绸缪。

2018 年三季度，传音以 34.9% 的总市场份额（按销量计算）位居非洲手机市场第一，可它在国内一直默默不闻。传音创办于 2006 年，推出首款手机 TECNO 后，在中国和东南亚市场鏖战两年。2007 年末，传音转战非洲市场，

1 　本案例由中欧国际工商学院王泰元、赵丽缦和方睿哲根据公开数据共同撰写。该案例目的是用来做课堂讨论的题材而非说明案例所述公司管理是否有效。本案例在中欧课堂受到广泛欢迎。

2 　"As Xiaomi Enters Africa, Can Transsion Hold Its Prime Market Position?" *TMTPOST*，2019−01−31［2019−02−04］，www.tmtpost.com/3737078.html?rss=souhu&spm=smpc.content.content.1.1549238400023WRl5Apr.

发布第二个手机品牌 itel，开启"全球化思维，本地化经营"战略。

2007 年左右，非洲手机市场 80% 以上被诺基亚和三星瓜分，传音以多项战略举措，用了不到 10 年逼退劲敌，称霸非洲大陆。例如，2008 年，传音定下"聚焦非洲，打造品牌"战略；2009 年，建立售后服务体系；2011 年在埃塞俄比亚投资设厂，并持续不断向市场投放各种创新智能设备，以满足非洲手机用户的多元化需求。2010 年，传音 TECNO 系列销量跻身非洲手机市场三甲阵营。传音乘胜追击，自 2015 年陆续登陆埃及、印尼、印度等新兴市场；2017 年，传音全球手机出货量 1.3 亿台，成为中国头号手机出口商，全球位列第四。2018 年，传音成功入选由脸书与毕马威联合发布的"中国出海领先品牌 50 强"。

然而，无论是传音目前所在的市场，还是想要进军的市场，无不硝烟弥漫。传音如何才能巩固在非洲市场的领导地位，同时在其他新兴市场继续攻城略地？从当前产品组合来看，功能机[1]对于传音在非洲和其他新兴市场取得排名佳绩功不可没。但是，面对智能手机的快速渗透，传音该如何调整产品策略？既要非洲主场不失，又要壮大其他市场，传音下一步该怎么走？

背景

21 世纪的中国手机市场

2003 年 10 月，中国手机用户数量首次超越固网用户，突破两亿，2005 年突破 4 亿，占全球手机用户总数约 20%。中国城镇居民人均可支配收入也突飞猛进，从 2003 年的 8 472 元增加到 2007 年的 13 785 元，年均增长 10% 以

---

1 功能机一般提供基本服务，比如语音呼叫、短信、基本的多媒体和互联网功能，以及由用户无线服务供应商提供的其他服务。智能手机是多用途设备，不同于功能机，拥有更强大的硬件能力和广泛的移动运营系统。

上，这也推动了手机需求的持续增长。[1]中国手机市场增速领跑全球，摩托罗拉和诺基亚等国际品牌一马当先。21 世纪初，中国本土手机品牌开始崭露头角（按销量计算）。2002 年，波导和 TCL 分别以 9.7% 和 9.6% 的占比位列中国市场第三和第四位，冠亚军是摩托罗拉（25.9%）和诺基亚（20.4%）。[2]

台湾企业联发科的出现，为国内手机产业发展注入澎湃动力。联发科成立于 1997 年，曾于 21 世纪初凭借 CD/DVD-ROM 等控制芯片组斩获多项大奖。2003 年，公司携基带芯片进入手机市场，其开发的一站式"交钥匙"解决方案极大地降低甚至消除了手机制造业的进入壁垒。联发科的工具包（包含设计指南和使用芯片组所需用到的其他组件），让制造手机不再是难事。"芯片组"有两个基本电子功能：一是与基站进行通信，二是作为支持用户界面与其他应用的平台。

自此，国产手机品牌如雨后春笋般涌现，产品功能五花八门。国际大厂与山寨[3]军团的大战也由此展开。山寨公司以国内低收入人群为目标，主要生产廉价低质手机。它们要么抄袭热门设计，要么直接从批发商那里了解客户喜好，然后迅速同制造商签约投产。此外，山寨公司可以很容易地在深圳采购手机部件，比如屏幕、扬声器、电路等。当时，深圳约有 3 万家手机零部件的供应商。[4]

---

1 "人均年收入和城乡家庭恩格尔系数"，中国统计局官网 2008，［2019-10-31］，http://www.stats.gov.cn/tjsj/ndsj/2008/indexeh.htm。

2 CCW Research，"2002—2003 年中国手机市场分析"，新浪科技，2003-03-25［2019-02-04］，https://tech.sina.com.cn/other/2003-03-25/1530173648.shtml。

3 "山寨"让人联想到无耻的仿冒者、不择手段的竞争对手、非正统的创新者或反主流文化的弃儿。引用自 David Hoyt，Hau Lee、Power Siu 和 Mitchell Tseng 联合撰写的"山寨（强盗）手机公司：产品开发和供应链管理的游击战［Shanzhai（"Bandit"）Mobile Phone Companies: The Guerrilla Warfare of Product Development and Supply Chain Management］"，斯坦福商学院，GS75，2010 年 3 月 9 日。

4 David Hoyt, Hau Lee, Power Siu, and Mitchell Tseng, "Shanzhai（"Bandit"）Mobile Phone Companies: The Guerrilla Warfare of Product Development and Supply Chain Management," Stanford Graduate School of Business, GS 75, 2010 年 3 月 9 日。

知道竞争激烈，也清楚自己游走在违规边缘，所以对山寨公司而言，速度就是一切。联发科一站式"交钥匙"芯片组让这一切成为可能。山寨厂商无需投入太多研发费用，就能轻松开发"新"的手机型号，在销售和分销方面也是能省则省。2007年，中国山寨机产量达1.1亿台，占全球手机总产量的10%左右。[1]

本土手机品牌发展迅猛（见附录1），但市场份额并不稳定（见附录2），2004年开始甚至一路下滑，原因如下：① 手机制造的核心技术和关键组件仍掌握在一小部分品牌手中；② 本土手机的品牌知名度不及国际品牌；③ 2004年之前，大牌厂商主要在高端市场斗法，2004年之后，开始发力中、低端市场；④ 手机市场供应过剩，许多本土品牌库存过量。于是，就有本土品牌开始将手机出口至东南亚或非洲。[2]

强敌环伺，外加利润微薄甚至无利可图，一大批本土品牌很快阵亡。2006年，中国手机渗透率达到33%。[3] 排名前三的手机品牌占据了58.8%的市场份额，且均是国际品牌，留给中国品牌的空间所剩无几（见附录3）。[4]科健、迪比特、熊猫等一批早期厂商索性退出主流市场，有的品牌更是销声匿迹。[5]

传音控股成立

2006年，竺兆江创办传音控股，他曾任宁波波导公司销售总监，负责海外市场营销。20世纪90年代末到21世纪初，宁波波导是中国手机制造行业

---

1 David Hoyt, Hau Lee, Power Siu, and Mitchell Tseng, "Shanzhai（"Bandit"）Mobile Phone Companies: The Guerrilla Warfare of Product Development and Supply Chain Management," Stanford Graduate School of Business, GS 75, 2010年3月9日。

2 金炯秀，"中国手机市场中外品牌份额变化及原因"对外经贸大学硕士学位论文（2005—2006）。

3 "全球最大的功能手机品牌：一年卖1.25亿部，在国内却少有人知道！"百度，2018-09-07［2019-02-04］，https://baijiahao.baidu.com/s?id=1610946983980796265&wfr=spider&for=pc。

4 今井健一，"中国手机产业分工体系的演进历程"，［2019-12-30］，https://wenku.baidu.com/view/2199a69651e2524de518964bcf84b9d528ea2c82.html。

5 Sootoo，"这些年消失的国产手机品牌"，中关村新闻，2016-03-03［2019-10-01］，http://news.zol.com.cn/571/5711898.html。

的重量级选手，也是为数不多跻身前十阵营的国产手机制造商。

离开波导后，竺兆江创建深圳赛特尔科技有限公司，后在香港注册传音控股，2006 年发布首款手机 TECNO。2007 年，传音在深圳设立了第一家工厂。成立初期，传音面对的同样是一个炮火纷飞的市场。不同的是，竺兆江没有像其他本土品牌紧盯中国市场不放，而是将目光投向中国以外的市场，寻找机会。

"在研究过东南亚、非洲和拉美市场后，我们发现，非洲对我们最具吸引力，"副总裁阿里夫·乔杜里回忆说，"非洲大陆的手机进口量很大，但产品有时并不契合当地需求。"[1]

2003—2008 年，撒哈拉以南非洲地区的手机渗透率从 6% 提升至 40%。[2]截至 2008 年，中国同非洲多国建交 50 余年，经济合作历来紧密。2007 年，中国企业对非洲投资总额 10 亿美元，中非双边贸易额达到 733.1 亿美元，较2000 年增长了七倍。[3]

2007 年 11 月，传音进入非洲市场，发布 itel 品牌手机。当时，非洲 80%的手机市场掌握在诺基亚和三星手中。但是，这两个牌子的手机对大部分非洲用户来说都太贵。[4]2008 年前后，传音决定退出中国和其他亚洲市场，集中火力主攻非洲市场。此后，传音便采取了一连串战略举措。[5]

1　Dinfin Mulupi, "Chinese Mobile Phone Company Tecno Explains Why It Only Does Business in Africa," *How We Made It in Africa*, 2013-01-21［2019-01-21］, https://www.howwemadeitinafrica.com/chinese-mobile-phone-company-tecno-explains-why-it-only-does-business-in-africa。

2　Syeda Maseeha Qumer and Geeta Singh, "TECNO 移动在非洲的增长战略"，中国工商管理国际案例库，［2018-11-27］, http://www.chinacases.org/km/doc/km_doc_knowledge/kmDocKnowledge.do?method=view&fdId=1661a3969aebfd1023d6d8549abaebb4&lang=zh-CN（需要登录）。

3　Malia Politzer, "China and Africa: Stronger Economic Ties Mean More Migration," Migration Policy Institute, 2008-08-06［2019-02-25］, https://www.migrationpolicy.org/article/china-and-africa-stronger-economic-ties-mean-more-migration。

4　Ibid.

5　"公司历史"，传音控股官网，［2019-02-04］, www.transsion.com/en/about/history.html。

非洲市场增长之道

过去十年，传音迎来了一个又一个里程碑（见附录4）：先是打入非洲人口最多的国家尼日利亚，2008年，在东非和西非分别设立区域管理系统；2011年，在埃塞俄比亚投建工厂；2013年，发布智能手机品牌Infinix。之后，传音依据多品牌战略，发布多款不同机型，并将业务扩展到其他地区。

竺兆江从事手机行业20年，期间曾多次出差非洲，深知非洲是一个高度分散化的市场，客户需求五花八门。因此，从一开始，传音就没有像诺基亚和三星那样销售标准化的产品，而是根据当地手机用户，设计、生产和销售手机。

多卡多待：初到非洲，传音就注意到非洲用户总爱在钱包里存放多张SIM卡，一天到晚忙着换卡打电话。原来，在非洲有多个运营商，跨网络之间的通话费用要高于同一网络，但他们又买不起更多的手机。传音就想办法给他们解决这一问题，把TECNO手机一律设计成多卡多待模式，一台手机可容纳2～4张SIM卡（见附录5）。

拍照功能：非洲人肤色深，很难用手机拍出理想的自拍。TECNO的内置摄像头能为深色肌肤加大曝光量，极大提升普通非洲人的自拍效果。2015年，传音发布Camon系列手机，致力于为用户带来更优质的自拍体验。

超长待机：在尼日利亚、南非和埃塞俄比亚等非洲国家，地方政府为了节电，经常会切断电源，导致人们无法给手机充电。刚果民主共和国等欠发达国家的人们，有时更是需要跑到30千米以外的市场去付费充电。为了满足这些用户的超长待机需求，TECNO推出的Camon CX手机充一小时电，即能充入70%。

价格定位：由于非洲手机用户的价格敏感度较高，传音旗下产品定价远低于诺基亚和三星等国际大牌，售价在20～200美元之间，低于200美元的机型占比约 95%。传音也因此被技术研究公司 Canalys 某分析师奉为——"平价智能手机之王"。[1]

多品牌：为了满足不同收入阶层客户的不同需求，传音采取多品牌策略，从高端到低端，从功能机到智能手机，实现了产品线的全覆盖。它的品牌组合包含了三个在非洲市场家喻户晓的手机品牌（参见附录 6：TECNO、itel 和 Infinix）、售后服务品牌 Carlcare、智能配件品牌 oraimo 和家电品牌 Syinix。在 2018 年 6 月发布的"2017/2018 年度最受非洲消费者喜爱的品牌"百强榜中，TECNO、itel 及 Infinix 分别排在第 7、16 及 28 名。

"我们是非洲企业"：在市场营销方面，传音淡化了中国背景。乔杜里说："在非洲，我们说我们是非洲企业。"2011 年，传音在埃塞俄比亚的亚的斯亚贝巴建立制造和组装工厂，因为那里的税收比其他国家更优惠。2012 年，传音发布首款"埃塞俄比亚制造"智能手机。[2]

创新技术：所有本地化举措必须与创新技术相结合。为了增强产品对非洲用户的吸引力，传音在尼日利亚和肯尼亚设立了研发中心，与中国研发中心保持紧密合作。它还不断更新迭代装备，与最昂贵的智能手机品牌分庭抗礼。比如，TECNO 旗舰机型"幻影"系列年年推出新功能，从八核处理器、高保真兼容到弱光摄像头、指纹技术，令人目不暇接。[3]

合作伙伴：为了给客户带去更先进的应用程序，提升其满意度，传音与谷歌、脸书、推特和索尼等多个顶尖技术巨头建立了战略合作关系。2015 年，传音与谷歌合作，推出首款官方安卓版、搭载 2GB RAM 手机——Infinix Hot 2，为非洲手机市场树立标准。此后三年，Infinix 在尼日利亚、中东、欧洲和

1　Jenni Marsh, "The Chinese Phone Giant That Beat Apple to Africa," *CNN Business*, 2018-10-11〔2019-02-02〕，https://edition.cnn.com/2018/10/10/tech/tecno-phones-africa/index.html。

2　Dinfin Mulupi, op. cit.

3　Syeda Maseeha Qumer and Geeta Singh, op. cit.

东南亚市场均获得不俗口碑。[1]

分销 / 营销：传音在非洲许多国家搭建了四通八达的分销网络，平面广告和产品标识随处可见。除了广告和实体店销售外，社交媒体上也总能见到传音的活跃身影。为配合 2016 年 9 月幻影 6 和幻影 6 Plus 的上市，TECNO 通过其推特官方账号（@TECNOmobile）开展了一场别出心裁的营销活动。搭配 #Beauty And Beast（美女与野兽）话题标签，TECNO 描绘了一位女性的情感经历和恋爱故事，许多人从中获得启迪，开始追求美好生活。其他手机厂商喜欢在广告中宣传产品的技术、功能和特点，TECNO 则另辟蹊径，更多关注用户生活，新品发布多采用类似营销策略。[2]

生态系统：此外，传音对当地软件开发者的支持和鼓励也是尽心尽力，以此作为回馈社会和持续创新的方式。2014 年初，传音发布 Phantom AIII 平台，改变了软件开发者使用 Phantom A+ 的体验。作为一个开放平台，Phantom 为软件开发者（尤其是非洲的开发者）提供工具，让他们的诸多技能有了用武之地，软件开发从此变得简单。[3] 不仅如此，传音在移动互联网应用上也是颇费心思，开发了专门面向非洲市场的音乐流媒体平台 Boomplay Music，月单曲播放量超过 10 亿次，一举摘得 2017 年非洲最佳移动应用软件奖。

2018 年 10 月，传音在非洲雇用了约 1 万名员工，在中国有大约 6 000 名员工。[4] 它将自己视为非洲企业，通过不断推陈出新来吸引当地用户。传音旗下三个品牌（TECNO、itel 和 Infinix）累计份额（按销量计算）非洲第一，远超三星和华为（参见附录 7）。然而，称霸非洲并不能让传音满足，它要将非

1　Vanguard, "How Infinix Mobile Is Changing Africa's Smartphone Ecosystem," Transsion Holdings, 2015-09-07 [2019-03-08], www.transsion.com/en/news/detail-49.html。

2　Syeda Maseeha Qumer and Geeta Singh, op. cit.

3　IT & TELECOM Digest, "Beyond Mobile Phone Sales: TECNO Empowers Nigerian App Developers," Transsion Holdings, 2014-03-11 [2019-02-02], www.transsion.com/en/news/detail-2.html。

4　"企业简介"，传音控股官网，[2019-02-04], www.transsion.com/en/about/profile.html。

洲模式复制到其他新兴市场。

把非洲模式复制到其他新兴市场

> "我们有必要明白一点：公司在欧洲取得了成功，并不意味它就一定能在其他所有市场续写成功。要问的是：它们能为这一特定市场增加哪些价值？"
>
> ——传音副总裁阿里夫·乔杜里（Arif Chowdhury），2013[1]

非洲市场的成功，给了传音用同一模式拿下其他新兴市场的底气。它开始按部就班地扩张业务版图（见附录4）。2013年，传音在法国和沙特阿拉伯推出高端手机品牌Infinix的多款不同机型。同年，TECNO进入埃及市场。2015年，Infinix在非洲和中东市场风生水起，TECNO进军津巴布韦，itel探索北美和东南亚市场。2016年起，传音开始远征印度市场。

进军印度市场

> "印度是我们重点关注的市场，我们非常重视'印度制造'计划"
>
> ——传音印度公司CEO阿瑞吉特·塔拉帕特拉（Arijeet Talapatra）[2]

印度虽不是传音在非洲国家之外开拓的第一个国际市场，却是竞争最激

---

1 Dinfin Mulupi, op. cit.

2 IANS, "China's Transsion Holdings Set to Launch Consumer Durables in India," *Business Standard*, 2018-12-19［2019-02-26］, https://www.business-standard.com/article/companies/china-s-transsion-holdings-set-to-launch-consumer-durables-in-india-118121900212_1.html.

烈，也最重要的一个市场，因为它已成为全球第二大手机市场。[1]

2016 年 4 月，传音携品牌 itel "出师"印度，迅速在小镇和城市打响第一炮。选择以 itel 打头阵，是因为传音深知印度用户想要的是功能齐全、价格低廉的手机。不仅如此，传音还推出多项创新，来迎合印度用户的需求。例如，注意到印度人在吃手抓饭时会把手弄得很油，无法开机，传音专门开发了防油指纹识别功能。[2] 就这样，上市第一年，itel 销量即在印度市场暴涨 200%。2017 年，传音趁热打铁，接连推出 TECNO 和 Infinix 手机、智能配件品牌 oraimo 和独家售后品牌 Carlcare。

与此同时，传音向印度市场重新投放了 Spice 手机，Spice 是印度首个本土手机品牌，2004 年由 Spice Mobility 创立。Spice 曾开创"双卡双待"等多项第一，业务也拓展到了孟加拉国、乌干达、坦桑尼亚、津巴布韦和斯里兰卡等国家，但最终不敌闯入印度市场、创新与性价比兼具的中国手机品牌，从零售货架上消失。传音进入印度市场后，与 Spice Mobility 建立合资企业，以适合年轻人口味的时尚设计为 Spice 注入新的活力，使其重返市场。[3]

国际数据公司（IDC）数据显示，2017 年，itel 在印度手机市场的份额达到 9%，同比增长 217%。[4] 但是，印度手机市场的竞争已呈白热化。2017 年，传音在印度智能手机市场尚未跻进前五行列（见附录 8）。

传音在印度市场的一大劲敌是小米手机。2013 年，小米携本地化战略进军印度市场，积极响应印度政府提出的"印度制造"计划。小米的低端机型红米 5A 占其印度总销量的近 40%。2018 年，小米超越三星，以近 30% 的份额

---

1 "India Now Second-largest Smartphone Market in World," *The Hindu*, 2017-10-30 ［2019-02-11］, https://www.thehindu.com/sci-tech/technology/india-now-second-largest-smartphone-market-in-world/article19926744.ece.

2 Jenni Marsh, op. cit.

3 IANS, "Transsion Holdings Will Relaunch 'Spice' Smartphone Brand in India," *BGR India*, 2017-07-02 ［2019-03-11］, https://www.bgr.in/news/transsion-holdings-will-relaunch-spice-smartphone-brand-in-india.

4 你好张江，"手机'非洲之王'传音控股　在张江寻求'新发现'"，搜狐，2018-05-24 ［2019-02-21］, www.sohu.com/a/232813075_177021.

问鼎印度手机市场头把交椅[1]，成为印度最受欢迎的手机品牌。[2]

传音的另一个主要竞争对手是印度电信公司 Reliance Jio Infocomm Limited 推出的 Jio 手机，该公司是印度企业集团 Reliance Industries Limited 的全资子公司。Jio 手机主推价格实惠的兼容长期演进技术的功能手机，于 2017 年 8 月发布。截至 2017 年底，Jio 手机在印度功能手机市场的份额达到 27%，三星手机以 17% 的市场份额位居第二，传音的 itel 列居第三。[3] 到 2018 年第一季度末，Jio 手机在全球功能手机市场占有 15% 的市场份额（见附录 9）。[4] 到 2018 年年中，Jio 手机已经成为全球功能手机的领导者。

除了免费提供 4G 服务之外，Jio 手机还提供极其便宜的数据套餐（每月约 0.7 美元，语音通话不限量），并预装脸书和奈飞等 APP 应用。[5] Jio 手机还推出了一项 4G 功能手机的退款政策，即用户在指定时间段内退还手机，并得到一部分押金。[6] 此外，三星还是 Jio 手机唯一的 4G 设备提供商，并向其提供在 5G 时代起着关键作用的分组核心技术。从一开始，Reliance Jio 公司便设定

1　Abhishek Baxi, "'Spice' Brand to Make a Comeback in India as a Joint Venture with Transsion Holdings," *Android Authority*, 2017-06-29［2019-02-26］, https://www.androidauthority.com/spice-brand-make-comeback-india-joint-venture-transsion-holdings-783807.

2　"A Slowdown in China Drags the Worldwide Smartphone Market to a Year-over-Year Decline of 2.9% in Shipments During the First Quarter of 2018, According to IDC," IDC, 2018-05-02［2019-02-26］, https://www.idc.com/getdoc.jsp?containerId=prUS43773018.

3　Digit NewsDesk, "Reliance Jio Dethrones Samsung to Top Feature Phone Market in India at the Back of Strong Jiophone Shipments: Counterpoint," digit, 2018-01-24［2019-05-06］, https://www.digit.in/news/mobile-phones/reliance-jio-dethrones-samsung-to-top-feature-phone-market-in-india-at-the-back-of-strong-jiophone-s-39288.html.

4　Ananya Bhattacharya, "In just 10 months, Reliance Jio's become the world leader in feature phones," Quartz India, 2018-05-25［2019-05-06］, https://qz.com/india/1288920/reliance-jio-has-become-the-world-leader-in-feature-phones-in-just-10-months/.

5　Sushma U N, "Why Indians are choosing simple feature phones over smartphones," Quartz India, 2018-04-24［2019-05-06］, https://qz.com/india/1260215/reliance-jio-is-luring-indians-away-from-smartphones-towards-feature-phones/.

6　如果用户在购买 Jio 手机的第一年就退还 Jio 手机，该用户将无法获得退款；如果在 12～24 个月之间退还，将拿回 500 卢比；如果在 24～36 个月之间退还，可以获得 1 000 卢比的退款。只有在规定的 3 年合同完成后，用户才能获得 1 500 卢比的全额退款。2017 年 12 月 31 日，1 美元 =63.85 卢比。（数据来源：Source: Devina Sengupta, "Jio rolls out early security refund policy for its new 4G feature phone," ET Bureau, 2017-09-27［2019-10-01］, //economictimes.indiatimes.com/articleshow/60847526.cms?utm_source=contentofinterest&utm_medium=text&utm_campaign=cppst）

了一个大目标，要在一年内实现印度 99% 的人口覆盖率。[1]

传音深耕其他新兴市场

凭借持之以恒的本地化与创新举措，传音在其他新兴市场亦增势喜人。2016 年 11 月，传音在埃及建立首座工厂，并开设了第一家专卖店，一个月后，又发布了学习型平板电脑（WinPad 10）。在巴基斯坦，传音发布了六款 TECNO 智能手机。在孟加拉国，传音发布了搭载先进图像处理技术的智能手机，夜间拍摄效果更佳。

到 2018 年底，传音全球销售网络已遍布非洲、中东、东南亚和南亚等 50 多个国家和地区，包括尼日利亚、肯尼亚、埃塞俄比亚、坦桑尼亚、埃及、阿联酋、印度、孟加拉国和巴基斯坦。传音在深圳（中国）、亚的斯亚贝巴（埃塞俄比亚）、诺伊达（印度）和加济布尔（孟加拉国）建有四家工厂。传音售后服务品牌 Carlcare 在全球范围内设有 2 000 多个服务联系点（包括第三方合作伙伴）和 7 个大型售后维修中心，能为客户提供无与伦比的支持。

未来挑战

2017 年，传音全球手机销量逾 1.3 亿台，销售额人民币 200 亿元[2]，位列全球第四。[3] 展望未来，传音领导班子深知，非洲和其他新兴市场的竞争将会十分激烈。

2018 年三季度，非洲手机市场出货量排名前三的手机厂商分别为传音（34.9%）、三星（21.7%）和华为（10.2%）。然而，若按销售额计算，排在第

---

1 Alan Weissberger, "Samsung deploying small cells in large volumes for Reliance Jio in India," IEEE Sommunications Society, 2018-11-10 ［2019-05-06］, http://techblog.comsoc.org/2018/11/10/samsung-deploying-small-cells-in-large-volumes-for-reliance-jio-in-india/.

2 1 美元 = 人民币 6.51 元，截至 2017 年 12 月 31 日汇率。

3 Hello Zhangjiang, op. cit.

一的是三星（37.2%），其次是传音（21%）和华为（13%）。[1] 同为中国品牌的华为原本瞄准的是非洲市场高端用户，如今也开始分羹低价市场。同样，2019年1月19日，连续五年雄踞印度智能手机市场龙头宝座的小米亦宣布，成立非洲地区部。面对华为和小米的挑战，传音非洲王者之位还能否坐得稳当，已有行业专家提出质疑。[2]

不仅如此，非洲以外的市场也是多方混战。例如，在印度市场，小米在智能手机市场位居榜首，而Jio手机在功能机市场增长势头难以抵挡。在这样的局面下，传音应当如何与小米——同样是提供"物美价廉型"手机，且上市后更是资源充沛——竞争呢？传音又当如何从强劲的本土品牌Jio手机手中夺回市场份额呢？

除了竞争激烈外，全球手机市场已陷入萎缩，并出现了从功能机到智能机的消费升级。IDC数据显示，2018年全球手机市场萎缩4.1%，2017—2022年复合年增长率（CAGR）为−1.6%。[3] 传音是全球第四大手机品牌，也是最大的功能机品牌。公开数据显示，功能机占传音手机出货总量的70%以上（2017年，传音功能机销量约9 000万台，智能手机3 500万台）[4]。然而，纵观世界经济，未来智能手机的发展速度显然更胜一筹（见附录10）。更何况，增长势头强劲的Jio手机在功能机市场上开始获得了印度乃至世界市场的青睐。在此背景下，传音要如何才能更上一层楼？下一步该怎么走？

1　David Lee, "Transsion and Huawei Ranked Among Top Three Smartphone Makers in Africa," *Pandaily*, 2018-11-30［2019-02-11］, https://pandaily.com/transsion-and-huawei-ranked-among-top-three-smartphone-makers-in-africa.

2　Dan Zhang, "Xiaomi Takes on Transsion in Africa," *Global Times*, 2019-01-20［2019-02-03］, www.globaltimes.cn/content/1136400.shtml.

3　Anthony Scarsella and William Stofega, "Worldwide Mobile Phone Forecast Update, 2018-2022: December 2018," IDC, 2018-12［2019-02-04］, https://www.idc.com/getdoc.jsp?containerId=US44522318.

4　Ananya Bhattacharya, "In just 10 months, Reliance Jio's become the world leader in feature phones," Quartz India, 2018-05-25［2019-05-06］, https://qz.com/india/1288920/reliance-jio-has-become-the-world-leader-in-feature-phones-in-just-10-months/.

附录1：中国手机国产品牌数量（1998—2006）

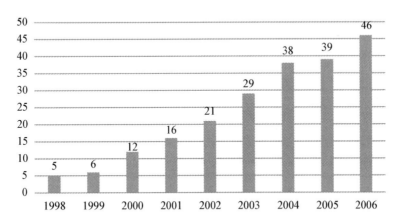

资料来源：今井健一，"中国手机产业分工体系的演进历程"，[2019-12-30]，
https://wenku.baidu.com/view/2199a69651e2524de518964bcf84b9d528ea2c82.html。

附录2：中国国产品牌手机的市场份额（1999—2006）

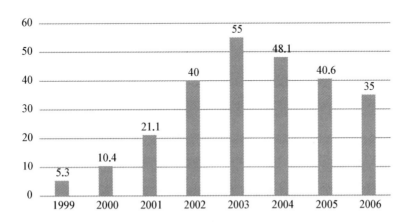

资料来源：今井健一，"中国手机产业分工体系的演进历程"，[2019-12-30]，
https://wenku.baidu.com/view/2199a69651e2524de518964bcf84b9d528ea2c82.html。

附录3：2006年中国手机市场厂商份额（按销量）

排　　名	手机品牌	市场占有率（%）
1	诺基亚	28.9
2	摩托罗拉	18.8
3	三星	11.1
4	联想（中国）	6.5
5	索尼-爱立信	5.5
6	宁波波导（中国）	4.3
7	夏新（中国）	3.2
8	LG	3.1
9	中兴（中国）	2.3
10	康佳（中国）	1.8
11	海尔（中国）	1.5
12	天语（中国）	1.3
13	中电通信（中国）	1.2
14	华为（中国）	1.2
15	金立（中国）	1.1
	其他	8.2
	前三家市场占有率总和	58.8
	前五家市场占有率总和	70.8

资料来源：今井健一，"中国手机产业分工体系的演进历程"，［2019-12-30］，https://wenku.baidu.com/view/2199a69651e2524de518964bcf84b9d528ea2c82.html。

附录 4：传音控股的发展历程

年份	里 程 碑
2006	成立传音科技有限公司（传音控股前身） 成立消费电子产品研究中心 第一台品牌手机 TECNO T201 上市 建立设计研究所
2007	推出第二个手机品牌 itel TECNO 品牌一举上市 5 款新机；itel 品牌推出 Fun 系列
2008	做出战略决定进入非洲市场，启动聚焦非洲的品牌策划 在尼日利亚建立第一个分支机构 在东非和西非建立区域管理系统
2009	深圳盐田工厂正式投入使用 设立售后服务品牌 Carlcare
2010	TECNO 销量跻身非洲手机市场前三 推出第一款全触屏手机 T9
2011	在埃塞俄比亚建立工厂 TECNO 获得加纳 2011—2012 年度"最受消费者信赖品牌"称号
2012	TECNO 与众多科技巨头合作推出一系列智能设备（比如首款安卓智能机、Opera 上网手机和电视手机等） 第一家 TECNO 专卖店在尼日利亚开业
2013	智能手机品牌 Infinix 面世并进入尼日利亚市场 Infinix 于 6 月推出平板电脑 Joypad TECNO 发布全新智能手机家族 Live Smart TECNO 进入埃及市场 Infinix 在法国发布智能手机，在沙特发布平板电脑 Joypad
2014	itel 第一批 VIP 形象店在马里、卢旺达、尼日利亚落地 Infinix 发布首款电子商务智能手机 TECNO 在伦敦获得国际质量皇冠奖金奖 TECNO 在加纳最佳品牌奖评选中荣获"最具潜力品牌"以及"最佳新锐品牌"
2015	传音成立家电品牌 Syinix 首款待机"2 天"的智能手机 Infinix Hot Note 在非洲和中东发布 TECNO 进入津巴布韦市场 itel 开拓北非和东南亚市场（比如孟加拉国）

年份	里 程 碑
2016	1 月，Infinix 在印尼雅加达的第一个结合办公点与体验店的 Infinix 之家开业 4 月，传音品牌 itel 进入印度市场 7 月，尼日利亚伊巴丹的首个 TECNO 旗舰店开业 7 月，越南首个 Carlcare 售后服务中心开业 8 月，TECNO 正式启动 EDU-TEC 项目，推出教育平板电脑 WinPad10 10 月，Infinix 进军越南市场并发布四款新品 11 月，TECNO 签约在埃及建立第一个工厂 12 月，TECNO 首家埃及专卖店开业
2017	传音手机出货量位列全球第四 在非洲开展了更多企业社会责任活动，比如： TECNO 捐赠 200 万肯尼亚先令，为遭受旱灾的肯尼亚 Isiolo 社区的 2 000 多位受灾居民购买粮食与饮用水； TECNO 成立 TECNO 助学基金，为更多的尼日利亚小学生提供奖学金以及学习用品 6 月，Spice 品牌在印度重新推出，由 Carlcare 为其提供售后服务；oraimo 在印度上市 8 月，Carlcare 越南首家自建售后中心开业 9 月，Carlcare 印度首家自建售后中心开业 TECNO 在孟加拉的首家品牌专卖店开业
2018	传音荣登 Facebook 和毕马威评选出的"中国出海领先品牌 50 强"榜单 传音在印度发布产品 Camoni，正式推出国际旗舰手机系列 Camon

资料来源：概括自传音控股官网的"发展历程"，［2019-01-21］，www.transsion.com/en/about/history.html。

附录 5：TECNO 手机

支持多个 SIM 卡	功能手机 T660	智能手机 Camon CX	手机相机功能

资料来源：公共资料。

附录 6：传音三大手机品牌

	品牌定位	首款发布日期	产品线	进驻市场（截至 2018 年底）
TECNO	高端智能手机品牌，秉持"期待更多"的品牌精髓	2006	智能手机、平板电脑和功能机	约 50 个新兴市场
itel	可靠的入门级大众手机品牌，遵循"享潮流"的品牌理念	2007	智能手机、平板电脑和功能机	约 40 个新兴市场
Infinix	高端互联网智能手机品牌，秉持"未来就是现在"的品牌主张	2013	智能手机（ZERO, NOTE, HOT, HOT S, SMART）	约 30 个新兴市场

资料来源：概括自传音控股官网的"发展历程"，［2019-01-21］，www.transsion.com/en/about/history.html。

附录 7：非洲手机出货量

排名	品牌	2018 一季度	2017 一季度	增长	市场份额
1	三星	3.4	2.4	42%	23%
2	TECNOsss	2.8	N/A	N/A	18%
3	itel	2	N/A	N/A	13%
4	华为	1.1	1.1	−3%	7%
5	Infinix	1	N/A	N/A	7%
总计					68%

注：除比率外，数据皆以百万为单位。

资料来源：Ricci Rox, "Canalys: Samsung dominates African smartphone market, Tecno in second," Notebook Check, 2018-05-16［2020-09-21］, https://www.notebookcheck.net/Canalys-Samsung-dominates-African-smartphone-market-Tecno-in-second.303552.0.html。

附录 8：印度前五大智能手机企业（2017）

企　业	2017 年智能手机市场份额（按销量）
三星	24.7%
小米	20.9%
Vivo	9.4%
联想	7.8%
OPPO	7.5%

资料来源：IDC 手机季度跟踪报告，2018-02-12［2019-02-03］，http://m.elecfans.com/article/674151. html。

附录 9：功能手机前五名手机品牌（按出货量，2018 年第一季度）

世界市场	市场占有率（%）	印度市场	市场占有率（%）
Reliance Jio	15	Reliance Jio	35.8
诺基亚 HMD	14	三星	9.8
Itel	13	Itel	9.4
三星	6	诺基亚	7.3
Tecno	6	Lava	5.6
其他	46	其他	32.1

数 据 来 源：Sushma U N，"Why Indians are choosing simple feature phones over smartphones," Quartz India, 2018-04-24［2019-05-06］，https://qz.com/india/1260215/reliance-jio-is-luring-indians-away-from-smartphones-towards-feature-phones/；Ananya Bhattacharya，"In just 10 months, Reliance Jio's become the world leader in feature phones," Quartz India, 2018-05-25［2019-05-06］，https://qz.com/india/1288920/reliance-jio-has-become-the-world-leader-in-feature-phones-in-just-10-months/。

附录 10：2008 到 2020 年功能机和智能手机全球出货量（单位：百万台）

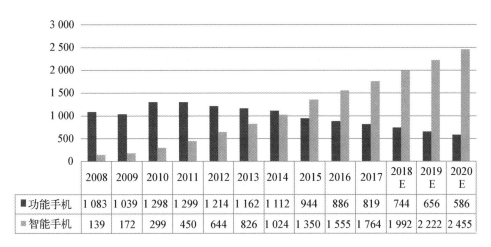

	2008	2009	2010	2011	2012	2013	2014	2015	2016	2017	2018 E	2019 E	2020 E
■ 功能手机	1 083	1 039	1 298	1 299	1 214	1 162	1 112	944	886	819	744	656	586
■ 智能手机	139	172	299	450	644	826	1 024	1 350	1 555	1 764	1 992	2 222	2 455

资料来源："2008 到 2020 年功能手机和智能手机的全球出货量"，Statistia，2019，［2019−02−26］，
https://www.statista.com/statistics/225321/global-feature-phone-and-smartphone-shipment-forecast。

百威亚太分拆上市[1]

24

（A）：本地化财务战略

2019 年 7 月 12 日，百威英博宣布，不再推进将百威亚太控股有限公司（百威英博的亚太区子公司，以下简称"百威亚太"）在香港证券交易所首次公开募股 100 亿美元的计划。这宗原本预计为年度规模最大的 IPO 由此戛然而止。

媒体和分析人士纷纷断言，啤酒巨头百威英博的计划"已告失败"。但百威英博亚太区总裁、百威亚太首席执行官（CEO）兼执行董事杨克却认为，现在下结论还为时过早。他深知此次分拆上市意义深远，价值巨大。

对于那段人生中最紧张的日子，杨克至今记忆犹新。为了分拆上市，他与时任百威亚太首席财务官（CFO）吉·卡斯特兰、百威英博投资者关系全球副总裁劳伦·艾伯特以及百威亚太投资者关系总监李凯宁展开了一轮又一轮讨论。他们的 IPO 团队连轴转了两个星期，奔赴上海、香港、新加坡、伦

1　本案例由中欧国际工商学院的陈世敏教授和 David Hendrik Erkens 教授，以及薛文婷女士共同撰写。在写作过程中得到了案例企业的支持，并参考了现有公开信息及企业授权资料。本案例部分财务指标和关键数据出于保密需要可能经过掩饰，但不影响讨论和决策。该案例目的是用来做课堂讨论的题材而非说明案例所述公司管理是否有效。本案例获"2021 中国工商管理国际最佳案例奖"一等奖。

敦、纽约、芝加哥和加州进行路演，与全球投资者、分析师、投资组合经理以及其他关键利益相关方会晤。他们的日程安排异常紧凑：下午他们在某个大洲向投资者介绍百威亚太，之后就要连夜乘坐航班赶到另一个大洲，参加下一批会议直到深夜，然后又连夜飞往又一个大洲，开始新一轮的奋战……宣布搁置分拆上市计划之后，杨克必须与 IPO 团队开会，共同商讨下一步该何去何从。

啤酒行业

全球市场趋于疲软

一心一意扎根啤酒行业的杨克亲眼见证了这个行业的浮沉兴衰，尤其是大公司的并购重组。过去几十年来，啤酒行业一直是少数巨头独霸市场，历经多轮整合集中，通过并购而非有机增长的方式向前发展。全球排名前十的啤酒公司主要来自美国、北欧和亚洲，分别是美国的百威英博和摩森康胜，北欧的喜力和嘉士伯，中国的华润、青岛和燕京，日本的朝日和麒麟，以及菲律宾的生力。

啤酒在全球酒精饮料市场中的占比为 75%。自 2009 年起，世界领先的啤酒酿造商麒麟对全球啤酒生产开展了十多年的观察分析。他们发现，全球啤酒消费已陷入增长停滞的状态，甚至开始衰减（见附录 1）。美国和欧洲等成熟市场遭遇了巨大挑战：2007—2014 年，美国的啤酒产量停滞不前，而德国、法国和英国的啤酒产量则下降了 10% 左右。德国的人均啤酒消费量近 50 年共计已缩水三分之一。[1] 2011—2016 年，啤酒市场的需求复合年增长率（CAGR）仅为 0.5% 左右。从地区来看，欧洲、日本和大洋洲市场的需求下降，北美市场的需求 CAGR 与全球平均值持平，而亚洲（不含日本）、中南美洲和非洲

---

[1] German Estevez Rutishauser, Stefan Rickert , and Frank Sänger, "A perfect storm brewing in the global beer business," McKinsey, June 1, 2015.

的市场需求与增长均显著上升（见附录 2）。澳大利亚市场的需求 CAGR 保持在 −1.6%，日本市场为 −1.3%。

亚洲市场前景广阔且呈现出多样性

杨克见证了亚洲市场过去十年的蓬勃发展，认定其为下一个增长引擎。在全球低迷的大环境下，亚洲市场可谓一枝独秀，焕发着勃勃生机，这可以部分归因于人口红利、城镇化和人均收入增长对消费的提振作用。根据欧睿的数据，越南和印度的啤酒消费增长了一倍多，而其他地区和国家不是像巴西和澳大利亚那样增长微弱，就是像美国一样负增长（见附录 3）。亚太地区是全球啤酒消费量最大且消费额最高的地区，也是啤酒消费增长最快的地区之一，其 2018 年的啤酒消费量占全球总量的 37%（仅中国就占到 25%），而欧洲和北美分别只有 25.2% 和 12.9%。2018—2023 年，亚太地区对全球啤酒消费增量增长的贡献预计将再增 10%。[1]

对百威英博来说，亚洲各国的啤酒业发展各有不同，"一刀切"的战略显然是行不通的。中国已超过美国、巴西和德国，成为世界最大的啤酒市场。[2] 中国国家统计局的数据显示，2018 年中国的啤酒总消费量为 3.81 亿百升。但中国的人均啤酒消费水平无论从数量还是金额来看，仍然处于低位：论消费量，中国的人均消费量只有 35 升，远低于美国（71 升）、巴西（60 升）和墨西哥（74 升）等；[3] 论消费额，中国的人均消费额仅为 46 元人民币（约合 7 美元），远低于澳大利亚（1 817 元人民币，约合 278 美元）、美国（1 376 元人民币，约合 210 美元）和日本（1 124 元人民币，约合 172 美元）。[4] 比较而言，

1　Global Data, Budweiser Prospectus, September 2019.

2　"What's on tap for the global beer market?" JP Morgan, August 14, 2018.

3　Global Data, Budweiser Prospectus, September 2019.

4　"Leading Beer Company Accelerates Profitability," *Industrial Securities*, March 2020.

韩国和澳大利亚市场更加成熟，但增长空间较小；印度和越南似乎前景不错，但由于家族企业占据了主导地位，反而东南亚的其他地区展现出了具有吸引力的进一步区域整合的机会。

百威英博：并购之路

百威英博十多年来一直是全球头号啤酒制造商。在其庞大的品牌组合中，百威、时代和科罗娜位居全球最具价值的五大啤酒品牌之列。[1]

安海斯-布希公司发展史

19 世纪 50 年代，德国移民埃伯哈德·安海斯创办了一家小型社区啤酒厂，将拉格啤酒引入美国。后来，他与女婿阿道夫·布希收购了其他几家啤酒酿造商，共同创立了安海斯-布希公司。公司历经百年风雨，走过禁酒时代、大萧条和第二次世界大战，终于蓬勃发展，成为美国啤酒市场上的一代霸主。20 世纪末，百威啤酒通过特许啤酒商出口到英国和日本，并先后于 2004 年和 2006 年收购哈尔滨啤酒和福建雪津啤酒，自此成为中国三大啤酒制造商之一。[2]

英博集团发展史

英特布鲁美洲饮料集团是由比利时的英特布鲁公司与巴西的美洲饮料公司合并而成，后于 2004 年更名为英博集团。英特布鲁的历史可以追溯到 14 世纪的比利时鲁汶。1987 年，比利时的两家啤酒公司 Brouwerijen Artois NV 和 Brasserie Piedboeuf SA 合并形成了英特布鲁并在布鲁塞尔泛欧证券交易所挂牌上市。美洲饮料公司由巴西最大的两家啤酒酿造商 Brahma 和 Antarctica 于

1　Brandz/Kantar Millward Brown, 2018.

2　"China Is Key To AB InBev's Asia Growth Prospects," Forbes, 16 January 2015.

1999 年合并而成。[1] 促成这一"联姻"的是巴西商界"三剑客"——雷曼、泰列斯和斯库彼拉。他们后来共同创立了私募股权投资公司 3G 资本，不仅通过巨额交易控制了百威、亨氏和汉堡王等知名品牌，还深谙如何通过削减成本提高财务回报。例如，他们引入零基预算法，要求管理者证明每项年度运营和资本支出的合理性。[2] 在 3G 资本促成下，巴西的美洲饮料公司（3G 资本持有）与比利时的英特布鲁公司通过股权交换合并，实现了当时世界第三与第五大酿酒商（就产销量而言）的合体，创建了英博集团。英博集团在巴西啤酒市场占据主导地位，旗下拥有 200 多个啤酒品牌，包括时代、巴斯、福佳和吉皮勒等。

安海斯-布希与英博强强联手

2008 年，仍然由巴西商界"三剑客"牵头，英博集团以 520 亿美元的价格收购安海斯-布希，成立百威英博，原英博的巴西高管入主合并后的新公司。据《3G 资本帝国》一书披露，新管理层削减了 10 亿美元的成本。[3] 为进一步扩张全球版图，百威英博又实施了一系列大手笔的并购交易：2012 年，斥资 200 亿美元收购墨西哥啤酒商莫德洛集团；2014 年，斥资 58 亿美元收购韩国东方啤酒公司；之后，以 1 000 亿美元的价格收购南非米勒酿酒公司，[4] 一跃成为全球最大的啤酒公司，年销售额估计达 550 亿美元，占据全球 28% 的市场。[5] 但与此同时，这些巨额并购交易也使得百威英博负债超过 1 000 亿美元。

1　James Allen, "The Beliefs That Built a Global Brewer," Bain, April 27, 2012.

2　3G Capital discovers the limits of cost-cutting and debt, The Economist, March 2019.

3　Cristiane Correa, "Dream Big: How the Brazilian Trio behind 3G Capital-Jorge Paulo Lemann, Marcel Telles and Beto Sicupira Acquired Anheuser-Busch, Burger King and Heinz, Sextante," January 1, 2014.

4　Christian Kreznar, "Anheuser-Busch Inbev Begins The Search To Replace CEO Carlos Brito As The Brewer Faces An Uncertain Future," Forbes, September 10, 2020.

5　Brown, Lisa, "A-B InBev finalizes $100B billion acquisition of SABMiller, creating world's largest beer company." Chicago Tribune. October 11, 2016.

债务 / 息税折旧摊销前利润（EBITDA）比率

在最优资本结构下，百威英博的净债务是其 EBITDA 的 2 倍左右，总债务水平保持在 EBITDA 的 4 倍左右。估计到 2020 年底之前，百威英博可以达到这个预期的比例。[1]2018 年，百威英博决定将每股股息腰斩至 1.80 欧元（约合 2.05 美元）。集团时任 CFO 费利佩·杜特拉证实，由此节约下来的 40 亿美元将用于偿还债务。[2] 分析师们认为，百威英博早该做出这一艰难的决定。惠誉评级的分析师朱利奥·隆巴迪指出："如果他们一早就开始减少派息以偿还债务，何至于如今天这般债台高筑。"[3]

此时，百威英博在欧洲挂牌上市（泛欧证券交易所代码：AB InBev），同时还在墨西哥（墨西哥 MEXBOL 股票指数代码：ANB）和南非（约翰内斯堡证券交易所代码：ANH）次级上市，并以美国存托凭证形式在纽约证券交易所第二上市（纽约证券交易所代码：BUD）。在这些成熟市场上，投资者对百威英博趋之若鹜，但在亚洲等新兴市场，百威英博的投资者基础还是相对局限。

百威亚太

2002 年，杨克辞去麦肯锡咨询顾问的工作，加入英特布鲁，担任比利时最畅销啤酒品牌"吉皮勒"的品牌经理。他在百威英博工作近 20 年，先后任职于多个业务部门，积累了丰富的国际经验。杨克逐步担任过很多高管职位，历任法国区现场消费商务总监、比利时区便利店与非现场消费销售总监、加拿

1　Rich Duprey, "Here's Why Anheuser-Busch InBev Yanked 2019's Largest IPO," Yahoo Finance, July 18, 2019.

2　"The Motley Fool, Anheuser-Busch InBev Slashes Its Dividend," Nasdaq, October 26, 2018.

3　Matt Egan, "The Budweiser Beer Empire was built on debt. Now it's racing to pay it off," CNN Business, July 24, 2019.

大拉巴特子公司销售副总裁以及（后升任）CEO兼总裁、百威英博亚太南区总裁兼卡尔顿联合啤酒公司（CUB）CEO。他目前的职务是百威亚太CEO兼董事会联席主席以及百威英博亚太区总裁。

亚洲市场表现

根据GlobalData的数据，2018年，百威亚太在中国以啤酒销售额计排名第一，以销量计排名第三，仅次于华润雪花（23.2%）和青岛（16.4%）（见附录4）。在韩国，百威亚太以销售额及销量计均排名第一，市场占有率高达50%以上，比排名第二的啤酒商高出近30%。在印度，联合啤酒公司（UB）长期保持销售额和销量双料冠军地位，占据市场半壁江山，而百威啤酒虽有亚军之名，销量却不及UB的一半。越南是亚洲最大且增长最快的啤酒市场之一，但受地理因素影响，在物流和分销上有一定挑战，而且该国南北方消费者的口味有很大差别。西贡啤酒饮料公司与喜力啤酒（通过越南啤酒厂）的销量合计占市场总量的三分之二以上，而百威亚太的占比只有不到1%。

百威亚太在东南亚的知名度，尤其是在人口和可支配收入均有所增长的菲律宾和泰国，不及在韩国和中国那么高。东南亚业务以家族企业为主，而百威亚太在东南亚的分销运营模式并未给这个大型跨国公司带来竞争优势。如果能有一种方式让百威亚太更加渗透东南亚每个国家的当地市场，将使公司获得更多机会、如虎添翼。

啤酒业务本地化

杨克以及百威的管理团队认为啤酒始终是一种"本地化业务"。不同于苹果公司把总部设在加利福尼亚，在全球化采购、组装和销售iPhone的模式，百威英博把总部设在比利时，而将啤酒酿造放到各个市场，与当地社区共享资源。百威亚太既然要使用当地社区的资源，自然也得为所在社区提供大量帮助，为当地作出贡献。

举个例子，几年前，南非开普敦遭遇旱灾。百威英博关闭了其在开普敦的主要啤酒厂，以确保它不会剥夺当地社区稀缺的水供应。后来，百威英博开始从其他一些水资源不那么紧张的地区调货，甚至还将啤酒厂的水引到当地的一个水源地，方便当地居民把水带回家做饭和洗衣服。

在中国，百威亚太一直是践行企业社会责任的领军者，并寻求机会进一步加强与中国以及其他亚洲国家政府的关系。过去 10 年来，百威中国捐建了 27 所希望小学。2019 年，百威韩国共举办 60 多场慈善活动，对当地社区的贡献（奖学金、日用品、救援物资等）价值大约为 26 万美元。百威亚太不断寻找各种机会服务当地，加强政府关系，以巩固壮大其在亚太地区的根基。

泛区域多品牌组合

杨克和管理团队认为，百威亚太的泛区域多品牌组合创造了一个良性循环。该组合不仅是百威亚太抵御各地市场宏观经济与季节性波动的"护城河"与"防风墙"，还有助公司洞悉啤酒行业在不同阶段的发展方式。公司充分利用在澳大利亚和韩国等高成熟度市场积累的经验，成功将其复制到中国等成长市场，并对印度和越南等新兴市场进行趋势研判。

有时候，一家公司的业绩表现可以通过竞争对手的关注度得到最好的证明。在筹备亚洲业务 IPO 期间，卡尔顿联合啤酒公司[1]（CUB，百威英博澳大利亚子公司）的日本竞争对手朝日向百威亚太表达了以优厚条件收购 CUB 的意向。百威英博与朝日算是"老相识"，之前曾在南非米勒并购案后有过资产交易。对朝日来说，如果能将 CUB 收入囊中，会有助其开疆扩土，打入新的区域市场，在几近饱和的日本市场之外另辟蹊径。百威英博董事会及 CUB 高层经过一番讨论

---

1 卡尔顿联合啤酒公司是澳大利亚领先啤酒商，拥有 150 多年历史，2016 年作为南非米勒并购交易的一部分，被百威英博收购。

后一致认为，亚洲业务是一个整体，他们还是希望能够打包上市。鉴于百威亚太已在认真准备包含所有子公司的上市事宜，他们最终拒绝了朝日的要约。

高端化及消费升级

在杨克看来，百威亚太的一大竞争优势在于其"三最"身份——规模最大、增长最快和盈利能力最强的亚洲啤酒公司。按啤酒销售额和销量计算，百威亚太在中国和印度市场快速增长的高端和超高端品类中稳居第一，在越南位居前三，把握住了整个亚太地区、特别是中国市场的高端化及消费升级趋势——2013—2018 年，高端和超高端啤酒销量分别以 7.9% 和 12% 的年复合增长率持续增长。[1] 在中国，高端和超高端品牌约占啤酒行业的 16%。而百威亚太以 30% 的高端和超高端产品率在高端化趋势中独领风骚，超过了嘉士伯（25%）、青岛（22%）和华润（7%）。[2]

激烈的人才争夺战

任何公司要想最大限度发挥竞争优势，高素质人才都是关键，百威亚太也不例外。在这个顶尖人才对科技独角兽情有独钟甚至更渴望自立门户的时代，传统快消品企业必须出奇制胜，才能吸引才华横溢的新员工，留住经验丰富的老员工。尤其在亚洲市场，阿里巴巴、腾讯、滴滴和其他人工智能类公司提供了有吸引力的奖金激励方案，人才竞争更加激烈。

百威亚太遵循百威英博的薪酬政策来吸引并留住人才。作为一家上市企业，百威英博为员工提供了市场参考工资、奖金和长期股权激励。长期激励计划由 3 年至 5 年兑现期的公司股票期权和限制性股票构成，而奖金则与员工个人和公司指标的实现情况挂钩。对于奖金的形式，员工有以下三种选择：一是

---

1 Global Data, "Budweiser Prospectus," September 2019.

2 "Leading Beer Company Accelerates Profitability," *Industrial Securities*, March 2020.

全部现金；二是由现金和股权构成；三是全部股权。如果员工选择第二或第三种方案，公司将按三比一的比例授予额外的配套股份。这样做是为了给员工一种"所有权"的感觉——在财务意义和参与意义上都是如此。由此，他们会觉得与公司之间形成了更紧密的纽带，成为公司的主人。

百威英博与百威亚太的财务比较

百威英博 2019 年年报称，其亚洲子公司百威亚太在集团总收入和总销量中的占比分别为 12.5% 和 17%（见附录 5）。两者的三种财务报表提供了更多业绩详情（见附录 6）。从 2017—2019 年的损益表来看，百威英博与百威亚太都实现了高毛利，平均毛利率分别约为 61% 和 52%，营业利润率分别约为31% 和 18%。同期现金流量表也显示，无论是百威英博还是百威亚太，经营活动产生的净现金均远远超过净收益。也就是说，他们在赚钱的同时，能够生成足够的现金流来支撑经营。

通过资产负债表，我们可以洞察百威英博和百威亚太的业务重点。他们的商誉和无形资产之和占总资产比例分别约为 72% 和 53%，这表明他们都主要通过并购来扩大业务。百威亚太的商誉比率比母公司低 20%，因而有更大的增长空间，可能需要通过分拆上市来获取并购资金，而且需要在亚洲地区寻找目标。百威英博的负债比率是百威亚太的近 2 倍，这意味着母公司有更为紧迫的偿债任务。

百威亚太分拆上市

2019 年 5 月，百威英博发布公告称，其子公司百威亚太拟赴港上市。两个月后，更多 IPO 相关细节得到披露。根据招股说明书，百威亚太拟发行原始股约 16 亿股，每股定价在 5.13 至 6.02 美元之间，公司市值最高可达 637 亿美元，总募资规模在 83 亿至 98 亿美元之间（见附录 7）。即使发行价定在目标区间的低端，这场 IPO 也将成为 2019 年度全球规模最大的 IPO，超过优步（Uber）在纽约上市时 81 亿美元的募资规模。

百威亚太当时的董事会由七名董事组成，包括两名执行董事——杨克（百威亚太 CEO）和王仁荣（百威亚太法律及企业事务副总裁），两名非执行董事——薄睿拓（百威英博 CEO）和费利佩·杜特拉（百威英博 CFO），以及三名独立非执行董事——杨敏德（溢达集团董事长）、曾璟璇（巨溢资本创始人）和郭鹏（太古集团董事）。百威亚太上市后，除杨克将继续保留百威英博亚太区总裁的集团头衔之外，所有负责日常运营的高管人员均不再担任任何集团职务。百威亚太未就此次 IPO 引入任何基石投资者。

根据路孚特的数据，百威亚太的 IPO 定价反映出其估值倍数（2020 年企业价值与 EBITDA 之比）在 16～18 倍之间，远高于百威英博（11 倍）和麒麟（10 倍），略高于青岛啤酒（13～15 倍）。[1]

百威英博突然叫停上市计划

路演期间，投资者和分析师均表示十分看好百威英博在亚太地区的发展前景，但澳大利亚市场除外。用他们的话来说，亚洲应该是新兴市场，因此不应该包括像澳大利亚这样的成熟市场。2019 年 7 月 12 日，百威英博宣布将不再推进将百威亚太在香港交易所上市——这宗原本预计为当年度规模最大 IPO 的计划。

投资者与分析师的顾虑

百威英博将取消上市的决定归于多方面因素，其中包括现行市场状况，同时也表示将持续监测市场动态。但市场的解读却是：这个啤酒巨头的上市计划"已告失败"。据路透社披露，投资者不太能接受百威英博对百威亚太的估值，一些原

---

1 Sumeet Chatterjee and Alun John, "UPDATE 2-AB InBev seeks $9.8 bln for Asia unit in world's largest IPO this year," Yahoo Finance, July 2, 2019.

本计划大规模认购的顶级美国长线投资人因此削减了认购规模。"许多长线投资人临阵退缩，未能如约而至。"[1] 最高 98 亿美元的估值似乎并不能令市场信服，其部分原因在于，这宗交易是将高增长的亚洲业务和增长缓慢的澳洲业务打包上市。

此外，分析师们还发表了五花八门的意见。麦格理分析师卡罗琳·列维认为："现阶段，取消亚洲业务 IPO 意味着债台进一步高筑，欠债的时间也会拖得更长，不排除百威英博有再次削减股息的可能。"伯恩斯坦分析师特雷弗·斯特林对 IPO 被中途取消感到意外，并发出警告称，百威英博还需要再过一年时间，才有可能将债务 / EBITDA 比率降到理想水平。Alpha Value 分析师劳拉·帕里索特对百威英博的未来表示担忧，因为此次 IPO 的目标是去杠杆；如果降低净债务 / EBITDA 比率的目标无法达成，百威英博的债务评级恐怕成问题。利贝鲁姆分析师尼克·冯·斯塔克尔伯格预测说："现在，百威英博只能花更长一点时间，在菲律宾、泰国和越南等目标市场进行扩张。但无论如何，这个啤酒巨擘终将实现其目标，继续发展壮大。"[2]

杨克面临的两难困境

此时此刻，百威英博及其亚太子公司该如何应对？杨克、吉、李凯宁和劳伦召开了一场紧急会议。摆在他们面前的选择如下：其一，百威英博可以修改分拆上市的业务范围与定价，然后重新发起 IPO；其二，百威英博可以再次削减股息以偿还高额债务，但集团股价很可能因此暴跌；其三，百威英博可以考虑抛售其亚洲业务的资产，但没人知道此举将如何影响投资者对其增长潜力的看法。带着对这三种选择的利弊权衡，杨克走进了会议室……

1　Julie Zhu, Joshua Franklin, "Abhinav Ramnarayan, Philip Blenkinsop, Hold the beers: Budweiser APAC IPO fail shows valuations face investor push-back," Reuters, July 15, 2019.

2　Albertina Torsoli, "Here's What Analysts Are Saying About AB InBev Pulling Asian IPO，" Bloomberg, July 13, 2019.

附 录

附录1：2008—2018年全球啤酒消费情况

（单位：10亿升）

2018年	2017年	2016年	2015年	2014年	2013年	2012年	2011年	2010年	2009年	2008年
191.1	190.9	186.89	183.78	189.06	188.81	190.7	188.78	182.69	177.27	178.06

资料来源：麒麟啤酒大学与麒麟食品与生活方式研究所报告（2009—2019年）。

附录2：2011—2016年全球啤酒消费复合年增长率（CAGR）

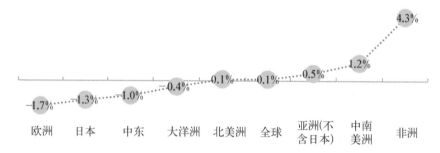

资料来源：J. P. Morgan Global Research Team, What's on tap for the global beer market? J. P. Morgan, 2018－08－14［2021－03－01］，https://www.jpmorgan.com/insights/research/beer-market.

附录3：各国啤酒消费量增长情况

（单位：百升）

国家	2005年	2010年	2015年	2020年	2005—2020年增长率
中国	304 381 756.0	454 096 622.5	477 270 980.0	404 798 542.3	33%
美国	237 048 581.9	238 931 206.4	242 013 586.9	215 090 430.0	−9%
巴西	95 568 800.0	127 549 804.1	132 825 588.8	103 410 255.6	8%

国家	2005 年	2010 年	2015 年	2020 年	2005—2020 年增长率
德国	101 075 689.1	97 433 365.8	94 550 328.1	85 731 658.8	−15%
墨西哥	57 564 804.3	63 975 976.0	69 788 879.0	79 935 989.1	39%
俄罗斯	98 152 107.0	105 095 704.0	77 235 904.7	72 826 224.4	−26%
日本	66 240 644.7	63 238 263.7	60 255 401.9	50 405 287.4	−24%
英国	57 962 767.9	47 955 238.0	45 452 324.6	41 425 190.6	−29%
越南	12 358 100.0	24 197 100.0	37 649 537.6	39 490 000.2	220%
波兰	26 650 425.7	33 155 512.0	38 090 982.7	36 029 889.4	35%
西班牙	34 785 529.9	34 844 145.5	35 006 870.9	32 249 911.0	−7%
哥伦比亚	15 781 440.4	16 915 734.9	23 589 514.4	25 410 088.2	61%
菲律宾	12 452 050.5	16 797 558.6	16 163 986.2	24 431 015.3	96%
南非	29 584 767.2	30 231 582.7	31 577 230.3	23 038 196.7	−22%
加拿大	22 469 917.1	24 092 711.5	24 126 151.8	21 772 955.8	−3%
印度	6 237 120.9	13 056 635.3	22 051 224.0	21 484 576.3	244%
法国	20 289 680.0	19 091 279.8	19 563 425.9	20 210 358.3	0%
澳大利亚	18 982 107.3	19 377 100.0	18 691 623.5	20 081 939.4	6%
泰国	17 853 686.0	19 010 826.2	18 851 290.3	18 593 453.9	4%
韩国	17 610 134.1	18 577 700.0	18 418 800.0	18 379 629.8	4%
阿根廷	15 478 534.7	18 164 400.0	17 253 225.4	17 583 693.7	14%
乌克兰	23 534 086.3	29 194 700.2	18 777 763.4	17 118 867.0	−27%

资料来源：案例作者根据欧睿国际数据库检索的数据整理计算得出，2021 年 3 月检索。

附录 4：2018 年中国、韩国、印度、越南和澳大利亚的啤酒市场版图

中国（总量 488 亿升）

品　牌	市场占有率（%）
华润雪花	23.2
青　岛	16.4
百威亚太	16.2
燕　京	8.5
嘉士伯	6.1
前五合计	70.4

韩国（总量 20 亿升）

品　牌	市场占有率（%）
百威亚太	59.8
海　特	21.4
乐天七星	4.5
喜　力	2.0
朝　日	1.7
前五合计	89.3

印度（总量 27 亿升）

品　牌	市场占有率（%）
联合啤酒	48.5
百威亚太	23.0
嘉士伯	13.0
Mohan Meakin	2.3
Som Distillery & Brewery	1.8
前五合计	88.6

越南（总量 47 亿升）

品　牌	市场占有率（%）
西贡啤酒	40.1
喜　力	31.2
河内啤酒	12.1
嘉士伯	7.5
三宝乐	2.2
前五合计	93.1

澳大利亚（总量 18 亿升）

品　牌	市场占有率（%）
百威亚太	48.8
狮王啤酒	36.4
Coopers	5.3
朝　日	1.2
可口可乐阿马提尔	0.3
前五合计	91.9

资料来源：百威亚太招股说明书，原始来源：Global Data。

附录 5：2019 年百威英博的区域市场收入与销量

地 区	收入（百万美元）	销量（10 万升）	有机增长率（%）
北美洲	15 488	108 133	−2.40
中美洲	11 912	133 538	3.80
南美洲	9 790	139 664	2.80
欧洲、中东和非洲	7 911	85 888	3.40
亚太地区	6 544	93 168	−2.90
全球出口和控股公司	685	1 036	10.10
百威英博全球	52 329	561 427	1.1

资料来源：百威英博 2019 年年报。

附录 6：百威英博与百威亚太的财务报表

（金额单位：百万美元）

项 目	2019 年	2018 年	2017 年	2019 年	2018 年	2017 年
损益表	百威英博损益表			百威亚太损益表		
收入	52 329	53 041	56 444	6 546	6 740	6 099
营业成本	−20 362	−19 933	−21 386	−3 058	−3 240	−2 944
毛利润	31 967	33 108	35 058	3 488	3 500	3 155
毛利率（%）	61	62	62	53	52	52
销售及一般管理费用−百威英博分销、销售及管理费用−百威亚太	−16 421	−16 807	−18 099	−2 259	−2 356	−2 321
营业利润	16 098	16 414	17 152	1 368	1 256	922
营业利润率（%）	31	31	30	19	18	15
标准化息税折旧摊销前利润（EBITDA）	21 078	21 732	22 084	2 121	1 994	1 652

项　　目	2019 年	2018 年	2017 年	2019 年	2018 年	2017 年
损益表	百威英博损益表			百威亚太损益表		
标准化息税折旧摊销前利润率（%）	40	41	39	32	29	27
净利润	9 171	4 370	7 996	908	959	572
资产负债表	百威英博资产负债表			百威亚太资产负债表		
商誉	128 114	133 311	140 940	6 921	6 718	7 046
无形资产	42 452	44 831	45 874	1 708	1 718	1 819
总资产	236 648	233 868	248 208	15 308	15 862	16 760
商誉及无形资产 / 总资产比率（%）	72	76	75	56	53	53
现金及现金等价物	7 238	7 074	1 0472	952	1 667	1 761
总负债	152 095	161 979	168 008	5 424	5 690	6 413
总负债比率（%）	64%	69%	67%	35%	36%	38%
股东权益	84 553	71 889	80 220	9 884	10 172	10 347
股东权益比率（%）	36%	31%	33%	65%	64%	62%
现金流量表	百威英博现金流量表			百威亚太现金流量表		
经营活动产生的净现金	13 396	14 181	15 430	1 379	1 684	1 331
投资活动产生的净现金	−5 073	−3 857	7 854	−693	−472	−532
筹资活动产生的净现金	−8 512	−14 327	−21 004	−1 399	−1 237	−187

资料来源：百威英博与百威亚太年报，百威亚太招股说明书，万得（2017—2019 年）。

附录7：百威亚太上市概要

条　目	说　明
发行人	百威亚太控股有限公司（简称"百威亚太"或"本公司"）
上市地点与股票代码	香港联合交易所主板／股票代码 1876
价格区间	每股 40～47 港元
发行股数	1 626 526 000 股
基石投资者	无

资料来源：百威亚太招股说明书（2019 年 7 月）。

（B）：本地化财务战略

决定暂缓百威亚太的 IPO 后不到一周时间，百威英博就宣布要出售澳大利亚业务，以 160 亿澳元（约合 113 亿美元）的价格将卡尔顿联合啤酒公司（CUB）转让给朝日集团控股有限公司。同时，作为交易的一部分，百威英博还将其旗下全球品牌组合在澳大利亚的商业化运作权授予了朝日。这一交易价格约为 2018 年百威英博的标准化息税折旧摊销前利润（EBITDA）的 15 倍。

杨克及其团队认为，将澳大利亚业务排除在上市计划之外，是将其剥离给策略买家，能够为股东创造更多价值。在首次 IPO 的路演期间，投资者对澳大利亚业务的估值通常约为 EBITDA 的 9 到 10 倍。朝日对收购 CUB 表现出强烈兴趣。如果朝日能在一周内就条款达成一致，这笔交易就会完成。虽然有投资者和分析师将 CUB 视为阻碍百威英博亚洲增长计划的累赘，但在朝日眼中，CUB 却是其实现全球扩张的一个良机。过去几年，朝日从未掩饰其扩大全球版图的野心：在百威英博收购南非米勒之后，朝日接手了南非米勒的中东欧业务。[1]CUB 将成为朝日在大洋洲的大本营，与日本和欧洲共同构成这个日本啤酒集团的三大支柱市场。澳大利亚子公司的剥离坚定了百威英博优化业务结构、加快布局快速增长型市场以实现去杠杆化的决心。正如百威英博 CEO

---

1 Rachel Arthur, "Asahi's Takeover of Carlton United Breweries Hits Competition Concerns, " *Beverage Daily*, December 12, 2019.

薄睿拓所说："我们一如既往地看好亚太业务，该地区仍是我们公司的增长引擎……在把握亚太地区增长机遇上，我们具备得天独厚的优势。"[1]

百威亚太重启分拆上市

2019 年 9 月 12 日，百威英博在剥离澳大利亚业务之后，在香港完成了其亚太子公司的分拆上市。杨克对投资者们表示感谢："在我们以亚太区佼佼者的姿态迈向激动人心的崭新阶段时，给予我们认可与支持。"他进一步设想了未来亚太地区的无限机遇，表示将"进一步立足本地，加强与本区域所有利益相关者的联系"，为股东创造长期价值。[2] 更新后的招股说明书披露了更多关于百威亚太的细节（见附录）。发行价格确定为每股 27.00 港元，处于每股 27～30 港元（3.44 至 3.83 美元）拟议价格区间的低端。此番二度 IPO 的募资规模约为 57.5 亿美元[3]，对百威亚太的估值倍数（2020 年预测企业价值与 EBITDA 之比）为 17 倍，高于青岛啤酒，略低于亚洲啤酒商中估值最高的公司之一华润啤酒控股。[4]

在为重新启动分拆上市计划之前，百威英博分几步对百威亚太进行了重组。2019 年 4 月 10 日，百威亚太在开曼群岛注册成立；2019 年 7 月 3 日，百威英博将其中国业务转移至百威亚太，换取百威亚太之后发行的 75 亿股新股。2019 年 9 月 25 日，百威英博又将其韩国业务转移至百威亚太，换取百威亚太之后发行的 40 亿股新股。此外，还有其他几家公司按公允市场价值从母公司

1　Press Release, Anheuser-Busch InBev Agrees to Sell Carlton & United Breweries to Asahi Group Holdings, Ltd. and Continues to Evaluate a Potential IPO of Budweiser APAC, AB Inbev, July 19, 2019.

2　Press Release, Anheuser-Busch InBev Announces Offer Price and Allotment Results of the Initial Public Offering of Budweiser APAC on the Hong Kong Stock Exchange, AB Inbev, September 27, 2019.

3　Budweiser APAC, Annual Report 2019 & 2020.

4　Julia Fioretti and Carol Zhong, "AB InBev Raises $5 Billion in Asian Unit's Hong Kong IPO," Bloomberg, September 23, 2019.

转移至百威亚太，而百威亚太是通过向百威英博借款来获得这些转移所需的资金。于是，百威亚太的全球发行所得将全部直接流向百威英博，用于偿还股东贷款。上市后，百威英博继续作为控股股东，持有百威亚太已发行股本的约 87.22%[1]（第一次分拆上市的招股书中百威英博计划持股比例为 82.58%[2]）。在 2019 年 10 月的一份新闻稿中，百威英博表示将把发行的全部净收益用于偿还债务。[3]

百威亚太初次试水 IPO 时并没有引入基石投资者。重启 IPO 计划后，杨克及其团队与新加坡政府投资有限公司（GIC）签订了基石投资协议。该公司是新加坡一家声誉卓著的国有实体，投资各种金融资产。作为 IPO 团队的关键成员，卡斯特兰充分认识到让 GIC 成为基石投资者的重要性，因为 GIC 能够认同百威亚太，并在早期阶段就作出投资承诺。GIC 认购股数为 2.903 亿股，约占 IPO 最终发行股数的 20%，占已发行总股本的 2.23%。换言之，在此次 IPO 最终募集的 57.5 亿美元中，GIC 的认购金额达到 10 亿美元。[4]

百威亚太的未来

上市一年后，百威亚太的同比业绩略好于母公司百威英博，因为中国迅速走出了新冠肺炎疫情的阴霾，而美国的形势却不容乐观。然而与青岛啤酒和华润啤酒相比，百威亚太还是逊色不少，主要有两方面原因：其一，疫情之下许多城市实施封锁措施，即饮渠道被迫关闭，对百威亚太造成了不小的影响（百

1　Budweiser APAC, Annual Report 2019 & 2020.

2　Budweiser APAC, Prospectus of Frist IPO, 2019.

3　Press Release, Anheuser-Busch InBev Announces Full Exercise of Over-allotment Option for the Initial Public Offering of Budweiser APAC, October 3, 2019.

4　Rich Duprey, "Anheuser-Busch Pulls Off This Year's Second-Biggest IPO," *The Motley Fool*, September 29, 2019.

威亚太地区在该渠道有更大的敞口）。其二，百威亚太的主要市场是在中国、印度、韩国和越南，而各地摆脱疫情影响的速度有快有慢。相比之下，青岛啤酒和华润啤酒主要面向中国大陆市场，当地的经济复苏速度比亚洲其他地区都要快。

杨克用三个关键词归纳了百威亚太 2021 年度的战略重点：高端化、数字化和地域扩张。无论是加强高端产品组合，实现批发商的数字化转型，还是深挖东南亚市场机会，分拆上市，都蕴含着无限机会，可令百威亚太在亚洲的发展如虎添翼。身处一个充满易变性、不确定性、复杂性和模糊性的世界，企业及其领导者必须想方设法将全球化进行到底：既要全球化，又要本地化。在此背景之下，本地化的主题在不断发生改变。本地化的三段式进展不是线性的，而是动态变化、相辅相成的。人才的本地化让全球化公司更因地制宜，产品的本地化创造更多与当地市场的连接，再加上股票和股东构成的本地化所带来的投资加成，百威为自己找到更多机会，也做好了应对新挑战的准备。杨克一边想着，一边迫不及待地想与团队分享本地化演进的新定义……

附录：百威亚太二度上市概要

条　　目	说　　明
发行人	百威亚太控股有限公司（简称"百威亚太"或"本公司"）
上市地点与股票代码	香港联合交易所主板 / 股票代码 1876
价格区间	每股 27 ～ 30 港元
发行股数	1 262 350 000 股（视发售量调整权及超额配股权行使与否而定）
基石投资者	GIC 认购总金额 10 亿美元，所获股份最高为假设超额配股权未获行使情况下发行规模的 23.0%

资料来源：百威亚太招股说明书（2019）。

蚂蚁森林：
将公益变成共益[1]

如果说支付宝曾经是人们需要支付时才打开的 **APP**，那么，当蚂蚁森林出现在支付宝平台上后，越来越多的人习惯了每天打开支付宝去记录行走步数、刷共享单车、乘公交地铁……这些低碳行为能让他们从蚂蚁森林获得绿色能量值。由此，支付宝的使用频率也得到了提升。

蚂蚁森林是支付宝于 2016 年 8 月推出的一个公益环保应用。使用此应用的用户，通过参与蚂蚁森林指定的低碳活动来获得绿色能量，并于第二天到蚂蚁森林界面下去收集能量（见附录 1）。当能量积累到一定数值时，用户就能凭此兑换树苗。支付宝会向公益机构进行捐赠，并委托公益机构以用户名义在荒漠上种树。由于低碳活动涉及日常生活的多个方面，而能量也需要每天收集，因此，每天数次打开和使用支付宝成了蚂蚁森林用户的习惯。

1　本案例由中欧国际工商学院的芮萌、朱琼共同撰写。在写作过程中得到了案例企业的支持，并参考了现有公开信息及企业授权资料。本案例部分财务指标和关键数据出于保密需要可能经过掩饰，但不影响讨论和决策。该案例目的是用来做课堂讨论的题材而非说明案例所述公司管理是否有效。本案例获"2020 中国工商管理国际最佳案例奖"二等奖、2021 EFMD 案例写作大赛"企业社会责任"类别最佳奖。

截至 2019 年 8 月，支付宝带领超过 5 亿蚂蚁森林用户，在荒漠化地区种下真树 1.22 亿棵，种植总面积超过 168 万亩，累计碳减排量超过 792 万吨，相当于节约了 116 亿度电，约等于深圳市民 2018 年一年的生活用电；同时守护公益保护地 18 万亩，累计创造超过 40 万人次的绿色就业岗位，实现劳务收入超过 6 059 万元。

伴随着上述业绩，蚂蚁森林实现了其在低碳环保公益领域的创新：降低了个人、公益组织和企业参与绿色公益的门槛[1]，搭建了一个人人可参与的绿色公益平台；促使"看得见的绿色"（种树）与"看不见的绿色"（低碳生活）互相激励，形成了公益激励闭环；同时，将公益变成了共益，让所有参与方都获得了价值。

为了推动蚂蚁森林的持续创新，支付宝所属的蚂蚁金融服务集团（以下简称"蚂蚁金服"）决定，针对蚂蚁森林投入不设上限。

然而，对于集团的这个决定，蚂蚁森林产品经理祖望在 2020 年初却说出他的压力：尽管蚂蚁森林被定位为公益项目，然而，这难道意味着它能无止境地依赖集团的投入吗？如果不能，蚂蚁森林还能怎么发展？应该为它打造怎样的公益可持续商业模式？应该为它构建怎样的新吸引力和凝聚力，去吸引全社会资源和用户来共同维护它的可持续性呢？

支付宝

支付宝是阿里巴巴旗下 C2C 平台淘宝为了解决交易信用问题，于 2004 年打造的第三方支付工具，后来演变成可以进行生活缴费、订车票、订餐和租房等数字生活服务平台，以及包含理财、信贷、保险等功能的金融服务平台。

1　在传统的绿色公益项目中，参与者或者要投入资金，或者要投入时间、人力，甚至还要寻找相关的公益机构或政府部门帮助，来完成公益活动。因此，涉及资金、时间、人力、公益资源等门槛。

2013 年，以支付宝为主体的小微金融服务集团成立。2014 年，该集团更名为"蚂蚁金融服务集团"。

发展到 2019 年 6 月，作为全球最大的非社交 APP，支付宝和全球本地钱包伙伴共同服务超过 12 亿用户，支付宝小程序月活跃用户数为 6 亿。2019 年第三季度的数据显示，在第三方移动支付市场，按交易规模计算，支付宝保持领先地位，市场份额占比为 53.58%，排名第二的是包含微信支付的财付通，市场份额占比为 39.53%（见附录 2）。[1]

财付通是腾讯旗下的第三方支付平台，包含微信支付和手机 QQ 钱包，后者几乎没有普及应用。因此，财付通的市场份额主要是通过微信支付获得的。在互联网领域，阿里巴巴和腾讯是行业数一数二的竞争对手，作为它们的分支部分，支付宝和微信的竞争也不可避免。

诞生于 2011 年年初的微信，是中国最大的移动社交平台，在推出微信之前，腾讯已凭借 QQ 创建了中国最大的社交网络。2019 年第三季度的数据显示，微信月活跃账户数达 11.5 亿。[2]

2014 年，基于彼时 7 亿微信用户和 6.39 亿 QQ 用户的基础，微信通过红包和各种线上线下支付场景快速进入移动支付领域。微信的强社交属性让微信支付拥有较高的用户黏性。[3]

面对微信的竞争，支付宝也曾推出社交产品"圈子"以试图弥补其社交短板，但铩羽而归。于是，2016 年下半年，支付宝回归支付和金融主业，同时推出蚂蚁森林。

1　骑士，2019 年 Q3 移动支付市场：支付宝份额达 53.58%，稳居第一，IT 之家，2019-12-19［2020-02-14］，https://www.ithome.com/0/463/998.htm。

2　截止到去年三季度，微信月活跃用户数为 11.51 亿，腾讯科技，2020-01-09［2020-02-14］，https://tech.qq.com/a/20200109/051470.htm。

3　艾媒：《2017—2018 中国第三方移动支付市场研究报告》，网经社，2018-04-28［2020-02-14］，http://www.100ec.cn/detail--6447396.html。

蚂蚁森林

在推出蚂蚁森林之前，支付宝希望做个人碳账户。这是支付宝落实蚂蚁金服绿色金融战略的一个举措。所谓碳账户，类似于银行资金账户，只不过存储的不是钱而是碳减排量，后者是由企业或个人的低碳行为量化而得。碳账户可以通过碳市场交易而实现价值（见附录 3）。

蚂蚁金服之所以有底气提出打造个人碳账户，是因为他们拥有超过 12 亿的个人和小微企业资源，而且支付宝平台上存在着诸如网上缴费、乘坐公交等绿色低碳场景。因此，他们希望凭借这些优势资源，打造个人碳账户。

然而，截至 2019 年年底，全球碳交易市场的参与者只有一部分国家和企业，根本没有个人身影。而退回到 2016 年，个人碳市场更是虚无缥缈。没有实现价值的市场，用户的碳减排行为就无法被持续激励，碳账户就会形同虚设。

如何解决这个问题呢？当时领命打造碳账户的祖望，不得不和团队成员冥思苦想，寻找新的价值出口和驱动力。他们由低碳想到了公益种树，并发现了尽管中国荒漠化面积正在扩大，而普通人也希望参与公益种树来阻止荒漠化发展。但是，大部分人并没有付诸行动，因为不知道通过什么渠道去参与公益种树，也不太愿意捐资给公益组织，因为不知道自己的捐资最终是否能真正用于公益种树。

"为什么我们不能把公益种树作为新价值出口呢？"祖望团队突然灵机一动，想到了互联网式的公益种树模式：让用户通过低碳行为累积绿色能量，在手机里种养一棵虚拟树。当能量达到一定值时可以捐赠（兑换）一棵树苗，这棵树苗由支付宝来出资捐赠，并以用户名义种在荒漠地区。这样，既能让用户获得做环保公益的价值感和成就感[1]，又能实实在在地遏制国土荒漠化面积。

1　在用户蚂蚁森林界面上有一个"成就"按钮，点开就能看到用户所种树种及对应的环保证书。这样的信息是能被其支付宝好友看见的。

这个设想是希望将人们对环境、对自然的关注，变成每日践行的绿色低碳生活。用户在城市里做了一定量的低碳减排后，也能在荒漠地区种一棵树并实现同等数量的减排，因此，用户的低碳生活能与种树形成互相激励。

按照上述构想，碳账户被落地为蚂蚁森林应用，即以数字化手段来引导和记录用户的低碳行为，以公益种树来激励用户的低碳行为，形成用户践行低碳环保的激励闭环（见附录4）。

2016年8月底，蚂蚁森林在支付宝上线，三个月后用户数达6 000万。2017年春节期间（1月末），支付宝在其集五福（卡）[1]活动中力推了蚂蚁森林，用户只要开通蚂蚁森林就能获取一张福卡，蚂蚁森林用户为好友浇水也能获得一张福卡。此次活动之后的2月底，蚂蚁森林的用户数爆长到2亿。此后，每年增长数都超过1亿，累计到3周年时超过5亿（见附录5）。如此爆发式增长能否持续？这是摆在祖望团队面前的挑战。

从公益种树出发的蚂蚁森林，在随后的发展中不仅逐渐丰富了其低碳环保场景和用户所能兑换的树种，也升级了公益思路，从环保种树升级到生态脱贫，后者是蚂蚁金服的母公司阿里巴巴集团脱贫基金战略的五大方向之一。

2019年4月，蚂蚁森林被联合国环境署选为"年度环保实践案例"之一。联合国环境署指出："这一产品通过数字科技促进环保和可持续生活方式的流行，为'蓝天保卫战'提供了创新的'中国模式'，在全球共同面临气候变化挑战的今天，值得其他国家借鉴。"[2] 2019年9月蚂蚁森林获得"联合国地球卫士奖"。

---

1 支付宝集五福活动是支付宝在中国春节期间开展的旨在吸引更多用户使用支付宝、同时促进支付宝用户之间社交的活动，集齐五种福卡可以参与分享支付宝数亿额度的红包现金。

2 新浪网.5亿人3年种树1亿棵 蚂蚁森林：要让10亿人行动起来，和讯网，2019-08-27［2020-02-14］，https://m.hexun.com/tech/2019-08-27/198351540.html?ivk_sa=1023197a。

蚂蚁森林的运营之道

活跃在蚂蚁森林平台上的，不仅有个人用户，还有各种企业、机构合作伙伴，以及其公益环保延伸到线下所涉及的农牧民等。如何将这么多角色持续吸引到蚂蚁森林平台上并形成合力推动低碳环保公益呢？

个人用户运营

在很多用户看来，蚂蚁森林就像一款游戏，种树是目标，收集能量是在做任务，而步行、乘地铁等低碳行为是积攒能量的途径。更好玩的是，用户可以去好友的蚂蚁森林里"偷"能量，也可以通过给好友蚂蚁森林里的虚拟树浇水，将能量赠送给对方。蚂蚁森林还通过能量排名激发好友之间的竞争性。

用好玩的方式吸引用户，是蚂蚁森林团队最初的刻意之策。游戏能快速吸引用户。只要用户被吸引加入这款"互动游戏"，蚂蚁森林就能通过界面上的"攻略"引导用户实现"低碳收能量，轻松种真树"。"攻略"里详细列示了所有的低碳场景及实现路径，同时，"攻略"提示用户完成低碳行动后，第二天早 7 点要去蚂蚁森林里收集对应的能量，能量会在产生的 3 天后过期。

用户收集到行动产生的能量后，就会想着挣更多的能量从而进入下一个"行动—能量"循环，周而复始。"蚂蚁森林改变了我。以前我觉得支付宝就是一个支付工具，现在我天天想着如何用支付宝赚能量；以前我非常抗拒在支付宝加好友。现在为了（种）一棵胡杨树，我会把通讯录好友都加一遍，就为了'偷'能量。我还舍弃了 Apple Pay，每天用支付宝购物、乘地铁。"一位用户说。[1]

然而，最好的游戏产品一般也不过只有 1～2 年的生命力，用户失去兴趣

1　冷思真，蚂蚁森林：沙漠种树背后是一门运行高效的公益生意，新浪财经，2019-07-12 ［2020-02-14］，http://finance.sina.com.cn/chanjing/gsnews/2019-07-12/doc-ihytcitm1441230.shtml。

后就会离开。[1] 那么，蚂蚁森林不害怕这样的宿命吗？

"我们只是采取了游戏的形式。这个产品本质上不是游戏，而是一个普通人都能参与的与真实世界紧密连接的环保公益行动应用。我们用数字化的手段引导用户在日常生活中践行低碳减排，并将他们的行动科学地量化成绿色能量值，然后用真实世界的环保行为，比如种树或守护保护地，来匹配并呼应用户的行为，让他们感受到自己行动的真实价值并为此而受到激励。"祖望解释道，在他看来，"95 后、'云上一代'的年轻人，对公益的需求越来越多元化，比起捐款捐物，他们更看重参与感和真实性。"因此，蚂蚁森林在实际管理和执行过程中，一直恪守着真实性原则。

比如，用户低碳行为所对应的碳减排量是通过蚂蚁森林的碳减排算法计算出来的，树苗的绿色能量兑换标价，对应着该树长大后所能吸收的二氧化碳量，这个吸收量也是通过第三方专业机构评估确定的。

蚂蚁森林碳减排算法，是支付宝与北京环境交易所合作研发的。这套算法计算了不同场景下低碳行为所对应的碳减排量，涵盖步行、网购火车票、网络购票、生活缴费、预约挂号、ETC 缴费、线下支付和电子发票等（见附录 6）。

而对应于用户能量值的线下公益环保，也被逐一落实。为了让用户感受到支付宝在线下种树的真实性，他们在蚂蚁森林页面增加了电子稻草人图标，让用户点击此处观看某时点的树木图片。

蚂蚁森林的真实性激发了用户的真诚投入，很多年轻人早上定闹钟 7 点起床去支付宝收能量（怕晚了被朋友"偷走"）；从支付宝里看到自己种的树，有人感叹道，"这是在我二十年的生命中，被我赋予生命的第一物"。[2]

1 从开心农场团队解散看社交游戏生命周期，腾讯网，2012-07-02［2020-02-14］，https://games.qq.com/a/20120702/000326.htm。

2 南方都市报，2.3 亿人在手机里种树 栽下 1025 万棵真树卫星可见，搜狐网，2017-10-26［2020-02-14］，http://m.sohu.com/a/200265316_161795。

自 2017 年 5 月起，蚂蚁森林在早期梭梭树的基础上，陆续引入了其他树种，包括能量值大得令人敬畏的云杉和胡杨（见附录 7）。在正常情况下，对普通用户来说，种一棵梭梭树，都要努力数月甚至更长时间来积累能量值，想种一棵云杉或者胡杨，几乎比登天还难。

"推出多种能量值的树种，一方面是实际环保的需要，不同树种混种有利于生态健康；另一方面是为了向用户提供多元化的选择，老种一种树，用户会觉得没有刺激了。"祖望解释道。

当用户们正在被胡杨所激励而又感到有点望尘莫及时，蚂蚁森林推出了"合种"模式，用户可以家庭、爱情、同学、同事、好友、（时代）先锋为主题组团合种树。组团者可以通过联系人、微信、微博、钉钉、QQ 等渠道去邀请人，或者通过二维码邀请。合众树的能量是靠成员浇水（输送能量）而得，人数越多、浇水量越大，能量增长得就越快，就能在相对较短的时间内种成一棵树。

上述所有运营策略，正在让越来越多的用户养成低碳环保生活习惯，同时，也培养了用户的公益环保意识。

根据阿里巴巴的数据，2017 年 1—10 月，在阿里巴巴平台购买过绿色商品的人数已超过 1 亿，绿色商品消费总额超过 2016 年全年同类值。2018 年，淘宝平台的环保布袋成交量同比增长超过 100%，环保家装建材的消费量同比上涨 51%，节能环保 LED 灯销量同比增幅也超过 50%。

而一份针对 234 名蚂蚁森林用户的第三方调查则显示，用户开通并使用蚂蚁森林最首要的动机是"养成（虚拟）大树并种植有成就感"，其次是"可以参与公益"（见附录 8）。同时，受访者自我评价显示，使用蚂蚁森林对环境意识和行为有积极影响，65.38% 的人认为自身绿色行为有所增加，57.69% 的人觉得自己环保意识有所提高，48.72% 的人认为自己对于公益信息的关注更加频繁。[1]

1　生态环境部环境与经济政策研究中心课题组，互联网平台背景下公众低碳生活方式研究报告，2019-08［2020-02-14］，http://www.prcee.org/yjcg/yjbg/201909/W020190909692854952540.pdf。

合作伙伴

如果说运营用户是具有数字化基因的蚂蚁森林团队所擅长的，那么打造整个环保公益平台，就超出了他们的能力所及，他们需要整合外部的专业能力和资源。

蚂蚁森林的合作伙伴主要分为四类：专业合作伙伴、低碳场景合作伙伴、公益捐赠合作伙伴和其他合作伙伴。

专业合作伙伴

蚂蚁森林平台的专业部分，不仅有前文所说的场景评估、能量计算等，还有落实种树环节，因此，蚂蚁森林除了与环境交易机构合作外，还与发起荒漠化种树公益项目的公益基金会、地方林业部门、造林机构合作。合作伙伴在向蚂蚁森林输送专业能力的同时，也能从蚂蚁森林获得商业价值。

作为蚂蚁森林的合作伙伴之一，中国绿化基金会的负责人说："跟蚂蚁森林合作的收益并不在于蚂蚁森林每年捐给绿化基金多少钱，而在于对绿化基金会影响力的传播。很多人知道蚂蚁森林种树是绿化基金会在实施，于是，更多企业主动找来跟我们合作，希望通过我们搭载到蚂蚁森林项目上去。"[1]

为了全程管理公益项目并实现项目的真实化、透明化，蚂蚁森林还引入了农林业科技合作伙伴，利用人工智能技术探测适合的种树区域；用智能测绘无人机与多光谱技术（电子稻草人）实时管理种植区域。同时这些技术也实现了用户实时看树。

"这些科技合作伙伴最早都是以公益的形式与我们合作，免费提供了很多服务。当然，在合作中它们也得到了不少品牌曝光。不过，随着蚂蚁森林规模变大，我们已用商业的方式与它们合作，向它们采购服务。"祖望说。

1　生态环境部环境与经济政策研究中心课题组，互联网平台背景下公众低碳生活方式研究报告，2019-08［2020-02-14］，http://www.prcee.org/yjcg/yjbg/201909/W020190909692854952540.pdf。

低碳场景合作伙伴

2017 年 9 月，蚂蚁森林发布公益开放计划，鼓励更多低碳场景接入。此前，蚂蚁森林的低碳场景基本上都来源于支付宝体系内。此后，一批企业携带着它们在生产经营过程中的绿色场景加入了进来。于是，用户骑哈罗单车、去星巴克自带咖啡杯、去盒马购物不购买塑料袋、在饿了么平台订餐选择"无需餐具"等都能获得一定数量的绿色能量。

与蚂蚁森林合作，合作伙伴能获得大量的用户关注。经营旧衣服回收捐赠服务的平台"白鲸鱼"就是一个例子。2019 年 5 月 22 日，因为一则回收衣服得蚂蚁森林能量的微博推荐，"白鲸鱼"获得了大量的用户访问，以至于其服务器宕机，半天吸引了 12.5 万个新用户，"如果服务器安然无恙，这个数字将会是 50 万 +。""白鲸鱼"负责人说。此后，它的支付宝小程序每天订单量从之前的 200 多增长到 5 000 左右，周末有时甚至超过 1 万单。[1]

引入这些合作伙伴，蚂蚁森林不仅能为用户增加获取能量的场景，也为自己增加了推广机会，因为合作伙伴都会利用自己的渠道对合作活动大力推广。同时，也能吸引合作伙伴一起参与公益，向公益机构捐赠资源。比如，用户在淘票票买一次电影票可以获得 180 g 能量，100 次购票的能量就能种下一棵梭梭树，而这棵梭梭树的种树费用就由淘票票捐赠。

不过，低碳合作者在蚂蚁森林低碳场景中的占比还相对较小，大部分具有普惠性的低碳场景所产生的能量还只能由支付宝买单，比如步行、乘坐公交地铁等。

公益捐赠合作伙伴

蚂蚁森林平台还吸引了那些没有低碳场景但希望做公益的企业，它们通过捐赠资金的方式与蚂蚁森林合作。

---

1 骑士，支付宝回收类小成励白鲸鱼一度被挤宕机，IT 之家，2019-05-17［2020-02-14］，https://www.ithome.com/0/424/002.htm。

比如，凯迪拉克通过捐资从环保公益机构获得胡杨和花棒，并把树苗拿到蚂蚁森林平台让用户兑换，把真树种在串联了大半个中国的 G7 公路沿线。

在没有跟蚂蚁森林合作之前，凯迪拉克每年也会去做公益，并通过媒体发布信息让用户知道。而与蚂蚁森林合作后，蚂蚁森林将这些树以凯迪拉克冠名推给了用户，于是，各种媒体和社区论坛上出现了"暖心凯迪拉克胡杨 3600，来支付宝蚂蚁森林，和我合种先锋林吧"之类的邀约。

"我们就是想让更多人知道凯迪拉克在做这件事，我们希望有更多企业能关注环保绿色。"祖望说，"凯迪拉克此举让它跟亿万用户产生了直接的连接和互动。"

与蚂蚁森林合作后，凯迪拉克及其经销商的官网上，也都出现了"来到蚂蚁森林　用绿色力量守护梦想之路"这样的号召。

其他合作伙伴

对于那些既没有低碳场景又没有公益捐赠资金的企业或机构，蚂蚁森林为它们提供了公益林合作模式，企业可以在公益林里发起一个自我命名的公益林，然后运用自身的媒介渠道号召用户或粉丝给自己的公益林浇水，浇水量达到一定能量值时，蚂蚁金服就会为其种下真正的树林。

农牧民

蚂蚁森林的环保项目，在惠及环境的同时，也为当地农牧民提供了种植和养护树木、巡护保护地等就业机会。2018 年后，随着蚂蚁森林生态脱贫项目的展开，他们还依托当地自然资源帮助农牧民打造了生态友好型产品及其产业，让农牧民能科学的、可持续的"靠山吃山"。

"公益保护地"和"生态经济林"是蚂蚁森林联合阿里巴巴生态基金探索出的两种生态脱贫模式。

"公益保护地"

在生物多样性丰富的贫困地区，蚂蚁森林出资建立了"公益保护地"，与此同时，对应的保护地也在蚂蚁森林上线。当用户认领了保护地后，当地生态就能得到关注，当地的生态农产品也就能得到用户的认可，而当产品打开销路后，当地产业就得到了发展。

平武蜂蜜就是蚂蚁森林用这种方式打造出的一个热销品牌。四川平武县是中国最大的大熊猫栖息地，2018 年 5 月，蚂蚁森林在当地建立了关坝公益保护地，同名保护地在蚂蚁森林同步上线，被划分成 1823 万份公益保护资格。53 天后，线上保护资格被"认领"一空；8 月 17 日，1 万份来自平武的号称"熊猫级蜂蜜"在天猫上线，40 分钟被用户抢完；9 月 13 日又上线一万份蜂蜜，1 分钟抢完。这样的速度让当地蜂农不敢相信，在此之前，他们还在担心没人来收购他们的蜂蜜。

为了永久解决蜂农的担忧，蚂蚁森林为当地开发了"AI 养蜂系统"，让当地蜂蜜产量、品质、价格和销量都得到了有效提升。在蚂蚁森林的扶持下，平武蜂蜜不仅获得了欧盟认证、原产地认证，还获得了国际农产品展销金奖。同时，原蜜收购价也提升了 60%，电商销售价格突破 100 元 /500 克。初步估计，此项产品一年能为当地带去超过 5 000 万元的增收。

2019 年"双 11"，平武蜂蜜在天猫上开设了预售窗口。拿到 1 万多份产品预付款的当地农民，随后开启了订单生产模式。

"第一步，汇聚更多力量关注保护地，提升保护地价值；第二步，在当地引入智能化技术，提升农业生产的水平；第三步，推动订单农业。"蚂蚁金服高层如此总结了"公益保护地"的生态脱贫模式。

这套模式正在被复制到蚂蚁森林更多的"公益保护地"。与此同时，阿里巴巴电商平台上也陆续出现了和顺原醋、汪清木耳、德钦松茸、洋县黑米等热销品牌农产品。

"生态经济林"

在建立"公益保护地"的同时，2018 年 11 月，蚂蚁森林上线了首个"生态经济林"树种沙棘。当沙棘被称为是"可以吃的蚂蚁森林"时，引来了用户的疯抢。截至 2019 年年底，超过 2 300 万个用户参与了树种兑换，超过 1 000 万棵沙棘已被种下，覆盖面积超过 9 万亩；同时，蚂蚁森林还对 2.3 万亩野生沙棘林实行了保护。

沙棘果实被称为"维 C 之王"，具有极高的营养和药用价值。在荒漠地区种植沙棘，不仅能起到环保作用，还能给当地带来持续的增收，一亩沙棘地的产值高达近千元，当地农民采收沙棘的劳务收入，比种地高出 5 倍以上。因此，在内蒙古贫困县之一清水河县，蚂蚁森林保护地的野生沙棘林成了当地人脱贫的"摇钱树"，靠冬季农闲时采摘沙棘，当地农民最多的能赚四五万元，而当地种地一年收入只有几千元。

以野生沙棘林里的沙棘为原料，蚂蚁森林打造出了品牌为"MA 沙棘"的沙棘汁产品。2019 年 12 月 19 日一早，"MA 沙棘"在蚂蚁森林开售，100 万箱产品在 163 分钟内被抢完。拿到产品的用户说："云种树多年，居然等到自家树生产的沙棘汁！有一种农民伯伯（获得）收成的满足感。"[1]

看到蚂蚁森林通过生态脱贫模式打造出的生态产品被消费者一抢而空，一位业内人感叹道："年轻消费者愿意为生态环保产品买单了。"[2] 而另一位生态基金会负责人则认为："消费者的绿色消费意识和需求，需要蚂蚁森林这样的项目来培养。"[3]

下一个三年，蚂蚁森林计划携手 1 000 家生态合作伙伴，带动全球 10 亿人参与绿色低碳行动。然而，他们将如何吸引到这么多合作伙伴和用户呢？他们将如何用可持续的商业模式来支撑这个不断扩大的公益平台呢？面对这些问题，祖望陷入了沉思。

1　汪帆，蚂蚁森林沙棘汁爆火，3 小时秒完 100 完瓶，新浪网，2019-12-27［2020-02-14］，https://tech.sina.com.cn/roll/2019-12-27/doc-iihnzahk0393899.shtml。

2　苏晶，蚂蚁森林再升级：18 个消费场景接入低碳账户，经济观察网，2018-09-06［2020-02-14］，http://www.eeo.com.cn/2018/0906/336483.shtml。

3　Ibid.

附录1：支付宝平台上的蚂蚁森林图示

资料来源：作者根据支付宝 APP 中相关资料整理。

附录2：2014—2018年支付宝和财付通（包括微信支付）的市场份额占比

资料来源：比达咨询，2014Q4中国第三方移动支付产品市场研究报告，搜狐网，2015-03-05〔2020-02-14〕，http://www.sohu.com/a/4817554_115039；

比达咨询，2015年度中国第三方移动支付市场研究报告，比达网，2016-01-26〔2020-02-14〕，http://www.bigdata-research.cn/content/201601/55.html；

比达咨询，2016中国第三方移动支付市场发展报告，移动支付网，2017-03-14〔2020-02-14〕，http://www.mpaypass.com.cn/news/201703/14102429.html；

比达咨询，2017年中国第三方移动支付市场发展报告，比达网，2018-03-23〔2020-02-14〕，http://www.bigdata-research.cn/content/201803/660.html；

比达咨询，2018年度中国第三方移动支付市场发展报告，比达网，2019-03-06〔2020-02-14〕，http://www.bigdata-research.cn/content/201903/921.html。

附录3：碳交易市场简介

碳交易市场简介

1997年由84个国家签署的《京都协议书》，促成了碳交易市场的形成。为了限制发达国家温室气体排放量以抑制全球变暖，《京都协议书》规定了各个参与国温室气体的量化减排指标，同时规定排碳配额可以交易，即实际排放量低于配额的国家可以将剩余额度卖给那些实际排放量高于配额的国家。这个协议于2005年正式生效，此后全球碳交易市场出现了爆发式增长，全球碳市场总价值从2006年的220亿欧元增长到2019年的1 940亿欧元，其中2017年之后增长得更快。

中国作为发展中国家，在 2020 年以前，不承担有法律约束力的温室气体绝对总量的减排，但从 2020 年起，将承担起法定的减排任务。实际上，2017 年中国就启动了全国统一碳交易市场试运行，首批纳入控排的企业有 7 000～8 000 家，现货交易市场规模估计为 50 亿～100 亿元人民币。预计 2020 年碳交易市场规模可突破 1 200 亿元。

资料来源：中国石化新闻网，2019 年全球碳市场总价值增加 34%，新能源网，2020-02-04［2020-02-14］，http://www.china-nengyuan.com/news/151560.html；
中国环保在线，预计 2020 年碳交易市场规模可突破 1 200 亿元，北极星售电网，2018-07-18［2020.02.14］，http://shoudian.bjx.com.cn/news/20180718/913733.shtml。

附录 4：蚂蚁森林用户低碳行为闭环

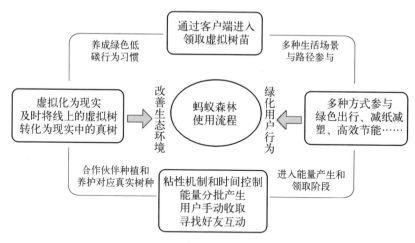

资料来源：作者根据蚂蚁金服公开资料整理。

附录5：蚂蚁森林上线三年的用户数

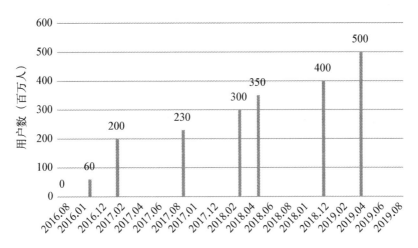

资料来源：作者根据蚂蚁金服公开资料整理。

附录6：蚂蚁森林低碳行为对应的绿色能量值

行为类别	具体行为	互联网应用场景	对应虚拟能量值
绿色出行	行走	支付宝运动	最高可得 296 g
	共享单车	哈罗出行、滴滴出行、高德地图	最高可得 159 g
	公交出行	定制公交	每笔可得 80 g
	地铁出行		每笔可得 52 g
减少出行	网购火车票	12306 订票服务（第三方）	每笔可得 136 g
	网络购票	飞机／汽车票订票服务（第三方）	每笔可得 180 g
	绿色政务	各级政府政务平台	每笔可得 15 g
	生活缴费	生活缴费服务	每笔可得 262 g
	预约挂号	挂号平台	每笔可得 277 g
	绿色办公	钉钉	每日最高 51 g
减纸减塑	国际退税	支付宝	每笔可得 4 g

蚂蚁森林：将公益变成共益

行为类别	具体行为	互联网应用场景	对应虚拟能量值
减纸减塑	线下支付	支付宝	每笔可得 5 g
	电子发票		每笔可得 5 g
	绿色外卖	饿了么、其他第三方外卖服务	每笔可得 16 g
	无纸化阅读	书旗小说	每日最高 150 g
	环保减塑		每笔可得 21 g
	环保杯		每笔最高 600 g
高效节能	ETC 缴费	ETC 服务	每笔可得 23 g
循环利用	包裹回收		每笔可得 37 g
	绿色包裹	菜鸟包裹	每笔可得 40 g
	二手回收	爱回收	最高可得 9 764 g

资料来源：作者根据蚂蚁金服公开资料整理。

附录 7：蚂蚁森林环保公益树种及所需绿色能量

可兑换树种	所需绿色能量（g）	可兑换树种	所需绿色能量（g）
德钦公益保护地	2 700	红柳	22 400
柠条	16 930	樟子松	146 210
梭梭树	17 900	华山松	185 000
花棒	18 880	云杉	198 000
沙棘	21 310	胡杨	215 680

资料来源：作者根据蚂蚁金服公开资料整理。

附录8：蚂蚁森林用户使用动机调查结果

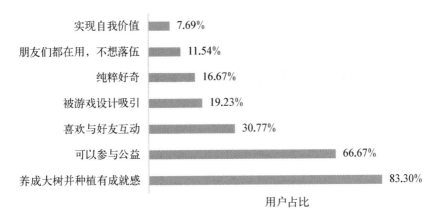

资料来源：生态环境部环境与经济政策研究中心课题组，互联网平台背景下公众低碳生活方式研究报告，2019-08［2020－02－14］，http://www.prcee.org/yjcg/yjbg/201909/W020190909692854952540.pdf。

"理想，行动，坚持" ——
上坤集团创始人朱静[1]

近两年，中国房地产行业遭遇巨大变化。市场需求萎缩、监管政策深化，融资渠道受阻、房企销售普遍遇冷。成立于 2010 年的上坤地产集团有限公司（简称"上坤"）同样面临着这样的挑战。

为了应对当时的市场形势，激励团队积极性，提高业绩，上坤在 2021 年 6 月重新制定了更为严苛的高管奖罚制度。但是，企业在 2021 年的业绩并不理想，上坤创始人兼董事长朱静在犹豫：

一方面，目前行业市场面临挑战，大家的日子都不好过，如果雪上加霜，进行处罚，朱静有些于心不忍。更何况，作为一个创业型公司，高管团队的稳定性十分重要，如果处罚导致高管流动，对于公司目前面对的危机将会是一个很大的挑战。另一方面，游戏规则已经定下，如果手下留情，豁免或者减轻惩

1　本案例由中欧国际工商学院的李秀娟、郑欣和赵丽缦共同撰写。在写作过程中得到了案例企业的支持，并参考了现有公开信息及企业授权资料。本案例部分财务指标和关键数据出于保密需要可能经过掩饰，但不影响讨论和决策。该案例目的是用来做课堂讨论的题材而非说明案例所述公司管理是否有效。本案例获 2022 EFMD 案例写作大赛"商业女性"类别最佳奖。

罚，那么已有的制度就如同废纸，起不到激励作用，甚至适得其反，对"能上能下，惩罚分明"的组织文化也会造成负面影响。

是严格按照已有的奖惩制度对业绩不达标的高管进行处罚，还是结合行业客观环境对其从轻处理？朱静希望能够在 2022 年 1 月春节前最后一次的核心高管会议上，对高管去年的绩效表现做出最终处理。

理想：创业的初心

毕业于郑州大学会计系的朱静，在二十出头的时候，因内心对建筑的热爱，进入房地产行业。2003 年，朱静师从胡葆森，加入建业地产，从集团公司到区域，再到另外一个区域，又回归集团，辗转多次。在建业地产，朱静做过 10 多个岗位，从一线员工到公司副总裁，仅用了七年的时间。

在这段时间，朱静受到俞孔坚老师和日本建筑师黑川纪章的启蒙和指导。俞孔坚即便再忙也要抽出时间，每个项目都亲自去看地，因为他希望能倾听土地的声音，他认为每块地都有它自己不同的声音，不同的个性——这也让朱静相信每一块土地都是有生命的，都应该建造最适合的产品，而不是仅仅为了企业发展的速度和规模以及追求利润增长，而建立复制化的无差异的房地产产品。黑川纪章的作品《第五立面》中，在每个房子的楼顶上都做了灯塔，是希望让回家的人在很远处，就可以看到自己家的灯塔，感觉到有一个温暖的灯光在等着他。朱静认为，中国不缺房子，而是缺有温度的好房子。回忆起创业的初心，她回答道："从那个时候，我就觉得其实我们可以通过创造空间建筑，给人创造更美好的生活，同时这也能实现自己对于这种美好空间的追求。这就是所谓的成人达己吧，我很享受这种感觉。"朱静的内心怀揣着一颗创业的火苗，从职业经理人要转向创业，一个完全陌生的、充满不确定性的领域，朱静在犹豫要不要出发。2008 年，朱静在中欧国际工商学院 EMBA 深造时，参加了中欧戈壁挑战赛，极端严酷的环境点燃了她内心的创业火苗。朱静回忆道："我觉得一位戈友说的一句话很对，'有些事现在不做，或许永远就没有机会了，你要去做'。因为毕竟尝试过，没有让自己留下遗憾。哪怕是真的失败了，碰到头破血流再回来！还有一句话是，'梦想还是要有的，万一实现了呢！'所以，只管不断往前冲，没有什么可担心的。"

除了房地产，服装行业也曾在朱静的创业考虑范围之内。"我对审美有自己的理解，因此也曾萌生过做服装生意的想法，但做完认真的分析后，我觉得（做服装）不是我的能力圈，成功的概率太小。"基于过往在地产行业的深耕，在建业地产几乎所有岗位的历练，朱静最终决定做自己擅长的事情。

《财富》杂志曾经评论，"创业难，女性创业更难"[1]，而房地产行业向来以男性为主导——2020 年中国上市房企 TOP30 中管理层的 208 人中仅有 13.46% 是女性，且近一半担任副总裁，其余多为财务岗位、执行总裁、人力资源总监等。[2] 朱静在房地产行业创业的梦想可以实现吗？

行动

排除万难，创建上坤

在中欧 EMBA 深造时，朱静结识了盈信投资董事长林劲峰。在朱静看来，这位同学执着、坚毅、果敢，对行业有深刻的理解。林劲峰表示他看好地产业，并会作为创始投资人支持朱静的创业。[3] 有了志同道合的合作伙伴和资金

1　Maria Aspan, "Female founders under fire: Are women in the startup world being unfairly targeted？" *Fortune*, December 3, 2020, accessed June 14, 2022, https://fortune.com/longform/female-founders-startups-the-wing-away-outdoor-voices-ceos/.

2　风云地产界，"女神节"特辑：女高管占比 13.46%，撑起 TOP30 房企半边天，2021－03－08［2023－01－26］，https://xueqiu.com/6203971512/173844672。

3　林劲峰是上坤的非执行董事，持股股东之一，作为财务投资人，他并不过多干涉公司管理。

支持，朱静在 2009 年底辞去了建业地产副总裁的工作，拉着一个行李箱来到上海。

朱静过往的职业经历扎根河南，却在创业时选择了群雄并起、竞争激烈的上海。很多朋友表示不解。但对朱静而言，逻辑很简单——上坤成立之初就想做"好产品"，如果能在客户挑剔的上海站稳脚跟，那么以后无论去到哪个城市，都能成功。和很多创业女性一样，获得家庭的支持是一个不小的挑战。在一开始，相识于大学的先生很不理解朱静做出创业的决定。在他看来，朱静已经拥有很多了，为什么还要折腾呢？朱静开诚布公地告诉先生，只有做自己想做的事情才会快乐。出于夫妻间的理解和尊重，朱静慢慢得到了先生的支持。

朱静丝毫没有给自己留退路，她将自己的房产能卖的都卖了，也主动退掉了一开始租住的酒店式公寓，搬进阁楼。她每天节衣缩食，即使和同学们聚餐，也避免主动买单。"对不起，我在创业，现在是最需要钱的时候。"那段时间，她从自己身上看到了父母的影子。父亲以前是军人，要求朱静做人要正直、真实、大气。母亲在 20 世纪 80 年代下海创业，开了一家印刷厂，她吃苦耐劳，经常说"吃得苦中苦，方为人上人"。[1]

在招贤纳士上，朱静一直求贤若渴。她笑言，很多高管都是她"追"来的，三番五次的拒绝从未让她退缩。助理总裁兼执行董事盛剑静是上坤的 001 号员工，她回忆起加入上坤时的情景："第一次和朱总见面交流，我对她的创业想法、能力和交谈时展现的人格魅力都比较认可。但是考虑到初创企业的一些风险，没有立刻决定。朱总还是非常坚持的，到春节后，她第二次来找我。她分享自己要如何做这家企业，同时也帮我做了一个职业发展规划，让我有了愿景。当时我在一家日资企业做人事行政。她对未来的希望和坚定打动了我，让我愿意去追随她，去闯一闯。"

---

1 魏薇，朱静：有理想而不理想化的创业新生，乐居财经《见地，对话创业人》系列，2020-12-03［2022-03-26］，
https://m.leju.com/news-fs-6740170607423704080.html。

2010 年，在上海宝山区的一间 50 平方米的复式公寓里，挤着 16 个人，没有隆重的开业典礼，更没有重量级嘉宾的到场——上坤就这样诞生了。

上坤的"上"取自老子《道德经》中的"上善若水"。朱静希望自己和企业可以做到，涓涓细流的柔，喷薄而出的刚，蕴含巨大的力量。"坤"源于地产行业的"乾为天坤为地"，朱静想要善用每一块土地不同的特质。她认为，"上"和"坤"组合起来的感觉也很美，又体现出一种向上的力量。

成立初期，朱静便开启了正规化和职业化的培养。在喊一嗓子大家都能听见的办公室里，朱静就启用了 OA 系统。她解释道："公司现在 16 个人，不代表以后也是 16 个人。一个人说了算的公司，一定不会走得很远。"

从初期的坎坷，到拿下基石项目

上坤的第一个项目是位于上海宝山区的半岛 1919 创意产业园。2010 年，由于上坤初期企业规模较小，资历尚浅，银行出于风险考虑拒绝了该项目的经营贷款需求。面对拒绝，朱静决定找机会拜访银行行长。她了解到行长会在宝山区参加一个交流会，朱静便亲自来到现场，特地在门外等。在行长 20 分钟的茶歇时间，朱静迅速地把她对地产行业发展的理解，以及上坤的情况与行长做了交流。沟通过后，银行再次立项，重新了解项目。最终，上坤获得了相应的融资金额。盛剑静回忆说："虽然金额不大，但当时这笔钱非常重要，我们获得了第一笔融资项目。"

朱静热衷于和业内人士交流，她愿意毫无保留地分享她所遇到的困难和挑战，并积极聆听同行的经验分享和建议。在每次重大决策前，朱静都会和业内大咖级人物交流想法，再和内部高管团队讨论，最终做出决策。

在成功完成第一个创业园区的项目后，2015 年，朱静预估地产市场将迎来一段上升空间，上坤斥资 32 亿元收购上海佘山一个 63 万平方米的超级大盘。朱静的这个决策在当时受到了很多争议，毕竟从看地到决策不到一个月的时间。据执行董事兼副总裁杨占东回忆："2015 年，上海房地产市场尚未回暖，大家都有些犹豫。但是当时朱总通过自己对区域和市场的理解和判断，力排众议，非常坚决地要拿下这个项目。"

经过一轮轮的谈判和团队没日没夜的测算，2015 年 6 月底，收购协议正式签署。但是以上坤当时的情况，没有操作过大盘的经验，仅靠上坤一己之力，融资难度很高，独挑大梁完成此项目并非易事。于是，朱静决定和新城地产合作，共同完成新城上坤樾山项目。2016 年 9 月，第一个项目开盘，开盘当天全部售罄，远超预期。在后期施工完成后，对景观有一些损伤，尽管当时的项目负责人认为这无伤大雅，但是朱静坚决地投入 2 000 万元重新设计升级景观，她说："这样做才对得起业主，因为我当时卖房的时候，描绘了那么好的蓝图，我就应该兑现。"截至 2021 年，樾山项目共计为上坤带来超180 亿元销售贡献。杨占东对此评价道："当时很多人对我们有质疑，但后来证明朱总的当机立断还是非常准确的。这个项目是上坤从初创小公司发展到一个布局全国三大核心经济圈的百强房企的基石项目，也给公司贡献了大量的利润和现金流。"

女性在地产行业创业：是优势还是劣势？

房地产行业运转于大额资本之间，创始人需要承担大风大浪，较为狼性。朱静也坦言，女性在房地产行业的挑战很多，需要付出更多，需要去发挥自身的优势来弥补劣势。不过她也认为，作为女性，在地产行业也可以发挥很多优势：一方面，买房这一行为决策人更多是女性，这让上坤对于客户和产品的细腻观察更易于被感知；另一方面，当过妈妈的人，或许在一定意义上比男性更加吃苦耐劳。她始终坚信商业战场上没有雌雄之分，而是以实力取胜："首先自己心态要好，千万不要认为自己是女性，就应该哪些行，哪些不行，所以一开始就不要把自己当成女人。作为创业者，你要学会雌雄同体，其实对于男性创业者也是一样的。既需要他男子气概的一面，在很多方面也需要他表现出来很感性的一面。女性在这个行业里可能挑战还是大于机遇，所以你要主动去适应，可能要比别人付出更多的努力。"

她始终告诫自己要放下身段，不摆老板架子，真诚待人。当有合作伙伴拜访时，朱静会提前做好功课，了解对方的背景和性格，并亲自到一楼大厅去迎接。她主动表达自己对商业的想法，同时也会乐于倾听他人的意见和建议。在洽谈商业合作时，除了对上坤的优势侃侃而谈，朱静也会很实在地把她认为不合适以及上坤无法做到的事情和对方讲清楚。"我认为真诚是很重要的，我会有一说一，很真实地表达我们的合作可以带来什么。"

房地产行业的创业者多为男性，他们有自己的圈子。对朱静来说，她是白手起家的创业者，有一系列挑战。当问到她碰到的最大难点时，朱静坦言："难点在资源方面。男性在资源获取方面有一定的优势，我无法和他们称兄道弟，不想依靠关系来获得资源，我觉得坚持自己的理念比较重要。但是我很愿意分享，我会聊我的战略理想，我的管理理念以及企业文化，通过这样的方式来获得合作伙伴的认可。我坚信，'上坤要靠专业能力获取市场的公平的回报'。"

通过企业专业能力而非关系来获得资源，是朱静一直以来坚守的理念。虽然她也承认这的确给企业发展带来了一定程度上的局限。但如果创业仅仅为了达到一个商业目的，去做自己不想做的事情，这并不是她自己愿意追求的。于是，她便想到用合作模式来解决问题。"我会和一些地方性的地产企业以及资源丰富的机构来合作，他们掌握资源，可以与上坤的专业性形成一种互补。而且，我也愈发觉得这个行业变得越来越市场化，更多的合作和机构更愿选择那些真正经营能力强和专业能力强的公司，反而不会基于和哪个老板关系很好去做选择。"

但杨占东有不同的看法，他认为资源一定要掌握在自己手里，需要和各地政府以及投资方建立良好的关系："基于地产行业的特殊属性，资源性极强，尤其在中国社会，外围关系的建设对企业的发展十分重要。朱总始终相信做好产品就可以让企业走得更远。但是基于外界环境，如果你做得那么纯粹，可能需要付出更大的代价，甚至头破血流。其实我也很理解她内心的无奈，因为女性确实没有办法像男性那样去处理外部的关系，朱总对此有距离感。"

让人才和企业共成长

朱静从创业开始就很重视团队人才的培养，也看到男性和女性的各种差异。她分享道："我的男性高管和女性高管差别还是很大的。女性适应力和抗压力强，心思细腻，人际敏锐度高，善于做中后台的高层管理。而地产行业的男性高管大多很狼性，战略思维更好，善于系统性地搭建团队，通常在一线冲锋陷阵，骁勇善战。"

在上坤从 0 到 1 的过程中，盛剑静跟着朱静去勘察土地，和银行以及供应商沟通，与合作伙伴谈判，甚至赴一线参与营销。回忆起曾经的经历，盛剑静说："陪着朱总创业的过程，让我在两三年之内，进一步摸清了地产行业的发展逻辑，自己也有了很大的成长。上坤刚建立的时候，人手不足，很多时候需要我能身兼数职。记得在 2019 年，我被派去武汉，负责区域业务。我本身是一个比较内向的人，一下子从后台转到一线，要去和外部的人做交流，我的压力非常大。但那时也没有更合适的人选，我就硬着头皮去做了。数次之后，我慢慢发现我是可以胜任的，因为经常跟在朱总身边开会学习，我在头脑里已经形成了一定的经营思路，并且对于销售数字愈加敏感，谈判时也掌握了一些技巧，整个人发生了一个积极的变化。除了人力和行政，后来我还担任过财务管理和投资发展部门的负责人。我们也有过争吵，被误解的时候，我也曾挂过朱总电话，但这都是一个磨合的过程。我非常感谢朱总的信任和栽培。"

随着樾山别墅项目的成功，上坤走出上海，开始全国化布局。第一个走出上海的项目是在苏州，杨占东跟随上坤的脚步，开疆拓土，他回忆说："2016年9月，上坤拿下了一个招拍挂项目，我就从上海被调到了区域，成为外地的第一任项目负责人。我在上坤的职业发展伴随着企业的发展，这要得益于朱总的指引和鞭策。我本是学结构设计出身的，一直以来多在发挥自己的专业特长，2011年5月以设计负责人身份加入上坤。2012年底，上坤拿到新项目之后，朱总跟我聊了聊，希望我去做这个项目负责人，我便开始在管理岗位上锻炼。2016年，我接受安排到苏州负责区域业务。2019年初，朱总有意让我回到总部，但当时我希望继续夯实基础，把区域的规模稳定发展起来。在和朱总交流后，她也非常尊重我的想法，于是我在苏州又继续了2年左右的时间。和朱总共事多年来，她对事业的激情，以及她个性的正向积极，阳光坦荡，让我对她十分崇拜。在管理层面上，我意识到自己有一些不足，我更多的是服从，但是身为高管，我需要扮演独立担当的角色，这是我需要一些时间去调整的。"

坚持

价值观：一个人的理想 vs. 一群人共同逐梦

"追求为宜居而来，做一些更好的产品，让客户能够在我们建造的社区里面，在我们营造的商业氛围里面，享受生活的美好。"这就是朱静一直以来在追求的，也是上坤的使命和愿景。在她看来，"做好"永远比"做快"更重要。朱静十分坚持"产品为先"，"当然我们也会有规模发展的诉求，但还是会把对产品的追求放在首位"。

朱静并不认为对产品的极致追求会降低增速。"有理想而不理想化"是上坤内部的座右铭。很多模块化的东西会根据不同城市的不同客群进行差异化打造。在产品升级上，上坤也始终保持着适度的领先。

在杭州做一个改善型项目时，朱静从客户角度出发，坚持要将生活阳台和景观阳台分开，即使这样会带来部分面积段和利润的折损，很多同事也提出了反对意见。但朱静认为，阳台是人们和自然亲近的地方，不应该被洗衣机的噪声破坏。对于烘干机的执着，她甚至做过实验，同样一条浴巾，晒出来和烘干出来的柔软度会相差很多。所以在面积允许的情况下，上坤一定会预留烘干机的位置。[1]

在苏州，上坤将大隐书局引入社区，希望孩子在书香中长大。在全国各地的项目中，上坤社区里会出现"百亩心田"，为孩子们提供自然生态活动空间。而这些，都是源自朱静作为一位母亲的细微观察，"能够洞察人性并且符合时代变化，才能称得上是真正的好产品，才可以满足客户对家与美好生活的想象。"

包括上坤办公楼整体的空间设计，朱静也会很关注如何让员工能够感受到空间的美好，拥有更舒服的办公环境。她相信，只有这样，员工才可能给客户创造出更美好的空间感受。联席公司秘书、副总裁陆石媛对此补充说："我觉得朱总的价值观很正，不忘初心地做好产品。这种价值观一方面引导着公司所有决策的方向，另一个方面，依靠她的价值观和人格魅力，真的是聚集了一帮真正愿意跟她一起走下去的人。我在 2015 年加入上坤，到现在我和朱总的关系可以说是亦师亦友。朱总在工作上给了我很大的发挥空间，让我在能力上实现了突破。我们偶尔也有一些小摩擦，记得有一次我气急败坏，挂了她的电话，后来我和她道歉时，她说'你不能养成这样的习惯，更不能和家人这样'。朱总经常会分享她在处理家庭关系上的智慧，会在感情方面上开导我。"

上坤的企业文化与朱静的价值观颇为一致。有一些员工虽然在宏观上对

1 魏薇，朱静：有理想而不理想化的创业新生，乐居财经《见地，对话创业人》系列，2020-12-03［2022-03-26］，https://m.leju.com/news-fs-6740170607423704080.html。

企业愿景和使命是认同的，但在工作一段时间后，并不能很好地适应这样的文化价值观，最终离开。这样的进进出出，在上坤是一种常态。陆石媛对此评价道："如果公司里只有一类人，我觉得未必是好事。虽然有一些人的价值观可能和我们不太一样，但是他的能力却是可以帮我们解决一些问题的。所以我觉得企业里面还是要允许不同类型的人的存在。"

高管管理：重绩效 vs 看素质

在朱静心中，上坤未来发展的源动力一定是管理团队。在公司规模还不是很大的时候，上坤就设立了 5% 的高管信托股权池。她希望吸引优秀管理人才的加入并陪伴上坤成长，保持初心，真正做到共创、共担和共享。不过，随着企业的规模发展，不仅要吸引管理人才的加入，淘汰不合适的高管是朱静需要面对的另一个难题。

盛剑静评价："可能在别人看来，我们是公司的元老，会被优待，但是其实我们心态还是很好的。身为上坤人，我们一定要跟上这艘船，如果有一天朱总认为我们的能力不太适合现有岗位时，我们很愿意为更有能力的人让位，一切为了企业更好的发展。"

第一任财务负责人从上坤创立之初一路跟随，一直到 2015 年，朱静发现她的能力无法胜任该职位，便对其进行换岗，多次调岗后，绩效考核依旧不达标，而且投入度也有一些问题，最终被朱静请辞。三年后，她兜兜转转又回到了上坤，降职被任命为一线业务经理。朱静回忆说："其实决定让她走的时候我很难过，做决策时很艰难。有人说我太'职业化'了，对公司元老一点不讲情面。所以有一段时间我也在自我怀疑，是不是做错了。但是后来新入职的财务总监展开了新的工作局面，将团队建设等方面都处理得非常好，那个时候我知道我的决定是对的。之后，她愿意降级回到上坤。也许是三年在外面的经历磨平了她的锋芒，使她对自己的能力有了正确的认知，心态也比较好了。"随着上坤的茁壮成长，后来加入的高管人才的素质也越来越高。2018 年初，上坤吸引了一位杰出的人力资源负责人的加入，他是国内一家顶尖大学的高才生，悟性高，思维敏捷，曾任职于多家知名房企。他入职以后，重构了公司整体的人力体系建设，使得上坤在人资源方面得以规范化管理，还为上坤引入了一些素质不错的高管。朱静评价他说："他的到来给上坤的整体带来了一些积极的变化，而且他对人力资源体系化建设的经验和思路对我也有很大的影响。"

好景不长，这位人力资源部门负责人的一些偏袒行为引起了朱静和其他人的注意。他一直给一位女下属打高分，使之在年底评优中排名突出。朱静补充说："其实当时我并未觉得这位女员工的表现如此突出，但是因为我只会管我的下一级，那么再下一级，一定是交给这些部门负责人去做评价的，由于他当时很坚持这样的评分，因此我就不便多干预。"2019 年底，他的太太跑到公司闹，事情被捅破了，公司不得不开会决定他的去留。

朱静召集几位核心高管讨论，"毕竟他是一个难得的人才，能力很不错，对公司也做了一定的贡献，也有发展的空间。如果做辞退处理的话，势必会在那些新来的高层人员中引起动荡，对公司阶段性的发展也会带来负面影响。"但在会上，大家觉得作为人力资源负责人，其个人道德行为会对公司组织文化导向起着重要影响，最终决定将其辞退。

现任人力资源总经理郭亚林对此评价说："人力资源部作为文化的推动者，如果无法以身作则，那么公司文化的正向宣导会受到负面影响。这件事的发生也给我们敲了一个警钟，后来我们人事部和审计部联合确立了八项规定和红线原则（见附录 1），以规范员工和高管的行为。"

处理高管的去留总是困难的。有的是因为品德问题，但也有是因为业绩表现的问题。上坤河南区域总经理自 2019 年加入上坤后，地区业绩一直平平。从 2020 年第二季度开始，该区域的业绩数字在所有区域业绩排位中一直处于末位。郭亚林回忆当时的情况说："当我们发现他在能力上确实有欠缺时，从第三季度就开始组织帮扶小组帮他分析原因，做团队加强，甚至在外部资源上帮他进行整合优化，但是效果都不明显。"

此人在岗位上任职的两年间，与当地政府建立关系，获取当地资源。此外，作为核心高管，他掌握上坤的财务税务等企业机密性信息。如果对他强行处理，也许会对公司不利。其次，对高管的处理决策会影响行业外界对企业的评价。朱静了解情况后，召集财务、运营以及人事部负责人共同决策，最终决定将此人辞退。但考虑到个人感受，在对外公布离职消息时，说是由于个人发展原因，有了更好的选择。公司给予了他慷慨的补偿，并举办欢送会，善始善终。新的区域总经理于 2021 年初入职后，河南团队的业务拓展和经营情况都有明显好转。郭亚林补充道："从最终的结果来看，我们当时的决策是对的。但是朱总在决策过程中还是很纠结的，在处理上，前前后后花了两个月的时间。她比较心软，在下决定时会想到这个人的一些优点，比如很敬业等。但最终从业务角度去考量，还是需要下狠心去做调整的。但是，我们这些在职的高管们会根据老板在处理人的决策态度，这种温情，来判断这是不是我们愿意一直跟随的人。"

上市：新的起点

早在 2016 年，团队就开始为上市做准备，然而朱静却认为时机未到。考虑到上市的目的是融资，她认为当时上坤的规模还不够大，如果"赶鸭子上架"，势必会导致资金的需求量达不到预期水平。于是，团队开始慢慢熟悉整个 IPO 流程，将财务状况逐渐梳理清晰，同时继续积累成熟的项目经验。2019年初，上市流程正式启动，由陆石媛全权负责，她回忆当时天降大任的感觉："其实当时的我完全没有经验，没有经历过资本市场的这些事情。但是朱总给予了我们充分的信任，我觉得也正因如此我们可以并肩作战，走到今天。"

2020 年，七八家地产企业递交了上市招股说明书，外部市场及联交所政策不断变化，大家都在等待。陆石媛解释说："我们配合联交所的问询问题，做好回复。朱总会逐一跟进，了解问题的主要内容，但不会问具体是怎么解决的，让我们压力小了很多。在解决关键问题的过程中，朱总一直冲在前面，果敢、坚韧，给了团队很大的信心。"

2020 年 11 月 17 日，上坤地产正式登陆港交所，创始人朱静敲响了身旁的大铜锣。伴随着这一声锣响，上坤正式在资本市场扬帆起航。在高管团队看来，上坤在资本市场树立的形象与朱静是分不开的。几乎每一场路演，朱静都会亲自参与，并且组织前期筹备会，与团队充分地交流，对投资人的问题进行预判，并梳理回答逻辑。最终，整个募资的规模超出了所有人的预期。

朱静把上市当成一个阶段性目标，首先，融资渠道将会进一步打开，融资方式更加多元化；其次，成为公众公司后，上坤的品牌影响力与公信力会有所提升；再次，上市给了上坤一个很好的激励机制，利于吸引优秀人才加入。

"我想我会一直做下去，让上坤成为一家百年企业。"朱静有着更宏大的目标，她认为国内的地产行业还是初级阶段，未来还有很多很有意思的需要创新的产品等待开发和实现。例如，结合人工智能和碳中和的概念，通过自己家的房子进行能源再生，能源可以被循环利用。同时，她不满足于只做简单的城市住宅产品，而是希望未来可以实现人类"微度假"的空间想象，来建造更多有意思的建筑，如在戈壁滩上建造星空酒店。

热爱是坚持的源动力，无畏失去

压力大，没有自己的时间，生活都是围绕着工作，这些都是朱静不得不面对的。"我觉得我妈妈很幸福，她的事业正是她热爱的事情。"这是朱静女儿对她的理解。她和女儿经常交流，女儿问她这么忙，会不会感到很累，朱静则说："我挺享受这种状态的，因为做的都是自己喜欢的事情，而且在不断地去验证自己一些原来的设想，并且能够一一实现，让我很有成就感、价值感和满足感。所以压力、挫折、挑战，甚至还有阶段性无法预测的一些外部不确定性，在我看来都是很正常的。"

朱静也鼓励女儿一定要做自己喜欢做的事情，做她认为人生中有意义有价值的事情。从她自身的体验感受来说，她鼓励女性去创业。"有这样一句话，如果你爱她，让她去创业；如果你恨她，也让她去创业。"因为创业会让人生变得更丰富多彩，有很多不同的体验。但是这个过程的确会很艰难，很折磨人。朱静认为这种过程会让人生变得更立体，更有层次，甚至于更有厚度。

当问到她有没有过担心，是否害怕失去时，朱静很坚定地说："不会怕失去，也不怕失败。"朱静很认真地思考过这个问题，她为热爱而拼搏，而这正是她人生的意义。失去，在她看来也只是单纯的时间问题。"当在创业的过程中遇到一些失败，无法挽回时，那就是早点失去了。而当你有一天真正老去，和世界说再见的时候，这一样也是一种失去。"

未来的思考和挑战

提前规划、自省和总结，是朱静一直在做的三件事情。上坤往往会提前一个季度进行相关部署。朱静坦言，上坤从来不赌市场的好坏，不赌政策的调整，而是通过合理的数据，计算每一宗地块的得与失。"一旦发现哪些方面做得好，我们会快速复制起来；哪些做得不好，我们就会立刻复盘，立刻反思。"无论是成功还是失败的项目，她都会带领团队找出问题的症结所在，清醒认识是运气还是能力使然。

业绩下滑：是市场原因还是自身原因？

自 2020 年新冠肺炎疫情席卷全球，房地产行业发展停滞；2020 年 8 月 20

日，"三道红线"[1]政策出台，房地产行业红利逐渐消失，处于举步维艰的状态。当提及如何面对最近两年房地产市场巨变所带来的挑战时，朱静坦然："疫情和政府调控对这个行业的冲击还是挺大的，企业的发展其实是有很多的不确定性。我也常常在思考，上坤创业到今天这样一个阶段的发展，到底是因为自身的能力，还是这个市场的红利所带来的成绩？"

反思过后，朱静认为过去取得的成绩 60% 来源于自身能力，40% 来源于市场红利，"稳健"是她未来的发展方针。对于未来，朱静的看法是："这个行业发展的逻辑已经变了，目前就是稳地价、稳房价、稳预期和降杠杆。所以首先要顺应市场趋势，主动降杠杆；其次，在降杠杆的大背景下，如何让企业增长的速度更稳健；再次，如何可以更强地提升企业自身的能力，这是我现在要去思考的。"

朱静信奉巴菲特所言，当潮水退去，才知道谁在裸泳。她认为，当市场下行时，企业的产品能力、组织能力以及营销能力等就会显得非常重要，高管的领导能力更是起着关键作用。

高管绩效考核：是尊重制度还是保护民心？

2022 新年伊始，朱静召集核心高管对过去一年的企业经营情况（见附录 2）进行回顾和总结，并讨论如何对高管去年的绩效结果进行处罚。

上坤内部针对各个层级执行全景激励体系（见附录 3），以刺激员工的潜能发挥，做到奖惩分明。2021 年中，为了应对市场下行风险，激励团队积极性，提高业绩，一位新入职的高管将前司的激励制度中的一些有效做法照搬过来，形成了针对上坤高管的新的奖罚制度（见附录 4）。目标制定之后，每一个月，上坤都会对高管们进行计划管理，完成初步评分后，每季度考核一次，

---

1 "三道红线"指扣除预收账款的资产负债率不得超过 70%，净负债率不得超过 100%，现金短期比率不得小于 1。

最终在年底进行全年考核。高管的绩效考核中，对于业务部门，经营指标占80%，管理指标占20%。对于职能中心，业务与管理指标的比重为6∶4。

从高管去年的绩效考评来看，结果并不理想，接近半数的高管没有达标。根据未达标的严重程度，上坤会进行不同程度的惩罚：最轻的处理是在绩效奖金上做一定程度的扣减；到第二层，则会进行绩效约谈，甚至通报批评；再严重一些，会对高管进行小幅减薪或降职；最严重的处理则是予以辞退。按照现有制度来考核2021年的高管绩效，3位高管将受到50万元以内的处罚，3位高管将被处罚50万～100万元，另有4位高管将面临高于100万元的处罚（见附录5）。

在会议上，朱静没有责怪市场部对于市场的研判出现失误，也没有指责人力资源部对组织调整的滞后，而是进行自我检讨觉得自己也没有特别快进行策略调整，是作为企业领导人的优先级问题。"朱总这样说，其实会让我们这些高管更自责，会激发我们的自我反思。"郭亚林说。

朱静内心在犹豫，她知道这些高管平时都勤勤恳恳，之前的业绩还不错，仅仅因为这一次的事项目标未达成，就对他们进行如此严苛的处罚，她于心不忍。更何况执行这样严格的处罚，她也担心会引发一些高管的不满情绪而导致高管离职，对高层造成一些动荡。毕竟这关系到上坤的人才发展战略，能否打造一支能力强且稳定的高管团队，对处于成长期的上坤至关重要。但是，奖惩规则早已定下，如果不严格执行，那制度就如同废纸，起不到激励作用，反而适得其反。而且商业竞争的本质是残酷的，每一家房企都遭遇相同的困难，面临行业大洗牌的风险。所有从业人员都需要"不顾一切，上阵杀敌"的勇猛，而不是在企业的保护伞下成长。公司一直推崇"奖惩分明，能上能下"的价值观，高管是否应该以身作则？

附录1：上坤集团行为准则

行为准则	具 体 内 容
八大倡导	爱岗敬业、学习创新、诚信担当、感恩反省、 团结协作、高效节俭、拼搏进取、客户导向
八大禁令	1. 禁止滥用职权：授权有度，用权有章，禁止超出权限用权，或有权不用、有责不担，身在其位、不谋其政，渎职失职 2. 禁止贪污受贿：禁止非法索取、收受钱财，禁止非法占有公司钱财 3. 禁止不当关系：禁止同事之间不正当男女关系 4. 禁止挪用公款：禁止利用公司资金谋取私利 5. 禁止关联交易：禁止与个人利益相关方进行业务交易 6. 禁止出卖机密：禁止对外提供、出卖公司机密 7. 禁止在外兼职：禁止在外兼任获取薪金或与公司利益冲突的工作 8. 禁止弄虚作假：禁止虚报假报信息、数据，弄虚作假、贪功冒赏
八个不准	1. 不得从事或者参与影响职务行为廉洁性的活动 2. 不搞奢靡之风 3. 不可破坏公司团结和凝聚力的行为 4. 不准从事可能影响本职工作或者可能有损公司形象的兼职工作 5. 不应与供应商有过多的工作之外的交往 6. 不要在家庭里或者亲朋间谈论与公司机密相关的事项 7. 不能有违反职业礼仪、行为规范的言行举止 8. 不宜有违反社会公德、家庭美德的行为

资料来源：上坤地产集团有限公司提供。

附录 2：上坤集团 2017—2021 年营收情况

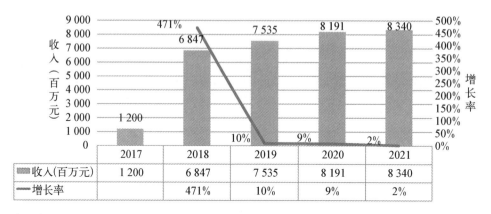

		2017	2018	2019	2020	2021
收入(百万元)		1 200	6 847	7 535	8 191	8 340
增长率			471%	10%	9%	2%

资料来源：根据上坤集团 2020 和 2021 年财报以及招股书绘制而成。

附录 3：上坤集团全景激励体系

全景激励体系覆盖全职能及各层级人员，集团高管按相关职能的激励机制进行奖罚

奖金池	专项激励						长期激励
	投	融	运	销	回	管	
资金回笼 资金贡献奖罚	代建激励 换仓激励	融资激励 供应链融资 发债	峰值处罚	营销荣誉体系	回款激励 盘活激励 资金分回激励	税务激励	限制性股票激励 期权激励
			现金流贡献				
			经营质量				
创造利润 管理费奖罚 专项激励奖罚	投拓激励	/	节点奖惩 降本增效 红线管控 总裁督办	货值提升激励 营销费管控	/	审计激励 管理费盈亏 结转并购 总裁特别奖	

资料来源：上坤地产集团有限公司提供。

附录 4：高管奖罚制度

项　目	奖　励	惩　罚
投资	投资达成，分配对应奖金20%～30%	投资未达成，分配对应处罚金额10%～20%
融资	融资放款，按主责分配奖金	融资节点延误，分配对应处罚金额5%～20%
运营节点	节点提前，分配对应奖金的30%	节点延期，分配对应处罚金额30%
峰值突破	—	峰值突破≥10%：处罚10万元，高管分配额30% 峰值突破≥20%：处罚15万元，高管分配额30%
管理费	盈余，奖励盈余的30%	亏损，处罚亏损的5%

资料来源：上坤地产集团有限公司提供。

附录 5：高管处罚比例及相关内容

行政处罚（35%高管受到影响）	经济处罚（40%高管受到影响）
因经营管理出现重大过失 2位区域负责人，降职降薪 1位区域负责人，免职 因指标考核（如节点、资金峰值等） 5位区域负责人，通报批评	因各类经营指标考核（如节点、回款、投资、融资等） 3位高管 处罚金额　50万元以下 3位高管 处罚金额　50～100万元 4位高管 处罚金额　≥100万元

资料来源：上坤地产集团有限公司提供。

浙民投要约收购振兴生化[1]

（A）："野蛮人"来敲门

2017 年 6 月 21 日中午，两位年轻人走进振兴生化股份有限公司（简称"振兴生化"）董事会秘书闫治仲的办公室，放下一个文件袋说："我们准备要约了，赶紧发公告吧。"[2]

闫治仲打开文件袋看到，杭州浙民投天弘合伙企业（有限合伙）（简称"浙民投天弘"），一家成立仅 7 天的公司，计划要约收购振兴生化 27.49% 股份。如果收购成功，浙民投天弘及其一致行动人的持股比例将达到 29.99%，超过第一大股东振兴集团有限公司（简称"振兴集团"）。

振兴集团董事长史跃武第一时间获知了消息，他想到了两个字——"阻击"。[3]

自 2005 年受让振兴生化 29.11% 股份后，振兴集团便成为振兴生化的第

1　本案例由中欧国际工商学院的黄生和黄夏燕、香港中文大学的孟圆共同撰写。在写作过程中参考了现有公开信息。该案例目的是用来做课堂讨论的题材而非说明案例所述公司管理是否有效。本案例获"2022 中国工商管理国际最佳案例奖"一等奖。

2　罗强，又一次"野蛮人"敲门，煤老板与浙民投决战 ST 生化，界面新闻，2018-01-29［2020-02-09］，https://www.jiemian.com/article/1906573.html。

3　同上。

一大股东。此后，史跃武担任振兴生化的董事长兼总经理，长达十年之久。两年前，史跃武的弟弟史曜瑜接任振兴生化的董事长、总经理兼财务总监之职。

然而，振兴集团入主12年来，振兴生化收入没有明显增长（见附录1），停止上市六年，"戴帽"十年，债务缠身，诉讼不断，还多次被监管部门公开谴责、通报批评或责令整改。如今，振兴生化怎么突然受到资本的青睐了？作为大股东，振兴集团应该如何应对？史跃武能否击退"野蛮人"？对于这起要约收购，小股东们会持什么态度？对于振兴生化及其利益相关者而言，这起要约收购究竟是福还是祸？

血液制品行业：存量玩家市场

振兴生化为什么会受到资本的青睐？这得从它的全资子公司广东双林生物制药有限公司（简称"广东双林"）说起。广东双林主要从事血液制品的生产和销售，在过去的12年间，每年为振兴生化贡献超过90%的收入，是振兴生化的核心子公司。截至2016年底，广东双林拥有13家单采血浆站，分布于山西、广东和广西等地。

血液制品是以健康人的血浆为原料制成的生物活性制剂，包括人血白蛋白、免疫球蛋白和凝血因子三大类产品。血液制品在预防和治疗某些疾病的过程中起着不可替代的作用，属于国家战略性资源。由于原料的特殊性，血液制品存在交叉感染和血液性疾病传播等风险，我国政府实施了严格的监管措施。

从2001年开始，我国不再批准设立新的血液制品企业[1]，使得这个行业成为"存量玩家市场"。目前，国内约有30家血液制品企业，能够正常生产的

1　国务院办公厅，中国遏制与防治艾滋病行动计划（2001—2005年），中央人民政府网站，2001-05-25［2020-04-18］，http://www.gov.cn/zhengce/content/2016-10/09/content_5116390.htm。

20 余家。在 A 股市场上，有华兰生物、上海莱士、天坛生物、博雅生物、卫光生物以及振兴生化这 6 家上市公司。

血浆原料只能通过单采血浆站[1]采集，而且政策规定必须"一对一供浆"，即在一个采浆区域只能设置一个单采血浆站，单采血浆站不得跨区域采浆，且只能向一家血液制品企业供浆。由于进入壁垒高、浆站设立难、监管严格等原因，我国血液制品行业长期发展缓慢。2006 至 2014 年，我国单采血浆站从 160 家增加到 169 家；年采浆量从 4 688 吨增长到 5 207 吨[2]，仅累计增长 11%。

近年来，随着临床需求增加，血液制品供需矛盾日益突出。2015 年，全国血浆采集量不足 6 000 吨，而保守估计需求量约为 12 000 吨。一些地方政府逐渐转变态度，加快了单采血浆站的设立审批。截至 2016 年底，我国单采血浆站数量达到 223 家，年采集量增长到 7 200 吨。[3]此外，2016 年 6 月，国家发改委还放开了血液制品的最高价格限制，企业可以自主定价，行业发展迎来提速预期。

与国外血液制品行业相比，我国仍然存在较大差距。在行业集中度方面，全球（不包括中国）血液制品企业不足 20 家，前五家企业占据了全球 80% 的市场份额，而我国血液制品企业约 30 家，行业集中度相对较低。在血浆采集量方面，2016 年美国采浆量达到 3.83 万吨，我国不足其五分之一。在产品线方面，国外企业从同一批血浆中可以提取产出 22～24 个产品，而我国最多生产 14 个，通常只有 7～9 个，少的只有 3～4 个。

---

1 "单采血浆"与"无偿献血"是不同概念。无偿献血由非营利性的公益事业单位（血站）采集，供临床使用。单采血浆由血液制品企业开设的单采血浆站有偿采集，仅供血液制品企业生产血液制品。

2 数据来源：2002—2007 全国单采血浆采浆量，中华人民共和国国家卫生健康委员会，2014－05－26［2020－07－28］，http://www.nhc.gov.cn/wjw/ywfw/201405/96b37977da6e446f8f30a2a983fbf075.shtml。

3 国际卫生计生委，对十二届全国人大五次会议第 5581 号建议的答复，中华人民共和国国家卫生健康委员会网站，2018－01－02［2020－04－19］，http://www.nhc.gov.cn/wjw/jiany/201801/dbe6e60e1a504f72a0cafc6a344a044e.shtml。

振兴生化的前世今生

花落振兴集团

振兴生化的前身是国有企业宜春工程机械厂（简称"宜春机械"），主营轮式装载机，1996 年在深圳证券交易所（简称"深交所"）上市。1998 年，三九企业集团受让宜春机械的国有法人股，成为第一大股东。之后，宜春机械的业务范围逐渐延伸到生物医药、精细化工等领域，并更名为"三九生化"。2002 年，三九企业集团将三九生化转让给子公司三九医药。2004 年，三九生化首次亏损。

2005 年 4 月，三九医药向振兴集团转让三九生化 29.11% 股权，作价 1.57 亿元。振兴集团是山西省一家生产煤、电、铝的民营企业集团，2004 年销售收入达 11.8 亿元，掌舵人是史珉志。股权转让消息公布后，三九生化的股价一度暴涨近 50%。[1]

很快，三九生化就进入了"振兴时代"[2]（后文中"三九生化"将统称为"振兴生化"）。2005 年 9 月，振兴集团先后向振兴生化推荐了 5 名董事（当时董事会共 8 个席位），史珉志的大儿子史跃武直接出任振兴生化的董事长和总经理。

处理不良资产，扭亏为盈

签订股权转让协议仅一个多月，振兴集团就与振兴生化签订了"资产置换协议"。振兴集团以子公司山西振兴集团电业有限公司（简称"振兴电业"）65.216% 的股权，置换振兴生化子公司昆明白马 90% 的股权和 2.06 亿元的应收款项，并承诺在昆明白马过户后，解除振兴生化对昆明白马 1.01 亿元债务

1　虎猫，捧着金饭碗却要了 23 年饭：振兴生化的资本运作狗血剧，2019-11-14［2020-04-19］，http://finance.sina.com.cn/stock/s/2019-11-14/doc-iihnzahi0921237.shtml。

2　事实上，直到 2010 年"三九生化"才正式更名为"振兴生化"，但为避免混淆，后文统称为"振兴生化"。

的担保责任。

振兴电业主营火力发电，2004年净利润2 575万元；昆明白马主营中西药制剂，2004年亏损1 984万元。市场一度看好置入的振兴电业，认为可使振兴生化获得新的利润增长点，尽早扭亏为盈。[1]然而，事与愿违，2005年振兴电业亏损700万元，振兴生化的亏损扩大到5.21亿元。

2006年12月，振兴生化再次剥离亏损子公司上海唯科生物制药有限公司（简称"上海唯科"），将所持股份以1元的价格对外转让，约定过户后由对方承担上海唯科的所有债务。2006年，振兴生化继续亏损8 719万元。因连续三年亏损，振兴生化被实行暂停上市。

2007年12月，振兴集团提出的股权分置改革方案（简称"股改"）[2]获得股东大会通过。振兴集团承诺在股改完成后的4个月内，以定向增发的方式将旗下电解铝和煤炭资产注入振兴生化。之后，振兴集团豁免了振兴生化子公司振兴电业1.07亿元的债务。在连续三年亏损后，2007年振兴生化实现盈利3 461万元，迎来复牌预期。[3]

停牌六年，资产变质

2008年5月，振兴生化向深交所递交了复牌申请，深交所要求其提交补充材料。然而，在接下来近5年的时间里，振兴生化每周如一地对外公告：正在准备补充材料——迟迟不见复牌迹象。

这份神秘的补充材料引起了市场的猜测。[4]有小股东指出，真正阻碍复牌

1 巨额亏损引发资产置换 三九生化得以"脱胎换骨"，中国医药报，2005-06-27［2020-02-19］，http://www.pharmnet.com.cn/yyzx/2005/06/27/147525.html。

2 振兴集团受让的是国有非流通股，不能上市交易。通过股权分置改革，可使这部分股份上市流通。

3 2004至2006振兴生化连续三年亏损，若2007年不能恢复盈利，将被终止上市（取消上市资格）。

4 贾华斐，资产变质大股东陷困定向增发S*ST生化复牌搁浅，第一财经日报，2011-04-22［2020-03-11］，http://finance.sina.com.cn/stock/s/20110422/01179732669.shtml。

的是大股东的意愿——大股东不愿意轻易失去一次复牌前低价增发的机会。[1]
按照股改承诺，振兴集团需要在股改完成后的 4 个月内，以定向增发的方式将
旗下产业注入振兴生化，但是 2008 年受煤炭资源整合（简称"煤改"）的影
响，振兴集团旗下的产业纷纷关停，已经没有合适的资产可以注入。[2]

在漫长的停牌期间，振兴集团置入的振兴电业也出现"变质"。受煤改影
响，振兴电业自 2009 年 4 月起全面停产，2009 至 2012 年期间累计亏损超过
3.3 亿元。中小股东纷纷要求振兴集团承担损失，并原价收回振兴电业。

更让中小股东气愤的是，此前置换出去的昆明白马和上海唯科最终都归入
振兴集团旗下，但"债"却没有随"资"走，振兴生化不得不继续承担对这两
家公司的债务担保责任，偿还债务约 1.1 亿元。

对此，中小股东数十次投诉，山西证监局多次发出监管函，要求振兴集团
明确期限偿还振兴生化的担保损失、解决振兴电业的经营问题，并与振兴生化
制定恢复上市方案。为解决上述问题，振兴集团一方面修改了股改承诺，取消
定向增发，改为在股改完成后分阶段购回振兴电业股权；另一方面以金兴大酒
店抵偿振兴生化约 1.1 亿元的债务担保损失。

2013 年 1 月，振兴生化完成了股改，振兴集团所持股份全部转换为流
通股，持股比例降至 22.61%。2 月 8 日，振兴生化恢复上市，当天股价大涨
282.02%。

内外交困

然而，好景不长，振兴生化很快又被曝出信息披露违规问题——几年前，

1　S*ST 生化停牌 5 年再起波澜　中小股东要求大股东兑现承诺，第一财经日报，2012-04-17［2020-03-11］，
https://www.yicai.com/news/1633484.html。

2　不良资产管理圈，ST 生化纷争揭秘：最大债权人信达 14 亿元如何解套？微信公众号：不良资产管理圈，
2017-12-12［2020-07-12］，https://www.sohu.com/a/209933457_565332。

振兴生化子公司振兴电业私自为振兴集团的另一家子公司提供借款担保，并涉及诉讼纠纷，但振兴生化没有对外披露相关信息。因此，振兴生化及其董事不仅受到深交所的公开谴责，更被证监会立案调查。在信息披露违规曝光后，振兴生化的股价应声下跌，遭受损失的投资者联合发起了维权。

"外患"之外，"内忧"也不止。大股东振兴集团深陷债务纠纷，所持振兴生化股份被十几家债权机构轮候冻结，并多次险遭拍卖。振兴生化自身也负债累累，截至 2014 年底，其对中国信达资产管理公司深圳分公司（简称"信达深分"）的逾期债务达到 3.64 亿元，所持广东双林和振兴电业的股份也全部被冻结。

大股东自救

资产重组被叫停

2015 年 1 月，振兴生化宣布停牌重组，计划向实际控制人史珉志购买宁波普奥思生物科技有限公司 100% 股权，并向史珉志的两个儿子史跃武和史曜瑜购买山西润生大业生物材料有限公司 100% 股权。振兴生化有意加大对生物医药的投入，投资者满怀期待。[1]

然而，停牌 9 个多月后，重组却突然停止了。6 天后，振兴生化找到了新的重组标的——贵州交通建设集团有限公司（简称"贵州交建"）。振兴生化向贵州交建出售自己的资产，同时购买贵州交建的资产，并且回购振兴集团所持振兴生化的全部股份并注销。

振兴生化这份置出核心资产、注入夕阳产业（路桥资产）的重组方案，引

---

1 李春平，被疑掏空资产　ST 生化重组"流产"，新京报，2015-11-16［2020-06-26］，http://epaper.bjnews.com.cn/html/2015-11/16/content_608099.htm?div=-1。

起了中小股东的不满。[1] 有投资者指出，通过重组，贵州交建将获得对振兴生化的控制权，而振兴集团则解决了债务危机；有小股东认为，大股东可能故技重施，将优质资产置出后再辗转划入自己旗下；[2] 也有小股东指出，贵州交建仅成立一年多时间，并不符合重组条件，大股东此举可能是想拖延复牌时间，继续寻找下家，为其巨额债务解套。[3]

这份重组方案发布后，投资者纷纷到深交所官方微博下表达不满，要求强制复牌。[4] 11 月 11 日，振兴生化宣布终止筹划资产重组事项，并且承诺自复牌之日起 6 个月内不再筹划重大资产重组事项。

定向增发和修改章程双双被否

2015 年 12 月，振兴生化再次停牌，理由是筹划定向增发股票。振兴生化计划以 22.81 元 / 股的价格向大股东振兴集团定向增发股票，募集资金 23 亿元。作为唯一的定增对象，振兴集团的持股比例将由 22.61% 提高到 43.51%。

"它的 23 亿元从何而来？"[5] 小股东对振兴集团的定增能力颇为质疑，指出大股东 2012 年承诺在股改完成后分阶段购回振兴电业，但负债累累的它到现在都没有兑现。

雪上加霜的是，2012 年振兴集团"以资抵债"的金兴大酒店也未完成过户，更被揭发在作价交给振兴生化之前已经被法院判给其他企业。[6] 期间，振

1 熊学慧，ST 生化重组计划胎死腹中，小股东挫败大股东阳谋，中国经营报，2015－11－14〔2020－06－28〕，http://finance.sina.com.cn/chanjing/gsnews/20151114/014123765901.shtml。

2 李春平，被疑掏空资产 ST 生化重组"流产"。

3 熊学慧，ST 生化重组计划胎死腹中。

4 黄思瑜、陈楚翘，ST 生化重组连连受挫 承诺多年未兑现再引索赔潮，第一财经网站，2015－11－12〔2020－06－28〕，https://business.sohu.com/20151112/n426291637.shtml。

5 矫月，ST 生化 23 亿元定增有隐情？小股东疑大股东空手套白狼，证券日报，2015－12－21〔2020－06－28〕，http://finance.ce.cn/rolling/201512/21/t20151221_7683498.shtml。

6 康殷，ST 生化保壳法宝：烂尾酒店左手倒右手，证券时报网，2016－09－27〔2020－04－16〕，http://stock.jrj.com.cn/2016/09/27023121524454.shtml。

兴生化多次提出修改公司章程，涉及董事会权限、董事任免等内容。但中小股东回应称："请先完成股改承诺再提修改章程，不要以为散户好糊弄了。"[1]

之后，振兴集团与振兴生化签订协议，购回金兴大酒店和振兴电业的股权，合计 2.49 亿元。2016 年 12 月，振兴生化再次召开股东大会，提出定向增发、修改公司章程等议案，但全部被否决。对于中小股东的态度，史跃武认为在与投资者沟通上存在不足，没有得到中小股东的支持和理解。[2]

2016 年底，信达深分再次承接振兴集团的债务，替其向振兴生化支付股权转让款 2.2 亿元。至此，信达深分持有振兴集团债权 9.4 亿元，振兴生化债权 4.84 亿元。[3]2017 年 6 月 19 日，振兴集团向振兴生化支付了剩余股权转让款 0.29 亿元。

振兴集团多年的股改承诺终于全部兑现，振兴生化也迎来了"摘帽"曙光，但先迎来的却是两位不速之客。

"野蛮人"来了

2017 年 6 月 21 日中午，两位年轻人便将要约收购文件递到了闫治仲手中。[4]浙民投天弘计划以 36 元 / 股的价格收购振兴生化 27.49% 股份，如果要约收购成功，浙民投天弘及其一致行动人[5]将合计持有振兴生化 29.99% 股份，超过振兴集团，成为第一大股东。

浙民投天弘成立于 2017 年 6 月 14 日，是浙江民营企业联合投资股份有限

1　王茜，李诗韵，ST 生化修改章程年内两度遭否　股民不满股改承诺多年未兑现，新浪财经，2016－09－30［2020－06－28］，http://finance.sina.com.cn/stock/t/2016-09-30/doc-ifxwkzyk0676278.shtml。

2　要约收购股份过户手续办结　ST 生化原控股股东"出局"启示录，中国证券报，2017－12－14［2020－08－16］，http://finance.china.com.cn/stock/ssgs/20171214/4471598.shtml。

3　不良资产管理圈 .ST 生化纷争揭秘：最大债权人信达 14 亿元如何解套？

4　罗强，又一次"野蛮人"敲门，煤老板与浙民投决战 ST 生化。

5　浙民投、浙民投天弘以及杭州浙民投实业有限公司（简称"浙民投实业"）为一致行动人。截至 2016 年底，浙民投及其一致行动人合计持有振兴生化 2.51% 股份，其中浙民投持有 2.40%，浙民投实业持有 0.12%。

公司（简称"浙民投"）的直系（见附录2）。浙民投成立于2015年，由8家浙江民营龙头企业和工银瑞信投资管理有限公司共同发起创立，投资范围涵盖高端装备及先进制造业、医疗健康产业、节能环保产业和科技金融产业等四大领域，总裁是陈耿。[1]

对于浙民投，闫治仲并不陌生。2016年，浙民投从二级市场上购入振兴生化股票，截至2016年底持股比例达到2.40%，成为第三大股东（见附录3）。闫治仲表示，第三大股东非常低调，从未与振兴生化交流过，也没有参加过股东大会。[2]

阻击"野蛮人"

第一回合：停牌重组

短暂商议后，振兴生化申请了紧急停牌。以停牌阻击"野蛮人"，这招并不罕见。在过去的两年间，万科和伊利股份都采用这招成功击退了举牌的"野蛮人"。一周后，振兴生化公告停牌原因是重大资产重组，并发布了关于要约收购的提示性公告。

资产重组对象是山西康宝生物制品股份有限公司（简称"山西康宝"）。山西康宝是一家血液制品企业，2016年销售收入15.17亿元，净利润3.06亿元[3]，远高于振兴生化。外界认为，振兴生化要"吃下"山西康宝明显力不从心。[4]

一个多月后，振兴生化将重组标的更换为内蒙古维克生生物科技有限公司（简称"维克生"）。维克生是一家动物血液制品公司。

1　陈耿，原国泰君安证券总裁，曾参与筹建深交所，被认为是中国证券界难得的"少壮派"领军者。

2　罗强. 又一次"野蛮人"敲门，煤老板与浙民投决战ST生化。

3　数据来源：https://nianbao.tianyancha.com/reportContent/89914393/2016。

4　平头哥，ST生化控制权之争（十）振兴集团诉浙民投天弘的争议点，溢千树，2017-10-17［2020-03-30］，https://mp.weixin.qq.com/s/kNiPsnT7Me4myIYh2U1BrQ。

振兴生化这种突然更换重组标的的做法引起了中小股东的不满："维克生和山西康宝显然不是一个级别，从人体血液制品到动物血清产品，振兴生化资产重组对象跨度巨大。如此巨大的方向转变，是否考虑了投资者的利益？重组失败后临时更换重组标的，到底是发展需要还是为了满足监管要求的形式主义？"[1]

根据深交所《上市公司停复牌业务》规定，重大资产重组的停牌时间不超过3个月。9月20日，3个月停牌期限的最后一天，振兴生化宣布终止重组事项。

第二回合：实名举报

停牌期间，振兴集团还发起了实名举报。2017年6月27日，振兴生化发布重组事项和要约收购的公告后，深交所分别向振兴生化和浙民投天弘发出了关注函。7月4日，浙民投天弘将回函和补充材料交给振兴生化，请其代为提交，但振兴生化并未提供协助。7月7日，浙民投天弘通过深交所的"股东业务专区"自行披露了回函和补充材料。

当天中午，振兴集团便发出了实名举报信，举报浙民投天弘存在重大虚假记载、隐瞒持有振兴生化股票的事实。理由是在深交所"股东业务专区"注册的用户必须拥有股东身份，浙民投天弘通过"股东业务专区"上传公告，证明其拥有股东身份，这与其在要约收购文件中所称未持有振兴生化股份的描述不符。

正当媒体认为股权之争将白热化之时，实名举报事件骤然落幕了。当天晚上，深交所发文还原了浙民投天弘信息披露的经过，指出上市公司未充分配合股东履行信息披露义务的情况严重损害了投资者的知情权，明确提出要加强监

---

1 双林生物，互动易，2017-08-17［2020-03-30］，http://irm.cninfo.com.cn/ircs/question/questionDetail?questionId=49511783035043840。

管振兴生化要约收购事项的信息披露。[1]那份实名举报信也很快从深交所等平台消失不见。

第三回合：发起诉讼

在复牌前一周，9月14日振兴集团还提起了诉讼，要求法院判令浙民投天弘停止要约收购。理由包括：① 在"股吧"转发的一则声明中，天津红翰（振兴生化的第四大股东）声称与"浙江一家大型民企"达成合作，振兴集团认为这家民企就是浙民投，控诉浙民投天弘隐瞒这层关系；② 要约收购资金来源不明；③ 浙民投存在内幕交易和利益输送；④ 收购方利用资金优势打压股价，使得振兴生化股价在2017年3月31日至6月21日从33.48元/股跌至25.58元/股。

评论认为，振兴集团发起诉讼是为了拖延时间，以此达到继续停牌的目的。[2]尽管振兴集团没有证实这一说法，但其设置要约收购障碍的意图非常明显。[3]对此，浙民投天弘表示将积极应诉。[4]

10月10日，深交所向浙民投天弘发出关注函，要求其对被诉事项进行说明。11月1日，浙民投天弘答复深交所，逐一否认诉讼指控，并强调这起诉讼不会成为实质性法律障碍，将继续推进要约收购事项。浙民投天弘同时发布《要约收购报告书》全文，表示看好血液制品行业的发展前景和振兴生化的发展潜力，正式启动要约收购。

---

1 深圳证券交易所，深交所强化ST生化要约收购事项信息披露监管，深圳证券交易所网站，2017-07-07〔2020-03-30〕，http://www.szse.cn/aboutus/trends/news/t20170707_519028.html。

2 王娟娟，把ST生化和"野蛮人"一同告了 振兴集团缘何"自家不认自家人"？第一财经，2017-09-14〔2020-03-30〕，https://www.yicai.com/news/5345408.html。

3 吴正懿，ST生化大股东诉讼"阻击"要约收购浙民投称积极应诉，上海证券报，2017-09-15〔2020-02-19〕，http://www.p5w.net/stock/news/gsxw/201709/t20170915_1959515.htm。

4 饶守春、黄可好，ST生化实控权争夺再追踪：大股东"焦土政策"抵御要约收购，21世纪经济报道（数字版），2017-09-15〔2020-03-30〕，http://epaper.21jingji.com/html/2017-09/15/content_70647.htm。

浙民投天弘将按照 36 元 / 股的价格，收购振兴生化 27.49% 的股份，要约期间为 11 月 3 日至 12 月 5 日，共 33 个自然日。要约收购期届满后，若预受股份少于 22.50%，则要约自始不生效，在这种情况下，浙民投天弘及其一致行动人将清仓已持有的振兴生化 2.51% 股份。

36 元 / 股的要约价格，与要约送达日的收盘价 30.93 元 / 股相比，溢价 16.39%；与要约前 30 个交易日的均价 28.1 元 / 股相比，溢价 28.11%。受到要约收购启动消息的刺激，11 月 2 日至 3 日，振兴生化连续两天涨停，从 29.22 元 / 股涨至 32.21 元 / 股。

11 月 3 日，要约收购窗口开启，多方博弈正式开始。价格，通常是要约收购博弈的关键因素。如果市场价格明显低于要约价格，投资者会倾向于接受要约；反之，则不会接受要约。

一些投资者认为："振兴生化剥离不良资产后，摘掉 ST'帽子'近在咫尺，血浆站也在继续经营，股价肯定不会低于 36 元 / 股。"[1] 也有分析指出，考虑到振兴集团和振兴生化以往的表现，加上投资者对振兴生化的发展预期，价格未必是中小股东接受要约的唯一考虑因素。[2]

截至 11 月 28 日，共有 909 户预受要约 1 820 万股，净预受股份比例 24.298%。[3] 此时距离要约收购期限届满还有 5 天。按照《上市公司收购管理办法》的规定，股东在要约收购期限届满 3 个交易日前可以随时撤回预受要约，要约收购仍然充满变数。

1 高远山，ST 生化之争：山西煤老板与浙江民营天团的奇葩争夺战，野马财经，2017-09-18［2020-03-30］，https://www.jiemian.com/article/1630025.html。

2 黄波，ST 生化争夺战进入白热化阶段 要约收购报告发布成谜，中国经营报，2017-10-28［2020-03-30］，http://finance.sina.com.cn/roll/2017-10-28/doc-ifynfvar4641643.shtml。

3 净预受股份比例 = 股东同意接受要约收购要出售的股份 / 收购方预定购买的股份。数据来源：http://www.szse.cn/disclosure/deal/offer/index.html。

第四回合：引入"白衣骑士"

变数很快就来了，11月29日中午，振兴生化宣布"易主"。

振兴集团与深圳市航运健康科技股份有限公司（简称"航运健康"）、信达深分签订了一系列协议，以43.2元/股的价格将所持振兴生化22.61%股份全部转让给这两家公司。其中，航运健康受让18.57%股权，向振兴集团支付10亿元转让款，并代振兴集团向信达深分偿还11.87亿元债务；信达深分受让剩余的4.04%股权。

三方约定，自协议签署之日起，22.61%股份的投票权全部授予航运健康。通过这样的安排，航运健康的母公司佳兆业集团控股有限公司（简称"佳兆业"）从协议之日起就获得了振兴生化的实际控制权。此外，航运健康还与振兴集团约定：如果航运健康通过此次合作获得的股份不能确保其继续保持振兴生化第一大股东的地位，佳兆业可以单方面解除协议。[1]

43.2元/股的转让价格比要约价格高出一大截，当天就有224户1 264万股撤回预受，净预受股份比例降至7.995%。如此高的转让价格也一下子激活了振兴生化的股价，当天最高涨至35.19元/股，与要约价格仅一步之遥。

在要约收购倒计时的关键时刻，佳兆业"高价"入局，"精准打击"浙民投——按照规定，浙民投此时已经无法修改要约收购条款，但股东仍可撤回预受。[2]

"野蛮人"上位

12月4日，要约收购期限届满前一日，振兴生化的股价一直处于胶着状

---

1 符胜斌，90亿市值上市公司遭三方抢夺，ST生化控制权之争背后佳兆业的盘算，新财富杂志，2017-12-05［2022-09-27］，https://mp.weixin.qq.com/s/tFyKgu45olf63acQSfKYCw。

2 根据《上市公司收购管理办法》的规定，收购要约期限届满前15日内，收购人不得变更收购要约；但是出现竞争要约的除外。收购要约期限届满前3个交易日，股东不得撤回预受。

态。然而，就在收盘前的最后三分钟，股价突然直线下跌，跌至34.28元/股（见附录4）——这意味着即使第二天振兴生化股票涨停[1]，股价也无法超过要约收购价格。

12月6日，深交所公布要约数据：共3 870个账户累计1.465亿股接受预受，净预受比例达到195.607%（见附录5）——浙民投要约收购宣告成功！

据统计，可接受要约的股份有1.94亿股（见附录6），预受股份达到1.465亿股，实际参与要约的比例高达75.5%，创下了中小投资者集体行权的记录。[2]中国证监会中小投资者服务中心认为这是中小投资者集体积极行使股东权利的结果。

中小投资者为什么"抛弃"振兴集团？一位老股东表示："振兴集团入主振兴生化12年来，未有任何成功的资产重组，丧失基本信用，更罔顾监管，成为资本市场著名的失信家族企业。"[3]另一位股东则对振兴生化的经营能力颇为质疑："好端端的企业为什么做得这么差？规模相当的采浆量和毛利率，为什么收益比不过行业竞争者？"[4]（见附录7）

闫治仲认为，外界对振兴集团的看法并不客观。振兴集团接手振兴生化之时，公司没有单采血浆站，也没有处理血浆的能力。经过多年发展，振兴生化现在拥有13家单采血浆站，年采浆量超过300吨。而浙民投是资本出身，没有实业。他认为："要约成功不是投资者的胜利，只是资本运作的胜利。"[5]

1　振兴生化此时仍为ST股，按照深交所的规定，其最高涨跌幅限制为5%。

2　吴绮玥，投服中心：ST生化要约收购成功意义重大，上海证券报，2017-12-07［2020-04-06］，http://news.cnstock.com/paper918881.html。

3　王娟娟，浙民投要约完结佳兆业继续"搅局"，ST生化控制权难落定，第一财经，2017-12-14［2020-04-06］，https://www.yicai.com/news/5383309.html。

4　杨洁，于蒙蒙，ST生化原控股股东出局振兴集团与资本掰手腕为何惨败？中国证券报，2017-12-14［2020-04-06］，https://www.jiemian.com/article/1815000.html。

5　王静，ST生化指浙民投为"野蛮人"佳兆业并购案缓行，网易房产，2017-12-14［2020-04-17］，http://sz.house.163.com/17/1214/17/D5KRDCN0000782B2.html。

失去控股权的史跃武很不甘心。他坦承在公司治理和资本运作方面存在诸多问题，但也并非一无是处。振兴生化原来的主业是工程机械，是振兴集团带领其发展至今，并为后续发展奠定了基础。"做实业不容易，批一个血浆站有多艰难？却被一家注册仅7天的公司收购，我不甘心。"史跃武说，"我们输了，白手起家的山西民营败给了江浙资本大鳄。"振兴集团觉得"胜利的果实"被"野蛮人"抢夺了。[1]

对于公司的发展前景，史跃武亦表示担忧："资本大鳄虎视眈眈盯着振兴生化，各方陷入激烈的股权争斗，管理层疲于应对。这不利于公司经营，更不利于鼓励实业发展。资本玩家能否做好实业，值得怀疑。"[2]

佳兆业表示，将通过航运健康继续在二级市场上增持振兴生化的股份，最终谋求对振兴生化的实际控制权。业内人士认为，浙民投天弘作为第一大股东，未来在董事会席位上与佳兆业必有一番争夺，就目前各方的态度看，事态很难在短时间内平息。[3]

2016年，"野蛮人"宝能大举增持格力电器步步进逼之时，董明珠曾经怒斥，资本如果成为中国制造的破坏者，他们会成为罪人。浙民投会成为"罪人"吗？

---

1 杨洁，于蒙蒙，ST生化原控股股东出局振兴集团与资本掰手腕为何惨败？

2 同上。

3 饶守春，ST生化要约收购正式启动 实控权之争渐入高潮，21世纪经济报道，2017-11-03［2020-06-28］，http://epaper.21jingji.com/html/2017-11/03/content_73488.html。

附录1：2004—2016 年振兴生化的净利润（单位：万元）

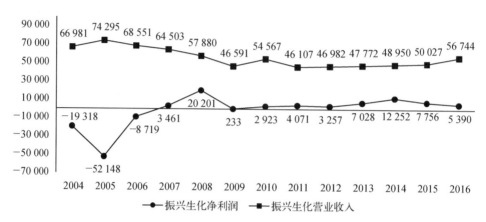

资料来源：案例作者根据振兴生化年度报告绘制。

附录2：浙民投天弘的股权结构

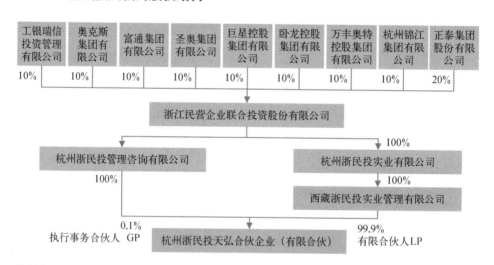

资料来源：案例作者根据公开资料绘制。

附录 3：2016 年底振兴生化前十大股东持股情况

序号	股 东 名 称	持股比例
1	振兴集团有限公司	22.61%
2	中国建设银行股份有限公司—华夏医疗健康混合型起式证券投资基金	3.96%
3	浙江民营企业联合投资股份有限公司（浙民投）	2.40%
4	天津红翰科技有限公司	2.23%
5	招商银行股份有限公司—兴全轻资产投资混合型证券投资基金（LOF）	1.86%
6	中国光大银行股份有限公司—兴全商业模式优选混合型证券投资基金（LOF）	1.38%
7	招商银行股份有限公司—兴全合润分级混合型证券投资基金	1.33%
8	兴业银行股份有限公司—兴全全球视野股票型证券投资基金	1.29%
9	兴业银行股份有限公司—兴全新视野灵活配置定期开放混合型发起式证券投资基金	1.04%
10	李欣立	1.03%

资料来源：案例作者根据振兴生化 2016 年年度报告绘制。

附录 4：2016 年 12 月 4 日振兴生化股价分时图

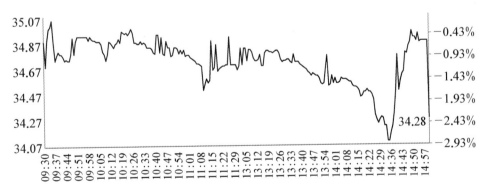

资料来源：案例作者根据公开数据绘制。

附录5：要约收购窗口期净预受股份比例

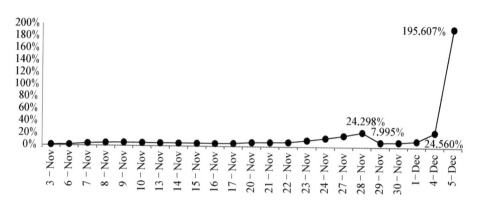

资料来源：案例作者根据公开数据绘制，http://www.szse.cn/disclosure/deal/offer/index.html。

附录6：振兴生化股份的种类

股 份 种 类	股份数量	股份比例
总股本	2.73 亿股	100%
有限售条件流通股	0.1 亿股	3.63%
无限售条件流通股	2.63 亿股	96.37%
其中：振兴集团持股	0.62 亿股	22.61%
浙民投及其一致行动人持股	0.07 亿股	2.51%
可接受要约收购股份	1.94 亿股	71.25%
接受要约股份	1.465 亿股	53.76%
未接受要约股份	0.475 亿股	17.49%

资料来源：案例作者根据公开资料整理。

附录 7：血液制品行业上市公司的信息

附录 7.1：2016 年血液制品行业上市公司的信息

项　　目	华兰生物	上海莱士	天坛生物	博雅生物	卫光生物	振兴生化
产品线（条）	11	11	14	7	9	6
血浆站（个）	23	35	20	10	7	13
采浆量（吨）	1 000	900	683	—	319	304
营业收入（亿元）	19.35	23.26	20.96	9.47	5.66	5.67
毛利率	60.54%	63.74%	53.24%	63.04%	47.39%	56.02%
销售费用率	3.54%	1.51%	6.12%	11.96%	2.27%	8.73%
管理费用率	14.15%	13.65%	21.24%	16.51%	11.74%	30.37%
销售净利率	39.87%	70.95%	14.46%	29.32%	27.07%	7.81%
净资产收益率	19.82%	14.42%	12.66%	13.71%	34.04%	10.22%
市盈率（TTM）	52.08	147.40	155.85	67.77	—	181.19

资料来源：案例作者根据血液制品行业上市公司财务报告信息整理。

附录 7.2：2004—2016 年血液制品行业上市公司的营业收入变化（万元）

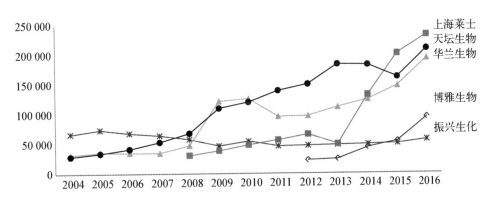

资料来源：案例作者根据血液制品行业上市公司财务报告绘制。

（B）："野蛮人"进门之后

2017 年 12 月 12 日，杭州浙民投天弘合伙企业（有限合伙）（简称"浙民投天弘"）完成收购振兴生化股份有限公司（简称"振兴生化"）股权的过户手续，浙民投天弘及其一致行动人（统称"浙民投"）合计持股 29.99%，[1] 成为振兴生化第一大股东。

但是，振兴集团有限公司（简称"振兴集团"）仍然控制着振兴生化的董事会和管理层。根据《公司法》规定，在董事会和监事会不召集股东大会的情况下，浙民投必须连续持股 90 天以上才能提请召开股东大会、改选董事会，进而任免管理层。

振兴生化董事会秘书闫治仲表示："无论是振兴集团还是振兴生化的治理团队，都将支持佳兆业集团控股有限公司（简称"佳兆业"）。"[2]

九十天的距离

2018 年 1 月 17 日，佳兆业率先派员进入振兴生化管理层。来自佳兆业的

1　浙民投天弘、浙江民营企业联合投资股份有限公司（简称"浙民投"）以及杭州浙民投实业有限公司（简称"浙民投实业"）为一致行动人。截至 2017 年 12 月 12 日，浙民投及其一致行动人合计持有振兴生化 29.99% 股份，其中浙民投天弘持有 27.49%、浙民投持有 2.40%、浙民投实业持有 0.12%。

2　于垚峰，振兴集团全力"阻击"浙民投天弘，佳兆业已向振兴生化提名 3 位高管，每日经济新闻，2018-01-30 ［2020-04-02］，http://www.nbd.com.cn/articles/2018-01-30/1188693.html。

罗军、张广东和田晨风分别被任命为振兴生化的总经理、副总经理和财务总监。对此，闫治仲表示："佳兆业派遣更专业的人员来管理，可以促进公司发展。"[1] 有评论认为，佳兆业已经开始争夺振兴生化的控制权，将掀起一场要约收购之后的控制权争夺战。[2]

2018 年 1 月 25 日，有媒体爆料振兴集团在 2017 年底曾举报浙民投要约收购过程中存在资金违规问题，并称该举报已经被浙江银监局受理。业内人士表示："如果振兴集团能够证明浙民投要约收购违规，之前的要约收购结果将无效。"[3]

次日，浙民投公开澄清要约收购资金的来源合法合规，并指出振兴集团在阻挠要约收购未果后，继续诬陷浙民投，意在拖延浙民投依法行使股东权利、改组上市公司董事会和监事会。[4]

握手言和

2018 年 4 月 13 日，浙民投成为振兴生化第一大股东已经超过 90 天，振兴生化的董事会和监事会突然宣布集体辞职。[5] 5 月 2 日，振兴生化选举出新一届董事会：共 7 个席位，浙民投占 4 席，佳兆业占 3 席，浙民投的陈耿担任董事长。闫治仲表示："这次调整仅是上市公司董事会和监事会的人员变动，管

1　赵黎昀，佳兆业"输血"高管层振兴生化实控权大战再升级，中国新闻网，2018-01-18 ［2020-04-02］，http://finance.china.com.cn/stock/ssgs/20180118/4513473.shtml。

2　同上。

3　叶晓丹，振兴生化前任与现任第一大股东开撕浙民投、民生银行回应称举报内容不实，每日经济新闻，2018-01-30 ［2020-04-02］，http://www.nbd.com.cn/articles/2018-01-30/1188702.html。

4　叶晓丹，浙民投回应收购振兴生化资金来源：自有资金，合法合规，每日经济新闻，2018-01-26 ［2020-04-02］，http://www.nbd.com.cn/articles/2018-01-26/1187468.html。

5　于蒙蒙，从对手到队友　ST 生化两大股东提请改选股东大会，中国证券报，2018-04-14 ［2020-06-01］，http://www.cs.com.cn/ssgs/gsxw/201804/t20180414_5775001.html。

理层并未受影响。"[1]

第二天，浙民投发布了一封致振兴生化全体股东书《不忘初心、众志成城，共同书写生化新篇章》，回顾了振兴生化"令人扼腕的过去，错失的黄金十年"，并阐述了对振兴生化的愿景，希望与振兴生化一起书写历史新篇章。[2]

振兴生化董事会的顺利改选，打消了市场上最大的顾虑。[3]改选后的首个交易日，振兴生化股价大涨4.75%。[4]

但是，仍有媒体表示担忧，因为无论是直接强势入主的浙民投，还是后来居上的佳兆业，都对振兴生化寄予厚望。目前双方旗下都有丰富的产业，浙民投间接参股血液制品企业哈尔滨派斯菲科生物制药股份有限公司（简称"派斯菲科"），佳兆业在医疗健康领域也早已有所布局，如何平衡双方利益和管理理念，仍有悬念。[5]

2018年11月22日，振兴生化的股票交易撤销企业风险警示，证券简称由"ST生化"变更为"振兴生化"，历时12年终于"摘帽"。

内讧再起

2018年12月14日，媒体的担忧变成了现实——浙民投和佳兆业之间的矛盾终于爆发了。

原来早在2018年1月，浙民投进入振兴生化董事会之前，时任董事长

1　赵黎昀，ST生化要约战敌手变盟友　携手进董事会，证券时报，2018-05-04［2020-06-01］，http://finance.sina.com.cn/roll/2018-05-04/doc-ifzfkmth8538133.shtml。

2　天弘投资，不忘初心、众志成城，共同书写生化的新篇章，证券时报，2018-05-13［2020-04-02］，http://epaper.stcn.com/paper/zqsb/web/viewer.html?file=./page/1/2018-05/03/A011/20180503A011_pdf.pdf。

3　罗强，多番争斗后佳兆业与浙商共掌ST生化，界面新闻，2018-04-14［2020-06-01］，https://www.jiemian.com/article/2056216.html。

4　赵黎昀，ST生化要约战敌手变盟友　携手进董事会。

5　陈慕鸿，赵瑞东，浙民投与佳兆业"共掌"振兴生化　未来仍有三大悬念待解，证券日报网，2018-05-03［2020-04-02］，http://www.zqrb.cn/gscy/gongsi/2018-05-03/A1525335720817.html。

史曜瑜就出具"股东决定",更换了子公司广东双林生物制药有限公司(简称"广东双林")的董事会成员,任命史跃武、郑毅、罗军、翟晓平和张广东五人为新任董事,其中后四人均来自佳兆业,并且修改了广东双林的公司章程——根据修改后的章程,改选广东双林董事,须提交母公司出席股东大会的股东所持表决权的三分之二以上通过。[1]

12月14日这一天,由佳兆业掌控的广东双林董事会,突然罢免了公司总经理朱光祖,改聘佳兆业系的罗军为新任总经理,此举引发了浙民投的不满。朱光祖是广东双林的老员工,1993年加入公司以来长期从事生物制药生产研究工作,并从2004年起担任广东双林的总经理。

浙民投指出:"第一,广东双林董事会未经母公司批准,擅自罢免总经理,违法违规;第二,广东双林修改公司章程,既未履行内部审批流程,也没有做提示性公告,是无效的。"

对此,佳兆业的罗军回应称:"第一,修改章程已经在相关部门备案登记,符合规定;第二,依据修改后的章程,解聘总经理属于广东双林董事会的职权范围。"

当天晚上,振兴生化召开了紧急董事会会议,审议了由浙民投提出的七项议案,包括撤销广东双林总经理的聘免、撤销史曜瑜的"股东决定"以及修改广东双林公司章程等内容。尽管佳兆业系的3位董事对上述议案全部投了反对票,但这七项议案仍然以4∶3的结果全部通过。

根据投票结果,振兴生化宣布广东双林修改公司章程的行为无效,撤销史曜瑜对史跃武、郑毅、罗军、翟晓平、张广东五位董事的任命,并任命杨成成(浙民投系)为广东双林的执行董事,罢免罗军的广东双林总经理职务,恢复

---

1 根据《中华人民共和国公司法》规定,股东大会做出修改公司章程、增加或者减少注册资本的决议,以及公司合并、分立、解散或者变更公司形式的决议,必须经出席会议的股东所持表决权的三分之二以上通过。其他一般决议,经出席会议的股东所持表决权过半数通过即可。

朱光祖的广东双林总经理职务。

对此,佳兆业的罗军表示强烈反对:"临时召开的紧急董事会,没有经过事前的充分讨论与沟通,要求董事限时表决,是对董事权利的侵害,也是对其他中小股东监督上市公司权利的侵害。"[1]

12月17日,振兴生化召开股东大会改选董事会。浙民投提名的黄灵谋等4人全部当选,而佳兆业提名的3人中,有2人当选,1人落选。由此,振兴生化董事会从原来的7席缩减为6席,其中浙民投占4席,佳兆业占2席。

12月18日,振兴生化董事会选举浙民投系的黄灵谋为董事长;不再聘任闫治仲为董事会秘书,由黄灵谋代行董事会秘书职责;免去佳兆业系的罗军、张广东和田晨风的总经理、副总经理和财务总监之职,改聘朱光祖、杨成成(浙民投系)、王志波(浙民投系)为振兴生化总经理、副总经理和财务总监。此外,董事会还决议修改董事会提名委员会工作细则和子公司管理办法等一系列公司章程。

2018年,振兴生化的营业收入达到了8.6亿元,同比增长25.46%;净利润为7 998万元,同比增长270.34%;每股收益为0.29元,同比增长270.45%。但振兴生化的股价未再触及要约收购窗口期的高点(见附录1)。

2019年1月12日,佳兆业派驻在广东双林的管理人员因抢夺公司公章而被公安机关扣留。1月14日,振兴生化和广东双林都领取了新的营业执照,并启用新的公司公章,同时广东双林的法定代表人由史跃武变更为浙民投系的杨成成。

1月15日,史跃武再次提起诉讼,请求法院判令2018年12月14日振兴生化做出的董事会决议无效。

---

[1] 张晓玲,陈靓,两大股东升级控制权之争:振兴生化高管"大换血",21世纪经济报道,2018-12-20 [2022-09-27],https://news.sina.com.cn/c/2018-12-20/doc-ihqhqcir8435547.shtml。

振兴集团彻底退出

2019 年 2 月 26 日，史跃武向法院申请撤诉。振兴生化相关负责人表示："不管是佳兆业还是振兴集团，希望振兴生化获得良好发展前景的初衷与浙民投是一致的。在相同的目标愿景下，诉讼没有不撤销的理由。"[1]

2 月 28 日，振兴集团向佳兆业的子公司深圳市航运健康科技股份有限公司（简称"航运健康"）转让的 18.57% 股权完成过户登记，3 月 28 日，向中国信达资产管理公司深圳分公司（简称"信达深分"）转让的股份也完成过户。至此，振兴集团不再持有振兴生化任何股份，也未在董事会或管理层保留任何职位，完全退出振兴生化。

回想当年，史跃武坦言："可能是走错了方向，一直想把工业资产往上市公司里面装，没有好好熟悉了解血液制品行业，把上市公司做大做强。"[2]

振兴集团退出之际，浙民投和航运健康则多次增持振兴生化。2019 年 1 月，浙民投增持 100 股，持股比例达到 30%，之后又继续增持 272.95 万股。5 月，航运健康增持 34.31 万股。截至 2019 年底，浙民投及其一致行动人持有振兴生化 31.43% 股权，航运健康持有 18.70%，信达深分持有 3.67%。

解决历史遗留问题

振兴集团退出后，浙民投对外表示："股东各方已达成一致，将共同促进振兴生化的发展，公司控制权争夺已经结束。"[3]

1　赵黎昀，浙民投：各方达成一致促进公司发展　振兴生化控制权争夺已经结束，证券时报·e 公司，2019-03-06〔2020-08-11〕，http://stock.jrj.com.cn/2019/03/06145227126466.shtml。

2　罗强，又一次"野蛮人"敲门，煤老板与浙民投决战 ST 生化，界面新闻，2018-01-29〔2020-02-09〕，https://www.jiemian.com/article/1906573.html。

3　赵黎昀，浙民投：各方达成一致促进公司发展　振兴生化控制权争夺已经结束，证券时报·e 公司，2019-03-06〔2020-08-11〕，http://stock.jrj.com.cn/2019/03/06145227126466.shtml。

一方面，振兴生化为资不抵债的子公司湖南唯康药业有限公司申请了破产清算，广东双林成为当时振兴生化旗下唯一的二级子公司；另一方面，浙民投推动了振兴生化和广东双林的管理层两级架构合并，以提高经营和决策效率。

2019 年度，振兴生化实现营业收入 9.16 亿元，同比增长 6.49%；净利润 1.58 亿元，同比增长 110.62%。同时，振兴生化向全体股东每 10 股派发现金红利 1.21 元并送红股 4 股，这是振兴生化自 2000 年以来首次现金分红。

发展布局

2020 年初，新冠肺炎疫情暴发，振兴生化的主要产品之一——静丙，在新冠肺炎的预防和治疗中效果显著，需求激增，振兴生化股价大涨（见附录 2）。

2020 年 5 月，振兴生化推出了股票期权和限制性股票激励计划，向 41 位核心骨干授予 181.5 万股限制性股票和 181.5 万份股票期权，将核心团队与公司发展绑定。

2020 年 6 月，振兴生化与新疆德源生物工程有限公司（简称"新疆德源"）相继签订了《供浆合作协议》和《战略合作协议》，约定在未来 5 个年度内，新疆德源每年向振兴生化供应不少于 180 吨的血浆。

2021 年 1 月，振兴生化发行股份购买派斯菲科 87.39% 股权，加上此前持有的，合计拥有派斯菲科 100% 股权。派斯菲科是东北三省唯一三大类产品齐全的血液制品高新技术企业，拥有 10 家运营中的单采血浆站和 9 个在指定县市设置浆站的名额。

此外，振兴生化引进了付绍兰和诚合有限公司（简称"诚合有限"）作为战略投资者。付绍兰是派斯菲科的董事长和实际控制人，拥有 50 多年的微生物学和免疫学研究经验。诚合有限是佳兆业旗下的医疗投资运营平台，在制药产业等领域进行了深入布局。

同时，振兴生化将董事会席位增加到 13 席，浙民投及其一致行动人、派斯菲科及其一致行动人、佳兆业及其一致行动人分别可以提名 7 名、3 名和 3 名董事。

2021 年 3 月，振兴生化更名为派斯双林生物制药股份有限公司，选举付绍兰为董事长，聘任黄灵谋为总经理，吴迪（浙民投系）、王志波（浙民投系）、杨彬（浙民投系）、闫磊（派斯菲科系）为副总经理，王晔弘（浙民投系）为财务总监。

2021 年 11 月，振兴生化进一步优化与新疆德源的合作，经过友好协商，新疆德源将下属 8 个单采血浆站的 80% 股权转至广东双林名下。

2021 年，振兴生化将子公司派斯菲科纳入财务报表。当年振兴生化营业收入达到 19.72 亿元，同比增长 87.80%；净利润 3.92 亿元，同比增长 114.33%。其中，广东双林的营业收入为 13.22 亿元，同比增长 25.89%（见附录 3）。

通过重组派斯菲科、与新疆德源战略合作，振兴生化的产品覆盖血液制品三大类别，品种达到 10 个，单采血浆站达到 38 个，预计 2022 年采浆量将超过 1 000 吨。

最新进展

2020 年二季度至四季度，信达深分多次减持振兴生化股票。截至 2020 年底，持股比例降至 1.79%。

2021 年一季度，振兴生化多次增发，导致浙民投及其一致行动人、航运健康的持股比例分别降至 21% 和 12.5%，但仍为公司的第一和第二大股东，而信达深分则退出了十大股东。

2021 年 5 月 12 日，航运健康宣布了清仓减持计划。此时，航运健康持有振兴生化股票的市值已经达到 34.85 亿元，与 2017 年股权受让价 21.87 亿元相比，账目浮盈超过 10 亿元。截至 2022 年 6 月底，航运健康的持股比例降至 5.27%，并在继续减持。

2022 年二季度，浙民投及其一致行动人继续增持振兴生化，截至 2022 年 6 月底，持股比例达到 23.06%，仍是振兴生化的第一大股东。

附录 1:2017 年 12 月 14 日至 2019 年 1 月 15 日振兴生化股价(单位:元)

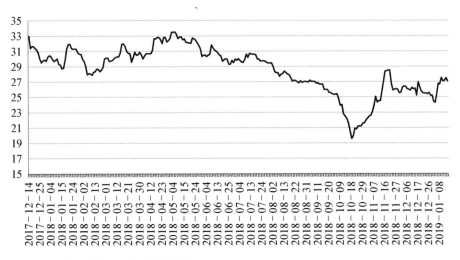

资料来源:案例作者根据公开数据绘制。

附录 2:2017 年 6 月 21 日至 2022 年 6 月 30 日振兴生化市值变化(单位:亿元)

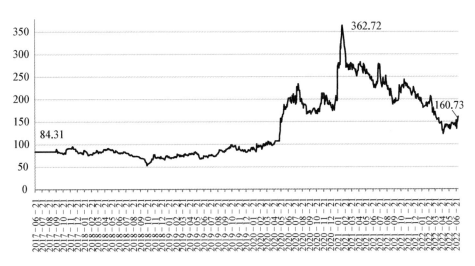

资料来源:案例作者根据公开数据绘制。

附录 3：振兴生化 2019 年至 2021 年营业收入（金额单位：亿元）

公　　司	2019 年		2020 年		2021 年	
	营业收入	同比增长	营业收入	同比增长	营业收入	同比增长
振兴生化	9.16	6.49%	10.50	14.67%	19.72	87.80%
其中：广东双林	9.16	6.49%	10.50	14.67%	13.22	25.89%
派斯菲科					6.50	

资料来源：案例作者根据振兴生化的年度报告绘制。

28 五菱宏光 MINIEV：
中国汽车新物种[1]

　　"年轻人的时尚社交装备"，"大人们的玩具"。如果只看到这些描述语，人们很难把它们与一款汽车联系起来，然而，它们正是上汽通用五菱汽车股份有限公司（以下简称"五菱"）对其电动汽车五菱宏光 MINIEV（以下简称"宏光 MINI"）的特征描述。促使这些特征形成的，是围绕宏光 MINI 的潮（流）创（造）文化。

　　在这种文化浸淫中，截至 2021 年 4 月底。宏光 MINI 的改装率达到 72%。各种改装车让宏光 MINI 变成了社交媒体上的吸睛网红（见附录 1）。此时距离它上市不过 9 个月。

　　这个网红的热度也在销量上体现了出来。之前，中国新能源车市场一直是特斯拉的天下，但在 2020 年 8 月，宏光 MINI 在其正式上市后的第二个月，

―――――――――
1　本案例由中欧国际工商学院的王高和朱琼共同撰写。在写作过程中得到了案例企业的支持，并参考了现有公开信息及企业授权资料。本案例部分财务指标和关键数据出于保密需要可能经过掩饰，但不影响讨论和决策。该案例目的是用来做课堂讨论的题材而非说明案例所述公司管理是否有效。本案例获"2021 中国工商管理国际最佳案例奖"二等奖、2023 欧洲案例交流中心全球案例写作大赛"卓越案例开发者"最佳奖。

就取代特斯拉蹿升至销量榜首。此后一直到 2021 年 4 月，它持续蝉联国内冠军（见附录 2），并在 1 月和 4 月分别获得全球电动车销量冠军。

然而，这些成果并没有让上汽集团副总裁和上汽通用五菱总经理沈阳、上汽通用五菱副总经理薛海涛在 2021 年 5 月得到些许放松，反而让他们感到更大的压力。"这样的上升势头还能持续多久？未来该制定怎样的产品战略？是沿着价格台阶向上推出升级产品并拓展新市场，还是聚焦已有的市场推出适合的产品？"他们不停地思考着。

五菱

五菱成立于 2002 年，由上海汽车集团股份有限公司（以下简称"上汽"）、美国通用汽车公司、广西汽车集团有限公司（制造微型面包车）按 50.1%、44%、5.9% 的持股比例组建，总部位于广西柳州。广西汽车集团有限公司是以柳州五菱汽车有限责任公司（以下简称"柳州五菱"）为主体的企业。

沈阳，年届 60，1982 年内燃机专业毕业，1985 年加入柳州五菱，1999 年担任公司总经理。在他的领导下，2006 年五菱推出了五菱之光，当年产销均突破 30 万辆，成为当时年销量最大的单一车型，五菱也由此变成了中国"微车之王"，市场份额占比 38%，领先第二名 8%。凭此成绩，五菱赢得了在合资公司里罕见的自主研发、自主品牌的话语权。此后，五菱又成就了被誉为"神车"的五菱宏光[1]，并在 2010 年发布了乘用车品牌宝骏。依靠这两个品牌，五菱在 2015 年实现

1　这款车诞生于 2010 年，是由其微型面包车升级而来的 3 排 7 座客货两用车，售价四五万元，曾创造过月销 8 万辆、年销 70 万辆的国内汽车销量纪录，支持这个销量的，是其覆盖在全国各个乡镇的 2 800 家销售服务网点。它之所以被用户誉为"神车"，是因为用户认为它具有极强的实用性，既能拉人又能拉货还能当床睡觉，而且它还不挑路，山沟里都能跑，皮实耐用。它在 2016 年达到销量峰值，之后，随着消费升级及政策限制，它的销量开始下降，2020 年销量 28.3 万辆，同比增速为 −23.3%。至此，累计销量超过 450 万辆。资料来源："论五菱宏光走下神坛的历史必然性"，汽车之家，2018−08−23［2021−06−25］，https://chejiahao.autohome.com.cn/info/2669677。

了 200 万辆销量。然而，一系列内外部挑战也接踵而至，比如，政府对客货混装车[1]的限制使用，让宜乘宜货的五菱宏光受到挑战；同时，随着消费升级，用户开始追求品牌产品，而五菱和宝骏品牌在乘用车市场尚未对用户构成足够吸引力。因此，五菱在 2016 年销量增速陡降，后面几年甚至出现了负增长（见附录 3）。

新能源汽车成了五菱逆境中的希望。"新能源车将借助互联网实现互通互联，重建出行生态。而中国的互联网已经走到世界的前列，因此，这给中国企业做新能源车带来了机遇。"沈阳说。他希望借此契机打造出行新物种和新生态，从而摆脱五菱在传统汽车市场上"无足轻重"的被动。

宏光 MINI 就是承载沈阳这个希望的新物种。在燃油乘用车占主导的市场，这个新物种被沈阳定位成主流产品的补充者，即用于短途出行代步。对于宏光 MINI，沈阳还有一个现实诉求，那就是"打穿、打爆市场，形成规模销量"。像中国市场上所有传统汽车企业一样，五菱迫切需要新能源车的大规模销量来应对汽车"双积分"[2]政策的压力。

市场背景

中国汽油车和新能源汽车市场

中国汽油车市场从 2011 年到 2017 年产销量增速逐年增长，但 2018 年

1　客货混装具体的处罚准则是根据《中华人民共和国道路交通安全法》而制定的。载客汽车除车身外部的行李架和内置的行李箱外，不得载货。面包车隶属小客车，是供乘客乘坐的，不能运载货物。一旦违背上述限定运载了货物，则被视为客货混装，民警就能对其进行查处。

2　"双积分"政策主要涉及企业平均燃油消耗量（CAFC）积分和新能源汽车（NEV）积分的计算规则和管理方式。简单地说，燃油车销量越多、单车油耗量越大，CAFC 负积分越多；新能源车销量越大，NEV 正积分越多。企业净积分为负就要受到处罚。企业可以使用自家新能源车正积分来冲抵负积分，如果不够，还可以到正积分富余的车企购买积分。这个政策实施于 2018 年 4 月，当时一个续航 150 km 的小型电动车估算得 2.6 分，2019 年下半年后政策带给企业的压力逐步增大。2020 年，长安汽车透露，由于积分未达标，单车利润减少了 4 000 元。2021 年，积分交易价格预计超过 2 000 元 / 分。资料来源：杜德彪，"双积分制度，第一大利润杀手？"新浪，2021－02－28［2021－06－25］，https://finance.sina.com.cn/jjxw/2021-02-28/doc-ikftssap9167633.shtml。

后，随着汽车保有量接近 3 亿辆，再加上限购的影响和新能源车的替代作用，汽油车销量增速逐年下降，2020 年，销量排名前十的企业销量合计占比达 89.5%。[1]

中国新能源车市场起步于 2009 年，在 2015 年达到增速峰值，此后增速逐年下降，2019 年出现负增长。不过，2020 年又开始增长，当年销量为 136.7 万辆。[2]

影响市场起伏的因素有很多，但中央和地方政府对新能源车的补贴政策是关键因素（见附录 4）。2014 年之后，补贴门槛逐年提升、补贴力度逐年下降，因此，市场增速也逐年下降。[3]2020 年之所以呈现中高端和低端市场同步增长的态势（见附录 5），一方面是因为消费者的真实需求，另一方面是因为"双积分"政策让企业感受到了压力。

与汽油车市场类似，在新能源车市场，各个品牌产品比拼的仍然是高配置、高科技、内饰豪华程度、驾乘舒适度、价格等，外加续航里程。

小微电动汽车（A00 级）曾是新能源汽车市场的主力车型，然而，随着其所受政策补贴的逐年降低，它在纯电动车销量中的占比从 2016 年的 61% 下降到 2019 年的 22%。[4]不过，2021 年一季度，它的占比回升至 40.2%。[5]再度兴起的 A00 级车市场，除了竞争价格外，也增加了颜值、科技等新竞争元素（见附录 6）。

---

1 2020 年中国汽车行业市场竞争格局分析，市场集中度不断上升，前瞻研究院，2021 - 01 - 08［2021 - 06 - 28］，https://bg.qianzhan.com/trends/detail/506/210118-ce8a9a92.html。

2 2014—2020 年中国新能源汽车产销情况（表），产业世界，2021 - 03 - 16［2021 - 06 - 28］，http://www.inwwin.com.cn/1190/view-774137-1.html。

3 蔡雨晴，2020 中国新能源汽车市场发展现状和竞争格局分析，前瞻网，2020 - 04 - 23［2021 - 06 - 25］，https://www.qianzhan.com/analyst/detail/220/210209-32f76370.html。

4 A00 级纯电市场持续萎缩为何新品依旧'扎堆'？东方财富网，2020 - 04 - 23［2021 - 06 - 25］，http://finance.eastmoney.com/a/202004231464064094.html。

5 一季度新能源乘用车终端销售数据发布，纯电动车卖哪去了？新浪汽车，2021 - 05 - 15［2021 - 06 - 25］，https://auto.sina.com.cn/news/hy/2021-05-15/detail-ikmyaawc5482547.shtml。

购车用户年轻化

2021 年的数据显示，在中国汽车用户中，90 后占比升至 41%。[1] 不仅如此，中国还有一批用车需求尚未得到满足的年轻人。

在 18～24 岁的中国人中，驾照持有者超过 4 000 万人，其中 75% 的人未拥有自己名下的车辆。他们购车，主要诉求是希望能够体现自我价值，愿意为外形、智能配置、新的消费体验支付溢价。[2]

在纯电动汽车市场，女性消费者占比已升至 39%，年轻的女性消费者对车具有更多个性化、差异化需求。[3]

宏光 MINI 的另类研发模式

宏光 MINI 不是五菱的首款电动汽车，此前，五菱已经推出了宝骏 E100 和宝骏 E200（以下简称"E100""E200"），打造这两款产品时，五菱就开启了其不同于传统的汽车研发模式，即从用户需求而不是技术指标出发去定义汽车。

五菱电动汽车研发团队的第一个行动，就是在每天上下班高峰时间，站到柳州大桥上去做调研。调研结果显示，超过 90% 的交通工具都只搭载一个或两个人，于是，五菱将产品定义为小型两座车。

打造球形项目开发团队

为了让团队从一开始就养成面向用户的习惯，在 2016 年项目立项时，沈

1　懂车帝发布《"后浪世代"：90 后汽车用户洞察报告》颜值和口碑成选车新焦点，汽车科技，2020-11-04［2021-06-25］，https://www.pconline.com.cn/autotech/1382/13822948.html。

2　巨量算数，懂车帝，2021 中国新生代人群汽车兴趣洞察报告 .199IT，2021-04-20［2021-06-25］，http://www.199it.com/archives/1232941.html。

3　中国新能源车市场消费者画像分析：男女比例各占多少？第一电动，2019-01-08［2021-06-25］，https://www.d1ev.com/kol/85610。

阳就刻意挑选了从未做过传统汽车的人组建研发团队，也刻意在内部竖起了一道防火墙，禁止传统汽车团队染指这个团队。

为了在研发过程中根据用户需求快速迭代产品，2019 年下半年，研发部门改为直接向主抓市场业务的薛海涛汇报。之后，薛海涛组建了一个包含研发、市场、售后、供应商等部门人员在内的项目开发团队。五菱技术中心副总经理、电动车技术负责人赵小羽称这个团队为"球形组织"：用户需求被放在球的中心位置，通过用户需求来拉动球周围各个业务模块同时反应和协同。[1] 为了保证球形组织的合作紧密度，研发和市场部门的办公地点被安排在同一楼的上下层或同一层。

向用户开放研发过程

传统汽车研发有严格的保密规定，产品只有上市时才能让用户看到。而赵小羽团队，却在出车效果图时、选车身颜色和材质时、样车试制时，都邀请目标用户来参与评价。他们组建了用户微信群，将不同阶段的研发成果发到群里征求用户意见。曾经有几个设计方案在内部已定稿，但在群里遭到用户的否定，于是就被推翻了。

"我们这些没有研发过传统汽车的人，没有觉得保密是个大问题。"赵小羽说："要以用户为中心当然要向用户开放，只有这样，我们才能及时接收到用户反馈。"之所以敢开放，赵小羽说，也在于他们能保持"足够快"的产品迭代，比如，柳州用户喜欢经常买米粉快餐带回家，但车里没有地方放餐袋，于是在用户群里抱怨车里没有挂餐袋的挂钩。听到这个抱怨后，团队用一个月研发并推出了带挂钩的车。

---

1 在传统汽车研发中，信息传递是层级式的，经销商发现一个需求并传递给市场部门，后者再传递给规划部门或技术部门，然后技术部门再去分析这属于哪一个专业领域或科室的业务，然后相关研发部门再去领任务做研发。研发之后，产品再反向逐级传递到终端。

支持"足够快"的能力，不仅源于球形组织，还来源于五菱多年沉淀的产业链资源，以及高度授权并追求实效的文化。五菱自上而下都奉行授权并容错的领导力，因此，每一层管理者决策效率都很高，只要捕捉到用户需求会马上行动。这样的能力，使得他们研发 E100、E200 和宏光 MINI 分别用了 1.5 年、1 年和 8 个月，远低于传统汽车 4 年的研发周期。[1]

基于大数据完善首款车

在 E100 符合上市条件后，五菱并没有立刻让这款车上市，而是先造了 1 万台车放到柳州市场，让普通市民、公务员免费体验三个月或半年，体验者被要求写体验日记、提改进建议。为此他们投入了六七亿元人民币。沈阳认为，这笔投入很值，因为他们不仅获得了大量体验反馈，还获得了车辆使用情况的大数据。

这些数据成了五菱完善产品的依据，在免费体验一年后，2017 年 7 月，五菱在柳州正式上市了经过改善的 E100，一款两门两座车，续航里程为 155 公里，两种配置的指导价格分别为 9.39 万元和 10.99 万元，补贴后售价为 3.58 万元和 4.88 万元。一年后，五菱又在柳州上市了 E200，续航里程 210 公里，补贴后售价为 4.98 元和 5.98 万元。截至 2019 年底，这两款车在柳州销量超过 7 万辆[2]，购车者绝大部分都是家里有汽油车的人。

在柳州市政府的协调下，很多柳州的企事业单位为员工或企业自己团购这款车，这种车被允许走公交车道。在政府的推动下，市民已在城市街道、小区或商场或写字楼绿化带的边角处找出了大量只有正常停车位一半大小的停车位。在停车位周边，充电桩随处可见。

1　揭秘汽车完整的四年研发周期，新浪网，2017−05−03［2021−06−25］，http://auto.sina.com.cn/zz/sh/2017-05-03/detail-ifyexxhw2122147.shtml。

2　这两款车跟着补贴门槛的调整都不断推出续航里程增加的升级产品，以保证获得政策补贴。

然而，当这两款车开始向全国推广时，不少市场的消费者却反馈两座车不适用。那么，四座车该如何定义呢？

用减法研发宏光 MINI

前面两款车的大数据显示，89% 的用户每天出行半径都在 30 千米以内，据此，五菱启动了代号为 E50 的宏光 MINI 研发，设定了比 E100 更短的续航里程[1]：120 公里和 170 公里。这两种续航里程都不在补贴范围内，产品售价不能通过补贴降低，因此，要保证有竞争力的价格，制造成本控制变得至关重要。

那么，成本该设为多少呢？赵小羽说，2019 年市场上一辆代步车价格为三四万元，这基本上构成了宏光 MINI 的成本上限。然而，要做一款比 E100 成本更低的四座车，按照传统造车思路，这怎么可能实现？

五菱又一次打破了传统，采取了减法策略：将汽车法规未强制要求的功能配置能省尽省，比如安全气囊、空调冷风、直流快充等。所有的减法都是根据出行场景决定的。比如，用户每天在车里不过待半小时，据此省掉冷风；行驶 30 公里，不需要大功率电机；行驶速度大都在每小时三四十公里，因此即使发生碰撞安全气囊也不会打开，故去掉安全气囊。他们要让车里的每一个配置都不多余。为了取舍一个按钮，他们甚至开了四次会反复推敲。

做完减法的 E50 被赵小羽称作"配备了水电气的毛坯房"，不过她强调，这个"毛坯房"也颇具技术含量。比如，他们对车的电池系统进行了面向梯次利用的设计，从而挖掘了电池的全生命周期价值，由此降低了车的成本；另外，他们还根据小车行驶时的各种特殊碰撞场景，设计了有针对性防护的车身架构。"毛坯房"的技术，有的来自前面两款车，有的则是基于大数据的创新。

1　2019 年，E100 的续航里程提升到 250 千米。

比如，大数据帮助产业链伙伴降低了研发成本，因此，E50 的三电成本就降低了 30%。

形成 GSEV 平台

随着 E50 的诞生，五菱的 GSEV（Global Small Electric Vehicle）平台也逐步成型，这是一个将用户、产业链伙伴、经销商和服务商，甚至是友商[1] 都纳入在内的面向全球的开放式电动车硬件、软件开发平台，汇聚了来自车、用户、充电设施和服务等各方面的数据。

GSEV 推动五菱向沈阳所说的生态前进了一步。然而，五菱能否通过这个平台成为全球小型电动汽车生态的掌控者和运营者，还取决于他们能吸引并黏住多大规模的用户。因此，宏光 MINI 成了他们实现生态的关键产品。

将宏光 MINI 变成潮创玩具

定当时的市场最低价

五菱将宏光 MINI 价格定成当时小微型电动汽车市场最低价。产品预售价格按不同配置分别为 2.98 万元、3.28 万元、3.88 万元，正式销售时，2.98 万元的价格被降为 2.88 万元。而当时只有被称为"老头乐"的低速电动车，价格在 1 万～3 万元之间。[2] 制定这样的低价，五菱是希望用这款车去培养新能源车市场。

借势五菱神车出场

宏光 MINI 亮相市场时，按照薛海涛的说法，正逢天时地利人和。

1　赵小羽说，他们对友商也持开放态度，希望跟友商合作做大小微电动汽车市场。
2　千亿规模大市场，人民需要"老头乐"，汽车头条，2021-05-19［2021-06-25］，https://www.qctt.cn/news/1002813。

2020 年初暴发的新冠肺炎疫情让大部分企业按下了暂停键，但五菱却开始生产口罩并且只捐不卖。整个 2 月和 3 月，五菱口罩被媒体和社会大众广泛关注，一位网友评论，"人民需要什么，五菱就造什么"。这句话立刻被五菱捕捉到并变成了品牌营销口号，印在了五菱口罩的外包装上。

2020 年，适逢五菱宏光推出 10 周年，于是，4 月五菱首先掀起了"五菱宏光，人民神车"[1] 系列话题的传播。紧接着，推出标有"宏光小神车"字样的宏光 MINI 产品海报（见附录 7）和旨在引起年轻人兴趣的动漫视频（见附录 8），同时曝光了宏光 MINI 的部分配置，比如高强度钢车身、大储物空间等。

海报推出后，五菱获得了 20 多个意向购买者的联系方式，这是一群 30 岁左右的年轻人，其中有些人是被车的方正造型吸引来的，认为在车上可以贴各种装饰图。这样一群意向购买者让薛海涛喜出望外，他本来担心这款车会因为低价而难以打造品牌调性。这一群人及他们的装饰创意，让他起意要把这款车打造成面向年轻人的"没有阶层感的品牌车"。

自此，薛海涛要求在这款车与用户接触的所有媒介触点上，都要保证美感和品质感，杜绝任何低档痕迹。在媒体选择上，要加大对年轻人聚集平台的传播，要利用小红书产生"口碑裂变"，利用知乎和豆瓣辩证种草，利用微博跨界 KOL 扩散认知，利用抖音和 B 站进行多形态内容营销，同时，他们还要把其 400 多家经销商的 2 800 个经销网点人员培养成社交媒体的 KOC。按照这种营销思路，他们引爆了市场。

引爆市场

2020 年 5 月 7 日，在不断上升的"小神车"声量[2] 中（见附录 9），宏光

1　五菱宏光的神车话题早在 2017 年就在网上传播，当时五菱宏光被网友称为"秋名山神车"，指其漂移能力能打败各种豪车，于是引发众人惊呼。

2　声量是指含有一个产品关键词的微博、帖子、微信公众号文章、问答、短视频等的总数。

MINI 以"人民的代步车"头衔开启盲订[1]，并推出了"宠粉计划"：在 5 月 28 日预售前以 199 元订车享价值 6 888 元购车福利。宣布盲订 24 小时后，订单超 1 000 份，按订单来源城市排名，上海[2]位列榜首。

"宏光 MINIEV 上线当日盲订破千，到底哪里值得买？"盲订第二天，这样的话题就在社交媒体上传播，之后，诸如"老年代步车杀手"、"2 万入手五菱车，每公里 5 分，已有 5 千人预定，还买啥雅迪？"[3]等话题陆续出现。

5 月 28 日，宏光 MINI 开启预售，当天在限（车）牌城市的社交网络上出现了"2.98 万还送牌照，五菱宏光 MINI 电动车正式开售"的新闻。当天订单量达 1 000 份，累积订单量达 6 000 份。此后，围绕订单销量和神车的话题被不断传播，比如"订单突破一万，五菱宏光 MINIEV 真的会成为神车吗？"

在话题传播过程中，订单又获得了新增长，而增长又带来新话题……由此，宏光 MINI 的市场热度在波动中上升直至上市（见附录 10）。

五菱提升宏光 MINI 市场热度靠的不仅是销量话题。6 月，看到一些拿到车的用户[4]晒出装饰车图后，五菱立刻转发这些图片，同时邀请社交媒体的 KOL 来体验产品并进行传播，于是，在社交媒体上，宏光 MINI 被增加了"灵动""小巧""有趣"等修饰语，随后，它吸引来了网红新茶饮品牌喜茶的登门合作。

五菱联手喜茶和一些 KOL 用户改装了几辆车，并向外传递信息：宏光 MINI 将携带着"好看、好玩"的改装车于 7 月 24 日在成都车展上市。

7 月 22 日，宏光 MINI 的熊猫、喜茶等改装款图片在网上曝光，当天宏

---

[1] 盲订就是不宣布价格的预定。

[2] 上海是限燃油车车牌的城市之一，新能源车因为不受限，成为没有燃油车车牌的消费者或者需要更多车的消费者的一种选择。五菱宏光 MINI 的上海客户中，不乏有家有豪华车的增购者。在这款车发布之前，上海这样的大城市是五菱难以进入的市场。

[3] 雅迪是两轮电动车品牌。

[4] 这些用户是最早下订单的用户，拥有五菱宏光 MINIEV 的先享体验资格，他们可以在新车正式上市之前拿到车。

光 MINI 百度指数从前一天的 9 403 增长到 20 947；23 日，被称为宏光 MINI 特别版的六轮皮卡在网上曝光，当天的百度指数为 13 840。

24 日，宏光 MINI 携一众改装款如期出现在上市现场，它们不仅引来了现场一片尖叫，也引发了新一轮社交传播，从 25 日到 28 日，宏光 MINI 百度指数几乎都保持在 3.2 万以上。在这样的热度中，五菱顺势推出了诸如上下班、接娃、送快递、巡逻等代步车使用场景海报。

于是，宏光 MINI 上市 20 天内，销量突破 15 000 辆，8 月起，它问鼎了中国新能源车市场。此后，各种将宏光 MINI 与特斯拉 Model3 比较的话题在网上喧嚣开来，宏光 MINI 的市场地位和影响力也因此不断提升。

营造潮创文化

在产品上市前，五菱推出改装车是为了以这种奇特造型吸引年轻用户，但上市后的用户调研数据，让五菱决定要营造潮创文化。

数据显示，超过 60% 的用户在购车后都会对车辆进行装饰性修改；60% 的意向用户都会询问改装和装饰问题。于是，五菱决定顺势推动改装，将改装变成用户购车的理由，并营造一个改装不断、互动不断、充满黏性的车主社群。

推动改装

2020 年 8 月，五菱在上海举办"宏光 MINI DAY——大人们的小乐园"潮流派对，首次向年轻人表达了一起探索潮流玩法的态度，并向用户倡导"不改装不上路"。之后，五菱又带领用户一起参与各种音乐节、潮流文化展、时装周等，并在其中进行各种能让年轻人嗨到极致的产品跨界娱乐。当然，每次活动都会邀请 KOL 和大 V，于是社交网络上关于"大人们的玩具"的相关话题持续不断。

2020 年 12 月，五菱发起了面向用户的潮创改装车大赛，同时，也在 46 所高校内向大学生发起了宏光 MINI 创意大赛。

大赛的获胜者被五菱邀请参加潮创大会。首届潮创大会于 2021 年 3 月在上海举办，100 辆宏光 MINI 出现在现场，它们或被涂鸦、贴花或改色，或被改装成独特造型。它们与装扮各自不同的车主以及五菱 300 多位经销商一起烘托了宏光 MINI 的潮创文化。在当天的潮创氛围中，五菱宣布与全球最知名流行色彩预测机构 PANTONE 联合发布三种引领时尚趋势的"五菱春色"。

举办这个大会，五菱投入了 1 000 万元，收获了当天社交媒体超过 2 亿次的传播量，其中，经销商贡献了近 1 亿次，剩下的大部分都是车主自发贡献。

柳工集团的 28 岁工程师陶昕作为获胜者参与了这个会，他说当天他几乎拍摄了每一辆车并发了抖音，"那么多改装车让我脑洞大开，那天我结识了不少有改装共鸣的朋友。"陶昕说。他回去后就开始进行新的改装设计，"如果不把车改得更有品位，下次我都不好意思见朋友了。"

2021 年 4 月第三方调查也证实，宏光 MINI 改装车正在变成年轻人的社交名片，让他们形成一个个社交圈子。[1]

打造改装平台

宏光 MINI 的改装风盛行后，催生了一批改装配件淘宝卖家，但这些卖家各自为政，也没有统一的质量标准可以遵循，因此，五菱决定打造一个改装平台来规范宏光 MINI 的改装生态。他们已着手搭建平台的质量管理体系、供应链体系，同时，在宏光 MINI 的直营店内打造改装服务体系，未来要在所有

1　真实的五菱宏光 MiniEV 为啥知道这些缺点还那么多人买？搜狐，2021-04-10［2021-06-25］，https://www.sohu.com/a/459904857_151980。

经销商网点开展改装服务。与此同时，在其官方车主社交 APP Ling CLUB 上，五菱陆续推出了官方背书的改装配件。

潮创文化中的产品变化

产品的"毛坯房"设计，让潮创文化可以落地，而潮创文化的蔓延，又反过来影响产品设计。赵小羽说，现在设计产品时，会刻意为用户留有潮改空间，预留改装接口，另外，还会在产业链中，引入具有潮创特色的合作伙伴。

潮创文化还让五菱能将市场细分以进行精准运营。比如，五菱发掘了"五菱少女"细分市场，开发了拥有"五菱春色"车身并增加了倒车影像、安全气囊的高颜值马卡龙车。马卡龙（售价 4.36 万元）不仅实现了边际利润为正，更让宏光 MINI 从"人民的代步车"升级为"人民的时尚代步车"。在 2021 年 4 月的第 19 届上海国际汽车工业展览会上，五菱又推出了更加时尚的敞篷车宏光 MINIEV CABRIO。

用户画像

截至 2021 年 4 月底，宏光 MINI 拥有用户超过 25 万，其中女性占比 62%，90 后用户占比 72%。70% 的用户生活在市区，其中三线城市占比最高。他们中有些人反馈，看到朋友改装了这款车觉得很有意思，于是马上也买了一台，"反正不贵"；而有的人则说，自己有驾照多年，但一直不敢开车，试开了这款时尚小车后觉得好操控、好停车，于是立马进了一台。

用户中，首次购车者占比 30%，换购者占比 5%，剩下的都是增购者。不少增购者说，宏光 MINI 成了他们家的主力车型，家人都抢着开，因为实在太方便了。购买 3.88 万元价格车的用户占比 43%，购买 3.28 万元的占比 51%。

用户的改装费用投入大都在上千元至上万元，也有人投入达五六万元。尽管宏光 MINI 上市不过 1 年，但已有用户改装了两三次。这些人不仅热衷改装，还喜欢将改装后的车通过社交媒体传播出去。

未来之路

不到一年，宏光 MINI 被打造成了兼具时尚玩具和社交名片特征的汽车新物种，五菱品牌也因此跟年轻、时尚产生了关联，五菱 GSEV 平台生态也显露雏形。显然，宏光 MINI 继续保持新物种特征并持续繁荣对五菱品牌年轻化、五菱生态的打造都至关重要。

然而，如何保持这个新物种的持续繁荣？下一代产品该如何定义？如果要跟着用户需求升级而升级产品，那么，对于价格较高的产品，用户还会把它当成玩具来改装吗？潮创文化还能成为运营用户的黏合剂吗？而且，在价格较高的市场，已有先到的竞争对手，这个新物种如何才能在客场实现后来居上？

如果下一代产品依旧留在宏光 MINI 的主场，那么，如何让用户持续对潮创文化保持激情？如何继续拓展市场规模？另外，随着用户消费升级以及汽车安全法规的升级，宏光 MINI 如何才能跟上升级的步伐并控制成本？

沈阳和薛海涛已开始讨论这些问题。

附 录

附录1：宏光 MINI 的改装车示例

资料来源：五菱。

附录2：宏光 MINI 的销量

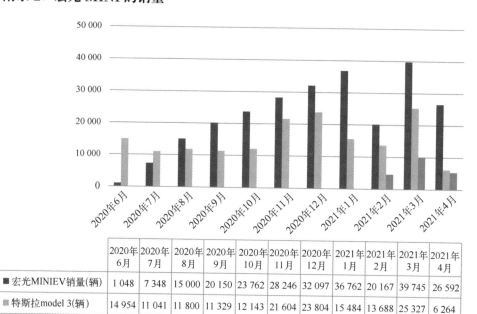

	2020年6月	2020年7月	2020年8月	2020年9月	2020年10月	2020年11月	2020年12月	2021年1月	2021年2月	2021年3月	2021年4月
■宏光MINIEV销量(辆)	1 048	7 348	15 000	20 150	23 762	28 246	32 097	36 762	20 167	39 745	26 592
■特斯拉model 3(辆)	14 954	11 041	11 800	11 329	12 143	21 604	23 804	15 484	13 688	25 327	6 264
■特斯拉model Y(辆)									4 630	10 151	5 407

资料来源：根据乘用车市场联席会公开信息整理。

附录3：五菱2014—2020年的业绩一览表

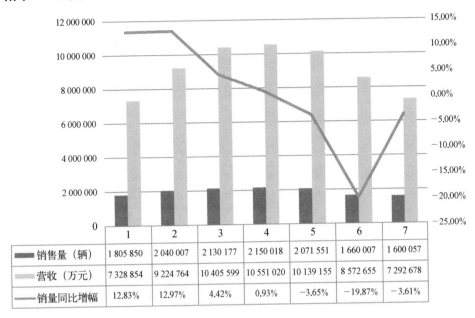

	1	2	3	4	5	6	7
■ 销售量（辆）	1 805 850	2 040 007	2 130 177	2 150 018	2 071 551	1 660 007	1 600 057
■ 营收（万元）	7 328 854	9 224 764	10 405 599	10 551 020	10 139 155	8 572 655	7 292 678
— 销量同比增幅	12.83%	12.97%	4.42%	0.93%	−3.65%	−19.87%	−3.61%

资料来源：五菱。

附录4：中国新能源车的补贴政策

年度	补贴的最低续航里程（km）	单车补贴金额（万元）	备　注
2013	80	3.6～6	
2014	80	3.325～5.7	
2015	80	3.15～5.4	
2016	100	2.5～5.5	
2017	100	2.2～4.84	
2018	150	1.5～5.0	
2019	250	1.8～2.5	

年度	补贴的最低续航里程（km）	单车补贴金额（万元）	备　　注
2020	300	1.62～2.25	补贴售价 30 万元以下的车
2021	300	1.3～1.8	补贴售价 30 万元以下的车

资料来源：能源与交通创新中心 iCET.2021 年新能源车补贴政策出台，特斯拉 Model Y 降价，纯电动邮轮"长江三峡 1"号开工，腾讯网，2021 - 01 - 04 ［2021 - 06 - 28］，https://new.qq.com/omn/20210104/20210104A05DEQ00.html；历年来关于新能源汽车行业补贴相关政策一览，锐观网，202 - 02 - 25 ［2021 - 06 - 28］，https://www.reportrc.com/article/20200225/4294.html。

附录 5：2020 年中国新能源乘用车车型销量排行榜

排名	车　　型	补贴后售价（万元）	销量（辆）	同比增长
1	特斯拉 Model 3	24.99～41.98	137 459	——
2	五菱宏光 MINI	2.88～3.88	112 758	——
3	长城欧拉 R1	6.8～8.48	46 776	64.1%
4	广汽新能源 Aion S	13.98～20.58	45 626	40.4%
5	比亚迪全新秦 EV	12.99～17.48	41 219	1 279.0%
6	奇瑞 eQ	5.98～7.48	38 249	-2.9%
7	理想 ONE	32.80	32 624	3 070.5%
8	比亚迪汉 EV	21.98～27.95	28 772	——
9	蔚来 ES6	34.65～51.80	27 945	144.4%
10	宝马 5 系 PHEV	49.99～53.69	23 433	-9.5%

注：价格 30 万元以上的车和五菱宏光 MINI 都不能享受补贴，包括中高端车：特斯拉 Model3、比亚迪汉 EV、理想 ONE、蔚来 ES6、宝马 5 系 PHEV，剩下的基本上是中低端或低端车。
资料来源：中商产业研究院 .2020 年中国新能源乘用车销量排行榜，中国情报网，2021 - 01 - 14 ［2021 - 06 - 28］，https://top.askci.com/news/20210114/1810041332631.shtml。

附录 6：中国市场典型的小微电动汽车简介

产品名	所属厂家	推出时间	补贴后售价（万元）	续航里程（km）	特　点
欧拉 R1	长城汽车	2018.12.26	6.8～8.48	351、405	五门四座车，造型卡通，主打颜值，用"猫"命名，拉近跟年轻消费者尤其是女性的距离
零跑 T03	零跑汽车	2020.05.11	6.58～7.58	403	长续航、智能科技
奇瑞小蚂蚁 eQ1 女王版	奇瑞汽车	2020.03.25	7.88	301	外观、内饰采用粉色设计，迎合女性需求
奔 奔 E-star 国民版	长安汽车	2021.01.15	2.98～3.98	150、301	外形拥有日系车的流行元素，主打"甜甜圈"色彩颜值潮流
凌宝 COCO	凌宝汽车	2021.04.12	2.68～3.68	120	电动汽车最低价
雷丁芒果①	雷丁汽车	2021.04	2.98～5.49	130、185、300	中国的 K-CAR 践行者

注①：雷丁是造低速电动车起家。

资料来源：根据公开资料整理。

附录 7：宏光 MINI 最初的产品海报

资料来源：五菱。

附录 9：宏光 MINI 和竞品日均声量对比（2020 年）

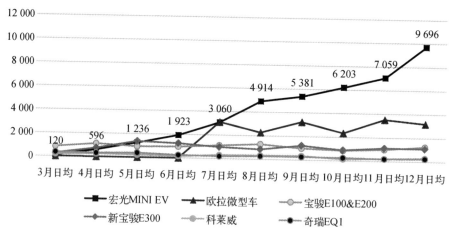

资料来源：五菱。

附录 10：宏光 MINI 的百度指数

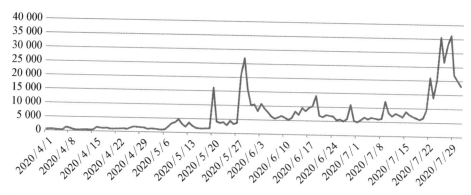

注：百度指数是用以反映关键词在过去 30 天内的网络曝光率及用户关注度，它能形象地反映该关键词的每天变化趋势。

资料来源：五菱。

擎朗智能：
服务机器人的探路者[1]

"我们送餐机器人产品已经基本定型。接下来的任务，就是要把产品推向市场，最关键的一步就是要落实好重要客户。"这是李通在擎朗智能（以下简称"擎朗"）2019年初的公司工作会议上对管理团队提出的任务。"我们要厘清客户需求，切实为客户创造价值；我们还要做好供应链的管理、控制生产成本，这才能使我们的项目顺利落地。"

自2010年开始，李通和伙伴们摸着石头过河，从为高校定制实验室机器人，到高仿机器人、家用扫地机器人，甚至到商场里的卡通玩具机器人，在机器人应用领域里不断探索。"我相信机器人能改变人类的生活，我要为更多的人创造价值。"带着对机器人技术的挚爱和要为社会创造更多价值的信念，李通和他的团队从2013年起进入了商用服务机器人领域。

餐饮行业市场规模巨大。这个行业劳动强度大、重复性高，如果能让机

1　本案例由中欧国际工商学院张维炯、赵玲和陶恒依共同撰写。在写作过程中得到了上海擎朗智能科技有限公司的支持。本案例在中欧课堂受到广泛欢迎。

人来完成部分工作，这将为整个行业节约大量的人力成本。2013年底，擎朗的第一台餐厅服务机器人"小朗"在实验室问世，迈出了人工智能赋能餐饮业的第一步。2016年，擎朗研发出了新一代产品"花生"，并从资本市场获得了3 000万元的融资。[1] 有了资金支持，公司的研发和市场开拓得到了进一步的推动。2018年夏，李通获悉餐饮龙头企业海底捞正在为解决人力成本高的问题寻求解决方案，这是擎朗机器人进入商业化的绝佳机会。

创业之路诸多坎坷。8年多来，李通经历了创始伙伴离开、产品找不到销路、资金捉襟见肘等一系列令人绝望时刻，眼下似乎盼到了一丝希望。目前产品已经实现了几次迭代，性能大大改善，又得到了资本的支持，公司面临的问题是怎样把研发成功的产品推向市场。要采用怎样的商业模式？如何解决好供应链问题？团队应该如何搭建？李通和他的伙伴们陷入了深深的思考。

学霸李通

李通1982年出生于江苏宿迁，父亲是一名高中物理老师。受到父辈的熏陶，李通从小就对科学充满了好奇和憧憬，尤其对机器人特别感兴趣。中学时代他就开始自己动手修理家中的冰箱、洗衣机等各种电器。

2002年，李通考入华中科技大学电子工程自动化专业。华中科技大学是一所充满科技探索氛围的学校，校方一向重视培养学生的科技创新能力，积极为学生提供各种科技活动平台。在学校的电子科创基地里，李通如鱼得水，对机器人的好奇心得到了极大的满足。他和来自电气、自动化、机械、生命学科等多学科的同学成立了机器人项目组，平时就住在实验室里。大学四年里，他

1　擎朗智能公司官网，［2022-7-2］，http://gbot.cn/About.html。

和小伙伴们一起尝试了重型机械机器人、排爆机器人、智能家居机器人等多个项目。他还代表学校参加了第九届挑战杯竞赛[1]、微软创新杯[2]等一系列竞赛，并在所有的竞赛中获得一等奖。

作为一名学霸，繁忙的社团、竞赛活动并没有耽搁李通的学习。本科毕业时李通被推荐免试直升攻读研究生，师承程时杰院士。硕士学习期间，他进入人工智能（AI）项目组，继续和同学们一起钻研机器人。他们当年研发的机器人至今还作为一个教学典型，陈列在学校的实验室里。

硕士毕业后，李通先后在微软亚洲工程院、上海广茂达伙伴机器人有限公司[3]等单位工作，参与过机器人控制系统、机器人 OS 项目、移动互联网FonePlus、AS-MF09、AS-EI 等研发项目，也担任过教育机器人研发部门的经理。"很辛苦，很锻炼人，也学到了很多东西，"回忆那段工作经历李通说道，"但是这不是我想要的。我想要的是看到我自己研发的机器人进入人们的日常生活，实实在在地为大家服务。"[4]

创业伊始

"我开始觉得在公司上班不那么好玩，还想做点更有意思的事情。"李通笑着说。2010 年，带着对机器人事业的偏执和热爱，李通毅然辞去了高薪工作，和 3 个合伙人一起凑了 20 万启动资金，在上海闸北老区一个居民小区的毛坯房里，成立了擎朗智能科技有限公司。"擎"有举起、托起、中流砥柱的意思；

---

1 挑战杯是"挑战杯"全国大学生系列科技学术竞赛的简称，由共青团中央、中国科协、教育部和全国学联共同主办。"挑战杯"系列竞赛被誉为中国大学生科技创新创业的"奥林匹克"盛会。

2 微软"创新杯"是微软创办的全球规模最大的学生科技大赛，是全球最有影响力的学生科技活动之一，至今已有超过来自 190 个国家和地区的 175 万名学生参与了"创新杯"及相关活动。

3 上海广茂达伙伴机器人有限公司成立于 1996 年，是全球第一家专业从事伙伴机器人业务的尖端技术公司。

4 资料来源："厉害了！这位华科男研发的机器人，也许会替代你身边的服务员"，2018-07-04［2022-07-08］，https://www.sohu.com/a/239230725_457372。

"朗"代表了阳光和开放，"擎朗"代表了李通的美好愿望。擎朗的英文名称"Keen On"，意为"热衷于、热忱于"，加上公司蓝色的Logo，整个公司散发出一种科技蓝、光和热，显示出对机器人的执着和偏爱。

公司成立了，几个技术出身的合伙人处于极其亢奋的状态，但是对于生产什么样的机器人、选择什么样的业务模式、销售给什么客户，并没有想清楚。"当时确实也不太懂，就是想做自己喜欢的事情。"李通回忆道。他们决定还是从最熟悉的教育机器人入手。当时研发的教育机器人有两个功能：一是为大学的实验室提供研究、教学平台，二是为对科学技术有兴趣的中学生提供学习平台。由于在当时机器人还属于前沿项目，只有一些理念比较先进的优秀学校才会购买。

市场需求低于预期，创业之路举步维艰。"开始时我们为大学实验室定制教育机器人，也把产品卖给中小学。后续我们又尝试了高仿机器人、商场里的卡通玩具机器人、家用扫地机等各种机器人。"然而，所有产品都遇到了市场需求规模有限、商业化落地艰难的问题。

在产品市场销路不畅的同时，公司还遇到了资金缺乏的问题。几位技术出身的合伙人根本不了解如何向市场融资，靠自己筹集的20万元已经捉襟见肘。"那段期间，我们每月只给自己发4 000元的工资。"面临着产品没有销路和巨大的财务压力，公司前景渺茫，负责销售的合伙人离开了。迫于无奈，原本负责研发的李通不得不承担起销售的重任。

没有销售经验，也不知道和谁对接，李通只能列出全国的学校清单，一个一个地打电话、上门拜访。就像《当幸福来敲门》里的男主角一样，李通凭着坚强的意志，背起装在铝合金箱子里的机器人样机，脚步踏遍了几个省市的几百所学校，经历了一次又一次地被拒绝。"我们的产品那么好，技术那么领先，为什么他们不接受呢？"这使技术出身的学霸锐气大挫，非常不解。

"有一年我从上海跑到山东，跑了将近半年，最后在一个镇的中心小学，在等了三四个小时后，终于见到了校长，做成了一笔6万元的订单。订单完成后已是大年三十，回程火车票售罄，我只能冲进长途客车站，见车就上，不知转了几趟车才回到家"，李通至今对自己第一次的成功销售经历记忆犹新。

虽然到处碰壁，但是李通并没有时间自怨自艾。销售不畅，没有资金，李通更换了便宜的办公室，将办公室分成几个小间，办公室不用时灯都要关掉。想办法省钱，就是为了活着。这段至暗时刻的经历，让理工男出身的李通逐渐明白了一个道理："光靠技术不行，产品必须要找到市场。任何创新产品，必须要解决实际问题，客户才愿意付钱，才会有商业价值。"李通开始把眼光放到市场。他发现公司研发的教育机器人，主要客户是一部分优秀的科普学校，这类学校的数量并不多，市场规模有限。有限的市场规模又导致产品只能小批量生产，成本无法降低。他认识到，公司必须转型，必须要找到一个市场容量更大的机器人应用领域。

机器人的发展

机器人可以分为工业机器人和服务机器人（见附录1）。世界上第一家机器人公司Unimation 1956年在美国成立，三年后诞生了世界上第一台工业机器人，其功能"和人的手臂功能类似"。[1]随后，机器人技术得到了迅速发展，能够有效提升生产效率及安全性、易于管理且经济效益显著的机器人，被广泛应用到机械、电子、物流、化工等各个工业领域中。经过几十年的努力，瑞典的ABB，德国的库卡，日本的发那科、安川电机等四大集团在全球机器人领域占据了领先地位。

---

1 机器人包老师，"工业机器人发展史：见证从1956到2012机器人是如何成长的？"2020-03-10［2022-07-15］，https://zhuanlan.zhihu.com/p/112264501。

服务机器人比工业机器人出现得晚。虽然在 20 世纪 50 年代美国和日本的一些研究机构就开始了对服务机器人的研发，第一台服务机器人"护士助手"是在 1995 年才出现的。在 21 世纪的今天，得益于计算机、互联网和智能 AI 的迅猛发展，各种服务机器人的研发速度加快，在家庭、教育、商业、医疗等场景获得了广泛应用。

2016 年以来，全球服务机器人市场规模年均增速达 23.8%，预计到 2021 年能达到 125.2 亿美元，家用服务机器人占比将高达 65%。根据中国电子学会的研究报告，2013 至 2021 年全球服务机器人销售额年均复合增长率为 19.2%，增速高于机器人整体市场；到 2023 年，全球服务机器人市场有望突破 201 亿美元。[1]

机器人产业在中国也得到了快速健康的发展。自国务院在 2015 年 5 月 8 日发布《中国制造 2025》以来，工信部、发改委等多部委陆续出台政策文件，为机器人行业的发展提供了政策保障。

聚焦餐饮业

李通发现，在工业机器人领域，由于在核心控制器、高精度伺服电机等技术上的领先地位，国外的机器人"四大家族"已经占据了绝对优势，中国企业难以与之抗衡。服务机器人还处于边缘阶段，世界上除了实验室里的几个样品，生活中尚未看到实际使用的服务机器人，这是因为生活中的服务机器人技术难度非常高，它需要面对世界、探索世界、自主做决策和判断，还需要具备极强的安全性、自主性和稳定性。

如何让机器人在人们看得到的地方工作，帮助改善人们的实际生活？李通

---

1 36 氪研究院，"2020 年中国服务机器人行业研究报告"，2020-12-31［2022-07-03］，https://www.36kr.com/p/1031418589742851。

研究了扫地机器人、迎客机器人等几种产品。经过一段时间的分析李通发现，这些类型的机器人，要么已经有大的集团占领了先机，要么是技术要求高、研发成本大，替代的劳动力也有限，市场前景有限。

　　一天深夜，李通和同事们在外聚餐时，注意到餐厅的老板娘在一边点餐、一边送菜上菜，跑来跑去累得满头大汗，很是辛苦。李通眼前一亮，传菜送菜这种既辛苦又没有技术含量的跑腿工作，不就是机器人最擅长的吗？他雀跃不已。经过进一步调研他发现，我国餐饮企业数量在 2016 年就已经超过 500 万家，而且随着经济水平的提高，规模会越来越大。但是这个行业由于人力成本的攀升，不少企业举步维艰。公司做过教育机器人，积累了大量的技术和经验，完全有可能进入这个细分赛道，为餐饮企业解决难题。"在餐饮场景中，机器人完全能够解决餐饮企业面临的实际问题。而且这个行业，人多、量大，这应该就是我想要寻找的市场。"李通说。

中国的餐饮行业

　　餐饮行业市场体量巨大。全国餐饮企业数量在 2018 年就达到了 566.6 万家（见附录 2），营业收入为 4.27 万亿元；专家预计，到 2025 年全国餐饮市场规模可达 6.5 万亿元，年均增速 6.8%。[1] 该行业是劳动密集型行业，就业人数会随着企业规模的增长而增长。

　　餐饮企业收入区域化差异明显，前十大省份餐饮收入合计占全国餐饮收入 66%。餐饮百强企业的营收合计超过 2 500 亿元，占全年全国餐饮收入 5.8%。总体上来说，中国餐饮企业的连锁化程度还比较低，仅达到 9.7%（见附录 3）。相比之下，全球餐饮企业连锁化率平均为 30%，而美国的餐饮企业的连

1　澎湃新闻，"2022 年中国餐饮数字化市场专题分析"，2022-03-30［2022-07-04］，https://www.thepaper.cn/newsDetail_forward_17376447。

锁化率已高达 54.3%。[1]

随着我国人口老龄化及人口红利消失，人力资源供给明显减少，用工成本逐年升高。2018 年城镇私营单位就业人员年平均工资为 49 575 元，同比增长 8.3%。[2] 中国饭店协会的数据显示，2019 年人力成本将达到营业额的 22.4%。[3] 此外，该行业员工的流失率也非常高。据统计，2018 年餐饮行业员工的平均流失率高达 25.7%。[4]

餐饮行业的运营模式

在餐饮行业工作的一线员工，按照工种可以分为配菜员、厨师、装盘员、送菜（包括碗碟回收）员、服务员、接待员，及收银、采购和管理等人员（见附录 4）。

为降低不断增长的劳动力成本，各大型餐饮企业纷纷开始探索智能化解决方案，如在后厨应用机械臂来配餐、配料等。在所有工种中，送菜服务员这个工种劳动强度最大。这个岗位每天的工作只是简单重复，完全没有技术含量，因此企业支付到的工资也就比较低。这个岗位，年轻人不愿意做，年纪大的人体力又无法胜任，因此员工流失率极高，成了餐饮企业一个令人头疼的问题。

李通仔细分析了餐饮企业不同工种的具体职能，提出了使用机器人代替部分工种的可能性（见附录 5）。

从各个工种不同的职能来看，部分与顾客沟通的功能（接待及协助点餐）、送菜和回收碗碟的功能，可以由机器人来取代。如果能研发出一款机器人，能

1　"中国餐饮连锁化率"，2022-02-18［2022-08-31］，https://www.hangyan.co/charts/2776044664363418871。

2　国家统计局，"2018 年城镇单位就业人员平均工资较快增长"，2019-05-14［2022-07-03］，http://www.gov.cn/shuju/2019-05/14/content_5391432.htm。

3　广证恒生，"机器人助力餐饮酒店业人力替代，各场景独角兽呼之欲出"，2020-06-18［2022-07-04］，http://pg.jrj.com.cn/acc/Res/CN_RES/INDUS/2020/6/18/459ca0d9-291e-4444-a8f6-9f3d3608ed5a.pdf。

4　中国饭店协会，"2018 年中国餐饮业年度报告"，2018-07-18［2022-07-04］，http://www.199it.com/archives/749737.html。

准确并安全地把菜品从厨房送到顾客的餐桌，并承担碗碟的回收工作，且能连续工作 10 小时以上，这样的机器人就完全能胜任送餐员的工作。

送餐机器人的探索

找准方向后，李通召集了大学期间一起参加机器人竞赛的小伙伴们重新组队出发。然而，真正开始产品的探索，李通才发现事情并不像他想得那么简单。

使用场景

送餐机器人应该具备有哪些功能？在考察了小南国、海底捞、必胜客、肯德基等各种不同的中、西餐厅后，李通发现，行走平稳、能主动避免碰撞、不易打翻、能长时间工作，应该是对机器人最基本的要求，另外在有些条件下还需要考虑食品的保温。

通过调查李通还发现，偏重客户服务的餐饮企业工种分得比较细，餐厅服务员和传菜员是两个工种。在这种企业里，机器人可以找到市场。

产品开发

开发送餐机器人，首先要考虑的是工作环境问题。李通他们原先做的教育机器人是在实验室封闭的环境里工作的。实验室的环境可以调节，工作人员也懂技术，机器人即使遇到问题，工作人员都可以自己处理。服务机器人面临的将是一个开放的环境，餐厅里到处都是活动的人，环境复杂多变，只能让机器人来适应环境。另外，餐厅的服务员基本不懂技术，一旦遇到问题，就需要专人来解决。

在人员密集、开放的环境下，机器人在移动过程中最怕的就是发生碰撞、翻盘，这对机器人的准确性、稳定性、自我判断能力等性能要求极高，需要用到环境感知、运动控制和人机交互等多种核心技术，涉及芯片、控制器、减速器、驱动装置、检测装置等各种部件（见附录6）。

擎朗的第一代服务机器人"小朗"是有轨机器人，没有很强的AI功能，在运行时需要循着预先在餐厅地板下铺设的磁条轨道线路行走，需要餐饮企业做较大的前期投入。这款机器人定位精度低，后期改造难度也很大。[1] 第二代纯激光导航机器人使用了自主研发的激光雷达技术，不需要装磁条也能简单运行，但是制造成本太高，安全性也无法达标。

李通明白，要让送餐机器人进入餐厅，一定要解决定位、感知和运动控制三大核心技术，还要保证可靠、稳定，能够在各种复杂场景下自己能灵活行走。

早期的机器人算法，并不足以支持机器人对于障碍物的有效避障。擎朗将人工智能技术与算法融合，使机器人在复杂场景下的预判和避障能力有了进一步的提升。李通把SLAM[2]技术引入室内无人配送方案中，搭配激光雷达、深度视觉等多传感器模块，使其具备柔性化的路径规划能力，实现了L4级别无人驾驶技术，使得机器人能够完全不需要人为干预，就能在室内自行完成指定线路的稳定运行。

2016年6月1日，采用公司自主L4级别高精度室内导航技术的第三代服务机器人"花生"在上海凯德龙之梦大酒店开始试运行。[3] 一位在酒店谈其他项目的投资人不经意间注意到了"花生"，对这个可爱的小东西赞不绝口，这位聪明的投资人马上从"花生"身上看到了潜在的投资机会。由此，擎朗获得

---

1 "擎朗智能CEO李通：获2亿元B轮融资，擎朗如何做到餐饮配送机器人的头部？"，2022-04-02［2022-07-18］，https://zhuanlan.zhihu.com/p/123083728。

2 SLAM: Simultaneous Localization and Mapping，即同步定位与建图，用于帮助机器人在未知环境运动时实现自主定位与地图构建。

3 澎湃新闻，"2022年中国餐饮数字化市场专题分析"，2022-03-30［2022-07-04］，https://www.thepaper.cn/newsDetail_forward_17376447。

了历史上第一次数千万人民币的资本投资（A 轮）。

"花生"试运行获得巨大成功，也得到了很多客户的赞赏。李通开始为"花生"寻找合适的婆家。他发现，在所有中餐厅里，火锅餐厅的标准化程度比较高，出菜量大，无需保温，万一发生碰撞打翻，也比较容易补救，机器人有明显的优势。英雄所见略同。就在李通看准了火锅餐厅的同时，著名的火锅店海底捞找上门来了。

海底捞

海底捞是经营川味火锅的连锁餐厅，1994 年成立、2018 年在港交所上市。2018 年的销售收入高达 169.7 亿元，人力成本为 50.1 亿元。企业共有员工 69 056 名，一线员工的平均月工资约为 5 300 元，加上社保及包吃包住等，一个服务员的成本在每月 6 500 元左右。2018 年有 466 家分店，计划在几年后扩大到 3 000 家分店。[1]

海底捞非常强调服务，因此人力成本远高于其他餐饮企业。海底捞的管理层迫切希望在不降低服务水平的前提下降低劳动力成本，因为在整个成本结构中，菜品的材料成本和餐厅的租金下降空间已经非常小了（见附录 7）。

海底捞的业务模式分为前厅和后厨，有 20 来个工种，包括出菜、配菜、调味、洗碗、切配、送餐、桌面服务等。海底捞曾尝试和多家高科技公司合作，包括从事无人驾驶汽车研究的企业，试图找到降低人力成本的智能解决方案。企业已经采用了机械臂出菜、配锅机配底料、洗碗机洗碗等方法降低了部分人力成本，但是用工量最大的工种——送餐员，还没有找到解决方案，最终他们找到了李通。

---

1 "海底捞公布首份年报：2018 新开门店 200 家，总营收近 170 亿！"，2019-03-27［2022-07-07］，https://zhuanlan.zhihu.com/p/60525150。

市场进入模式

如何才能让海底捞接受"花生"？李通知道，企业是非常实际的：对于完成同样的工作，如果使用送餐机器人的成本比人力成本低，他们才会接受。

考虑到餐厅服务员的人工成本为每月 6 500 元人民币，如果"花生"每个月的使用成本在 3 000 元左右，企业应该可以接受。按照 3 年使用寿命计算，产品定价可以在 10 万元左右，客户应该可以接受，这就需要把每台机器人的生产成本控制在 7 万元以下，能给企业留出足够的毛利空间来对冲企业的研发费用和管理费用。这对李通来说是一个挑战，因为他需要平衡生产成本、产量和客户需求量这三个因素。

还有一个问题需要考虑的是机器人的维修保养。在运营中，一旦机器人出了问题，餐厅服务员是没有能力维修的，需要派专人上门服务。研究部门的负责人建议，是否可以考虑每台机器人免费提供一年的上门服务，以后再收取适当的费用。

李通向海底捞的有关人员进行了征询。海底捞表示，根据目前开店的数量，他们的需求量大概在 5 000 台左右。企业无法考虑一次性购买，因为现金投入量太大，他们无法接受。考虑到像海底捞这样的优秀企业也无法接受一次性购买，那其他中小型餐饮企业更是不可能接受了。

市场部的负责人提出，是否可以选择租赁的办法。把机器人租给餐饮企业，每个月收租费，或许餐饮企业比较容易接受。

行业竞争

在擎朗开发送餐机器人的同时，市场上的其他企业也进入了这个赛道。实际上，自 2015 年人工智能站上风口后，众多机器人玩家蜂拥而至，从个位数数量经由资本催化后达到成千上万家。不过无人配送机器人对技术的挑战、对产品的稳定性以及对供应链的要求都非常高。从有想法到开始做，再到真正产生效果，需要多年的积累和资金的投入。经过几年的发展，潮水退去，仅有部分企业活了下来。除了擎朗，普渡科技、穿山甲机器人也是行业中的佼佼者。

普渡科技

普渡科技 2016 年创立于深圳，创业团队成员来自清华、香港科技大学等名校，并在华为、腾讯、阿里巴巴等公司工作过，有多年机器人方面研发的经验。该公司成立后即获得了资本的天使投资。

2017 年，普渡科技发布了首款配送机器人"欢乐送"，获得德国红点奖最佳设计奖，可用于餐厅传菜、酒店送物、医院送药等室内配送服务。普渡科技拥有 SLAM（即时定位与地图构建技术）的研发优势，将激光 SLAM 与视觉 SLAM 技术相结合，自主研发了 PuduSLAM 多传感器融合算法，研发的机器人可通过视觉摄像头对餐厅进行全面扫描获取环境信息构建地图，能通过激光雷达获得精准度定位，并对障碍物的位置、距离进行识别，从而实现极速避障。普渡已进军国际市场，落地全球 200 余城市数千家门店。

穿山甲机器人

穿山甲机器人 2006 年成立于苏州，2012 年开始转型做商用服务机器人，是国内送餐机器人开创者之一。穿山甲曾投资 500 万元在昆山市区开机器人餐厅，探索服务机器人产品和餐厅的结合使用，推动用户认知教育和观念普及。穿山甲机器人每台价格约为 3 万元，不过产品的技术水平并不算高，不具备与人类对话等人工智能功能，只能用于送餐和搬运货物。[1]

---

1 "中国穿山甲机器人在日本'野蛮生长'"，2017-06-09［2022-07-19］，https://smart.huanqiu.com/article/9CaKrnK3lqI。

谈到同行竞争者，李通表示并不担心。"2016年我们获得融资时，风投公司其实也投了美国一家企业，他们的技术可能比我们还好，但由于在美国解决不了供应链的问题，使得他们无法量产落地。目前的竞争者主要来自国内。"李通说。

智能机器人技术复杂，需要依赖研发企业长时间的市场经验进行不断迭代，才能贴近用户实际需求。作为早期进入送餐机器人行业的企业，8年来的技术积累使擎朗机器人在稳定性和可靠性方面明显强于竞争者，因此李通对自己产品的市场前景充满了信心。

供应链和批量生产

技术取得了突破，得到了资本的支持，又找到了第一个客户，擎朗开始着手机器人的规模化生产。

配送机器人三大核心零部件中，最难把控的是运动控制硬件。在机器人行业发展初期，由于市场规模太小，机器人的电机、驱动、主控等核心零部件无法找到合适的供应商。例如，机器人对电机有非常高的精度要求，因为它要准确地控制电机转多少圈以保证其定位，而这种高精度、高技术、批量小的订单，很难找到生产企业。

为了解决这个问题，李通设法在设计中尽量采用通用化零部件；对于那些需要定制的核心器件，他则采取了自行研发的方式。

"服务机器人能够成功，需要有两个条件：一是人工智能的算法和数据处理，二是低成本的非标制造业。"李通说。"全球最好的机电供应链在长三角，3C供应链在珠三角。国内强大的制造业生态环境，使得机器人产品有可能能够低成本落地，还能为未来产品的规模化生产奠定基础。"李通说。

为机器人配套的功能部件制造企业全国有6 472家，其中2 309家集中在长三角经济圈，加上系统集成商及相关科研院所，形成了研发、生产、应用等较为完整的产业链。与长三角地区对应，珠三角地区在数控机床、控制系统和伺服系统等相关技术上集聚了一批优秀的 3C 供应链企业。[1] 在国内完整产业链的基础上，擎朗自己设计、自己画图纸、写代码，进一步降低了供应链成本，使得擎朗能以非常合适的成本生产出机器人的整机产品。

2018 年，服务机器人"花生"量产下线。"花生"的生产成本比上一代产品下降了约 35%，可实现每年 5 000 台以上的量产。李通估计，海底捞大概可以消化 1/3 左右的产量。

踌躇满志，迎接挑战

与海底捞的合作对于擎朗意义重大。作为火锅行业的标杆企业，海底捞可以帮助擎朗在行业内迅速建立标杆，吸引更多的客户。海底捞计划全球开店 3 000 家分店，每家店约有 8 名传菜员。李通的目标是在海底捞每家店能安排 5 台机器人，一年内完成。尽管做了很多准备，李通还是遇到了很多棘手的问题。

第一，应该采用怎样的商业模式？"海底捞项目要想顺利落地，需要解决两个问题：一是能解决替代劳动力的问题，二是性价比要达标。"李通说。

擎朗最初的想法是参照工业机器人的做法，将送餐机器人直接销售给客户。目前机器人小批量的生产成本约为 10 万元。[2] 如考虑其他费用以及投资方的期望，毛利定在 30% 左右，那价格就要定在 15 万元左右，这个价格企业是比较难接受的。而且，餐饮企业也不具备维修能力，他们更希望的是花钱"雇

1　前瞻产业研究院，2018—2023 年中国工业机器人行业产销需求预测与转型升级分析报告，2018－11－08［2022－08－04］，https://www.qianzhan.com/analyst/detail/220/181107-c672fcf9.html。

2　这里的数据为虚拟数据，不代表擎朗的真实业务数据。

用"一个机器人。

第二，和供应链的合作。目前机器人的主要硬件都是由供应链定制生产（见附录8）。例如伺服电机，由于机器人对安全性、准确性要求极高，需要能精确地控制电机的转数，供应商需要专门重新设计生产流程和零配件，这就导致生产成本居高不下。通过多次艰难的谈判，和供应链方基本达成协议：订货量低于3 000台，生产成本约为每台10万元；订货量超过3 000台，生产成本会降低15%；如订购量超过1万台，生产成本还能再降低15%。海底捞的首批合同不会超过5 000台，要获得低成本的订单，擎朗必须开拓出更多的客户。此外，目前海底捞第一批订单量只有1 600台，还要求分批收货（每批200台左右），如果产品性能不达标，则会终止合同。

第三，团队的搭建。擎朗目前只有几十名员工，员工大多数都是技术出身，对产品非常熟悉，从技术研发、零部件生产、编写软件、画技术图纸，到和客户洽谈业务，所有事都自己干。要服务分散在全国各地的海底捞分店，以及以后的其他潜在客户，擎朗必须建立一支技术服务队伍。根据每人负责100台机器人的日常维护，海底捞在全国甚至全球的门店分布，以及未来可能的出货量，擎朗需要建立一支50人以上的维修队伍。技术人员的成本至少是餐厅服务人员成本的2～2.5倍。

要开拓更多的客户，擎朗还需要建立起一支销售队伍。销售人员的积极性对于销售的结果非常重要。销售人员的工资应该定在什么标准，他们业绩应该如何考核？需要多少人才能完成公司的销售目标？李通自己做过销售，知道销售工作的艰辛，但是这个团队如何建立、管理，还真是没有经验。

第四，公司的组织架构。由于"花生"优异的技术性能，李通估计这个产品在几年后会被全国很多餐饮企业，甚至是全球的餐饮企业所接受。公司现在才几十人，以后的规模可能达到几千人，甚至更多。公司的管理架构肯定变得更加复杂，未来的组织架构应该如何设计才能保证业务更好地发展？

第五，产品的宣传推广。送餐机器人还处于市场早期引入阶段，人们并不了解机器人能做什么。要使更多的人了解送餐机器人，公司一定做好积极、有效的宣传推广。李通看到过扫地机器人铺天盖地的广告，但总感到这种方法不适合擎朗机器人。面对五花缤纷的多媒体时代，怎么做广告，怎么做促销，这对李通来说，还真是一个新课题。

第六，资金的筹措。在做产品研发的时候，李通还真没有仔细想过钱的问题。他认为只要产品好，以后肯定能赚到很多钱。现在产品要进入市场，不论是继续的研发投入，还是产品生产、销售、推广，团队搭建，到处都需要钱。几千万元的 A 轮资本投入已经花得差不多了，接下来的钱从哪里来？是否还会有投资人对这个机器人项目有兴趣？是否要主动接触投资人，寻求新的资本投入？在接受新的资本投入时，股权比例应该如何分配？

作为一个学霸，李通在科学技术领域开拓，和几个志同道合的伙伴一起合作，得心应手，逢山开路、遇水搭桥，也曾遭遇过不少困难，但总体上都顺利解决了。现在产品已经开发成功，马上要进入商业化阶段，胜利在望了，但是他却感到到处都是陷阱，这使他感到身心疲惫、很是无奈。因为他知道，在制定实际的商业实施计划中，如果一招不慎，以往十几年的心血就会化为乌有。他不得不小心翼翼地来对付每一个需要解决的问题……

附 录

附录1：机器人的分类

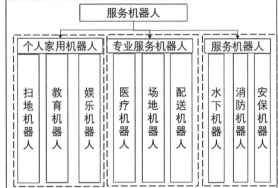

资料来源：2021年机器人行业发展前景及下游应用分析报告，https://www.sgpjbg.com/baogao/35932.html。

附录2：2018年全国餐饮门店分布及营业收入

省份	餐厅数量（万家）	营业收入（亿元）	省份	餐厅数量（万家）	营业收入（亿元）
广东	53.3	97 300	广西	14.8	20 352.51
江苏	42.8	92 595.4	吉林	14.3	15 074.62
山东	41.8	76 469.7	江西	14.1	21 984.8
河南	36.5	48 055.86	山西	13.9	16 818.11
四川	31.9	40 678.13	内蒙古	13.1	17 289.2
浙江	31.1	56 197	重庆	12.4	20 363.19
河北	27.6	36 010.3	贵州	11.4	14 806.45
辽宁	22.7	25 315.4	上海	11.4	32 679.87
湖北	20.9	39 366.55	北京	10.6	30 320
安徽	20.7	30 006.8	甘肃	7.9	8 246.1

省份	餐厅数量（万家）	营业收入（亿元）	省份	餐厅数量（万家）	营业收入（亿元）
湖南	19.8	36 425.78	新疆	7.8	12 199.08
福建	19.8	35 804.04	天津	6.5	18 809.64
黑龙江	17.4	16 361.6	宁夏	3.5	3 705.18
陕西	17	24 438.32	海南	3.1	4 832.05
云南	14.9	17 881.12	青海	2.5	2 865.23
			西藏	1.1	1 400

资料来源："中国饭店协会：2019 年中国餐饮业年度报告"，http://www.199it.com/archives/918594.html。

附录 3：2018 年部分餐饮企业分店数量

餐饮类型	企业名称	2018 年已开门店数量（家）	预计 2022 年可达门店数量（家）
正餐	北京西贝餐饮管理有限公司	350	362～380
	广州酒家集团股份有限公司	20	31～35
	九毛九（广州）控股有限公司	142	470
	香港唐宫饮食集团	59	50
	全聚德	119	109～120
	同庆楼餐饮股份有限公司	56	120
火锅	四川海底捞餐饮股份有限公司	466	1 400～1 800
	呷哺呷哺餐饮管理有限公司	886	900
	凑凑火锅	48	200
	捞王（上海）餐饮管理有限公司	59	128～150
	巴奴毛肚火锅	60	85～100

餐饮类型	企 业 名 称	2018年已开门店数量（家）	预计2022年可达门店数量（家）
快餐	百胜中国控股有限公司	8 484	12 000
	老娘舅餐饮股份有限公司	400	648
	真功夫餐饮管理有限公司	500	528～550
	肯德基	6 000	8 510
快餐	金拱门（中国）有限公司	2 700	4 500
	上海杨国福企业管理有限公司	4 500	5 000
	安徽老乡鸡餐饮有限公司	500	1 100
	味千拉面	700	670～700

资料来源：作者整理。

附录4：餐饮企业的运营模式

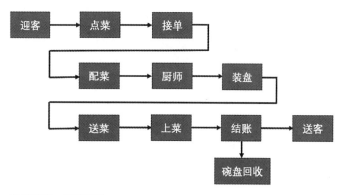

资料来源：作者整理。

附录 5：餐饮企业工种职能分类

工　　种		具 体 职 能	机器人可替代性
管理人员	总部管理人员	企业运营	不可替代
	店长、经理	餐厅运营、管理、员工招聘培训	不可替代
一线生产人员	接待员	迎客入座、订座安排、收集意见	可部分替代
	服务员	帮助订餐、提供服务、解答问题	可部分替代
	厨工	食品准备	不可替代
	送菜员	送菜、碗碟回收	可替代
	其他	店面勤杂、外送等服务	不可替代

资料来源：广证恒生。

附录 6：服务机器人核心技术

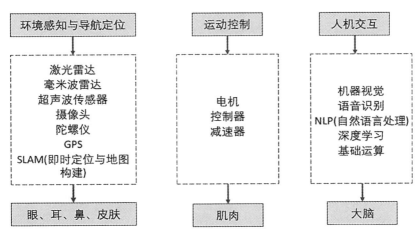

资料来源：企业提供。

附录 7：海底捞主要成本构成（金额单位：亿元）

年　份	收　入	员工成本	材料成本	租　金
2017	106.4	29.3%	40.5%	3.9%
2018	169.7	29.6%	40.8%	4.0%

资料来源：海底捞 2018 年年报。

附录 8：服务机器人产业链图

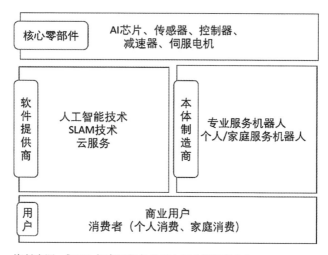

资料来源：《2020 年中国服务机器人行业研究报告》。

天臣医疗：
吻合器进口替代[1]

天臣国际医疗科技股份有限公司（简称"天臣医疗"）成立于 2003 年 8 月。经过 19 年的发展，公司通过不断创新，已形成管型吻合器、腔镜吻合器、线型切割吻合器、荷包吻合器和线型缝合吻合器等五大产品线（见附录 1），获得境内外专利 558 项，其中发明专利 297 项，覆盖中国、美国、欧洲、日本、巴西、加拿大、澳大利亚、韩国等国家和地区，有效突破了美国医疗器械巨头在该领域垄断多年的知识产权壁垒，成为国内高端外科手术吻合器出口的领先企业。产品销往全国 31 个省、自治区和直辖市以及境外 40 个国家和地区。

2020 年 9 月 28 日，天臣医疗在上海证券交易所科创板成功上市。当日收盘价较发行价上涨 118.64%，市值达到 32.57 亿元。募集资金将用于研发及实验中心建设、生产自动化技术改造、营销网络及信息化建设等。随着资金到位

---

1 本案例由中欧国际工商学院周东生和阮丽旸共同撰写。在写作过程中得到天臣国际医疗科技股份有限公司的支持，并参考了现有公开信息（均已在文中注明）。本案例在中欧课堂受到广泛欢迎。

和相关项目实施，天臣医疗的资产和经营规模进一步扩大，同时也将面临更多挑战。

吻合器行业

吻合器是临床上用来代替传统手工吻合的设备，被广泛应用在外科手术中，其主要原理类似于订书机，即通过向组织内击发植入金属钉，对器官进行组织离断、关闭及功能重建。相比于手工吻合，使用吻合器可以提高手术效率和质量，缩短康复时间，在减轻患者痛苦的同时降低医疗成本。

作为一种使用过程中需要直接与人体接触或深入体内的医疗器械，吻合器对精准性、安全性等要求极高。比如在微创手术中，需要让患者治疗损伤最小化，做到创伤小、出血少、恢复快、住院时间短等，这需要更精密、更微创的腔镜吻合器。因此，开发吻合器需要研发人员与医生持续深入沟通，不断提升产品性能。

据统计，全球吻合器市场规模在 2019 年达到 90.18 亿美元，年复合增长率约 5%，预计到 2024 年将达到 115.09 亿美元（见附录 2）。国内吻合器行业起步较晚，市场规模 2019 年达到 94.79 亿元。随着我国人口老龄化加剧、医疗健康需求增加、经济不断增长和支付能力的提升以及医疗改革不断深化等，吻合器在外科手术中的使用率将进一步提升。2019—2024 年中国吻合器市场规模复合增长率约 15%（因国家集中采购在吻合器领域的实施政策尚未明朗，此为非国家集采下的预测数据），预计到 2024 年中国吻合器市场规模将达到 190.58 亿元（见附录 3）。

然而，国内吻合器市场一直由进口品牌主导，2019 年进口吻合器占整体市场份额的 73%。其中，开放式吻合器产品经国内厂商多年努力，国产产品已占 60% 以上的市场份额，而腔镜式吻合器由于技术水平较高，市场由外资品牌主导，占比达 80% 以上。国内市场参与者主要分为三个层级：首先，以强生、美敦力为代表的跨国医疗器械企业，凭借历史悠久、产品线完整、技术领先、研发能力强、品牌声誉等优势，占据最多市场份额。其次，以天臣医疗、瑞奇、法兰克曼、威克、派尔特等为代表的本土企业，部分自主核心产品性能已达到行业领先水平，具备较强市场竞争力。最后，国内仍有大量小规模吻合器生产企业，资金和技术实力有限，整体竞争能力较弱。

目前，发达国家总体微创手术比例已达 80% 以上，而中国发达省市最好的医院微创手术比例也不到 70%。手术微创化、器械操作智能化已是大势所趋，同时，医改对基础医疗水平及医保覆盖予以更高的重视，这些都将促进国内微创手术的普及，进而拉动吻合器市场的进一步增长。

天臣医疗

创业契机

天臣医疗由陈望宇、陈望东兄弟二人创立。创业之前，哥哥陈望宇曾在外汇管理局、开发区管委会任职 12 年；弟弟陈望东曾在飞利浦消费电子公司任职 8 年。但他们一直有创业的想法，希望做一些对社会大众有意义的事，并体验不一样的人生。创业之初，陈望宇原本想做互联网相关的项目，但后来遇到一位长海医院的教授对他说，要创业，就要敢于去啃硬骨头，做一些对国家、民族有更大价值的事，并推荐了两个当时中国严重依赖进口，而临床需求潜力很大的领域：一是人工心脏瓣膜，二是吻合器。经过一段时间的考察和研究，兄弟二人将创业目光投向吻合器行业。当时吻合器市场被美国强生和美国外科（2007 年被美国泰科收购后改名为柯惠医疗，2014 年又被美敦力收购）两大巨头垄断，在专利、产品技术和市场方面形成了极高的壁垒，长期无人突破。垄断使得行业发展受限，一方面，许多国家和地区因无法承受产品的高昂价格，病人无法通过这种先进的治疗手段获益；另一方面，垄断也使产品技术进步受阻，大量临床反馈强烈的产品缺陷长期得不到改善，新的临床需求也缺乏更新的产品来满足。但与此同时，这也为新创企业留下了发展空间。

于是，兄弟二人商议，从临床需求出发，创立一家自主创新的吻合器企业。陈望东是理工科专业背景，他当时判断，花三年左右的时间应该就能够突破技术壁垒。身为高级工程师的父亲也认为，机械相关的技术，只要潜心钻研，一般3～5年的时间就能突破。但现实远比想象的困难，在那位长海医院的教授看来，白手起家谈何容易，于是那位教授引荐了一些医学、机械工程方面的专家与兄弟二人交流，并建议他们：吻合器的技术壁垒太高，先不要考虑自主创新，投50万元破解和模仿美国的产品即可，这样能快速收回投资。当时这种做法确实很流行，花一两年便可产品上市销售。但兄弟二人考虑再三，最终坚持认为，创业一定要做正确的事情，模仿虽然能赚快钱，但长期一定会遇到知识产权的瓶颈，无法进入全球主流市场与巨头竞争，而只有实现底层技术突破，才能不断做强最终做大，成为一家有长期价值的企业。

虽然当时还摸不着门路，但带着创业的激情，兄弟二人毅然决定投身其中，于2003年8月成立天臣医疗，立志要做出中国真正自主创新的吻合器，让医生有更多选择，惠及更多病患者。从今天回望公司的发展历程，兄弟二人觉得当时的想法真可谓"无知者无畏"。

产品创新

天臣医疗最初的创业团队只有7名员工。陈望东主要负责研发，团队成员都来自不同行业，且没有相关专业的人才。大家怀着空杯的心态，不受既有产品和技术的限制，从一开始就坚持"自主创新，研发先行，专利布局"的思路，踏上了技术创新的探索历程。

研发团队深度学习了人体解剖、外科临床、产品应用以及吻合器专业技术知识，通过与临床医生深度交流，了解真实的临床需求，以此为基础进行头脑风暴，并不断进行试错验证，产生了不少打破传统的创新思路。比如，公司首创的旋转切割技术的灵感就源于一张打印纸。在技术团队绞尽脑汁想办法解决手术中长期存在的切除不净的问题时，一名工程师在复印时被打印纸划破了手掌，瞬间灵光乍现："一张这么薄的纸竟然如此锋利，那么我们是不是可以转变思路，改变传统吻合器冲压式的切割方式，结合纸张割手的运动特性，让吻合器刀口在缝合时旋转一下，满足手术中对缝合的特殊安全需求呢？"经过技术开发和临床试验，公司由此研发出旋转切割技术，攻克了组织安全有效切割的技术难题。旋转切割技术即通过切刀固定角度往复旋转，模拟日常生活中用刀切割的真实场景，实现安全、可靠的组织切除，且有利于吻合后器械的顺利退出，保证吻合口完好，避免术中因组织切不断而造成的吻合口牵拉、撕裂，提高了手术安全和成功率。

2007 年，天臣医疗第一代具有自主知识产权、质量安全可靠的外科手术吻合器 CSC（一次性使用管型消化道吻合器）问世。此时，公司专利申请量已突破 200 件。随后，天臣医疗不断实现技术突破并推出创新的产品。比如，2010 年，天臣医疗开创了选择性切除新术式，并开发了 TST 系列产品，用微创的方式有效解决了传统痔病采用的痔上黏膜环切术导致的过度治疗及吻合口狭窄等问题，得到国内外医生的广泛认同，并逐步实现对跨国巨头垄断的痔上黏膜环切术及其所采用的 PPH 产品的替代。2015 年，天臣医疗自主研发了通用腔镜平台技术并开发出腔镜用切割吻合器 ELC，实现了根据临床需求决定更换组件或钉仓的低成本解决方案，解决了市场上现有竞品不足的问题。2020年，天臣医疗研发出一次性使用大视窗自动保险型消化道吻合器（CST），该产品荣获德国 iF 设计奖、德国红点奖、意大利 A' Design Award 设计大奖三项国际大奖（见附录 4）。

第一款产品研发成功后，紧接着的是生产问题。由于当时国内医疗器械尚未实行上市许可持有人制（MAH），公司必须用自有厂房生产。为使得产品尽快商业化落地，2005 年，天臣医疗特地聘请日籍高管作为首任生产和营运总监，以当时行业最高标准建设了符合 GMP 要求的工厂，并建立相应的质量管控体系和生产供应链系统，通过了各国法规的严格审核，以优质的产品实现其创新技术。

为保持技术优势，天臣医疗近年来研发投入一直保持在 8% 以上，并逐年加大，2021 年上市后的第二年，公司研发投入同比增长 90.5%，占当年销售额的 13.7%。公司的无障碍吻合技术、通用腔镜技术平台、选择性切除技术、旋转切割技术、自动保险技术和钉成型技术等成为核心竞争力。为避免技术泄密的风险，天臣医疗建立了严格的保密制度，并在境内外实施相应的专利布局，构筑技术壁垒。截至 2021 年底，天臣医疗已申请专利近 1 500 项，其中有些是核心专利，还有许多专利是对核心技术进行的防御性布局，其核心和非核心专利数量都远超国内竞争对手。

研发模式

在长期研发创新过程中，天臣医疗逐步形成了临床需求驱动、竞争驱动、目标驱动和文化驱动相结合的研发模式，并对研发过程进行有效管理。

在临床需求驱动方面，公司采取了 MWS（Engineers Meeting With Surgeons，工程师与外科医生见面会）与 MVP（Minimum Viable Product，最小可行产品）相结合的模式。MWS 即组织世界各地的外科医生与公司研发工程师进行各种形式的直接对话，建立创意和技术之间的绿色通道，让创造者和使用者之间产生了有效连接。通过该机制，研发工程师们首先极大地丰富了医学和临床知识，增进对解剖学和外科式了解；其次能收集临床痛点和对产品的需求，让医生关于产品的想法得到落地；同时也让自己的创意和设计在最早时间得到一线医生的反馈，有利于缩短研发周期，降低研发成本。外科医生们可把自己的诉求或创意交给设计开发团队来实现，并在过程中持续给予建议。同时，这些医生也是公司未来新产品的"早期用户"，可形成一定的临床预热和市场培育，从而加速产品的临床应用和市场拓展。工程师会关注相关技术领域的发展，结合新材料、新工艺，采用MVP的方式，快速验证技术解决方案的可行性。MVP机制即通过使用快速建模、3D打印、实验首板、体外测试等方式，快速进行创意验证，使研发团队能够更早识别产品是否满足临床需求，以及能否创造商业价值，从而降低研发风险，缩短研发周期。这一机制突破了传统的研发流程限制。通过MVP机制，研发团队能够始终保持创新的氛围。例如公司第四代全自动保险技术的创新过程正是通过采用MVP的机制，先采用高分子材料3D打印的方式进行结构验证，再渐次使用机加工、简易实验模和正式生产模的方式对零部件进行快速迭代和验证，获得了理想的成果。

在竞争和目标驱动方面，公司会持续跟踪主要竞争对手的产品和技术，深入了解与国际吻合器巨头间的差距，以此为驱动加速新产品开发的进程。同时，公司以高端外科手术器械的技术创新为目标，密切关注外科手术器械的技术发展趋势，即从开放到微创、无源到有源及智能化、常规材料到生物材料相结合等，并以此制定技术创新路径，规划产品的短期、中期及长期开发策略。

文化驱动方面，公司形成了独特的PK机制（见附录5），将协同竞争贯穿企业文化中，以此激励技术人员勇于试错和方案的快速实现。在此过程中，首先，公司研发及创新中心资讯科负责拟开发项目前期的整体调研；随后，资讯科创建PK组委会并释放项目信息，公司内部员工可自由组队，用PK的方式来争取这个项目的开发权；组队时，每个队伍要有自己的技术路径、产品实现方案、市场推广方案、盈利模型，然后进行数轮的同台PK。在每轮PK前，资讯科会及时将所有的创新方案汇总并开展专利评审和专利布局；每一轮胜出的队伍既可以保持原来的队形，也可以根据下一阶段的实际需求进行人员调整；最终PK会邀请医学、技术、法规和市场营销领域的专家组成专家团进行专业点评，并邀请所有不参加终极 PK 并有意愿的员工成为评委，专业的评审意见加上公司员工对参赛队员的观察，决出最后的胜出队伍。获胜队伍和个人能够获得经济和荣誉上的激励。同时，研发人员参与 PK，能够拓宽自己的边界，最大限度地挖掘自己的潜能，快速地学习和提升自己的专业能力。天臣医疗的管型外科手术吻合器新技术平台就是通过 PK 机制产生的。

高端医疗器械新产品研发具有技术壁垒高、周期长、投入大的特点，需经过项目立项、技术设计、产品试制、产品中试、验证和确认、临床试验、产品注册等阶段，才能进入生产制造环节并上市销售。在此过程中，公司一方面可能面临自身研发方向出现偏差、研发进程缓慢、研发所需材料供应不足、招收临床试验受试者困难、试验未能获得理想的安全性及有效性结果等风险；另一方面可能面临因境内外法规标准和相关监管部门要求的原因，导致产品临床试验或上市申请未能及时获批甚至无法获批的风险。因此，天臣医疗制定了《新产品开发程序》，将研发管理贯穿于研发工作始终，使所有研发环节都有章可循。同时，天臣医疗还制定了《研发支出管理制度》合理规划公司的研发费用预算和支出，避免盲目投入。

市场拓展

虽然天臣医疗不断突破技术壁垒，研发出创新的产品，但作为初创企业，拓展市场、建立品牌的过程同样艰辛。在国内，当时的市场环境对于本土创新产品不够包容，国产品牌主要以低价竞争，而天臣医疗定位高端，无意争夺低端市场；在海外，当时一提到中国产品往往意味着劣质和廉价，遭到许多欧美发达国家的歧视。特别是关乎患者生命的医疗产品，发达国家的医生更加不会主动选择中国产品。海外潜在客户在了解到天臣医疗是中国品牌时，即便看到其创新的特性，一般也会犹豫。这一度让公司因无法打开海外市场而陷入困境。

对此，团队积极拓展营销渠道，连续参加在德国杜塞尔多夫举办的全球最大的医疗展并组织各种专业学术会议，从而吸引潜在客户。2008年，天臣医疗首代CSC产品以独特的创新功能和高质量的临床表现，终于被瑞士一位外科医生认可，实现了零的突破。当时，天臣医疗的一家瑞士代理商非常认可该产品，便遮住产品的铭牌标签，让这位医生同时试用天臣医疗的产品与美国的同类产品。这位医生使用后发现，天臣医疗的产品更加优越，在了解到这是中国的品牌后，大为惊讶，并表示愿意在临床上使用。这位医生还积累了之后多年在手术中使用天臣医疗产品的数据，发表了相关学术文章。以此为支点，天臣医疗的品牌逐渐在海外市场建立起来，先后打开了奥地利、意大利、德国、西班牙、英国等欧洲国家的市场。天臣医疗还与世界领先的专业医疗设备及手术医疗器械制造商B. Braun（德国贝朗医疗集团）建立了长期合作，由其代理天臣医疗产品在全球30个国家的销售。

由于天臣医疗的国际业务占比较高，2019年达到近40%，而不同国家和地区的法律体系存在差异，如果在海外市场出现相关纠纷或诉讼，可能使天臣医疗处于不利地位。天臣医疗对此早有应对，2015年就在意大利成立了全资子公司，主要从事意大利及欧洲市场的开拓和客户的维护，并支持公司全球市场战略。在境外设立机构能够更好地了解当地法律法规、产业政策，以及应对国际关系紧张、贸易制裁等不确定性。天臣医疗的国际市场的份额逐年提升，2019年其吻合器产品出口额占中国自主品牌吻合器出口额约14.8%，在欧洲市场，如意大利、西班牙、奥地利等主要出口国，均位居中国自主品牌出口商第一。

与此同时，天臣医疗在国内也通过代理商，使产品在全国31个省、自治区和直辖市五百多家医院应用。2010年，天臣医疗销售额突破1 000万元，2013年首次实现盈亏平衡。2019年营收达到1.73亿元，净利润达到4 200万元；2020年受疫情影响，营收下降至1.63亿元，净利润约3 500万元；2021

年销售额已回升至 2.14 亿元，净利润 4 100 万元。

现金流管理

天臣医疗成立的前几年，一直依靠自有资金维持运营。而高端吻合器从研发到市场销售，都需要大量资金投入。随着公司业务的迅速发展，资金需求不断增长。在产品打开销路之前，兄弟二人不仅抵押了全部家产，还通过各种途径融资借款，包括亲友在内，最高时负债达到 6 500 万元。而那时，几家靠模仿起家的同行都已赚回好几倍本金。虽然心理压力很大，但兄弟二人坚信公司一定能走出困境。

幸运的是，2007 年，天臣医疗得到中欧同学刘伟女士（时任巨人网络董事兼总经理）的 1 000 万元天使投资，让团队得以继续前行。2008 年金融危机后，国家和地方都推出了许多中小企业贷款的支持政策。而在此之前，中小企业没有净资产、固定资产和产品，很难从银行得到贷款支持。陈望宇曾在银行工作多年，对银行的流程和文化都非常熟悉，因此从 2008 年开始，天臣医疗充分利用各种金融工具，比如，苏州曾试点过中小企业发债、知识产权抵押贷款；太平保险、中国人民保险推出过保险抵押贷款；苏州元禾控股旗下设立了小贷公司，对园区企业提供信用贷款；南京银行试点过投资型贷款等，天臣医疗都争取到几百万到上千万元的贷款。陈望宇介绍，天臣医疗之所以能够持续获得贷款，一是因为公司从来不做假账，这是银行最为担心的不确定因素，相反，天臣医疗会如实把公司所有的情况告诉银行，并与银行清楚沟通公司的发展规划。其次，兄弟二人也押上全部身家，这样的情况一般会得到银行的支持和理解。同时，通过各种金融工具的组合利用，天臣医疗也从未逾期还款。天臣医疗的贷款最高成本只有 10% 的利率，再加上当时国家、省市以及园区对中小科技创新型企业的利率补贴，贷款利率最终只有 6% 左右。

尽管公司前期经营困难，但从未出现拖欠工资的情况，每年公司年会都会特别隆重，兄弟二人对家人也从来报喜不报忧，从而让员工和家人对公司保持信心。陈望宇介绍：在公司发展的过程中，"我永远会保留1 000万元，保证公司三个月不会有资金问题。这是我在中欧课堂上学到的：只要负债账期足够长，那和拥有这些钱有什么区别呢？把现金流控制好，哪怕走得慢一点，但知道往哪里走，公司风险就是可控的。"

随着产品逐渐被市场接受，天臣医疗的发展进入快车道，2010年12月31日，天臣医疗获得第一笔1 300万元的风险投资，2013年又进行了5 000万元的B轮融资，投资方包括分享资本和英杰医疗。但长远来看，仍无法满足公司加大研发、加快市场开拓和扩大产能的需求，在与资金实力雄厚的对手竞争中难以获得优势。天臣医疗需要更强的资本实力、市场竞争力和抗风险能力。2019年11月，天臣医疗正式改制为股份公司。2020年9月28日，天臣医疗在科创板上市，当日收盘价较发行价上涨118.6%，市值达32.6亿元。募集资金用于研发及实验中心建设、生产自动化技术改造、营销网络及信息化建设等。

未来发展

随着募集资金到位和相关项目实施，天臣医疗的资产和经营规模进一步扩大，同时也将面临更多挑战。

首先，公司需要在资源整合、市场开拓、产品研发、财务管理和内部控制等诸多方面进行完善，加强内部管理、提高效率将成为公司发展面临的重要问题。为此，公司制定了未来十年的发展战略，在人才、组织架构、激励机制等方面进行变革。

其次，日前的国家吻合器行业集采政策不可预见，竞争日趋激烈，天臣医疗该如何应对？同时，新冠疫情的暴发对全球及中国经济各行各业都带来不同程度的影响，天臣医疗如何保持海外业务的增长势头？

最后，随着技术进步和环境变化，比如电动吻合器是否会替代手动产品，一次性医疗器械产生的大量医疗废弃垃圾对环境造成影响与双碳背景下的环保要求该如何平衡等，这些都对天臣医疗未来技术路径选择提出挑战。

附 录

附录1：天臣医疗主要产品系列

产品类别	产品系列	产品图片
管型吻合器类	管型消化道吻合器	
	管型肛肠吻合器	
	管型泌尿吻合器	
腔镜吻合器类	电动腔镜吻合器	

产品类别	产品系列	产品图片
腔镜吻合器类	微创腔镜吻合器	
线型切割吻合器类	直线型切割吻合器	
荷包吻合器类	自动荷包缝合器	
线型缝合吻合器类	直线型吻合器	

资料来源：天臣医疗 2022 年半年报。

附录 2：2015—2024 年全球吻合器市场规模

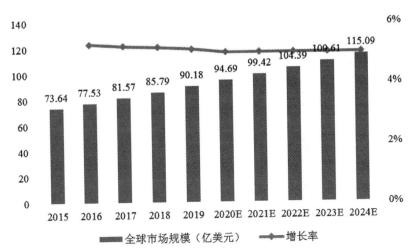

资料来源：丁香园《吻合器行业发展概况》。

附录 3：2015—2024 年中国吻合器市场规模

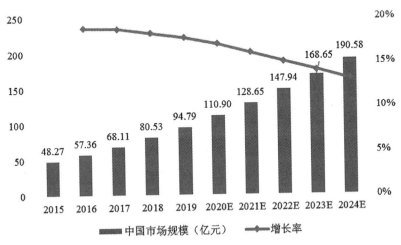

资料来源：丁香园《吻合器行业发展概况》。

附录 4: 天臣医疗发展历程

资料来源: 天臣医疗招股书。

附录 5: PK 机制

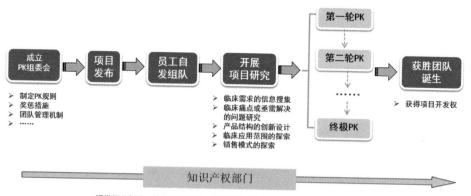

资料来源: 天臣医疗招股书。

附 1 哈佛案例库、毅伟案例库、欧洲案例交流中心、ChinaCases.Org 案例库同步收录的中欧案例名单（截至 2023 年 12 月）

ChinaCases. Org 入库编号	欧洲案例交流中心入库编号	毅伟入库编号	哈佛入库编号	中文标题	英文标题	作 者
NEG-20-658-CE	NEG-20-658-CE	NEG-20-658-CE	CB0001	智慧健康公司：肩负社会使命的谈判抉择（A）	Smart Health (A): Negotiation with a Social Purpose	Byron Lee，赵丽缦
NEG-20-659-CE	NEG-20-659-CE	NEG-20-659-CE	CB0002	智慧健康公司：肩负社会使命的谈判抉择（B）	Smart Health (B): Negotiation with a Social Purpose	Byron Lee，赵丽缦
GM-18-569-CE	GM-18-565-CE	GM-18-569-CE	CB0004	基美：跨文化领导变革（A）	KEMET: Leading Change across Cultural Boundaries (A)	忻榕，仲进
GM-18-570-CE	GM-18-566-CE	GM-18-570-CE	CB0005	基美：跨文化领导变革（B）	KEMET: Leading Change across Cultural Boundaries (B)	忻榕，仲进
GM-18-571-CE	GM-18-567-CE/GM-18-568-CE	GM-18-571-CE	CB0006	基美：跨文化领导变革（C）	KEMET: Leading Change across Cultural Boundaries (C)	忻榕，仲进
MKT-20-644-CE	MKT-20-644-CE	MKT-20-644-CE	CB0008	汇纳科技：大数据引领零售变革	Winner Technology: Big Data Disruption in the Retail Industry	向屹，阮丽旸，李妍毓
ENT-18-514-CE	ENT-18-514-CE	ENT-18-514-CE	CB0024	不忘初心，不断创新：两鲜的精益创业之路	FreshFresh: An Online Fresh Food Supplier as a Lean Startup	龚焱，赵丽缦
STR-18-520-CE	STR-18-520-CE	STR-18-520-CE	CB0028	陶氏化学大中华区：可持续发展战略的本地化	Dow Greater China: Localizing the Corporate Sustainability Strategy	Lydia J. Price，YU Haitao
MKT-20-645-CE	MKT-20-645-CE	MKT-20-645-CE	CB0031	肯德基中国：数字化重构竞争优势	KFC China: Building Competitive Advantages through Digitalization	林宸，张驰
STR-20-676-CE	STR-20-676-CE	STR-20-676-CE	CB0033	蚂蚁金服：创新的边界在哪里？	Ant Financial: Tough Boundary Choices in Innovation	朱晓明，朱琼，倪英子，朱奕帆
STR-20-656-CE	STR-20-656-CE	STR-20-656-CE	CB0035	老凤凰碰上小黄车：颠覆与应变	Phoenix: Facing the Disruptive Challenges of the Bike-Sharing Tide	张文清，朱琼

ChinaCases.Org 入库编号	欧洲案例交流中心入库编号	毅伟入库编号	哈佛入库编号	中文标题	英文标题	作　者
ENT-19-635-CE	ENT-19-584-CE/ENT-19-585-CE	ENT-19-635-CE	CB0037	盒马：数据驱动商业模式创新	Freshippo: Data-Driven Business Model Innovation	张文清，朱琼
STR-20-652-CE	STR-20-652-CE	STR-20-652-CE	CB0039	西贝：与利益相关者共享价值的商道	Xibei's Business Model: Creating Shared Value for Stakeholders	芮萌，朱琼
HRM-20-732-CE	HRM-20-732-CE	HRM-20-732-CE	CB0041	大联大：拯救行业	WPG Holdings: Saving the Industry	忻榕，仲进
ESR-19-631-CE	ESR-19-631-CE	ESR-19-631-CE	CB0043	乐平基金会：将公益创投引进中国	Leping Foundation: Introducing Venture Philanthropy to China	Lydia J. Price，赵丽缦
STR-20-635-CE	STR-20-635-CE	STR-20-635-CE	CB0045	田鼠系统公司的治理之痛	Voles System's Bribery Accusations in China	Daniel Han Ming Chng，皮鑫，赵丽缦
ENT-20-651-CE	ENT-20-651-CE	ENT-20-651-CE	CB0048	天然工坊：创业中的CSR作用	Natural Factory: The Role of CSR in Starting a Business	芮萌，朱琼
OMS-18-525-CE	OMS-18-525-CE	OMS-18-525-CE	CB0050	王品的品牌战略	Wowprime's Brand Diversification Strategy	蔡舒恒，朱琼，张云路，刘捷
ECO-19-600-CE	ECO-19-600-CE	ECO-19-600-CE	CB0053	中等收入陷阱：陕西和江苏两省之比较	The Middle-Income Trap (MIT): A Provincial Comparison between Shaanxi and Jiangsu	Bala Ramasamy，阮丽旸，张家瑞
ENT-20-636-CE	ENT-20-636-CE	ENT-20-636-CE	CB0055	深圳信安智能：科创企业的窘境（A）	Chasm Security: Facing the Technology Startup's Dilemmas (A)	张文清，赵丽缦，S. Ramakrishna Velamuri
ENT-20-637-CE	ENT-20-637-CE	ENT-20-637-CE	CB0056	深圳信安智能：科创企业的窘境（B）	Chasm Security: Facing the Technology Startup's Dilemmas (B)	张文清，赵丽缦，S. Ramakrishna Velamuri
ENT-20-638-CE	ENT-20-638-CE	ENT-20-638-CE	CB0057	深圳信安智能：科创企业的窘境（C）	Chasm Security: Facing the Technology Startup's Dilemmas (C)	张文清，赵丽缦，S. Ramakrishna Velamuri
ENT-18-538-CE	ENT-18-538-CE	ENT-18-538-CE	CB0063	"珍得"巧克力：打开中国市场	Zotter Chocolate: Creating a Market in China	Shameen Prashantham，赵丽缦

ChinaCases.Org 入库编号	欧洲案例交流中心入库编号	毅伟入库编号	哈佛入库编号	中文标题	英文标题	作 者
OMS-20-639-CE	OMS-20-639-CE	OMS-20-639-CE	CB0065	霸蛮科技：打破餐饮的边界	Baman Technology: Building Supply Chains for "Boundaryless Dining"	赵先德，阮丽旸，王良
ESR-19-633-CE	ESR-19-633-CE	ESR-19-633-CE	CB0067	喜憨儿洗车中心：打造一家可持续发展的中国社会企业	Xihaner Car Wash: Building a Sustainable Social Enterprise in China	Daniel Han Ming Chng，赵丽缦，孙鹤鸣
FIN-20-648-CE	FIN-20-648-CE	FIN-20-648-CE	CB0069	阿里巴巴和京东：战略、商业模式与财务报表	Alibaba vs. JD.com: Strategies, Business Models, and Financial Statements	陈世敏，潘鼎文，黄夏燕
FIN-20-649-CE	FIN-20-649-CE	FIN-20-649-CE	CB0071	阿里巴巴和京东：财务报表与投资价值分析	Alibaba vs. JD.com: An Analysis of Financial Statements and Investment Value	陈世敏，黄夏燕
ACC-19-617-CE	ACC-19-617-CE	ACC-19-617-CE	CB0073	高送转：德艺文创与我武生物	High-Ratio Stock Splits: Profit Cultural & Creative Group vs. Wolwo Bio-Pharmaceutical	陈世敏，黄夏燕
STR-19-629-CE	STR-19-629-CE	STR-19-629-CE	CB0077	赢销通振兴中国农村的数字策略（A）	WinChannel's Digital Gambit to Revitalize Rural China (A)	Peter Moran，Daniel Han Ming Chng，赵丽缦
STR-19-630-CE	STR-19-630-CE	STR-19-630-CE	CB0081	赢销通振兴中国农村的数字策略（B）	WinChannel's Digital Gambit to Revitalize Rural China (B)	Peter Moran，Daniel Han Ming Chng，赵丽缦
STR-20-657-CE	STR-20-657-CE	STR-20-657-CE	CB0091	传音控股：新兴市场的颠覆式创新	Transsion Holdings: Leveraging Disruption in Emerging Markets	王泰元，赵丽缦，S. Ramakrishna Velamuri
ENT-20-649-CE	ENT-20-649-CE	ENT-20-649-CE	CB0093	零氪科技：医疗大数据的商业化探索	LinkDoc: Commercial Exploration of Healthcare Big Data	张华，钱文颖，李抒洋
ECO-19-586-CE	ECO-19-586-CE	ECO-19-586-CE	CB0095	华强北：深圳产业发展与转型缩影	Huaqiangbei: The Epitome of Industry Development and Transformation in Shenzhen	张宇，钱文颖
STR-18-527-CE	STR-18-527-CE	STR-18-527-CE	CB0097	互联网时代欧普照明电商事业的发展和探索	The Evolution of Opple Lighting's E-commerce Business	陈威如，钱文颖，黄钰昌，沈飞

ChinaCases. Org 入库编号	欧洲案例交流中心入库编号	毅伟入库编号	哈佛入库编号	中文标题	英文标题	作　　者
HRM-18-516-CE	HRM-18-516-CE	HRM-18-516-CE	CB0099	任正非的华为之道：一个"硬汉"的企业哲学	Huawei the Ren Zhengfei Way: The "Tough Guy" and His Corporate Philosophy	樊景立，皮鑫
OB-20-733-CE	OB-20-733-CE	OB-20-733-CE	CB0101	柳工：在波兰的整合挑战（A）	LiuGong: Integration Challenges in Poland (A)	忻榕，仲进
OB-20-734-CE	OB-20-734-CE	OB-20-734-CE	CB0102	柳工：在波兰的整合挑战（B）	LiuGong: Integration Challenges in Poland (B)	忻榕，仲进
ENT-19-621-CE	ENT-19-621-CE	ENT-19-621-CE	CB0104	EVCARD：中国新能源汽车分时租赁领先者	EVCard: Pioneering Car-Sharing in China	龚焱，钱文颖
STR-18-554-CE	STR-18-554-CE	STR-18-554-CE	CB0106	研华科技：产业物联网生态"进化论"	Advantech: Evolution of Its IoT Ecosystem Strategy	白果，赵丽缦，王真容
STR-17-460-CE	STR-17-460-CE	STR-17-460-CE	CB0117	全家FamilyMart：互联网＋的战略布局	FamilyMart: "Internet Plus" Strategy	林宸
GC-20-010-CE	GC-20-010-CE	GC-20-010-CE	CB0120	瑞幸：咖啡杯里的造假风暴	Luckin: From Brewing Coffee To Brewing Fraud	Raymond Chan，陈世敏，Justin Law，Sunny Sun
IB-21-798-CE	IB-21-798-CE	IB-21-798-CE	CB0122	瑞士巴德拉格兹度假大酒店（A）：康养旅业的商业模式创新	Grand Resort Bad Ragaz (A): Business Model Innovation in Wellness Tourism Industry	张文清，薛文婷，忻榕
IB-21-799-CE	IB-21-799-CE	IB-21-799-CE	CB0124	瑞士巴德拉格兹度假大酒店（B）：医疗与旅游相结合	Grand Resort Bad Ragaz (B): When Medicine Meets Tourism	张文清，薛文婷，忻榕
IB-21-774-CE	IB-21-774-CE	IB-21-774-CE	CB0126	H&H：中国本土企业的全球化历程（A）	H&H Group: A Global Firm with Chinese Origins (A)	Emily M. David，薛文婷
IB-21-755-CE	IB-21-755-CE	IB-21-755-CE	CB0128	Cifa：并入中资企业后的文化整合	Cifa: Cross-Cultural Integration with a Chinese Company	Gianfranco Siciliano，Delfino Corti，曹之静
ESR-21-767-CE	ESR-21-767-CE	ESR-21-767-CE	CB0130	蚂蚁森林：将公益变成共益	Ant Forest: Starting from Environmental Protection	芮萌，朱琼

ChinaCases.Org 入库编号	欧洲案例交流中心入库编号	毅伟入库编号	哈佛入库编号	中文标题	英文标题	作 者
ESR-21-852-CE	ESR-21-852-CE	ESR-21-852-CE	CB0132	老爸评测:一家社会企业的两难抉择	Daddy Lab: A Chinese Social Enterprise's Dilemma	Daniel Han Ming Chng,赵丽缦,Byron Lee,Peter Moran,孙鹤鸣
OB-21-813-CE	OB-21-813-CE	OB-21-813-CE	CB0138	带领伊顿教育集团走过危机:胡锦珠的悖论领导力	Navigating EtonHouse through Crises: The Paradoxical Leadership of Ng Gim Choo	李秀娟,鞠慧蓉
HRM-21-771-CE	HRM-21-771-CE	HRM-21-771-CE	CB0140	方太集团:企业文化驱动成长	Fotile Group: Creating a Culture-Driven Organization	李秀娟,鞠慧蓉,赵丽缦
STR-21-750-CE	STR-21-750-CE	STR-21-750-CE	CB0142	上汽大通:中国数字化时代 C2B 汽车开拓者	SAIC Maxus: Pioneering the C2B Model in China's Auto Industry in the Digital Era	方跃,钱文颖
OB-21-790-CE	OB-21-790-CE	OB-21-790-CE	CB0144	酷特云蓝:父女接力,战略转型在路上	Cotte Yolan: Succession and Strategic Transformation	李秀娟,赵丽缦
MKT-21-806-CE	MKT-21-806-CE	MKT-21-806-CE	CB0146	周大福传承系列:颠覆同质化竞争的品牌创新	Chow Tai Fook's Hua Collection: Disruptive Branding in a Commoditized Market	向屹,曹之静,李妍毓
MKT-19-625-CE	MKT-19-625-CE	MKT-19-625-CE	CB0148	厚朴方舟:海外医疗一价全包?	Hope Noah: Is All-Inclusive Pricing an Effective Strategy for the Medical Tourism Industry?	周东生,阮丽旸
OMS-19-626-CE	OMS-19-626-CE	OMS-19-626-CE	CB0150	易流科技:透明连接物流的探路者	Yiliu Tech: Exploring Logistical Transparency	赵先德,钱文颖,王良
MKT-21-782-CE	MKT-21-782-CE	MKT-21-782-CE	CB0152	百瑞源:直播电商的思考	Beryl: E-commerce Livestreaming Strategy	林宸,曹之静
MKT-21-853-CE	MKT-21-853-CE	MKT-21-853-CE	CB0160	如涵控股:网红营销服务商的转型探索	Ruhnn: Marketing Influencers	林宸,曹之静
STR-21-732-CE	STR-21-732-CE	STR-21-732-CE	CB0162	三全食品案例(A):家族企业治理:当战略转型遇上接班	Sanquan Food: Strategic Transformation and Inheritance at a Family Business (A)	芮萌,冯小悌

ChinaCases. Org 入库编号	欧洲案例 交流中心 入库编号	毅伟入库 编号	哈佛入库 编号	中 文 标 题	英 文 标 题	作 者
STR－21－ 733－CE	STR－21－ 733－CE	STR－21－ 733－CE	CB0163	三全食品案例（B）：家族企业战略转型的管理闭环：战略—机制—方法	Sanquan Food: Closed-loop Management of a Family Business Undergoing Strategic Transformation (B)	芮萌，冯小悌
HRM－21－ 789－CE	HRM－21－ 789－CE	HRM－21－ 789－CE	CB0165	博世 HR 实验室：打造敏捷文化	Bosch HR Lab: Incubator for Agile Culture	李秀娟，薛文婷
HRM－21－ 776－CE	HRM－21－ 776－CE	HRM－21－ 776－CE	CB0167	西贝的组织和人力资源管理	Xibei's Organization and Human Resource Management	韩践，朱琼，关怡茜
STR－21－ 797－CE	STR－21－ 797－CE	STR－21－ 797－CE	CB0169	特地陶瓷：转型与升级之路	TIDIY Ceramics: Transforming a Traditional Manufacturing Business	张宇，张驰
MKT－21－ 794－CE	MKT－21－ 794－CE	MKT－21－ 794－CE	CB0171	环莘：是否转战共享童车？	Huanxin: Pivoting to Shared Strollers?	周东生，阮丽旸
MKT－21－ 857－CE	MKT－21－ 857－CE	MKT－21－ 857－CE	CB0172	熊猫遛娃：如何加速跑马圈地？	Pandastroller: Accelerating Expansion of a Stroller-Sharing Business	周东生，阮丽旸
STR－21－ 746－CE	STR－21－ 746－CE	STR－21－ 746－CE	CB0174	InMobi：移动广告独角兽的中国本土化之路	InMobi: An Indian Internet Company Cracking China	Shameen Prashantham，曹之静
OB－21－ 816－CE	OB－21－ 816－CE	OB－21－ 816－CE	CB0176	阿里巴巴的价值观难题	Alibaba's Values Dilemma	白果，刘耿
ESR－22－ 884－CE	ESR－22－ 884－CE	ESR－22－ 884－CE	CB0184	开云集团：奢侈品可持续发展的开路先锋	Kering: Blazing a Trail in Sustainable Luxury	何今宇，薛文婷
ENT－22－ 885－CE	ENT－22－ 885－CE	ENT－22－ 885－CE	CB0186	英特尔 GrowthX：联手初创，加速成长	Intel® GrowthX: Partnering with Entrepreneurs for Growth	Shameen Prashantham，曹之静
ENT－22－ 940－CE	ENT－22－ 940－CE	ENT－22－ 940－CE	CB0188	残友集团：打造一家可持续发展的社会企业	Canyou Group: Creating a Sustainable Social Enterprise	Byron Lee，赵丽缦，Peter Moran
OB－22－ 953－CE	OB－22－ 953－CE	OB－22－ 953－CE	CB0190	米其林中国：人力职能的转变	Michelin China: Transforming the Personnel Function	忻榕，仲进

ChinaCases.Org 入库编号	欧洲案例交流中心入库编号	毅伟入库编号	哈佛入库编号	中文标题	英文标题	作　者
GC-21-065-CE	GC-21-065-CE	GC-21-065-CE	CB0192	利丰：上市还是私有化（A）	Li and Fung: Stay Public or Go Private (A)	Justin Law，陈世敏，Li Jiang，Anthony Pang
GC-21-066-CE	GC-21-066-CE	GC-21-066-CE	CB0193	利丰：上市还是私有化（B）	Li and Fung: Stay Public or Go Private (B)	Justin Law，陈世敏，Li Jiang，Anthony Pang
FIN-22-889-CE	FIN-22-889-CE	FIN-22-889-CE	CB0195	百威亚太分拆上市（A）：本地化财务战略	Budweiser APAC Spinoff (A): The Financial Strategy for Localization	陈世敏，David Hendrik Erkens，薛文婷
FIN-22-890-CE	FIN-22-890-CE	FIN-22-890-CE	CB0196	百威亚太分拆上市（B）：本地化财务战略	Budweiser APAC Spinoff (B): The Financial Strategy for Localization	陈世敏，David Hendrik Erkens，薛文婷
MKT-22-878-CE	MKT-22-878-CE	MKT-22-878-CE	CB0201	五菱宏光MINIEV：中国汽车新物种	Wuling Hongguang MINIEV: A New Breed of Chinese Automaker	王高，朱琼
STR-22-965-CE	STR-22-965-CE	STR-22-965-CE	CB0203	宝岛眼镜：探索服务型零售业的数智未来	NOVA VISION: Digital Transformation of Service Retailing Industry	陈威如，赵丽缦
MKT-21-758-CE	MKT-21-758-CE	MKT-21-758-CE	CB0208	HAP：慕尼黑再保险的差异化战略	HAP: Munich Re's Differentiation Strategy	周东生，阮丽旸
OB-22-905-CE	OB-22-905-CE	OB-22-905-CE	CB0210	开能健康：可持续发展的探索与实践	Canature's Sustainable Development: Explorations and Practices	李秀娟，鞠慧蓉
MKT-22-962-CE	MKT-22-962-CE	MKT-22-962-CE	CB0212	火花思维：教育科技的服务创新和探索	Spark Education: Service Innovation and Exploration in Edutech	林宸，赵丽缦，蒋炯文
ENT-22-876-CE	ENT-22-876-CE	ENT-22-876-CE	CB0178	安蒂嘉尔酒庄：家族企业的战略和传承挑战	Antigal: Strategy and Succession Challenges in a Family-Owned Vineyard with Global Ambitions	Lucia Pierini，Martin Roll，Gianfranco Siciliano，曹之静
FIN-22-869-CE	FIN-22-869-CE	FIN-22-869-CE	CB0180	安蒂嘉尔酒庄：家族葡萄酒企业的品牌和公司价值	Antigal: Brand and Company Value of a Family-Controlled Wine Business	Lucia Pierini，Martin Roll，Gianfranco Siciliano，曹之静

ChinaCases.Org 入库编号	欧洲案例交流中心入库编号	毅伟入库编号	哈佛入库编号	中 文 标 题	英 文 标 题	作　者
FIN－22－930－CE	FIN－22－930－CE	FIN－22－930－CE	CB0215	曲美家居要约收购Ekornes（A）：并购决策	QuMei's Takeover Bid for Ekornes (A): Decision-Making Process	黄生，张驰，孟圆
FIN－22－931－CE	FIN－22－931－CE	FIN－22－931－CE	CB0216	曲美家居要约收购Ekornes（B）：交易安排	QuMei's Takeover Bid for Ekornes (B): Transaction Arrangements	黄生，张驰，孟圆
ESR－22－883－CE	ESR－22－883－CE	ESR－22－883－CE	CB0218	亲和源：改写养老定义	Qinheyuan: Redefining Elderly Care	芮萌，朱琼
HRM－22－967－CE	HRM－22－967－CE	HRM－22－967－CE	CB0220	李芬的困惑	Li Fen: The Plight of an HR Manager	蒋凤桐，张驰
OB－22－926－CE	OB－22－926－CE	OB－22－926－CE	CB0224	黄章：魅族的功臣还是"公敌"？	J. Wong: Meizu's Hero or Enemy?	蒋凤桐，张驰，Thomas A. Birtch
ENT－22－879－CE	ENT－22－879－CE	ENT－22－879－CE	CB0230	艾优：颜值差异化战略	ApiYoo: A New Breed of Entrepreneurship	王高，朱琼，张锐
OB－22－880－CE	OB－22－880－CE	OB－22－880－CE	CB0232	中行辽宁省分行：区域机构调整	Bank of China Liaoning Branch: Restructuring and Relocation	忻榕，仲进
STR－22－897－CE	STR－22－897－CE	STR－22－897－CE	CB0234	申通地铁集团：地铁上盖开发	Shanghai Shentong Metro Group: Strategic Transformation through Transit-oriented Development	Daniel Han Ming Chng，赵丽缦，John Clarke，Alexander Sleptsov
GC－21－013－CE	GC－21－013－CE	GC－21－013－CE	CB0236	李渡酒业：白酒老字号的数字化之路	LIDU Liquor: A Time-honored Baijiu Distiller's Digitalization	胡海波，陈世敏，王怡琴，余钒
STR－23－032－CE	STR－23－032－CE	STR－23－032－CE	CB0238	阿斯利康（中国）：以全病程诊疗一体化服务推动社会创新	AstraZeneca (China): Promoting Social Innovation with Holistic Disease Management Solutions Throughout the Patient Journey	陈威如，刘耿
BGR－23－034－CE	BGR－23－034－CE	BGR－23－034－CE	CB0240	eStroke：如何协调各利益相关方并实现可持续发展	eStroke: How to Align Stakeholders and Reach Sustainability	Eric Bouteiller，Annie Chicoye，刘耿

ChinaCases.Org 入库编号	欧洲案例交流中心 入库编号	毅伟入库编号	哈佛入库编号	中文标题	英文标题	作 者
ENT-22-974-CE	ENT-22-974-CE	ENT-22-974-CE	CB0242	咖啡公社：用可持续商业打造社会影响	Coffee Commune: Making Social Impact with a Sustainable Business	Shameen Prashantham, 吴瑶
FIN-23-009-CE	FIN-23-009-CE	FIN-23-009-CE	CB0244	浙民投要约收购振兴生化（A）："野蛮人"来敲门	ZUIG's Tender Offer Takeover of Zhenxing Biochem (A): Barbarians at the Gate	黄生，黄夏燕，孟圆
FIN-23-039-CE	FIN-23-039-CE	FIN-23-039-CE	CB0245	浙民投要约收购振兴生化（B）："野蛮人"进门之后	ZUIG's Tender Offer Takeover of Zhenxing Biochem (B): Barbarians Enter the Gate	黄生，黄夏燕，孟圆
GC-22-015-CE	GC-22-015-CE	GC-22-015-CE	CB0247	科劲国际：以纳米纤维铸造辉煌未来？（A）	King's Flair International: A Bright Future in the Nanofiber Opportunity? (A)	Justin Law，陈世敏，Pamsy Hui，Anthony Pang，Alex Wong
GC-22-016-CE	GC-22-016-CE	GC-22-016-CE	CB0248	科劲国际：以纳米纤维铸造辉煌未来？（B）	King's Flair International: A Bright Future in the Nanofiber Opportunity? (B)	Justin Law，陈世敏，Pamsy Hui，Anthony Pang，Alex Wong
MKT-22-955-CE	MKT-22-955-CE	MKT-22-955-CE	CB0251	慧医天下：阿斯利康中国的互联网熟医患诊疗	AstraZeneca (China): Leveraging Offline Doctor-Patient Relationships in Online Healthcare Service Platform	林宸，刘耿，蒋炯文
HRM-23-027-CE	HRM-23-027-CE	HRM-23-027-CE	CB0253	"理想，行动，坚持"——上坤集团创始人朱静	Aspiration, Action, Determination: Zhu Jing, Founder of Sunkwan Group	李秀娟，郑欣，赵丽缦
ESR-23-030-CE	ESR-23-030-CE	ESR-23-030-CE	CB0255	施耐德电气的多元、平等与包容（DEI）行动：从"为何"到"如何"	DEI at Schneider Electric: From "Why" to "How"	李秀娟，赵丽缦
STR-23-041-CE	STR-23-041-CE	STR-23-041-CE	CB0257	Thoughtworks：数字时代的敏捷创新	Thoughtworks: Agile Innovation in the Digital Era	王泰元，赵丽缦，Daniel Han Ming Chng
OMS-23-008-CE	OMS-23-008-CE	OMS-23-008-CE	CB0259	瑞幸："涅槃重生"之路	Luckin: Rising from the Ashes	梁超，朱琼

ChinaCases.Org 入库编号	欧洲案例交流中心 入库编号	毅伟入库编号	哈佛入库编号	中 文 标 题	英 文 标 题	作 者
FIN-23-088-CE	FIN-23-088-CE	FIN-23-088-CE	CB0261	西格玛创投：评估一个早期风险投资项目（A）	Sigma Ventures: Evaluating an Early-Stage Venture Capital Investment (A)	陈世敏，Viktar Fedaseyeu，赵玲
FIN-23-089-CE	FIN-23-089-CE	FIN-23-089-CE	CB0262	西格玛创投：评估一个早期风险投资项目（B）	Sigma Ventures: Evaluating an Early-Stage Venture Capital Investment (B)	陈世敏，Viktar Fedaseyeu，赵玲
STR-23-031-CE	STR-23-031-CE	STR-23-031-CE	CB0265	恩启：社会创业的战略定位选择	IngCare: Tough Choices for Social Entrepreneurship	芮萌，朱琼，刘心洁
HRM-23-017-CE	HRM-23-017-CE	HRM-23-017-CE	CB0267	海云地产：绩效管理	SeaCloud Real Estate: Performance Management	蒋凤桐，张驰，Thomas A. Birtch
HRM-23-040-CE	HRM-23-040-CE	HRM-23-040-CE	CB0271	董杏丽：施耐德电气"硬核"女高管的职业抉择	Shirley Dong at Schneider Electric: A Female Technical Leader's Career at a Crossroads	李秀娟，郑欣，赵丽缦
ESR-23-025-CE	ESR-23-025-CE	ESR-23-025-CE	CB0273	三七互娱：做可持续发展的游戏公司	37 Interactive Entertainment: A Gaming Company with a Sustainable Development Strategy	杨蔚，曹之静
ENT-22-916-CE	ENT-22-916-CE	ENT-22-916-CE	CB0275	微信生态圈创新的"长尾"征途	The WeChat Ecosystem: Unleashing the Potential of the Long Tail to Stay Innovative	白果，刘耿
STR-23-038-CE	STR-23-038-CE	STR-23-038-CE	CB0277	瑞金医院：智慧医院建设及平台化探索	Ruijin Hospital: Embarking on a Smart Hospital Journey and Exploring a Digital Medicine Platform	朱晓明，蔺亚男，赵丽缦，朱奕帆
ENT-23-023-CE	ENT-23-023-CE	ENT-23-023-CE	CB0279	先"修路"还是先"造车"：树根互联的工业互联网平台养成之路	ROOTCLOUD: Customization vs. Standardization at an Industrial IoT Platform	陈威如，王节祥，龚奕潼
ENT-23-068-CE	ENT-23-068-CE	ENT-23-068-CE	CB0281	万物新生：未来如何生长？	ATRenew: How to Pursue Future Growth	芮萌，朱琼，刘心洁
SM-23-028-CE	SM-23-028-CE	SM-23-028-CE	CB0283	蔡司光学中国：服务驱动增长	ZEISS Vision Care China: Driving Growth through Services	忻榕，仲进

ChinaCases. Org 入库编号	欧洲案例交流中心入库编号	毅伟入库编号	哈佛入库编号	中文标题	英文标题	作　　者
MKT-23-049-CE	MKT-23-049-CE	MKT-23-049-CE	CB0285	贝泰妮：多触点数字时代持续打造国货品牌力	Botanee: Leveraging Multi-touchpoint Marketing to Build a Strong Chinese Brand in the Digital Age	王雅瑾，曹之静
STR-23-073-CE	STR-23-073-CE	STR-23-073-CE	CB0287	复旦大学附属中山医院：从智慧医院到未来医院	Zhongshan Hospital Affiliated to Fudan University: Where Smart Healthcare Meets the Future	朱晓明，刘耿，蔺亚男，朱奕帆
ENT-23-037-CE	ENT-23-037-CE	ENT-23-037-CE	CB0289	快仓智能：AMR 行业全球独角兽的成长之路	Quicktron: Evolving into a Global AMR Unicorn	张宇，李小轩
STR-23-022-CE	STR-23-022-CE	STR-23-022-CE	CB0291	聚慧食品：复合调味品隐形冠军的战略抉择	How A Hidden Champion Defended its Title: The Strategic Choice of Juhui Food	张宇，李小轩
ENT-24-002-CE	ENT-24-002-CE	ENT-24-002-CE	CB0293	Allbirds 中国：如何在新兴市场中坚持可持续发展足迹	Allbirds China: Sustainable Footprints into an Emerging Market	Shameen Prashantham，吴璠
HRM-24-013-CE	HRM-24-013-CE	HRM-24-013-CE	CB0295	黑暗中的对话（中国）：如何领导多元化？	Dialogue in the Dark (DiD) China: Managing Diversity through Lessons "in the Dark"	Byron Lee，赵丽缦，鞠慧蓉，Emily M. David
OB-24-005-CE	OB-24-005-CE	OB-24-005-CE	CB0297	博世中国：打造"教练文化"	Bosch China: Building a Coaching Culture	李秀娟，赵丽缦

中欧获奖者	案例标题	ChinaCases.Org 案例编号	获奖时间	奖项说明
方睿哲（Velamuri, S. Ramakrishna） 许雷平（Xu, Leiping）	俏江南集团：追寻"美丽"的成长历程	STR－14－039	2009	2008 EFMD 案例写作大赛"崛起中的中国全球竞争者"类别最佳奖
蔡舒恒（Tsai, Soo-Hung Terence） 刘书博（Liu, Shubo）	香港红磡半岛：企业社会责任的现实呼唤	ESR－14－098/ ESR－14－099/ ESR－14－100	2010	2010 oikos 国际案例大赛二等奖
方睿哲（Velamuri, S. Ramakrishna） 付莘（Fu,Xin）	安越：构筑持续发展的能力	ENT－14－137	2010	欧洲案例交流中心（ECCH）年度最畅销案例之一（创业学类别）
许雷平（Xu, Leiping） 白思迪（White, Steven）	上海汽车与韩国双龙	STR－14－055/ STR－14－056/ STR－14－057	2011	2010 EFMD 案例写作大赛"崛起中的中国全球竞争者"类别最佳奖
韩践（Han, Jian） 付莘（Fu, Xin）	加薪风波	HRM－14－095	2012	2011 EFMD 案例写作大赛"崛起中的中国全球竞争者"类别最佳奖
蔡舒恒（Tsai, Soo-Hung Terence） 朱健华（Zhu, Jianhua） 许雷平（Xu, Leiping）	艰难抉择：百思买与五星电器在中国	CC－311－027	2013	2012 EFMD 案例写作大赛"崛起中的中国全球竞争者"类别最佳奖
翟博思（de Bettignies, Henri-Claude）	Blue Monday	ESR－14－066	2013	欧洲案例交流中心（ECCH）"伦理和社会责任"类别大奖
陈威如（Chen, Weiru）	荣昌洗衣连锁服务的 O2O 转型之路——孵化 e 袋洗平台	GC－15－039	2016	"2015 中国工商管理国际最佳案例奖"最佳案例奖
忻榕（Xin, Katherine Rong） 仲进（Zhong, Jin）	基美的中国整合团队（A/B/C/D）	GM－18－565/ GM－18－566/ GM－18－567/ GM－18－568	2016	"2015 中国工商管理国际最佳案例奖"提名奖
庄汉盟（Chng, Han Ming Daniel） 赵子倩（Zhao, Ziqian）	Li-ning Co.Ltd: a Leading Chinese Company Stumbles	9B16M068	2016	"2015 中国工商管理国际最佳案例奖"提名奖
林宸（Lin, Chen）	全家 FamilyMart：互联网＋的战略布局	STR－17－460	2017	"2016 中国工商管理国际最佳案例奖"最佳奖

中欧获奖者	案例标题	ChinaCases.Org 案例编号	获奖时间	奖项说明
李秀娟（Lee, Siew Kim Jean） 赵子倩（Zhao, Ziqian）	Midea Group: Founder-CEO Succession in a Chinese Home Appliance Maker 美的：职业经理人的接班	GM－16－024	2017	"2016 中国工商管理国际最佳案例奖"提名奖
庄汉盟（Chng, Han Ming Daniel） 赵子倩（Zhao, Ziqian）	Solar Flare: The Rise and Fall of Suntech Power Holdings	9B17M106_P	2017	"2016 中国工商管理国际最佳案例奖"提名奖
赵先德（Zhao, Xiande） 于峰（Yu, Feng） 王良（Wang, Liang）	平衡中的难题：华润河南医药的供应链实践	OMS－17－464/ OMS－17－465	2017	"2016 中国工商管理国际最佳案例奖"提名奖
赵先德（Zhao, Xiande）	深圳市创捷供应链有限公司（A/B）：供应链整合与供应链金融集成解决方案 / 信息系统和生态圈的建立	OMS－17－462/ OMS－17－463	2017	"2016 中国工商管理国际最佳案例奖"提名奖
Meyer, Klaus E.	CNOOC Engages with Canadian Stakeholders 中海油的加拿大谜局	9B17M005	2017	2016 EFMD 案例写作大赛"新兴中国全球竞争者"类别最佳奖
莫伦（Moran, Peter） 庄汉盟（Chng, Han Ming Daniel） 赵丽缦（Zhao, Liman）	赢销通振兴中国农村的数字策略（A/B）	STR－19－629/ STR－19－630	2018	2018 中东欧管理发展协会（CEEMAN）案例写作大赛冠军
白果（Bai, Guo） 赵丽缦（Zhao, Liman）	研华科技：产业物联网生态进化论	STR－18－554	2018	2018 中东欧管理发展协会（CEEMAN）案例写作大赛季军
张华（Zhang, Hua） 钱文颖（Qian, Wenying） 李抒洋（Li, Shuyang）	进货宝：新零售时代的快消品 B2B 电商探索	ENT－18－511	2018	"2017 中国工商管理国际最佳案例奖"最佳奖
陈威如（Chen, Weiru） 钱文颖（Qian, Wenying） 黄钰昌（Hwang, Yuhchang） 沈飞（Shen, Fei）	互联网时代欧普照明电商事业的发展和探索	STR－18－527	2018	"2017 中国工商管理国际最佳案例奖"提名奖
庄汉盟（Chng, Han Ming Daniel） 赵丽缦（Zhao, Liman） 孙鹤鸣（Sun, Heming）	Xihaner Car Wash: Building a Sustainable Social Enterprise in China 喜憨儿洗车中心：打造一家可持续发展的中国社会企业	ESR－19－633	2019	"2018 中国工商管理国际最佳案例奖"最佳奖

中欧获奖者	案例标题	ChinaCases.Org 案例编号	获奖时间	奖项说明
李秀娟（Lee, Siew Kim Jean） 韩践（Han, Jian） 赵子倩（Zhao, Ziqian） 谈若枫（Tan, Ruofeng）	奔跑的京东（A/B）：空降 CHO/文化梳理与人才盘点	HRM-19-597/ HRM-19-598	2019	"2018 中国工商管理国际最佳案例奖"提名奖
赵先德（Zhao, Xiande） 钱文颖（Qian, Wenying） 王良（Wang, Liang）	易流科技：透明连接物流的探路者（A/B）	OMS-19-626/ OMS-19-627	2019	"2018 中国工商管理国际最佳案例奖"提名奖
张文清（Chang, Wen-Ching Vincent） 朱琼（Zhu, Qiong）	盒马——中国零售市场的新物种（A/B）：商业模式演变/数据驱动核心能力	ENT-19-584； ENT-19-585	2019	2018 EFMD 案例写作大赛"可持续商业模式"类别一等奖；"2018 中国工商管理国际最佳案例奖"最佳奖
张文清（Chang, Wen-Ching Vincent） 赵丽缦（Zhao, Liman） 方睿哲（Velamuri, S. Ramakrishna）	深圳信安智能：科创企业的窘境（A/B/C）	ENT-20-636/ ENT-20-637/ ENT-20-638	2020	"2019 中国工商管理国际最佳案例奖"最佳奖
赵先德（Zhao, Xiande） 阮丽旸（Ruan, Liyang） 王良（Wang, Liang）	霸蛮科技（A/B）：打破餐饮的边界/构建供应链的护城河	OMS-20-639/ OMS-20-640	2020	"2019 中国工商管理国际最佳案例奖"提名奖
林宸（Lin, Chen） 张驰（Zhang, Chi）	肯德基中国：数字化重构竞争优势	MKT-20-645	2020	"2019 中国工商管理国际最佳案例奖"提名奖
陈世敏（Chen, Shimin） 潘鼎文（Pan, Dingwen） 黄夏燕（Huang, Xiayan）	阿里巴巴和京东：战略、商业模式与财务报表	FIN-20-648	2020	"2019 中国工商管理国际最佳案例奖"提名奖
张华（Zhang, Hua） 钱文颖（Qian, Wenying） 李抒洋（Li, Shuyang）	零氪科技：医疗大数据的商业化探索（A/B）	ENT-20-649/ ENT-20-650	2020	"2019 中国工商管理国际最佳案例奖"提名奖
向屹（Xiang, Yi） 阮丽旸（Ruan, Liyang） 李妍毓（Li, Yanyu）	汇纳科技：大数据引领零售变革	MKT-20-644	2020	"2019 中国工商管理国际最佳案例奖"提名奖
Prashantham, Shameen 阮丽旸（Ruan, Liyang）	Capillary: An Indian Startup Deepening Its Presence in China 客提利：印度新创企业在中国的深化发展	STR-20-643	2020	"2019 中国工商管理国际最佳案例奖"特别鼓励奖

中欧获奖者	案例标题	ChinaCases. Org 案例编号	获奖时间	奖项说明
庄汉盟（Chng, Han Ming Daniel） 皮鑫（Pi, Xin） 赵丽缦（Zhao, Liman）	田鼠系统公司的治理之痛	STR-20-635	2020	2019 EFMD 案例写作大赛"企业责任"类别最佳奖；"2019 中国工商管理国际最佳案例奖"提名奖
李秀娟（Lee, Siew Kim Jean） 鞠慧蓉（Ju, Huirong）	Navigating EtonHouse through Crises: The Paradoxical Leadership of Ng Gim Choo 带领伊顿教育集团走过危机：胡锦珠的悖论领导力	OB-21-813	2021	"2020 中国工商管理国际最佳案例奖"一等奖
方跃（Fang, Yue） 钱文颖（Qian, Wenying）	上汽大通：中国数字化时代 C2B 汽车开拓者	STR-21-750	2021	"2020 中国工商管理国际最佳案例奖"二等奖
David, Emily Michelle 薛文婷（Xue, Wenting）	H&H Group: A Global Firm with Chinese Origins (A) H&H：中国本土企业的全球化历程（A）	IB-21-774	2021	"2020 中国工商管理国际最佳案例奖"二等奖
庄汉盟（Chng, Han Ming Daniel） 赵丽缦（Zhao, Liman） 李尔成（Lee, Byron Yee Sing） 莫伦（Moran, Peter） 孙鹤鸣（Sun, Heming）	老爸评测：一家社会企业的两难抉择	ESR-21-852	2021/ 2021/ 2022/ 2023	"2020 中国工商管理国际最佳案例奖"最佳奖；2020 EFMD 案例写作大赛"责任领导力"类别最佳奖；2022《金融时报》责任商业教育奖"教学案例"类别亚军；2023 欧洲案例交流中心全球案例写作竞赛"杰出案例开发者：热点话题"最佳奖
芮萌（Rui, Meng） 朱琼（Zhu, Qiong）	蚂蚁森林：将公益变成共益	ESR-21-767	2021/ 2022	"2020 中国工商管理国际最佳案例奖"二等奖；2021 EFMD 案例写作大赛"企业社会责任"类别最佳奖
陈世敏（Chen, Shimin） Erkens, David Hendrik 薛文婷（Xue, Wenting）	Budweiser APAC Spinoff (A/B): The Financial Strategy for Localization 百威亚太分拆上市（A/B）：本地化财务战略	FIN-22-889/ FIN-22-890	2022	"2021 中国工商管理国际最佳案例奖"一等奖
陈世敏（Chen, Shimin）	Li and Fung: Stay Public or Go Private (A/B) 利丰：上市还是私有化（A/B）	GC-21-065/ GC-21-066	2022	"2021 中国工商管理国际最佳案例奖"二等奖

中欧获奖者	案例标题	ChinaCases.Org 案例编号	获奖时间	奖项说明
李尔成（Lee, Byron Yee Sing） 赵丽缦（Zhao, Liman） 莫伦（Moran, Peter）	Canyou Group: Creating a Sustainable Social Enterprise 残友集团：打造一家可持续发展的社会企业	ENT-22-940	2022	"2021 中国工商管理国际最佳案例奖"二等奖
刘耿（Liu, Geng） 蒋炯文（Chiang, Jeongwen）	慧医天下：阿斯利康中国的互联网熟医患诊疗	MKT-22-955	2022	"2021 中国工商管理国际最佳案例奖"二等奖
露西娅·佩里尼（Pierini, Lucia） 江昉珂（Siciliano, Gianfranco） 曹之静（Cao, Zhijing）	Antigal: Strategy and Succession Challenges in a Family-Owned Vineyard with Global Ambitions 安蒂嘉尔酒庄：家族企业的战略和传承挑战	ENT-22-876	2022	"2021 中国工商管理国际最佳案例奖"一等奖；2021 EFMD 案例写作大赛"拉丁美洲商业案例"类别最佳奖
王高（Wang, Gao） 朱琼（Zhu, Qiong）	五菱宏光 MINIEV：中国汽车新物种	MKT-22-878	2022/2023	"2021 中国工商管理国际最佳案例奖"二等奖；2023 欧洲案例交流中心全球案例写作竞赛"杰出案例开发者"最佳奖
王高（Wang, Gao） 朱琼（Zhu, Qiong） 张锐（Zhang, Rui）	艾优：颜值差异化战略	ENT-22-879	2023	2022 EFMD 案例写作大赛"创业"类别最佳奖
李秀娟（Lee, Siew Kim Jean） 赵丽缦（Zhao, Liman）	理想、行动、坚持——上坤集团创始人朱静	HRM-23-027	2023	2022 EFMD 案例写作大赛"商界女性"类别最佳奖
陈威如（Chen, Weiru） 刘耿（Liu, Geng）	阿斯利康（中国）：以全病程诊疗一体化服务推动社会创新	STR-23-032	2023	"2022 中国工商管理国际最佳案例奖"一等奖
陈世敏（Chen, Shimin）	King's Flair International: A Bright Future in the Nanofiber Opportunity? (A/B) 科劲国际：以纳米纤维铸造辉煌未来？（A/B）	GC-22-015/GC-22-016	2023	"2022 中国工商管理国际最佳案例奖"一等奖
黄生（Huang, Sheng） 黄夏燕（Huang, Xiayan）	浙民投要约收购振兴生化（A/B）："野蛮人"来敲门 /"野蛮人"进门之后	FIN-23-009/FIN-23-039	2023	"2022 中国工商管理国际最佳案例奖"一等奖
梁超（Liang, Chao） 朱琼（Zhu, Qiong）	瑞幸："涅槃重生"之路	OMS-23-008	2023	"2022 中国工商管理国际最佳案例奖"二等奖
陈威如（Chen, Weiru）	先"修路"还是先"造车"：树根互联的工业互联网平台养成之路	ENT-23-023	2023	"2022 中国工商管理国际最佳案例奖"二等奖